Roland Dusik

Thailand

IWANOWSKI´S *i* **REISEBUCHVERLAG**

Im Internet:

www.iwanowski.de

Hier finden Sie aktuelle Infos zu allen Titeln, interessante Links – und vieles mehr!

Einfach anklicken!

Schreiben Sie uns, wenn sich etwas verändert hat. Wir sind bei der Aktualisierung unserer Bücher auf Ihre Mithilfe angewiesen: **info@iwanowski.de**

Thailand
3. Auflage 2015

© Reisebuchverlag Iwanowski GmbH
Salm-Reifferscheidt-Allee 37 • 41540 Dormagen
Telefon 0 21 33/26 03 11 • Fax 0 21 33/26 03 34
info@iwanowski.de
www.iwanowski.de

Titelfoto: Longtailboote am Strand der Insel Ko Poda, Krabi, Thailand,
huber-images.de / Gräfenhain
Alle anderen Farbabbildungen: Roland Dusik und s. Abbildungsverzeichnis S. 13
Lektorat: Ricarda Gerhardt, Hamburg
Layout: Monika Golombek, Köln
Karten und Reisekarte: Thomas Buri, Bielefeld
Titelgestaltung sowie Layout-Konzeption: Point of Media, www.pom-online.de
Redaktionelles Copyright, Konzeption und deren
ständige Überarbeitung: Michael Iwanowski

Gesamtherstellung: Grafisches Centrum Cuno, Calbe
Printed in Germany

ISBN: 978-3-86197-115-3

Alle Karten zum Gratis-Download – so funktioniert's
In diesem Reisehandbuch sind alle Detailpläne mit sogenannten **QR-Codes** versehen, die per Smartphone oder Tablet-PC gescannt und bei einer bestehenden Internet-Verbindung auf das eigene Gerät geladen werden können. Alle Karten sind im PDF-Format angelegt, das nahezu jedes Gerät darstellen kann. Für den Stadtbummel oder die Besichtigung unterwegs hat man so die Karte mit besuchenswerten Zielen und Restaurants auf dem Telefon, Tablet-PC, Reader oder als praktischen DIN-A-4-Ausdruck dabei. Mit anderen Worten – der „gewichtige" Reiseführer kann im Auto oder im Hotel bleiben und die Basis-Infos sind immer und überall ohne Roaming-Gebühren abrufbar.

Inhaltsverzeichnis

Überblick

Reiserouten

Reiserouten

Reiserouten

Reiserouten

Reiserouten

Reiserouten

Reiserouten

Außerdem weiterführende Informationen zu folgenden Themen:

König Bhumipol – Ein Monarch für alle Fälle **31** • Der Bambus – Die Pflanze der tausend Möglichkeiten **42** • Elefanten – Verehrte Dickhäuter 46 • Die Symbolsprache des Buddhismus **58** • Mönche – Stellvertreter Buddhas auf Erden **65** • Dharma – Die Lehre des Buddha **69** • Aberglaube, Seelenbeschwörung und Glücksbringer **71** • Shopping Malls – Erlebniswelten für Konsumenten **82** • Sanuk, sabai, mai pen rai – Thailändische Lebensphilosophie **86** • Sport und Spiel **97** • Feilschen will gelernt sein **106** • Phra Kaeo – Der Smaragd-Buddha **142** • Tempeletikette **144** • Thai-Massage im Wat Pho **146** • Bangkoks Märkte **155** • Thai-Boxen – Erlaubt ist, was trifft **169** • Bangkok mit Kindern **173** • Gottkönigtum und absolute Monarchie im alten

Interessantes

Verzeichnis der Karten und Grafiken

Vordere Umschlagklappe: Thailand / Highlights
Hintere Umschlagklappe: Bangkok / Übersicht

Interessantes

Bildnachweis

Alle Fotos Roland Dusik, außer: Volkmar Janicke: S. 14, 20 und hintere Umschlagklappe, 98, 132, 258, 352, 390, 426, 449; S. 135: Frank van den Bergh/iStock; S. 145 und hintere Umschlagklappe: fotolia.de (sarawut); S. 149: soham_pablo/flickr; S. 200 und Buchrückseite: Kenjito/shutterstock.de; S. 363: Sack/iStock; S. 424: OlegD/shutterstock.de; S. 455 und hintere Umschlagklappe: fotolia.de (bandanar); S. 439: Polpich Komson/iStock; S. 459, 461: Koolhaas; S. 501 und hintere Umschlagklappe: fotolia.de (huci_M)

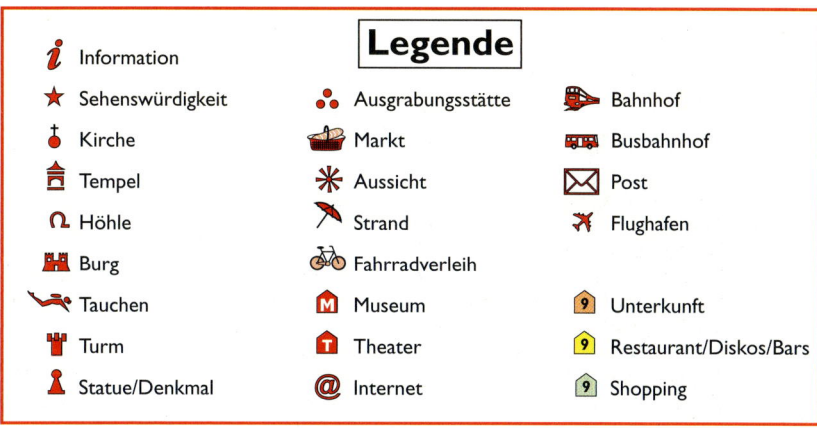

Legende

i Information	•• Ausgrabungsstätte	🚂 Bahnhof
★ Sehenswürdigkeit	🧺 Markt	Busbahnhof
Kirche	☀ Aussicht	✉ Post
Tempel	✕ Strand	✈ Flughafen
Höhle	Fahrradverleih	
Burg	M Museum	Unterkunft
Tauchen	T Theater	Restaurant/Diskos/Bars
Turm	@ Internet	Shopping
Statue/Denkmal		

Ein Königreich für einen Urlaub

Woran erkennt man einen Thailänder? Der Fremdenführer in der alten Hauptstadt Sukhothai stellt diese Frage und gibt auch gleich die Antwort: an seinem strahlenden, herzlichen Lächeln. Was den Reisenden als Erstes für das ferne Land zwischen Indischem und Pazifischem Ozean einnimmt, sind die Freundlichkeit und die Toleranz der Bevölkerung. Thailand ist in vieler Hinsicht ein „Land des Lächelns" (auch wenn Franz Lehárs berühmte Operette in China spielt).

Seit vielen Jahren gehört Thailand zu den beliebtesten Urlaubszielen, das von fünfzehn Millionen Touristen jährlich bereist wird. Davon sind 500.000 Deutsche, die zum wiederholten Male kommen. Verständlich, denn Thailand hat so viel zu bieten, dass ein einziger Aufenthalt nicht annähernd ausreicht, um die Fülle an Naturschönheiten, Kunst- und Kulturschätzen zu erleben. Thailand bietet Exotik und doch nicht zu viel Fremdes und lässt genug Freiraum für die meisten Urlaubsträume.

In den 1960er-Jahren kamen wenige Kulturreisende nach Thailand, die die Hauptstädte des alten Siam ansteuerten und die Strände des Südens links liegen ließen. Dann kamen die Globetrotter und Aussteiger auf Zeit, die mit Rucksack und Bastmatte Insel für Insel „eroberten". In den 1980er-Jahren begann ein regelrechter Boom und Thailand fehlte in keinem Veranstalterkatalog. Das Negativimage als „Dorado für Sextouristen" hat Thailand inzwischen abgelegt und zieht heute Besucher mit verschiedenen Interessen an: Komforturlauber mit hohen Ansprüchen ebenso wie Backpacker mit großem Rucksack und kleinem Geldbeutel, Aktivurlauber oder Erholungssuchende. Die ausgezeichnete touristische Infrastruktur, das vorbildliche öffentliche Verkehrsnetz und ein hervorragendes Preis-Leistungs-Verhältnis machen das Land zu einem idealen Ziel für „Asien-Anfänger" und selbstorganisierte Reisen.

Thailand vereint die ganze Pracht Asiens. Von den gebirgigen Himalaya-Ausläufern im Norden mit Dörfern, in denen sich das Leben seit Generationen kaum geändert hat über die versunkenen Königsstädte Sukhothai und Ayutthaya in der Zentralebene, eindrucksvolle Zeugnisse der alten Kultur und wechselvollen Geschichte, vom gastfreundlichen Nordosten bis hinunter zu den Trauminseln im Süden mit feinsandigen, palmengesäumten Stränden – für jeden Geschmack ist etwas dabei. Nicht zu vergessen die Metropole Bangkok mit ihrem unvergleichlichen Nebeneinander von Fortschritt und Moderne, in der luxuriöse Einkaufszentren und ein glamouröses Nachtleben vielfältige Zerstreuung bieten.

Längst hat sich Thailand auch als erstklassige Golf- und Tauchdestination sowie als Ziel für Biker, Kletterer und andere Aktivurlauber profiliert. Zudem besitzt das Land einige der besten Wellness-Hotels der Welt mit Gesundheits- und Schönheitszentren, die keine Wünsche offen lassen. Die raffinierte Küche, die zu den besten der Welt zählt, macht den Urlaub zu einem kulinarischen Erlebnis. Und nicht zuletzt ist Thailand ein Service-Paradies: ob im Hotel, bei der Massage am Strand oder beim Friseur – immer sind die Menschen freundlich und mit einem natürlichen Charme ausgestattet, an den sich die Besucher nach ihrer Rückkehr in ihre Heimat noch lange gern erinnern.

Die Thai beherrschen angeblich 700 Arten zu lächeln. Und das Lächeln steht nicht nur auf den Lippen, sondern kommt aus dem Herzen. Die Wurzeln von Freundlichkeit, Gelassenheit und Geduld der Menschen liegen im „Volks"-Buddhismus, einer Symbiose aus buddhistischen, hinduistischen und animistischen Elementen, einer Religion für alle Fälle, die Antworten auf die vielfältigen Sorgen des täglichen Lebens gibt. Spätestens beim Bummel durch Chiang Mai oder beim Sundowner an einem Tropenstrand lernen auch gestresste Mitteleuropäer so zu lächeln wie die Einheimischen. Deren Herzlichkeit und Sanftmut sind Grund genug, nach Thailand zu reisen.

Der Autor bedankt sich für die Geduld und Mithilfe seiner Frau Tanrian, seiner Töchter Chutima und Nirascha sowie seiner Mutter Maria Dusik. Desweiteren geht der Dank an die Lektorin Frau Ricarda Gerhardt für die intensive Betreuung dieses Bandes. Ganz besonderen Dank für ihre tatkräftige Unterstützung vor Ort sowie für Anregungen und Korrekturen verdienen ferner die Bangkoker Freunde Hans R. Beckers (Khun „Han") und Khun Nipon.

Roland Dusik

Thailand auf einen Blick

Staatsname	Königreich Thailand (Ratcha Anachak Thai, kurz: Prathet Thai oder Muang Thai)
Intern. Abkürzung	T
Staatsform	Konstitutionelle Monarchie
Hauptstadt	Bangkok (Krung Thep)
Nationalflagge	Rot – weiß – blau – weiß – rot (rot für die Nation, weiß für die Religion und blau für das Königshaus)
Amtssprache	Thailändisch (eigene Schrift)
Handelssprachen	Englisch und Französisch
Einwohner	69,5 Mio. (Schätzung für 2014), Bangkok 7–9 Mio./ Großraum 14 Mio.
Bevölkerungsdichte	134 Einw./km^2, in Bangkok 4.000–5.000 Einw./km^2 (Deutschland: 240 Einw./km^2)
Bevölkerungswachstum	1,5 Prozent
Regionale Gliederung	76 Provinzen, in vier Großregionen zusammengefasst: Zentralregion (104.000 km^2/24,5 Mio. Einw.), Norden (170.000 km^2/12,5 Mio. Einw.), Nordosten (169.000 km^2/ 22,3 Mio. Einw.) und Süden (71.000 km^2/10,2 Mio. Einw.)
Ethnische Gliederung	Thai 80 Prozent, Chinesen 10 Prozent (z. T. stark integriert), Malaien 5 Prozent (vornehmlich im Süden des Landes), Khmer, Mon und Vietnamesen 3,5 Prozent, Bergvölker wie Hmong und Karen 1,5 Prozent (vorwiegend im Norden).
Religionen	Theravada-Buddhismus 95 Prozent, Konfuzianismus und Taoismus 3 Prozent, Islam 1 Prozent, andere 1 Prozent (röm. Katholiken, Protestanten, Hinduisten, Sikhs, Anhänger von Naturreligionen)
Lebenserwartung	72 Jahre
Verstädterung	34 Prozent
Alphabetisierungsrate	94 Prozent
Anteile am BIP	Exportorientierte Leichtindustrie 40 Prozent, Dienstleistung 35 Prozent, Landwirtschaft 10 Prozent, Tourismus 10 Prozent, Bergbau 5 Prozent
Wachstumsrate BIP	5,5 Prozent (Schätzung für 2014)
Inflationsrate	3 Prozent (Schätzung für 2014)
Pro-Kopf-Einkommen	US$ 2.500 (Schätzung für 2014)
Durchschnittl. Löhne	Arbeiter, Kellner, Zimmermädchen US$ 70–80, Facharbeiter US$ 100–120, Arzt, Ingenieur US$ 300–500 (jeweils im Monat)
Tourismus	Ca. 15 Mio. Besucher (Schätzung für 2014)
Währungseinheit	Thailändischer Baht (B = 100 Satang)
Fläche	514.000 km^2 (fast so groß wie Frankreich)
Kulturfläche	178.000 km^2
Ausdehnung	Nord-Süd 1800 km, West-Ost 800 km (am Isthmus von Kra nur 15 km)
Küstenlänge	2.615 km (davon am Golf von Thailand 1.875 km, an der Andamanen-See 740 km; alle Angaben ohne Inseln)
Höchster Berg	Doi Inthanon (2.565 m)
Längste Flüsse	Mae Nam Chao Phraya (365 km, mit Quellflüssen 850 km), Mae Nam Khong (Mekong; thail. Anteil 900 km, Gesamtlänge 4.184 km)
Zeitzone	MEZ + 6 Std.
Geografische Lage	Südostasien, grenzt an Malaysia, Myanmar (Burma), Laos und Kambodscha

Zeittafel Thailands

Ab ca. 5.000–4.000 v. Chr.	Erste Besiedlungsspuren im Gebiet des heutigen Thailand.
Um 250 v. Chr.	Der indische Kaiser Ashoka entsendet buddhistische Mönche nach Südostasien, um die Lehre Siddharta Gautamas zu verbreiten.
6.–10. Jh.	In Zentralthailand bilden Mon-Völker das Dvaravati-Reich. Tai-Stämme, ursprünglich in südwestlichen Regionen des heutigen China beheimatet, werden ab dem 7./8. Jh. nach Süden abgedrängt und formieren sich in Nachbarschaft der Mon zu kleinen Stadtstaaten.
10.–13. Jh.	Die mit den Mon verwandten Khmer beherrschen von Kambodscha aus ein Reich, das einen Großteil des heutigen Thailand einschließt. Fürst Mengrai vereinigt die einzelnen Tai-Enklaven zum Lan-Na-Reich mit der Hauptstadt Chiang Mai.
1238	Intharathit, ein Stammesführer der Tai, gründet das erste unabhängige Tai-Königreich mit Sukhothai als Hauptstadt.
1277–1317	Blütezeit von Sukhothai unter König Ramkhamhaeng. Der Theravada- bzw. Hinayana-Buddhismus wird zur Staatsreligion.
um 1350	Rama Thibodi I. erobert Sukhothai. Nördlich des heutigen Bangkok gründet er Ayutthaya als Hauptstadt seines Reiches Sayam (Siam).
1431	Die Tai erobern Angkor und übernehmen das Hofzeremoniell und Gesetze der Khmer-Kultur.
1556	Die Burmesen erobern das Königreich Lan Na.
1592	Prinz Naresuan vertreibt die Burmesen aus Ayutthaya, die 1569 die Stadt erobert hatten.
1767	Ende des Goldenen Zeitalters, als burmesische Truppen Ayutthaya zerstören. General Taksin vertreibt die Burmesen und lässt sich in Thonburi zum König krönen.
1782	Rama I., der Stammvater des heutigen thailändischen Herrscherhauses, verlegt die Hauptstadt nach Bangkok.
1851–1868	Rama IV. verhindert durch kluge Bündnispolitik die Kolonialisierung
1868–1910	Rama V. schafft die Sklaverei ab, modernisiert die Infrastruktur und führt ein weltliches Erziehungssystem ein.
1932	Unblutiger Staatsstreich von Militärs und Zivilisten, der König bleibt konstitutionelles Staatsoberhaupt. In den folgenden Jahrzehnten regieren korrupte Generäle das Land, Intellektuelle und Liberale kämpfen für die Demokratie.
1939	Siam wird offiziell in Thailand (Land der Freien) umbenannt.
1942–1945	Thailand wird von japanischen Truppen besetzt und erklärt als Verbündeter Japans Großbritannien und den USA den Krieg
1946	Nach dem mysteriösen Tod von König Rama VIII. besteigt König Bhumipol Adulyadej (Rama IX.) den Thron.

1965–1975	Thailand wird zur Aufmarschbasis der USA im Vietnam-Krieg.
1973	Studentendemonstrationen führen zum Sturz des Militärregimes und zu demokratischen Reformen.
1976	Ein Putsch gegen die gewählte Regierung beendet die Reformphase.
1980–1991	Auf eine Phase relativer politischer Stabilität folgen soziale Unruhen, ausgelöst durch Korruption und ungleiche Einkommensentwicklung.
1992	Nach der Ernennung von General Suchinda Kraprayoon zum Premierminister kommt es in Bangkok zu Unruhen, die gewaltsam niedergeschlagen werden. Nach Intervention des Königs tritt Suchinda Kraprayoon zurück. Die neue Thai-Demokratie etabliert sich: Unter Premierminister Chuan Leekpai verabschiedet das Parlament eine demokratische Verfassung.
1997	Die einst boomende thailändische Wirtschaft gerät an den Rand des Kollapses. Vereinbarung über ein internationales Hilfskreditpaket für Thailand.
2001	6. Januar: Der Multimilliardär Thaksin Shinawatra und dessen Partei Thai Rak Thai („Thai lieben Thai") gehen bei Neuwahlen als klare Sieger hervor.
2002	Die wirtschaftliche Talfahrt ist beendet. Die Wachstumsrate stabilisiert sich bei rund 5 Prozent.
2004	Ein verheerender Tsunami, ausgelöst durch ein Seebeben im Indischen Ozean, reißt am 26. Dezember in südthailändischen Tourismus-Hochburgen Tausende Menschen in den Tod.
2005	2. Februar: Die Regierung von Thaksin Shinawatra erlangt bei Parlamentswahlen eine Zweidrittel-Mehrheit.
2006	19.–23. September: Nach dem sogenannten „seidenen Putsch" erklärt das Oberkommando der Streitkräfte die Regierung Thaksin Shinawatra für abgesetzt.
2007	23. Dezember: Bei Parlamentswahlen erzielt die Thaksin nahe Partei PPP (People's Power Party) einen deutlichen Erfolg.
2008	Thailands Verfassungsgericht verbietet die PPP wegen Wahlbetrugs, der Thaksin nahe Regierungschef muss zurücktreten. Abhisit Vejjajiva von der Demokratischen Partei wird neuer Premierminister.
2010	Eine Rebellion militanter Regierungsgegner lässt im Mai Bangkok im Chaos versinken. Regierungstreue Truppen schlagen den Aufstand nieder, bei dem über 100 Menschen ihr Leben verlieren.
2011	Bei den Parlamentswahlen am 3. Juli wird erstmals in der Geschichte des Landes mit Yingluck Shinawatra eine Frau an die Regierungsspitze gewählt.
2013	Ab November legen Massendemonstrationen den Regierungsbetrieb lahm.
2014	Am 8. Mai wird Yingluck vom Verfassungsgericht des Machtmissbrauchs für schuldig befunden und abgesetzt. Nach dem Scheitern sämtlicher Versöhnungsversuche der verfeindeten politischen Lager putscht am 22. Mai das Militär. Armeechef Prayuth Chanocha erklärt das Kriegsrecht und wird vier Tage später per königlichem Dekret als Regierungschef bestätigt.

I. THAILAND –
LAND UND LEUTE

Historischer Überblick

Besiedlungsgeschichte

Khon thai maa djak nai? Wo kommen die Thai eigentlich her? Diese Frage hat erbitterte Diskussionen unter thailändischen Historikern ausgelöst. Denn Tai-Völker gibt es auch im Norden von Laos und Vietnam, im Nordosten von Myanmar (Burma) sowie in den südchinesischen Provinzen Sichuan und Yunnan.

Obwohl die frühe Geschichte Thailands in Legenden verwoben ist, stimmen doch die meisten Experten darin überein, dass die Vorfahren der Thailänder aus südlichen und südwestlichen Regionen des heutigen China nach Süden auf die Indochinesische Halbinsel vordrangen. Sie waren aber nicht das erste Volk, das in die Gebiete einwanderte. Schon einige Tausend Jahre vorher siedelten in der Region des heutigen Thailand Volksstämme, deren Herkunft sich im Dunkel der Geschichte verliert. Fundstücke, die Archäologen bei Grabungen im Dorf **Ban Chiang** in der Nähe der heutigen Stadt Udon Thani zutage förderten, beweisen, dass im Nordosten Thailands bereits vor rund 6.000–7.000 Jahren Menschen lebten. Die Entdeckungen, vor allem kunstvoll bemalte Tonkrüge und Bronzegegenstände, gelten als sensationell, denn sie sind nach Meinung vieler Wissenschaftler älter als ähnliche Objekte aus China, das bislang immer als die Wiege der asiatischen Zivilisation galt. Wenig ist jedoch über die Träger dieser hoch entwickelten Kultur bekannt, die vermutlich bereits mit Techniken des Ackerbaus vertraut waren. Auch ist bislang noch nicht schlüssig geklärt, weshalb sie ihre Siedlung um 200 n. Chr. aufgaben (s. S. 365). Archäologische Grabungen bei Kanchanaburi und Mae Hong Son wiesen ebenfalls eine Besiedlung des Landes ab ca. 5.000 bis 4.000 v. Chr. nach.

Frühe Hochkultur

Indischer Einfluss

Der Legende nach sollen bereits zu Lebzeiten des Kaisers Ashoka (268 bis 232 v. Chr.) indische Einwanderer in der Nähe der heutigen thailändischen Stadt Nakhon Pathom das geheimnisvolle **Königreich Suvarnabhumi** gegründet und die buddhistische Lehre verkündet haben. Wie Inschriften aus dem 5. Jh. n. Chr. bezeugen, breiteten sich aber erst in den ersten Jahrhunderten unserer Zeitrechnung nachweislich indische Glaubensvorstellungen in weiten Teilen von Hinterindien aus. In chinesischen Chroniken findet man Hinweise auf das hinduistisch geprägte **Reich Funan,** das sich zwischen dem 2. und 6. Jh. von seinem Kernland im Mekong-Delta etwa über die Territorien der heutigen Staaten Thailand, Malaysia, Kambodscha und Laos erstreckte. Vermutlich reichte sein Einfluss sogar bis Java, Sumatra und Myanmar (Burma). Macht und Wohlstand verdankte das Königreich seiner Lage am großen Handelsweg zwischen China und Indien.

Hinduistisch geprägte Reiche

Die Verbreitung indischen Kulturgutes erfolgte im Wesentlichen nicht durch kriegerische Unternehmungen mit dem Ziel der Kolonialisierung der eroberten Gebiete, sondern auf friedlichem Wege vor allem durch Handelsbeziehungen und missionarische Aktivitäten. Hinduismus und Buddhismus fanden ihren Niederschlag im Weltbild, in der Kunst und Architektur sowie in der politischen und sozialen Organisation. Der Kontakt mit Indien spielte im Zivilisationsprozess, aus dem die thailändische Kultur hervorgegangen ist, eine entscheidende Rolle. Jedoch nahm man die von außen herangetragene Kulturform nicht nur passiv auf, sondern formte sie schöpferisch um.

Mon- und Khmer-Völker

Zwischen dem 6. und 10. Jh. gründeten austroasiatische Mon-Völker, die aus dem ostindischen Raum eingewandert waren, im Gebiet des heutigen Zentralthailand das **Dvaravati-Reich**. Dieser lockere Verbund mehrerer Fürstentümer reichte über das Tenasserim-Gebirge bis in das Delta des Irrawaddy im heutigen Myanmar (Burma). Durch die indisch beeinflussten Mon wurden der Theravada-Buddhismus und mit ihm die heilige Sprache Pali fest in Thailand verwurzelt. Die politischen und religiösen Schwerpunkte der Mon befanden sich in Nakhon Pathom, Lopburi und U Thong nahe

der späteren siamesischen Hauptstadt Ayutthaya. Von Lopburi aus zogen die Mon Mitte des 7. Jh. nach Norden, wo sie das **Königreich Haripunchai** mit der Hauptstadt Lamphun gründeten. Seit dem 10./11. Jh. verdrängten die vom indischen Subkontinent nachrückenden Khmer die Mon zusehends aus den fruchtbaren Flusstälern in die Bergwälder oder assimilierten sie.

Um die Wende vom 8. zum 9. Jh. hatte der Khmer-Herrscher Jayavarman II. das **Angkor-Reich** gegründet, das sich über weite Teile der heutigen Staaten Kambodscha, Vietnam, Laos und Thailand ausbreitete. Im ausgehenden 10. Jh. übernahmen die Khmer die in der Ebene des Mae Nam Chao Phraya gelegene Mon-Kapitale Lopburi und bauten sie zu einer Königsresidenz aus. Bis zur Eroberung durch die Siamesen Mitte des 15. Jh. beherrschten die gottgleichen Khmer-Könige ein mächtiges Imperium, das als monumentales Vermächtnis die Tempelstadt Angkor hinterließ. Als verkleinerte Ebenbilder von Angkor errichteten Khmer-Herrscher im östlichen Thailand, gleichsam als Symbole ihres Machtanspruchs,

Prasat Han Phimai: Steinernes Symbol für den Machtanspruch der Khmer

eindrucksvolle Tempelanlagen wie Prasat Hin Phimai, Prasat Phanom Rung und Khao Phra Viharn, die durch ein Wegenetz mit der Hauptstadt Angkor verbunden waren.

Im Einflussbereich von Sri Vijaya

Während die zentralen, westlichen, östlichen und nördlichen Regionen des heutigen Thailand in der zweiten Hälfte des ersten Jahrtausends unserer Zeitrechnung im Herrschaftsbereich der Mon und Khmer lagen, geriet der Süden des Landes in den Einflussbereich des **buddhistischen Königreichs Sri Vijaya**, das auf Südsumatra *Buddhisti-*
wurzelte. Von seiner Hauptstadt, die vermutlich nahe der heutigen Stadt Palembang *sches*
lag, breitete sich Sri Vijaya machtvoll aus und erlangte auf handelspolitischem Gebiet *Großreich*
eine weit über die Grenzen des Malaiischen Archipels hinausreichende Bedeutung. Machtbasis von Sri Vijaya war nach dem Zusammenbruch der meerbeherrschenden Stellung des Funan-Reiches im Laufe des 6. Jh. die Kontrolle über den Seehandel zwischen Indien, China und der indonesischen Inselwelt.

Die Sanskrit-Inschrift einer Stele, die man in einem Tempel in der heutigen südthailändischen Stadt Nakhon Si Thammarat entdeckte, weist auf die Gründung buddhistischer Heiligtümer in der Stadt durch den König von Sri Vijaya im Jahre 775 hin. Wahrscheinlich reichte der Herrschaftsbereich von Sri Vijaya im 13. Jh. bis zum Isthmus von Kra etwa in Höhe der heutigen thailändischen Stadt Ranong. Kultureller Mittelpunkt scheint zu jener Zeit die Stadt Chaiya nördlich des heutigen Surat Thani gewesen zu sein.

Frühe Tai-Königreiche

Bereits um die Zeitenwende hatten Tai-Völker in der Region der heutigen südwestchinesischen Provinz Yunnan das nach chinesischem Vorbild organisierte Königreich Nan Chao (chin.: südliches Land) gegründet. Ab dem 7./8. Jh. breiteten Tai sprechende Völker (darunter auch die Lao und die Shan) sich von dort aus entlang der Flusstäler in Richtung Süden aus. Mächtigen Staaten zahlten sie Tribut, etwa dem indisch beeinflussten Königreich Burma sowie dem Khmer-Imperium in Kambodscha. Schließlich übernahmen auch die meisten Tai-Völker den buddhistischen Glauben und viele hinduistische Bräuche, passten diese jedoch ihren eigenen Bedürfnissen und kulturellen Vorstellungen an.

Tai-Völker ließen sich vornehmlich in den fruchtbaren, leicht zugänglichen Ebenen der *Die Be-*
großen Ströme Mekong, Mae Nam Chao Phraya, Salween und Irrawaddy nieder. Sie *siedlung*
brachten eine hoch entwickelte, auf dem Anbau von Nassreis basierende Kultur in *durch Tai-*
ihre neue Heimat mit und gründeten dort kleine Fürstentümer mit befestigten Siedlungen (*muang*), denen ein Häuptling (*chao*) vorstand. Erste nachweisbare Ansiedlungen *Völker*
befanden sich in der Nähe der nordthailändischen Städte Chiang Rai und Chiang Saen. Mit den dort ursprünglich ansässigen, ihnen unterlegenen Mon-Stammesverbänden vermischten sich die Tai-Völker oder drängten diese in gebirgige Rückzugsgebiete ab.

Die **Wanderungswelle der Tai-Völker** erreichte ihren Höhepunkt Mitte des 13. Jh., als die Mongolen China eroberten und auch Nan Chao unter dem Ansturm der Horden des Kublai Khan, eines Enkels von Dschingis Khan, zerbrach. Während sich eine Gruppe, die sogenannten Großen Tai (Tai Yai), die heutigen Shan, im Königreich Burma niederließen und eine Vielzahl kleiner und kleinster Tai-Völker, etwa die Tai Dam und die Tai Daeng (Schwarze Tai und Rote Tai – nach der Farbe ihrer Trachten), in den zerklüfteten Bergregionen des heutigen Nordthailand, Nordlaos und Nordvietnam eine neue Heimat fanden, drangen die Kleinen Tai (Tai Noi), die Vorfahren der heutigen Thailänder (Thai), in die geschwächten Reiche der Mon und der Khmer vor.

Das Königreich Lan Na

Das Land der Millionen Reisfelder

Im 13. Jh. eroberte **Fürst Mengrai**, dem es gelungen war, mehrere Tai-Fürstentümer unter seiner Herrschaft zu vereinigen, das Mon-Reich Haripunchai und gründete in der Region des heutigen Nordthailand das **Königreich Lan Na** (Land der Millionen Reisfelder). Zunächst residierte er in der nach ihm benannten, 1262 gegründeten Stadt Chiang Rai, bevor er sich in der neuen, 1296 gegründeten Hauptstadt Chiang Mai (Neue Stadt) niederließ. Im 14. und 15. Jh. erlebte Lan Na, das mächtig genug war, im Jahre 1455 den achten Buddhistischen Weltkongress auszurichten, eine Blütezeit. Der Niedergang des Sri-Vijaya-Reiches, das den Seehandel dominiert hatte, machte den Ausbau einer Handelsroute auf dem Landweg nach China erforderlich. Neben dem Anbau von Reis bildeten der Handel und die Abgaben der Kaufleute die wirtschaftliche Basis des Lan-Na-Reiches. Zum Einflussbereich des Königs von Lan Na zählten damals auch große Gebiete am Ostufer des Mekong, die heute zu Laos gehören. Der Aufstieg

Unter burmesischer Herrschaft

endete im Jahre 1556, als die Burmesen Chiang Mai eroberten und Lan Na zu einem Vasallenstaat des Königs von Pegu wurde. In den Burmesischen Kriegen von 1727–1770 vertrieben die Herrscher der Kawila-Dynastie die Burmesen, doch lagen Chiang Mai und die anderen Städte des Lan-Na-Reiches in Trümmern. Im 19. Jh. konnte Lan Na, obwohl ein Vasall Siams, seine Autonomie weitgehend wahren, bevor es unter Rama V. in das Königreich Siam integriert wurde.

Das Königreich von Sukhothai

Ein anderer Tai-Fürst, der spätere König Intharathit, war mit seinem Gefolge zu Beginn des 13. Jh. den Chao-Phraya-Fluss abwärts gezogen, hatte sich von der Herrschaft der Angkor-Dynastie gelöst und 1238 das erste unabhängige siamesische Königreich mit Sukhothai als Hauptstadt gegründet.

König Ramkhamhaeng – der „Vater Thailands"

Seine Blütezeit erlebte das **Reich von Sukhothai** unter König Ramkhamhaeng (1277–1317). Der dritte Sukhothai-Herrscher erklärte den Theravada- bzw. Hinayana-Buddhismus – eine tolerante Glaubenslehre mit hoher Integrationskraft, die sich mit hinduistischen Elementen sowie der ursprünglichen Geister- und Ahnenverehrung vermischt hatte – zur Staatsreligion und entwickelte aus dem Mon- und Khmer-Alphabet die erste Thai-Schrift, die mit geringfügigen Änderungen heute noch verwendet wird.

Dem Expansionsdrang der Nachbarstaaten versuchte er durch eine geschickte Politik wechselnder Bündnisse entgegenzuwirken.

Unter König Ramkhamhaeng erreichte Sukhothai seine größte Ausdehnung, die nach Süden fast das gesamte heutige Thailand umfasste. Im Osten reichte der Einflussbereich bis Vieng Chan (Vientiane) und Luang Prabang im heutigen Laos. Nur das Reich Lan Na in Nordthailand erkannte die Oberhoheit Sukhothais nicht an. König Ramkhamhaeng nimmt in der thailändischen Geschichte einen fast legendären Platz ein und wird bis heute als „Vater Thailands" verehrt. Nach seinem Tode im Jahre 1317 setzte der Niedergang von Sukhothai ein. Der Glanz verblich und Sukhothai wurde zu einem Vasallenstaat von Ayutthaya, einem aufstrebenden jungen Königreich weiter im Süden.

Der Wat Si Sawai in Sukhothai

Das Königreich von Ayutthaya

Mitte des 14. Jh. unterwarf der **Tai-Fürst U Thong**, dessen Herrschaftsbereich über weite Teile Zentralthailands bis zur Malaiischen Halbinsel reichte, Sukhothai. Während seiner Regentschaft von 1350 bis 1369 gründete er als König Rama Thibodi I. das **Reich Sayam (Siam)**. Zur Hauptstadt erkor er Ayutthaya am Unterlauf des Mae Nam Chao Phraya. Neben der Schaffung eines vereinigten Tai-Reiches bestand das Hauptziel von König Rama Thibodi I. in territorialen Zugewinnen, vor allem in der Eroberung des mächtigen Khmer-Imperiums der Angkor-Dynastie. Nach einem ersten erfolgreichen Feldzug gegen Angkor im Jahre 1351 erlebte Ayutthaya einen enormen politisch-wirtschaftlichen und kulturellen Aufschwung zu einem der bedeutendsten Reiche in Südostasien.

Südostasiatisches Machtzentrum

Vier Jahrhunderte lang war Ayutthaya der politische und kulturelle Mittelpunkt des Reiches Siam. König Rama Thibodi I. folgten mehr als 30 Regenten, die nach der endgültigen Unterwerfung des Khmer-Reiches im Jahre 1431 nicht nur das Hofzeremoniell und die Gesetze der Khmer-Kultur übernahmen, sondern auch die Vorstellung der Angkor-Herrscher vom Gottkönigtum.

Geprägt von der Khmer-Kultur

Während in den Vorgängerreichen die Aufgaben des Herrschers vorwiegend weltlicher Natur waren und sich ihre Untertanen jederzeit mit ihren Nöten an sie wenden konnten, standen die Ayutthaya-Könige hoch über dem gemeinen Volk. Bereits zu Lebzeiten erhoben sie Anspruch auf religiöse Verehrung und übten ihre Herrschaft absolut und nahezu unkontrolliert aus. So lag die Entscheidung über Krieg und Frieden allein bei den **Gottkönigen**. Aus dem patriarchalischen Herrscher der Sukhothai-Periode, der auf die Stimme des Volkes hörte, wurde der absolute Monarch, dem die uneingeschränkte Macht über Leben und Tod seiner Untertanen zustand.

Gottkönigtum und absolute Monarchie

Die Herrscher von Ayutthaya stützten sich auf eine kleine Führungsschicht, die sich vorwiegend aus Mitgliedern der eigenen Familie zusammensetzte. Chinesischen Chroniken zufolge lag im feudalistisch strukturierten Ayutthaya-Reiches eine deutliche Kluft zwischen den adligen Herrschern und ihren wichtigsten Beratern. Die einfachen Menschen spielten im politischen und sozialen Leben kaum eine Rolle. Ihre Aufgabe war es, für die Produktion von Reis und anderen Lebensmitteln zu sorgen und als Fronarbeiter die zahlreichen Tempel, Paläste, Verteidigungsanlagen und Kanäle zu errichten. Der Hof der Könige dagegen war ein Staat im Staate, zugleich ein Hort von Kunst und Kultur.

Gekennzeichnet war der Aufstieg des Königreiches Ayutthaya durch militärische Auseinandersetzungen mit den Nachbarstaaten. Zwar war es den Siamesen nach einem fehlgeschlagenen Feldzug der Khmer gegen ihre Hauptstadt Ayutthaya im Jahre 1431 gelungen, die Khmer-Kapitale Angkor ohne große Gegenwehr einzunehmen, doch drohte im Westen Gefahr von den wieder erstarkten Burmesen. Diese eroberten und plünderten 1569 Ayutthaya, nachdem sie bereits 13 Jahre zuvor die Lan-Na-Hauptstadt Chiang Mai unterworfen hatten. Doch schon wenige Jahre später rückte **Prinz Naresuan** mit einer Streitmacht gegen die Burmesen vor und vertrieb sie bis 1592 aus Ayutthaya.

Der von den Burmesen 1767 zerstörte Wat Mahathat in Ayutthaya

Unter Naresuan (1590–1605) und Narai (1656–1688), den nach Rama Thibodi I. bedeutendsten Königen der Ayutthaya-Dynastie, erlebte Siam eine politisch stabile Epoche und zugleich eine kulturelle Blütezeit, während der die Menschen Frieden und Wohlstand genießen konnten. Erstmals kamen regelmäßig Europäer in größerer Zahl nach Ayutthaya. Portugiesen, Holländer, Engländer und Franzosen nahmen Beziehungen zu dem Königreich auf und errichteten am Ufer des Mae Nam Chao Phraya Handelsniederlassungen. Beide Herrscher zeigten sich offen für Einflüsse von außen und reformierten ihr Reich nach westlichem Vorbild. Nach dem Tode von **König Narai** im Jahre 1688 begegnete man den westlichen Besuchern, deren Auftreten und Forderungen immer anmaßender wurden, jedoch wieder mit Misstrauen. Den Nachfolgern von König Narai wurde bewusst, dass die gastfreundlich aufgenommenen Europäer nicht nur Handel treiben wollten, sondern mit ihren Kanonenbooten auch militärische Ziele verfolgten. So verwehrte man westlichen Ausländern etwa 150 Jahre lang den Zugang zum siamesischen Königreich.

Blütezeit des siamesischen Königreiches

Im Jahre 1767 endete das Goldene Zeitalter von Ayutthaya. Nach zahlreichen Schlachten und Scharmützeln griffen die Burmesen, die Erzfeinde der Siamesen, die Stadt an. Bei ihrer Eroberung machten sie Ayutthaya dem Erdboden gleich. Die blühende Metropole versank in Schutt und Asche. Die Kunstschätze der Ayutthaya-Könige, das Inventar der Paläste mit Schnitzereien und Intarsien sowie unersetzliche wissenschaftliche Aufzeichnungen und die gesamte niedergeschriebene Geschichte des Landes wurden ein Raub der Flammen. Die **Zerstörung Ayutthayas** durch die Burmesen war ein Schlag, den die Thai bis heute nicht verwunden haben, obwohl es dem wagemutigen General *Taksin* nur wenige Jahre später mit einer kleinen Schar verbliebener Soldaten gelang, die Feinde zu vertreiben und sich selbst zum König zu krönen. Taksins Herrschaft dauerte nur zehn Jahre, denn er fiel in eine Art Cäsarenwahnsinn und wurde daher auf die für Könige in solchen Fällen vorgeschriebene Art hingerichtet: Man nähte ihn in einen seidenen Sack ein und prügelte ihn mit einem Sandelholzstock zu Tode.

Unter der Herrschaft der Chakri-Dynastie

Nach der Vertreibung der Burmesen errichtete General Taksin in Thonburi, 20 km nördlich der Mündung des Mae Nam Chao Phraya in die Bucht von Bangkok, die neue Hauptstadt des siamesischen Reiches. Aus strategischen Gründen verlegte sein Nachfolger General Phraya Chakri den Hof auf die andere Seite des Flusses nach Bangkok. Der neue Herrscher, der als **König Rama I.** (1782–1809) die **Chakri-Dynastie** begründete, empfand sich in jeder Hinsicht als Erbe der Ayutthaya-Monarchie und versuchte, Größe und Glanz des alten Reiches wiederherzustellen. Nach seinem Willen sollte das neue Machtzentrum Bangkok der alten Königsstadt Ayutthaya zumindest ebenbürtig sein, sie womöglich noch übertreffen. So entstanden der prachtvolle Royal Grand Palace und fantastische Tempelanlagen wie der Wat Phra Kaeo. Alle Mitglieder des neuen Herrscherhauses erhielten fortan den Titel „Rama".

Die neue Hauptstadt Bangkok

Nach dem Niedergang des Ayutthaya-Reiches versuchte König Rama I. die Machtsphäre Siams mit einem **Feldzug gegen Kambodscha** und **Laos** zu erweitern. Auf die Besetzung von weiten Teilen Kambodschas erfolgte die Einnahme von Vieng Chan (Vientiane). Im Triumphzug führte Rama I. den Smaragd-Buddha, den ein laotischer

Expansions-
politik der
Chakri-
Könige König Mitte des 16. Jh. aus Chiang Mai mitgebracht hatte, in die siamesische Hauptstadt zurück. Nicht allein die Ausdehnung ihres Staatsgebiets war Ziel ihres Feldzugs
gegen Laos, als ebenso wichtig erachteten die Siamesen die Schaffung einer einheitli-
chen Tai-Nation, unter Einschluss der laotischen Völker.

Die Expansionspolitik seines Vaters setzte König Rama II. (1809–1824) fort, indem er
das malaiische Sultanat Kedah dem siamesischen Königreich einverleibte. Rama II. war
aber auch, ebenso wie sein Sohn und Nachfolger Rama III. (1824–1851), ein eifriger
Förderer von Kunst und Wissenschaft. Während der Regierungszeit von Rama III.
wurde im Wat Pho in Bangkok die erste Universität des Landes gegründet.

Mit kluger
Politik
gegen die
kolonialen
Ansprüche
europäischer
Groß-
mächte Das große Verdienst von König Mongkut oder Rama IV. (1851–1868) bestand darin,
durch eine **kluge Bündnispolitik**, welche die Rivalität zwischen England und Frankreich nutzte, die Gefahr der Kolonialisierung abzuwenden. Während die Nachbarstaaten Laos, Kambodscha und Vietnam zum französischen Kolonialreich Indochina
zusammengefasst wurden, und Burma und Malaya unter das koloniale Joch der Briten
gerieten, ist Thailand das einzige Land in Südostasien, das seine nationale Unabhängigkeit bewahren konnte. Im Laufe der kolonialen Expansion an seinen Grenzen verlor
Siam zwar rund ein Drittel seines Territoriums an England und Frankreich (die Südprovinzen gingen an die Briten, große Teile von Kambodscha und Laos an die Franzosen),
konnte aber sein Kernland vor direkter kolonialer Beherrschung retten. Westlichen
Einflüssen aufgeschlossen, öffnete König Mongkut das Land für Handelsgesellschaften
aus Europa, und Bangkok begann als bedeutender Warenumschlagplatz zu florieren.
Dass König Mongkut nach dem jetzigen König der im Westen bekannteste thailändische Herrscher ist, hat er den schwärmerischen Memoiren von Miss Anna Leonowens
zu verdanken, die als Lehrerin am Hofe des Königs tätig war. Ihr Buch „Eine englische
Gouvernante am Hof von Siam" diente als Vorlage für den umstrittenen Film „Der König und ich".

König Chulalongkorn (1868–1910), der als Rama V. den Thron bestieg, setzte das
fortschrittliche Werk seines Vaters fort. Er reformierte sein Reich nach westlichen
Ideen, indem er die Verwaltung zentralisierte, das Militär nach europäischem Vorbild
organisierte, Steuergesetze erließ, die Sklaverei abschaffte, die Infrastruktur moderni-
sierte, die erste Eisenbahnlinie bauen ließ und ein weltliches Erziehungssystem einführte.
Europäische Wissenschaftler und Beamte übten zur damaligen Zeit einen großen Einfluss
am siamesischen Königshof aus. König Chulalongkorn war der erste thailändische König,
Westliche
Einflüsse der ausgedehnte Reisen nach Europa unternahm. Auch schickte er zahlreiche seiner
Söhne zum Studium an europäische Universitäten. Trotz des an westlichen Vorbildern orientierten Staatskonzepts und aller anderen Neuerungen bildeten weiterhin der kon-
servative Theravada-Buddhismus und zahlreiche alte Traditionen das Fundament des Königreichs. Neben dem jetzigen König Bhumipol ist König Chulalongkorn der am meisten verehrte aller Thai-Könige. Am 23. Oktober, seinem Todestag, legen Tausende Menschen vor seinem bronzenen Reiterstandbild nahe der Thronhalle in Bangkok Blumengebinde
nieder (s. S. 154).

Unter König Chulalongkorn und seinem Nachfolger König Vajiravudh bzw. Rama VI.
(1910–1925) erlebte Siam seine politisch beständigste Epoche. Dies änderte sich unter
König Prajadibok bzw. Rama VII. (1925–1935), als auch Siam von der Weltwirtschafts-

krise erfasst wurde und große Teile der Bevölkerung Not litten. Unzufriedene Militärangehörige und Zivilisten, die eine Volkspartei gegründet hatten und eine Beteiligung des Volkes an der Regierung forderten, stürzten am 24. Juni 1932 in einem unblutigen **Staatsstreich** die absolute Monarchie und erzwangen eine demokratische Verfassung. Zwar blieb der König nach britischem Vorbild weiterhin konsti-

Das Reiterstandbild von König Chulalongkorn in Bangkok

tutionelles Staatsoberhaupt, doch endete mit dem Putsch nach knapp 700 Jahren die absolute Königsherrschaft, die seit dem Reich von Sukhothai in Thailand bestanden hatte.

Ende der absoluten Monarchie

Nach der Abdankung von König Prajadibok im Jahre 1935, der den neuen Machthabern kritisch gegenüberstand und ihnen nicht als „Marionettenkönig" dienen wollte, bestimmte der Regentschaftsrat, bei dem nun die Fäden der Macht zusammenliefen, den erst zehnjährigen Ananda Mahidol als König Rama VIII. (1935–1946) zu dessen Nachfolger.

Thailand im Zweiten Weltkrieg

1942 überfiel Japan Hongkong, Singapur, Manila und Jakarta und besetzte schließlich auch Indochina. Die japanische Invasionsarmee stieß auf wenig Widerstand, denn ihre Propaganda hatte die Einheit der Völker Asiens beschworen und den Einheimischen die Befreiung vom kolonialen Joch versprochen. Ihr Motto „Asien den Asiaten" fand in der Region, vor allem im wieder erstarkten Thailand, große Zustimmung. Bereits 1939 hatte die Militärdiktatur unter dem ein Jahr zuvor an die Macht geputschten General Phibul Songkram die Pan-Thai-Doktrin wiederbelebt, welche die Vereinigung aller Tai-Völker in einem Großreich unter der Führung von Bangkok anstrebte. Der erste Schritt war die offizielle Umbenennung des Königreichs von Siam in **Thailand** (*Prathet Thai*), was soviel wie „**Land der Freien**" bedeutet, eingedenk der Tatsache, dass Thailand niemals in seiner Geschichte von fremden Mächten besetzt war.

Die japanische Besatzungszeit

Nach Ausbruch des Zweiten Weltkriegs im Pazifik stand Thailand somit automatisch auf der Seite von Japan, dessen Truppen von thailändischem Territorium aus die britischen Kolonien Burma und Malaya angriffen. Aus strategischen Gründen veranlassten die Japaner den Bau der berüchtigten „Eisenbahn des Todes" (s. S. 444), der Tausende Kriegsgefangene das Leben kostete. Mit der Annexion der laotischen Provinzen am

Westufer des Mekong und der kambodschanischen Westprovinzen griff Thailand aktiv in das Kriegsgeschehen ein. Nach der Kapitulation der Japaner schloss die thailändische Regierung Friedensverträge mit Großbritannien und den USA.

Nachkriegszeit und Vietnam-Krieg

König und Militär

Am 9. Juni 1946 kam König Rama VIII. unter bis heute ungeklärten Umständen zu Tode. Seine Nachfolge trat sein Bruder **Bhumipol Adulyadej** an. Als König Rama IX. ist er heute noch oberster Repräsentant des Landes, zugleich auch dienstältester Monarch der Welt. In den Folgejahren wurden Perioden großer Liberalisierung, in denen sich das demokratische System für Thailand als noch nicht tragfähig erwies, immer wieder von Zeiten unterbrochen, in denen der Ministerpräsident mit beinahe diktatorischer Macht regierte. Oft übernahmen korrupte Generäle leitende Positionen im Staat, während Intellektuelle und Liberale für demokratische Reformen kämpften.

Verbündeter der USA

Angesichts der Unruhen in Vietnam, Laos und Kambodscha band sich Thailand ab Mitte der 1950er-Jahre stärker an die USA und bezog Stellung gegen den Kommunismus, weil dieser Religion und Monarchie bedrohte. Während des **Vietnam-Krieges** von 1964 bis 1975 gestattete die thailändische Regierung den USA gegen umfangreiche Wirtschaftshilfe die Errichtung militärischer Stützpunkte vor allem im Nordosten des Landes, von wo aus US-Bomber Luftangriffe auf Ziele in Indochina flogen. Zeitweise entsandte Thailand bis zu 10.000 Soldaten zur Unterstützung der amerikanischen Streitkräfte nach Südvietnam.

1971 löste Feldmarschall Thanom Kittikarchorn das Parlament auf und verhängte das Kriegsrecht. Viele Oppositionelle, vor allem Studenten, wandten sich in dieser Zeit dem Kommunismus zu und gingen in den Untergrund. 1973 führten Studentendemonstrationen zum Sturz des Militärregimes und zu demokratischen Reformen. Ein Militärputsch beendete jedoch bereits 1976 die kurze Periode der Demokratisierung. Unter der Regierung von General Prem Tinsulanonda stabilisierte sich zwar Anfang der 1980er-Jahre die politische Situation, Thailand war jedoch immer noch

Das Democracy Monument in Bangkok erinnert an die Ausrufung der konstitutionellen Monarchie

weit entfernt von einer Demokratie nach westlichem Muster. Immerhin gelang es Prem Tinsulanonda, Tausende von kommunistischen Untergrundkämpfern, die vom Nordosten her gegen Bangkok operierten, zurückzuholen und in die Gesellschaft zu integrieren. Zu sozialen Unruhen, ausgelöst durch Korruption und ungleiche Einkommensentwicklung, kam es erneut während des Wirtschaftsbooms in der Regierungszeit von Premierminister Chatichai Choonhavan Ende der 1980er-Jahre. 1991 übernahmen nach einem Putsch erneut hohe Militärangehörige die Macht, mussten jedoch auf Druck von König Bhumipol den liberalen Politiker Anand Panyarachun als Regierungschef akzeptieren.

Politische Turbulenzen

Der Weg ins 21. Jahrhundert

Bei den Parlamentswahlen von 1992 errangen die den Militärs nahestehenden Parteien einen umstrittenen Sieg. Nach der verfassungsrechtlich nicht einwandfreien Ernennung von General Suchinda Kraprayoon, selbst kein gewähltes Parlamentsmitglied, zum Premierminister kam es zu schweren Unruhen in Bangkok, die von den Streitkräften blutig niedergeschlagen wurden. Erst nach Intervention von König Bhumipol, der in allen Bevölkerungsschichten höchsten Respekt genießt, trat Suchinda Kraprayoon zurück. Nach dem Willen des Monarchen wurde Anand Panyarachun zum Interims-Premierminister ernannt und Neuwahlen vorbereitet. Eine erneute Reformphase begann 1993 mit der Wahl von Chuan Leekpai von der Demokratischen Partei zum Premierminister, unter dessen Ägide das Parlament eine **demokratische Verfassung** verabschiedete. Die Entwicklung demokratischer Strukturen und pluralistischer Tendenzen ging einher mit einem Wirtschaftsboom ohnegleichen. 1997 schlitterte das Land jedoch nach einem Börsencrash in die schlimmste **Wirtschaftskrise** der Nachkriegszeit (s. S. 80). Doch überraschend schnell war die Talfahrt wieder beendet und Thailand schritt optimistisch ins neue Jahrtausend. Getrübt wurde die Aufbruchstimmung allerdings durch erhebliche politische Turbulenzen, die das Land in den ersten Jahren des 21. Jh. erschütterten und im Mai 2010 in einer Rebellion militanter Regierungsgegner gipfelten, bei der Tausende Menschen verletzt und über Hundert getötet wurden. Als Bangkok erneut im Chaos zu versinken drohte, übernahm am 22. Mai 2014 Armeechef Prayuth Chan-ocha nach einem Militärputsch das Amt des Premierministers (s. S. 77).

Eine Chance für die Demokratie

König Bhumipol – Ein Monarch für alle Fälle

info

Sein Porträt hängt in der armseligsten Hütte, die Bauern in der Provinz verehren ihn wie einen Halbgott. Und wenn seine Gesundheit angeschlagen ist, dann betet das ganze Volk für ihn. König Bhumipol Adulyadej ist Seele und Säule der Nation. In den Augen der Thai verkörpert er das Göttliche schlechthin, hält das Schicksal jedes Einzelnen und das Wohlergehen des ganzen Landes in seinen Händen. Während seine europäischen Amtskollegen um die Reste ihrer herrschaftlichen Würde kämpfen, steigt die Popularität des Königs von Thailand mit jedem Jahr seines Lebens. Das war nicht immer so. Als Bhumipol 1946 den thailändischen Thron bestieg, hatte das Prestige der Monarchie einen Tiefpunkt erreicht. Am 9. Juni 1946 wurde der gerade erst 21 Jahre alte König Ananda Mahidol (Rama VIII.) tot in seinem Schlafzimmer aufgefunden. Die Todesursache war eindeutig – er starb durch einen Pistolenschuss –, doch die genauen Umstände konnten nie ge-

Das Herrscherpaar anlässlich des 60-jährigen Thronjubiläums von König Bhumipol Adulyadej im Jahre 2006

klärt werden. Der plötzliche Tod des Regenten konfrontierte seinen jüngeren Bruder Bhumipol Adulyadej, der unter normalen Umständen nie mit einer Thronfolge hätte rechnen können, mit den Aufgaben des Königs. Um diesen gerecht zu werden, wechselte er seine Studienfächer und besuchte in der Schweiz noch drei Jahre lang Vorlesungen an der politischen und an der juristischen Fakultät. Am 28. April 1950 heiratete er Königin Sirikit, die Tochter des thailändischen Botschafters in Frankreich. Bereits am 5. Mai 1950 wurde er als Rama IX. in Bangkok gekrönt. Annähernd 30 thailändische Regierungen hat der heute dienstälteste Monarch der Welt seither kommen und gehen sehen. In den innenpolitischen Turbulenzen der letzten Jahrzehnte war er der ruhende Pol. Obwohl ihm nach der Verfassung nur die Rolle des Repräsentanten ohne konkrete politische Macht bleibt, steht Bhumipol bis heute als überragende moralische Autorität und einigende Kraft über allem politischen Hin und Her. Nicht ohne Selbstironie hat der König seine Position in der gesellschaftlichen Hierarchie einmal so beschrieben: „Traditionalisten sehen ein Königreich wie eine Pyramide, mit dem Monarchen an der Spitze und dem Volk darunter. In Thailand steht diese Pyramide auf dem Kopf. Deshalb spüre ich manchmal einen Schmerz in der Schulter."

Der Respekt, den der König genießt, befähigte ihn wiederholt, als Vermittler aufzutreten und brisante Situationen zu entschärfen. Während der Studentenrevolte 1973 und noch dramatischer 1992, als er ohne vorherige Ankündigung im Fernsehen auftrat und einen Kompromiss zwischen den Konfliktparteien aushandelte, bewahrte er das Land vor einem Bürgerkrieg. Schon kurz danach verlief das Leben in Bangkok wieder in ruhigen Bahnen. In jeder Krise blicken die Thai seither auf den König, denn niemand würde es wagen, gegen seinen Willen zu handeln. So zuletzt auch beim „seidenen Putsch" im September 2006. Als aufgeklärter, volkstümlicher Monarch nimmt er die Sorgen der Armen ernst und setzt sich engagiert für eine bessere Infrastruktur auf dem Land ein, außerdem ist er ein radikaler Verfechter des Umweltschutzes. Bhumipol verbrachte früher den größten Teil des Jahres außerhalb von Bangkok, um beispielsweise landwirtschaftliche Entwicklungsprojekte zu betreuen. An die Bergstämme des Nordens ließ er Saatgut für Gemüse, Obst und Blumen verteilen, damit sie den Opiumanbau aufgaben.

Das Gottkönigtum ist ebenso wie die buddhistische Frömmigkeit tief in der thailändischen Mentalität verankert. Die Thai haben ihre althergebrachte Ehrfurcht vor dem König bis in die heutige Zeit bewahrt. Wenn sie der Meinung sind, dass ihr Königshaus verunglimpft wird, hört aller Spaß auf. Nicht erfunden ist die Geschichte von jenem Touristen, der verhaftet wurde, weil er einen wegflatternden Geldschein mit dem Fuß festhielt. Jeder Baht-Schein zeigt nämlich das Bild des Königs, und mit dem Fuß auf jemanden zu zeigen oder gar auf ihn zu treten, gilt als eine der schwersten Beleidigungen. Eine Gefängnisstrafe erhielt auch ein in Thailand lebender Schweizer, der in betrunkenem Zustand Porträts des Königs mit schwarzer Farbe besprühte. Nach thailändischem Gesetz stehen auf die Beleidigung von König und Königsfamilie bis zu 15 Jahre Haft.

Landschaftlicher Überblick

Geografie

Das Königreich Thailand, mit 514.000 km² fast so groß wie Frankreich, liegt im zen- *Lage*
tralen Teil Hinterindiens (oder Festland-Südostasiens). In der Äquatorialzone zwischen *Thailands*
6° und 20° nördlicher Breite, wird es von vier Ländern umgeben: Malaysia im Süden,
Kambodscha im Osten, Laos im Nordosten und Myanmar (Burma) im Westen und
Norden. Im Südwesten bildet der Indische Ozean bzw. die Andamanen-See die natürliche Grenze, im Südosten der Golf von Thailand. Nach Indonesien und Myanmar
(Burma) ist Thailand das drittgrößte Land Südostasiens.
Die Nord-Süd-Ausdehnung von fast 1.800 km sorgt für enorme **geografische Unterschiede**. Während sich im fruchtbaren zentralen Tiefland Reisfelder bis zum Horizont ziehen, bilden Ausläufer des Himalaya die Berge des Nordens. Der Nordosten ist
eine Hochebene, die in der Trockenzeit unter Dürre leidet. Auf der südlichen Halbinsel
wuchert dagegen tropischer Regenwald, vor der Küste reihen sich Inseln wie Perlen an
einer Kette aneinander. Der Zergliederung in vier landschaftlich und klimatisch unterschiedliche Landesteile entspricht auch die administrative Gliederung des Landes.

Zentralthailand (104.000 km²)

Die mächtigen Ströme – allen voran der Mae Nam Chao Phraya –, die vom chinesischen Zentralmassiv in der Provinz Yunnan und vom tibetischen Hochland nach Süden
fließen und jedes Jahr während der Regenzeit Millionen Tonnen fruchtbaren Schlamms
auf die Felder spülen, machen die zentrale Ebene zur **„Reiskammer des Landes“**.
Früher bewaldet, besteht Thailands Zentralebene heute fast ausschließlich aus Reis- *Die „Wiege*
feldern. Sie ist das landwirtschaftlich bedeutendste Gebiet des Landes und liefert den *der Nation“*
Hauptteil der Reisproduktion. Seit jeher zählte die Tiefebene mit ihren alluvialen Böden
zu den bevorzugten Siedlungsgebieten. Es ist eine Region von außerordentlicher kul-
turhistorischer Bedeutung, denn auf der Grundlage des Bewässerungsbaus entstanden
dort die ältesten Zivilisationen in Südostasien. Seit Thailand ein unabhängiges Königreich wurde, befand sich hier die Hauptstadt, zunächst Sukhothai und Ayutthaya, dann
Thonburi und schließlich Bangkok.
Während sie in nördlicher Richtung zum Gebirge ansteigt, wird die Zentralebene im
Osten und Westen von hügeligen Vorgebirgen eingerahmt, die früher mit Monsunwäldern dicht bewachsen waren. Besondere landschaftliche Attraktionen sind zahlreiche Inselberge, verkarstete Kalksteinberge und andere steile Felsformationen, die
aus dem Tiefland aufragen. Geografisch und administrativ gilt auch die östliche Golfküste zwischen Bangkok und Trat nahe der Grenze zu Kambodscha als ein Teil Zentralthailands, obwohl es eher eine Subregion mit eigenem Charakter ist.

Nordthailand (170.000 km²)

Reist man von der Zentralebene nach Norden, wandelt sich das Bild der Landschaft
schlagartig. Das flache Land, das über Hunderte von Kilometern kaum mehr als 50 bis

Reisernte im Nordosten Thailands

100 m über dem Meeresspiegel liegt, steigt innerhalb von nur 20 bis 40 km rasch auf eine Höhe von 1.000 m und sogar mehr an. Bestimmt wird die Topografie des Nordens von den **Ausläufern** des **Himalaya-Massivs**, die sich fächerförmig gegen Süden öffnen und allmählich abflachend das Land stark gliedern. Die schroffen Gebirgszüge sind nicht überall als „Ketten" ausgebildet, sondern enthalten weit gespannte, von steilwandigen Tälern durchfurchte Hochflächen mittlerer Höhenlage. Die östliche Bergkette, die bis zu über 1.700 m aufsteigende Phetchabun-Kette (auch Zentrales Hochland), trennt den Norden vom nordöstlichen Korat-Plateau. Als höchster Berg Thailands ragt 60 km südwestlich von Chiang Mai der 2.565 m hohe Doi Inthanon auf.

Fruchtbares Hochland

Durch die tief eingeschnittenen Flusstäler und schmalen, lang gezogenen Ebenen zwischen den Gebirgszügen zogen die **Tai-Völker** einst nach Süden. Die Becken zwischen den Bergketten bieten günstige Voraussetzungen für eine ertragreiche Landwirtschaft, allerdings muss ein Großteil der Reisfelder künstlich bewässert werden. Aus diesem Grund baut man seit einigen Jahrzehnten Staudämme und Rückhaltebecken.

Nordostthailand (169.000 km²)

Bestraft von Natur und Klima

Im Nordosten erstreckt sich zwischen dem Zentralen Hochland im Nordwesten und den Dangrek-Bergen im Südosten das mit Trockenwald und Baumsavanne bewachsene felsige **Korat-Plateau** bis an den Mekong, der im Osten die Grenze zu Laos bildet. Das Plateau selbst, das die Form einer flachen Schüssel hat, wird durch die bis zu knapp 700 m hohen Phu-Phan-Berge in das größere Korat-Becken im Süden und das kleinere Sakon-Nakhon-Becken im Norden geteilt. Das zwischen 100 und 300 m hohe Hochland hat minderwertige Böden und geringe Niederschläge. Die Isaan genannte Region gilt deshalb als „**Armenhaus der Nation**".

Auf der Tropeninsel Ko Samui im Süden

Südthailand (71.000 km²)

Der Süden ist ein schmaler Streifen von etwa 1.000 km Länge auf der **Malaiischen Halbinsel**, die an ihrer engsten Stelle gerade noch 40 bis 50 km breit ist. Das Rückgrat der Halbinsel bilden das Tenasserim-Gebirge, das die natürliche Grenze zu Myanmar (Burma) darstellt, und die sich südöstlich anschließende, bis zu 1.000 m ansteigende Phuket-Kette. Noch weiter südöstlich erstreckt sich die Nakhon-Kette quer über die Halbinsel. Nach Norden läuft sie in der Inselgruppe um Ko Samui aus, im Süden in die um Ko Tarutao. Mit dem 1.833 m hohen Khao Luang ragt im Norden dieses Gebirges der höchste Gipfel der Region auf. Zwischen der Nakhon-Kette und der Andamanen-Küste sorgen teils bizarr erodierte, verkarstete Kalksteinberge, die von dichter tropischer Vegetation überwuchert sind, für landschaftliche Akzente.

Die Gebirgszüge teilen die Südregion in eine **gebirgige West-** und eine **flachere Ostseite**. Vor allem im Norden der Westküste sind die wenigen Küstensäume schmal und oft von Mangrovendickichten bedeckt. Dort fällt das schroffe Küstengebirge an vielen Stellen abrupt ins Meer ab. Der Westküste sind zahlreiche Inseln aus steilwandigen Kalkfelsen vorgelagert. Nach Süden dehnen sich die westlichen Küstenebenen etwas weiter ins Hinterland aus und sind häufig mit Sümpfen durchsetzt. An der Ostküste dagegen erstreckt sich eine weitgehend kultivierte Schwemmlandebene mit einigen großen Binnenseen, etwa von Chumphon bis Narathiwat. *Landschaftliche Vielfalt*

Mit weniger als 15 Prozent Anteil an der Gesamtfläche ist dies die kleinste Region Thailands. Aufgrund der topografischen Verhältnisse ist der Süden keine großflächige Anbauregion und Reis wird hier meist zur Selbstversorgung produziert. Von wirtschaftlicher Bedeutung sind Kokosnüsse und Südfrüchte, in manchen Regionen werden Gummibäume angebaut.

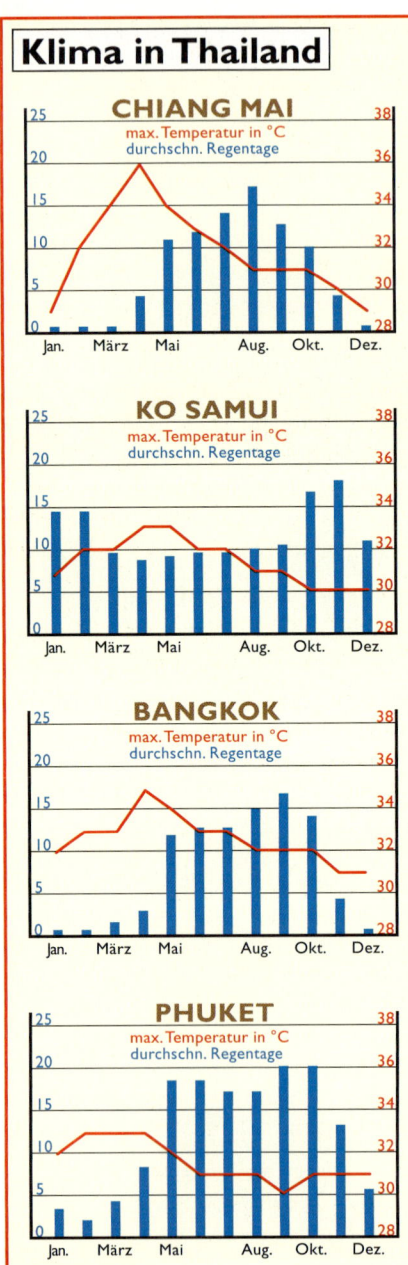

Klima in Thailand

CHIANG MAI
max. Temperatur in °C
durchschn. Regentage

KO SAMUI
max. Temperatur in °C
durchschn. Regentage

BANGKOK
max. Temperatur in °C
durchschn. Regentage

PHUKET
max. Temperatur in °C
durchschn. Regentage

© graphic

Klima und Reisezeit

Klimatisch wird Thailand zu den Monsunländern mit einer **trockenen** (November bis Mai) und einer **feuchten** (Juni bis Oktober) Jahreszeit gerechnet. Zwischen Juni und Oktober fallen zwar rund drei Viertel aller Niederschläge, doch die Zweiteilung ist eine grobe Vereinfachung. Schon die topografischen Unterschiede des Landes sorgen dafür, dass das Wetter sehr viel komplexer ist und von Region zu Region variiert. Das in Thailand vorherrschende tropische, in den nördlichen Regionen subtropische Klima ist durch hohe Durchschnittstemperaturen, extreme Luftfeuchtigkeit und starke Niederschläge charakterisiert. Die beiden Hauptjahreszeiten sind von zyklisch wiederkehrenden **Winden** – den **Monsunen** – geprägt.

Die etwa von Juni bis Oktober dauernde **Regenzeit** wird vom Südwest- oder Sommer-Monsun bestimmt, der auf seinem Weg über den Indischen Ozean reichlich Feuchtigkeit aufnehmen kann. Während der Regenmonate fallen die Temperaturen zwar ein wenig, aber es herrscht eine so hohe Luftfeuchtigkeit, dass eine Atmosphäre wie in einem wohl temperierten Dampfbad entsteht. Es gibt aber auch klare und sonnige Tage. Aber es kann in der Regenperiode jederzeit zu sintflutartigen Wolkenbrüchen und heftigen Gewittern kommen. Die Gebirgszüge und Bergketten im Norden, Westen und Nordosten schützen das Land jedoch vor Taifunen.

Die durchschnittliche **Jahresniederschlagsmenge** beträgt zwischen 1.500 und 2.000 mm (Deutschland etwa 700 mm). Allerdings verteilt sich der Regen in Thailand örtlich und zeitlich ungleichmäßig. Während der trockene Nordosten kaum mehr als 1.000 mm jährliche Niederschläge erhält, ertrinkt die Region um Ranong an der Westküste regelrecht in mehr als 5.000 mm Niederschlag jährlich.

In **Südthailand** herrscht wegen der Nähe zum Äquator das ganze Jahr über gleichmäßig feuchtheißes Wetter und es kann jeden Tag regnen – auch ohne Monsun. Die Gebirgsketten in der südwestlichen Küstenregion, an denen sich die Wolken abregnen, werden während der niederschlagsreichsten Monate zwischen August und Oktober von Wassermassen geradezu durchweicht. Die in Nord-Süd-Richtung verlaufenden Gebirgszüge bewirken aber auch, dass es zwischen der West- und der Ostküste Südthailands erhebliche klimatische Unterschiede gibt. Während nämlich die westliche Küste voll dem

Zwischen Juni und Oktober kommt es immer wieder zu Überschwemmungen

sommerlichen Südwest-Monsun ausgesetzt ist, steht die östliche Küste unter *Klimatische* dem Einfluss des **winterlichen Nordost-Monsuns**. Wenn also von August bis Ok- *Kontraste* tober die westliche Andamanen-Küste mit Phuket und anderen vorgelagerten Inseln fast im Regen versinkt, kann man an der Golfküste im Südosten sowie auf Ko Samui und anderen Inseln sonnige und meist niederschlagsfreie Urlaubstage genießen. In der südöstlichen Region muss man dann zwischen November und März mit teils heftigen Regenfällen rechnen.

Aufgrund des hohen Luftdrucks, der in den Wintermonaten über Zentralasien vorherrscht, dreht die Windrichtung zu Jahresende auf Nordost. Von November bis Februar bringt der Nordost-Monsun Thailand – mit Ausnahme der Golfküste im Südosten – die „**kühle**" Trockenperiode. Dann können im nord- und nordostthailändischen Bergland die Temperaturen bis zum Gefrierpunkt abfallen und selbst in Chiang Mai werden morgens oft Temperaturen von weniger als 10° Celsius gemessen. Wegen der *Ideale* für Mitteleuropäer angenehmen Temperaturen gelten die Monate von November bis *Reisezeit* Februar als **beste Reisezeit**.

Die **heiße Trockenzeit** von März bis Mai ist von sonnigen und windstillen Tagen sowie Temperaturmaxima charakterisiert, die vor allem im Norden und Nordosten deutlich über 40° Celsius erreichen können. In der Hitze verdunstet das Wasser in den Reisfeldern und die Erde wird von der Sonne zu steinharten Ziegeln gebrannt. Wegen der abgeernteten grau-braunen Reisfelder und trocken liegenden Sümpfe wirken viele Landstriche in Nord- und Nordostthailand während der trocken-heißen Jahreszeit wenig reizvoll.

Thailändische Pflanzenwelt

Umweltsünden

Kahlgeschlagene Berghänge, ausgetrocknete Flussbetten, Landstriche ohne Baumbestand – vom Flugzeug aus gesehen wirken viele Regionen Thailands wie nordafrikanische Dürregebiete. Noch vor 100 Jahren bedeckten tropische Wälder weit mehr als die Hälfte der Landesfläche. Menschlicher Unverstand und Profitgier haben der Natur Erschreckendes angetan. Nicht nur in den Ebenen, sondern auch in den höheren Lagen sind heute die Zonen natürlicher Vegetation stark zurückgegangen. Bereits zwischen dem 7./8. Jh. und 13. Jh. haben die Tai-Völker in den fruchtbaren Tiefländern die Wälder gerodet, um Reisfelder anzulegen. Dramatische Veränderungen erfuhr das Landschafts- und Vegetationsbild jedoch im Verlauf des 20. Jh.

Ursprünglicher Regenwald auf dem Rückzug

Die Zahlen, die den **Rückgang der Waldfläche** in Thailand belegen, sind alarmierend. Noch 1960 meldete das Royal Forest Department, dass Thailand zu 60 Prozent mit Wald bedeckt sei, 1980 betrug die Waldfläche nach derselben Quelle nur noch 35 Prozent. Und bis 1985 ging sie auf weniger als 30 Prozent zurück: Allein zwischen 1960 und 1985 halbierte sich die bewaldete Fläche. Von den einst endlosen Teakholz-Wäldern Nordthailands ist nicht mehr viel übrig. Schuld sind die ausländische Nachfrage nach Edelhölzern, die Brandrodung durch die Bergvölker und der Verbrauch an Feuerholz.

Die verbesserte medizinische Versorgung hat seit den 1960er-Jahren bei den Bergstämmen zu deutlichem Bevölkerungswachstum geführt, womit der Bedarf an Kulturland wuchs und die **Brandrodungsfläche** immer weiter ausgedehnt wurde. Früher wurde das Land gerodet und lag dann für etwa 5 bis 10 Jahre brach, sodass sich Wald und Bodenfruchtbarkeit regenerieren konnten. Heute nutzen die Bergbewohner es oft, bis es völlig karg ist. Nahezu aller Primärwald des Nordens ist zerstört, der Sekundärwald wird immer lichter. Wo immer ausgelaugter Boden sich selbst überlassen bleibt, breitet sich eine dichte Grasdecke aus, die mühsam gerodet werden muss, will man das Land jemals wieder kultivieren.

Mittlerweile ist die Waldverwüstung zu einer **Zeitbombe** für das **sensible ökologische Gleichgewicht** geworden, denn ein gesunder Waldbestand ist entscheidend für Klima, Wasserhaushalt und Bodenfruchtbarkeit. Er saugt das Regenwasser wie ein Schwamm auf und sorgt für einen regulierten Strom der Bäche und Flüsse. In kahlgeschlagenen Gegenden ist die dünne Humusschicht der tropischen Böden den heftigen Niederschlägen schutzlos ausgesetzt, die Folge sind Erosion und Verkarstung. Ist der Wald als Wasserspeicher verschwunden, kommt es vor allem im nordöstlichen Thailand regelmäßig auch zu ausgeprägten Dürreperioden mit akutem Wassermangel. Verheerend sind die durch Wolkenbrüche in den Erosionsgebieten ausgelösten Erdrutsche, Schlammlawinen und Überflutungen. Nach der **großen Überschwemmung** in Südthailand im Jahre 1988, die Hunderte Todesopfer forderte, erließ die Regierung 1989 ein Gesetz, das den unkontrollierten Holzschlag verbietet und Wiederaufforstungsmaßnahmen vorsieht. Nach offiziellen Angaben sind heute 20 Prozent des Staatsgebiets mit Wald bedeckt. Experten halten diese Zahl für zu hoch, da sich viele Waldflächen in einem so desolaten Zustand befinden, dass sie diesen Namen eigentlich nicht mehr verdienen. Der größte Teil des thailändischen Waldes ist nicht mehr „Urwald" im Sinne von unberührtem Primärwald, sondern verarmter **Sekundärwald** mit dichtem Unterwuchs. Der Anteil von primären Regenwäldern mit großer Biodiversität wird auf weniger als 10 Prozent geschätzt. Geschlossene Waldgebiete existieren nur noch in Nationalparks, die sich wie Inseln über das ganze Land verteilen. Statt Primär- oder Sekundärwäldern prägen in vielen Regionen industrielle Holzplantagen aus schnell wachsenden australischen Eukalypten oder indischen Gemelina das Landschaftsbild.

Vegetationszonen

Je nach Höhenstufe und regionalem Klima weisen die verbliebenen Wälder Thailands verschiedene Vegetationszonen auf. Im Gezeitenbereich der Küstensäume und Flussdeltas am Golf von Thailand und der Andamanen-See wuchern auf langen Stelz- und Luftwurzeln salzwassertolerante, weit ins Binnenland reichende **Mangrovenwälder**, die Fischen und Krebsen

Mit Monsunwald bedeckte Bergzüge zwischen Mae Hong Son und Pai in Nordthailand

Brutplätze bieten. Diese Küstenwälder behindern zwar die Schifffahrt und sind auch bei Badeurlaubern wenig beliebt, schützen aber als Pufferzone zwischen Meer und Land die Binnenebenen vor den Gezeiten und der Erosion. Bei dem verheerenden Tsunami Ende 2004 erlitten durch Mangrovenwälder geschützte Küstenabschnitte weitaus weniger Schäden als solche, an denen man sie gerodet hatte. Auf Hochplateaus im Norden und Nordosten mit ausgeprägter periodischer Trockenheit und nährstoffarmen Böden dominieren **Savannen** mit bis zu 1,5 m hohem Elefantengras, in die Kakteenfelder und Haine genügsamer Hartlaubgewächse eingesprenkelt sind. In den höheren Lagen der wechselfeuchten Klimazonen gehen die Savannen in **Trocken-** bzw. **Monsunwald** über. Dieser auch Falllaubwald genannte, regengrüne und trockenkahle Vegetationstyp besteht aus Bäumen, die in der Trockenzeit Laub abwerfen, etwa den Dipterocarpaceen und den Teakbäumen (*Tectona grandis*) mit bis zu einem halben Meter großen Blättern, die ein begehrtes Nutzholz liefern. Die Artenvielfalt ist in den Monsunwäldern im Vergleich zu den Regenwäldern deutlich geringer. Dennoch ist während der Regenzeit optisch kein großer Unterschied zwischen dem Falllaubwald und dem **tropischen immergrünen Regenwald** zu erkennen, der vorwiegend im südlichen Thailand an den niederschlagsreichen Luv-Seiten der Berge im feucht-warmen Klima der Höhenlagen unter 1.000 m wächst. Nach dem Laubfall in der Trockenzeit ändert sich das jedoch. In keinem anderen Biotop gibt es so viele Baum- und Pflanzenarten wie im tropischen Re-

Natürlicher Schutz

*Arten-
reiches
Biotop*

genwald. Ein europäischer Förster muss mit wenigen Dutzend Baumarten vertraut sein. Auf einem Hektar tropischen Regenwalds dagegen wachsen oft bis zu tausend Pflanzenarten, davon rund 300 Baumarten. Bis zu 60 m Höhe erreichen die mächtigsten Urwaldriesen, gestützt auf sogenannte Brettwurzeln. Ihre Baumkronen bilden das oberste Stockwerk im vertikal gegliederten Regenwald. Ihnen folgen zwei weitere Etagen von Kronendächern, die Licht und Regen filtern und damit das Klima bis zum Boden bestimmen. Dazwischen siedeln Parasiten und Epiphyten – Pflanzen, die auf anderen Pflanzen wachsen, sich aber selbstständig ernähren – wie etwa Orchideen, Farne, Feigen, Lianen und Rhododendren. Bekannt sind die Kletterpalmen, die das berühmte Rattan liefern. Manche Bäume tragen junge Blätter und Blüten, während an benachbarten Bäumen braune, welke Blätter hängen. Im konstant feucht-schwülen Klima gibt es keine jahreszeitliche Gleichschaltung des Blühens und Laubfalls. Wegen des geringen Lichteinfalls ist die Bodenflora des Urwalds vergleichsweise arm.

Der tropische Regenwald geht in immergrünen **Gebirgsregenwald** mit Baumfarnen über. In Lagen über 2.000 m schließt sich der **Nebel-** oder **Mooswald** an, in dem krüppelwüchsige Bäume sowie Farne, Flechten und Moose ein dichtes Geflecht bilden. Manche Bergregionen in Nordthailand ähneln mit subtropischen Kiefern, Magnolien und Lorbeerbäumen eher einem europäischen Mischwald als dem dichten Dschungel.

Kulturpflanzen

*Verdrängung
der
natürlichen
Vegetation*

Wie ein Patchwork aus Grüntönen wirken die schachbrettartig angelegten **Reisfelder** im Küstengürtel und in den Schwemmebenen Zentralthailands. Hier haben der Anbau von Nassreis und anderen Kulturpflanzen die natürliche Vegetation weitgehend verdrängt. Während im Tiefland die Nassreiskulturen dominieren, wird in Nordthailand in den weniger fruchtbaren Hochlagen rotkörniger Berg- oder Trockenreis angebaut, der ohne Bewässerung nur mit den Niederschlägen auskommt. Zwischen den Reisfeldern wuchern haushohe **Bambushaine**, werfen Kokos- und Nipahpalmen ihre Schatten auf die Erde. Für die Thailänder sind neben dem Bambus die verschiedenen **Palmarten** die wichtigste Nutzpflanze. Die Stämme liefern Materialien für den Hausbau, die langen Wedel sind zum Dachdecken gefragt. Der aus dem Blütenschaft tropfende Saft wird zu Palmwein vergoren oder zur Herstellung von Palmzucker, Essig und Medikamenten verwendet.

Weitere **Kulturpflanzen**, die in den Ebenen und Flusstälern gedeihen, sind Zuckerrohr, Hirse, Mais, Süßkartoffeln, Baumwolle, Tabak und Gummibäume sowie Maniok (Kassawa) für die Futtermittelindustrie westlicher Länder und Ölpalmen für die Produktion von sogenanntem Bio-Sprit.

In ihren Hausgärten bauen Thailänder **Obst** und **Gemüse** an. Auf dem Land gibt es kaum ein Haus, das nicht von Bananenstauden sowie Mango-, Jackfruit- und Papayabäumen umgeben wäre. In Thailand kennt man rund 100 Bananensorten. Und wer zum ersten Mal über einen thailändischen Obst- und Gemüsemarkt schlendert, wird feststellen, dass er die Hälfte der frischen Ware noch nie zuvor gesehen hat und auch keinen Namen dafür kennt. Wirtschaftlich bedeutsam sind außerdem die Kaffee- und Teeplantagen im nördlichen Bergland.

Blüten und Blumen

Thailand verfügt über eine Vielfalt tropischer Blumen und Blüten. Bekannteste der mehr als tausend **Orchideenarten** ist die violette Dendrobium-Orchidee, die als Nationalblume des Landes gilt. Orchideen wachsen wild oder werden, ebenso wie andere Blumenarten, vor allem in den Bergen entlang der Grenze zu Myanmar (Burma) gewerblich angebaut. In der Beliebtheitsskala der Thailänder rangiert der **Jasmin** gleich hinter der Orchidee, was er wohl vor allem seiner weißen Farbe und seinem betörenden Duft verdankt. Mithilfe von Draht oder Fäden stellt man aus den kleinen Jasminblüten Girlanden her, die in Tempeln und Schreinen als Blumenopfer dargebracht werden. Für Buddhisten sind die meterhohen, buschigen **Frangipani-Bäume**, die weiße oder karmesinrote Blüten tragen, Symbol für Unsterblichkeit – obwohl es sich um ein Gewächs mit starken Giftstoffen handelt. **Bougainvilleen** mit rot bis lila getönten kelchartigen Blüten zieren viele Gärten oder Straßenränder.

In Thailand blühen Orchideen in vielen Formen und Farben

In fast jeder Kloster- oder Tempelanlage steht zumindest ein an seinen charakteristischen Luftwurzeln erkennbarer Bodhi- oder **Banyan-Baum** (Würgefeige – *Ficus bengalensis*). Diese als heilig erachteten Bäume, in deren üppigem Luftwurzelgeflecht häufig Fledermäuse und Flughunde nisten, sind oft uralt und dürfen nicht angetastet werden. Der Überlieferung zufolge erlangte der indische Prinz Siddharta Gautama einst nach 49-tägiger Meditation unter einem solchen Feigenbaum die Erkenntnis und wurde zum Buddha, zum Erleuchteten.

Auf Seen und Teichen schwimmen neben Seerosen **Lotosblüten**, die im Buddhismus von hoher religiöser Bedeutung sowie wichtiger Bestandteil der Opfergaben an Buddha- und Heiligenstatuen sind. Das Gewächs symbolisiert die Reinheit der Seele inmitten einer unreinen Welt. Die weißen und rosafarbenen Blütenblätter wachsen in schlammigen Gewässern, doch an ihrer mit feinen Noppen bestückten Oberfläche finden Schmutzpartikel keinen Halt – ein perfektes Sinnbild für die buddhistische Lehre. Der Lotos gilt auch als Symbol für die Kraft der buddhistischen Religion, weil er als Wasserpflanze seinen Ursprung im Schlamm hat und es schafft, sich seinen Weg durch trübes Wasser ans Licht zu erkämpfen. Häufig wird der Buddha, das „Juwel in der Lotosblume", auf einer Lotosblüte sitzend dargestellt.

Heilige Bäume und Blumen

Der Bambus – Die Pflanze der tausend Möglichkeiten

Botanisch gehört der Bambus zu den Gräsern, doch viele der rund tausend Arten werden so hoch wie Bäume. Japanische Botaniker haben bei einer speziellen Art ein Rekordwachstum von weit über einem Meter in nur 24 Stunden gemessen. Erstaunlich ist aber auch die Art, wie Bambus wächst: Der verholzende Halm kommt nicht als Schößling aus der Erde, der erst im Laufe der Zeit durch Jahresringe zu einem dicken Stamm wird, sondern erscheint völlig ausgebildet in seinem endgültigen Durchmesser und schiebt sich teleskopartig durch Zellstreckung bis zur entsprechenden Höhe auseinander.

Das größte Exemplar, der Riesenbambus, erreicht bei einem Durchmesser von 30 cm eine Höhe von bis zu 40 m. Das Baumgras, das auf ein Alter von 40 bis 60 Jahren kommen kann, stellt keine besonderen Ansprüche an das Klima. Außer in den kühleren Zonen der Nordhalbkugel und der arktischen Regionen wächst Bambus fast überall – besonders gut in Indien, China und Südostasien.

Bambus kann vielfältig verwendet werden. Der Verwertungsbereich reicht vom Blasrohr über den Haus- und Brückenbau bis hin zur Verwendung als traditionelles Musikinstrument. Aus Bambusholz werden Wasserleitungen, Möbel, Behälter und Bestecke hergestellt und außerdem Gitter und Zäune aus Bambusstäben errichtet. Aus gespleißtem Bambus werden Körbe und Matten geflochten und auch das neben dem ägyptischen Papyrus älteste Schreibmaterial stammt von dieser Pflanze. Die Sprossen sind eine beliebte Delikatesse, die man mit Bambusstäbchen isst. Auch im Hightech-Zeitalter verdrängt die Universalpflanze bisweilen moderne Technik: Weil sie hart und zugleich elastisch sind, eignen sich Bambusstäbe als Gerüststangen, sogar beim Bau von 30- bis 40-stöckigen Wolkenkratzern. Die Riesenhalme sind billiger als Stahlrohre und halten selbst Monsunstürmen und leichten Erdbeben stand. Einziger Nachteil der Allzweckpflanze: Der Bambushalm wird leicht von Pilzen und Termiten befallen und Experten arbeiten bereits an einem Imprägnierverfahren. Die schnellwachsende Nutzpflanze könnte nach Meinung von Wissenschaftlern unter Umständen die Rohstoffquelle Wald ersetzen. Während ein Baum in der Regel mehrere Jahrzehnte braucht, bis er gefällt

Ein Geschenk der Natur – die Universalpflanze Bambus

werden kann, ist ein Bambushalm nach durchschnittlich drei Jahren hiebreif und kann dann in Fabriken z.B. zu Papier verarbeitet werden.

Über diese Nutzungsmöglichkeiten hinaus ist das seit Menschengedenken bewährte Naturprodukt Bambus in Thailand ein beliebtes Sinnbild für Standfestigkeit, charakterliche Stärke und moralische Integrität.

info

Thailändische Tierwelt

Bedrohte Tierarten

Tiger, Panther, Leoparden, Nebelparder und Bengalkatzen sind selbst in thailändischen Nationalparks zur Seltenheit geworden: Die **Großkatzen** sind, nachdem ihnen der Mensch viele Hundert Jahre lang nachgestellt hat, entweder sehr scheu oder bereits ausgerottet. Nur in den unzugänglichen Bergregenwäldern in den Grenzregionen zu Myanmar (Burma) soll es noch einige Hundert Raubtiere geben. Die wenigen indochinesischen Tiger werden jedoch weiterhin von Wilderern bedroht, weil in China, Taiwan, Korea und Japan Tigerpenisse als Potenz steigernde Wundermittel fantastische Profite versprechen. Die Suche nach wirksamen Potenzmitteln sowie religiösmedizinische Binsenweisheiten haben in Thailand bereits zur Ausrottung anderer Tierarten geführt. So sind das bis zu 3 m lange und 1 t schwere **Sumatra-Nashorn** mit zwei Hörnern und das etwas größere einhornige **javanische Panzernashorn** inzwischen verschwunden: Das aus ihrem Horn gefertigte Pulver galt vor allem bei Chinesen als Aphrodisiakum. Auch das **Kouprey** ist selten geworden, eine Wildrindart, die ausschließlich in Thailand, Laos, Kambodscha und Vietnam vorkommt und zu den bedrohten Tierarten der Erde zählt. Als eine der letzten großen Säugetierarten auf unserem Globus wurde das Kouprey erst 1937 entdeckt.

Kaum noch Großwild

Obskure Wundermittel

Stark gefährdet sind aufgrund des Rückgangs ihrer natürlichen Lebensräume auch der bis zu 150 kg schwere asiatische Schwarzbär, der ein charakteristisches weißes V am Hals trägt; der Malaiische Sonnenbär, eine der kleinsten Bärenarten der Erde mit einer Größe von nur etwa 120 cm und einem Gewicht von bis zu 60 kg; Gibbons wie der Weißhandgibbon, dessen Markenzeichen ein auffallend melodischer Gesang ist; sowie der zierliche Zwerghirsch Muntjak, der in der Paarungszeit bellende Laute ausstößt. Zu den ebenfalls **stark dezimierten Tierarten** gehören neben Tapiren und Antilopen die Siamesischen Krokodile, die zwar in Farmen zu Tausenden gezüchtet werden, denen Wilderer aber in den meisten Wildnisgebieten längst den Garaus gemacht haben.

Wildrinder und Affen

Wildrinder wie Wilder Wasserbüffel, Banteng und Gaur grasen dagegen noch unbehelligt auf Waldlichtungen entlegener Landesteile. In großer Zahl durchstreifen auch nach wie vor Wildschweinrotten sowie Hirsch- und Rehrudel, darunter der Sambar, die größte Hirschart Südostasiens, die Wälder, während sich Affen verschiedener Spezies durch die Bäume hangeln. In den Mangrovenwäldern des Südens lebt der Langschwanz-Makake, ein guter Schwimmer und Taucher, der sich von Krebsen ernährt.

Unverkennbar – der Nashornvogel

Vögel

Eine große Vielfalt zeigt die thailändische **Vogelwelt** mit mehreren Hundert Arten und Unterarten, etwa mit dem Kingfisher (einer Variante des Eisvogels), dem leicht an seinem riesigen Schnabel und hornartigen Auswuchs zu erkennenden Nashornvogel mit einer Flügelspannweite von über 2 m, dem Pfauenfasan und bunt gefiederten Papageienarten. Unter den **Wasservögeln** sind besonders Pelikane, Kormorane, Kraniche, Reiher, Sumpfhühner und viele Entenarten zu nennen. Im südlichen Thailand nisten in Kalksteinklippen schwalbenartige Salanganen sowie Fledermäuse, die tagtäglich am späten Nachmittag wie auf ein geheimes Zeichen hin zu Zehntausenden aus Höhlen und Grotten flattern, um sich auf die Futtersuche zu begeben.

Insekten

Vorwiegend in den Regenwäldern schwirren farbenprächtige **Schmetterlinge** durch die Luft, von denen es in Thailand etwa 500 verschiedene Arten gibt. Das größte der thailändischen Insekten ist die Atlasmotte (*Giant Moth*) mit einer Flügelspannweite von bis zu 30 cm. Zu einer Plage können Mücken, Kakerlaken, Moskitos und Sandfliegen werden. Letztere, gerade mal stecknadelkopfgroße Blutsauger, können jegliche Strandfreuden verleiden. Ihr Biss überträgt zwar keine Krankheiten, juckt jedoch stark und kann sich leicht entzünden. Gefährlicher sind Moskitos, vor allem die Anopheles-Mücken. In manchen Regionen Thailands, etwa im gebirgigen Grenzgebiet zu Myanmar (Burma) und in Kambodscha, können sie die gefürchtete Malaria tropica übertragen.

Reptilien

Giftige Zeitgenossen

Schlangen leben in allen Klima- und Vegetationszonen, sind aber sehr scheu und nur selten in freier Wildbahn zu sehen. Über die Hälfte der in Thailand verbreiteten Schlangenarten sind giftig, etwa die Malaiische Viper, die auch „Brillenschlange" genannte Kobra und die Königskobra, die ihr Gift, das zur Erblindung führen kann, bis zu 2 m weit versprühen kann. Gefürchtet sind auch der Bebänderte Krait, eine Natter mit einem der wirksamsten Gifte aller Landschlangen, und die Grüne Pit Viper. Auch Riesen- oder Würgeschlangen wie der Netz-Python, der bis zu 10 m lang werden kann, kommen in entlegenen Landesteilen vor. Trotz ihrer Gefährlichkeit gelten Schlangen den meisten Thai als heilige, übernatürliche Wesen: Schlangen stehen nicht für Tod und Gefahr, sondern für Schutz. So zeigen Statuen den meditierenden Buddha im Schatten der Naga, einer Schlange mit sieben oder neun Köpfen.

Wasserbewohner

Die Artenvielfalt der thailändischen Küstengewässer zieht Taucher und Schnorchler aus aller Welt an. Unter den **Tropenfischen** sind vor allem bunte Papageienfische, elegant durch die Wellen pflügende Delfine und harmlose Leopardenhaie zu nennen. Im südlichen Golf von Thailand und in der Andamanen-See sichten Taucher häufig den größten Fisch der Welt – den bis zu 18 m langen und bis zu 40 t schweren Walhai, einen übrigens friedlichen Meeresbewohner. Mit ihren Riesenmäulern, die bis zu anderthalb Meter breit werden, und ihren etwa 3.000 dünnen, kurzen Zähnen filtern sie Plankton, Krill und andere Kleinstlebewesen aus dem Wasser. Die Sandstrände vorgelagerter Inseln werden regelmäßig im Schutz der Nacht von den ebenfalls bedrohten **Meeresschildkröten** zur Eiablage aufgesucht. Der seltenste Meeresbewohner ist jedoch ein Säugetier: die **Seekuh**, auch Dugong genannt. Ihr Lebensraum sind die Gewässer der Provinz Trang südlich von Phuket. Sie können 3 bis 4 m lang und mehrere Hundert Kilogramm schwer werden und ernähren sich vom Seegras, das auf dem Meeresgrund wächst.

Farbenfrohe Unterwasserwelt

In vielen Meeresgebieten und in den meisten Binnengewässern Thailands sind die Fischbestände durch Wasserverschmutzung und Überfischung stark dezimiert. Giftige Abwässer der Industrie sowie der Einsatz von Kunstdüngern und Insektiziden führten dazu, dass die vom Aussterben bedrohten **Irrawaddy- oder Mekong-Delfine** (*Orcaella brevirostris*), die früher im Mae Nam Chao Phraya und im thailändischen Bereich des Mekong lebten, verschwunden sind. Heute tummeln sich nur noch wenige dieser seltenen Säugetiere im Mekong an der Grenze zwischen Laos und Kambodscha. Ebenfalls vom Aussterben bedroht ist der im Mekong lebende, 2 bis 3 m große **Riesenwels** (*Pangasianodon gigas*), der als größter Süßwasserfisch der Welt bis zu 300 kg schwer wird. Im Mai, wenn der Pegel seinen niedrigsten Stand erreicht hat, werden tiefere Pools im Mekong zu Fallen für die mächtigen Fische. Dann wetteifern die Fischer aus dem thailändischen Chiang Khong am Oberlauf des Mekong mit ihren Kollegen aus dem gegenüber liegenden laotischen Houay Xay, wer die meisten der riesigen Flussfische fängt. Fingen die Fischer noch in den 1990er-Jahren in jeder Saison mehrere Dutzend Riesenwelse, für deren begehrtes Fleisch Gourmet-Restaurants viel Geld bezahlen, so gingen ihnen in den letzten Jahren nur noch wenige Exemplare in die Netze.

Bedrohte Fischarten

Haus- und Nutztiere

Wie in fast allen Ländern Südostasiens gilt auch in Thailand der domestizierte **Wasserbüffel** als Landwirtschafts-„Maschine". Kaum ein Kleinbauer verzichtet auf dieses vielseitig einsetzbare Last- und Zugtier, das man auch vor großrädrige, einachsige Lastkarren spannt. Trotz seines Furcht einflößenden Gehörns und der imposanten Schulterhöhe gilt der grauschwarze Fleischkoloss als ausgesprochen geduldig und gutmütig. Rotrinder und schwarze Hängebauchschweine sind **weitere Haustiere**, ebenso Enten, die frisch bepflanzte Reisfelder von Schnecken und anderem Ungeziefer freihalten. Hunde aller Rassenmischungen sind in den Dörfern allgegenwärtig. Weil sie als aufmerksame Kammerjäger lästige Insekten wie Fliegen und Moskitos vertilgen und auch Spinnen in Schach halten, sind der kleine, mit Saugnäpfen an den Füßen ausgerüstete Jingjok und der bis zu 30 cm große Gecko, beides **Eidechsenarten**, gern gesehene Gäste in jedem Haus. Manche Einheimische zählen die heiseren Baritonrufe des Gecko mit, wenn sie wissen wollen, ob sie Glück oder Pech haben werden. Als Glück verheißend gilt eine ungerade Zahl von Lauten. Ganz besonders Glück aber steht ins Haus, wenn der Gecko sieben oder neun kehlige Laute ausstößt.

Gecko-Orakel

info

Elefanten – Verehrte Dickhäuter

Der Verlust ihres natürlichen Lebensraums und die Wilderei bedrohen auch die Elefanten, die einst in großen Herden durch die thailändischen Regenwälder streiften. Nach Angaben des World Wildlife Fund ist ihr Bestand auf knapp 2.000 frei lebende Exemplare geschrumpft. Größere Herden gibt es noch im Tenasserim-Gebirge entlang der Grenze zu Myanmar (Burma), im Zentralen Hochland um Phetchabun und im Khao Yai National Park nordöstlich von Bangkok. Allerdings geht die Population mit der zunehmenden Entwaldung jährlich um etwa 3 Prozent zurück. Lässt sich diese Entwicklung nicht aufhalten, wird es in Thailand bis Mitte des 21. Jh. keine wilden Elefanten mehr geben.

*Ein starkes Team
ein grauer Riese und sein Mahout*

Für die buddhistischen Thai symbolisiert der Elefant positive Eigenschaften wie Stärke, Majestät, Fleiß, Lernfähigkeit und Klugheit. Die Thai vergleichen den Umriss ihrer Heimat auf der Landkarte gern mit einem Elefantenkopf, der dem Nachbarland Myanmar (Burma) die Stirn bietet und seinen langen Rüssel in die Fluten der Andamanen-See und des Golfs von Thailand taucht. Auch in der buddhistisch-hinduistischen Mythologie ist der Elefant von großer Bedeutung. So gilt der dreiköpfige Elefant Erawan, das Reittier des hinduistischen Götterkönigs Indra, als Symbol der gottgleichen Macht des weltlichen Herrschers. Am Erawan-Schrein in Bangkok umringen zu jeder Tages- und Nachtzeit Bittsteller die heilige Statue, entzünden Räucherstäbchen und legen Jasmingirlanden nieder. Auch Ganesha, der hinduistische Gott der Kunst und des Wissens, wird mit einem Elefantenkopf dargestellt. Und nach wie vor ist es in Thailand Brauch, dass schwangere Frauen unter dem Bauch eines Elefanten durchkriechen, was eine problemlose Niederkunft garantieren soll.

Bis in die 1970er-Jahre wurden Arbeitselefanten in der thailändischen Forstwirtschaft eingesetzt, um Bäume durch unwegsames Gelände zu schleppen. Seit dem Verbot des kommerziellen Holzschlags im Jahre 1989 wurden die meisten Arbeitselefanten „umgeschult". Man setzt sie heute beim Elefantentrekking in den Bergwäldern ein oder zur Unterhaltung von Touristen in Elefantenparks. Andere werden von ihren Mahouts auf Bettelzügen durch Bangkok oder Pattaya und Phuket geführt – eingedenk des alten thailändischen Sprichwortes: „Wer einem Elefanten von Herzen gibt, der wird in der Zukunft reich belohnt." In früheren Jahrhunderten spielten die grauen Riesen als Kriegselefanten eine entscheidende Rolle in den Schlachten gegen die Burmesen und Khmer. Einige Male wurden kriegerische Auseinandersetzungen durch Elefantenduelle der feindlichen Heerführer entschieden.

In Thailand und auch in Laos und Kambodscha werden weiße Elefanten (*chang phueak*) als heilig verehrt, die nicht zur Arbeit herangezogen werden dürfen, denn einer Legende zufolge wurde Buddha in einer seiner früheren Inkarnationen als weißer Elefant geboren. Weiße oder auch nur weiß gefleckte Elefanten sind daher Eigentum des Monarchen, dessen Macht und Ansehen sie mehren. Bis zu Beginn des 20. Jh. schmückte ein weißer Elefant als Symbol der absoluten Monarchie die thailändische Flagge. Der Orden des Weißen Elefanten ist die höchste Auszeichnung, die der König an Militärs und Regierungsbeamte verleiht. Auf dem Gelände des Chitralada-Palastes in Bangkok leben heute noch ein Dutzend weißer Elefanten als heilige Glückssymbole des Königreichs.

Kultureller Überblick

Kunstepochen in Thailand

Dank der Lage zwischen Indien und China, historisch gesehen eine der wichtigsten Völker-, Kultur- und Religionskreuzungen, wurde Thailand schon früh zum **Sammelbecken** für die **verschiedensten kulturellen Strömungen.** Allen gemeinsam war, dass sie in erster Linie vom Geist des Buddhismus geprägt waren. Zu allen Zeiten verstanden es die thailändischen Könige und ihr Volk, die Einflüsse fremder Kulturen ohne Verlust ihrer nationalen Identität aufzunehmen und auf spezifisch thailändische Weise umzuformen. *Im Schnittpunkt der Weltkulturen*

Die Berührung mit der „**Großen Mutter Indien**" hatte entscheidenden Einfluss auf die thailändische Kunst und Kultur, ohne dass die Indisierung die einheimische Wesensart zerstört hätte. Sie führte vielmehr zur Bereicherung und Weiterentwicklung der bodenständigen thailändischen Kulturen. So haben die Thai bis heute im Grunde genommen keine originären Kunststile geschaffen, sondern stets von außen herangetragene Stile verfeinert, dies aber mit großem künstlerischem Talent. *Indischer Einfluss*

Die vielleicht bedeutendste Rolle in der Entwicklung der thailändischen Architektur und Kunst spielten die unter indischem Einfluss stehenden Khmer, zu deren Imperium zwischen dem 10. und 13. Jh. weite Teile des heutigen Thailand gehörten. Nach der Eroberung des Angkor-Reiches durch die Siamesen im 15. Jh. wurde die **Khmer-Kultur** zur Hauptquelle der politischen, religiösen und künstlerischen Inspiration Ayutthayas. Als sich Ayutthaya nach dem Niedergang des Khmer-Reiches im 16. und 17. Jh. zum neuen kulturellen Zentrum Südostasiens aufschwang, strahlten andererseits Einflüsse Siams auf die Nachbarstaaten aus. In der thailändischen Kunstgeschichte unterscheidet man die nachstehend beschriebenen großen Stilepochen. *Bedeutung der Khmer-Kultur*

Dvaravati-Stil (Mon-Stil; 6.–10. Jh.)

Dieser Kunststil trägt den Namen eines Königreiches, das von aus dem ostindischen Raum eingewanderten **Mon-Völkern** im heutigen Zentralthailand gegründet wurde und vom 6. bis 10. Jh. bestand. Da der Dvaravati-Stil sowohl zeitlich wie räumlich aber weit über das gleichnamige Reich hinaus verbreitet war, ist eigentlich die Bezeichnung Mon-Stil korrekt. Die bedeutendsten politischen und kulturellen Zentren des Dvaravati-Reiches waren Nakhon Pathom und Lopburi. Grabungen in Nakhon Pathom ergaben, dass der Mon-Stil im 7. und 8. Jh. eine Blütezeit erreichte und in den folgenden zwei Jahrhunderten Anregungen des südlichen Sri-Vijaya-Stils aufnahm, bevor im 10. Jh. der Niedergang einsetzte. Im von den Mon gegründeten Königreich Haripunchai im heutigen Nordthailand wurde der Mon-Stil erst im 13. Jh. nach der Eroberung durch die Tai vom Lan-Na-Stil abgelöst. *Erste Blütezeit*

Die Entwicklung der Mon-Kunst lässt sich lediglich an **Bauplastik** und **Skulptur** dokumentieren, da außer Grundmauern keine architektonischen Relikte erhalten sind. Die Gebäudereste deuten jedoch darauf hin, dass die Tempelarchitektur der Mon unter dem Einfluss der indischen Klassik des 4. bis 6. Jh., dem Gupta-Stil, stand. In der damaligen Zeit entstand auf dem Subkontinent der Stupa genannte, freistehende Turmtempel, der den Höhlen- oder Felstempel ablöste und auch im südostasiatischen Raum zur beherrschenden Bauform wurde. Vermutlich wiesen bereits die Turmheiligtümer der Mon die typische Glockenform eines Stupa auf. Bereits relativ hoch ausgebildet war in der Dvaravati-Periode das meist aus Stuck modellierte Baudekor, das vorwiegend aus Basreliefs mit figürlichen Szenen und Ornamentbändern bestand.

Stupa – der Turmtempel

Eindrucksvolle Beispiele der **Bildhauerkunst** der Mon sind Buddha-Statuen aus Stein und Bronze, die sich bereits ab dem 7. Jh. vom indischen Vorbild lösten und eigenen ikonografischen Vorstellungen folgten. Merkmale der meist stark stilisierten Buddha-Figuren sind breite Gesichter mit kräftigen Nasen, wulstigen Lippen, spiraligen Locken, mandelförmigen Augen und durchgehenden, geschwungenen Augenbrauen. Typisch für den Mon-Stil ist der stehende Buddha in frontaler Darstellung und mit stets gleichen Handstellungen, die fast immer Vitarka Mudra, die „Stellung der Darlegung", zeigen. Obwohl sitzende Buddha-Figuren eher untypisch für den Mon-Stil sind, gehören die wenigen erhaltenen Exemplare zu den beeindruckendsten Schöpfungen buddhistischer Kunst, die man im Nationalmuseum in Bangkok sehen kann. Erstmals trat in der Dvaravati-Periode ein Motiv auf, das später vor allem im Khmer-Reich von Angkor weite Verbreitung erlangte – der im „Lotossitz" meditierende Buddha im Schutze der fächerförmig ausgebreiteten Köpfe der Naga-Schlange.

Loslösung vom indischen Vorbild

Sri-Vijaya-Stil (8.–13. Jh.)

Aufgrund ihrer Lage am Handelsweg zwischen Indien und China entstanden auf der Malaiischen Halbinsel einige kleinere Fürstentümer, die zwischen dem 8. und 13. Jh. unter der Herrschaft Sri Vijayas standen. Von dem mächtigen **indisierten Königreich**, dessen Zentrum bei Palembang im Süden von Sumatra lag, gingen wichtige Impulse für die kulturelle Entwicklung der Südregion aus. In der eklektizistischen Kunst Sri Vijayas spiegelten sich die vielfältigen wirtschaftlichen und kulturellen Beziehungen des Königreichs zu den Nachbarstaaten wider, etwa dem Khmer-Reich von Angkor und dem Königreich der buddhistischen Shailendra-Dynastie auf Java. In den kulturellen Zentren der damaligen Zeit, Nakhon Si Thammarat und Chaiya, schufen Bildhauer aber auch in Stein und Bronze ausgeführte Buddha-Figuren und Statuen hinduistischer Gottheiten, die sich durch einen erstaunlich starken Eigencharakter auszeichnen. **Südthailändische Ausprägungen** sind vor allem die weiche Modellierung der Buddha-Köpfe, die entrückt lächelnd den Betrachter anschauen. Während man Stein- und Bronzestatuen aus jener Epoche vor allem in den Nationalmuseen in Bangkok und Nakhon Si Thammarat bewundern kann, sind im feucht-heißen Tropenklima fast alle während der Sri-Vijaya-Periode entstandenen Bauwerke vergangen.

Kulturelle Spuren der Nachbarstaaten

Lopburi-Stil (Khmer-Stil; 10.–13. Jh.)

Zwischen dem 10. und 13. Jh., als fast das gesamte heutige Thailand zum mächtigen Angkor-Imperium gehörte, breiteten sich vor allem in Nordost- und Zentralthailand die Kunstvorstellungen der Khmer aus. Die allgemein übliche Bezeichnung **Lopburi-Stil** gibt mitunter Anlass zu Missverständnissen, da Lopburi vom 6. bis 10. Jh. eines der Zentren des Mon-Königreiches Dvaravati war, bevor es im späten 10. Jh. zu einer Königsresidenz der Khmer wurde. Lopburi-Stil bezieht sich jedoch nicht auf die Kunstwerke der Mon, sondern auf solche, die deutlich ausgeprägte **Khmer-Charakteristika** aufweisen.

Architektur und Anlage der Khmer-Heiligtümer folgen streng symbolischen Aspekten. Die Tempel der Khmer sind **Stein gewordene Weltbilder**, deren Konzeption von der hinduistischen Kosmologie bestimmt wurde. Die alten Khmer glaubten, die Erde sei ein von Gebirgsketten und einem Urozean umgebenes Viereck, in dessen Mitte der von den Göttern bewohnte Berg Meru die Weltachse bilde. Jede ihrer Tempelanlagen ist als Spiegelbild dieser Weltordnung errichtet.

Die Grundform ihrer Sakralbauten – ein Turmheiligtum mit meist quadratischem Grundriss, das von einer sich in Stufen verjüngenden Spitze gekrönt wird – bezeichneten die Khmer mit dem Sanskrit-Wort **Prasat**. Die vier Fassaden sind im Aufriss meist identisch und der Eingang befindet sich an der Ostseite, damit die ersten Strahlen der aufgehenden Sonne das Kultbild im Innern beleuchten konnten. Die drei übrigen Fassaden besitzen Scheintüren, die der tatsächlichen Tür exakt nachgebildet sind. Mit zunehmenden bautechnischen Fortschritten entwickelte sich aus dem Prasat der **Tempelberg**.

Der Prasat Phanom Rung – einer der bedeutendsten Tempel des ehemaligen Khmer-Reiches außerhalb des heutigen Kambodscha

Bei diesen Stufenpyramiden, die aus mehreren sich nach oben verjüngenden Plattformen *Strenge* aus Laterit und Sandstein bestehen, erhebt sich das Turmheiligtum auf der obersten *Ausrichtung* Terrasse. Eine breite Treppe führt zum Allerheiligsten auf der obersten Stufe, in dem sich die Statue der Gottheit befand. Ein immer aufwendigeres Ritual machte es erforderlich, die Heiligtümer durch Anbauten zu erweitern, etwa durch lang gestreckte Säle, die an die Plattformen der Stufenpyramide angrenzten. Aus den Langsälen entwickelten sich schließlich Galerien mit Baluster-Fenstern, die rings um alle Geschosse verliefen. In der nächsten Entwicklungsstufe der Khmer-Architektur fassten die umlaufenden Galerien nicht mehr nur die Plattformen der Tempelberg-Pyramide ein, sondern umschlossen neben dem eigentlichen Heiligtum zahlreiche Nebengebäude – Bibliotheken, Speicher für Opfergaben, Schlafstätten für Pilger, Wohnräume für Tempeltänzerinnen und Wasserbecken für rituelle Waschungen.

Den Khmer-Baumeistern standen zwei **Gesteinsarten** zur Verfügung: Für den Unterbau verwendeten sie vorwiegend Laterit, einen porösen, eisenoxydhaltigen Stein, der jedoch wegen seiner Härte nicht für feine Verzierungen geeignet war. Daher errichteten sie die eigentlichen Tempelbauten aus dem edleren grauen oder rosafarbenen Sandstein. Das aus den Gesteinsblöcken gefertigte Mauerwerk wurde ohne Bindemittel allein durch die Schwerkraft zusammengehalten. An den Fassaden der Turmheiligtümer kann man bisweilen noch Reste von Stuckschichten erkennen, in die man früher als Dekor Blumen- und Laubornamente schnitt. Tür- und Fensterstürze sowie die Innenwände der Galerien werden von Flachreliefs mit fortlaufenden Szenen geschmückt, die oft in ausdrucksvoller Bildsprache Episoden aus hinduistischen Mythen erzählen.

Figürliche Kunst des Lopburi-Stils

Hinduistische und buddhistische Motive

Im Mittelpunkt der **figürlichen Kunst** standen anfangs hinduistische Motive. Statuen von Shiva, dem Zerstörer, der durch die Vernichtung jedoch die Voraussetzung für die Neuentstehung schafft, werden zunehmend durch den Linga ersetzt. Dieser in einen Sockel eingelassene Phallus symbolisiert die Schöpferkraft der Gottheit. Vishnu, der gütige Bewahrer des Universums, erscheint ebenfalls immer wieder in Stein. Zu erkennen ist er an einer hohen, zylindrischen Kopfbedeckung. Seine Attribute sind die Keule, der Diskus, die Muschelschale und die Lotosblüte. Während Buddha-Bildnisse in den ersten Jahrhunderten der Angkor-Zeit selten waren, gewann die buddhistische Kunst der Khmer im Laufe des 11. Jh. an Bedeutung. Sehr beliebt ist in der Khmer-Kunst die Darstellung des Buddha auf der zusammengerollten Naga-Schlange, deren aufgerichtete sieben oder neun Köpfe ihn beschützen. Typisch für die Buddha-Statuen des 12. Jh. sind flache, rechteckige Gesichter, gerade Augenbrauen und eine Krone auf dem Kopf, ein Hinweis darauf, dass die Khmer ihre Könige als Götter verehrten. Dargestellt wurden häufig auch Bodhisattvas, fast erleuchtete Heilige, die ihren Eingang ins Nirvana herauszögern, um allen Lebewesen zu helfen, dem Kreislauf der Existenzen zu entrinnen.

Die eindrucksvollsten **architektonischen Werke** in Thailand, die Tempelanlagen Prasat Hin Phimai, Prasat Phanom Wan, Prasat Phanom Rung, Prasat Muang Tam und Khao Phra Viharn im Nordosten des Landes, errichteten die Khmer im 11. und 12. Jh., zur Zeit der höchsten Kulturblüte und größten Machtausdehnung ihres Reiches.

Lan-Na-Stil (13.–16. Jh.)

Typisch nordthailändisch

Unter laotischem und insbesondere unter burmesischem Einfluss bildeten sich im Königreich Lan Na, das in der Region des heutigen Nordthailand mit Chiang Mai als Zentrum wurzelte, vor allem in der **Baukunst** spezifisch nordthailändische Merkmale heraus. Der Lan-Na-Stil zeichnet sich durch hohe Giebelseiten und niedrige Längsmauern von **Bot**, dem zentralen Heiligtum einer Tempelanlage mit dem wichtigsten Buddha-Bildnis, und **Vihara**, der öffentlichen Gebetshalle, aus. Drei oder mehr übereinander gestaffelte Satteldächer, die auf Rundsäulen ruhen, reichen an den Längsseiten so tief herab, dass sie fast den Boden berühren. Manche Tempel im Lan-Na-Stil weisen an Türen und Giebeln kunstvolle Holzschnitzereien auf. Eine weitere Besonderheit sind Umzäunungen um den zentralen Chedi, an deren vier Ecken Ehrenschirme mit goldenen Spitzen stehen. Burmesischen Ursprungs sind mehrstufige, oft vergoldete Kronen, welche die Spitze der Chedis schmücken, und Wächterlöwen am Eingang des Tempelbezirks wie auch einzelner Gebäude. Auf Khmer-Impulse deuten manche Elemente der Bauplastik hin, etwa Naga-Schlangen und Makara-Seeungeheuer, Mischwesen aus Krokodil und Fisch, die die Lebenskraft des Wassers symbolisieren.

Die meisten Tempel im nördlichen Thailand gründete man während der kulturellen Blütezeit im 14. und 15. Jh., allerdings haben nur wenige Baudenkmäler der Lan-Na-Kunst die Zeiten überdauert. Zahlreiche Sakralbauten fielen Plünderungen und Brän-

den zum Opfer, zerfielen infolge von Vernachlässigung oder erlitten durch unsachge-
mäße Restaurierung oder Umbauten irreparable Schäden. Typisch für die **Buddha-
Statuen** der Lan-Na-Schule sind fast zum Halbkreis gebogene, in den Nasenrücken
übergehende Augenbrauen, niedergeschlagene Augen und breite, volle Münder. Oft
wird das Kinn mit einem eingravierten Oval betont, schmücken lange Locken das
Haupt. Die Finger sind mit Ausnahme des Daumens häufig gleich lang. Von den Khmer
übernahm man die Darstellung des gekrönten Buddha.

Sukhothai-Stil (13.–14. Jh.)

Mit der Loslösung von der Oberherrschaft der Angkor-Dynastie zu Beginn des 13. Jh.
ging in der thailändischen Kunst die **Entwicklung eigener Ausdrucksformen** einher. Während man in der Architektur zunächst am kambodschanischen Vorbild festhielt, entfaltete sich in der Bildhauerkunst schnell ein eigenständiger nationaler Stil.
Zwar entstanden schon bald nach der Befreiung von den Khmer die für die Anfangs-
zeit der Sukhothai-Periode typischen sogenannten „**Lotosknospentürme**", doch
ließen sich deren kambodschanischen Ursprünge nicht verleugnen. Diese Heiligtümer,
die sich in Fünfergruppen auf Lateritterrassen erhoben, bestanden aus einem mehrstufigen kubischen Unterbau von quadratischem Grundriss, einer verkleinerten Kopie
dieses Baukörpers als Mittelbau und einer Spitze in Form einer Lotosknospe. Weitere
für den Sukhothai-Stil kennzeichnende Sakralbauten waren der **Komposit-Chedi**,
ein kubischer Baukörper mit einem kleinen, runden Stupa als Bekrönung, und **Chedis nach ceylonesischer Art**, deren Sockelter-

Neue Ausdrucks-formen

rassen oft von steinernen Elefanten geschmückt
werden. Der meist in Stuck ausgeformte Baudekor besteht aus fein herausgearbeiteten Basreliefs,
die häufig Szenen aus dem Leben des Buddha zeigen, und mythischen oder symbolischen Figuren
wie Garudas, Nagas und Elefanten.

Die **figürliche Kunst** löste sich nach der Gründung des Königreichs von Sukhothai im Jahre 1238
rasch und vollständig von kambodschanischen Vorbildern. Der klassische Sukhothai-Stil kehrt alle
Merkmale der Khmer-Plastik ins Gegenteil: Aus
viereckigen Gesichtern mit breitem Mund werden
ovale Antlitze, deren fein gezeichneten Mund ein
entrücktes Lächeln umspielt. Die geradlinigen Augenbrauen erhalten eine geschwungene, fein ge-
zeichnete Bogenform. Statt kräftiger, gerader
Nasen prägen Hakennasen das Profil. Während
in den markanten Zügen der naturalistisch,
lebensvoll-menschlich gestalteten Khmer-Buddhas
Männlichkeit zum Ausdruck kommt, wirken die
stark abstrahierten Buddha-Figuren der Sukhothai-Periode durch ihre fließenden, weichen Formen beinahe feminin. Weitere Kennzeichen der
Buddha-Bildnisse im Sukhothai-Stil sind kurze

*Ein Musterbeispiel buddhistischer Architektur aus der
Lan-Na-Epoche – der Wat Doi Suthep bei Chiang Mai*

Locken, lange, oft spitz zulaufende oder schneckenförmige Ohrläppchen und ein flammenförmiger Kopfaufsatz (*ketumala*). Rechte Schulter und Brust sind meist unbedeckt, über die linke Schulter fällt eine schmale Stoffbahn. Bei stehenden Figuren erstreckt sich der rechte Arm mehr oder weniger parallel zur Körperachse. In den häufig gesenkten Augen kommen Ruhe, Vergeistigung und Entrücktheit zum Ausdruck. Mehrere Buddhas der Sukhothai-Periode gehören heute noch zu den landesweit am höchsten verehrten Bildnissen des Erhabenen.

Keramik-
Kultur Besonders hoch entwickelt war auch die **Keramik**, die in den Brennöfen von Sukhothai und der Nachbarstadt Sawankhalok hergestellt wurde. Chinesische Töpfer, die König Ramkhamhaeng von Reisen aus dem Reich der Mitte mitgebracht hatte, stellten Celadon-Produkte her, für die sich die Bezeichnung Sawankhalok-Keramik prägte (s. S. 239). Charakteristische Merkmale sind die milchig-grüne Glasur sowie die fein gearbeiteten dekorativen Muster aus Blumen- und Fischornamenten. Überraschend ist der Formenreichtum dieser Keramik, zu dem neben Gefäßen aller Art auch Tier- und Menschenfiguren gehören.

Ayutthaya-Stil (15.–18. Jh.)

Als um das Jahr 1350 der Tai-Fürst U Thong als König Rama Thibodi I. das siamesische Reich von Ayutthaya gründete, entstand eine neue Macht, die bald nicht nur politisch, sondern auch in künstlerischer Hinsicht eine im gesamten südostasiatischen Raum dominierende Stellung erreichte. Obwohl sich die Ayutthaya-Könige als **Erben der Sukhothai-Kunst** sahen, übernahmen sie nach der Unterwerfung des Khmer-Reichs der Angkor-Dynastie im Jahre 1431 wesentliche **Elemente des kambodschanischen Kunstempfindens**. Aus beiden Stilen entwickelte sich eine Kunstauffassung, die von der Hauptstadt Ayutthaya über das ganze Reich ausstrahlte und lokale oder regionale Stilrichtungen so vollständig überlagerte, dass ein einheitlicher Nationalstil entstand.

Glockenförmiger Chedi im Ayutthaya-Stil

Für die Architektur Ayutthayas sind zwei Bauformen charakteristisch: der Prang und der Chedi. Der **Prang** – ein Turmheiligtum mit meist quadratischem Grundriss, das von einer sich in Stufen verjüngenden Spitze gekrönt wird – geht auf den Prasat genannten Tempelturm der Khmer zurück und symbolisiert das kosmische Zentrum, den heiligen Götterberg Meru. Die Siamesen übernahmen zwar die Baugesinnung der Khmer, passten aber die Gestalt der Bauwerke durch Veränderung der Proportionen ihrem Kunstempfinden an. Während die massigen Prasat der Khmer bodenständig wirken, erscheinen die schlanken, himmelwärts strebenden Prang der Siamesen elegant und beinahe schwerelos. An allen vier Seiten führen steile Treppen über einen aus mehreren Terrassen bestehenden Unterbau zum Allerheiligsten, das man oft durch einen Vorraum betritt. An drei Außenwänden befinden sich Nischen mit Buddha-Statuen. Bisweilen dienten Prang als Mausoleen, in denen die Urnen mit den sterblichen Überresten von Königen und Prinzen beigesetzt wurden.

Ebenso typisch für die Architektur Ayutthayas wie der Prang ist der **Chedi**, ein Erbe der Sukhothai-Kunst, die ihn aus dem indischen Stupa bzw. der ceylonesischen Dagoba entwickelt hatte. Das schlanke, glockenförmige Heiligtum erhebt sich auf einem quadratischen terrassenförmigen Unterbau mit Aufgängen in der Mitte jeder Seite. Um den glockenförmigen Baukörper herum führt ein Umwandlungspfad. Dem Sanktuarium sind an allen Seiten Schreine angefügt. Drei von ihnen besitzen Nischen mit Buddha-Bildnissen, während der vierte als Vorraum für die Cella, das kleine, dunkle Allerheiligste dient. Gekrönt wird der Baukörper von einer eleganten Spitze. Die meisten Prang und Chedi stehen in der Hauptstadt, doch ließen die Ayutthaya-Könige als Symbole ihres Machtanspruchs auch in unterworfenen Landesteilen eindrucksvolle Sakralbauten errichten. Da in dem wohlhabenden Reich eine große Nachfrage bestand, sind zahlreiche **Buddha-Bildnisse** aus der Ayutthaya-Periode erhalten. Allerdings führte die Massenproduktion von Vollplastiken zu stereotypen Darstellungen ohne spirituelle Ausdrucksstärke. So fehlt den meisten Ayutthaya-Buddhas der erhabene, meditative Charakter der Werke Sukhothais. Dennoch entstanden in der Ayutthaya-Epoche einige außergewöhnliche Skulpturen. Im Bestreben, möglichst viele Episoden der Lebensgeschichte des Königssohns Siddharta Gautama symbolhaft anzudeuten, lösten sich manche Künstler von ikonografischen Zwängen und schufen Buddha-Bildnisse mit mannigfaltigen Gesten und Posen, die durch eine ungewöhnlich lebendige Gestaltung beeindrucken. Den Buddha-Köpfen im Ayutthaya-Stil ist eine starke Tendenz zur Symmetrie und Stilisierung eigen, die Augen, Nase und Mund in den ovalen Gesichtern fast wie geometrische Ornamente wirken lassen. In der Tradition der Khmer stellte man ab der frühen Ayutthaya-Periode Buddha häufig im Fürstenschmuck mit Krone auf dem Kopf dar, wobei der Schmuck mit der Zeit immer pompöser wurde. Ebenfalls dem Khmer-Stil entsprechen die Bildnisse hinduistischer Gottheiten und mythologischer Wesen im Baudekor vieler Tempel.

Makel der Massenfertigung

Bangkok- oder Rattanakosin-Stil (19.–21. Jh.)

Die Herrschaft der Chakri-Dynastie stand bis Mitte des 19. Jh. ganz im Zeichen der **Restauration**. Bangkok sollte – politisch wie kulturell – ein wiedererstandenes Ayutthaya sein. Paläste und Tempel, die neu erbaut wurden und für die man sogar Ziegelsteine aus den Ruinen der alten Hauptstadt verwendete, benannte man nach den zerstörten Bauwerken in Ayutthaya. Die meisten siamesischen Künstler waren von den Burmesen verschleppt worden, sodass man versuchte, Buddha-Statuen und andere Kunstwerke aus den Trümmern von Ayutthaya zu bergen und in die neuen Tempel zu bringen. Alle Bereiche der Kunst knüpften dort wieder an, wo das Band 1767 durch die Eroberung Ayutthayas durch die Burmesen zerschnitten worden war. Man handelte in restaurativem Geist, es bestand kein Bedürfnis nach Neuerungen und so entwickelte sich auch kein grundlegend neuer Stil. Der Bangkok-Stil wird von thailändischen Kunsthistorikern Rattanakosin-Stil genannt – „Juwel Indras". Dies ist eine Anspielung auf den Smaragd-Buddha im Wat Phra Kaeo, der einer Legende zufolge aus einem Edelstein des Indra-Schatzes geschnitten sein soll.

Wiederbelebung des Ayutthaya-Stils

Während der Regentschaft von König Rama III. (1824–1851) rückten intensive Wirtschaftsbeziehungen zu China die chinesische Kultur verstärkt ins Blickfeld. Am deutlichsten werden **chinesische Einflüsse** in der dekorativen Kunst und in der Steinbildhauerei, weniger dagegen in der Architektur. Unter den Königen Mongkut oder Rama IV. (1851–1868) und Chulalongkorn oder Rama V. (1868–1910) öffnete sich Siam für die **westliche Kultur**. Spürbar wurde dies vor allem in der Architektur. Während westliche Vorstellungen auf die Bauweise von Tempeln und Klöstern wenig Einfluss hatten, sind zahlreiche Paläste und Profanbauten in ihrer neoklassizistischen Ausprägung von europäischen Architekturstilen inspiriert. Erst in jüngerer Zeit begann man sich wieder auf die Schönheit der klassischen siamesischen Architektur zu besinnen.

Chinesische und westliche Spuren

Sakrale Architektur – Tempel und Klöster

Den Mittelpunkt eines jeden Ortes bildet eine prachtvolle, aus mehreren Gebäuden bestehende **Tempel-** oder **Klosteranlage** (*wat*). Ein Wat ist nicht nur das religiöse und geistige Zentrum einer Gemeinde, sondern auch deren sozialer Dreh- und Angelpunkt. An religiösen Feiertagen gleicht das Tempelgelände einem weltlichen Festplatz. Neben religiösen erfüllt ein Wat auch soziale Funktionen, etwa als Schule, Waisenhaus oder Altersheim. Um ihr Karma positiv zu beeinflussen, unterhalten die Gläubigen die Sakralbauten, die ständig renoviert und erweitert werden, mit großer Hingabe. Besonders bedeutende Tempelanlagen tragen den Zusatz (Wat) Phra Mahathat. Meist sind dies repräsentative Königstempel ohne angeschlossene Klöster. Zwar gibt es in thailändischen Tempeln und Klöstern hinsichtlich der Anordnung der einzelnen Bauten gewisse Modifikationen, doch folgt sie überwiegend einem Grundschema. Im

Die Anlage eines Tempels

Der Wat Benchamabophit in Bangkok ist eine gelungene Verschmelzung von traditioneller thailändischer Baukunst und europäischem Klassizismus

zentralen Heiligtum (*bot*; in Nordostthailand *sim*), das immer entlang einer Ost-West-Achse ausgerichtet ist, finden die Weihe und andere wichtige Zeremonien des Mönchslebens statt. Auf einem prachtvollen Altar im Westteil des Bot thront, nach Osten blickend, das bedeutendste, also älteste, bestgearbeitete und größte Buddha-Bildnis des jeweiligen Tempels. Vor dieser Buddha-Statue befindet sich der Sitz des Abtes. Im Gegensatz zu Wohnhäusern ruht ein Bot niemals auf Pfählen, sondern stets auf einem Stein- oder Betonsockel, in dem nach alter Tradition eine Truhe mit dem Tempelschatz eingemauert wird. Den Bot erkennt man an den acht Grenzsteinen (*bai sema*), die den heiligen Bezirk abgrenzen.

Das herausragende Merkmal thailändischer Bot sind die elegant geschwungenen, oft mehrfach übereinander gestaffelten **Satteldächer**, die von eckigen oder runden Holz- oder Steinsäulen getragen werden. Die Zahl der Dächer, die immer ungerade ist, hat einen hohen Symbolgehalt, in ihr kommen die Grundsätze der buddhistischen Lehre zum Ausdruck. So korrespondieren drei Dachebenen mit den drei „Juwelen des Buddhismus" (Buddha, Dharma und Sangha) oder sieben Dachebenen mit den sieben Stufen der Erleuchtung. Zudem gelten ungerade Zahlen in Thailand wie auch in anderen asiatischen Ländern als Glück verheißend. Traditionell deckt man die Dächer mit bunten, glasierten Ziegeln. Der Dachfirst ist an den Giebelseiten spitz nach oben gezogen. Diese stilisierten Flammenmotive tragen die Bezeichnung *cho faa* und dienen der Abwehr von Geistern und Dämonen, die sich an den hakenförmigen Gebilden verfangen. Die Giebelfelder sind reich verziert mit aufwendigen Holzschnitzereien oder Stuckwerk, die oft den Erleuchteten allein oder in Begleitung zweier Jünger zeigen. Der stets rechteckige **Hauptraum des Bot**, den man durch einen halb offenen Säulenvorbau oder über eine umlaufende Galerie betritt, wird häufig von Säulenreihen gegliedert, wodurch ein breites Mittelschiff und zwei schmalere Seitenschiffe entstehen. Typisch sind die sich nach oben verjüngenden und zur Mitte des Gebäudes geneigten Wände und Säulen. Fresken und Wandgemälde stellen meist Szenen aus dem Leben des Buddha dar. Auch in den oft virtuos gestalteten Reliefschnitzereien oder Perlmutteinlegearbeiten, welche die hölzernen Fenster- und Türflügel sowie die Holzblenden und Dachverzierungen der Vorbauten und Säulengänge verzieren, dominieren vor dem Hintergrund überbordender Ornamente neben Darstellungen mythologischer Figuren Buddha-Bildnisse. Lotosblumen, Symbol der Reinheit des Buddha, haben als Motiv im Reliefschmuck von Tempelbauten eine wichtige Bedeutung. Die meisten Tempelanlagen besitzen neben dem Bot eine öffentliche, allen Gläubigen zugängliche Gebetshalle – die **Vihara** (aus dem Pali, thail.: *viharn*), die sich architektonisch kaum vom Bot unterscheidet, meist aber etwas größer ist. Wie die Ordinationshalle beherbergt sie Buddha-Statuen, dient aber auch weniger wichtigen religiösen Zeremonien. In größeren Anlagen kann es mehrere Vihara geben. In der *mondhop* genannten **Bibliothek**, einem quadratischen, fensterlosen Bau mit gestuftem Dach, bewahrt man heilige Schriften (*tripitaka*) auf. Um gefräßige Termiten und andere Insekten von den empfindlichen Manuskripten fernzuhalten, ruhen die Tempelbüchereien auf Steinsockeln oder Holzpfählen, bisweilen stehen sie in kleinen, künstlich angelegten Teichen.

Sala ist ein überdachter, nach allen Seiten offener Pavillon, der Laien als Speise- und Ruheraum dient. Die Gläubigen legen hier die Speisen und andere Opfergaben für die Mönche nieder und bei Tempelfesten übernachten hier manchmal Pilger. In keinem Wat fehlt der *hoo koong* oder **Trommelturm**. Die meist spartanischen, in einem se-

Der Bot – das zentrale Heiligtum

Weitere Gebäude einer Tempelanlage

paraten Bereich gelegenen **Mönchsunterkünfte**, die in ihrer schmucklosen Architektur in krassem Kontrast zu den oft „barock" überladenen Gebetshallen stehen, tragen die Bezeichnung *kuti*. Als Abgrenzung zur profanen Welt wird ein Tempelkomplex in der Regel von einer Mauer, bisweilen von einer Wandelhalle, in der Buddha-Bildnisse stehen, umgeben.

Chedi und Prang – Kultbauten des Buddhismus

Seitdem sie in der Sukhothai- bzw. Ayutthaya-Periode nach Thailand gelangten, gehören **Chedi und Prang** zu den Grundelementen der buddhistischen Sakralarchitektur des Landes. Auch heute ist das Bild einer Tempelanlage ohne Chedi oder Prang unvollständig. Vorläufer dieser sich nach oben verjüngenden Sakralbauten ist der indische Stupa, dessen Ursprünge wiederum auf einfache, halbkugelförmige Grabhügel zurückgehen. Der Legende zufolge hat Buddha seine Jünger gebeten, seine Asche unter Grabhügeln zu bestatten, welche die Form von Reisbergen haben sollten. So wurde der Stupa zum Emblem des Buddhismus. Während der glockenförmige Chedi aus Ceylon stammt, hat man den schlanken, phallusähnlichen Prang aus der Khmer-Architektur übernommen. Es existieren auch Mischformen mit Prang-Unterbau und Chedi-Bekrönung. Am häufigsten kommt in Thailand heute der Chedi ceylonesischen Typs vor (in Nordostthailand *that*). Die drei Bauelemente eines Chedi – Unterbau, glockenförmiger Baukörper und Spitze – symbolisieren den Erleuchteten (Buddha), die Lehre des Buddha (*dharma*) und die Gemeinschaft der Jünger des Buddha (*sangha*). Zugleich spiegeln sie die drei kosmischen Sphären des Buddhismus wider: die Wunschsphäre (*kamadhatu*), die Sphäre der Form (*rupadhatu*) und die Sphäre der Formlosigkeit (*arupadhatu*). Als höchstes Bauwerk einer Tempelanlage steht der zentrale Chedi stets in der Hauptachse. Kleinere Votiv- und Urnen-Chedis, welche die Asche und Knochenreste von Verstorbenen enthalten, können über die ganze Tempelanlage verteilt sein. Bedeutende Chedis bergen häufig Reliquien des Buddha oder eines hoch verehrten Abtes. Dies können Haare, Nägel oder Knochenstücke sein. Um dem Buddha Referenz zu erweisen, umwandeln die Gläubigen den Chedi, der nicht begehbar ist, im Uhrzeigersinn.

Bildhauerei und Malerei

Wie in den vorhergehenden Kunstepochen steht auch in der Bangkok-Periode der Buddhismus im Mittelpunkt von Bildhauerei und Malerei. Traditionsgemäß verstehen Bildhauer und Maler, die ihre Arbeit zumeist anonym verrichten, ihre Tätigkeit daher nicht als Kunst, sondern als **religiösen Akt**. Die individuelle Ausdruckskraft ihrer Werke ist unbedeutend, denn sie sind den vorgegebenen Prinzipien und Regeln einer strengen Ikonografie unterworfen. In der Symbolsprache des Buddhismus geben die Körperhaltungen (*asana*) – sitzend, ruhend, stehend oder schreitend –, mehr noch aber die Handhaltungen (*mudra*) Betrachtern Aufschluss über das Bildnis (s. S. 59). Für Skulpturen ist neben Stein und Holz die Bronze das gebräuchlichste Material, doch werden auch Gold, Silber und Elfenbein verarbeitet. In der Gestaltung gibt es kaum Neuerungen, man führt vorwiegend die künstlerische Tradition Ayutthayas fort.

Strenge Bildsprache

Obwohl fast alle Thai dem Theravada-Buddhismus folgen, findet man in thailändischen Tempeln und Schreinen auch **Statuen hinduistischer Gottheiten**. Als die Siamesen im Jahre 1431 Angkor eroberten, führten sie die Khmer-Elite, einschließlich der brahmanischen Priester, Architekten, Künstler und Handwerker, als Gefangene in ihr Königreich. So hatte das Khmer-Erbe einen nachhaltigen Einfluss auf Architektur, Kunst und Glaubensvorstellungen Ayutthayas. Brahma, Shiva, Vishnu und andere Götter wurden in den Buddhismus einbezogen, außerdem praktisch die gesamte Hindukosmologie. Neben Bildnissen von Hindu-Göttern haben Darstellungen **mythologischer Wesen** aus der hinduistischen Glaubenswelt einen festen Platz in thailändischen Tempeln. Sehr häufig finden sich sogenannte „Vogelmenschen" (*kinnara* oder *kinnari*), anmutige himmlische Geschöpfe mit menschlichem Oberkörper und Vogelbeinen. Einen herausragenden Platz unter den Großplastiken nehmen Schlangengötter (*naga*) ein, die als Schutzgeister die Treppen von Gebäuden innerhalb eines Wat flankieren. Dämonen fernzuhalten ist auch die Aufgabe der grimmig dreinblickenden *yaksha*, mit Keulen bewaffneter Riesen, die oft die Eingangstore von Tempeln bewachen. Nach dem Prinzip Böses mit Bösem auszutreiben, können auch Dämonen (*rakshasa*) als Tempelwächter fungieren. Einen expo-

Yaksha-Riesen bewachen die Eingangstore vieler thailändischer Tempel

nierten Platz auch außerhalb sakraler Stätten belegt Garuda, der **König der Vögel**. Meist wird er mit Kopf, Flügel, Klauen und Schnabel eines Adlers, aber Körper und Gliedern eines Menschen dargestellt. Als Reittier Vishnus fungiert der Garuda zugleich als Wappentier, denn die thailändischen Könige gelten als Verkörperungen dieses Hindu-Gottes.

Hindu-Götter und mythische Tiere

Alle Werke, die heute die klassische **Thai-Malerei** repräsentieren, entstanden während der Bangkok-Periode. Da bei der Brandschatzung Ayutthayas durch die Burmesen praktisch alle Gemälde vernichtet wurden, umfasst die klassische thailändische Malerei nur die Zeit vom Wiederaufbau des Reiches ab 1767 bis etwa 1830. Danach führte der immer stärker werdende Einfluss europäischer Techniken und Sehweisen zu einem raschen Niedergang der klassischen Malkunst. So vollzog sich formal der Übergang von der ganz in der Fläche orientierten thailändischen Bildauffassung zur westlichen, räumlich-perspektivischen Sehweise. Inhaltlich zeigte sich eine deutliche Tendenz zur Verweltlichung. Buddhistische Motive wurden abgelöst von Alltagsszenen. Anfang des 20. Jh. hatten sich die meisten thailändischen Künstler ganz den modernen, westlichen Ausdrucksformen verschrieben. Zu einer Rückbesinnung auf buddhistische Themen kam es in den 1970er-Jahren, als Maler wie Pichai Nirand und Thawan Duchanee in ihren Werken westliche Formen mit thailändischen Motiven verknüpften. In der rein klassischen Technik werden heute Studenten des Silpakorn-Instituts der Schönen Künste in Bangkok ausgebildet. Ihre Aufgabe besteht darin, die alten Werke zu restaurieren oder Kopien von ihnen anzufertigen.

Tempel-
malereien

Den besten Eindruck von der traditionellen thailändischen Malerei geben Wandgemälde an den Innen- und Außenmauern sowie Säulen und Pfeiler von Tempeln, die legendäre und historisch nachweisbare Episoden aus dem Leben des Buddha illustrieren oder die Seele im Zyklus von Geburt, Tod und Wiedergeburt zum Thema haben. Andere Tafeln zeigen Episoden aus den „Jatakas", den lehrhaften Legenden über die früheren Existenzen des Buddha. Dargestellt werden auch Szenen aus dem Nationalepos „Ramakien", der thailändischen Version des indischen „Ramayana". Da die Analphabetenquote gerade bei der Landbevölkerung früher sehr hoch war, dienten die Wandgemälde einst als Schautafeln zur religiösen Unterweisung. Trotz aller Farbenpracht wirken die meisten Wandmalereien stereotyp, da starre Regeln, die jedes Detail festlegen, kaum Raum für individuelle Ausdrucksformen lassen.

info

Die Symbolsprache des Buddhismus

Vor seinem Verlöschen im Nirvana, so wird berichtet, habe der Buddha seine Jünger gebeten, keine Bildnisse von ihm anzufertigen. Nicht er selbst wollte verehrt werden, seiner Lehre sollte Respekt und Achtung entgegengebracht werden. So deuten die ältesten erhaltenen Reliefs die Gegenwart des Buddha lediglich durch Sinnbilder an. Eine aufblühende Lotosknospe symbolisiert die Geburt des Königssohns Siddharta Gautama, ein reiterloses Pferd seinen Schritt „vom Haus in die Hauslosigkeit", ein Bodhi-Feigenbaum die Nacht der Erleuchtung, das Rad der Lehre (*chakra*) die erste Unterweisung seiner Jünger im Park von Sarnath, ein Stupa sein Eingehen ins Nirvana. Erst nach der Spaltung der buddhistischen Lehre in die Schulen des konservativen Hinayana und des weltoffeneren Mahayana erschien der Buddha erstmals als Figur.

„Geburtsort" der ersten Buddha-Bildnisse war Gandhara im heutigen Nordwestpakistan, „Geburtsjahr" etwa 150 v. Chr. Da keiner der Bildhauer Buddha je gesehen hatte, entstanden idealisierte Bildnisse des Erleuchteten aus indischen, persischen und römisch-griechischen Elementen – Gandhara war nach der Unterwerfung durch Alexander d. Gr. eine Zeitlang von Griechen besetzt –, die 600 Jahre später, modifiziert durch Künstler der nordindischen Gupta-Dynastie, ihre bis heute gültige Gestalt erhielten. Bis auf die Gesichtsform, die man in Südostasien den Vorstellungen der dortigen Bevölkerung anpasste, sind die Darstellungen der stets symmetrisch komponierten, dem Betrachter frontal zugewandten Buddha-Statuen weitgehend einheitlich. Dafür sorgten die strengen ikonografischen Vorschriften, die in den heiligen buddhistischen Texten niedergeschrieben sind und die im gesamten buddhistischen Kulturkreis Geltung besitzen.

Laut Überlieferung trägt ein Mensch, der dazu bestimmt ist, entweder ein weltbeherrschender König oder ein Buddha zu werden, in früheren Existenzen erworbene Zeichen eines „Großen Menschen" an seinem Körper. Zu den 32 Haupt- und 88 Nebenzeichen (*lakshana*) gehören die langen Ohrläppchen als Zeichen des fürstlichen Standes und das Auge der Weisheit (*urna*), das als Mal zwischen den Brauen erscheint. Als Ausdruck der übernatürlichen Kraft des Erleuchteten gilt die knospenförmige, oft von einem Strahlenkranz umgebene Wölbung auf dem Haupt des Buddha (*ushnisha*).

Mit symbolischen Zeichen bringt man Handlungen des Buddha oder historische Ereignisse zum Ausdruck, aber auch verschiedene Lebenssituationen, die für die

Entwicklung der Lehre des Barmherzigen von Bedeutung waren. Zu den Symbolen der buddhistischen Bildsprache zählen die Körperhaltungen – sitzend, ruhend, stehend oder schreitend –, die Positionen der Arme und die von den Händen ausgeführten Gesten. Sitzend wird der Buddha vorwiegend im edlen „Lotos"- oder „Diamantsitz" dargestellt, seltener in der europäischen Haltung mit herabhängenden Beinen. Wichtig sind die Mudra oder Handstellungen des Buddha. Am häufigsten zeigen thailändische Buddhas Dhyana Mudra, die Handhaltung des Buddha in meditativer Versenkung, bei der die Hände mit den Handflächen nach oben übereinander im Schoß liegen. Symbolisiert wird der Augenblick der Erleuchtung. Oft sieht man auch den sitzenden Buddha, die Handfläche der linken Hand nach oben gerichtet im Schoße, während die Finger der nach unten gerichteten rechten Hand die Erde berühren.

Diese als Bhumisparsha Mudra oder „Berührung der Erde" bekannte Haltung nimmt Bezug auf folgende Begebenheit: Siddharta Gautama saß in tiefer Meditation versunken. Da näherte sich ihm der Dämon Mara, um ihn in Versuchung zu führen. Aber Siddharta rief die Erdgöttin Torani als Zeugin seiner Tugend an, indem er mit den Fingerspitzen die Erde berührte. Und die Erdgöttin sandte eine Sintflut, die den Dämon hinwegspülte. So wurde der Buddha zum Sieger über Mara, das Böse.

Segen und Schutz kommen in der Abhaya Mudra, der „Stellung des Furchtlosen", zum Ausdruck. Dabei erhebt der stehende Buddha die Hände in Schulterhöhe mit der Innenfläche nach außen. Sind beide Hände gehoben, so ist die „Besänftigung der Wasserfluten" symbolisiert. Die erhobene Linke erinnert daran, dass der Erhabene eine Prinzessin, die ihn verehrte, abwies. Mit der rechten Hand ausgeführt, versinnbildlicht die Pose Buddha als Streitschlichter. Bei der Vitarka Mudra, der „Stellung der Darlegung" des sitzenden oder stehenden Buddha, bilden Daumen und Zeigefinger einer Hand einen Kreis, während die übrigen Finger nach vorne weisen. Diese Handstellung symbolisiert Urteilskraft und Vernunft. Die Dharmachakra Mudra zeigt Buddha im „Lotos"- oder „Diamantsitz", wie er das „Rad der Lehre" in Bewegung setzt. Bei dieser Stellung sind beide Handflächen vor der Brust zum Körper gerichtet, wobei die Finger der linken in die rechte Handfläche gestützt sind. In der Varada Mudra, vorwiegend beim stehenden Buddha, ist die Handfläche am herunterhängenden rechten Arm mit gestreckten Fingern dem Betrachter zugewandt. Diese Stellung symbolisiert Mitgefühl und Güte.

In vielen thailändischen Tempeln fallen Bildnisse auf, die den im „Lotossitz" meditierenden Buddha im Schutze einer sieben- oder zuweilen neunköpfigen Schlange zeigen. Diese Darstellung erinnert an den Schlangenkönig Muchalinda, der eine Naga-Schlange entsandte, um dem Prinz Siddharta auf dessen Weg zur Erleuchtung Schutz vor einem vom Dämon Mara gesandten Unwetter zu bieten. Als transzendierender Buddha liegt der Erhabene mit geschlossenen Augen auf der rechten Körperseite. Der nach Norden weisende Kopf ruht auf der rechten Hand, die Füße liegen parallel zueinander. Diese Stellung zeigt Buddha in dem Augenblick, in dem er vom ewigen Zyklus der Wiedergeburten befreit wird und ins Nirvana eingeht.

Musik

Die **klassische Musik** Thailands ist kultischen Ursprungs und wurde später für königliche Zeremonien höfisch stilisiert. Als Begleitung des klassischen Tanzdramas fällt ihr die Aufgabe zu, Charaktere, Situationen und Stimmungen durch bestimmte Melodien zu signalisieren und das Geschehen zu untermalen. Sie basiert auf pentatonischen Tonleitern, die für abendländische Ohren sehr ungewohnt klingen. Dem Deutschen Peter Feit, der später die thailändische Nationalhymne komponierte, gelang es um 1930, klassische Thai-Musik in Noten umzusetzen und sie damit vor dem Vergessen zu bewahren. Da es bis dahin kein Notationssystem gab, war jede Darbietung eine enorme Gedächtnisleistung.

Ein **Standardensemble** (*pi phat*) besteht aus einem Satz Bronzegongs (*khong vong lek* und *khong vong yai*) in allen Größen und Tonstufen, die als phrasierende oder interpunktierende Instrumente die Grundstruktur des Musikstücks bestimmen, zwei Xylofonen mit Holztasten und Bambus-Resonanzkörper (*ranad ek* und *ranad thum*), verschiedenen Arten von Trommeln (*klong*), einer oder mehrerer Bambusflöten (*khlui*) und einem Blasinstrument (*phi nai*), das einen oboenhaften Klang erzeugt. Während es sich bei der klassischen Musik eher um ein aristokratisches Hofzeremoniell handelt, ist die bei den „einfachen" Menschen beliebte **Volksmusik** dynamisch und leidenschaftlich. Im Isaan genannten Nordosten hat sich eine Musikform entwickelt, die sich heute in ganz Thailand großer Beliebtheit erfreut. Dargeboten wird sie von einer Combo (*sep noi*), deren bemerkenswertestes Instrument die *khään* ist. Diese Mundorgel besteht aus mehreren schmalen, mit einem Resonanzkörper aus Hartholz verbundenen Bambuspfeifen. Der Spieler erzeugt die Töne, indem er in ein Loch im Resonator bläst und dabei die kleinen Löcher in den Pfeifen zudrückt oder freigibt.

Die zu einem Großteil auf der Khään-Musik mit ihren quirligen Melodiekaskaden basierende moderne **thailändische Popmusik** verschmilzt traditionelle und westliche Stilelemente zu einem facettenreichen Musikstil. Avantgardistische thailändische Komponisten begannen bereits in den 1970er-Jahren, westlichen Jazz und Rock mit klassischer Thai-Musik zu reizvollen Klangteppichen zu verweben. Neu waren auch die politischen und umweltpolitischen Themen der Songs. Zu den bekanntesten Vertretern dieses von den Thai *phleng phüa chivit* (Musik fürs Leben) genannten Stil gehören die Gruppen Caravan und Carabao.

Tanz und Theater

Die beliebtesten **klassischen Tanzformen** in Thailand sind *khon* und *lakon*. Der einst nur an königlichen Höfen aufgeführte **Maskentanz** *khon* ist eine Kombination aus Tanz und Schauspiel, zugleich ein prachtvolles Kostümspektakel, bei dem alle Rollen von Männern gespielt werden. Bei den oft zeitlupenhaft ablaufenden Bewegungen der Akteure soll jede Geste eine bestimmte Emotion vermitteln. Dargestellt werden meist Episoden aus dem „Ramakien" dem „Ramayana"-Epos in seiner thailändischen Fassung, wobei die Schauspieler stumm bleiben und Rezitatoren die Geschichte erzählen. Ein klassisches Khon-Spiel kann mehr als fünf Stunden dauern.

Lakon, das **klassische Tanztheater**, bei dem nur weibliche Akteure ohne Masken auftreten, ist ein Fest der Künste – traditionell vereint es Gesang, Musik, Dichtung, Tanz und Bildende Kunst. Aufgeführt werden neben Szenen aus dem „Ramakien" auch buddhistische Legenden und Sagen. Da die differenzierten Posen des Tanzspiels einer

Beim Tanztheater lakon treten nur weibliche Akteure ohne Masken auf

strengen Choreografie folgen, müssen die Tänzerinnen ein hartes Training absolvie- *Genau*
ren. Jede noch so kleine Augenbewegung und vor allem jede Handhaltung (*Mudra*) hat *festgelegte*
eine Bedeutung, ist Teil der Geschichte, welche die Tänzerinnen ohne Worte erzählen. *Choreografie*
Es gibt Mudras, die von beiden Händen ausgeführt werden müssen, und solche, die im
Spiel jeder einzelnen Hand ihren Ausdruck finden.

Eine ausgebildete Tänzerin beherrscht etwa 400 bis 500 solcher Gesten, mit denen sie
das ganze Vokabular verdeutlicht. Nur ab und zu entschlüsseln sich die Sinnbilder westlichen Besuchern. So symbolisieren die elegant vor der Brust aneinander gelegten Fingerspitzen die Knospe einer Lotosblüte. Eine Hand, die sich öffnet und über die Glie-
der hinaus spreizt, zeigt die erblühende Blume. Kurze *Lakon*-Tänze kann man vor allem
am Wochenende in Bangkok am Erawan-Schrein oder am Lak-Muang-Schrein gegenüber vom Royal Grand Palace beobachten. Mit den gegen Bezahlung aufgeführten Tänzen wollen Gläubige die Götter milde stimmen oder sich bei ihnen für die Gewährung
eines Wunsches bedanken.

Eine burleske Form des klassischen Tanzspiels ist das Musiktheater *likay*, aus dem die
laotisch beeinflusste Volkskunst im nordöstlichen Isaan das *moo lam* entwickelt hat. *Moo* *Komödien-*
lam bedeutet soviel wie Meister oder Priester des Tanzes und ist eine pfiffige, geist- *stadel auf*
reiche Mischung aus Komischer Oper, Pantomime, Komödie, sozialkritischer Satire, *Thailändisch*
Parodie und Melodram. Im Mittelpunkt der oft nächtelangen Aufführungen, stehen
aktuelle Themen aus dem gesellschaftlichen und politischen Leben. Oft handelt es sich
um derbe Liebes- und Eifersuchtspossen, angereichert mit anzüglichen Witzen und Slap-
stick-Einlagen. Die Darsteller halten der Gesellschaft einen Spiegel vor, machen sich
über die Politik und den Lauf der Zeiten lustig. Sie schauen dem Volk aufs Maul und
sprechen in ihren oft improvisierten Dialogen eine Sprache, die jeder versteht.

Moo-lam-Künstler ziehen mit Wanderbühnen durchs Land und über die Dörfer. Sie gastieren meist in den Höfen der Tempel, in denen traditionell Jahrmärkte und Feste abgehalten werden. Trotz der Konkurrenz von Fernsehen und Video fesselt eine gute *Moo-lam*-Show vor allem in ländlichen Gebieten Nordostthailands das Publikum bis in die frühen Morgenstunden.

Literatur

Indischer Ursprung

Mit Einführung der ersten Thai-Schrift durch den dritten Sukhothai-Herrscher König Ramkhamhaeng Ende des 13. Jh. wurde die alte Volksdichtung nach und nach durch eine vorwiegend **religiös inspirierte Literatur** indischer Herkunft ersetzt. So war die thailändische Literatur jahrhundertelang im Grunde genommen indische Literatur in thailändischem Sprachgewand. Sie bestand hauptsächlich aus Texten des buddhistischen Kanons und Versionen der „Jataka", einer Sammlung von 547 buddhistischen Legenden, die sich um die früheren Leben des Buddha ranken.

Wie in anderen Ländern Süd- und Südostasiens ist auch in Thailand das „Ramayana", eine symbolische Darstellung des ewig währenden Kampfes zwischen Gut und Böse, der Klassiker unter den mythischen Legenden. Die thailändische Version des großen indischen Heldenepos – **„Ramakien"** (*Der Ruhm Ramas*) – schildert, wie Sita, die Gemahlin des edlen Rama von Ayodhya, vom Dämonenkönig Tosakan (im „Ramayana" *Ravana*) geraubt und auf der Insel Langka (Sri Lanka) gefangen gehalten wird, wo sie sich der Annäherungsversuche des Unholds erwehren muss. Unterstützt von seinem Bruder *Phra Lak* (im „Ramayana" *Lakshmana*) und von einem Affenheer unter Führung des tapferen Hanuman, besiegt Rama schließlich in zahlreichen Kämpfen die Dämonen und befreit Sita aus den Klauen des finsteren Tosakan, der seine Niedertracht mit dem Leben bezahlen muss. Am Ende werden in der thailändischen Variante des Epos die Liebenden wieder glücklich vereint.

Klassische Literaturthemen

Des Weiteren schöpfte die frühe thailändische Literatur aus dem reichen Schatz der **hinduistisch-buddhistischen Mythologie**, die in vielen populären Vers- und Prosaerzählungen aufgegriffen wird. Im Mittelpunkt der meist durch stereotype Handlungsschemata gekennzeichneten Geschichten steht ein edler Prinz, der bei seinem heldenhaften Kampf gegen das Böse, unterstützt von seiner anmutigen Geliebten, allerlei Abenteuer zu bestehen hat.

Neue Inhalte

Die thailändische Literatur erlebte in der Ayutthaya- und frühen Bangkok-Periode eine **Glanzzeit**. Bei Hofe wurden Poesie und Prosa gefördert, mehrere Könige traten selbst als Dichter berühmter Werke hervor. Seit dem Ende der absoluten Monarchie im Jahre 1932 war die Literatur nicht mehr ausschließlich Sache des Hofes. Nicht nur neue Gattungen wie Kurzgeschichten und Novellen fanden Eingang in die Schreibkunst, man wandte sich auch neuen Inhalten zu. So beschäftigt sich die zeitgenössische thailändische Literatur mit Themen wie Machtmissbrauch und Korruption, dem Einfluss des westlichen Lebensstils und Konsumdenkens auf die Thai-Gesellschaft oder mit den Problemen von Jugendlichen, die, konfrontiert mit den Werten der modernen Zeit, auf der Suche nach ihrer eigenen Identität sind.

Religion – Der Buddhismus

Buddha – Der Erleuchtete

Die Wiege des Buddhismus stand im Ganges-Becken im nordöstlichen Indien. Der Begründer, Siddharta Gautama, wurde im Jahr 623 v. Chr. im Ort Lumbini im heutigen Nepal als Königssohn geboren. Wie eine der zahlreichen Legenden berichtet, die sich um seine Geburt ranken, soll er gleich nach der Niederkunft seiner Mutter sieben Schritte in jede Himmelsrichtung gegangen sein und dabei gesprochen haben: „Dies ist meine letzte Geburt, es wird keine Wiedergeburt mehr für mich geben."
Prinz Siddharta Gautama

Am väterlichen Hof wuchs der Prinz, wohlbehütet und abgeschirmt gegen alles menschliche Leiden, in Luxus und Reichtum auf. Er übertraf seine Spielgefährten an Klugheit und Gewandtheit. Im Alter von 19 Jahren heiratete er, seine Frau schenkte ihm einen Sohn. Alles deutete darauf hin, dass der begabte Prinz einmal die Nachfolge seines Vaters antreten würde. Doch dann hatte er, wie es in der Legende weiter heißt, bei Ausritten vor den Palastmauern vier Begegnungen, die sein Leben veränderten.

Zunächst soll er einem Greis, dann einem Kranken, darauf einem Leichenzug und schließlich einem armen, aber glücklichen Bettelmönch begegnet sein. Die Erkenntnis von Leid und Elend des Lebens sowie von der Vergänglichkeit der Welt, die ihm bislang in der Abgeschiedenheit des Palastes verborgen geblieben war, und die Vision vom Frieden, den man durch ein religiös bestimmtes Dasein erlangen kann, ließen ihn über Grenzen und Sinn der menschlichen Existenz nachdenken. Weiter heißt es in der Überlieferung, dass er kurz vor seinem 30. Geburtstag in der „Nacht der
Der Weg zur Erleuchtung

Wer einem Bildnis des Erleuchteten Opfergaben darbringt, erwirbt sich Verdienste für das nächste Leben

großen Entsagung" sein luxuriöses Leben im Palast sowie seine Familie mit Frau und Sohn zurückließ, um sich auf die Suche nach dem Weg zur spirituellen Erlösung zu begeben. Er schor sich Haare und Bart ab und tauschte seine fürstlichen Kleider gegen ein gelbes Bettelgewand. Als Schüler eines Brahmanen, der die Lehre von der Welt des Nichts predigte, unterwarf er sich einer strengen Askese, ohne jedoch sein Ziel zu erreichen. Schließlich beschloss Siddharta Gautama dem sogenannten mittleren Pfad zu folgen.

Buddha – der große Lehrer

Nach 49-tägiger Meditation erreichte er in Bodh Gaya unter einem Bodhi-Feigenbaum eines Nachts den Zustand der Erleuchtung. Er erkannte, dass alle Lebewesen im endlosen Kreislauf von Geburt, Tod und Wiedergeburt gefangen sind. Er erinnerte sich seiner früheren Existenzen und ergründete schließlich die Vier Edlen Wahrheiten (s. S. 69). Endlich hatte er den Weg zur Überwindung von Leid und Elend gefunden. So wurde Siddharta Gautama zum Buddha – zum Erleuchteten. Den Rest seines Lebens widmete er der Verbreitung seiner Lehre. Mit seiner ersten Unterweisung einer kleinen Gruppe in einem Gazellenhain in Sarnath bei Varanasi (Benares) setzte er das Rad der Lehre in Bewegung. Rasch wuchs die Schar von Anhängern, mit denen er durch Indien zog, um möglichst vielen Menschen den Weg zu zeigen, der sie vom menschlichen Leid und vom ewigen Zyklus der Wiedergeburten befreien sollte. Unermüdlich verbreitete er seine Erkenntnisse, bekehrte Könige und Kaufleute, Bauern und Bettler. Sein Wirken war vom Kampf gegen die hinduistische Kastengesellschaft geprägt. Nachdem er den noch heute existierenden Mönchsorden (*sangha*) gegründet hatte, verstarb er im damals ungewöhnlich hohen Alter von 80 Jahren im Ort Kusinara, dem heutigen Kasia im indischen Bundesstaat Uttar Pradesh, und ging ins Nirvana ein. Sein Leichnam wurde verbrannt und seine Asche zum Teil unter seinen Anhängern verteilt, zum Teil unter Stupas am Ort beigesetzt.

Theravada- und Mahayana-Buddhismus

„Kleines Fahrzeug" und „Großes Fahrzeug"

Kaum 100 Jahre nach dem Tode des Buddha spaltete sich die buddhistische Lehre in den Theravada-Buddhismus, die „Lehre der Alten", der auch Hinayana-Buddhismus genannt wird („Kleines Fahrzeug", weil nur wenige das Heil erlangen können), und den Mahayana-Buddhismus, den „Weg des Glaubens" („Großes Fahrzeug", weil der Weg zum Nirvana einer größeren Zahl von Gläubigen offen steht).

Die Tradition des Theravada-Buddhismus verfolgt in erster Linie die persönliche, endgültige Befreiung vom Leiden. Diese ist nur durch die strikte Befolgung der ursprünglichen Lehre des Buddha möglich. Beste Voraussetzung dafür, nach einem langen Weg der Erkenntnis in das Nirvana einzugehen, haben Mönche, die sich im klösterlichen Leben ganz der Meditation und dem Studium des *dharma* – der Gedanken und Erkenntnisse des Erleuchteten – widmen können. Im konservativen Theravada-Buddhismus ist Frauen der Übertritt ins Nirvana verwehrt. Obwohl Buddha ursprünglich lehrte, dass auch Frauen das Potenzial zur spirituellen Erleuchtung haben, vertreten viele hochrangige thailändische Mönche die Meinung, dass Frauen nicht direkt die Erleuchtung anstreben können, sondern nur über den „Umweg" einer Wiedergeburt als Mann. Der Mahayana-Buddhismus hingegen zeigt neue Wege zur Erlösung auf. Er versteht sich als volksnähere Konfession, nach der es nicht nur Mönchen, sondern auch Laien – unter Umständen sogar Frauen – möglich sein sollte, Erleuchtung zu erreichen. In ihm nehmen Bodhisattvas – Menschen, die das Stadium der Erleuchtung bereits erreicht haben – eine wichtige Rolle ein. Sie verzichten auf den Eingang ins Nirvana, um anderen Menschen dabei zu helfen, den Kreislauf der Wiedergeburten zu durchbrechen.

Jeder thailändische Mann geht einmal im Leben für einige Zeit als Mönch in ein Kloster

Buddhistische Mission

Nach dem Tode des Buddha und seinem Eingang in das Nirvana verbreitete sich der Buddhismus überall in Asien, ohne dabei aber eine gewaltsame Missionspraxis zu entwickeln. Der Theravada-Buddhismus wird heute hauptsächlich in Thailand, Laos, Kambodscha und Myanmar (Burma) sowie auf Sri Lanka praktiziert. Hauptverbreitungsgebiete des Mahayana-Buddhismus sind China, Japan, Korea, Malaysia, die Mongolei, Singapur, Taiwan und Vietnam. Zum Mahayana-Buddhismus zählen der ostasiatische Zen- und der tibetische Buddhismus. Tolerant gegenüber anderen Religionen und Weltanschauungen, vermochten sich beide Schulen des Buddhismus stets an bereits vorhandene Kulturen und verschiedene Gegebenheiten anzupassen. Bisweilen vermengten sich die in der Schriftensammlung der Drei Körbe (*tripitaka*) überlieferten Lehren und Predigten des Buddha so intensiv mit dem vorbuddhistischen Gedankengut von Einheimischen und lokalen Glaubensvorstellungen, dass aus verschiedenen Wurzeln spezifische Volksreligionen entstanden.

Unterschiedliche Ausrichtungen

Mönche – Stellvertreter Buddhas auf Erden

info

Vor Sonnenaufgang ertönen Gongs, um daran zu erinnern, den Mönchen Nahrung und Almosen zu spenden. Ob in Bangkok oder in entlegenen Dörfern, überall beginnen die Mönche in der Morgendämmerung ihren Rundgang (*bindabaat*). Der Almosengang hat mit Betteln nichts zu tun. Die Mönche (thail.: *phra*, Pali: *bikkhu*) sollen ihre ganze Kraft für ihre geistige Vervollkommnung einsetzen, daher muss ihr Geist frei sein von der Sorge um die tägliche Schale Reis. Mit der Speisung der Mönche können die Gläubigen religiöse Verdienste ansammeln und sich so eine günstigere Ausgangsposition für ihr Leben nach der Wiedergeburt verschaffen. Deshalb bedanken sich die Gläubigen bei den Mönchen mit einem respektvollen *wai* für die Annahme der Spende.

Am Tag der Mönchsweihe

Jeder Mann in Thailand sollte einmal in seinem Leben für ein paar Monate das bescheidene Leben eines Mönches geführt haben, am besten nachdem er die Schule beendet hat und bevor er seine berufliche Karriere beginnt oder heiratet. Für die Eltern ist es eine große Ehre, wenn ihre Söhne die gelbe Robe des buddhistischen Mönchsordens anlegen, denn der Novize überträgt einen Teil der Verdienste, die er sich durch den Eintritt ins Kloster erwirbt, auf sie. Gerade arme Familien vertrauen ihre Söhne, meist mit Erreichen des zehnten Lebensjahrs, einem Kloster an, insbesondere wenn diesem eine höhere Mönchsschule angeschlossen ist, in der Mönche die traditionellen buddhistischen Fächer und weltliche Lehrer Naturwissenschaften, Mathematik oder Englisch unterrichten. Für viele junge Thai ist dies die einzige Möglichkeit, nach der sechsjährigen Grundschulzeit eine weiterführende Bildung zu erhalten.

In den etwa 30.000 Tempelklöstern leben je nach Jahreszeit 300.000 bis 500.000 Mönche und Novizen. Das Dasein als Mönch kann wenige Wochen oder mehrere Jahre dauern. Die meisten jungen Männer lassen sich im Juli, zu Beginn der dreimonatigen Fastenzeit (*khao phansaa*), in oft aufwendigen Ordinationsfeiern weihen und verlassen den Tempel am Ende der Fastenperiode (*ok phansaa*) im Oktober.

Am Tag der Mönchsweihe (*buat naak*) tragen Freunde und Verwandte den zukünftigen Mönch auf den Schultern dreimal um den Tempel. Dabei hält der in Weiß gekleidete Mönchsaspirant drei Lotosblüten, drei Räucherstäbchen und drei Kerzen in den gefalteten Händen, wobei die Zahl drei für die Grundlagen des Buddhismus steht: den Lehrer Buddha, die Lehre des Buddha (*dharma*) und die geistige Gemeinschaft der Ausübenden der Lehre (*sangha*). Nachdem der Abt ihn in die Regeln des klösterlichen Lebens eingeführt hat, werden dem jungen Mann Haare und Augenbrauen geschoren. Mit diesem symbolischen Akt legt er seine bisherige Gestalt ab und trennt sich von allem Profanen. Manche Männer verbringen ihr ganzes Leben mit dem Studium der Lehre des Buddha. Jeder kann aber zu jedem beliebigen Zeitpunkt wieder aus dem Orden austreten. Die Rückkehr ins weltliche Leben gilt nicht als Versagen. Vielmehr bieten die im Kloster gewonnenen Einsichten den Menschen eine gute Grundlage für ihr späteres Leben, denn jeder, der einmal Mönch war, genießt hohes Ansehen.

Als der Barmherzige den Mönchsorden (*sangha*) stiftete, erließ er strenge Gebote (*vinay*), die heute noch gelten: Nur einmal am Tag dürfen die Mönche essen, nicht später als 12 Uhr, danach ist nur noch Flüssigkeit gestattet. Sie dürfen weder Mensch noch Tier töten, nicht stehlen und lügen, nicht in weichen Betten schlafen, nicht tanzen oder Musik hören. Es ist ihnen nicht gestattet, Schmuck zu tragen, Parfüm oder Öl zu benutzen, Frauen zu berühren und Alkohol zu trinken. Jeder Mönch ist besitzlos, bis auf das, was er am Leibe trägt sowie einige persönliche oder lebensnotwendige Gegenstände. 227 Gelübde und Gebote regeln das buddhistische Mönchsleben. Erst lange nach der Gründung des Sangha erlaubte Buddha auch die Bildung von Nonnenorden, obwohl er der Meinung war, dass Frauen die Härte des Klosterlebens nicht ertragen könnten. Für junge Frauen ist ein Klosteraufenthalt eher die Ausnahme. Dagegen verbringen alte Frauen als Nonnen (*mae chii*) ihren Lebensabend häufig in einem Kloster – entweder in einer eigenen Klostergemeinschaft oder innerhalb eines Mönchsklosters. Nonnen ist jedoch das Anlegen der safrangelben Mönchsrobe ebenso wie eine Ordinierung untersagt.

Das Klosterleben ist in der Tat hart und wird durch eiserne Disziplin bestimmt. Um 4.30 Uhr werden sie in ihren spartanischen Unterkünften (*kuti*) durch Glockenoder Paukenschläge geweckt. Kurze Toilette. Dann eine Stunde Gebetsversammlung. Im Anschluss geht es zum Almosengang. Danach kehren die Mönche wieder in den Tempel zurück und verbringen den Rest des Vormittags mit Gebeten, bis um 11 Uhr die Glocke zum gemeinschaftlichen Mittagessen ruft, das von Frauen aus dem Einzugsgebiet des Tempels zubereitet wird. Der Nachmittag gehört dem Studium religiöser Texte, der Unterrichtung von Gläubigen oder Arbeiten auf dem Gelände des Klosters. Am späten Nachmittag oder frühen Abend versammeln sich die Mönche ein weiteres Mal zum gemeinsamen Gebet oder zur Meditation. Vor dem frühen Schlafgehen meditieren sie noch einmal in ihren Zellen.

Es gibt kaum eine Lebenssituation ohne die Mönche. Sie spielen bei allen familiären Festen und Feierlichkeiten eine bedeutende Rolle, von der Namensgebung für Neugeborene über die Fadenknüpfungszeremonie, die Braut und Bräutigam aneinanderbindet, bis hin zur Trauerfeier, bei der die Leiche eines Verstorbenen vor der Kremation eingebunden wird. Mönche sind fast immer auch an Einweihungsfeiern für Hausneubauten und Geschäftseröffnungen beteiligt. Ihre Anzahl muss allerdings immer ungerade sein, um Unheil zu vermeiden. In gerader Zahl erscheinen sie nur zu Totenfeiern.

Grundlagen der buddhistischen Lehre

Der Weg zur Überwindung des irdischen Leides

Im Buddhismus gibt es weder Schöpfergott noch Schöpfungsgeschichte. Der Buddha ist kein Heiland, der die Menschen durch seine Gnade ohne ihr eigenes Zutun erlöst. Er wird von Buddhisten als Lehrer und „erleuchteter" Mensch verehrt, der ohne göttliche Offenbarung seine Einsichten und seine Erleuchtung aus eigener Kraft gewann und anderen Menschen den Pfad zum Heil zeigt. Es ist ein mühevoller Weg der Selbsterkenntnis, der die Fähigkeit zur Meditation und zur Versenkung voraussetzt. Kern der Lehre des Buddha ist die Vermittlung von Einsichten, mit deren Hilfe das irdische Leid (*dukha*) überwunden werden kann. Entscheidend ist, dass die Menschen lernen, die Ursachen des Leides und sich selbst zu erkennen, um sich aus eigener Kraft vom Leid zu befreien. Die Erlösung beruht allein auf den geistigen und ethischen Bemühungen des Einzelnen. Kein Gnadenakt eines Erlösergottes, keine göttliche Fügung ist im Spiel.

Selbsterkenntnis führt zur Befreiung vom Leid

Wie Buddha es selbst vorgelebt hat, ermöglicht die Meditation es, zu weiser Einsicht zu gelangen. Mit ihrer Hilfe lernt man, die Gedanken zu beherrschen, damit die positiven Kräfte des Geistes sich entwickeln und nur sie und nicht die negativen das Handeln bestimmen. Buddha lehrte, dass der Mensch leide, da er Begierden habe, vor allem nach Materiellem und damit nach Macht und Einfluss. Ohne zu erkennen, dass irdische

*Keine Tat bringt die Gläubigen dem Nirvana näher,
als die Stellvertreter Buddhas auf Erden zu unterstützen*

Güter und Vergnügungen nur Glücksverheißungen vorgaukeln, jagt der Mensch ihnen ständig nach und wird am Ende noch „durstiger" und leidverstrickter als zuvor. Gedanken und Taten werden von den vier Grundübeln bestimmt: Gier, Hass, Verblendung und Unwissenheit. Die Aufhebung des Leides ist nur durch die Überwindung der Begierden möglich. So ist die buddhistische Lehre ganz auf die Erlösung im Nirvana ausgerichtet, der höchsten Form der Glückseligkeit, in der alle Begierden und damit das Leid erloschen sind.

Die Lehre vom Karma

Bilanz der guten und schlechten Taten

Buddha verkündete weiterhin, dass das gegenwärtige Dasein des Menschen nur eines in einer langen Reihe sei, dass jede Existenz bedingt sei durch die in der früheren Existenz vollbrachten Taten und dass eine bessere Wiedergeburt oder schließlich das Erreichen des Zuflucht und Schutz gewährenden Nirvana allein durch gute Taten zu erlangen sei. Der Glaube an das Karma, die Vergeltungskausalität aller guten und bösen Taten auf Erden, ist daher tief im Bewusstsein der Gläubigen verankert. Hat man Pech im Leben, ereilen einen Schicksalsschläge wie Unfall oder Krankheit, beruht das auf einem negativen Karma aus einem früheren Leben.

Der Mensch ist seines Glückes Schmied

Die Lehre vom Karma verspricht eine bessere, glücklichere Zukunft, sofern man in diesem Leben verdienstvolle Taten vollbringt, während böses Tun in der nächsten Inkarnation entsprechend vergolten wird. Im Karma, in der Bilanz des Lebens, zählt nur das eigene Verhalten – der Mensch ist seines Glückes Schmied. Hadern mit dem eigenen Schicksal ist für Buddhisten kein Thema. Hänge nicht deinem Kummer nach, sondern bemühe dich stattdessen, bessere Ausgangsbedingungen für deine nächste Existenz zu schaffen, lautet die Lebensmaxime.

Das Nirvana

Kaum ein Mensch erreicht das Nirvana, die Erleuchtung, in der das Rad der Wiedergeburten und damit das Leiden endet, in seinem gegenwärtigen Leben. Die vollkommene Erlösung wird normalerweise erst nach wiederholter Neugeburt erreicht. Buddha selbst benötigte, wie die „Jataka"-Legenden überliefern, über 500 Lebenszyklen, bis er so rein und vollkommen war, dass er seine historische Existenz als Siddharta Gautama beginnen konnte. Durch gute Taten oder durch Verdienste (*bun*) können Buddhisten die Anzahl der folgenden Wiedergeburten verringern. Die Haupt-tugend besteht darin, ein Leben nach den Empfehlungen des Buddhismus zu führen und die im Edlen Achtfachen Pfad festgelegten Verhaltensregeln zu befolgen. Verdienste er-wirbt man sich im täglichen Leben zum Beispiel durch die morgendliche Speisung der Mönche, die Instandhaltung von Tempeln und die Beteiligung an buddhistischen Kult-handlungen. Als verdienstvoll angesehen werden Spenden an den Mönchsorden. Auch wer einer Buddha-Statue dünne Goldplättchen appliziert oder in einem Klostergar-ten kleine Käfige mit Singvögeln kauft und ihnen die Freiheit schenkt, erhöht sein Ver-dienstkonto und darf auf eine höhere Einstufung im nächsten Leben rechnen. Beson-dere Verdienste erwirbt sich, wer bei einem Künstler eine Buddha-Statue in Auftrag gibt. Eine der verdienstreichsten Taten, die Eltern vollbringen können, ist, einen Sohn an den Mönchsstand hinzugeben.

Gute Taten und Verdienste

Dharma – Die Lehre des Buddha

info

Als Grundlage seiner Lehre verkündete der Buddha die Vier Edlen Wahrheiten, die in der eher konservativen Richtung des Theravada- oder Hinayana-Buddhismus von größerem Gewicht sind als im weltoffeneren Mahayana-Buddhismus:

1. Alles Dasein ist Leid (*dukha*).
2. Die Ursache des Leides ist die Begierde nach weltlichen Sinnesgenüssen (*samudaya*).
3. Leid kann durch Überwindung der Begierden aufgehoben werden (*nirodha*).
4. Begierden können durch die Befolgung des Edlen Achtfachen Pfades überwun-den werden (*magga*).

Buddha verkündete, dass jeder durch gute Taten mit der nächsten Wiedergeburt eine höhere Daseinsstufe erlangen, also durch eigene Anstrengungen das Nirvana und damit das Ende des immer währenden Zyklus' von Geburt, Tod und Wieder-geburt erreichen könne. Der Edle Achtfache Pfad weist den Weg und schreibt die notwendigen Verhaltensregeln vor:

1. Die rechte Erkenntnis – die Anerkennung der Vier Edlen Wahrheiten als Vor-aussetzung zur Erlösung
2. Der rechte Entschluss – das Bekenntnis zur Lehre des Buddha
3. Das rechte Reden – keinem anderen Wesen durch Lügen oder üble Nachrede Schaden zufügen
4. Das rechte Handeln – im Sinne der buddhistischen Lehre, also keine Lebewesen töten oder verletzen, Nichtgegebenes nicht nehmen, nicht sexuell ausschwei-fend leben, nicht durch berauschende Mittel das Bewusstsein trüben, seinen Mitmenschen helfen
5. Der rechte Lebenserwerb – durch eine Tätigkeit, die für kein anderes Lebewe-sen von Nachteil ist
6. Das rechte Bemühen – auf dem Weg zur Erkenntnis und Erlösung
7. Die rechte Achtsamkeit – gegenüber dem Körper, dem Geist und der Sinne, um Besonnenheit und Belastbarkeit zu erlangen
8. Die rechte Konzentration – um durch meditative Versenkung zu höheren Be-wusstseinsebenen zu gelangen

Buddhist wird man nicht durch Taufe, sondern indem man vor einem Mönch oder einer Nonne auf Pali, der heiligen Sprache des Buddhismus, ein sogenanntes Zu-fluchtsgelübde ablegt, mit dem man sich zu den drei Juwelen des Buddhismus (*tiratta*) bekennt:

info

Buddham Sharanam Gacchami
Dhammam Sharanam Gacchami
Sangham Sharanam Gacchami

Ich bekenne mich zum Erleuchteten (*Buddha*), der den Weg weist.
Ich bekenne mich zur Lehre des Buddha (*dharma*).
Ich bekenne mich zur Gemeinschaft der Jünger des Buddha (*sangha*).

Buddhismus in Thailand

Die Thailänder folgen dem Theravada-Buddhismus

Während der Regentschaft von König Ramkhamhaeng (1277–1317) wurde der aus Ceylon übernommene Theravada- bzw. Hinayana-Buddhismus zur Staatsreligion erhoben. Bis heute bestimmt diese Schule des Buddhismus, zu dem sich 95 Prozent der Thai bekennen, das Leben im Lande und beeinflusst in hohem Maße auch das politische und wirtschaftliche Geschehen. Traditionell besteht eine enge Verbindung zwischen dem Königshaus und dem Sangha. So ernennt der König den Obersten Patriarchen, der allerdings zuvor von Repräsentanten der beiden Großsekten des Thai-Buddhismus, des volksnahen Mohanikay-Ordens und des höfischen Thammayuth-Ordens, gewählt wurde. Die Vorherrschaft des Buddhismus hat aber nicht etwa zu Intoleranz gegenüber anderen Konfessionen geführt. Die thailändische Religion ist keine Angelegenheit von Feuer und Schwert, sondern eher eine Art Weltanschauung, philosophisch, mythisch und für Außenstehende mitunter verwirrend.

Der thailändische Volksbuddhismus

Toleranz statt Doktrin

Der Buddhismus bestimmt praktisch alle Aspekte des Alltagslebens. Den meisten Thai dient er als Richtlinie für das rechte Verhalten. Er betont Toleranz und Friedfertigkeit, Mitgefühl und Hilfsbereitschaft, Bescheidenheit und Gelassenheit, Gleichmut und Geduld. Er ist die alles dominierende Kraft, welche die Thai, ihr Wesen, ihren Umgang untereinander und mit Fremden bestimmt. Das thailändische Sprichwort „Tham bun, dai bun" – Wer Gutes tut, dem wird auch Gutes widerfahren – ist Lebensmaxime.

Der Theravada-Buddhismus in Thailand hat sich zu einer lebensfrohen Symbiose aus Hochreligion, Animismus, Aberglauben und Folklore entwickelt und zudem hinduistische Glaubenselemente aufgenommen. Die meisten thailändischen Buddhisten haben zwar die Grundideen der Lehre des

Zu jeder Tages- und Nachtzeit kommen Bittsteller zum Erawan Schrein in Bangkok

Buddha erfasst, doch sind vielen gläubigen Laien die gelehrten Texte auch heute noch weitgehend rätselhaft und ihr Denken und Handeln ist stark von vorbuddhistischem Gedankengut beeinflusst. Obwohl thailändische Monarchen als Hüter der reinen buddhistischen Lehre versuchten, die verschiedenen Kulte zu verbannen, ist unter den Thai der Glaube an übernatürliche Kräfte (*khuan*), die jedem Wesen oder Gegenstand innewohnen, weit verbreitet. Genauso selbstverständlich werden lokale Schutzgeister (*phi*) in das buddhistische System integriert.

Seit die Könige von Ayutthaya nach der Unterwerfung des Khmer-Reiches im Jahre 1431 das brahmanische Hofritual Angkors übernommen hatten, spielten brahmanische Priester in der thailändischen Residenz eine bedeutende Rolle. Heute noch folgen königliche Zeremonien fast ausschließlich den Geboten des Brahmanismus. Shiva, Vishnu und andere hinduistische Götter wurden einbezogen, außerdem praktisch die gesamte Hindukosmologie. Besonders große Verehrung genießt der oft vierköpfig dargestellte Brahma, der Schöpfer der Welt und des Universums. Viele Thai betrachten ihn als den Vater des Buddha. Auch viele der mythologischen Wesen des Hinduismus wurden in die buddhistischen Glaubensvorstellungen integriert, etwa die Verehrung der Fruchtbarkeit spendenden Naga-Schlangen, die in den Flüssen leben. Außer Fruchtbarkeits-, Natur- und Geisterkulten duldet der thailändische Volksbuddhismus auch hinduistisch-brahmanische Praktiken, wie die Segnung der Gläubigen mit geweihtem Wasser. Nicht selten finden sich in Dorftempeln Buddha-Figuren neben Lingas, den Phallussymbolen des Hindu-Gottes Shiva, und Bildnissen von hinduistischen Göttern. Besonders häufig sieht man Statuen von Ganesha, dem elefantenköpfigen Hindu-Gott der Kunst und Weisheit.

Hinduistische Einflüsse

Aberglaube, Seelenbeschwörung und Glücksbringer

info

Trotz langer buddhistischer Tradition ist ein uralter Geisterglaube in Thailand tief verankert. Das Leben der Thai – vom einfachen Bauern bis zum einflussreichen Politiker – wird von unsichtbaren Mächten beeinflusst, von guten wie von bösen Geistern. Mit Buddhas goldenen Regeln allein lässt sich das Leben nicht meistern. Der Mensch hat tausend Ängste, folglich braucht er tausend Götter.

Animismus, der Glaube an die Beseeltheit und die Kräfte der Natur, ist auch heute ein wichtiger Bestandteil der thailändischen Glaubenswelt, der unmittelbaren Einfluss auf das tägliche Verhalten hat. Animistische Elemente sind mit den religiösen Zeremonien und traditionellen Riten so verwoben, dass sogar viele Mönche ihre ursprünglichen Hintergründe gar nicht kennen und sie nicht von der buddhistischen Lehre zu unterscheiden wissen.

Jedem Menschen und Tier, aber auch Pflanzen und Gegenständen, wohnen übernatürliche Kräfte (*khuan*) inne. Von ihrer Gunst hängt es ab, ob jemand im Leben Glück und Erfolg hat, ob er krank wird oder ihm Unbill widerfährt. So wird jeder Mensch von 32 Lebensgeistern beschützt, die jedoch häufig weit umherschweifen. Da nur die Anwesenheit aller *khuan* Gesundheit und Glück gewährleistet, müssen die Seelenkräfte in sogenannten Su-khuan-Zeremonien zurückgerufen werden. Sie begleiten meist den Übergang von einem Lebensabschnitt zu einem anderen und finden bei Geburten, Mönchsweihen und Hochzeiten statt, aber auch beim Antritt einer Reise oder einer glücklichen Heimkehr. Auch in Klöstern ist der Geisterglaube präsent. Jeder Wat besitzt ein Häuschen, das einem Miniaturtempel ähnelt. Diese *chao thi* oder *saan phra phuum* stehen in Thailand über-

all, auf Privatgrundstücken ebenso wie vor großen Hotels und Regierungsgebäuden. In Augenhöhe auf einem Pfahl angebracht, beherbergen sie den Hausgeist (*phi ruan*), der das jeweilige Domizil beschützen soll. Um ihn milde zu stimmen, müssen vor dem Geisterhäuschen Räucherstäbchen zum Glimmen gebracht oder Opfergaben wie Blumen und Kerzen oder Speisen und Getränke niedergelegt werden. Wie die buddhistischen Mönche nimmt der *phi ruan* nach Mittag keine Speisen mehr zu sich.
Geisterhäuschen werden auch an gefährlichen Straßen und Kreuzungen sowie auf Passhöhen aufgestellt. Eines der berühmtesten *chao thi* des Landes ist der Erawan-Schrein in Bangkok (s. S. 170).

Die Errichtung eines Geisterhäuschens erfordert ein besonderes Zeremoniell, in dessen Verlauf der Hausgeist gebeten wird, seine neue Wohnstätte zu beziehen. Der Platz wird sorgfältig gewählt, es darf niemals im Schatten des Haupthauses liegen. Manche Thai beten jeden Morgen vor dem Geisterhäuschen, andere tun dies nur einmal die Woche oder an einem Feiertag.

Phi können Geister sein, die zum Schutze angerufen werden, aber auch übelwollende Wesen, vor denen man sich in Acht nehmen muss. Besonders gefürchtet sind die Totengeister, vor allem die von gewaltsam oder plötzlich Verstorbenen. Eines allerdings haben die meisten Geister gemeinsam und sind damit den Menschen sehr ähnlich: Sie lassen sich bestechen. Und allgemein gilt: je höher die Bestechung, desto größer der Schutz und das Wohlwollen. Deshalb versorgt man nicht nur die kleinen Geisterhäuschen mit Opfergaben, sondern bringt auch zu Orten, an denen man Geister vermutet, etwa zu einem markanten Felsen, zu einer Quelle, unter einen hohen Baum oder an den Rand eines Reisfelds regelmäßig Blumen oder vielleicht auch etwas Reis und Weihrauchstäbchen.

Eine entscheidende Rolle als Mittler zwischen dem Diesseits und der Geisterwelt spielen Mönche, die sogenannten *luang pho* (etwa: verehrter Vater), die als Träger positiver spiritueller Kräfte gelten. Amulette, welche diese mit zauber- oder heilkräftiger Energie ausgestatteten Mönche gesegnet haben, sind als Talismane gegen böse Geister sehr gefragt. Ein *luang pho* wird bei allen wichtigen Anlässen und Ereignissen konsultiert, bei denen bestimmte Regeln einzuhalten sind, etwa bei Familienzeremonien, beim Hausbau, bei der Aussaat oder der Ernte. Stirbt ein *luang pho*, so wird der Tempel, in dem seine sterblichen Überreste aufbewahrt werden, schnell zum Wallfahrtsort.

Weit verbreitet ist der Glaube an Heils- und Unheilssymbole. So schreibt man aus Kalk und geheiligtem Wasser gepressten Buddha-Amuletten eine besondere Schutzwirkung zu, ebenso wie kleinen goldenen Kugeln mit eingravierten, heiligen Buchstaben (*leglaay*), die, unter die Haut verpflanzt, unempfindlich gegen Schmerzen machen sollen. Wer Laune und Libido auf die Sprünge helfen will, erwirbt einen holzgeschnitzten Phallus (*klik*). Viele thailändische Männer und Frauen tragen ständig ein halbes Dutzend Amulette und Talismane an goldenen Halsketten, um sich vor Unglück zu schützen. Auch Tätowierungen sollen Unheil abwehren. Beliebte Motive sind der Tiger, der seinen Träger stark und unbesiegbar machen soll, sowie die Eidechse, die Glück in allen Lebenslagen garantiert.

Regelmäßig befragt man ferner Wahrsager, um das günstigste Datum für ein bedeutendes Ereignis zu finden. Astrologen, Geomanten und Handleser, die ihre Stände am Sanam Luang in Bangkok haben, leben gut davon, den richtigen Tag für den Antritt einer Reise, einen Geschäftsabschluss oder eine Hochzeit zu bestimmen. Wichtige Entscheidungen werden kaum ohne solche Vorsichtsmaßnahmen getroffen. In Tempeln kann man außerdem Gläubige beobachten, die nummerierte Stäbchen aus Bambusköchern herausschütteln, um damit eine Zukunftsprognose zu erhalten. Auch hölzerne Halbmonde, die man auf den Boden wirft, werden als Orakel genutzt.

Thailändische Feste und Zeremonien – ein Jahr voller Höhepunkte

Ein Blick auf den umfangreichen Festkalender zeigt: Die Thai gehören zu den feier-
freudigsten Völkern der Welt. Die meisten Feiertage sind buddhistischen Ursprungs, andere wurzeln in bedeutsamen Ereignissen der Landesgeschichte. In der Provinz stehen
viele Feste im Zusammenhang mit dem Rhythmus von Aussaat und Ernte. Die meisten
buddhistischen Feiertage sind variabel, da sie sich nach dem Mondkalender richten.
Wie selbstverständlich werden Besucher in die meisten der farbigen, lebenslustigen
Feiern einbezogen.

Farbenfrohe, lebenslustige Feste

Makha Pucha

Makha Pucha fällt auf die Vollmondnacht des dritten Mondmonats, nach Gregoriani-
schem Kalender Ende Februar oder Anfang März. Zu Lebzeiten des Buddha versam-
melten sich in dieser Vollmondnacht ohne vorherige Absprache die ersten 1.250 Jünger, um von dem Erleuchteten zu Mönchen ordiniert zu werden. Buddha nutzte die
Gelegenheit, um seiner Gefolgschaft in der Patimokha-Predigt die 227 buddhistischen
Ordensregeln, die heute noch von allen Mönchen befolgt werden müssen, weiterzu-
geben. Am Festtag finden sich die Gläubigen in den Tempeln ein, um gemeinsam zu
beten und sich andächtig die Litaneien aus den heiligen Schriften anzuhören. Nach
Einbruch der Dunkelheit umschreiten sie dreimal im Uhrzeigersinn den Chedi oder
Bot, in den Händen halten sie Kerzen und Räucherstäbchen.

Buddhas Predigt vor seinen ersten Jüngern

Songkran

Das traditionelle thailändische Neujahrsfest, das heiterste und ausgelassenste Fest, findet meist vom 13. April bis zum 15. April statt. Besonders spektakulär ist es in Chiang
Mai (s. S. 269).

Die königliche Zeremonie des Pflügens (Räk Na)

Als göttlicher Schutzherr über die
Reisfelder eröffnet der König jedes
Jahr an einem astrologisch günstigen Tag im Mai mit einer Pflugze-
remonie, die auf hinduistische
Ursprünge zurückgeht, auf dem
Sanam Luang in Bangkok die Aussaat. Nachdem man den Boden ge-
wässert hat, tritt ein von zwei ge-
weihten Ochsen gezogener und
vom Landwirtschaftsminister, dem
„Herrn des Festes", geführter Pflug

Beim Neujahrsfest Songkran tobt eine Wasserschlacht durchs Land

Beginn des landwirtschaftlichen Jahres

in Aktion. In jede Himmelsrichtung werden drei Furchen gezogen, in die Brahmanen-Priester Reiskörner aus goldenen Schalen säen. Danach wählen die Zugtiere aus sieben Gefäßen ihr Lieblingsfutter aus. Aufgrund der Reihenfolge, in der sie sich bedienen, kann ein Brahmane die Ernteaussichten voraussagen. Nachdem König und Priester den Platz verlassen haben, lesen die zahlreich anwesenden Bauern die ausgesäten Körner auf, um sie später unter das Saatgut zu mischen – dies gewährleistet eine ertragreiche Ernte.

Visakha Pucha

Buddhas Geburt, Erleuchtung und Eintritt in das Nirvana

Der große buddhistische Feiertag in einer Vollmondnacht im Mai erinnert an die Geburt, Erleuchtung und den Eintritt Buddhas in das Nirvana. Alle drei Ereignisse sollen, wenn auch in unterschiedlichen Jahren, bei Vollmond im Mai stattgefunden haben. In langen Prozessionen pilgern Männer, Frauen und Kinder nach Sonnenuntergang zu den Tempeln, wo sie betend dreimal mit brennenden Kerzen und Weihrauchstäbchen das zentrale Heiligtum umkreisen. An diesem Feiertag haben Bars, Nachtlokale und andere Vergnügungsstätten geschlossen. Es darf kein Alkohol ausgeschenkt werden.

Bun Bang Fai

Ebenfalls im Mai findet auf dem Höhepunkt der Trockenzeit im laotisch geprägten Nordosten Thailands das Raketenfest Bun Bang Fai statt. Die selbst gebauten Raketen sollen den Himmel befruchten und bewirken, dass bald der lang ersehnte Regen fällt (s. S. 380).

Khao Phansaa und Ok Phansaa

Buddhistische Fastenzeit

Der Beginn der buddhistischen Fastenzeit im Juli markiert für viele junge Thai einen neuen Lebensabschnitt. Sie verlassen für meist drei Monate ihre gewohnte Umgebung, um als Mönch auf Zeit in ein Kloster zu gehen. Nur wer das asketische Leben der Mönche eine Zeitlang geteilt hat, gilt in Thailand als erwachsener Mann und ist gesellschaftlich voll akzeptiert. Die Aufnahme in ein Kloster erfolgt in oft aufwendigen Ordinationsfeiern (*Khao Phansaa*, s. S. 66). Einen Tag vor Beginn der Fastenzeit gedenken die Thai am wichtigen Feiertag Asalaha Pucha der ersten Predigt des Buddha in der Öffentlichkeit, mit der er das Rad der Lehre in Bewegung setzte. Während der Fastenzeit, die mit den drei regenreichsten Monaten zusammenfällt, ziehen sich die Mönche in ihre Klöster zurück, um sich verstärkt der Meditation und dem Studium der heiligen Texte zu widmen. Sie folgen damit dem Vorbild des Buddha, der während des Monsunregens nicht durch das Land wandern konnte, um seine Lehre zu verbreiten, und sich in eine Grotte zurückzog. Während der Fastenperiode unternehmen die Mönche auch keine Almosengänge. Gläubige versorgen sie im Tempel mit einfachen Speisen. Die Fastenperiode endet mit dem Fest Ok Phansaa im Oktober. Gläubige im ganzen Land pilgern zu Tempeln und Klöstern, um sich religiöse Verdienste zu erwerben, indem sie den Mönchen im Rahmen der sogenannten Thod-Kathin-Zeremonie neue Roben schenken.

Bootsrennen-Feste

Während und gegen Ende der Regenzeit, wenn der Pegel der Flüsse am höchsten ist, finden im ganzen Königreich Bootsrennen statt. Am bekanntesten sind die Wettrennen in Nan, einer kleinen Provinzstadt im Nordosten des Landes nahe der Grenze zu

Laos. In den reich dekorierten Pirogen sitzen 40 bis 50 Ruderer, ein Steuermann und ein Taktgeber. Preise gibt es nicht nur für die schnellsten, sondern auch für die schönsten Boote. Nicht nur aus sportlichen Gründen werden die Bootsrennen ausgetragen, sie sind zugleich ein religiöser Ritus zur Verehrung und Besänftigung der auf dem Grund der Flüsse lebenden Naga-Gottheiten, die das Flusswasser ansteigen lassen und damit für die Fruchtbarkeit der Reisfelder sorgen. Die Rennen bieten außerdem einen willkommenen Anlass für fröhliche Volksfeste mit Musik und Tanz, Schönheitswettbewerben und vor allem im Nordosten Aufführungen des Moo-Lam-Volkstheaters.

Zu Ehren der Fruchtbarkeit spendenden Naga-Schlangen

Loy Krathong

Zur Vollmondnacht Ende Oktober/Anfang November findet das anmutigste, ebenfalls aus vorbuddhistischer Zeit stammende Fest der Thai statt – das Lichterfest *Loy Krathong*, das man zu Ehren von Mae Khongkha, der göttlichen Mutter des Wassers, feiert. Alle, ob jung oder alt, lassen nach Einbruch der Dunkelheit kleine Bananenblattschiffchen in Form einer Lotosblüte oder Bambusflößchen, die mit Blumen, Münzen, Räucherstäbchen und brennenden Kerzen beladen sind, auf dem Wasser schwimmen. Leider bestehen heute viele *krathong* aus umweltschädlichem Styropor. Mit diesem bezaubernden Fest, bei dem sich Flüsse, Teiche und Seen in flackernde Lichterteppiche verwandeln, erweisen die Thai nicht nur der Wassergöttin ihre Verehrung, die illuminierten Schiffchen tragen zugleich auch die alten Sünden fort. Andere vertrauen den kleinen Kunstwerken ihre Wünsche an und hoffen auf deren baldige Erfüllung. Wichtig ist, dass die flackernden Kerzen möglichst lange brennen, denn das verheißt ein langes Leben für den Besitzer. Weiter flussabwärts werden die Schiffchen von den Kindern armer Familien aufgefischt. Mit am schönsten ist das *Loy Krathong* in der alten Königsstadt Sukhothai, wo das Fest seinen Ursprung haben soll.

Der göttlichen Mutter des Wassers zu Ehren

Tempelfeste

Weitere Höhepunkte des Festkalenders sind die alljährlich mit großem Prunk begangenen Tempelfeste. Zu den Weihefeiern bedeutender Tempel strömen viele tausend Mönche und Laien aus allen Teilen des Landes, um gemeinsam zu beten und zu meditieren.

Auf dem Höhepunkt der Feste, die bisweilen mit prachtvollen Feuerwerken enden, umschreiten Mönche und Gläubige dreimal den Tempel, wobei sie flackernde Kerzen und Räucherstäbchen in den Händen halten. In den Tempelvorhöfen werden ausgelassene Volksfeste und bunte Jahrmärkte abgehalten. Eines der bedeutendsten Tempelfeste ist das Fest am Golden Mount in Bangkok, das im November stattfindet.

Zwei Thailänderinnen bringen ihre krathong zum Fluss

Politischer und wirtschaftlicher Überblick

Das politische System – Staat und Verwaltung

Thailand ist seit 1932 eine **konstitutionelle Monarchie**. Staatsoberhaupt, Oberbefehlshaber der Streitkräfte und zugleich religiöses Oberhaupt ist seit 1946 König Bhumipol Adulyadej (Rama IX.), der am 5. Mai 1950 offiziell zum König gekrönt wurde. Eine beratende Funktion hat der Kronrat, der vom Monarchen ernannt wird. Kronprinzessin ist Bhumipols Tochter Maha Chakri Sirindhorn, die beim Volk ebenso beliebt ist wie ihr Vater. Die Verfassung gewährt dem König weitreichende Befugnisse. So kann er zur „Abwendung nationaler Not" Notverordnungen mit Gesetzeskraft erlassen, die allerdings von der Nationalversammlung mit Zweidrittelmehrheit bestätigt werden müssen. Zudem ernennt der König den Ministerpräsident, der Mitglied des Abgeordnetenhauses sein muss, und die Minister.

Populärer Monarch

Die **Nationalversammlung** (*Ratha Sapha*), das gesetzgebende Organ, besteht aus dem Abgeordnetenhaus (*Sapha Poothaen Rassadorn*) mit 500 Sitzen und einer vierjährigen Legislaturperiode sowie dem Senat (*Wuthi Sapha*) mit 200 parteiunabhängigen, in Direktwahl bestimmten Mitgliedern mit einer sechsjährigen Amtsperiode. 400 der Abgeordneten werden in Direktwahl, 100 von ihnen über Parteilisten mit Fünfprozentklausel bestimmt. In Thailand herrscht Wahlpflicht.

Oberstes gesetzgebendes Organ

Die **vier Großregionen** Thailands – Zentralregion, Norden, Nordosten und Süden – sind in 76 vorwiegend nach ihren Hauptstädten benannte Provinzen (*changwat*) unterteilt, die sich wiederum in 795 Bezirke (*amphoe*) gliedern. Die unterste Ebene der Verwaltung bilden gut 7.000 Gemeinden (*tambon*) und fast 70.000 Dörfer (*ban*).

Verwaltungsgliederung

König und Militär

Thailands jüngste Geschichte ist geprägt von einer **starken Präsenz des Militärs** in der Politik. Seit der Abschaffung der absoluten Monarchie im Jahre 1932 haben, abgesehen von Phasen der Liberalisierung, fast immer Generäle oder den Militärs nahestehende Politiker das Geschehen bestimmt. Seit 1932 gab es 20 Staatsstreiche und 16 Verfassungen.

Der **große Stabilitätsfaktor** ist der König. Ohne die Monarchie, die wie eine Klammer alle Schichten der Gesellschaft zusammenhält, hätte Thailand wohl schon längst ernsthaften Schaden erlitten. Die Regierungen mögen wechseln, das Königshaus sorgt für Kontinuität.

Garant der inneren Stabilität

Die Studentenunruhen von 1973 und 1992, die schließlich zum Sturz der autoritär regierenden Militärs führten, hätten das Land leicht ins Chaos führen können, wäre nicht der König gewesen, der behutsam, aber mit unanfechtbarer Autorität Regierungen der Versöhnung zustande brachte. So hat das Königshaus mit seiner jahrhun-

Der König ist der Garant für innenpolitische Stabilität

dertealten Tradition Thailand bis heute vor den heftigsten politischen Turbulenzen bewahrt und dem Land eine in dieser Region nicht selbstverständliche Stabilität verliehen.

Aktuelle Politik

Mit der Verabschiedung einer demokratischen Verfassung im Jahr 1993 begann die Thai-Demokratie Wurzeln zu schlagen. In den ersten Jahren des 21. Jh. kam es jedoch erneut zu erheblichen politischen Turbulenzen, die im September 2006 dazu führten, dass das Militär nach dem sogenannten „seidenen Putsch" die Regierung Thaksin Shinawatra für abgesetzt erklärte. Dem damaligen Premierminister, ein charismatischer Business-Tycoon und einer der reichsten Männer Thailands, wurde vorgeworfen, sein politisches Amt zu missbrauchen, um sich wirtschaftliche Vorteile zu verschaffen. Thaksin ging daraufhin ins Exil, zunächst nach Großbritannien, später nach Kambodscha, von wo er den Widerstand gegen die neue Regierung organisierte. *Schwere Vorwürfe*

Auch die folgenden Jahre waren eine Zeit der politischen Wirren, in der deutlich wurde, dass ein tiefer Riss durch die thailändische Gesellschaft geht. Erneute Unruhen, bei denen sich Anhänger des gestürzten Premiers (die sogenannten Rothemden) und Regierungsanhänger (die sogenannten Gelbhemden) teils blutige Gefechte lieferten, gipfelten im Spätsommer 2008 in Blockaden der beiden größten Flughäfen Thailands und zogen erstmals auch Touristen in Mitleidenschaft. Noch schlimmer kam es im Mai 2010, als eine Rebellion militanter „Rothemden" Bangkok im Chaos versinken ließ. Regierungsgebäude und Einkaufszentren wurden in Brand gesteckt, Tausende Menschen wurden verletzt, über hundert verloren ihr Leben. *Turbulente Zeiten*

Die für Ausländer so schwer verständlichen Szenen spielten sich vor dem Hintergrund des andauernden Kampfes zwischen alter und neuer Macht ab. Allerdings ist es kompliziert, in diesem Machtkampf Gute und Böse auseinanderzuhalten. Eine der Schlüsselfiguren ist der ehemalige Premierminister Thaksin Shinawatra. Von vielen „Rothemden" wird er verehrt, weil er für die unteren Schichten tatsächlich einige Fortschritte gebracht hat, zu denen bessere Bildungschancen und eine bezahlbare Krankenversicherung zählen. Doch auch er war durch und durch korrupt, hat sich und seinen Clan skrupellos bereichert.

Konflikt zwischen etablierten und neuen Strukturen

Wenig Rückhalt bei der verarmten Landbevölkerung und der städtischen Unterschicht besaß dagegen die von Dezember 2008 bis Januar 2011 im Amt befindliche Regierung unter Premier Abhisit Vejjajiva von der Demokratischen Partei.

Gemäßigte „Rothemden" werden nicht müde, die sozialen Ungerechtigkeiten im Land anzuprangern – ein Codewort für die alte Ordnung, in der alteingesessene Familien von Gnaden des Königshauses Macht und Reichtümer unter sich verteilten. Zur Stabilisierung der Situation trug auch die Wahl von Yingluck Shinawatra, Schwester des 2006 gestürzten Regierungschefs Thaksin Shinawatra, zur ersten Premierministerin des Landes, nicht bei. Ab November 2013 legten Massendemonstrationen und Blockade-Aktionen von Regierungsgegnern den Regierungsbetrieb lahm. Am 8. Mai 2014 wurde Yingluck vom Verfassungsgericht des Machtmissbrauchs für schuldig befunden und abgesetzt. Nach dem Scheitern sämtlicher Versöhnungsversuche der verfeindeten politischen Lager putschte am 22. Mai 2014 das Militär. Armeechef Prayuth Chanocha erklärte das Kriegsrecht und übernahm das Amt des Premierministers, ohne Angaben über eine mögliche Rückkehr zur Demokratie zu machen. Vier Tage später wurde der General per königlichem Dekret als Regierungschef bestätigt. Es war dies der 21. Staatsstreich seit der Abschaffung der absoluten Monarchie im Jahre 1932.

Fremde Miitärherrschaft

Wirtschaft

Das thailändische Wirtschaftswunder

In den späten 1950er-Jahren begann Thailands Metamorphose von einem Agrarland zu einer Nation an der **Schwelle zum Industriestaat**, zugleich wurde das Fundament für das Wirtschaftswachstum gelegt. Die 1960er-Jahre waren geprägt von einer Abkehr vom staatlichen Dirigismus im Wirtschaftsleben und einer großzügigen Förderung privater Investitionen. Zugleich wandte die thailändische Regierung hohe Summen für die Infrastruktur auf. Das Resultat war beeindruckend: In den 1960er-Jahren wuchs Thailands Wirtschaft durchschnittlich um 8 Prozent im Jahr, ein Wert, der damals in der Region nur von Südkorea übertroffen wurde.

Erstaunliche Entwicklungsfortschritte

Die am **stärksten expandierenden Wirtschaftszweige** waren die verarbeitende Industrie, der Dienstleistungssektor und der Bergbau. Vor allem die Zinnproduktion trug zur damaligen Zeit erheblich zu den Exporterlösen bei. Die verarbeitende Industrie konzentrierte sich zunächst darauf, Konsumgüter für den Binnenmarkt, wie Möbel und Bekleidung, Holz- und Tabakwaren, Getränke und Lebensmittel, zu schaffen. Später produzierte man verstärkt Fertigprodukte wie Textilien, Schuhe und elektronische

Artikel für den Export. Die Bedeutung der Landwirtschaft, einst das Rückgrat der nationalen Ökonomie, ging zurück. Ihr Beitrag zur Volkswirtschaft sank von über 50 Prozent Ende der 1950er-Jahre auf heute nur noch 10 Prozent. Die **Agrarproduktion** nahm aber dennoch zu. Trotz einer damals schnell wachsenden Bevölkerung lieferten Thailands Kleinbauern weiterhin genügend Reis für die Ernährung ihrer Landsleute und darüber hinaus einen Überschuss für den Export.

Während des Vietnam-Krieges trugen die amerikanischen Militärausgaben zum Aufschwung der thailändischen Wirtschaft bei. Gleichzeitig begann Japan, stark in Thailand zu investieren und wurde dessen größter Handelspartner. Banken und Luxushotels schossen aus dem Boden, neue Industriebetriebe wurden gegründet, achtspurige Umgehungsstraßen um Bangkok herum gebaut. Das **Wirtschaftswachstum** im letzten Drittel des 20. Jh. hat Zigtausende von neuen Arbeitsplätzen im Einzelhandel, im Dienstleistungssektor und in anderen Bereichen geschaffen. Der ursprünglich kleine Mittelstand aus chinesischen Geschäftsleuten und thailändischen Beamten wuchs an. Aber nicht alle profitierten vom Wirtschaftswachstum, vor allem nicht die Bauern, die nach wie vor mit wenig effektiven Methoden ihre Felder bestellten.

Mit jährlichen Wachstumsraten bis zu 10 Prozent stürmte Thailand in den 1980er und 1990er-Jahren als einer der neuen „**asiatischen Tiger**" dem Ziel entgegen, ein Newly Industrialized Country (NIC) zu werden. Die Liberalisierung des Finanzmarktes lockte *„Tiger" auf* Anleger aus aller Welt an. In der Bauindustrie und auf dem Immobiliensektor herrschte *dem Sprung* Goldgräberstimmung, Bangkok entwickelte sich zu einer Großbaustelle, auf der Tag und Nacht geschuftet wurde. Als verhängnisvoll sollte sich jedoch erweisen, dass die Baugeschäfte zu einem großen Teil auf nicht abgesicherten Auslandskrediten basierten.

Beim Einbringen der Reisernte

Die Wirtschaftskrise

Am Rande des Kollapses

Über viele Jahre hinweg von astronomischen Steigerungsraten verwöhnt, wurde die thailändische Wirtschaft 1997 von einem schweren Schlag getroffen. Mit der sogenannten „**asiatischen Krise**", die sich mit dem Verfall der Immobilienpreise angekündigt hatte, brach die thailändische Wirtschaft aufgrund von Überschuldung, Finanzspekulation, Korruption und allgemeiner Misswirtschaft quasi über Nacht wie ein Kartenhaus zusammen. Tausende Firmen mussten Konkurs anmelden, die Arbeitslosenzahl stieg rapide. Innerhalb weniger Tage fielen die Börsenkurse ins Bodenlose, der thailändische Baht geriet unter den Druck der internationalen Finanzmärkte. Die Regierung Chavalit Yongchaiyudh, die sich mehr um die Verteilung persönlicher Pfründe als um eine solide Wirtschaftspolitik gekümmert hatte, versuchte, den drohenden Staatsbankrott durch Steuererhöhungen und massive Kreditaufnahme abzuwenden. Doch der Internationale Währungsfond machte strukturelle Wirtschaftsreformen und vor allem die Sanierung des maroden Bankwesens zur Bedingung für neue Kredite. Nach dem Rücktritt von Chavalit veranlasste die neue Regierung unter Premierminister Chuan Leekpai die Schließung zahlreicher illiquider Geldinstitute sowie eine Abwertung des thailändischen Baht um knapp ein Drittel, was zu einer vorübergehenden Beruhigung der Situation führte. Die schwierige wirtschaftliche Lage dauerte jedoch bis zur Jahrtausendwende an und erfasste auch andere asiatische Staaten, vor allem Malaysia und Indonesien.

Der Weg aus der Krise

Die wirtschaftliche Talfahrt war erst 2002 beendet und die Wachstumsrate stabilisierte sich bei rund 5 Prozent. Vor allem Kleinbetriebe der exportorientierten Leichtindustrie erhielten großzügige staatliche Subventionen mit dem Ziel, die Arbeitslosenquote zu senken und die Binnennachfrage anzukurbeln. Um im globalen Wettbewerb mit billig produzierenden Nachbarländern wie Vietnam und der VR China zu bestehen, setzte man auf eine breit gefächerte Produktpalette für den Export. Neben Textilien und Lebensmitteln lassen mittlerweile vor allem Hightech-Produkte wie Computer und Computerteile die Devisenkassen klingeln. Da Thailand nur ein Viertel seines Energiebedarfs aus eigenen Öl- und Gasvorkommen decken kann, besteht eines der derzeitigen wirtschaftlichen Hauptprobleme in den gestiegenen Erdölpreisen.

Thailands Wirtschaft im Überblick

Durch den Strukturwandel zugunsten der Industrie hat der **Agrarsektor** seine Bedeutung als Basis der thailändischen Volkswirtschaft verloren. Obwohl heute noch fast die Hälfte der Beschäftigten im Agrarsektor arbeitet, werden dort nur noch 10 Prozent des Bruttosozialprodukts erwirtschaftet (davon entfallen 1,5 Prozent auf die Fischerei). Seit jeher ist der Reisanbau die Lebensgrundlage der zu knapp 70 Prozent agrarisch organisierten Bevölkerung. Etwa ein Viertel des Ernteertrags von über 27 Mio. t Reis im Jahr geht in den Export. Thailand ist der fünftgrößte Reisproduzent der Welt und der größte Reisexporteur. Ergänzt wird die Reisproduktion durch den Anbau von Kokos- und Ölpalmen, die Holz und Grundstoffe für Nahrung, Kosmetika und Schmierstoffe liefern, sowie von Naturkautschuk, Zuckerrohr, Soja- und Mungbohnen, Mais, Erdnüssen, Tee und Kaffee, Ananas, Bananen, Mangos und anderen Früchten. In großem Stil wird auch Maniok für die exportorientierte Futtermittelindustrie angebaut. Von Bedeutung ist die Geflügelzucht (Thailand ist der größte Geflügelexporteur Asiens) sowie die Haltung von Rindern und Wasserbüffeln.

Ein wichtiges Standbein der Wirtschaft bildet der **Seefischfang**. Thailand gehört nach Japan und der VR China zu den wichtigsten Fischereinationen Asiens und gilt als einer der größten Thunfischexporteure der Welt. Außerdem wurden die Flächen für Aquakulturen zur **Fisch-** und **Garnelenzucht** in den letzten Jahren kontinuierlich vergrößert, Thailand ist mittlerweile der weltweit größte Exporteur von Zuchtgarnelen. Auf einem anderen Blatt stehen die durch die Versalzung der Böden und durch die Belastung der Gewässer mit Chemikalien verursachten Umweltschäden. *Fischerei und Fischzucht*

Auf dem vorwiegend privatwirtschaftlichen **industriellen Sektor**, der 40 Prozent des Bruttosozialprodukts erwirtschaftet, dominiert die exportorientierte Leichtindustrie. Bestseller in der Ausfuhr sind Textilien, Schuhe, Schmuck, Maschinen, Computer und Computerteile, Elektrogeräte und Plastikprodukte. Ausländische Investoren lockt man mit infrastrukturellen Vorleistungen oder steuerlicher und zollrechtlicher Vorzugsbehandlung, Lohnautonomie und freier Rückführung der Gewinne. Um das Ballungsgebiet Bangkok zu entlasten, versucht man durch den Ausbau der Infrastruktur und die Förderung von Industrieparks die Leichtindustrie zunehmend in die Provinzen zu verlagern. Wichtigster Handelspartner und Investor ist derzeit Japan, dicht gefolgt von den USA, China und den Ländern der EU. *Aufbau einer exportorientierten Leichtindustrie*

Zinn, Zink, Wolfram und Fluorit gehören zu den wichtigsten **Bodenschätzen**, die vorwiegend im Nordwesten und Süden des Landes lagern. Außerdem liegen unter dem Golf von Thailand große Erdgasfelder, welche die petrochemische Industrie um den neuen Tiefseehafen Laem Chabang an der Ostküste versorgen. Seit Anfang der 1980er-Jahre ist die Edelsteingewinnung von Bedeutung. Kaum bekannt ist, dass Thailand nach Italien der zweitgrößte Schmuckhersteller der Welt ist.

Rund 10 Prozent des Bruttosozialprodukts werden im **Tourismus** erwirtschaftet, der als einer der größten Wirtschaftszweige des Landes die größten Zuwachsraten verzeichnet. Mit jährlich über 15 Mio. Besuchern, davon etwa 500.000 aus Deutschland, ist Thailand das Fernreiseziel Nummer eins in Asien. Seit Jahren hat der Tourismus den Reisexport als erstrangige Devisenquelle des Landes abgelöst. *Wirtschaftlicher Hoffnungsträger*

Soziale Situation

Das jährliche Pro-Kopf-Einkommen von rund US$ 2.500 ist eines der höchsten in Südostasien. Allerdings sagt dieser Durchschnittswert nichts über die tatsächliche Verteilung des Wohlstands im Lande aus. Nicht alle Bevölkerungsgruppen haben im gleichen Maß Anteil am Wohlstand. Nutznießer sind in erster Linie die in den Städten lebenden Angehörigen der politischen und wirtschaftlichen Elite, während vor allem ein Großteil der Landbevölkerung weiterhin in sehr **ärmlichen Verhältnissen** verharrt. Einer Berechnung des thailändischen Büros für Statistik aus dem Jahr 2000 zufolge hat sich der Anteil des Einkommens der obersten 20 Prozent der Bevölkerung in den 1990er-Jahren von knapp 50 Prozent auf über 60 Prozent erhöht, während das Einkommen der untersten 20 Prozent der Bevölkerung im gleichen Zeitraum von bescheidenen 6 Prozent sogar noch auf unter 5 Prozent gesunken ist. *Soziale Gegensätze*

Das **Entwicklungsgefälle** zwischen Stadt und Land ist stark. Da in Bangkok und in anderen Städten der Verdienst bedeutend höher ist, sucht man vor allem in den Dörfern des armen Nordostens oft vergeblich nach Jugendlichen. Nach Abschluss der Schule *Stadt-Land-Gefälle* zieht es Mädchen wie Jungen zum Geldverdienen nach Bangkok oder in eines der Touristenzentren. Wer die Reisekosten und die Gebühren für den Arbeitsvermittler aufbringen kann, geht in den Nahen Osten, nach Malaysia, Singapur oder Taiwan, um dort als Hausmädchen oder Kellnerin, Bauarbeiter oder Lastwagenfahrer Geld zu verdienen. In manchen Jahren entspricht die Höhe der jährlichen Überweisungen der im Ausland arbeitenden Thai dem Wert des Reisexports des ganzen Landes.

Fast die Hälfte der Thailänder arbeitet in der Landwirtschaft

Die **ländliche Armut** bleibt das Hauptproblem Thailands. Dabei gilt die Landwirtschaft als das „Herz des Landes": Sie ist Träger des Sozialsystems und fast die Hälfte der Bevölkerung arbeitet in der Agrarproduktion. Aber während in den 1990er-Jahren die Industrie um 15 Prozent jährlich wuchs, stagnierte die Entwicklung in der Provinz. Heute erwirtschaftet die Landbevölkerung gerade mal 10 Prozent des Bruttosozialprodukts. Über 10 Mio. Menschen auf dem Land leben in Armut.

Die ländliche Armut entsteht hauptsächlich durch unproduktive Anbaumethoden, zu kleine Betriebsgrößen und zu geringe Eigentumsanteile an Grund und Boden. Abwanderung, Slumbildung in den größeren Städten, Prostitution, Kinderarbeit und Entwaldung weiter Gebiete durch landlose Bauern sind die Folgen.

info

Shopping Malls – Erlebniswelten für Konsumenten

Während der Boomjahre der thailändischen Wirtschaft schossen in Bangkok, aber auch in Chiang Mai, Pattaya, Phuket und anderen großen Städten Shopping Malls wie Pilze aus dem Boden. Diese Einkaufszentren haben mit den fantasielos gestalteten Passagen, die man hierzulande findet, wenig gemein. Malls in Thailand, speziell in Bangkok, sind Paläste: die Böden aus Marmor, die Wände mit Teakholz furniert; junge Frauen in adretten Uniformen bedienen die Aufzüge, rauschende Wasserfälle plätschern aus den oberen Etagen in künstliche Lagunen und im Foyer spielt ein Streichorchester Vivaldi. Oft beherbergen die Einkaufszentren neben edlen Boutiquen und Gourmetrestaurants auch Kinos, Wellness-Center, Swimmingpools und Tennisplätze. Den Clou bietet das Esplanade Center in Bangkok: Im obersten Stockwerk des Kommerztempels ziehen auf einer 2.700 m² großen Kunsteisbahn täglich Tausende von begeisterten Schlittschuhläufern ihre Bahnen – bei Außentemperaturen von 35° Celsius und mehr!

Der ausgedehnte Einkaufsbummel ist eine Lieblingsbeschäftigung der Thailänder. Und westliche Besucher staunen, wenn sie die meist jungen Frauen und Männer beim Geldausgeben beobachten. Die Wirtschaftskrise Ende der 1990er-Jahre hat die Lust am Konsum zwar gebremst, aber immer noch verfügen viele Thai über eine erstaunliche Kaufkraft. Viele Jugendliche wohnen bis zur Hochzeit bei ihren Eltern (manche sogar danach), weil sie sich angesichts der hohen Mieten in Bangkok keine eigene Wohnung leisten können, dafür aber geben sie einen Großteil ihres Einkommens beim Shopping aus.

Wer nicht gut bei Kasse ist, sucht eine Mall auf, um bei einem Bummel durch einen der wohltemperierten Konsumtempel Lärm, Autoabgasen und Hitze, die sich in den Straßenschluchten stauen, zu entkommen. Weil es dank der Klimaanlagen dort angenehm kühl ist, treffen sich in den Malls Schüler nach den Hausaufgaben, verabreden sich dort Verliebte zum Date. In den Malls schlägt das Herz der Stadt. Alte europäische Städte haben traditionell ein Zentrum, Bangkok und andere thailändische Städte haben viele Zentren: Einkaufszentren.

Gesellschaftlicher Überblick

Bevölkerung

Das Königreich Thailand, fast so groß wie Frankreich, hat rund 69,5 Mio. Einwohner. *Ungleiche* Die durchschnittliche Bevölkerungsdichte von 134 Einw./km² ist regional sehr unter- *Bevölke-* schiedlich verteilt. Während die Bergregionen des Nordens und Westens nur dünn *rungs-* besiedelt sind, drängen sich in bevorzugten Siedlungsgebieten, wie dem Becken des Mae *verteilung* Nam Chao Phraya, bis zu 1.000 Menschen und mehr auf einem Quadratkilometer.

Größte Stadt des Landes und zugleich politischer und wirtschaftlicher Mittelpunkt ist die **Hauptstadt Bangkok** mit je nach Jahreszeit 7 bis 9 Mio. Einwohnern (im Groß- raum ca. 14 Mio. Einw.). In manchen Stadtteilen erreicht die Bevölkerungsdichte heute Spitzenwerte von 4.000 bis 5.000 Einw./km². Zweitgrößte Stadt und wirtschaftliches Zentrum des Nordens ist Chiang Mai mit etwa 380.000 Einwohnern.

Knapp zwei Drittel der Bevölkerung leben auf dem Land, allerdings drängen immer mehr Menschen in die Städte. Früher suchten die Bauern nur während der Trocken- zeit, wenn die Felder oft brachliegen, zusätzliche Verdienstmöglichkeiten in den Städten. Seit dem Wirtschaftsboom der 1980er- und 1990er-Jahre leben Zuwanderer aus länd- lichen Gebieten dauerhaft im Großraum Bangkok oder in den Provinzhauptstädten.

Kein Land in Asien kann bessere Resultate im Kampf gegen die Bevölkerungsexplosion *Erfolg-* vorweisen als Thailand. Die staatlich propagierte **Familienplanung** zeigt Erfolg und *reiches* dient heute anderen asiatischen Ländern als Vorbild: Das Bevölkerungswachstum von *Familien-* einst 3 Prozent ist auf mittlerweile gerade noch 1,5 Prozent gesunken. Zu verdanken *planungs-* ist dies in erster Linie den unorthodoxen Methoden des ehemaligen Gesundheitsmi- *programm* nisters Meechai Viravaidya und seiner Mitarbeiter, die für den Gebrauch von Kondo- men warben. Die niedrige Geburtenrate führte aber auch dazu, dass sich die Zusam- mensetzung der Bevölkerung in den letzten Jahrzehnten deutlich verändert hat: Der Anteil junger Menschen nimmt ab, während der Seniorenanteil stetig steigt.

Obwohl rund 80 Prozent der Landesbewohner ethnische, also „echte" Thai (Tai) mit *Mosaik der* relativ einheitlicher Kultur sind, gibt es in den einzelnen Landesteilen Minoritäten, die *Völker* ihre kulturelle Identität weitgehend bewahrt haben. So hat ein Angehöriger eines hoch im Norden lebenden Bergvolkes kaum Gemeinsamkeiten mit einem thailändischen Muslim aus dem tiefen Süden.

Die Thai

Die Vorfahren der Thai, die Tai, wie sie von Anthropologen bezeichnet werden, brei- teten sich zwischen dem 7./8. und dem 13. Jh. aus der südchinesischen Provinz Yunnan (wo heute noch viele Tai leben) über weite Teile des jetzigen Thailand aus. Sie ver- drängten die Mon und die Khmer, die dort Reiche errichtet hatten, nahmen aber deren Kulturtraditionen auf und entwickelten sie weiter. Vom Königreich Sukhothai an bis zum heutigen Tag sind die Thai die staatstragende, das gesellschaftliche und politische Leben bestimmende Gruppe. Von den sogenannten Tai-Völkern stammen außer den

Im Nordosten des Landes sind die Thai-Lao zu Hause

heutigen Thai auch die Shan in Myanmar und die Laoten ab. Doch auch die Thai zerfallen in **mehrere Einzelgruppen**, die unterschiedliche Dialekte sprechen und ihre eigenen Traditionen haben. Die vier Hauptgruppen – die Bewohner der Zentralebene, die Thai des Nordens, Nordostens und Südens – entsprechen den wichtigsten geografischen Regionen des Landes. Die Zentral-Thai aus der Region zwischen Sukhothai und Chumphon, dem „Tor zum Süden", sprechen das Standard-Thai, die Schulsprache.

Einzelne Thai-Gruppen

Die Nord-Thai, auch Tai Yuan genannt, leben vor allem in Chiang Mai und anderen Städten Nordthailands. Die Thai-Lao sind im Nordosten zu Hause. Sie gehören dem Tai-Volk der Lao an. Ihre Vorväter besiedelten einst nicht nur das jetzige Laos, sondern auch den Nordosten des heutigen Thailand. Heute leben in der Isaan genannten Region am Westufer des Mekong etwa achtmal so viele ethnische Laoten wie in Laos selbst – ein Ergebnis kolonialer Grenzziehung.

Die ebenfalls im Nordosten, vorwiegend in der an Kambodscha grenzenden Provinz Surin, lebenden Thai-Khmer sind sprachlich und kulturell von Kambodscha beeinflusst. Heimat der als temperamentvoll geltenden Süd-Thai ist die Region südlich von Chumphon. Sie haben eine dunklere Hautfarbe und sprechen einen für Zentral-Thai oft schwer verständlichen Dialekt.

Strenge soziale Hierarchien

Über die Grenzen der einzelnen Landesteile hinweg ist heute wie in der Vergangenheit das gesellschaftliche Leben Thailands durch einen ausgeprägten **Dualismus** gekennzeichnet: Auf der einen Seite stehen die „Oberen Zehntausend", eine weltoffene, heute zunehmend westlich orientierte Minderheit, welche die politische Führung des Landes stellt und das Wirtschaftsgefüge kontrolliert. Dieser Elite, die über einen enormen Reichtum verfügt und die Geschicke der Nation lenkt, steht die Masse des Volkes gegenüber, die besitzlosen oder einkommensschwachen ländlichen und heute auch die armen städtischen Bevölkerungsschichten. Die urbane Mittelschicht ist zwar zahlenmäßig noch nicht recht unbedeutend, wächst aufgrund der Wirtschaftsentwicklung aber

Gesellschaftliche Strukturen

ständig. Ihr gehören in erster Linie höhere Staatsbeamte, leitende Angestellte, Akademiker in gehobenen Positionen sowie ein Großteil der chinesischen Bevölkerungsminorität, zumeist Geschäftsleute, an. Seit alters her orientiert sich die thailändische Gesellschaft von unten nach oben. Alle gesellschaftlichen Beziehungen sind – mit König Bhumipol an der Spitze – durch und durch **hierarchisch** geordnet. Jeder – ungeachtet seiner ethnischen Herkunft, egal, ob er in der Stadt oder auf dem Land lebt – hat seinen Platz und damit seine Pflichten, aber auch Rechte in der Gesellschaft. Definiert wird der soziale Status einer Person durch Alter, Reichtum, berufliche Position sowie persönliche oder politische Macht. Über- und Unterordnung, Abhängigkeitsverhältnisse sowie Loyalitäts- und Gehorsamspflichten prägen alle Aspekte des Gesellschaftsgefüges. Indem jeder die ungeschriebenen, aber tief verinnerlichten Regeln akzeptiert und seinen Pflichten nachkommt, trägt er zur gesellschaftlichen Harmonie bei. Das spiegelt sich auch in sprachlichen Feinheiten: Von Untergebenen wird erwartet, dass sie in ihre Sätze bestimmte Höflichkeits- oder Unterwürfigkeitsformeln einflechten, wobei Männer andere Suffixe verwenden als Frauen.

Die thailändische Großfamilie

Hierarchische Strukturen kennzeichnen auch die Beziehungen innerhalb der **Großfamilie**, die nach wie vor das tragende Element der Sozialordnung ist. Das Leben in der Großfamilie wäre die reine Hölle, wenn die gesellschaftliche Tradition nicht jedem Mitglied einen genauen Rang und genaue Pflichten zuwiese. In dieser Miniaturgesellschaft spielen Form, Höflichkeit und Achtung vor dem Alter eine zentrale Rolle.

Basis der Gesellschaft

Da man in Thailand kein staatliches Sozialversicherungssystem kennt, bildet die Großfamilie das **soziale Netz**. Dort regiert der Grundsatz verwandtschaftlicher Hilfe bis hin zum Nepotismus. Sollten einzelne Familienmitglieder in Not geraten, finden sie stets Rückhalt im Kreis der Familie.

Diese Unterstützung wird nach den **Grundsätzen der Gegenseitigkeit** aber auch von jedem einzelnen Mitglied der Großfamilie eingefordert. Die Familie und die damit verbundenen Pflichten haben Vorrang gegenüber den Bedürfnissen des Individuums. Einzelinteressen sind dem Wohlergehen der Familie unterzuordnen. So wird in einer Großfamilie alles Geld aufgeteilt. Ob ein Krankenhausaufenthalt oder ein Familienfest finanziert werden müssen, alte Eltern oder arbeitslose Geschwister zu versorgen sind – stets fühlt sich die ganze Familie dafür verantwortlich.

Kaum ein Thai käme auf die Idee, sich den Regeln der Familie zu widersetzen. Konflikte sind innerhalb einer Großfamilie selten, da Gehorsam und Anpassung als Schlüsselelemente für das Zusammenleben mehrerer Generationen unter einem Dach gelten. Von Kindesbeinen an wird den Thai das **Streben nach Harmonie** als überragender gesellschaftlicher Wert vermittelt. Erreicht wird das harmonische Zusammenleben durch ein Verhalten, das die Thai *kreeng djai* nennen und das mit „Rücksicht nehmen" nur unzureichend übersetzt werden kann. Es ist ein tiefes Gefühl dafür, eigene Interessen hintenanzustellen, vor allem gegenüber Höhergestellten, aber auch unter Freunden.

Gegenseitige Rücksichtnahme

Während in der Provinz die Großfamilie noch immer die Regel ist, überwiegt in städtischen Regionen die Kleinfamilie. Und obwohl auch eine räumliche Trennung zumeist nicht an der Loyalität des Einzelnen gegenüber dem Familienkollektiv rührt und die allermeisten Thai Zeit ihres Lebens ihren Eltern Achtung und Respekt zollen, empfinden doch immer mehr junge Menschen die familiäre Nähe auch als Enge, Hilfe auch als Kontrolle und Gruppendasein auch als Unfreiheit. Viele sehen in der Abwanderung in die großen Städte eine Möglichkeit, sich aus der Umklammerung der (ländlichen) Großfamilie zu befreien.

Trotz der Landflucht und obwohl sich ländlicher und städtischer Lebensstil zunehmend überlappen und gegenseitig beeinflussen, ist der Urbanisierungsgrad mit 32,5 Prozent noch relativ niedrig. Nach wie vor bildet neben der Großfamilie der **Dorfverband** die entscheidende Einheit im sozialen Leben der Thai. Das Dorf (*ban*) ist die Gemeinschaft, in der weit über die Hälfte aller Thai aufwachsen und ihr Leben verbringen. Hier leben die Menschen wie eh und je im Rhythmus der Jahreszeiten, im Wechsel von Saat und Ernte. Obwohl die traditionelle Solidarität im Zeichen der Moderne mancherorts zu zerbrechen droht, ist das Zusammengehörigkeitsgefühl innerhalb einer Dorfgemeinschaft auch heute noch sehr stark.

Das Dorf – Trutzburg thailändischer Identität

info

Sanuk, sabai, mai pen rai – thailändische Lebensphilosophie

Als Lebenskünstler verfügen die Thai über eine besondere Philosophie. Da ist die an Fatalismus grenzende Geduld mit dem Schicksal, das als *karma* verstanden wird, also unabwendbar scheint. Weil sie wissen, dass man schmerzlichen Verlusten, Krankheit, Alter und Tod nicht entfliehen kann, sind sie bemüht, das Leben so angenehm wie möglich zu gestalten. Die Zauberformel zur Bewältigung kleinerer und größerer Alltagsprobleme heißt *sanuk, sabai, mai pen rai*. Auf diese Weise gelingt es den Thai, selbst schwere Schicksalsschläge zu überwinden, ohne die Freude am Leben zu verlieren.

Mit dem Wort *sanuk* bringen die Thai zum Ausdruck, dass sie eine Sache genießen. Was aber keinen hedonistischen Lebenswandel bedeutet, *sanuk* umschreibt vielmehr die Lebensfreude der Thai, die tief in ihrem Wesen verwurzelt ist. Schon in einer in Stein gemeißelten Inschrift aus dem Jahre 1292 aus den Ruinen Sukhothais heißt es: „Gemeinsam stimmen sie singend in den Klang der Instrumente ein. Wer immer vergnügt sein will, ist es. Wer immer lachen will, tut es." Natürlich hat sich seit den Tagen Sukhothais vieles in Thailand verändert, aber dieser Satz ist bis heute gültig.

Spaß hat nach einem arbeitsreichen Tag Priorität, und Anlässe für Spaß finden sich immer. Als ganz eindeutig *sanuk* betrachten die Thai das Essen und Trinken, Shopping, Kinobesuch und Sport. Aber nicht nur in der Freizeit ist *sanuk* wichtig. Alles, was man tut – selbst das Arbeiten – sollte mit *sanuk* geschehen, sonst bedeutet es Schinderei. Nichts ist schlimmer als *mai sanuk* – kein Spaß. Sätze wie „Erst die Arbeit, dann das Vergnügen" sind der Thai-Kultur fremd. Heiterkeit erleichtert Last, macht Schwieriges einfacher. Spaß schafft eine Atmosphäre, in der sich Harmonie wahren und Unbehagen vermeiden lässt.

„*Sabai, sabai*", sagt man in Thailand, wenn man etwas besonders Schönes sieht oder etwas als sehr angenehm empfindet. *Sabai* bedeutet auch bequem oder behaglich, und zwar im Sinne von sich entspannt, köstlich erfrischt oder angenehm gesättigt fühlen. Die beiden Wörter *sanuk* und *sabai* zusammen verwendet, drücken den Gipfel des Wohlbefindens aus. *Sanuk* und *sabai* – Spaß und Wohlgefühl – sind die Säulen der Thai-Kultur. Und an beidem lässt man die Fremden aus aller Welt verschwenderisch teilhaben.

Und sollte das Leben einmal weder *sanuk* noch *sabai* sein, dann hilft die Allerweltsfloskel *mai pen rai*. Das ist mit „Das macht nichts" oder „Nimm's nicht so ernst" nur unzulänglich übersetzt. In der fröhlichen Unbekümmertheit des Begriffs kommt die heitere Gelassenheit der Thai zum Ausdruck, die Abneigung, sich allzu sehr aufzuregen sowie die Bereitschaft, sich einem Missgeschick oder Unglück zu fügen. Man kann ohnehin nichts mehr ändern! Also was soll das Gejammer?

Ethnische Minderheiten der Tiefländer

Die größte ethnische Minderheit, etwa 10 Prozent der Gesamtbevölkerung, sind die **Chinesen**, die lange vor den Tai ins Land kamen, um Handel zu treiben. Sie ließen sich zuerst an den Küsten des Südens nieder, später auch in anderen Regionen. Die Hochphase der chinesischen Einwanderung fiel aber erst ins 19. und frühe 20. Jh., als die Abschaffung von Sklaverei und Leibeigenschaft den Bedarf an Arbeitskräften steigerte. Um 1850 stammte die Hälfte der Einwohner Bangkoks aus China. Früher wurden Chinesen in Thailand bisweilen diskriminiert, aber heute sind sie viel stärker integriert als etwa in Malaysia oder Indonesien. Die enge Verwandtschaft der Thai mit den Chinesen ermöglichte eine weitgehende Verschmelzung, sodass es manchmal schwierig ist, die Chinesen als eigenständige ethnische Gruppe auszumachen. Im Unterschied zu manchen Nachbarländern mussten die Chinesen in Thailand nie isoliert von ihrer nicht-chinesischen Umwelt leben. Selbst die Yaowarat genannte Chinatown von Bangkok war niemals ein Ghetto. Seit Langem beherrschen Chinesen oder Thai chinesischer Abstammung das thailändische Geschäftsleben. So sollen etwa zwei Drittel der 100 größten Industriebetriebe Thailands unter ihrer Kontrolle stehen. Die zweitgrößte Gruppe unter den ethnischen Minderheiten des Tieflands sind **Menschen malaiischer Abstammung**, die dem muslimischen Glauben sunnitischer Richtung anhängen. Sie stellen etwa 5 Prozent der Bevölkerung und konzentrieren sich größtenteils in den vier Südprovinzen Pattani, Narathiwat, Satun und Yala nahe der malaysischen Grenze. Traditionell fühlen sich die Thai-Muslime mit dem islamischen Nachbarland Malaysia enger verbunden als mit dem weit entfernten Bangkok. Von der Zentralregierung fühlen sie sich in politischen, wirtschaftlichen und sozialen Belangen vernachlässigt. Immer wieder kommt es im tiefen Süden zu blutigen Auseinandersetzungen zwischen Regierungstruppen und militanten Muslimen, die eine Loslösung der Südprovinzen von Thailand fordern (s. S. 511).

Integriert und selbstbewusst

Kulturelle Bindung nach Malaysia

Zu den in den Tiefländern lebenden Nicht-Thai zählen auch **Vietnamesen**, die sich in den 1950er-Jahren im Nordosten ansiedelten, um den Kämpfen gegen die Franzosen in ihrem Land zu entrinnen, sowie Hunderttausende **Kambodschaner**, von denen viele nach dem vietnamesischen Einmarsch in Kambodscha im Jahre 1979 über die Grenze flüchteten. Vietnamesen und Kambodschaner stellen zusammen mit den Nachfahren der **Mon** etwa 3,5 Prozent der Bevölkerung.

Vor allem im Stadtbild von Bangkok fallen **Inder** auf, die oft noch ihre traditionelle Kleidung tragen und durch ihre dunklere Hautfarbe zu erkennen sind. Meist sind sie dort schon seit Generationen ansässig. Nach volkstümlicher Überlieferung kam der erste indische Einwanderer, ein Kaufmann, 1884 in Bangkok an. Um die Gunst des Königs von Siam zu erringen, überreichte er als Gastgeschenk einen prächtigen Araberhengst. Rama V. war so erfreut, dass er sich mit einem weißen Elefanten als Gastgeschenk revanchierte. Zurück in seiner Heimat bot der Kaufmann den wertvollen Elefanten dem Maharadscha von Kaschmir an, woraufhin dieser den Händler mit Gold und Geschenken überhäufte. Der geschäftstüchtige Händler nutzte die Präsente, um rege Handelsbeziehungen zwischen Indien und Thailand aufzubauen. Heute ist Thailand die Heimat von rund 100.000 Menschen indischer Abstammung, zumeist Sikhs und Hindus aus dem Punjab, dem Nordwesten Indiens. Viele leben in Bangkoks Stadtteil

Mit Instinkt und Fleiß zum Erfolg

Pahurat. Ihre traditionelle Domäne ist der Handel mit Stoffen und Edelsteinen. Seit der Teilung des indischen Subkontinents sind zudem zahlreiche Menschen aus Pakistan nach Thailand eingewandert.

Schätzungen zufolge leben in Thailand etwa 1 Mio. **illegale Einwanderer**, zumeist aus Burma, aber auch aus Bangladesh und Nepal. Bei ihnen handelt es sich in der Regel um Wirtschaftsflüchtlinge, die in Thailand auf bessere Verdienstmöglichkeiten hoffen. Als illegale ausländische Arbeitnehmer werden sie durchweg in schlecht bezahlten Branchen eingesetzt, für die sich keine thailändischen Arbeiter finden.

Ethnische Minderheiten der Bergländer

Drei große Völker- gruppen

Die Gebirgsregionen im Norden boten ethnischen Minderheiten Zuflucht, die dem Druck mächtigerer Völker weichen mussten oder von Kriegen und Diktaturen hin- und hergetrieben worden sind. Die unter dem Sammelnamen *chao khao* („Menschen der Berge") zusammengefassten Bergvölker gliedern sich in **drei Hauptsprachgruppen**, in die austro-asiatische, die sino-tibetische und die tibeto-birmanische, die meistens in höheren Bergregionen über 1.000 m siedeln. Zusammen stellen sie etwa 1,5 Prozent der thailändischen Gesamtbevölkerung.

Die austro-asiatische Urbevölkerung

Schwindende Mon-Khmer-Kultur

Im Verlauf ihrer Wanderung nach Süden assimilierten die Vorfahren der heutigen Thai die aus austro-asiatischen Mon-Khmer-Stammesverbänden bestehende Urbevölkerung oder drängten diese in bergige Rückzugsgebiete ab. Dort begannen die Ureinwohner, zu denen als Hauptgruppe die **Lawa** gehören, dem Dschungel das Land für ihre Felder abzuringen. Alle Völker der austro-asiatischen Sprachfamilie siedeln in den Bergtälern zwischen 300 und 1.000 m mit einfachen Formen der Landwirtschaft, vorwiegend Anbau von Nassreis sowie Viehzucht und Fischfang als Wirtschaftsgrundlage. Das Siedlungsgebiet der Lawa erstreckt sich südlich von Chiang Mai. Wie die Thai leben sie meist in Dörfern, die aus Pfahlbauten bestehen. Die alte Mon-Khmer-Kultur der Lawa ist kaum noch unverfälscht erhalten. Heute passen sich die Lawa an die Lebens- und Wirtschaftsformen ihrer Thai-Nachbarn an, mit denen sie sich zunehmend vermischen.

Sino-tibetische und burmesische Völker

Bergvölker im Norden

Die Vorfahren der Völker, die zu den sino-tibetischen und tibeto-birmanischen Sprachfamilien gehören, besiedelten erst vor 150 bis 200 Jahren, aus Burma, China und Tibet kommend, die unzugänglichen Berggebiete im Norden Thailands. Zu diesen ethnisch stark gegliederten Völkern gehören als bedeutendste Untergruppen die Akha, Hmong, Lahu, Lisu und Yao, die nördlich von Chiang Mai leben. Tausende von Hmong, die während des Vietnam-Krieges auf Seiten der US-Amerikaner in Laos gegen die Kommunisten gekämpft hatten, mussten nach 1975 nach Thailand fliehen.

Nach der Farbe der Trachten ihrer Frauen werden die **Hmong**, die von den Thai etwas abwertend auch *Meo* genannt werden, in Blaue Hmong (*Hmong Faa*) und Weiße Hmong (*Hmong Khao*) unterschieden. Eine Sonderstellung nehmen die ethnisch mit den Hmong verwandten **Yao** ein, die sich selbst *Mien* (Menschen) nennen – als einziges thailändisches

Bergvolk besitzen sie eine eigene, aus alten chinesischen Zeichen bestehende Schrift, mit der sie auf selbst hergestelltem Papier Familienstammbäume, religiöse Texte und Verträge aufzeichnen.

Bereits im 17. und 18. Jh. zogen die **Karen**, mit etwa 400.000 Angehörigen das zahlenmäßig größte Bergvolk, aus dem nördlichen China nach Burma sowie in die zerklüftete Gebirgsregion im Grenzgebiet zwischen Thailand und Burma, das heutige Myanmar. Ihre Siedlungen, die meist an Flüssen liegen, sind von Mae Hong Son im Norden bis zum Isthmus von Kra tief im Süden verbreitet. Seit 1948, dem Jahr der

Die Lisu sind eines der Bergvölker in Nordthailand

Gründung des Staates Burma, befinden sich die Karen im Widerstand gegen die burmesische Regierung, die ihnen die Bildung eines unabhängigen Karen-Staates verweigert. Viele Karen flüchteten erst in der zweiten Hälfte des 20. Jh. aus Furcht vor Repressalien des burmesischen Militärs nach Thailand. Derzeit leben rund 120.000 Karen-Flüchtlinge in Lagern entlang der thailändisch-burmesischen Grenze.

Da sich der Siedlungsraum der Bergvölker nicht auf thailändisches Staatsgebiet beschränkt, sondern grenzüberschreitend den gesamten Großraum zwischen Nordthailand, Nordlaos, Nordostmyanmar, Nordvietnam und Südchina umfasst, fehlt den „Menschen der Berge" (mit Ausnahme der Karen) das Bewusstsein von einem Nationalstaat mit festgelegten Landesgrenzen. Manche von ihnen sind Nomaden oder Halbnomaden, die staatliche Grenzen als einen Eingriff in ihre Stammestraditionen betrachten.

Traditionelle Kultur und Wirtschaftsweise

In der geografischen Isolation der nordthailändischen Bergwelt haben die Bergvölker bis heute viele ihrer kulturellen Eigenheiten bewahrt. Die verschiedenen Hochlandvölker weisen zwar gewisse Gemeinsamkeiten in ihren Lebens- und Wirtschaftsformen auf, besitzen aber dennoch eine jeweils **eigene Kultur und Sprache**. Viele Bergvölker demonstrieren ihre kulturelle Identität bis heute auch durch unterschiedliche Stammestrachten.

Jedes Bergvolk besitzt eine eigene Kultur und Sprache

Größtenteils leben die Bergvölker in verstreuten, lose organisierten **dörflichen Gemeinschaften**, die wirtschaftlich weitgehend autark sind. Sie besitzen ein **hoch entwickeltes Sozialsystem**, in dem der Rat der Ältesten eine bedeutende Rolle spielt. Dieser Rat stellt die lokale Gerichtsbarkeit und fällt wichtige Entscheidungen, streng nach demokratischen Regeln. Ein Kennzeichen ihrer Dörfer, die vorwiegend auf Bergkämmen errichtet wurden, sind meist ebenerdig gebaute Holzhäuser mit gestampfter Erde als Fußboden. Bei einigen Stämmen nehmen sie die Ausmaße von Langhäusern an, die bisweilen mehrere Großfamilien beherbergen, wobei jede Familie innerhalb des Hauses eine eigene Feuerstelle hat. In keinem Haus darf der Haus- oder Ahnenaltar fehlen, der immer gegenüber der Eingangstür aufgestellt wird.

Bedacht auf die Bewahrung der Tradition

Die **Akha** bauen ihre Häuser immer an Hängen, sodass die hintere Hausseite auf festem Boden und die vordere auf Stelzen steht. In Akha-Dörfern fallen die beiden aus Bambus gefertigten Geistertore auf, welche den Wohnbezirk der Menschen gegen den Wirkungsbereich der Waldgeister abgrenzen. Beim Durchschreiten der heiligen Tore streifen die Dorfbewohner alle schädlichen Einflüsse ab. Daneben stehen meist grob geschnitzte menschliche Statuen mit großen Geschlechtsorganen, mit denen man die Fruchtbarkeit der Felder beschwört. Bisweilen sind die Tore auch mit magischen Abwehrzeichen in Form von Bambussternen versehen.

Traditionelle Wirtschaftsweise

Seit alters her roden die Bergvölker die steilen Berghänge und bauen auf den mit Asche gedüngten Feldern aromatischen Bergreis an, aber auch Mais und Hirse, Maniok und Yamswurzeln, Tabak und Baumwolle sowie Gemüse, Bananen, Chili und Gewürzpflanzen. Mit zunehmend dichterer Besiedlung führt der **Brandrodungsfeldbau** zu massiven Umweltschäden. Früher pflanzten die Bergvölker in großem Stil Schlafmohn an, aus dem Rohopium gewonnen wurde. Seitdem die thailändische Regierung auf Druck der USA gegen den **Opium-Anbau** vorgeht, werden im Rahmen von Entwicklungsprojekten sogenannte *cash crops* angebaut. Der marktfähige Daueranbau von Obst, Gemüse und Schnittblumen erzielt zwar nicht die Profite des Opiums, bietet aber ein konstantes Einkommen. In bescheidenem Rahmen betreiben die Bergvölker Viehzucht. Schweine, Hühner und andere Haustiere – bei den Akha auch Hunde – werden für große Festtage gemästet oder bei rituellen Handlungen Geistern und Ahnen als Opfer dargebracht.

Animistische Glaubenswelten

Auch **polytheistische Stammesreligionen** sind noch lebendig, haben aber Einflüsse aus den Religionen benachbarter Kulturen aufgenommen. Eine zentrale Rolle spielen Saat- und Ernteriten, ein ausgeprägter Ahnenkult und die Geisterverehrung. Einer Vielzahl feindseliger Waldgeister stehen wohlwollende Schutzgeister gegenüber, die an Kultstätten verehrt werden. Krankheit, Tod und Kinderlosigkeit oder ausbleibender Regen drücken das Missfallen der Geister aus, die dann durch rituelle Handlungen besänftigt werden müssen, etwa durch Tieropfer. Einzigartig ist die von den Yao praktizierte Religion, in der sich der ursprüngliche Geister- und Ahnenglaube mit taoistischen Glaubensvorstellungen verbindet, welche die Yao aus ihrer chinesischen Heimat mitgebracht haben. Zahlreiche Karen wurden von Missionaren zum christlichen Glauben bekehrt.

Im Mittelpunkt aller Kulte stehen die **Schamanen-Priester**, die Medizinmänner, Geisterbeschwörer, Exorzisten und Wahrsager sowie Mittler zwischen dem Diesseits und der Schattenwelt sind. Sie vertreiben Krankheiten, bannen bösen Zauber, legen den richtigen Zeitpunkt für die Ernte, den Hausbau und wichtige Familienfeiern fest. Bei allen bedeutenden Anlässen und Ereignissen, bei denen Regeln und Tabus einzuhalten sind, suchen die Dörfler den Rat ihrer Priester.

Höhepunkt des dörflichen Lebens ist bei den meisten Bergvölkern das Neujahrsfest, das man zu Ehren der Ahnen – bei den verschiedenen Bergvölkern zu unterschiedlichen Zeitpunkten – mit mehrtägigen prachtvollen Zeremonien begeht.

Schmuck und Tracht

Zu festlichen Anlässen, aber auch an Markttagen schmücken sich die Frauen mancher Bergvölker, vor allem der Hmong, mit zahlreichen Reifen, Ringen, Ketten und Gehängen sowie schweren Glockengürteln und anderem Silberschmuck. Das oft mehrere Kilogramm schwere Geschmeide ist Schmuck, **mobiler Hausschatz** und „Altersvorsorge". Die nicht selten jahrhundertealten Schmuckstücke werden von den Müttern an die Töchter weitervererbt.

Während sich die Männer meist in einfache schwarze oder dunkelblaue Hosen und Hemden kleiden, fällt die **traditionelle handgewebte Tracht** der Frauen wegen ihrer Farbenpracht auf. Die überwiegend indigoblauen oder schwarzen Tuniken, Baumwollröcke und

Frauen der Bergstämme gelten als geschickte Weberinnen

Gamaschen der Hmong- und der Akha-Frauen sind mit bunten Webmustern durchwirkt oder mit farbenfrohen Applikationen verziert. Vor allem die Trachten der Hmong-Frauen weisen sie als Meisterinnen der Stickereitechnik aus.

Traditionelle Trachten sind ein Erkennungsmerkmal

Charakteristisch sind buntbestickte, knielange Faltenröcke, doch auch die schwarzen, langärmeligen Jacken sind am Verschluss mit Stickereibändern verziert. Um die Taille schlingen sich die Hmong-Frauen eine breite Schärpe, unter der vorn eine lange Schürze herabhängt. Ein auffälliges Merkmal der Akha-Tracht sind die helmartigen Kopfhauben, die mit bunten Perlenketten, vielfarbigen Federquasten sowie Knöpfen, Kugeln oder alten Münzen aus Silber reich verziert sind. Die Frauen der **Yao** erkennt man an ihren kunstvoll gewickelten, oft mit Silberkettchen verzierten Turbanen sowie an ihren Jacken, die mit einer plüschigen Boa aus roten Baumwollfäden besetzt sind. Für die Frauen der Bergvölker sind die festlich wirkenden Trachten Alltagskleidung, die sie bei der Haus- und Feldarbeit wie auf ihren oft beschwerlichen Wegen zum Markt tragen.

Das prächtige Aussehen der Frauen darf nicht darüber hinwegtäuschen, dass die Bergvölker ein **entbehrungsreiches Leben** führen. Vor allem für die Frauen ist Muße ein Fremdwort: Sie nutzen oft sogar den Heimweg von der anstrengenden Feldarbeit zum Spinnen von Baumwollfäden. Dienten die hergestellten Textilien einst ausschließlich dem Eigengebrauch, so finden hochwertige Handwebwaren, die mit kunstvollen bunten Stickereien verziert werden, wie auch Silberschmuck und Flechtarbeiten heute auf Touristenmärkten in Chiang Mai oder Chiang Rai rasch Abnehmer.

Minderheitenpolitk

Minder-
heiten als
Spielball
der Politik

Die Bergvölker lebten bis in die jüngere Vergangenheit isoliert von der Thai-Bevölkerung. Seitdem die thailändischen Behörden den Kampf gegen den Opium-Anbau aufgenommen haben und das 1989 erlassene Gesetz zum Verbot des Holzeinschlags strikt kontrollieren, werden die Bergvölker durch Regierungsprogramme mehr und mehr in das Leben der Nation einbezogen. In den 1980er- und 1990er-Jahren hat man versucht, Bergstämme ins Tiefland umzusiedeln. Neben der **Eingliederung der Minderheiten in den Staatsverband** versuchte die Regierung damit auch, die Brandrodung einzudämmen. Die staatlich organisierte Völkerwanderung scheiterte allerdings daran, dass sich die meisten Umgesiedelten der Hitze in den Tälern und den veränderten Lebensbedingungen nicht anpassen konnten.

Eingriffe in
das Leben
von
Bergvölkern

Priorität haben derzeit Projekte, die versuchen, den Minderheiten vor Ort zu helfen. So schickt die Regierung in Bangkok Lehrer in die Bergdörfer und lässt Schulen und Krankenstationen bauen. Landwirtschaftsexperten entwickeln Alternativen zum Mohnanbau und immer mehr Siedlungen werden an das Straßennetz angeschlossen, um Handel zu ermöglichen und die Versorgung zu gewährleisten. Um die kulturelle Integration zu fördern, lernen die meisten Kinder in den Dorfschulen die thailändische Sprache und Schrift. Schon allein im Interesse des Fremdenverkehrs – der Trekkingtourismus in den Bergen des Nordens ist ein bedeutender regionaler Wirtschaftsfaktor – ist man aber bemüht, es nicht zu einer „Thaiisierung" kommen zu lassen, sondern das **kulturelle Erbe** der „Menschen der Berge" zu bewahren.

Thailand kulinarisch

In den Garküchen und „Mini-Restaurants" werden die Woks angeheizt und Nudeln ins siedende Wasser geworfen, Tische und Hocker herbeigeschleppt. Bald liegen über dem Nachtmarkt dichte Rauchschwaden von Kokosschalen-Holzkohlegrills. Es duftet nach gebratenem Hühnchen und gegrilltem Fisch. Nebenan gibt es aromatische Suppen und scharfe Currys. Legionen von Essenverkäufern und winzigen Garküchen, einfachen Gaststätten und eleganten Restaurants beweisen, wie wichtig den Thai das Essen ist. *Pai gin khaao!* (Lasst uns essen gehen!) hört man immer wieder. **Essen** ist **die Lei-**

Ganz
Thailand
isst:
morgens,
mittags,
abends,
nachts

denschaft aller Thai, der wichtigste Teil des sozialen Lebens in Dorf und Stadt. Ein bekanntes Bonmot lautet: „Thailänder essen entweder gerade oder denken daran, was sie als nächstes essen könnten." Ein anderes Sprichwort sagt, dass der Weg zum Herzen eines Thai über den Magen führt.

Auf den lokalen Essensmärkten, die in den frühen Abendstunden öffnen, oder in den Foodcentern großer Kaufhäuser bekommt man **authentische einheimische Gerichte**. Hygienische Bedenken sind in der Regel unnötig, denn auch Thailänder würden kein Essen anrühren, das nicht sauber zubereitet ist. Zudem machen die hohen Temperaturen im Wok oder auf dem Grill allen potenziellen Krankheitserregern den Garaus.

Thailändische Spezialitäten

Ganz Thailand isst, morgens, mittags, abends, nachts. Für *farang* jedoch ist der erste Versuch oft zum Heulen. Der Europäer schnuppert an der sauer-scharfen Garnelensuppe, nimmt ein Löffelchen, strahlt, schluckt – keucht und japst. Tränen kullern über die Wangen, Schweiß bricht aus. Der Arme hat in ein *phrik khi nuu* (wörtlich „Mäuse-exkremente-Chili") gebissen, eine der kleinen grünen oder roten, höllisch scharfen Chilischoten. Man ist gut beraten, die ersten Essen in Thailand mit dem Zusatz *mai sai phrik* (ohne Chilis) beziehungsweise *mai phet* (nicht scharf) oder zumindest *phet nid noi* (etwas scharf) zu ordern.

Tom yam gung heißt die sauer-scharfe und aromatische **Nationalsuppe der Thai**, die einen erst übermannt, dann selig und schließlich süchtig macht. Die sinnliche Thai-Küche versteht sich gut auf Verführung und hat inzwischen die ganze Welt erobert. Sie gilt als äußerst abwechslungsreich und muss nicht so höllisch scharf sein wie die *tom yam gung*.

Inspiriert von China und Indien, aber auch von Händlern aus Europa – die Portugiesen brachten die heute unentbehrliche Chilischote ins Land –, entwickelte sich eine eigenständige Küche, deren wichtigstes Merkmal die Mischung von Gewürzen und Kräutern ist. Doch die Thai-Küche weist starke **regionale Unterschiede** auf: Bangkok ist berühmt für die Palastküche, die heute nicht nur die Gaumen der Königsfamilie erfreut. Wer bereit ist, etwas tiefer in die Tasche zu greifen, kann die raffinierte *royal thai cuisine*, die auf uralten, immer wieder verfeinerten Rezepten beruht, in exklusiven Restaurants genießen. Auf Dekoration und Präsentation wird viel Wert gelegt und so sind die **Speisen der Königlichen Küche** auch ein Augenschmaus. *Königlicher Gaumen-schmaus*

Im fast gänzlich vom Meer umgebenen Südthailand gibt es **Fisch** und **Meeresfrüchte** wie Langusten, Krabben, Muscheln, Kalmare und Garnelen. Malaiischer Einfluss macht sich in scharfen Currys und in der Verwendung schwerer Kokosnusssaucen bemerkbar. In Nordthailand, dessen Küche von Myanmar beeinflusst ist, dominieren **Huhn-, Enten- und Schweinefleischgerichte.**

Eine Spezialität des Nordostens, mit laotischem Einfluss, ist *laab*, **chilischarfes Hackfleisch** von Huhn, Pute, Ente, Rind, Schwein, Fisch oder auch Innereien (*laab gai, laab gai nguang, laab pet, laab nüa, laab muu, laab plaa oder laab lüat*) mit Pfefferminzblättern und anderen aromatischen Kräutern, angedickt mit gerösteten, zu grobem Pulver zermahlenen Klebreiskörnern.

Eine Lieblingsspeise vieler Thai-Lao, die sich aber auch im übrigen Thailand immer größerer Beliebtheit erfreut, ist *somtam*, ein pikanter **Salat aus grüner Papaya**, Cocktailtomaten, Knoblauch, Chilis, Erdnüssen, Zitronensaft, zerstoßenen Trockengarnelen, Fischsauce und Krabbenpaste. Hinzu kommen gelegentlich winzige Fische oder frische Krebse aus Reisfeldern. Wegen des klopfenden Geräusches, das beim Raspeln der Papaya entsteht, nennt man dieses Gericht auch *papaya pok pok*.

Als Alltagsessen werden im ganzen Land **kräftige Suppen** wie *kuai tiao nam* und *ba mii nam* gegessen, die bereits als Frühstück auf den Tisch kommen. Selbst auf dem Lande findet man immer einen Straßenstand, der eine herzhafte Nudelsuppe anbietet: Eine große Schale wird mit Reis- oder Weizennudeln, Sojasprossen, Wasserkresse und anderem Gemüse sowie Fleischstückchen von Schwein oder Huhn gefüllt, mit heißer Fleischbrühe übergossen und mit allerlei Kräutern garniert. Zum Nachwürzen erhält *Nudelsuppe zum Frühstück*

man sauer eingelegte milde Chilis, Zucker, scharfe Chilipaste und Fischsaucen mit verschiedenen Zutaten. Sehr beliebt ist das aus Japan übernommene, oft festlichen Anlässen vorbehaltene **sukiyaki**. In Fondue-Töpfen aus Aluminium gart man Fischbällchen, Fischfilet-Stückchen, mit Schweinehack gefüllten Tintenfisch, hauchdünne Scheiben von Rindsfilet, Garnelen und viele andere Leckereien in einer Fleisch-Gemüse-Brühe. Je größer die Runde, desto mehr Spaß macht dieses Essen.

Innovative Küchenchefs kreieren seit einigen Jahren eine *thai style nouvelle cuisine*, in der sich die Aromen der leichten Thai- und anderer asiatischer Küchen hauptsächlich mit französischen und italienischen Einflüssen zu einer interessanten **Crossover-Küche** vermischen.

Gewürze und Fischsauce

Obwohl die Thai so gern essen, sind sie meist schlank und zierlich. „Wie machen die das nur?", fragen sich kalorienbewusste Besucher aus Europa. Ganz einfach: Thai ziehen viele kleine Leckerbissen wenigen opulenten Mahlzeiten vor. Und statt viel Fleisch aufzutischen, verwöhnen sie ihren Gaumen mit reichlich Gemüse und Geflügel sowie Fisch und anderem Meeresgetier. Die fettarmen und vitaminreichen Thai-Gerichte sind dem tropischen Klima angepasst. Dafür sorgen vor allem **raffinierte Gewürze**, die nicht nur wohl schmecken, sondern auch gesund sind.

Chilis sorgen für Würze Chili und Ingwer kurbeln den Kreislauf an, der im feucht-schwülen Klima arg strapaziert wird. Mit ihrer aseptischen Wirkung töten die beiden Gewürze auch Bakterien ab und schützen so vor Krankheiten. Bei **Chilis** gilt als Faustregel: Kleine Chilischoten sind schärfer als große, rote meist feuriger als grüne und gelbe. Bei Verdauungsstörungen helfen **Pfeffer** und **Nelken**, **Knoblauch** bewahrt vor hohem Blutdruck.

Mit **Kardamom** lassen sich Übelkeit, Kopfschmerzen und Fieber bekämpfen, **Koriander** gilt als Wundermittel bei Verstopfung und Schlafstörungen. Nicht fehlen darf **Basilikum**, von dem man in Thailand drei Sorten kennt: Thai-Basilikum mit leichtem Minzaroma, Zitronenbasilikum und das heilige Basilikum mit einem scharfen, an Gewürznelken erinnernden Geschmack. Weitere Gewürze der Thai-Küche sind Galgant, Melisse, Minze, Tamarinde, Zitronenblätter und Zitronengras.

Salz wird in der thailändischen Küche wenig verwendet. Die meisten Speisen bekommen ihren Pfiff durch *nam plaa*, eine dünnflüssige Sauce aus fermentiertem Fisch, die man wie Sojasauce (*nam sii luh*) bei der Zubereitung oder zum Nachwürzen bei Tisch verwendet. Der unangenehm riechenden **Fischsauce** (s. S. 403), die in kleiner Dosierung in den Gerichten aber nicht mehr vorschmeckt, schreibt man umfassende Heilkräfte zu. Der regelmäßige Genuss von *nam plaa* soll vor Diabetes schützen und Cholesterin- und Leberfettwerte senken.

Beliebt als Speisewürze ist auch eine dunkle, feste **Krabbenpaste** (*gabbi*), die aus gemahlenen Krabben hergestellt wird. Der Duft des Konzentrats steigt unangenehm in die Nase, doch vorsichtig dosiert gibt es eine pikante Würze.

Die thailändische Küche bietet auch Vertrautes

Keine Mahlzeit ohne Reis

Überall in Thailand ist Reis das Grundnahrungsmittel und die Basis der meisten Mahlzeiten. Nicht umsonst bedeutet der thailändische Begriff für essen (*gin khaao*) zugleich: Reis essen. So sind denn auch die vielfältigen Thai-Gerichte eigentlich nur eine Art Beilage zum Reis. Vor allem in ärmeren Gegenden wie im Nordosten wird der Reis ohne Beilagen gegessen, lediglich eine Sauce aus fermentiertem Fisch und Chili sowie Reismehl und -hülsen dient als Würze (*nam plaa dääk*).

Es gibt viele verschiedene Reissorten: Während man in Zentral- und Südthailand den **Duft- oder Parfümreis** (*khaao hom*) bevorzugt, der beim Kochen einen betörenden Duft verströmt, schätzen die Menschen im Norden und Nordosten des Königreichs den Klebreis (*khaao niao*), dessen Körner nach mehrstündigem Quellen und anschließendem Dämpfen (nicht Kochen) fest aneinander kleben. Klebreis wird in Reisstrohkörbchen (*goong khaao*) serviert, in denen die Bauern ihren „täglichen Reis" auch mit aufs Feld nehmen, und mit der Hand gegessen. Wer den kleinen geflochtenen Behälter schließt, zeigt damit, dass er satt ist.

Reis ist nicht gleich Reis

Harmonie auch beim Essen

Die thailändische Küche kennt **keine verschiedenen Gänge**. So wird nicht Gericht für Gericht serviert, sondern es kommt alles zur gleichen Zeit auf den Tisch bzw. auf die Reisstrohmatte, denn vor allem in den Dörfern essen die Menschen auf dem Boden sitzend. So können die Gäste von zahlreichen Gerichten gleichzeitig kosten und sich ihr Menü nach Lust und Laune zusammenstellen. Aber wie immer wird der Harmonie Rechnung getragen. Zu jedem scharfen Gericht wird ein mildes, zu jedem süßen ein saures, zu jedem gebratenen ein gedünstetes, zu jedem flüssigen ein knuspriges gewählt und die Zutaten sollten möglichst unterschiedlich sein. Zu einem Fischgericht gehört immer auch ein Fleischgericht.

Ein typisches Thai-Menü

Ein **Essen** mit verschiedenen Beilagen wäre unvollständig ohne ein Curry (*gääng*). Das ursprünglich aus Indien stammende Gericht wird in Thailand in vielerlei Variationen oft mit reichlich Kokosnussmilch zubereitet und in unterschiedlichen Schärfen serviert. Obligatorisch ist frisches Gemüse (*phak*), von Aubergine bis Zucchini, das entweder roh serviert oder nur kurz gegart wird, damit es knackig und vitaminreich bleibt. Gelegentlich kommen scharfe Salate (*yam*) hinzu, etwa kalter Rindfleischsalat (*yam nüa*) aus eingelegtem Rindfleisch, verschiedenen Blattsalaten, Korianderblättern, Minze, Knoblauch, Chilis und säuerlich-würzigem Dressing. Anders als bei uns isst man Suppen nicht als Vorspeise, sondern gleichzeitig mit den Hauptgerichten. Zum Nachwürzen dient *phrik nam plaa* – Fischsauce verfeinert mit Chilis, Zitronensaft, Reisessig, Palmzucker, Schalotten, Knoblauch, Koriander und einer Prise Pfeffer. Verlockend ist auch das Angebot an süßen Kleinigkeiten, etwa Reis- und Kokoskuchen, frittierte kleine Duftbananen oder süßer Klebreis mit Kokosmilch in Bananenblättern. Ganz zu schweigen von der bunten Palette tropischer Früchte, die oft wunderschön geschnitzt als Nachspeise gereicht werden. Als Königin gilt hier die stachelige Durian, von der man sagt, sie rieche höllisch, schmecke aber himmlisch. Ein köstliches Dessert ist auch *khaao niao ma muang* – frische Mangos mit süßem Klebreis und Kokosmilch.

Gegessen wird mit Löffel und Gabel, wobei der Löffel in der rechten Hand gehalten und damit das Essen zum Munde geführt wird, während die Gabel in der Linken dazu dient, das Essen auf den Löffel zu schieben. Zu Stäbchen greift man nur bei Nudelsuppen oder chinesischen Gerichten, während auf dem Lande die Finger das Besteck *Beim Essen* ersetzen, und zwar ausschließlich die der rechten Hand, da die linke als unrein gilt. *ist die linke* Man formt zwischen Daumen und Fingerspitzen kleine Reisbällchen, stippt damit etwas *Hand tabu* Gemüse, Sauce, Fisch oder Fleisch auf und befördert diesen Bissen in den Mund. Ungeübte bekleckern sich dabei meist jämmerlich. Messer sind unnötig, da praktisch alles in mundgerechten Stücken serviert wird.

Bier oder Wasser?

Die Thai trinken zum Essen meistens nur Mineralwasser, das auch in feinen Restaurants durchaus „gesellschaftsfähig" ist. Auch Soft Drinks sind beliebt. Ausgezeichnete Durstlöscher sind Fruchtsäfte und Kokosnusssaft. Bier erfreut sich großer Beliebtheit, vor allem die einheimischen Sorten Singha (gesprochen: sing) und Chang, die es frisch gezapft, in Dosen und in Flaschen gibt. Und als Digestif schätzen viele Thai den milden Mekhong-Whisky aus einheimischer Produktion, der eher an Rum erinnert und pur oder gemischt mit Cola, Limettensaft oder Sodawasser getrunken wird. Weine hingegen gelten als wenig passend zu den Aromen von Chilis und Thai-Gewürzen.

Essen: Ein gesellschaftliches Ereignis

Essen ist für die Thai eine Möglichkeit zur Kommunikation und zur Pflege der gesellschaftlichen Harmonie. Vor allem aber verbinden die Thai Essen immer mit *sanuk* – Spaß. Und zum Vergnügen gehört die Gesellschaft möglichst vieler, die es sich gleichfalls schmecken lassen. Wenn möglich, essen Thai nie allein. Essen ist immer auch ein soziales Happening. Mehrmals täglich isst man eine Nudelsuppe oder eine Schale Reis im Vorübergehen an einem Straßenstand und tauscht dabei Neuigkeiten aus. Abends folgt das mehrgängige Dinner mit Freunden oder Familie, das stets auch als geselliges Beisammensein genossen wird. Wenn mehrere Leute zusammen in ein Restaurant essen gehen, bezahlt entweder derjenige, der eingeladen hat, oder aber der, der auf der sozialen Rangleiter am höchsten steht. Ist ein *farang* mit von der Partie, so gereicht es ihm zur Ehre, wenn man ihm so viel sozialen Status zubilligt, dass er die gemeinsame Rechnung begleichen darf.

Alleine essen macht keinen Spaß

Sport und Spiel

info

Fast überall in Südostasien ist **takrao** (gesprochen: *daggro*) sehr populär. Bei diesem rasanten Spiel, das an Volleyball erinnert, wird ein kleiner Rattanball von 12 cm Durchmesser von zwei Mannschaften mit jeweils drei Spielern über ein Netz hin- und herkatapultiert. Er darf nur mit dem Kopf, mit den Füßen und den Ellbogen und den Knien gespielt werden, nicht aber mit den Händen. Punkte gibt es, wenn es einem Team gelingt, den Ball so zu schießen, dass ihn die Gegner nicht mehr erwischen und er zu Boden fällt. Bei einer anderen Variante des *takrao* formen bis zu acht Spieler unter einem Netzkorb, der in fünf Meter Höhe aufgehängt wird, einen Kreis. Glaubt ein Spieler, dass der Ball richtig kommt, versucht er, ihn in den Korb zu schießen. Junge Männer nutzen gern jede Gelegenheit, auch Arbeits- oder Schulpausen, zu einem kurzen Takrao-Spiel und imponieren dabei oft mit akrobatischer Geschicklichkeit. Talentierte Takrao-Spieler treffen sich jeden Tag in den späten Nachmittagsstunden in der nordwestlichen Ecke des Lumpini-Parks in Bangkok.

Bei dem *muay thai* genannten Nationalsport Thai-Boxen, der spektakulärsten aller waffenlosen Selbstverteidigungsarten, gilt das Motto „Erlaubt ist, was trifft" (s. S. 169). Eine weitere traditionelle Kampfsportart, die jedoch nur noch bei Festivals oder für Touristen aufgeführt wird, ist *krabee krabong*. Hierbei kommen hölzerne oder stumpfe Handwaffen zum Einsatz, etwa Schwerter, Säbel, Messer, Lanzen oder Speere.

Von Februar bis April blitzen große und kleine, kunstvoll konstruierte Drachen am Himmel. Chula, der große männliche Drache in Sternform, kämpft gegen seinen weiblichen Gegner Pakpao, der wie ein Diamant geformt ist. Pakpao aber ist wendig und schnell und kontert die Angriffe geschickt. Drachenfliegen ist in Thailand weit mehr als ein Kinderspiel. Voller leidenschaftlicher Hingabe widmen sich hier erwachsene Männer diesem Vergnügen. Schauplatz in Bangkok ist der Sanam Luang, auf dem sich oft Tausende von Menschen einfinden, um wichtige Drachenwettkämpfe zu verfolgen.

Auch das Glücksspiel ist eine alte Leidenschaft der wettbegeisterten Thai. Beim Boxen ist das Wetten in den Rängen fast wichtiger als der Kampf im Ring. Gewettet wird nicht nur auf den Sieger, sondern auf einzelne Runden, Schläge und Tritte – und ob diese mit dem rechten oder linken Fuß verabreicht werden. Auch bei eigentlich verbotenen Kämpfen zwischen siamesischen Kampffischen oder -hähnen sowie bei Pferderennen oder Büffelkämpfen, die sich in Südthailand einer großen Beliebtheit erfreuen, wird Geld aufs Spiel gesetzt. Wetten werden auch bei Käferkämpfen abgeschlossen, die in den Dörfern sehr beliebt sind: Zwei männliche Nashornkäfer buhlen aggressiv um die Gunst eines Weibchens. Beendet ist ein Kampf, sobald einer der Kontrahenten auf dem Rücken liegt. Landeskenner schätzen, dass die Thai ebenso viel Geld für Glücksspiel und Wetten ausgeben wie für religiöse Zwecke.

2. THAILAND ALS REISEZIEL

Allgemeine Reisetipps von A–Z

 Hinweis

Die folgenden reisepraktischen Hinweise sollen bei der Vorbereitung der Reise und der Planung des Aufenthalts behilflich sein. Spezielle regionale Reisetipps finden sich jeweils am Ende der entsprechenden Kapitel im Reiseteil.

A) Adressen

▸ **Informationen**
in Deutschland, Österreich und der Schweiz
Thailändisches Fremdenverkehrsamt, Bethmannstr. 58, 60311 Frankfurt/Main, ☎ (069) 138139-0, 🖷 (069)13813950, info@thailandtourismus.de, www.thailandtourismus.de.

in Thailand
Tourism Authority of Thailand (**TAT**), 1600 New Petchaburi Road, Makkasan, Ratchathewi, ☎ (02)2505500, 🖷 (02)2505511, center@tat.or.th, www.tourismthailand.org. Die Tourism Authority of Thailand unterhält in über 20 Provinzstädten Filialen mit Englisch sprechenden Mitarbeitern.

An- und Einreise

▸ **Reisedokumente**
Seit August 2014 können Thailand-Urlauber ihren Aufenthalt in jedem Immigrationsbüro gegen eine Gebühr von Baht 1.900 (ca. € 45) problemlos um weitere 30 Tage verlängern. Man kann sich aber auch bereits im Heimatland bei den Thai-Botschaften ein bis zu 60 Tage gültiges **Touristenvisum** oder ein bis zu 90 Tage gültiges **Non-Immigrant-Visum** besorgen. Kinder benötigen einen eigenen Pass. Kinderausweise werden ebenso wenig anerkannt wie die Eintragung der Kinder im Pass eines Elternteils. Wer auf dem Landweg einreist, erhält nur eine 15 Tage gültige Genehmigung.

Antragsformulare können gegen einen frankierten Rückumschlag oder per Fax bei den zuständigen Konsularabteilungen angefordert werden. Man kann sie auch im Internet unter www.thaiembassy.de herunterladen.

Die **Unterlagen** (Reisepass, Antragsformular, Passbild, Bescheinigung über bezahlte Hin-, Rück- bzw. Weiterreise, Verrechnungsscheck und als Einschreiben frankierter Rückumschlag) sollten spätestens 14 Tage, besser noch drei bis vier Wochen vor der Abreise eingereicht werden. Die Bearbeitungsgebühr für ein Touristenvisum beträgt € 30, für ein Non-Immigrant-Visum € 55, die Bearbeitungszeit dauert ein bis zwei Wochen.

Viele Besucher nutzen eine weitere Möglichkeit der **Visumsverlängerung**: Sie reisen kurz in Nachbarstaaten aus und dann für 15 oder 30 Tage wieder nach Thailand ein. Zahlreiche Reiseagenturen bieten sogenannte Visa-Runs nach Kambodscha, Myanmar und Malaysia an. Allerdings ist die Aufenthaltsverlängerung durch kurzfristige Ausreise nur zweimal möglich. Danach dürfen Touristen 90 Tage lang nicht mehr ohne Visum nach Thailand einreisen. Sollte das Visum bei der Ausreise abgelaufen sein, zahlt man für den zweiten überzogenen Tag eine Geldstrafe von Baht 1.000 und für jeden weiteren Tag Baht 500.

Vor der Ankunft sind ein Einreiseformular (*arrival card*) und ein Ausreiseformular (*departure card*) auszufüllen. Letzteres wird in den Reisepass geheftet und muss bei der Ausreise zurückgegeben werden.

Hinweis

Man sollte mindestens eine Kopie des Reisepasses mitnehmen, um bei Verlust raschen Ersatz bei der Botschaft zu bekommen. Wenn Sie in Nachbarländer Thailands weiterreisen möchten, nehmen Sie ausreichend Passbilder für Visumsanträge mit!

▸ Mit dem Flugzeug

Die **Flugzeit** von Mitteleuropa nach Bangkok beträgt etwa elf Stunden. Direktverbindungen unterhalten ab Frankfurt, München, Berlin, Wien und Zürich täglich oder mehrmals wöchentlich die Thai Airways International, Air Berlin, Austrian Airlines, Lufthansa und Swiss. Andere internationale Fluggesellschaften wie Etihad Airways, Emirates und Gulf Air legen in Golfstaaten eine Zwischenlandung ein. Die **Tarife** unterliegen erheblichen saisonalen Schwankungen. Am teuersten sind die Tickets in der Weihnachtszeit. Bei der für ihren guten Service bekannten Thai Airways International kostet der Flug nach Bangkok und zurück zwischen € 650–1.000 (Jugend- und Studententarif € 550–650). Ein Preisvergleich im Internet lohnt sich. Achten Sie darauf, ob die Fahrt mit der Bahn oder einem Mietwagen zum europäischen Flughafen im Ticketpreisreis enthalten ist (Rail-and-Fly-Ticket, Fly-and-Drive-Ticket).

Pauschalreisen nach Thailand werden – auch in Verbindung mit Rundreisen und/oder anschließendem Badeaufenthalt – von allen großen Reiseveranstaltern angeboten. Je nach Saison kosten zwei Wochen Thailand mit Badeurlaub auf Phuket oder einer anderen Insel ab € 1.000, inklusive Flug. Last-Minute-Angebote gibt es teilweise zu Preisen unter € 900. Viele Charterflüge gehen von Europa ohne Zwischenlandung in Bangkok direkt nach Phuket. Wenn Sie in der Hauptsaison von November bis Februar reisen möchten, ist eine **frühzeitige Buchung** sehr zu empfehlen!

 ## Hinweis

Achten Sie darauf, dass sich keine scharfen und spitzen Gegenstände wie Taschenmesser und Nagelscheren im Handgepäck oder in Hosen- und Jackentaschen befinden. Zudem gelten seit dem 6. November 2006 strengere Bestimmungen für die Mitnahme von Flüssigkeiten an Bord von Passagierjets.

Flugankunft
… **in Bangkok** S. 198, … **in Chiang Mai** S. 276, … **in Phuket** S. 540.

▸ Auf dem Landweg

Die Einreise auf dem Landweg ist an folgenden Grenzübergängen möglich:
Laos: Nong Khai/Vientiane, Chiang Khong/Houay Xay, Ban Huai Khon/Muang Ngeun, Tha Li/Kenthau, Nakhon Phanom/Thakhek, Mukdahan/Savannakhet und Chong Mek/Vang Tao
Kambodscha: Aranyaprathet/Poipet, Hat Lek/Koh Kong, Chom Chong (70 km südlich von Surin)/O'Smach, Si Saket/Anlong Veng und Chantaburi/Pailin
Malaysia: Satun/Langkawi, Tha Khoi/Padang Besar, Sadao/Dan Nok, Betong/Pengkalan Hulu, Sungai Padi/Sungai Kolok und Tak Bai/Kota Bharu

Die Situation kann sich ändern, bitte rechtzeitig vor Reiseantritt aktuelle Informationen einholen.

Ausreise/Weiterreise

▸ **Mit dem Flugzeug**

Abhängig von der gewählten Fluglinie muss der Rück- oder Weiterflug mindestens 72 Stunden vor der Abreise bestätigt werden. Versäumt man die **Bestätigung**, erlischt die Flugreservierung.

▸ **Auf dem Landweg**

Die Ausreise auf dem Landweg ist an folgenden Grenzübergängen möglich:

Laos: An allen unter Einreise genannten Grenzübergängen ist für US$ 30 (für Deutsche) bzw. US$ 35 (für Österreicher und Schweizer) ein *visa on arrival* erhältlich, erforderlich sind zwei Passbilder.

Kambodscha: An allen unter Einreise genannten Grenzübergängen ist für US$ 20 ein *visa on arrival* erhältlich, erforderlich sind zwei Passbilder.

Malaysia: An allen unter Einreise genannten Grenzübergängen wird eine Aufenthaltsgenehmigung von 90 Tagen erteilt.

Da sich die Bestimmungen immer wieder ändern, sollte man sich rechtzeitig nach dem aktuellen Stand erkundigen. **Aktuelle Infos** unter www.auswaertiges-amt.de

Auto fahren

Wer unabhängig von öffentlichen Verkehrsmitteln reisen möchte, sollte sich ein **Auto** mieten. Das Straßennetz ist hervorragend ausgebaut und die wichtigsten Highways sind fast durchgehend vierspurig. In gebirgigen Landesteilen haben auch viele Nebenstraßen zumindest bergauf eine Überholspur. In Thailand gilt **Linksverkehr**. Die Geschwindigkeitsbegrenzung ist 50 km/h in geschlossenen Ortschaften und 100 km/h auf Landstraßen und Highways. Die Beschilderung ist durchweg zweisprachig thailändisch und englisch.

Verkehrsregeln und -schilder entsprechen zwar den internationalen Normen, haben aber oft nur theoretische Bedeutung. Thailänder empfinden Verkehrsampeln häufig nur als Empfehlungen – sie sind hellgrün, mittelgrün, dunkelgrün … Das Verkehrsverhalten der Thai ist bisweilen gewöhnungsbedürftig. Häufig überholen vor allem Busfahrer ohne Rücksicht auf den Gegenverkehr, aus Querstraßen kommende Fahrzeuge beachten die Vorfahrtsregeln nicht, beim Rechtsabbiegen kürzen viele Fahrer gerne über die Gegenfahrbahn ab und gefährden entgegenkommende Fahrzeuge. Die meisten *farang* kommen trotzdem gut im Straßenverkehr zurecht, im Vergleich zu manchen Nachbarländern wird in Thailand immer noch relativ „zivilisiert" gefahren.

B) Behinderte

Die thailändischen Städte sind nicht fußgänger-, geschweige denn behindertenfreundlich. Die wenigen Fußgängerampeln werden von Auto- und Motorradfahrern meist ignoriert. Die Gehwege haben tiefe Löcher, werden durch Garküchen und fliegende Händler blockiert, Motorradfahrer weichen bei Stau auf die Bürgersteige aus. Die wenigsten Hotels und Restaurants verfügen über behindertengerechte Einrichtungen, öffentliche Verkehrsmittel überhaupt nicht. Ohne eine Begleitperson ist eine Thailand-Reise für Rollstuhlfahrer oder stark gehbehinderte Touristen kaum zu realisieren.

Bettler

In Thailand wird vergleichsweise wenig gebettelt: Betteln ist gesetzlich verboten und kann mit Gefängnis bestraft werden. Bettlern begegnet man fast ausschließlich in den Großstädten und an von ausländischen Touristen frequentierten Orten. Zwar sind Armut und Elend mancherorts offensichtlich, doch es ist fraglich, ob ein Obolus tatsächlich hilft. Es gibt Anzeichen dafür, dass viele Bettler für organisierte Syndikate „arbeiten" und einen Großteil ihrer Einnahmen abliefern müssen. Vor allem bettelnden Kindern sollte man nichts geben: Wenn diese mit ihren Bemühungen erst einmal Erfolg haben, bleiben sie oft der Schule fern und „verdienen" bald am Tag mehr als der schwer arbeitende Vater auf dem Feld oder in der Fabrik. Unterstützen Sie lieber gezielt humanitäre Organisationen, die im Lande sinnvolle Arbeit leisten.

Diplomatische Vertretungen   D

▶ **des Königreichs Thailand**
... in der Bundesrepublik Deutschland
Königlich-Thailändische Botschaft, Visa-Abteilung, Lepsiusstr. 64–66, 12163 Berlin, ☎ (030)794810, 🖨 (030)7948251, thaibln@thaiembassy.de, www.thaiembassy.de.
Königlich-Thailändisches Generalkonsulat, Kennedyallee 109, 60596 Frankfurt/Main, ☎ (069)69868205-09, 🖨 (069)69868228, www.thaigeneralkonsulat.de.
Königlich-Thailändisches Honorarkonsulat, Rüttenscheiderstr. 199, 45131 Essen, ☎ (0201)95979334, 🖨 (0201)95979445, www.thai-konsulat-nrw.de.
Königlich-Thailändisches Honorarkonsulat, An der Alster 85, 20099 Hamburg, ☎ (040)24839118, 🖨 (040)24839206, www.thaikonsulathamburg.de.
Königlich-Thailändisches Honorarkonsulat, Prinzenstr. 13, 80639 München, ☎ (089)1689788, 🖨 (089)13071381,www.thaikonsulatmuenchen.de.
Königlich-Thailändisches Honorarkonsulat, Pforzheimer Str. 381, 70499 Stuttgart, ☎ (0711)2264844, 🖨 (0711)2264856, www.thaikonsulat.de.

... in Österreich
Königlich-Thailändische Botschaft, Visa-Abteilung, Cottagegasse 48, 1180 Wien, ☎ (01)4783335, 🖨 (01)4782907, www.thaivienna.at.
Königlich-Thailändisches Honorarkonsulat, Rieggasse 44, 6850 Dornbirn, ☎ und 🖨 (05572)2560014.
Königlich-Thailändisches Honorarkonsulat, Bozner Platz 2, 6021 Innsbruck, ☎ (0512)580461, 🖨 (0512)577250.
Königlich-Thailändisches Honorarkonsulat, Koch-Sternfeld-Gasse 7, 5020 Salzburg, ☎ (0662)8400200, 🖨 (0662)8400201, www.thaiconsulate-salzburg.at.

... in der Schweiz
Königlich-Thailändische Botschaft, Visa-Abteilung, Kirchstr. 56, 3097 Bern-Liebefeld, ☎ (031)9703030-34, 🖨 (031)9703035, www.thaiembassybern.org.
Königlich-Thailändisches Honorarkonsulat, Aeschenvorstadt 71, 4051 Basel, ☎ (061)2064565, 🖨 (061)2064546, www.thaikonsulat.ch.
Königlich-Thailändisches Honorarkonsulat, 16 Cours des Bastions, 1211 Genf, ☎ (022)3110723, 🖨 (022)3110049, www.thaiconsulate.ch.
Königlich-Thailändisches Honorarkonsulat, Löwenstr. 3, 8001 Zürich, ☎ (044)3447000, 🖨 (044)3447001, www.thai-consulate.ch.

Geschäftszeit der Botschaften sowie General- und Honorarkonsulate des Königreichs Thailand meist Mo–Fr 9–12.30 oder 13 Uhr.

▶ **Im Königreich Thailand**
... *der Bundesrepublik Deutschland*
Deutsche Botschaft, 9 Thanon Sathorn Tai, Bangkok 10120, ☎ (02)2879000, im Notfall ☎ (08)18456224, 🖨 (02)2879000, www.bangkok.diplo.de.
Deutsche Konsulate in Chiang Mai und Phuket

... *von Österreich*
Österreichische Botschaft, Q. House Lumpini, Unit 1801, 18th Floor, South Sathorn Road, Thungmahamek, Sathorn, Bangkok 10120, ☎ (02)1056710, 🖨 (02)4016161, www.aussenministerium.at/bangkok und www.bmaa.gv.at.
Österreichisches Konsulat in Chiang Mai

... *der Schweiz*
Schweizer Botschaft, 35 Thanon Witthayu Nua (North Wireless Rd.), Bangkok 10330, ☎ (02)6746900, 🖨 (02)6746901, www.eda.admin.ch/bangkok
Schweizer Konsulat in Chiang Mai

Geschäftszeit der Botschaften Mo–Fr 9–11.30 Uhr.

D) Drogen

Hände weg von Drogen! Lassen Sie sich weder zum Genuss noch zum Kauf oder zum Schmuggel von Opium, Heroin, Marihuana oder Amphetaminen (*yaa maa*) verleiten. Andernfalls müssen Sie damit rechnen, viele Jahre in thailändischen Gefängnissen zu verbringen. Die Polizei geht verstärkt gegen Drogenkonsum vor, besonders bei den Full Moon Partys auf Ko Phanang und in den Amüsiervierteln in den Touristenzentren. Der Dealer könnte ein Zivilpolizist sein! Bei Razzien in Bars und Diskotheken werden oft Urinproben gemacht – auch bei Touristen! Die Justiz geht mit Drogenkonsumenten hart ins Gericht, auch bei geringen Mengen. Wer mit Drogen handelt, kann zu jahrzehntelangen (!) Haftstrafen oder zum Tode verurteilt werden! Bei Drogendelikten ist keine Hilfe von den diplomatischen Vertretungen zu erwarten, die gesetzlichen Bestimmungen sollten also unbedingt eingehalten werden!

E) Einkaufen/Souvenirs

Thailand ist ein Einkaufsparadies für kunstgewerbliche Souvenirs. In den Herstellungsorten ist die Auswahl am größten und die Preise sind günstiger als in den Souvenirläden der Touristenzentren. Qualitativ hochwertige **Webarbeiten** werden nach alten Traditionen und meist mit großem Aufwand von den Bergvölkern in Nordthailand hergestellt. Vor allem die handgewebten Stoffe der Hmong und Akha haben ansprechende Farbkombinationen und eine kräftige Webart. Schöne Mitbringsel sind fein bestickte Kleider, Kissenbezüge, Umhängetaschen und Wandbehänge.
Thailand hat einen großen Markt für bunte **Seidenstoffe**. Feinere Textilien werden von Hand mit Blumen bemalt oder bestickt und zu Kleidungsstücken verarbeitet, stärkere eignen sich für Dekorationen. Handgewebte Seide ist nicht völlig glatt, sondern mit feinen Knötchen ver-

setzt, die ihr Struktur verleihen. Eines der wichtigsten Zentren der Seidenproduktion ist die Provinz Khon Kaen im Nordosten, wo die hochwertigen **Mudmee-Seidenstoffe** hergestellt werden (S. 363). Vergewissern Sie sich, dass beim Kauf von Stoffen und Kleidung die Waren nicht mit Kunstfasern gemischt sind. **Tipp für den Check**: Echte Seide brennt und riecht nach verbrannten Haaren, während synthetische Stoffe schmelzen. Testen Sie z. B. an einer kleinen Stoffprobe. Typische, aber nicht billige Souvenirs sind **Edel-** und **Halbedelsteine**, besonders Rubin- und Saphirschmuck. Ebenso zahlreich wie Juweliere sind Goldhändler. **Goldschmuck** wird nach Gewicht und Reinheit berechnet, seltener nach Arbeitsaufwand und Qualität der Stücke. Die Gold-Einheit ist der Baht (wie die Währung) und entspricht 15 g. Laien sollten sich nicht zum schnellen Kauf von Edelsteinen und Gold verführen lassen. Vor allem bei besonders günstigen Angeboten ist Misstrauen angebracht!

 Hinweis

Thailand erstattet Touristen die Umsatzsteuer von zzt. 7 Prozent. Bedingungen: Der Warengesamtwert muss mindestens Baht 5.000 haben; jede der vorzulegenden Rechnungen muss mindestens Baht 2.000 betragen; der Einkauf muss in einem durch das VAT-Refund-for-Tourists-Schild gekennzeichneten Geschäft getätigt worden sein; man muss zwei vom Geschäft ausgefüllte Refund-Formulare pro Rechnung vorgelegen. Die Erstattung erfolgt an Refund Countern in den Abflughallen der internationalen Flughäfen.

Dekorative Mitbringsel sind nach Originalabdrucken hergestellte **Imitate von antiken Statuen**. Götterstatuen, Dämonenfiguren und mythische Tiergestalten sind oft hervorragend gemacht und es gibt sie in allen Größen aus Messing, Bronze, Stein, Marmor und Holz. Vorsicht beim Kauf von **Antiquitäten**: Es gibt viele Fälschungen, die nur Experten erkennen können. Für Gegenstände, die älter als 50 Jahre sind, benötigt man eine Exportgenehmigung. Ohne diese Erlaubnis wird die Ware bei der Ausreise konfisziert.

Weitere beliebte Souvenirs sind **Silberwaren** der Bergvölker, schwarz- und goldlackierte **Holzgefäße** mit Intarsien sowie **Papierschirme** und **-fächer** aus Bambus. Den Krügen, Vasen und Tellern der milchig-grünen **Sawankhalok-** oder **Celadon-Keramik** verleiht die gesprungene Form der Glasur ein antikes Aussehen. In einem langwierigen Arbeitsprozess werden die farbenprächtigen Artefakte der **Benjarong-Keramik** gefertigt, sie sind entsprechend teuer. Auch handgeschöpftes **Sa-Papier** aus der Rinde des Maulbeerbaums gehört zu den Spezialitäten thailändischer Handwerkskunst. Aus dem fasrigen Papier werden Briefumschläge, Briefpapier, Notizbücher, Fotoalben und vieles anderes gefertigt.

Weitere **Andenken** sind kopierte Meisterwerke großer Maler (einen „Van Gogh" gibt es schon ab Baht 1.000), CDs mit thailändischer Volksmusik sowie Bergland-Kaffee aus Nordthailand und einheimische alkoholische Getränke.

Besonders preiswert ist **Damen-** und **Herrenbekleidung**, von der Stange oder nach Maß gefertigt. Vorwiegend indische Schneider nähen Kostüme und Anzüge oft innerhalb von 24 Stunden. Doch auch hier hat Qualität ihren Preis und man sollte nicht bei jedem Sonderangebot sofort zuschlagen. Für gute Schneiderarbeiten sind mehrere Anproben nötig!

Hinweis

Unter keinen Umständen sollten Korallen und Muscheln bzw. daraus hergestellter Schmuck und Nippes erworben werden. Die Einfuhr von Souvenirs aus Schildpatt, Reptilienleder und Elfenbein nach Europa ist ohnehin verboten. Wer Buddha-Statuen ausführen will, kann bei der Ausreise eine böse Überraschung erleben: Die Ausfuhr sakraler Gegenstände ist Nicht-Buddhisten untersagt. Die Kontrollen sind nicht sehr streng, aber theoretisch können Ihnen schon Handteller-große Buddha-Statuen abgenommen werden. Lediglich Amulette, die am Körper getragen werden, unterliegen keiner Beschränkung.

info

Feilschen will gelernt sein

Die Preise in Thailand versetzen Europäer häufig in einen Kaufrausch, doch es ist nicht üblich, sofort den vom Händler genannten Preis zu zahlen. Man handelt und einigt sich auf Zweidrittel bis Dreiviertel des Betrages. Das Handeln ist in Thailand eine Art Nationalsport. Festpreise haben nur gehobene Läden in den Städten, aber auch dort werden häufig Rabatte gewährt.

Eintrittspreise

Auch in Thailand sind alle Menschen gleich, aber manche sind finanzkräftiger. Museen, Vergnügungsparks und Tempel haben oft zwei verschiedene Eintrittspreise: Für Einheimische gilt ein niedriger, für *farang* (westliche Touristen) ein deutlich höherer Preis. Besonders krass ist der Unterschied bei den Nationalpark-Gebühren: „Westler" entrichten teilweise das Zehnfache! Eine Diskussion über diese „Diskriminierung" ist erfahrungsgemäß fruchtlos.

Elektrizität

In großen Städten und Ferienzentren beträgt die Stromspannung meist 220 Volt/50 Hertz, in kleineren Provinzorten oft nur 110 Volt Wechselstrom. Für die Steckdosen benötigt man einen Zwischenstecker oder einen Universaladapter („Weltreisestecker"). Die Dörfer in entlegenen (Berg-)Regionen sind nicht an das Stromnetz angeschlossen.

Essen

Für eine kulinarische Entdeckungstour macht man es am besten den Einheimischen nach: Die meisten Thai essen an einfachen, aber i.d.R. sehr guten Essensständen oder in kleinen, preiswerten Lokalen. Die Qualität des Essens ist in Straßenrestaurants oft besser als in manch namhaftem Esstempel. Nach Sonnenuntergang finden sich die Garköche mit ihren mobilen Ständen auf den sogenannten Nachtmärkten ein. Achten Sie auf Stände, die von Einheimischen frequentiert werden, dort hat man die Gewähr, frisch zubereitete Speisen zu bekommen. Während der Mittagshitze ist es in einfachen Restaurants (*raan ahaan*) mit Ventilator angenehmer als an den Straßenständen. Restaurants, die auf westliche Besucher eingestellt sind, sind mit Klimaanlagen und Speisekarten (*meenuu*) in englischer Sprache ausgestattet, aber auch deutlich teurer.

Wer am thailändischen Essen keinen Geschmack findet, der kann in Bangkok und allen anderen Touristenorten in internationalen Restaurants kulinarische Streifzüge durch viele Küchen der Welt machen. In Restaurants der gehobenen Kategorie empfiehlt sich vor allem am Wochenende und an Feiertagen eine frühzeitige Reservierung.

Feiertage und Feste **F**

Obwohl der Gregorianische Kalender allgemein gebräuchlich ist, richten sich traditionelle Zeremonien nach dem Mondkalender, der dem unseren – je nach Vollmond wechselnd – um 10–15 Tage voraus ist. Wichtige religiöse Feste fallen meistens in die Zeit des Vollmondes. Eine Beschreibung der wichtigsten religiösen Feste finden Sie auf S. 73f.

Informationen im Internet www.tourismthailand.org/See-and-Do/Events-and-Festivals/: aktuelle Termine der beweglichen Feiertage und Feste

▸ **Festkalender** (Auswahl)

Chinesisches Neujahrsfest
An einem Neumondtag zwischen dem 21. Januar und 19. Februar feiern die chinesischstämmigen Thai ihr Neujahrsfest. Besonders ausgelassen wird es in der Chinatown von Bangkok, in der zentralthailändischen Stadt Nakhon Sawan und in Phuket Town begangen. Höhepunkte sind farbenfrohe Drachen- und Löwenparaden in den Straßen sowie als Finale ein prächtiges Feuerwerk.

Neujahrsfest der Bergstämme
Im Januar und Februar begehen die verschiedenen Bergvölker in Nordthailand den Jahreswechsel mit tagelangen farbenprächtigen Festen.

Makha Pucha
Wichtiger buddhistischer Feiertag zum Gedenken an Buddhas Predigt vor seinen ersten 1.250 Jüngern, an einem Vollmondtag Ende Februar oder Anfang März (landesweit).

Songkran
Das traditionelle buddhistische Neujahrsfest, auch Water Festival, findet landesweit meist vom 13.–15. April statt; besonders spektakulär ist es in Chiang Mai (s. S. 269).

Königliche Zeremonie des Pflügens
Das uralte Ritual markiert den Beginn der Reispflanzsaison im Mai (Sanam Luang, Bangkok).

Visakha Pucha
Wichtiger buddhistischer Feiertag zum Gedenken an die Geburt, die Erleuchtung und den Eintritt Buddhas in das Nirvana, an einem Vollmondtag im Mai (landesweit).

Bun Bang Fai
Raketenfest in Nordostthailand, Mitte Mai (s. S. 380).

Bootsrennen
Vor allem in den zentralen und nördlichen Landesteilen gehen im September große, bunt dekorierte Langboote an den Start; besonders prunkvoll in Phichit und Nan.

Bun Fai Phaya Nak Festival:
Fest der „Feuerbälle" des Naga-Königs in Nong Khai, im Oktober (s. S. 369).

Vegetarian Festival
Spektakuläre Reinigungszeremonie in Phuket Town, Ende September/Anfang Oktober.

Loy Krathong
Landesweites Lichterfest zu Ehren der göttlichen Mutter des Wassers, besonders romantisch in Ayutthaya und Sukhothai, in einer Vollmondnacht im November.

Elephant Round Up
Großes Elefantenfest am dritten Wochenende im November, in Surin (s. S. 386).

▸ **Staatsfeiertage**

(Sie fallen z. T. mit den obenstehend beschriebenen Festen zusammen; während der staatlichen Feiertage sind Ämter, Banken und Behörden geschlossen, viele Geschäfte aber geöffnet)

1. Januar	Neujahr	12. August	Geburtstag der Königin
6. April	Chakri-Tag	23. Oktober	Chulalongkorn-Tag
13.–15. April	Thailänd. Neujahrsfest Songkran	5. Dezember	Geburtstag des Königs
1. Mai	Tag der Arbeit	10. Dezember	Verfassungstag
5. Mai	Krönungstag		

Fotografieren/Filmen

In der Regel sind die Einheimischen sehr extrovertiert und lassen sich gerne fotografieren. Man sollte die Fotos, auch als eine Geste der Höflichkeit, immer im Einverständnis mit dem Fotografierten machen – oft genügt ein kurzer Blickkontakt oder ein freundliches Lächeln. **Respektieren** Sie es immer, wenn Leute nicht fotografiert werden möchten, vor allem Frauen und ältere Männer! Bei religiösen Festen ist Zurückhaltung angebracht – das gilt vor allem für das Fotografieren mit Blitzgeräten. In den meisten Museen benötigt man eine besondere **Fotoerlaubnis**. Für militärische Anlagen und manche öffentlichen Gebäude gilt Fotoverbot. Beachten Sie unbedingt die entsprechenden Hinweisschilder!

▸ **Digital fotografieren**
Der Inhalt voller Chips kann in Internetcafés auf CD bzw. DVD gebrannt oder auf einem USB-Stick gespeichert werden. Viele Thailänder freuen sich, wenn sie auf dem Display einer Digitalkamera ihre Fotos betrachten können. Eine noch größere Freude bereitet es, wenn man in einem Digitalstudio Kopien anfertigen lässt und diese verschickt.

Frauen allein unterwegs

Thailand zählt zu den sichersten Reisezielen für alleinreisende Frauen in Südostasien. Thailändische Männer begegnen Touristinnen meist höflich distanziert oder mit respektvoller Neugierde. Wenn jüngere Thailänder Touristinnen ansprechen, so ist das i. d. R. kein Annäherungsversuch, sondern häufig Wissbegierde und der Wunsch, Englischkenntnisse zu verbessern. Insbesondere Frauen, die auf lokale Bekleidungssitten Rücksicht nehmen, haben keine Belästigungen zu befürchten. Wer sich abgrenzen möchte, sollte den direkten Blickkontakt mit einheimischen Männern vermeiden. Generell empfiehlt es sich für Frauen, Betrunkenen aus dem Weg zu gehen.

Geldangelegenheiten   G

Landeswährung ist der thailändische Baht (B). Im Umlauf befinden sich Scheine zu 20, 50, 100, 500 und 1.000 Baht sowie Münzen zu 1, 5 und 10 Baht.

Wechselkurs (Stand: November 2014):

1 €	41 Baht	1 Baht	0,024 €
1 US$	32 Baht	1 Baht	0,031 US$
1 SFr	34 Baht	1 Baht	0,029 SFr

Mit gängigen Kredit- und EC-Karten mit Maestro- oder Cirrus-Symbol kann man an den meisten Geldautomaten (Automatic Teller Machines, ATM) Bargeld ziehen (PIN-Code nicht vergessen!). Die geringsten Gebühren fallen bei Benutzung der EC-Karte an. Sicherheitshalber sollte man einige auf US$ oder € ausgestellte Reiseschecks mitnehmen. Geldautomaten und Banken, die Devisen jeglicher Art zu offiziell festgelegten Kursen tauschen, gibt es in jedem größeren Ort.
Kreditkarten aller großen Organisationen (vor allem Visa und MasterCard) sind in Thailand gebräuchlich, in teureren Hotels entfällt bei Vorlage einer Kreditkarte die Vorauszahlung. Neben Hotels akzeptieren auch gute Restaurants, Supermärkte, die meisten Geschäfte und Tankstellen Kreditkarten. Um Betrug zu vereiteln, sollte man den Zahlvorgang im Auge behalten und darauf achten, dass nur ein Ausdruck erstellt wird. Bei Reisen in entlegene Landesteile ist es immer ratsam, ausreichend Landeswährung dabeizuhaben.

Notfall-Nummer bei Kreditkartenproblemen:
Zentrale Sperr-Telefonnummer ☏ (00149)116116 u. (00149)3040504050
www.sperr-notruf.de

Gesundheit/Gesundheitsvorsorge

Derzeit sind für Reisende aus infektionsfreien Gebieten keine **Impfungen** vorgeschrieben. Empfohlen wird die Auffrischung des Impfschutzes gegen Tetanus und Poliomyelitis sowie prophylaktische Maßnahmen gegen Diphtherie, Hepatitis A und Typhus. Die **Malariagefahr** ist relativ gering. Ein erhöhtes Risiko besteht entlang der Grenzen zu Myanmar und Kambodscha sowie auf der Insel Ko Chang im Golf von Thailand. Vor allem während der Regenzeit werden dringend vorbeugende Maßnahmen empfohlen. Wer ohne Prophylaxe reist, sollte zumindest ein Stand-by-Medikament dabeihaben. Gesundheitsämter oder Institute für Tropenmedizin geben hierzu Auskunft.

Ins Gepäck gehört ein **Mückenschutzmittel**. Neben Malaria werden auch andere Tropenkrankheiten wie das im Süden Thailands auftretende **Dengue-Fieber** durch Mückenstiche übertragen. Man sollte immer unter einem Moskitonetz oder in einem Zimmer mit Fliegengittern an den Fenstern schlafen. Meiden Sie in der Morgen- und Abenddämmerung sowie nachts Fluss- und Seeufer sowie Sumpfgebiete, und tragen Sie während dieser Tageszeiten langärmelige Hemden/Blusen und lange Hosen. Ein guter Schutz sind Antimücken-Kerzen und Räucherspiralen. Typische **Malaria-Symptome** sind abendliches, anfallartiges Fieber bis zu

40° Celsius, Schweißausbrüche, Schüttelfrost, Gliederschmerzen und Benommenheit. Suchen Sie bei Verdacht auf Malaria unbedingt einen Arzt auf, die meisten thailändischen Mediziner haben viel Erfahrung mit der Behandlung dieser Krankheit.

Meiden Sie Eiswürfel und Getränke, die nicht in Flaschen abgefüllt sind, da es zu **Magenverstimmungen** und **Durchfall** kommen kann. Kochen Sie Leitungswasser ab und verzehren Sie kein unverpacktes Speiseeis oder ungeschältes Obst, Salat und rohes Gemüse. Besonders gefährlich sind rohe oder halbgare Fisch- und Fleischgerichte. Eine alte Tropenregel lautet: „*Peel it, cook it or forget it!*" Trotz Vorsicht kann es vorkommen, dass man von Sodbrennen, Magenschmerzen, Übelkeit, Krämpfen und Völlegefühl geplagt wird. Die Urlaubsfreude kann schnell vermiest werden, da diese Beschwerden häufig nicht nur einzeln auftreten. Ein bewährtes Medikament bei Magen- und Darmbeschwerden (wie z.B. Iberogast) ist in der Apotheke erhältlich und gehört in jede Reiseapotheke.

Wer auf sexuelle Eskapaden aus ist, sollte wissen, dass er auf besonders virulente Arten von Gonorrhöe und andere Geschlechtskrankheiten treffen kann. Hepatitis und **Aids** sind sehr viel häufiger verbreitet, als die amtlichen Statistiken glauben machen. **Hitze** und intensive **Sonneneinstrahlung** erfordern Schutzmaßnahmen. Ein breitkrempiger Hut und eine Sonnencreme mit hohem Schutzfaktor gehören ins Reisegepäck. Sonnenschutzcreme ist in Thailand teuer!

In die **Reiseapotheke** gehören auch Verbandszeug, Wunddesinfektionssalbe, ein Mittel gegen Sonnenbrand und Insektenstiche, Tabletten gegen Fieber und Schmerzen und für den Notfall ein Breitbandantibiotikum, z. B. Doxycyclin, das auch zur Malariabehandlung eingesetzt werden kann. Sinnvoll ist zudem ein Fieberthermometer.

Die meisten europäischen Krankenversicherungen übernehmen keine der in Thailand anfallenden Behandlungskosten, daher empfiehlt sich der Abschluss einer **Reisekrankenversicherung**. Diese sollte die Kosten für eine ambulante und stationäre Behandlung sowie für Medikamente und einen Krankentransport ins Heimatland decken. Für eine Kostenrückerstattung benötigt man detaillierte Rechnungen: Name, Behandlungsort und -datum, Diagnose, Beschreibung der erbrachten Leistungen und Unterschrift des Arztes. Lassen Sie sich möglichst Quittungen und Formulare auf Englisch geben!

Informationen im Internet
Folgende Seiten informieren über gesundheitliche Aspekte bei Reisen nach Thailand: www.die-reisemedizin.de, www.fit-for-travel.de, www.tropenmedizin.de, www.impfkontrolle.de

▸ Apotheken
Apotheken gibt es nur in den größeren Städten. Die größte Auswahl an Medikamenten haben die Apotheken in den Krankenhäusern. Auf dem Lande kann man im Notfall Medikamente in dörflichen Krankenstationen erhalten. Wichtige Medikamente unbedingt von zu Hause mitbringen! Apotheken haben meist täglich von 8–20 Uhr geöffnet, manche auch länger, in Großstädten teilweise rund um die Uhr.

▸ Arzt/Zahnarzt
In Bangkok und allen Ferienzentren entspricht die ärztliche Versorgung westlichem Standard. Dort gibt es 24-Stunden-Notfallkliniken mit Ärzten, die gut Englisch sprechen.

▸ **Krankenhäuser**

Die besten Krankenhäuser findet man in Bangkok, in den Provinzhauptstädten und in den Urlaubszentren. Während die privaten Krankenhäuser internationalem Standard entsprechen, genügen die öffentlichen Krankenhäuser hinsichtlich Ausstattung und Hygiene nicht immer europäischen Ansprüchen. Je weiter man sich von den städtischen und touristischen Zentren entfernt, desto mangelhafter wird die Hilfe.

Internetadressen

... auf Deutsch

www.thailandtourismus.de: Offizielle Website des Thailändischen Fremdenverkehrsamtes, Wissenswertes für die Vorbereitung einer Thailand-Reise sowie Basisinformationen zu vielen Themen und nützliche Links.
www.klick-thailand.de: Gut gestaltete private Website mit schönen Fotos
www.clickthai.de: Informative private Website.
www.thailandsun.com: Buntes Informationsangebot, vor allem Erfahrungsberichte.
www.siam-info.de: Nützliche Informationen für in Thailand lebende Ausländer und Auswanderungswillige.
www.thailand-community.de: Aktuelle Informationen, nützliche Links.
www.thailand-reisetipps.de: Privates Reiseforum zum Thema Thailand und Südostasien.
www.thaizeit.de: Website des deutschsprachigen Magazins „Thaizeit" mit aktuellen Informationen.
www.auswaertiges-amt.de: Basisinformationen, Sicherheitshinweise, Visa- und Einreisebestimmungen, Gesundheitstipps und Impfempfehlungen.
www.wetteronline.de: Das aktuelle Reisewetter in Thailand.
www.iwanowski.de: Hinweise zu den Reiseregionen, News und Währungskonverter, Updates und Informationen zu über 80 Zielgebieten weltweit.

... auf Englisch

www.tourismthailand.org: Website der Tourism Authority of Thailand mit nützlichen Informationen zur Planung und Durchführung einer Thailand-Reise.
www.experiencethailand.com: Allgemeine Infos, Tipps zu Hotels, Essen und Trinken.
www.amazing-thailand.com: Nützliche touristische Hinweise, Restaurants, Hotels, Ausgehtipps, Events.
www.thaiembassy.de: Offizielle Website der Königlich Thailändischen Botschaft in Berlin. Basisinformationen, Visa- und Einreisebestimmungen, nützliche Links.
www.thai-touristpolice.org: Website der Bangkok Tourist Police mit aktuellen Sicherheitshinweisen.
www.bangkokpost.com: Nachrichten aus der Region, Veranstaltungshinweise, Tipps zu Hotels, Essen und Trinken, aktuelle Wechselkurse, Wetterbericht.

Internetcafés

In den Touristenorten gibt es so viele Anbieter, dass die Preise für die Internetnutzung zu den günstigsten in Asien zählen, durchschnittlich zwei Cent pro Minute. Größere Hotels und gute Gästehäuser bieten kostenlosen Internetzugang an.

K) Kartenmaterial

Neben der diesem Reiseführer beigefügten Reisekarte im Maßstab 1:2.000.000 ist folgende Karte zu empfehlen: Die vom Verlag Berndtson & Berndtson herausgegebene **Berndtson Map Thailand** ist übersichtlich und aktuell, mit Stadtplänen von Bangkok, Chiang Mai und Mae Hong Son sowie Inselplänen von Phuket, Ko Samui und Ko Phangan. Hilfreich für Selbstfahrer ist der **Travel Atlas Thailand** von Asia Books, der in den gleichnamigen Buchhandlungen in Bangkok und den Touristenzentren erhältlich ist.

Kinder

Thailand ist ein sehr kinderfreundliches Land. Größere Hotels und auch viele kleinere Gästehäuser haben **Mehrbettzimmer** oder stellen ein **Extrabett** zur Verfügung. In den meisten Unterkünften werden Sie unter dem Personal jemanden finden, der gegen ein Trinkgeld Ihre Kinder hütet. Bessere Hotels bieten professionelle Kinderbetreuung an. Auch in den Restaurants sind Kinder willkommen, allerdings stehen nur in den Touristenzentren **Kindergerichte** wie Spaghetti oder Pommes frites auf der Speisekarte. Die meisten Kinder mögen Frühlingsrollen, Fisch- und Fleischbällchen oder Klebreis. Bestellen Sie Gerichte für Kinder mit dem Zusatz *mai phet* (nicht scharf). Problematisch sind stundenlange Auto- oder Busfahrten: Buchen Sie bei längeren Distanzen einen Flug oder nehmen Sie den Zug.

Für kindgerechte **Freizeiteinrichtungen** in Bangkok s. S. 173. Hits für Kids sind die oft wie Märchen inszenierten Aufführungen klassischen Tanztheaters oder (harmlose) Travestie-Shows. Kinder mögen außerdem Kreuzfahrten auf Flüssen oder Bootstouren in der Phang-Nga-Bucht, die Erkundung von Grotten mit Tropfsteinen oder die in Elefantencamps angebotenen Elefantenritte. Auch Sehenswürdigkeiten wie buddhistische Tempel mit ihren vielen Statuen üben auf Kinder großen Reiz aus. Mietet man für eine Stadterkundung als „Expeditionsfahrzeug" eine Fahrradriksha (*samlor*), ist der Tag gerettet.

▸ **Vorsichtsmaßnahmen**
Schützen Sie Ihre Kinder unbedingt mit einer Sonnencreme mit hohem Lichtschutzfaktor, mit breitkrempiger Kopfbedeckung und einem T-Shirt, das die Schultern bedeckt, vor der Sonneneinstrahlung. Über den Kinderwagen am besten einen Sonnenschirm oder ein Baumwolltuch spannen. Kinder sollten viel trinken, aber niemals Leitungswasser und abends einen wirksamen Mückenschutz verwenden. Wegen der großen Hitze sind die Monate zwischen März und Mai für Thailand-Reisen mit Kindern nicht geeignet. **Gefahren** drohen vom Straßenverkehr, offenen Brunnenschächten oder nicht abgedeckten Abflussrinnen auf Gehwegen und Straßen. In manchen Regionen ist Tollwut verbreitet, weshalb Kinder nicht mit Tieren spielen sollten.

Kleidung/Kleiderordnung

Für Touristen empfiehlt sich legere, aber „schickliche" Freizeit- oder Straßenkleidung. Formelle Kleidung wird zwar nur in Hotels und Restaurants der gehobenen Kategorie sowie bei festlichen Anlässen erwartet, doch die äußere Erscheinung ist als ein Statuskennzeichen in Thailand sehr wichtig. Frauen sollten auf ein Dekolleté und auf knappe Shorts verzichten und stets einen BH tragen. Kurze Hosen sind auch bei Männern verpönt. Absolut unakzeptabel für Thailänder sind zerrissene und schmutzige Kleidung. Achten Sie besonders auf Ämtern und in Tempeln auf **korrekte Kleidung**!

Das Klima ist in den einzelnen Landesteilen sehr unterschiedlich, ins Gepäck gehören daher sowohl Sommersachen als auch wärmere Kleidung für den kühlen Norden. In Thailand ist immer mit Regen zu rechnen, eine dichte **Regenjacke** darf nicht fehlen. Für Wanderungen im nördlichen Bergland sind strapazierfähige Hosen, festes Schuhwerk, ein warmer Pullover und ein guter Schlafsack nötig. Zwischen Dezember und Februar können die Temperaturen im Bergland auf den Gefrierpunkt sinken, eine Wollmütze, Handschuhe und eine lange Unterhose gehören ins Gepäck. In einfachen Gästehäusern wird die Bettwäsche oft nicht für jeden Gast frisch gewechselt: Ein leichter Leinenschlafsack ist sehr praktisch. Generell gilt: Nicht zu viel mitnehmen, man kann fast überall in Thailand günstig Textilien kaufen.

Kulturelle Veranstaltungen

In Touristenzentren, vor allem in Bangkok und Chiang Mai, werden Aufführungen traditioneller Musik und klassischen Tanztheaters geboten. Meist werden auf westlichen Geschmack zugeschnittene, gekürzte Fassungen inszeniert, die aber von hoher Qualität sein können. Oftmals finden kulturelle Veranstaltungen während des Dinners in großen Hotels und Restaurants statt.

Märkte   M

Frischwaren bekommt man am besten auf den **Morgenmärkten**, die vor der Morgendämmerung beginnen und meist gegen Mittag schließen. Besondere Bedeutung haben die **Nachtmärkte**. Nach der Hitze des Tages frönen die Thai in der relativen Kühle des Abends hier ihren Leidenschaften: Gesellig flanieren, gucken, feilschen, einkaufen und essen.

Maßeinheiten

Für Gewichte und Maße ist das **metrische System** gebräuchlich. Temperaturen werden meist in Celsius angegeben, seltener in Fahrenheit.

Medien

▸ Fernsehen
Das staatliche Fernsehen Television of Thailand und zahlreiche private Anbieter senden von Bangkok aus über Satellit in alle Landesteile. Derzeit verfügen mehr als 80 Prozent aller Haushalte über TV. Häufig wird ein Großteil des Einkommens für ein Fernsehgerät investiert und selbst in einfachen Hütten sorgen Parabolantennen für den Empfang. Thailänder gelten als geradezu fernsehsüchtig. Auch in entlegenen Dörfern flimmert die Mattscheibe oft Tag und Nacht. Die meisten Hotels und Gästehäuser bieten **Satelliten-Fernsehen**, mit dem man CNN und andere ausländische Sender empfangen kann.

▸ Rundfunk
Wichtigster Sender ist das von der Regierung kontrollierte Radio Thailand, außerdem gibt es zahlreiche Privatsender. Ein Kurzwellenradio ermöglicht den Empfang des Programms der Deutschen Welle sowie BBC World News oder Radio Australia.

▸ **Zeitungen und Zeitschriften**

Die Verfassung garantiert Meinungs- und Medienfreiheit. Landesweit erscheinen mehr als **200 Tageszeitungen** und **Wochenzeitschriften**. Die auflagenstärksten Periodika werden in Bangkok und Chiang Mai herausgegeben und der Vertrieb beschränkt sich auf die städtischen Zentren. Die wichtigsten englischsprachigen Tageszeitungen sind „Bangkok Post" und „The Nation". Beide sind unabhängig und berichten auch kritisch über die Regierung (ausgenommen die Königsfamilie). In beiden findet man Veranstaltungskalender und Tipps zum Nightlife sowie Hotel- und Restaurantempfehlungen. Englischsprachige Nachrichtenmagazine und Zeitungen wie „Newsweek", „Time", „Far Eastern Economic Review" und „International Herald Tribune" sowie manchmal auch deutschsprachige Zeitschriften sind in den Touristenzentren, meist in Buchhandlungen und in größeren Hotels, erhältlich.

Mietwagen

Busse und Züge verbinden die größeren Orte miteinander, doch wer abgelegene Ziele ansteuern will, sollte ein Auto mieten. Zuverlässige Verleihfirmen mit Niederlassungen im ganzen Land sind Avis und Budget. In den Touristenzentren und größeren Städten bieten zahlreiche einheimische Autoverleiher günstige Konditionen an. Erkundigen Sie sich, ob der Preis unbegrenzte Freikilometer einschließt, ob Sie bei Einwegmieten (gewöhnlich zwischen den größeren Städten möglich) für die Rückführkosten aufkommen müssen und vor allem ob die Haftpflichtversicherung im Preis eingeschlossen ist. Beim Mieten eines Wagens muss ein internationaler Führerschein und der Reisepass vorgelegt werden. Wer keine Kreditkarte hat, muss eine größere Summe als Kaution hinterlegen. Unbedingt darauf achten, dass im Kreditkartenabzug die Pfandsumme eingetragen ist. Nie Blankobelege unterschreiben!

Informationen im Internet www.avisthailand.com, www.budget.co.th

Motorrad fahren/Motorrad mieten

In praktisch allen größeren Städten und Touristenzentren kann man Motorräder von 75 bis 750 cm³ mieten. Vor allem im Norden sind Motorräder ideale Fortbewegungsmittel, hier sind die Straßen gut und der Verkehr außerhalb der Städte gering. Viele Touristen mieten auch in den Ferienorten des Südens ein Zweirad. Es ist sehr leichtsinnig, die ersten Fahrversuche mit einem Motorrad in Thailand zu unternehmen, man sollte den thailändischen Straßenverkehr nicht unterschätzen. Besonders viele Motorradunfälle passieren auf Phuket und Ko Samui. Wer ein Motorrad mietet, sollte Fahrpraxis besitzen. Wegen der Unfallgefahr sollte man unbedingt einen Sturzhelm und entsprechende Kleidung tragen. Es ist Pflicht, auch tagsüber mit Licht zu fahren. Beim Mieten eines Motorrads muss man einen **internationalen Führerschein** und den **Reisepass** vorlegen. Achten Sie unbedingt auf ausreichenden Versicherungsschutz!

Informationen im Internet www.gt-rider.com: Hervorragende Website des Motorradklubs Golden Triangle Rider über Motorradvermietungen und -touren in Nordthailand.

N   Nachtleben

Das Nachtleben in Thailand wird häufig mit Massagesalons und Prostitution gleichgesetzt. Der schlechte Ruf stammt aus den 1960er-Jahren, als Tausende amerikanische Soldaten ins Land

kamen und in Bangkok und Pattaya Red-Light-Bezirke entstanden. Prostitution ist zwar offiziell verboten, doch einige Hunderttausend Frauen und Mädchen arbeiten in diesem Gewerbe.
In Bangkok und den Ferienzentren gibt es auch anspruchsvolle Unterhaltung, z. B. Jazzklubs, Musikkneipen, Discos mit moderner Lasertechnologie und ausgeklügelter Musikbeschallung, Mega-Kinos und gestylte Szene-Lokale, die man eher in London oder New York vermuten würde. In den meisten Discos werden Baht 250–750 *cover charge* verlangt, ein Eintrittspreis, der i. d. R. einen oder zwei Drinks einschließt. In die besseren Clubs wird mit Shorts und Flip-Flops kein Einlass gewährt!

Informationen zum Nachtleben werden monatlich in den englischsprachigen Broschüren „This Week" oder „Touristways" veröffentlicht, die in Hotels und Restaurants kostenlos ausliegen. Was in Bangkok gerade in ist, erfährt man auch im deutschsprachigen Lifestyle-Magazin „Thaizeit" (www.thaizeit.de). Ausführliche Veranstaltungskalender, vor allem Tipps zu Live-Musik und anderen Events, findet man auf Internetportalen wie www.bangkok.com/nightlife und www.bangkok101.com. Offiziell gibt es in Bangkok eine Sperrstunde ab 1 Uhr, viele Clubs haben bis 2 Uhr geöffnet. Bei den Einheimischen sind **Karaoke-Lokale** sehr beliebt, wo die Gäste, begleitet von professionellen Musikern, eigene, oft sehr sentimentale Songs vortragen können.

 ## Hinweis

Warnung vor Sex-Shows
„Come in! Live show, sex show! Pussy Ping Pong, Pussy Banana, Pussy Balloon!" Mit solchen Sprüchen locken Türsteher in Bangkok und Pattaya Kunden in dubiose Bars. Die Lokale zu ebener Erde sind eher harmlos, aber in den oberen Etagen laufen meist Sex-Shows, für die entweder sehr hoher Eintritt verlangt wird, oder die Getränke sind völlig überteuert.
Bevor Sie eine Bar oder einen Club in den oberen Stockwerken betreten, stellen Sie unbedingt klar, ob eine *cover charge* oder *show charge* verlangt wird. Wer die Rechnung nicht zahlen will, wird schon mal mit „handfesten" Argumenten überredet: Verlassen Sie die Bar so schnell als möglich und drohen Sie notfalls mit der Tourist Police. Häufig wird Ihnen nichts anderes übrig bleiben, als den verlangten Preis zu zahlen, aber Sie können sich mit einer Quittung bei der Tourist Police beschweren.

National- und Naturparks

Seit 1962 hat die thailändische Regierung 95 Nationalparks und über 100 andere Naturschutzgebiete mit einer Gesamtfläche von mehr als 25.000 km^2 eingerichtet. Da der Ökotourismus eine bedeutende Rolle spielt, sollen weitere Nationalparks für den Fremdenverkehr erschlossen werden.

Von Ausländern werden höhere **Eintrittsgebühren** als von Einheimischen verlangt. Der Preis kann zehnmal so hoch sein. Der zuständigen Naturschutzbehörde geht es angeblich darum, die Zahl der Besucher zu begrenzen, um die Naturressourcen zu schützen. Das Geld soll für den Erhalt der Parks verwendet werden. In großen Nationalparks mögen die hohen Preise gerechtfertigt sein, in vielen kleineren Nationalparks sind sie es nicht. Eintrittsgebühren werden auch bei Attraktionen verlangt, die nicht in Nationalparks liegen, wie etwa Wasserfälle.

Notruf

Die landesweiten Notrufnummern lauten

Polizei	☏ 191
Touristenpolizei	☏ 1155
Ambulanz	☏ 1554
Feuerwehr	☏ 199

O) Öffnungszeiten

Auskunftsbüros für Touristen: regional unterschiedlich, meist täglich 8.30–16.30 Uhr.
Banken: Mo–Fr 8.30–15.30 Uhr; spätabends und auch am Wochenende geöffnet sind Wechselstuben in den Touristenzentren und an den internationalen Flughäfen.
Behörden: Mo–Fr 8.30–12 Uhr und 13–16.30 Uhr.
Geschäftsbüros: Mo–Fr 8–12 Uhr und 13–16 Uhr; teilweise Samstagvormittag geöffnet.
Geschäfte haben unterschiedliche Öffnungszeiten, meist Mo–Sa von 8 oder 9 bis 20 oder 21 Uhr. Es gibt kein Ladenschlussgesetz, viele Läden und Kaufhäuser haben bis weit in die Nacht geöffnet. An Sonn- und Feiertagen herrscht offiziell Geschäftsruhe, aber viele Geschäfte haben auch an diesen Tagen geöffnet.
Museen und Galerien: regional unterschiedlich, meist Mi–So 9–16 Uhr Feiertage ausgenommen.
Postämter: Mo–Fr 8.30–16.30 Uhr, Sa 9–12 Uhr.

P) Post

Luftpostbriefe (Porto: Baht 30) und -karten (Porto: Baht 16–19) nach Europa benötigen von den Postämtern der größeren Städte etwa fünf bis sieben Tage, von kleinen Provinzpostämtern erheblich länger.
Luftpostpakete nach Europa sind 2 bis 3 Wochen unterwegs, auf dem Seeweg mindestens 2 bis 3 Monate. Pakete werden nur bis zu einem Gewicht von 20 kg befördert und müssen neutral in braunes Papier verpackt sowie verschnürt sein. In größeren Postämtern erledigt dies ein „Pack Service" gegen eine geringe Gebühr.

R) Reisezeit

Am angenehmsten ist das Wetter in den meisten Regionen Thailands während der „**kühlen**" **Jahreszeit** von November bis Februar. Mittags kann das Thermometer zwar auf über 30° Celsius klettern, aber oft weht ein angenehm kühler Wind und die Luftfeuchtigkeit ist relativ gering. Allerdings sind auch die Preise hoch: Einen Urlaub sollte man früh buchen, für Weihnachten und Neujahr in manchen Topzielen sogar ein Jahr im Voraus!

In der **heißen Jahreszeit** von März bis Mai stöhnen selbst die Thailänder über Temperaturen von bis zu 40° Celsius und nachts fällt die Quecksilbersäule selten unter 30° Celsius. Weite Regionen im Norden liegen gegen Ende der Trockenzeit unter einem dichten Rauch- und Dunstschleier, da die Bergvölker vor Beginn der Regenperiode Wälder und Buschland abbrennen.

In der **Regenzeit** von Juni bis Oktober gehen die Temperaturen zurück. Dauerregen von mehreren Tagen sind selten, meist kommt es nur zu kurzen, heftigen Wolkenbrüchen mit Gewittern. Selbst in den niederschlagsreichsten Monaten August und September sinkt die durchschnittliche Sonnenscheindauer kaum unter fünf Stunden am Tag. Allerdings steigt die Luftfeuchtigkeit dann stark an, schon kurze Spaziergänge werden zu Schwitzbädern. Während der Regenzeit behindern regelmäßige Überflutungen den Verkehr erheblich, aber die Landschaft zeigt sich in sattem Grün. In manchen Regionen an der Andamanen-Küste, die voll dem sommerlichen Südwest-Monsun ausgesetzt sind, besonders Phuket, Ko Phi Phi und Ko Lanta, sind zahlreiche Resorts zwischen Mai/Juni und Oktober/November geschlossen. In anderen Landesteilen kann der Oktober, bei ausklingender Regenzeit, durchaus ein angenehmer Urlaubsmonat sein – mit niedrigeren Preisen und wenig Fremdenverkehr.

Die **Golfküste im Südosten** mit den Inseln Ko Samui, Ko Phangan und Ko Tao hat andere klimatische Bedingungen: Zwischen November und März muss man mit teils heftigen Niederschlägen rechnen. Beste Reisezeit sind hier die europäischen Sommermonate, es ist sonnig und fast niederschlagsfrei.

Sicherheit   S

Thailand ist ein allgemein sicheres Reiseland, mit Ausnahme der Provinzen im tiefen Süden, wo es zu Anschlägen gekommen ist. Gewaltverbrechen gegenüber Touristen sind sehr selten. Allerdings haben Betrüger raffinierte Tricks ersonnen, um ausländischen Besuchern das Geld aus den Taschen zu ziehen. Im Gedränge von Märkten, öffentlichen Veranstaltungen und in Verkehrsmitteln sind Trickdiebe unterwegs. Auch **Einbrüche** in Hotelzimmer häufen sich. Es kommt immer wieder vor, dass Touristen vom fahrenden Motorrad aus Handtaschen entrissen werden. Tragen Sie Ihre Tasche immer auf der von der Straße abgewandten Seite, und seien Sie vorsichtig im Gedränge!

Wertsachen und Dokumente werden am besten im Hotelsafe deponiert oder möglichst unauffällig am Körper getragen. Bewahren Sie eine Kopie Ihres Reisepasses getrennt vom Original auf, es gibt bei Verlust schneller Ersatz. Für Ersatzansprüche gegenüber einer Versicherung ist ein polizeiliches Protokoll nötig, weshalb man Diebstähle immer melden sollte.

Misstrauen ist stets angebracht, wenn man auf der Straße angesprochen wird. Der Supertipp, das Billigangebot oder der günstige Wechselkurs sind sehr häufig **Betrugsversuche**! In Bangkok gibt es viele Berichte darüber, dass gutgekleidete junge Thailänder Touristen ansprechen und behaupten, diese oder jene Sehenswürdigkeit sei geschlossen, man habe aber Vorschläge für ein Alternativ-Programm. Es handelt sich um Schlepper, die versuchen, Besucher in bestimmte Läden oder Lokale zu locken. Lassen Sie sich nicht darauf ein!

Die Tourism Authority warnt davor, Getränke von Unbekannten anzunehmen: Es könnte sich um sogenannte **knock-out drinks** handeln, die mit Betäubungsmitteln versetzt sind. Während das Opfer bewusstlos ist, wird es ausgeraubt. Diese Form des Überfalls soll auf Bus- und Zugfahrten sowie bei Strandpartys vorkommen. Die Drogen wirken schon nach wenigen Minuten, wenn man noch bei Bewusstsein ist, wird geraten, reichlich Wasser zu trinken.

Kreditkartenbetrug ist leider weit verbreitet. Man sollte bei der Bezahlung die Kreditkarte stets im Auge behalten, um sicherzugehen, dass nur ein einziger Ausdruck erstellt wird. Zahlen Sie in Läden, die Ihnen nicht ganz seriös vorkommen, am besten bar!

Nicht an allen Küstenabschnitten Thailands sind Baden und Schwimmen ungefährlich. An manchen Stränden gibt es starke **Unterströmungen** mit einem gewaltigen Sog. Beachten Sie bitte die Hinweise im Routenteil! Vor allem ungeübte Schwimmer sollten sich nie allzu tief ins Wasser wagen.

Aktuelle Informationen zur Sicherheitslage beim Auswärtigen Amt (AA), Bürgerservice, Referat 040, 11013 Berlin, ☎ (030)5000-2000, 📠 (030)5000-5100, poststelle@auswaertiges-amt.de, www.auswaertiges-amt.de (Informationen unter Länder- und Reiseinformationen/Thailand/Sicherheitshinweise).

Sport

▸ Golf

Wer in Thailand golfen will, muss weder wohlhabend noch Mitglied in einem Klub sein: Auf den meisten Plätzen dürfen auch Besucher gegen eine relativ moderate Greenfee spielen. Während der Woche beträgt die Gebühr Baht 1.000–1.500, an Wochenenden 1.500–2.000. Die Ausrüstung kann vor Ort stunden- oder tageweise geliehen werden. Mitglieder europäischer Golfklubs sollten sich vor ihrer Abreise nach gegenseitigen Abkommen mit Klubs in Thailand erkundigen. Mit einem Empfehlungsschreiben des Heimatklubs dürfen sie in der Regel die Anlagen des thailändischen Partners kostenlos benutzen. Schöne, teils von internationalen Golfstars konzipierte Golfplätze gibt es fast überall im Land. Als eines der Golf-Paradiese Thailands gilt Hua Hin.

Informationen im Internet www.thaigolfer.com

▸ Kajak

Kajakfahrer werden in der märchenhaften Kulisse der Bucht von Phang Nga oder im Ang Thong Marine National Park beste Bedingungen finden. Veranstalter auf Phuket und Ko Samui bieten ein- oder mehrtägige Touren mit Tagesetappen von 6–8 km an, inklusive Höhlen-Besichtigung. Übernachtet wird entweder an Stränden in Zelten oder in einem bequemen Begleitboot. Eine Tagestour kostet etwa Baht 1.200–1.600, drei Tage inklusive Verpflegung ab etwa Baht 6.000.

▸ Klettern

Ein Mekka für Kletterer ist Krabi. An den schroffen Kalksteinklippen und lotrechten Felswänden an den beiden Rai-Leh-Stränden und in der Phra-Nang-Bucht kann man vor einer einzigartigen Kulisse steilwandklettern. Fortgeschrittene können sich die Ausrüstung leihen und auf eigene Faust in die Wand steigen. Für Anfänger gibt es Schnupperkurse (ab Baht 1.500) oder eine mehrtägige Kletterausbildung (ab Baht 2.500/Tag).

▸ Fahrrad fahren

Der geringe Verkehr, eine herrliche Landschaft und freundliche Menschen machen das nordthailändische Bergland zu einem Traum für Radfahrer. Räder für Tagesausflüge kann man in den Touristenzentren mieten, wer längere Touren plant, sollte sein eigenes Bike und Ersatzteile mitbringen. Städte mit ruhigem Verkehr wie Ayutthaya, Sukhothai und mit gewissen Einschränkungen auch Chiang Mai kann man gut mit dem Rad besichtigen. Im hektischen Bangkok sollte man darauf verzichten. Fahrräder werden in vielen Hotels und Gästehäusern verliehen, sie sollten immer gut gesichert werden. Die Tagesmiete beträgt etwa Baht 80–100.

‣ Segeln

Als ein wahres Dorado für Segelsportler gilt die Inselwelt der Andamanen-See. Dreh- und Angelpunkt für Segler ist die Insel Phuket, wo mehrere große Charterveranstalter und Jachtverleiher ihre Dienste anbieten.

‣ Tauchen und Schnorcheln

Die Andamanen-Küste mit rund 250 Inseln und knapp 80 Kilometern Korallenriffen zählt zu den faszinierendsten Tauchrevieren der Erde. Die schönsten Korallenbänke befinden sich im Ko Similan Marine National Park, im Ko Surin Marine National Park, im Ko Tarutao Marine National Park sowie bei Ko Hay und Ko Racha Yai nahe Phuket, bei Ko Phi Phi, bei Ko Boda und anderen Inseln vor Krabi, bei Ko Lanta sowie bei Ko Ngai, Ko Muk, Ko Kradan, Ko Rok und anderen Inseln vor Trang. Aber auch im Golf von Thailand gibt es artenreiche Tauchreviere, etwa bei Ko Chang und einigen kleineren Inseln, bei den Inseln des Mu Ko Chumphon National Park, im Ang Thong Marine National Park zwischen Ko Samui und dem Festland sowie vor allem um die kleine Ko Tao.

Zahlreiche Tauchschulen bieten für Anfänger mehrtägige, preisgünstige Tauchkurse nach internationalen Prüfungsvorschriften an, für Fortgeschrittene auch mehrtägige Tauchexkursionen. Doch auch Schnorchler kommen voll auf ihre Kosten, denn schon nahe der Oberfläche bis etwa 5 m Tiefe findet man größte Farbenpracht und Formenvielfalt.

‣ Tennis

Viele Hotels der oberen Kategorien haben Tennisplätze, auf denen auch Besucher gegen eine Gebühr spielen können. Meist kann man sich dort auch die Ausrüstung ausleihen.

‣ Wandern

Für Wanderungen durch die Bergwelt Nordthailands sollte man unbedingt die eigene Ausrüstung mitnehmen, vor allem einen guten Schlafsack. Bei mehrtägigen Touren wird in privaten, einfachen Holzhütten übernachtet, die keinerlei Komfort bieten. Zentren des Trekking-Tourismus sind Chiang Mai, Chiang Rai, Mae Hong Son, Soppong und Pai. Treks sollte man nur mit *guides* unternehmen, die eine Lizenz der Tourism Authority of Thailand besitzen und gut Englisch sprechen.

Trekking-Touren in Nan gelten noch als „Geheimtipp", man findet weniger ausgetretene Pfade vor, hat aber auch größere Probleme, einen ortskundigen *guide* zu finden. Abzuraten ist generell von Trekking-Touren auf eigene Faust, da Wanderer nicht in jedem Bergdorf willkommen sind.

Sprache

Landes- und Amtssprache ist Thailändisch. Für Europäer ist diese Sprache schwer zu erlernen, da sie verschiedene Tonhöhen mit bedeutungstragender Funktion hat. Viele im Tourismus beschäftigte Thailänder sprechen Englisch, das auch als Sprache der Geschäftswelt gilt.

Strände

Eine der Hauptattraktionen Thailands sind die **traumhaften Strände** an der 2.600 km langen Festlandküste und auf Hunderten von Inseln. Populärste Urlaubsziele **an der östlichen Golfküste** sind Pattaya, Ko Samet und Ko Chang. In Cha-am und Hua Hin **an der westlichen Golfküste** verbringen vorwiegend Einheimische und westliche Touristen gesetzteren Alters ihren Urlaub. Noch relativ unbekannt sind die kilometerlangen Strände um Ban Krut und Bang Saphan, wo man Ruhe und Abgeschiedenheit findet. Herrliche Sandstrände mit eher „bodenständiger" Infrastruktur liegen nördlich und südlich von Chumphon. Alle Altersgruppen tummeln sich an den flach abfallenden Stränden von Ko Samui, an denen Baden aber nicht immer möglich ist. Auf die Schwesterinsel Ko Phangan, Schauplatz der berühmt-berüchtigten Full-Moon-Partys, reisen vor allem jüngere Leute. Ko Tao gilt als ausgewiesenes Taucher-Ziel, auch dort liegen schöne Strände.

Der 20 km lange Strand von Khao Lak an der **Andamanen-Küste** ist zwar kein Traumstrand, hat aber treue Anhänger. Ein Klassiker unter den Destinationen für Badeurlauber ist Phuket mit einer touristischen Infrastruktur für jeden Geschmack und Geldbeutel. Zu den schönsten, aber auch „überentwickeltsten" Inseln der Welt gehört Ko Phi Phi mit weißen, feinsandigen Stränden. Schneeweiß und palmenbestanden sind auch die Strände von Krabi. Ruhe herrscht an den langen Sandstränden von Ko Lanta. Als tropische Trauminseln gelten Ko Ngai und Ko Muk vor Trang sowie Ko Bulon Lae und Ko Lipe vor Pakbara.

T) Telefonieren

Die meisten öffentlichen Fernsprecher sind für Münzen und Telefonkarten eingerichtet, manchmal auch für Kreditkarten. Auch bei Ortsgesprächen muss die Ortsvorwahl gewählt werden! Hotels und Gästehäuser bieten oft IDD-Telefone, mit denen man im Selbstwähldienst Telefongespräche ins Ausland führen kann.

Am preiswertesten sind In- und Auslandsgespräche mit dem Handy, wenn man eine Prepaid-SIM-Card eines lokalen Anbieters verwendet. Es gibt Starter-Kits (SIM-Karte plus Aktivierung) von allen Mobilfunkanbietern, etwa 1-2 Call von AIS oder Happy von TRUE. Solche Karten, die in Telefonläden erhältlich sind, kosten 250–500 Baht und sind je nach Anbieter 3–6 Monate gültig. Voraussetzung ist ein SIM-lock-freies Handy, das also nicht mehr an den heimischen Vertragsanbieter gebunden ist. Karten zum Aufladen (*pop up*) gibt es in den meisten Supermärkten (vor allem den 7-Eleven-Minimärkten), Telefonläden und Kaufhäusern. Nationale Gespräche kosten 1–2,5 Baht/Min., internationale Telefonate im Call-by-Call-Verfahren mit der Einwahlnummer 007 oder 009 7–9 Baht/Min. Da man eine eigene Rufnummer erhält, entfallen teure heimische Roaming-Gebühren.

Für Auslandsgespräche wählt man 001 (oder eine günstigere Einwahlnummer, s. o.) + Ländervorwahl (Deutschland 49, Österreich 43, Schweiz 41) + Ortsvorwahl ohne 0 + Teilnehmernummer.

Die **Vorwahl** für Thailand ist 0066. Die Rufnummern der englischsprachigen Auskunft sind ☎ 100 (international) und ☎ 183 (national).

Toiletten

Sitztoiletten und Toilettenpapier findet man oft nur in Hotels, Gästehäusern und Restaurants, die auf Touristen eingestellt sind. Ansonsten gibt es wie in den meisten asiatischen Ländern Hock-Klos, ein in den Boden eingelassenes Loch. In entlegenen Gebieten und bei Trekking-Touren wird man vergeblich Toiletten suchen. Dort wird die Notdurft am Strand oder direkt in Flüssen und Bächen verrichtet. Sollte kein Papier zur Verfügung stehen, dienen drei Instrumente der Hygiene: ein Wasserbecken, eine Schöpfkelle und die linke Hand.

Trinkgeld

Beim Trinkgeld sollte man nicht knauserig sein, da viele im Dienstleistungsgewerbe tätigen Thailänder wegen des geringen Lohns auf den Zusatzverdienst angewiesen sind. Kellnern, Hotelpersonal und Gepäckträgern steckt man Baht 10–20 zu; Taxifahrern überlässt man das Wechselgeld. Ein niedriges Trinkgeld wirkt beleidigend, denn es bedeutet, dass man mit dem Service nicht zufrieden war.

Trinkwasser

Leitungswasser sollte man selbst in Bangkok nicht trinken. In Hotels und Pensionen erhalten die Gäste meist unentgeltlich oder sehr preiswert Trinkwasser in verschlossenen Plastikflaschen. Vor allem in entlegenen Landesteilen treten immer wieder Cholerafälle auf, man sollte bei Trekking-Touren und ähnlichen Unternehmungen nur **abgekochtes Wasser** zum Trinken und Zähneputzen verwenden.

Übernachten

U

 Tipp

SunTrips Reisen, Hardenbergstr. 19, 10623 Berlin, ☎ 030/887117 0, www.sun trips.de. Spezialist für individuelle Reisen durch Thailand, Buchung von Unterkünften und Inselhopping.

Thailand bietet Übernachtungsmöglichkeiten für jeden Geldbeutel, ein Matratzenlager im spartanischen Schlafsaal, eine Bambushütte für weniger als Baht 100 oder die Royal Suite in einem Fünf-Sterne-Hotel für Baht 100.000. In fast allen Regionen Thailands gibt es Unterkünfte, die auch anspruchsvollen Gästen gerecht werden. Viele **Luxushotels** verbinden traditionelle Bauweise und modernen Komfort, die Zimmer sind mit Klimaanlage, Minibar, TV und teilweise Internetanschluss ausgestattet. Viele Spitzenhotels besitzen großzügige Spas, die meist auch Außer-Haus-Gästen offen stehen.

Mittelklasse-Hotels sind häufig nur geringfügig schlechter ausgestattet. Die Zimmer haben meist Klimaanlage, Bad und WC und auch Restaurant und Pool.

Von einzelnen Ausnahmen abgesehen, ist auch der Standard der **Hotels der unteren Kategorie** erfreulich hoch und kommt Mittelklasse-Hotels nahe. Meist bieten sie saubere, klimatisierte Zimmer mit Warmwasser-Dusche/WC und eine freundliche Atmosphäre, die man in großen Hotels oft vermisst. Zur Standardausstattung gehören ein Kühlschrank mit Minibar, Satelliten-Fernsehen und IDD- Telefon.

Schließlich gibt es noch einfache, meist als Familienunternehmen geführte **Gästehäuser**, deren Angebot ebenfalls akzeptabel ist. Sie bieten saubere Zimmer mit Klimaanlage oder Ventilator sowie Dusche/WC oder sanitäre Gemeinschaftseinrichtungen. In sehr preiswerten Unterkünften gibt es meist nur Kaltwasser-Duschen.

▶ **Preise & Rabatte**
Einzelzimmer werden in Thailand kaum angeboten. Alleinreisende zahlen für Doppelzimmer aber meist einen etwas günstigeren Preis. Oft lassen sich in Häusern der mittleren und oberen Kategorien an Wochentagen und in der Nebensaison von Juni bis Oktober deutliche Preisnachlässe aushandeln. Erkundigen Sie sich nach *special rates* oder *stand by rates*, wenn Sie länger bleiben wollen. Viele Hotels bieten günstige Wochen- und Monatstarife an.

Deutlich weniger zahlt man i. d. R. bei Online-Reservierungen, die meist nur bei Hotels der oberen Kategorien möglich sind. Ein Preisvergleich bei Internet-Agenturen und in Veranstalter-Katalogen lohnt sich, teilweise sind die Preise hier sehr viel günstiger als bei einer Direkt-Buchung. Die Agenturen brauchen für die Buchungsbestätigung und die Übersendung der Hotelvouchers in der Regel mindestens 1 bis 2 Tage.

 Information

Preiskategorien der Unterkünfte

über Baht 6.000 (ca. US$ 180)	sehr teuer ($$$$$$)
über Baht 4.000 (ca. US$ 120)	teuer ($$$$$)
über Baht 2.000 (ca. US$ 60)	moderat ($$$$)
über Baht 1.000 (ca. US$ 30)	noch preiswert ($$$)
über Baht 500 (ca. US$ 15)	preiswert ($$)
unter Baht 500 (ca. US$ 15)	sehr preiswert ($)

Alle angegebenen Preise gelten für eine Übernachtung im Doppelzimmer (wenn nicht anders angegeben ohne Frühstück) in der Hauptsaison von November bis Februar. In besseren Häusern kommen 10 Prozent *service charge* und 11 Prozent *government tax* hinzu. In der Spitzensaison, etwa um Weihnachten und Neujahr, werden zusätzliche Aufschläge erhoben.

▶ **Hotelbuchungen**
Es empfiehlt sich, Reservierungen rechtzeitig schriftlich (per Fax oder E-Mail) vorzunehmen und um eine Bestätigung zu bitten. Das gilt besonders für Aufenthalte in den südthailändischen Urlaubszentren in der Hauptsaison von November bis Februar (auf Ko Samui von Juli bis September) sowie an Wochenenden und Feiertagen, vor allem während des Chinesischen Neujahrsfestes im Januar/Februar und des Songkran-Festes im April. Bei Buchungen verlangen bessere Hotels als Sicherheit eine Kreditkartennummer.

Hilfreiche Internetadressen für die Unterkunftssuche und/oder Reservierung:
www.hotelthailand.com: Hotels nach Regionen und Kategorien sortiert, auch sehr preiswerte Häuser.
www.sawasdee.com: Hotels aller Kategorien in Bangkok und außerhalb, zuverlässige Buchung.

www.asiarooms.com: Hotels aller Kategorien, auch Budget-Unterkünfte, günstige Preise, unkomplizierte Buchung.

www.agoda.com: Aktuelle Tarife und Rabatte von Hotels der mittleren und gehobenen Kategorien sowie Links zu den Hotels.

 ## Hinweis

Es empfiehlt sich, die Visitenkarte seines Hotels mit der Adresse in Thai-Schrift bei sich zu tragen, da nicht alle Taxi- oder Tuk-Tuk-Fahrer Englisch verstehen. In Bangkok und anderen großen Städten kann es hilfreich sein, den Standort seines Hotels in einen Stadtplan eintragen zu lassen.

Verhalten(sregeln)

Thailänder sehen den *farang*, den reichen Ausländern, vieles nach, was eigentlich als unverzeihlich gilt. Doch das Übertreten mancher ungeschriebener Gesetze wird selbst Fremden verübelt, auch wenn das hinter einem freundlichen Lächeln verborgen wird.

Eine grobe Beleidigung ist die Missachtung des Kopf- und Fußtabus. Der **Kopf** ist ein heiliger Körperteil, er gilt als Wohnsitz von Geist und Seele. Er ist (auch bei Kindern!) unantastbar und sollte von einem Jüngeren oder Rangniedrigeren nach Möglichkeit nicht überragt werden. Wenn Thailänder an sitzenden älteren Menschen oder Respektspersonen vorbeigehen, nehmen sie eine gebückte Haltung ein, um ihre Ehrerbietung zu bezeugen.

Die **Füße** gelten als niederer Körperteil, als Inbegriff des Schmutzigen und Minderwertigen. Es gilt als Gipfel der Geschmacklosigkeit, wenn man im Sitzen die Fußsohlen auf andere Menschen oder gar Buddha-Statuen und andere heilige Symbole richtet. Bei Einladungen zieht man vor dem Betreten des Hauses die Schuhe aus.

Beim **Gespräch** aufrecht stehend die Hände in die Hüften zu stützen oder die Arme vor der Brust zu verschränken, wird als Beleidigung empfunden: Thailänder interpretieren diese Haltung als Herausforderung und Arroganz. Ebenso unhöflich ist es, mit dem Finger auf eine Person zu deuten oder jemanden durch das Krümmen eines Fingers herbeizurufen. Um eine Person oder auch ein Taxi herbeizurufen, winkt man bei ausgestrecktem Arm mit nach unten gerichteten Fingern und hält dabei den Handrücken nach oben.

Was immer ein Thai tut, sagt oder auch unterlässt, wird daran gemessen, ob er und sein Gegenüber „**das Gesicht wahren**". Damit ist nicht das Antlitz, sondern die Würde des Einzelnen gemeint. Durch jede Verhaltensweise, die die Harmonie der Situation zerstört, verliert man sein Gesicht, d. h. man macht sich lächerlich. Lautes Sprechen, aggressives Benehmen oder überschwängliche Emotionsausbrüche gelten als nicht angebracht. Auch körperliche Berührungen zwischen den Geschlechtern in der Öffentlichkeit sind ausgeschlossen. Vor den Augen fremder Menschen Zuneigung zu zeigen ist ein Tabubruch und man verliert das Gesicht. Als Affront gilt es auch, jemanden vor anderen zu kritisieren oder bloßzustellen. Ausgeglichene Menschen mit einem *chai yen*, einem kühlen Herz, werden geschätzt. Personen mit einem *chai roon*, einem heißen Herz, verlieren leicht die Beherrschung und neigen zu impulsiven Handlungen.

Thailänder beurteilen Menschen in hohem Maße nach ihrer äußeren Erscheinung, die eine erste Einstufung des sozialen Ranges ermöglicht. Zwar kleidet man sich wegen des schwül-warmen Klimas gerne lässig, niemals aber nachlässig. Eine **gepflegte Erscheinung** wird so hoch geschätzt, dass man selbst in den schäbigsten Hinterhöfen kaum verwahrloste und schmutzige Menschen sieht. Touristen in zerrissenen und schmutzigen Kleidungsstücken sto-ßen auf völliges Unverständnis. Auch wer sich abseits von Pool und Strand allzu leger kleidet, stellt die Toleranz der Thailänder auf eine harte Probe. Oben-ohne- oder gar Nacktbaden ver-letzen das sittliche Empfinden der Thai extrem.

Händeschütteln ist nicht üblich, außer in westlich orientierten Gesellschaftsschichten. Der traditionelle **thailändische Gruß** ist das *wai*: Man legt beide Hände in einer Gebetshal-tung vor dem Oberkörper zusammen. Der *wai* ist aber weit mehr als ein Gruß. Er kann Dank oder Entschuldigung ausdrücken oder eine Geste der Respektsbezeugung sein, in der sich die soziale Stellung des Grüßenden und des Gegrüßten widerspiegeln. Je höher der soziale Rang der gegrüßten Person, desto höher werden die gefalteten Hände vor die Brust oder sogar den Kopf geführt. Bei hochgestellten Personen, vor allem bei Mönchen, werden die Fingerspitzen bis zur Stirn geführt und der Kopf geneigt. Gleichgestellte oder Personen, deren gesellschaftlichen Status man nicht kennt, grüßt man mit einem *wai* in Brust- oder Kinnhöhe.

Gegenüber Personen mit ersichtlich niedrigerem sozialen Rang, etwa Taxifahrern, Kellnern oder Kindern, ist ein *wai* unangebracht. Hier genügt ein Kopfnicken, verbunden mit einem freundlichen Lächeln. *Sawat-dii kha* (wenn eine Frau spricht) oder *sawat-dii khrap* (wenn der Sprecher ein Mann ist) lautet die den *wai* begleitende Grußformel.

Verkehrsmittel

▸ Flugzeuge

Die staatliche Thai Airways sowie die Privatlinien Air Asia, Bangkok Airways, Nok Air und Orient Thai Airlines fliegen von Bangkok alle Provinzhauptstädte und Ferienzentren mehr-mals täglich oder wöchentlich an. Die Tarife für Inlandsflüge gehören zu den weltweit nied-rigsten. Billigflieger wie Air Asia und Nok Air bieten auf manchen Strecken Tarife an, die kaum höher sind als die Preise für Fahrten im Überlandbus. Zu den Hauptreisezeiten (No-vember bis Februar, Chinesisches Neujahrsfest im Januar/Februar, Songkran-Fest im April) sind viele Flüge schon Wochen im Voraus ausgebucht, deshalb am besten schon vor Reise-beginn reservieren.

Tickets für **Inlandsflüge** kann man direkt bei den Fluglinien oder in Reisebüros kaufen oder online buchen. Zum Preis kommt eine geringe Flughafensteuer hinzu, die i. d. R. bereits beim Ticketkauf berechnet wird.

Rückbestätigung: Inlandsflüge müssen zwar nicht unbedingt rückbestätigt werden, doch ein Anruf beim zuständigen Büro der Fluglinie ein oder zwei Tage vor Abflug kann nicht scha-den, denn manchmal werden Abflugzeiten geändert oder Flüge gestrichen.

Die **Freigepäckgrenze** liegt bei Inlandsflügen bei 20 kg, bei Flügen mit kleinen Maschinen oft nur bei 10 kg.

Informationen im Internet Thai Airways, www.thaiairways.com und www.thaiair.de
Air Asia, www.airasia.com
Bangkok Airways, www.bangkokair.com
Nok Air, www.nokair.com
Orient Thai Airlines, www.flyorientthai.com

▸ Busse

Überlandbusse: Autobusse sind das meistbenutzte öffentliche Verkehrsmittel in Thailand. Man unterscheidet zwischen Regionalbussen und Expressbussen, die vom Staat oder von Privatfirmen betrieben werden. **Regionalbusse** (ca. Baht 0,35/km) haben zwar feste Abfahrtszeiten, halten aber häufig mitten auf der Strecke, um Fahrgäste zusteigen zu lassen, sind also sehr langsam. Sie sind meist nicht klimatisiert und unbequem (geringe Abstände zwischen den Sitzreihen).

Klimatisierte **Expressbusse** (ca. Baht 0,50–0,75/km) verkehren mit festen Abfahrtszeiten und relativ wenigen Stopps auf (Lang-)Strecken zwischen bestimmten Orten. Die besser ausgestatteten Busse verfügen über Toiletten, oft sind Essen und Getränke im Preis inbegriffen.

Am bequemsten sind klimatisierte **VIP-Busse**, die mit Liegesitzen ausgestattet sind und meist von privaten Gesellschaften betrieben werden (ca. Baht 0,90–0,95/km). Vor allem bei Nachtfahrten sollte man wegen der Klimaanlage einen Pullover griffbereit haben. Im Mittelstreckenbereich (bis etwa 200 km) zwischen größeren Orten pendeln häufig klimatisierte **Minibusse**, die schnell und komfortabel sind.

Größere Städte haben meist mehrere **Busbahnhöfe**. An den größeren Busbahnhöfen gibt es für jedes Fahrziel einen eigenen Schalter, an dem auch die Preise angeschlagen sind. Fernbusse fahren von etwa 6–22 Uhr alle 15–60 Minuten ab. An Wochenenden und Feiertagen sollte man das Expressbus-Ticket unbedingt schon am Vortag besorgen. Es empfiehlt sich, bereits etwa 30 Minuten vor Abfahrt am Terminal zu sein, da Busse oft losfahren, sobald sie voll sind, also auch vor dem vorgesehenen Zeitpunkt. Bei kürzeren Distanzen löst man das Ticket im Bus beim Schaffner. Das **Gepäck** wird meist in einem Stauraum oder auf dem Dach deponiert, bei kleineren Bussen auf der Sitzbank im Heck. Allzu viel Proviant muss man auch bei Langstrecken nicht mitnehmen, da unterwegs bei einfachen Restaurants angehalten wird, und man überdies bei jedem Stopp von fliegenden Händlern bestens versorgt wird. Während der Hauptreisezeiten, vor allem kurz vor und unmittelbar nach dem Chinesischen Neujahrsfest und dem Songkran-Fest, werden die Busse regelrecht gestürmt.

Stadtbusse: Einen geregelten Stadtbusverkehr gibt es nur in Bangkok und einigen größeren Städten, ansonsten halten **Songthaeo** (Zweireiher) den öffentlichen Nahverkehr aufrecht, das sind Pick-ups oder Kleinlastwagen mit überdachter Ladefläche und zwei Sitzbänken in Längsrichtung.

Informationen im Internet www.transport.co.th

▸ Züge

Thailands **Eisenbahnnetz** umfasst rund 4.000 km und ist auf den Verkehrsknotenpunkt Bangkok ausgerichtet. Die Hauptstrecken führen von Bangkoks Hauptbahnhof Hua Lamphong nach Norden (bis Chiang Mai), nach Nordosten (bis Nong Khai), nach Osten (eine Hauptlinie bis Ubon Ratchathani, eine Nebenlinie bis Aranyaprathet), nach Süden (bis Sungai Kolok an der thailändisch-malaysischen Grenze) und nach Westen (bis Nam Tok bei Kanchanaburi. Wichtigste internationale Schienenverbindung ist die Strecke Bangkok – Kuala Lumpur – Singapur, auf der auch der berühmte Eastern and Oriental Express verkehrt (www.orient-express.com).

Die Eisenbahn ist eine bequeme und recht preiswerte Alternative zu den Fernbussen. Allerdings sind die Eisenbahnen deutlich langsamer, da die Gleisanlagen größtenteils nur einspurig sind. So benötigen Züge für die 720 km lange Strecke von Bangkok nach Chiang Mai bis zu 15 Stunden, Busse etwa 10 bis 12 Stunden.

Die Züge der State Railways of Thailand unterscheiden sich in Fahrzeit, in Ausstattung und Preis. Am schnellsten und teuersten sind die **Sonderexpresszüge** (*special express trains*, auch „Sprinter" genannt), die auf den Hauptlinien tagsüber und nachts verkehren. Sie besitzen klimatisierte Großraumwaggons mit verstellbaren Sitzen, im Fahrpreis ist meist ein kleines Mittag- oder Abendessen enthalten. In **Expresszügen** (*express trains*) und normalen **Schnellzügen** (*rapid trains*) hat man die Wahl zwischen klimatisierten Erste-Klasse-Abteilen und nicht klimatisierten Zweite-Klasse-Abteilen. **Regionalzüge** (*ordinary trains*) haben meist nur nicht klimatisierte Dritte-Klasse-Waggons mit Holzbänken.

Für lange Reisen bieten sich **Nachtzüge** an. Am komfortabelsten ist die erste Klasse: ein abschließbares, klimatisiertes Zweierabteil mit Etagenbetten und Waschbecken. Preiswerter ist die zweite Klasse im klimatisierten Großraumwagen mit zweistöckigen Schlafkojen, die durch Vorhänge abgeteilt werden können und entlang des Mittelgangs in Fahrtrichtung angeordnet sind. Am billigsten ist die Fahrt im Großraumwagen mit Ventilator statt Klimaanlage. Im Fahrpreis inbegriffen ist bei allen Schlafwagen frische Bettwäsche.

Die Fahrkarten für Langstrecken sollten **mindestens 5 bis 7 Tage** vor Reiseantritt gekauft werden, vor allem wenn man ein Bett in einem Schlafabteil wünscht. An jedem größeren Bahnhof werden die Tickets über ein digitales Reservierungssystem bis zu 60 Tage im Voraus verkauft. Bei Stornierungen erhält man jedoch nur die Hälfte des Fahrpreises zurück. Auch Reisebüros besorgen die Tickets gegen einen kleinen Aufpreis.

Der **Visit Thailand Rail Pass** ist 20 Tage gültig und berechtigt zu beliebig vielen Fahrten im gesamten Streckennetz (in der 2. und 3. Klasse). Die Netzkarte ist nur am Hauptbahnhof Hua Lamphong in Bangkok erhältlich.

Informationen im Internet www.thairailways.com: inoffizielle Website der State Railways of Thailand mit Informationen zu Tarifen und Fahrplänen. Buchung: www.thairailticket.com

▸ Boote / Schiffe

Zwischen dem Festland und den Inseln im Golf von Thailand bzw. in der Andamanen-See verkehren **Passagierboote** unterschiedlicher Größe und Ausstattung, von einfachen Holzkuttern bis zu klimatisierten Hydrofoil-Schnellbooten. Zu den Inseln Ko Chang, Ko Lanta, Ko Phangan und Ko Samui fahren auch Autofähren. Spezielle **Ausflugsboote** für Touristen verkehren in der Bucht von Phang Nga.

Typisch für Thailand sind die sogenannten „**Langschwanz**"-**Boote** (*rüa haang yao*), die auf Flüssen und in Küstengewässern verkehren. Die schlanken und kiellosen Boote werden mit röhrendem Lärm von Außenbordmotoren angetrieben, ihren Namen haben sie von den langen, beweglichen Propellerschrauben.

 Hinweis

Die thailändischen Küstengewässer können rau sein und besonders die Fahrten in Longtail-Booten sind oft nasse Angelegenheiten. Es empfiehlt sich, am frühen Morgen aufzubrechen, wenn das Meer noch ruhig ist. Das Gepäck sollte man immer gut mit Plastikplanen schützen und keine nässeempfindlichen (Wert-)Sachen am Körper haben, denn oft kommt man bis auf die Haut durchnässt an. Während des Monsuns sollte man wegen des hohen Seegangs auf Fahrten in kleinen Booten ganz verzichten.

▸ **Weitere Verkehrsmittel**
Lizenzierte **Taxis** mit Taxameter und Klimaanlage haben ein gelbes Nummernschild und auf dem Dach ein beleuchtetes Schild „Taxi Meter". Sie warten häufig vor großen Hotels und in der Nähe von Touristenattraktionen, man kann sie aber auch am Straßenrand heranwinken oder telefonisch bestellen. Die Grundgebühr beträgt Baht 35 für 2 Kilometer bzw. 2 Minuten, der weitere Fahrpreis errechnet sich aus gefahrenen Kilometern und Zeit. Für eine Taxifahrt von 5 km muss man mit Baht 60–80 rechnen. Die Expressway-Gebühren (Baht 20–40) in Bangkok gehen zu Lasten der Fahrgäste.

 Hinweis

Achtung!
Wenn Fahrer eines „Taxi Meter" Festpreise verlangen oder andere Dienste anbieten, sollte man ablehnen, aussteigen und ein anderes Taxi nehmen. Meiden Sie Taxis ohne Lizenz, die häufig bei Busbahnhöfen und Märkten auf Fahrgäste warten.

Bei Touristen aus westlichen Ländern sind die dreirädrigen **Tuk-Tuks** sehr beliebt. Die Motorradrikschas sind zwar originell und preiswert, vor allem in Bangkok wegen der Luftverschmutzung aber nur für kurze Distanzen zu empfehlen. Der Fahrpreis muss vorher ausgehandelt werden und sollte den einer Fahrt in einem „Taxi Meter" nicht übersteigen. Wenn Fahrer einen überaus günstigen Preis bieten, werden sie in der Regel unterwegs versuchen, ihre Gäste in Läden zu schleusen, um dort eine Provision zu kassieren. Achtung: Vor allem bei Dunkelheit sind Fahrten in den offenen Tuk-Tuks nicht ungefährlich!

In Chiang Mai und anderen Orten bieten Fahrradrikschas, thailänd. **Samlor** (Dreirad), eine stilvolle Form der Fortbewegung. Allerdings verbannen die Behörden sie zusehends von den Hauptverkehrsstraßen. Die Fahrer verlangen oft überhöhte Preise, man sollte unbedingt vor Fahrtantritt den Preis aushandeln! Der Preis für eine viertelstündige Fahrt sollte Baht 50 nicht überschreiten. *Samlor* werden auch dreirädrige Motorradrikschas mit überdachter Sitzbank genannt. Sie werden oft als Sammeltaxis genutzt und bedienen vor allem in den Städten des Nordostens den öffentlichen Nahverkehr. Beliebt sind auch **Motorradtaxis**, die auch die kleinste Lücke im Verkehr nutzen. Sie sind in den meisten Städten von den Hauptstraßen verbannt und dürfen nur in Nebenstraßen (*soi*) fahren. Die Fahrer warten an Straßenecken und belebten Plätzen. Schutzhelme für die Passagiere gibt es meist nicht, obwohl Helmpflicht besteht. Der Fahrpreis ist Verhandlungssache und sollte für eine zehnminütige Fahrt nicht mehr als Baht 30–40 betragen.

Versicherungen

Dringend zu empfehlen ist eine Auslands-Krankenversicherung mit Rückholversicherung. Ratsam ist zudem der Abschluss einer Reisegepäckversicherung und eventuell einer Reiserücktrittskostenversicherung. Diese Versicherungen werden auch günstig im Paket angeboten.

Z) Zeit

Der Zeitunterschied zwischen Thailand und Europa beträgt plus sechs Stunden. Wenn es in Bangkok 12 Uhr mittags ist, zeigt die Uhr in Lauf an der Pegnitz 6 Uhr morgens. Während der europäischen Sommerzeit verringert sich diese Differenz um eine Stunde.

In Thailand wird die westliche Zeitrechnung verwendet und außerdem eine Zeitrechnung, die mit dem vermuteten Todesjahr Buddhas (543 v. Chr.) beginnt. Den Jahren A. D. (westlicher Zeitrechnung) sind also 543 Jahre zuzuzählen. Man erkennt sie am vorangestellten B.E. (Buddhist Era), z. B. 2015 n. Chr. = B. E. 2558.

Zollbestimmungen

Die Ein- und Ausfuhr von Devisen ist in unbegrenzter Höhe möglich. Bargeld über US$ 10.000 muss angegeben werden. Pro Person dürfen Baht 50.000 ein- oder ausgeführt werden.

Zollfrei dürfen 200 Zigaretten oder 250 g Tabak, 1 l Wein oder 1 l Spirituosen und Geschenke im Wert von bis zu US$ 100 eingeführt werden. Die Einfuhr von Waffen, Munition, Drogen und pornografischem Material bzw. die Ausfuhr von Antiquitäten und Buddha-Statuen ohne Exportgenehmigung ist verboten.

Bei der Einreise nach Deutschland, Österreich oder in die Schweiz ist nach dem Washingtoner Artenschutzabkommen die Einfuhr von geschützten Tieren bzw. Produkten daraus verboten. Dazu gehören Mitbringsel aus Reptilienleder, Elfenbein und Schildpatt. Es dürfen Waren im Wert von bis zu € 430 p. P. mitgebracht werden. Verboten ist jedoch die Einfuhr gefälschter Markenartikel.

IWANOWSKI'S
Das kostet Sie das Reisen in Thailand

Stand November 2014

Auf den Grünen Seiten wollen wir Ihnen Preisbeispiele für Ihren Urlaub in Thailand geben, damit Sie sich ein realistisches Bild über die Kosten Ihrer Reise und Ihres Aufenthaltes machen können. Natürlich sollten Sie die Preise nur als vage Richtlinie auffassen. Bei einigen Produkten und Leistungen ist eine Preis-Spannbreite gegeben. Bedenken Sie bitte, dass insbesondere bei den Hotelpreisen die saisonalen Schwankungen zum Teil beträchtlich sind.

▸ **Aktueller Kurs**
Im November 2014 bekam man für 1 € 41 Baht, für einen Schweizer Franken 34 Baht und für einen US-Dollar 32 Baht, d. h. Baht 100 kosten € 2,40 sowie SFr 2,90 und US$ 3,10.

Transportmittel

▸ **Anreise**
Der Flug von Deutschland, Österreich oder der Schweiz nach Thailand und zurück kostet derzeit in der Economy Class ab € 650.

▸ **Vor Ort**
Flugzeug: Der 90-minütige Flug von Bangkok nach Chiang Mai kostet derzeit mit Thai Airways saisonabhängig ab Baht 1.800, mit Billigfliegern wie Air Asia oder Nok Air ab Baht 1.200.
Bus: Busreisen in Thailand sind sehr günstig, eine 100 km lange Fahrt in einem einfachen Regionalbus kostet ca. Baht 40, in einem klimatisierten Expressbus ca. Baht 55–80 und in einem komfortablen VIP-Bus ca. Baht 100–120. Für die Busreise von Bangkok nach Chiang Mai in einem VIP-Bus muss man mit etwa Baht 700–900 rechnen.
Zug: Bahnreisen in Thailand sind etwas teurer als Busreisen. Je nach Zugtyp und Klasse kostet das Ticket von Bangkok nach Chiang Mai Baht 250–1.250.
Boot: Die 90-minütige Fährfahrt von Don Sak nach Ko Samui kostet Baht 140–160 für einen Passagier und Baht 350–450 für ein Auto (inkl. Fahrer). Für die 90-minütige Fahrt in einem komfortablen Hydrofoil-Schnellboot von Chumphon nach Ko Tao bezahlt man Baht 500–600.
Taxi: Der Grundpreis beträgt Baht 35 für 2 Kilometer bzw. 2 Minuten, der weitere Fahrpreis errechnet sich aus gefahrenen Kilometern und benötigter Zeit. Für eine Taxifahrt von 5 km muss man mit Baht 60–80 rechnen.
Tuk-Tuk, Samlor (Motorrad- oder Fahrradriksha) und **Motorradtaxi**: Der Preis ist Verhandlungssache und sollte für eine viertelstündige Fahrt nicht mehr als Baht 50–60 betragen.

Mietwagen: Ein Kleinwagen oder kleiner Jeep kostet abhängig von der Saison und Mietdauer ab Baht 1.200, ein Mittelklassewagen ab Baht 1.600, eine größere Limousine oder ein größerer Geländewagen ab Baht 2.200 pro Tag.

Motorrad mieten: Die Tagesmiete für kleine Motorräder von 75–125 cm^3 beträgt Baht 250–300, für größere Maschinen von 250–400 cm^3 Baht 500–700, für Enduros Baht 700–900.

Fahrrad mieten: Der Tagesmietpreis beträgt etwa Baht 80–100.

Eintrittspreise

Museen: Die Eintrittspreise liegen zwischen Baht 30 und 50.

Nationalparks: Sehr teuer sind mit Baht 200–400 für Erwachsene und Baht 100–200 für Kinder die Eintrittsgebühren für Nationalparks. Diese Preise gelten nur für ausländische Touristen, Einheimische bezahlen nur ein Zehntel. Eintrittsgebühren werden auch für Naturattraktionen wie Wasserfälle, die nicht in Nationalparks liegen, erhoben (meist Baht 20–40/Person und Baht 40–60/Auto).

Tempel: Gelegentlich werden geringe Eintrittspreise von Baht 20–30 erhoben; oft ist der Eintritt frei, dann sollte man etwa den gleichen Betrag spenden. Relativ teuer ist mit Baht 500 die Besichtigung des Königstempels Wat Phra Kaeo in Bangkok.

Pauschalangebote

Zweiwöchige Pauschalreisen inklusive Flug und Mittelklassehotel gibt es ab rund € 1.000, als Last-Minute-Angebote bisweilen deutlich günstiger.

Hotels

Pro Nacht zahlt man für ein Doppelzimmer:	
im First-Class- und Luxus-Hotel	ab € 100
im Mittelklasse-Hotel	ab € 50
im Standard-Hotel	ab € 25
in Gästehäusern und einfachen Hotels	ab € 10 (z. T. auch weniger)

Die offiziell ausgeschriebenen Preise sind praktisch immer verhandelbar, sodass man – saisonabhängig – mitunter bis zu 50 Prozent sparen kann. Bei Buchungen also unbedingt nach Preisnachlässen fragen. Viel sparen kann man auch, wenn man gehobene Hotels über große Veranstalter oder über das Internet bucht.

Essen & Trinken

Für ein westliches Frühstück bezahlt man im Restaurant zumeist Baht 100–150, für eine thailändische Nudelsuppe in einer Garküche Baht 20–40.

Ein mehrgängiges Mittag- oder Abendessen erhält man in den meisten Restaurants außerhalb der gehobenen Hotels für Baht 200–400 (Getränke nicht eingeschlossen). In Restaurants der obersten Kategorie müssen Sie mit einem Mehrfachen davon rechnen.

▸ **Preisbeispiele**
für einzelne Gerichte in einem durchschnittlich teuren Restaurant

Für den Hauptgang

Salat	Baht 40–60
Suppe	Baht 60–100
fleischloses Hauptgericht	Baht 60–100
fleischhaltiges Hauptgericht	Baht 80–140
Fisch (100 g)	Baht 120–160
Riesengarnelen (100 g)	Baht 160–180
Lobster (100 g)	Baht 300–350

Dessert

Pancake	Baht 40–60
Banana Split	Baht 60–80

Getränke

ein Glas frisch gepresster Obstsaft	Baht 40–60
eine Tasse Kaffee	Baht 30–50
eine Flasche Coca Cola (0,33 l)	Baht 30–40
eine Flasche Bier (0,33 l)	Baht 80–100
ein Cocktail	Baht 150–250

Telefonieren

Dreiminütiges **Ortsgespräch**: ab Baht 3 (Handy mit Prepaid-SIM-Card eines lokalen Anbieters). **Ferngespräch** nach Europa pro Minute: ab Baht 7 (Handy mit Prepaid-SIM-Card eines lokalen Anbieters).

Tauchkurs

Ein drei- bis viertägiger Tauchkurs mit Zertifikat kostet zwischen Baht 12.000 und 15.000. Zwei Tauchgänge für Fortgeschrittene kosten etwa Baht 2.200–2.700.

Organisierte Touren

Organisierte Tagesausflüge sind relativ preiswert, z. B. von Bangkok zur Ancient City oder zum Floating Market von Damnoen Saduak etwa Baht 1.200 bzw. Baht 2.700 sowie von Phuket zur Phang-Nga-Bucht ab Baht 1.400 (inkl. Mittagessen).

Einkaufen

Im Laden zahlen Sie für:

eine Dose/Flasche einheimisches Bier (0,33 l)	Baht 30–40
eine Dose/Flasche Importbier (0,33 l)	Baht 70–90
eine Flasche einheimisches Bier (0,66 l)	Baht 60–80
eine Dose/Flasche Coca-Cola (0,33 l)	Baht 15–20
eine Flasche Mineralwasser (1 l)	Baht 15–20

3. BANGKOK – DIE DYNAMISCHE HAUPTSTADT

Überblick

Der Blick aus dem Fenster beim Anflug auf den Suvarnabhumi Airport im Südosten der Stadt lässt nichts Gutes ahnen: Baustellen, Industrieanlagen und ein Häusermeer bis zum Horizont. Der Eindruck verstärkt sich auf der Fahrt in die Innenstadt: graue Hochhäuser, Verkehrschaos und wenig Grün. Auch aus dieser Perspektive ist Bangkok, das die Einheimischen Krung Thep nennen, nicht unbedingt schön. Moderne Bürohäuser, Hotels und Einkaufszentren verdrängen die vielen Tempel, Paläste und schönen alten Gebäude im europäischen Stil.

Niemand weiß, wie viele Menschen in der Hauptstadt und an ihren Rändern leben. Rechnet man das Einzugsgebiet dazu, bewegt sich die Zahl um die 14 Mio., Tendenz steigend. Die Hauptstadt ist die politische, wirtschaftliche, verkehrstechnische und auch kulturelle Metropole Thailands, hier residiert die königliche Familie, hier befindet sich der Sitz der Regierung und hier konzentrieren sich fast zwei Drittel aller Industriebetriebe des Landes. Bangkok ist ein Betondschungel, der sich immer tiefer ins Land hineinfrisst. Und trotzdem: Überall gibt es friedliche Flecken, Orte der Ruhe und Spiritualität. Im Morgengrauen ziehen Hunderte von Mönchen in safranfarbenen Roben durch die Straßen der Altstadt und lassen ihre Näpfe von Gläubigen mit Speisen und Almosen füllen. Auf dem Fluss Mae Nam Chao Phraya ziehen kleine Motorschlepper hölzerne Lastkähne und bei Sonnenaufgang fühlt man sich in das alte, königliche Bangkok zurückversetzt, das unzählige Kanäle zum „Venedig des Ostens" machten.

Unumstrittene Metropole Thailands

Bangkok macht es Besuchern nicht leicht: Sein Charme erschließt sich nicht auf Anhieb, viele Sehenswürdigkeiten sind versteckt. Doch trotz Verkehrschaos und Über-

Der Wat Ratchanatda ist eine Oase der Ruhe

bevölkerung ist die Thai-Metropole eine vitale Stadt, eine Mischung aus Harmonie und Chaos, Heiterkeit und Melancholie. Eben noch hat man beim Überqueren einer viel befahrenen Straße Leben und Gesundheit riskiert, im nächsten Augenblick sitzt man in einem der 400 Tempel der Stadt und lauscht dem Gesang der Mönche. Gerade ist man durch ein modernes Einkaufszentrum gebummelt, wenig später gleitet man in einem Khlong-Boot durch eine Welt, die aus vergangenen Zeiten zu stammen scheint. Es sind diese Gegensätze, die Bangkok unverwechselbar und zu einer der faszinierendsten Städte Südostasiens machen.

Faszinie-rende Gegensätze

Geschichte

Beim Einfall der Burmesen im Jahre 1767 wurde die alte Hauptstadt Ayutthaya durch Plünderung und Brandschatzung so stark zerstört, dass man sich gegen einen Wiederaufbau entschied. Außerdem hatte sich die Mündung des Mae Nam Chao Phraya so weit ins Meer vorgeschoben, dass es auch aus wirtschaftlichen Gründen sinnvoll war, eine **neue Hauptstadt** weiter im Süden anzulegen. Nachdem er die Burmesen vertrieben hatte, bezog General Taksin am Mae Nam Chao Phraya in Thonburi Quartier. Sein Nachfolger, General Phraya Chakri, verlegte 15 Jahre später aus strategischen Gründen den Hof auf die andere Seite des Flusses, nach Bangkok – eigentlich Bang Makok, was wörtlich übersetzt „Dorf der Oliven" heißt. Der neue Herrscher, der als König Rama I. (1782–1809) die Chakri-Dynastie begründete, nannte die neue Metropole „Stadt der Engel, große Stadt der Unsterblichen, erhabene, juwelenübersäte Stadt des Gottes Indra, Sitz des Königs von Ayutthaya, Stadt der gleißenden Tempel, Ort der königlichen Paläste und Nebenpaläste, Heimstätte Vishnus und aller Götter". Der offizielle Name umfasst in Umschrift etwa 170 Buchstaben und ist im Guinness-Buch der Rekorde als längster Ortsname der Welt erwähnt.

Längster Ortsname der Welt

Die Geschichte Bangkoks ist zugleich die Geschichte der regierenden Chakri-Dynastie. Alles, was es in Bangkok an Monumenten und historischen Bauten zu besichtigen gibt, stammt aus den letzten etwa 230 Jahren der Regentschaft der Rama-Könige, denen die Thailänder große Verehrung entgegenbringen.

Alte Traditionen für die neue Hauptstadt

Die Herrscher des neuen Reiches waren bemüht, in ihrer Hauptstadt den Glanz der alten Metropole wieder aufleben zu lassen. Das zeigte sich schon in der äußeren Anlage: Weil Ayutthaya auf einer Insel lag, grub man einen Kanal, der eine Flussschleife des Mae Nam Chao Phraya abschnitt, damit der neue Stadtbezirk wieder rings von Wasser umflossen wurde. Da die neue Hauptstadt genauso prunkvoll wie das zerstörte Ayutthaya werden sollte, scheuten die Chakri-Könige keine Mühe, die verlorenen künstlerischen Traditionen wiederzubeleben. Architektur und bildende Kunst nahmen lebhaften Aufschwung: **Baumeister aus der alten Königsstadt** schufen prachtvolle Tempelanlagen wie den Wat Phra Kaeo und den Großen Palast (Grand Palace), eine Stadt in der Stadt. Sogar die Ziegelsteine für den Bau der neuen Stadt wurden auf dem Mae Nam Chao Phraya aus den Ruinen von Ayutthaya herangeschafft, um starke Befestigungsmauern zu errichten.

Während der Regentschaft von König Rama III. (1824–1851) intensivierten sich die Wirtschaftsbeziehungen zu China. Die chinesische Gemeinde, die bereits vor 1782 in Bangkok lebte, erhielt durch Einwanderer regen Zustrom. Mitte des 19. Jh. waren mehr als die Hälfte der 400.000 Einwohner der Stadt Chinesen. Eine einschneidende Neuerung war die allmähliche Öffnung des Landes für Handelspartner aus Europa unter König Rama IV. (1851–1868). Die Geschäfte blühten; Edelhölzer, Reis und Gewürze wurden in den Handelskontoren an den Chao-Phraya-Ufern umgeschlagen. Der umfangreiche Warentransport erforderte den Bau der ersten Straßen. Betriebe der verarbeitenden Industrie siedelten sich an, und immer mehr Landarbeiter kamen in die neue Stadt, um dort ihren Lebensunterhalt zu verdienen.

Beziehung zu China und Europa

Aufbruch in die Moderne

Mit zunehmendem Wohlstand wurden in Bangkok immer mehr Holzhäuser durch feste Bauten ersetzt und die teilweise heute noch erhaltenen Straßenzeilen mit den zweistöckigen chinesischen Geschäftshäusern sowie das europäische Viertel um das Oriental Hotel entstanden. 1860 wurde die erste gepflasterte Straße für den Verkehr freigegeben. Sie trägt heute noch den Namen Charoen

Ein Blick auf das Bangkok von gestern und heute

Krung ("Es gedeihe die Hauptstadt") und ist 8 km lang. Um ihren Bau zu ermöglichen, schüttete man zum ersten Mal *khlongs* genannte Kanäle und natürliche Wasserwege zu. 1882 wurde eine 10 km lange elektrisch betriebene Straßenbahn, die zum Königspalast führte, eingerichtet.

Zeichen der
Moderne

Seit Mitte des 20. Jh. haben Hunderttausende Thailänder ihre Dörfer verlassen, um in Bangkok ihr Glück zu machen. Als billige Arbeitskräfte trugen sie zum Wirtschaftswunder der 1980er-Jahre bei. Damals avancierte Thailand zum **wirtschaftlichen Musterschüler** in Südostasien. Die Zuwachsraten kletterten in Bereiche, die bis dahin nur aus den vier „Tigerstaaten" Hongkong, Taiwan, Singapur und Südkorea bekannt waren. Bangkoks Skyline veränderte sich fast täglich. Von Stararchitekten entworfene Luxushotels und Einkaufspaläste schossen wie Pilze aus dem Boden. Auch Büroraum war knapp, denn Thailand schickte sich an, zur regionalen Wirtschaftsgroßmacht aufzusteigen. Der Wirtschaftsboom der 1980er- und 1990er-Jahre ließ in der Metropole zudem eine wohlhabende, konsumfreudige Mittel- und Oberschicht entstehen. Dem rasanten Aufschwung folgte jedoch in den späten 1990er-Jahren die Bruchlandung, von der sich die Hauptstadt aber erstaunlich schnell erholt hat.

Auf eine durchdachte **Stadtplanung**, jahrhundertelang ein Merkmal der Thai-Kultur, legte man während des Booms keinen Wert. So gibt es in Bangkok kein eigentliches Zentrum und keine klare Trennung zwischen Geschäftsvierteln und Wohngebieten. Mehrspurige Hochstraßen und die Trassen einer neuen Hoch- und U-Bahn durchschneiden die Stadt, in der die Baustile durcheinandergewürfelt erscheinen wie der Inhalt einer Spielzeugkiste. Üppiger Barock und strenger Klassizismus, verspielter Jugendstil und nüchternes Bauhaus, kunstvoll, kurios und kitschig: Bangkoks Architektur vermengt alles und schreckt vor nichts zurück.

Stadtgliederung und Orientierung

Bangkok liegt in Zentralthailand, etwa 20 km nördlich der Bucht von Bangkok (Ao Krung Thep). Durch die Stadt fließt der Mae Nam Chao Phraya, mit 850 km längster Fluss des Landes. Der Großraum Bangkok umfasst eine Fläche von etwa 2.000 km^2 (Berlin hat eine Fläche von knapp 900 km^2). Die Bevölkerungsdichte liegt bei 4.000–5.000 Einw./km^2, in manchen Stadtteilen sogar bis zu 10.000 Einw./km^2. Bangkok ist mit 7–9 Mio. Einwohnern (Großraum rund 14 Mio.) die größte Stadt des Landes.

Im Zentrum
liegt der
Sanam
Luang

Bangkok hat kein eigentliches Zentrum, ein wichtiger Orientierungspunkt ist der **Sanam Luang** in der Altstadt Rattanakosin. Um den „Platz der Könige" gruppieren sich die bedeutendsten kulturellen Attraktionen: Königspalast und Königstempel Wat Phra Kaeo, Nationalmuseum und die Tempelanlagen Wat Pho und Wat Mahathat. Mit der Fähre ab Tha Thien Ferry Pier nahe dem Wat Pho ist der Wat Arun auf dem jenseitigen Flussufer leicht zu erreichen. Einen kurzen Spaziergang entfernt ist das historische Viertel um **Sao Ching Cha**, die „Große Schaukel", mit den Tempeln Wat Ratchabophit und Wat Suthat. Der nördlich an die Altstadt angrenzende Stadtteil **Banglamphoo** mit dem Tempel Wat Bowonniwet ist das Zentrum für Rucksackreisende.

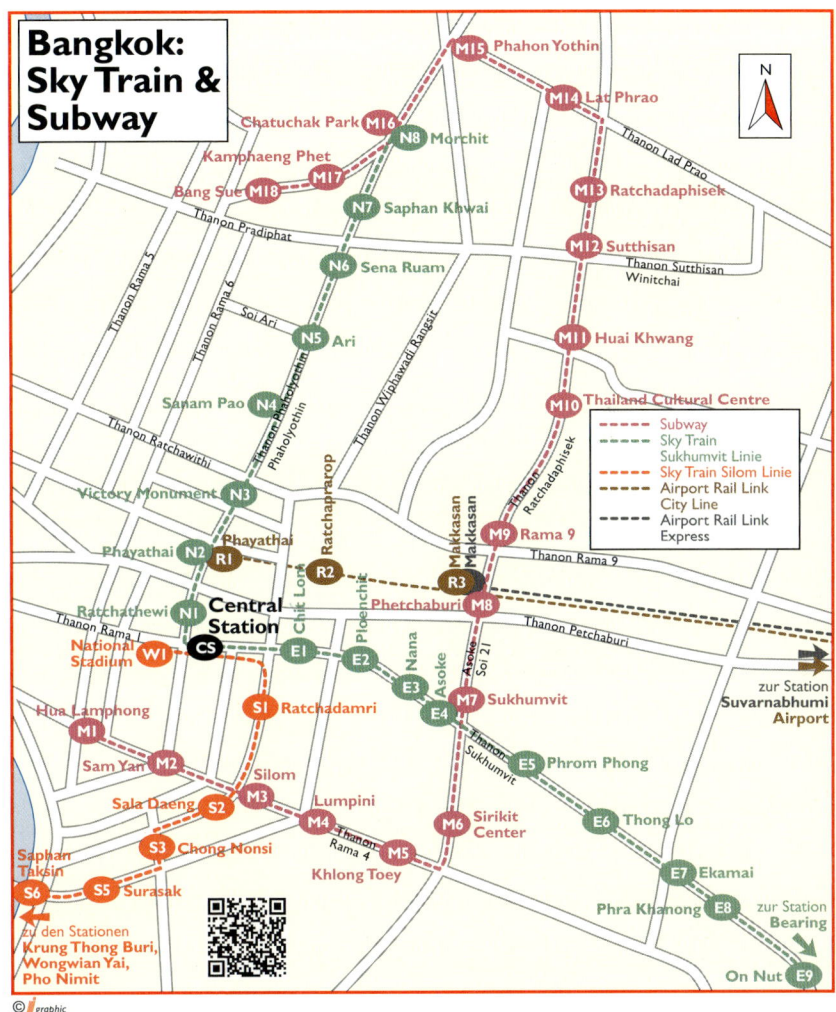

Bangkok: Sky Train & Subway

Nordöstlich von Banglamphoo erstreckt sich der ruhige Stadtteil **Dusit**, in dem der Chitralada Palace, die Residenz des Königs, liegt. Im Südosten geht die Altstadt in das indische Viertel **Pahurat** und die **Chinatown** über. Noch weiter südöstlich bzw. östlich liegen der Stadtteil **Bangrak** mit dem Central Business District und das moderne Geschäfts- und Wohnviertel Pathumwan mit dem Siam Square als Mittelpunkt. Nördlich von Pathumwan erstreckt sich der Stadtteil Pratunam, Zentrum des Textilgroß-

Bangkok: Die Altstadt Rattanakosin und Banglamphoo

N

0   200 m

Saphan Phra Pin Klao Ferry Pier

Phra Pin Klao Brücke

Mae Nam

Chao Phraya

Banglamphoo Ferry Pier

BANGLAMPHOO

Thanon Phra Arthit

Thanon Phra Sumen

Thanon Chakrawongse

Thanon Khao San

Thanon Tanao

Thanon Sumen

Khlong Banglamphoo

Thanon Wisut Kasat

Th. Luk Luang

Thanon Krung Kasem

Thanon Prachathipathai

Thanon Wisut Kasat

Thanon Ratchadamnoen Nok

Thanon Ratchadamnoen Klang

Thanon Trok Sake

Thanon Phra Sumen

Thanon Phra Chan

Thanon Mahathat

Thanon Phra That

Thanon Na Phra That

Thanon Ratchadamnoen Nai

Thanon Rachini

Thanon Asadang

PHRA NAKHON

Th. Mahannop

Spoi Samran Rat

Thanon Tanao

Thanon Dinso

Thanon Maha Chai

Thanon Boriphat

Thanon Na Phra Lan

Thanon Nawa

Thanon Kanlaya Matri

Tha Chang Ferry Pier

Thanon Mahathat

RATTANAKOSIN

Khlong Ong Ang

Thanon Fuang Nakhon

Thanon Ti Tong

Thanon Unakan

Thanon Siri

Thanon Bamrung Muang

Thanon Bamrung Mu

SAO CHING CHA

Thanon Luang

Tha Thien Ferry Pier

Thanon Thai Wang

Thanon Sanam Chai

Thanon Rachini

Thanon Asadang

Thanon Chareon Krung

Thanon Burapha

Khlong Ong Ang

Thanon Boriphat

Thanon Worachak

Th. Chetuphon

Th. Phra Phiphit

Th. Phra

Thanon Ban Mo

Th. Phra

Th. Tripet

Pahurat

Thanon Chareon Krung

Mae Nam Chao Phraya

Rachinee Ferry Pier

PAHURAT

Th. Chak Phet

Th. Chakkrawat

Thanon Yaowarat

Thanon Chars

© *i graphic*

handels, mit dem Bayoke 2 Tower, dem höchsten Gebäude Bangkoks. Im modernen Viertel **Sukhumvit** im Osten der Stadt wohnen die meisten Europäer, Geschäftsleute wie Touristen. Ein Nachteil ist die weite Entfernung zur Altstadt.

Bangkoks Schwesterstadt **Thonburi** liegt am westlichen Ufer des Mae Nam Chao Phraya und ist über sieben, zur Rushhour verstopfte Brücken mit Bangkok verbunden. Boote und Fähren halten den Personenverkehr aufrecht.

Die Altstadt **Rattanakosin** und den Stadtteil **Banglamphoo** entdeckt man zumindest während der „kühlen" Jahreszeit von Dezember bis Februar am besten auf Spaziergängen. Das enge Gassengewirr von **Little India** und **Chinatown** lässt sich nur zu Fuß erkunden. Für den Abstecher in den weitläufigen Stadtteil **Dusit** nimmt man ab der Altstadt ein Taxi oder Tuk-Tuk. **Bangrak, Pathumwan** und **Sukhumvit** werden von der Hochbahntrasse durchzogen. Die Sehenswürdigkeiten liegen im Radius bequemer Spaziergänge um die einzelnen Stationen.

Viele Besucher fühlen sich von der Mega-City Bangkok überfordert, „haken" die wichtigsten Sehenswürdigkeiten im Schnelldurchgang ab und verlassen die Stadt möglichst schnell wieder. Wer jedoch Gefallen an Bangkok findet, kann einen ganzen Urlaub in der Metropole verbringen – und wird sich dabei gewiss nicht langweilen. Um einen Eindruck von der Stadt zu bekommen, sollte man 3–4 Tage einplanen.

Redaktionstipps

Sehenswertes
▶ Fernöstliche Märchenarchitektur ist im **Königspalast** und im **Tempel Wat Phra Kaeo** zu bewundern (S. 140), sehenswert sind auch die Tempelanlagen **Wat Pho** und **Wat Arun** (S. 145f). Erleben Sie das alte Asien in wuseligen Gassen wie der **Sampeng Lane** in Chinatown (S. 158).

Übernachten
▶ Solvente Liebhaber kolonialen Flairs wohnen im edlen **Oriental Hotel**. Preisgünstiger: **Royal Benja Hotel, Furama Silom** und **das Rembrandt Hotel**.

Essen und Trinken
▶ Das **Banana House** ist ein echter Geheimtipp. Gut und preiswert: **Cabbages & Condoms** und **Curries & More**. Für „Königliche Küche" geht man ins **Baan Khanitha** (preisgekrönt) oder ins **Supatra River House** (mit Blick auf den Fluss).

Veranstaltungen
▶ **Klassische Thai-Tänze** werden täglich um 10.30 und 14 Uhr im Vimanmek Palace aufgeführt (S. 154).

Einkaufen
▶ Preiswert ist das Riesenkaufhaus **Mah Boon Krong**.

Ausgehen
▶ Nachtschwärmer zieht es auf die Disco-Meile **Royal City Avenue** (S. 194), angesagt ist das **Bash-Levels Late** (S. 192). Für Travestieshows sind das Calypso Cabaret und die DJ Station zu empfehlen.
▶ Ein atemberaubendes Panorama hat man in 200 m Höhe in der **Sky Bar/Distil** oder in der Rooftop-Bar **The Red Sky** – ideal für den Sundowner (S. 193).

Rattanakosin – Rings um den Sanam Luang

Das historische Zentrum der Stadt liegt in Rattanakosin, der Altstadt in der Biegung des Mae Nam Chao Phraya. Nachdem König Rama I. 1782 die Hauptstadt von Thonburi auf die westliche Flussseite verlegt hatte, ließ er zu Verteidigungszwecken zwischen dem nördlichen und dem südlichen Teil des Chao Phraya einen Kanal graben. So entstand die „Insel" Rattanakosin. Dort konzentrieren sich um den **Sanam Luang (1)** die bedeutendsten Sehenswürdigkeiten von Bangkok. Der weitläufige ovale „**Platz der**

Mittelpunkt der Stadt

Der Sanam Luang vor dem Grand Palace ist ein beliebter Tummelplatz der Bangkoker

Könige" vor dem Grand Palace und Wat Phra Kaeo, auch **Pramane** genannt, dient bisweilen als königlicher Zeremonienplatz, vor allem aber als Spielwiese für die Einwohner Bangkoks. Im Schatten von Tamarindenbäumen breiten Familien oder Studenten der nahen Thammasat-Universität Reisstrohmatten für ein Picknick aus und schauen den am Himmel tanzenden Drachen oder den Takrao-Spielern zu, fliegende Händler verkaufen Getränke und Snacks, Wahrsager und Handleser bieten den vielen Neugierigen ihre Dienste an.

Wat Phra Kaeo

Südlich des Sanam Luang erstreckt sich das weitläufige Areal des **Königspalastes** (**Grand Palace**) und des **Königstempels Wat Phra Kaeo**, für deren Besichtigung man mindestens 2–3 Stunden einplanen sollte. Der etwa 2,5 km² große, von einer weißen Mauer umgebene Komplex gliedert sich in drei Bezirke: Im äußeren befinden sich Verwaltungsgebäude, darunter das Finanzministerium; der innere ist der ehemaligen Königsresidenz und Repräsentationsbauten vorbehalten; in der Nordostecke liegt Thailands prächtigste buddhistische Tempelanlage – der königliche Palasttempel **Wat Phra Kaeo (2)**.

Besucher betreten das Areal durch den Haupteingang, das Visechaisri-Tor ("Tor zum wunderbaren Sieg"), an der Südseite des Sanam Luang. Im Bot, dem zentralen Heiligtum, thront auf einem goldenen Altar, 11 m über den Gläubigen, der legendäre **Smaragd-Buddha**, die heiligste Buddha-Statue des Landes. Das kaum 75 cm hohe Bildnis aus grünem Nephrit, einer Jadeart, gelangte auf Umwegen nach Bangkok. Um den Smaragd-Buddha oder Phra Kaeo angemessen zu beherbergen, ließ König Rama I. 1782 den Wat Phra Kaeo erbauen (s. u.). Der prunkvolle Bot hat ein dreifach gestaffeltes Dach auf schlanken Säulen; man betritt ihn durch das linke Seitenportal – das mittlere ist dem König vorbehalten. Ein bronzenes Löwenpaar, von König Rama I. aus Kambodscha mitgebracht, bewacht den Haupteingang, dessen Tore ebenso wie die *Illustriertes* Fensterläden mit kunstvollen Einlegearbeiten verziert sind. Die vielfach restaurier-*Leben des* ten Wandmalereien an den Innenwänden illustrieren Episoden aus dem Leben des *Buddha* Buddha.

Das königliche Pantheon im Wat Phra Kaeo

Gegenüber vom Bot des Smaragd-Buddha steht auf einer von Balustraden umzäunten Marmorterrasse der von zwei vergoldeten Chedis flankierte und von Kinaris – mythologischen Mischwesen, halb Mensch halb Vogel – bewachte **Königliche Pantheon** (Prasat Phra Thepidorm), der lebensgroße Statuen der ersten acht Könige der Chakri-Dynastie beherbergt. Ein Prang im Thai-Stil krönt das kreuzförmige Bauwerk im Schnittpunkt seiner Staffeldächer.

In der **Bibliothek** (*Phra Mondhop*), einem reich mit Glasmosaiken verzierten Bauwerk mit pyramidenförmigem Dach, werden in kunstvollen Bücherschränken heilige Schriften aufbewahrt. Die vier Buddha-Figuren im javanischen Stil an den Ecken des Gebäudes entstanden im 14./15. Jh. Das steinerne Modell der Tempelanlage von Angkor Wat nördlich der Bibliothek stammt aus der Zeit, als Kambodscha ein Vasallenstaat des Königreichs Siam war.

Der von König Mongkut Mitte des 19. Jh. errichtete **Goldene Chedi (Phra Sri Ratana)**, der hinter der Bibliothek aufragt, wird besonders verehrt, da er Buddha-Reliquien enthält. Ganz bewusst hat man den Chedi, dessen vier Ecken um Prang im Khmer-Stil verziert werden, als genaues Abbild des Stupa im Wat Sri Samphet in Ayutthaya gestaltet, denn Pracht und magische Kräfte der bedeutendsten Bauwerke der alten Hauptstadt sollten auf Bangkok übertragen werden. *Im Ayutthaya-Stil*

In der ebenfalls nördlich der Bibliothek aufragenden **Andachtshalle Phra Vihara Yod**, steht der Steinthron des Sukhothai-Königs Ramkhamhaeng, der heute noch als „Vater Thailands" höchste Verehrung genießt. Ho Phra Naga, linker Hand des mit bunten Keramiken geschmückten Gebäudes, dient als Mausoleum für verstorbene Mitglieder der Königsfamilie. Die Wände des Wandelgangs, der den Tempelkomplex umgibt, wurden im frühen 19. Jh. mit Fresken bemalt. Auf 178 Feldern werden Episoden aus dem „Ramakien", der thailändischen Version des aus Indien stammenden „Ramayana" dargestellt, dem hinduistischen Epos, in dem der gottähnliche Urheld *Rama* das Böse besiegt.

Wat Phra Kaeo, *täglich 8.30–15.30 Uhr; Eintritt (inklusive Königspalast, Vimanmek-Teakpalast und königlicher Münzsammlung): Erwachsene Baht 500, Kinder unter 125 cm freier Eintritt; sonntags und an buddhistischen Feiertagen Eintritt frei, aber die Palastgebäude sind an diesen Tagen geschlossen.*

info

Phra Kaeo – Der Smaragd-Buddha

Der Königliche Tempel auf dem Gelände des Royal Grand Palace trägt den Namen **Wat Phra Kaeo** zu Ehren des hoch verehrten Smaragd-Buddha, den General Phraya Chakri, der spätere König Rama I., nach einem Feldzug gegen Laos im Jahre 1779 im Triumphzug in die siamesische Hauptstadt zurückführte.

Die Figur wurde im Jahre 1434 in der Nähe von Chiang Rai in Nordthailand entdeckt, als ein Blitz einen Chedi spaltete und unter einer unscheinbaren Buddha-Statue ein Buddha aus grüner Jade zum Vorschein kam. Nachdem die Statue in verschiedenen Tempeln des Nordens gestanden hatte, wurde sie Mitte des 16. Jh. vom laotischen König Setthathirath nach Laos gebracht, wo sie zuerst in Luang Prabang und dann in Vieng Chan (Vientiane) aufbewahrt wurde, bis sie schließlich von König Rama I. mit Waffengewalt zurückgeholt wurde. Seit dieser Zeit ist die Statue sowohl für die Thai-Könige als auch für die laotischen Herrscher ein Symbol der Macht.

Nach einigen wundersamen Geschehnissen sprachen die Thai dem Smaragd-Buddha **göttliche Macht** zu und verknüpften mit ihm sogar das Schicksal ihres Landes. Von den zahllosen Buddha-Statuen Thailands ist er bei Weitem der am meisten verehrte.

Seine Macht ist so groß, dass niemand, der bei seinem Namen schwört, es wagen würde zu lügen. Eine Verweigerung des Schwurs gilt immer als Eingeständnis der Unwahrheit. Dreimal jährlich wird mit großem Prunk das juwelenbesetzte Gewand des Buddha gewechselt, ein Ritual, das dem Monarchen vorbehalten ist.

Königspalast (Grand Palace)

Verschmelzung von traditioneller thailändischer Architektur und europäischer Baustile

Vom Tempel Wat Phra Kaeo, in dem keine Mönche leben, gelangt man durch ein Tor in der südwestlichen Ecke zum **Königspalast (3)**. Beim Betreten des Palastgeländes, wird man in die Zeiten des alten Siam zurückversetzt. Die prachtvollen Bauten stammen aus unterschiedlichen Epochen, die bis zur Gründungszeit von Bangkok Ende des 18. Jh. zurückreichen und die jeweils vorherrschenden Stilrichtungen zeigen. Vor allem unter den westlichen Einflüssen aufgeschlossenen Königen Mongkut oder Rama IV. (1851–1868) und Chulalongkorn oder Rama V. (1868–1910) brachten europäische Baustile in Verbindung mit den traditionellen Thai-Stilen eine formenreiche Architektur hervor.

Im **Phra-Maha-Montien-Komplex** auf der Ostseite des inneren Hofes residierten einst König Rama II. und seine beiden Nachfolger. Von dem aus drei hintereinander liegenden Trakten bestehenden Hauptbau ist nur das ehemalige Gerichtsgebäude Amarindra Vinichai zugänglich. In der dahinter liegenden Paisal-Taksin-Halle fanden früher die Krönungsfeierlichkeiten statt. Südlich schließen sich die Privatgemächer der Kö-

Die königliche Residenz Chakri Maha Prasat im Grand Palace

nige an, in denen sie traditionell die erste Nacht nach ihrer Inthronisation verbrachten, um damit symbolisch die Residenz der Ahnen in Besitz zu nehmen. Das dem Stil der italienischen Renaissance nachempfundene Boromabiman-Gebäude im Osten (links) vom Maha-Montien-Komplex ließ König Chulalongkorn 1882 als Residenz der Kronprinzen errichten. Später beherbergte man dort hohe Staatsgäste.

Im Zentrum des Areals steht die **ehemalige königliche Residenz Chakri Maha Prasat**, die 1872 anlässlich des 100-jährigen Gründungstages der Chakri-Dynastie nach Entwürfen eines englischen Architekten in einem asiatisch-europäischen Mischstil mit viktorianisch inspirierter Fassade und spitzgiebeligen Staffeldächern erbaut wurde. Ein zweiteiliger, von steinernen Elefanten flankierter Freitreppenbogen führt in ein Foyer im ersten Stock, von dem nach beiden Seiten Audienzräume mit Porträts thailändischer Könige und Prinzen abzweigen. Im dahinter liegenden, prunkvoll im europäischen Stil mit Marmorsäulen, Kassettendecken, Kristalllüstern und Historiengemälden ausgestatteten Thronsaal empfingen die Chakri-Könige ausländische Botschafter. Dabei saßen sie auf dem prachtvollen vergoldeten Holzthron, über dem ein neunfach gestufter Schirm hängt, eines der Königssymbole. Während das obere Stockwerk, in dem die Urnen mit den sterblichen Überresten der seit König Rama IV. regierenden Monarchen aufbewahrt werden, nicht zugänglich ist, können Besucher das Waffenmuseum im Untergeschoss besichtigen. Rechter Hand erhebt sich als besonders schönes Beispiel klassischer Thai-Architektur die **Krönungs-** und **Audienzhalle Dusit Maha Prasat** mit kreuzförmigem Grundriss. Die vierfach gestaffelten, von Garudas getragenen Dächer der vier Flügel krönt eine neunstufige Pagode. In dem 1789 errichteten, ältesten Bauwerk der Anlage werden seit dem Tod *Siamesi-* des ersten Rama verstorbene Mitglieder der Königsfamilie vor ihrer Einäscherung auf *sches* dem Sanam Luang aufgebahrt. Besonderes Augenmerk verdient der goldene Thron *Kleinod* mit kunstvollen Perlmuttintarsien im ehemaligen Krönungssaal. Der kleine, graziöse **Pavillon Amporn Phimok Prasat** vor der Audienzhalle gilt wegen der prächtigen

Dekorationen und harmonischen Proportionen als „vollkommenster Pavillon Thailands". Dort legten die Monarchen einst bei feierlichen Anlässen ihre Zeremonialgewänder und Insignien an, bevor sie die Audienzhalle betraten.

Auf dem Areal des Königspalastes kann man auch das **Wat Phra Kaeo Museum** mit einer Sammlung sakraler Kunst aus mehreren Jahrhunderten besichtigen, untergebracht in einem Verwaltungsgebäude an der Nordwestseite. Numismatiker werden sich für das Museum mit den Königlichen Münz- und Dekorationssammlungen in dem Gebäude vor dem Zugang zum Wat Phra Kaeo interessieren. Der König hält sich heute nur noch an hohen Feiertagen im Grand Palace auf. Bhumipol Adulyadej, der neunte Rama, residiert im nicht zugänglichen Chitralada Palace gegenüber vom Dusit Zoo. Der alte Königspalast wird für Empfänge, Staatsbankette und andere offizielle Anlässe genutzt.

Grand Palace, ☎ *(02)2220094, www.palaces.thai.net, Mo–Sa 8.30–12 Uhr und 13–15.30 Uhr, Führungen auf Englisch täglich 10, 10.30, 13.30, 14 Uhr; nicht zugänglich, wenn sich die Königsfamilie im Palast aufhält.*

info

Tempeletikette

In den meisten Tempeln sind *farangs* (ausländische Besucher) willkommen, aber nur mit angemessener Kleidung. Es ist ein Affront einen Tempel mit bloßen Schultern oder mit Shorts zu betreten und die Schuhe anzubehalten. Lange Hosen bzw. das Knie bedeckende Röcke, Hemden oder Blusen mit zumindest kurzen Ärmeln sind erforderlich. Besucher in „unschicklicher Garderobe" (dazu gehören auch Sandalen) müssen sich vor dem Besuch des Wat Phra Kaeo und anderer Tempel neu einkleiden lassen. In der Regel ist es in Ordnung im Tempelhof Schuhe zu tragen, vor dem Betreten der Gebetshalle und anderer sakraler Bauten muss man sie jedoch ausziehen.

Der Respekt gebietet, **Buddha-Statuen nicht zu berühren** – vor allem nicht am Kopf! – und ihnen oder anderen heiligen Symbolen beim Sitzen nicht die Füße entgegenzustrecken. Auch sollte man darauf achten, Mönche nicht mit dem Kopf zu überragen oder sich vor betende Gläubige zu stellen. Mönchen ist die erste Reihe vor der zentralen Buddha-Statue vorbehalten.

Für die Instandhaltung der meisten Tempel sind die Gläubigen zuständig. Daher sollte für den Erhalt des Tempels eine **kleine Spende** hinterlassen werden (etwa Baht 20 pro Person). Gibt man dem Abt eines Klosters einen größeren Geldbetrag als Spende, wird diese mit beiden Händen überreicht.

Mönche genießen in Thailand höchste Verehrung. Man grüßt sie mit einem respektvollen wai, bei dem man die Fingerspitzen der gefalteten Hände bis zur Stirn führt und dabei den Kopf neigt. Zudem lässt man ihnen stets den Vortritt, bietet ihnen im Bus oder Zug seinen Sitzplatz an und geht nicht neben, sondern einen Schritt hinter ihnen. Buddhistische Mönche und Novizen dürfen Frauen nicht berühren. Opfergaben sollten mithilfe eines Tuches oder durch einen männlichen Begleiter überreicht werden. Auf keinen Fall dürfen sich Frauen neben Mönche und Novizen setzen oder sich mit ihnen fotografieren lassen.

Bei religiösen Zeremonien sollte man sich als Außenstehender im Hintergrund halten. Unter keinen Umständen darf man auf Mauern klettern (etwa um ein gutes Foto zu schießen), denn die Füße gelten als unrein.

Wat Pho

Südlich des Großen Pala-
stes liegt der **Wat Pho**
(**4**), der 1789 von König
Rama I. als Universität für
buddhistische Studien und
volkstümliche Medizin er-
richtet wurde. Eine Vihara
im nordwestlichen Be-
reich beherbergt Thai-
lands berühmtesten Ru-
henden Buddha: Die 46 m
lange, 15 m hohe Kolossalstatue stellt Buddha bei
seinem Eingang ins Nir-
vana dar. Die Statue wurde
im 19. Jh. unter König
Rama III. aus Ziegeln ge-
mauert und mit Gips, Lack
und Blattgold überzogen.
Auf den Sohlen der über-

Der berühmte Liegende Buddha im Wat Pho

dimensionalen Füße sieht man die 108 mit Perlmutt eingelegten heiligen Symbole und
Attribute des wahren Buddha.

Wegen seiner harmonischen Proportionen und kunstvollen Dekorationen gilt der
Bot, das zentrale Heiligtum, als ein Juwel thailändischer Sakralarchitektur. Aufmerksamkeit verdienen vor allem die mit Perlmuttintarsien verzierten Teakholztüren und
die prächtigen Holzschnitzereien der vergoldeten Fensterläden. Umgeben ist das
Haupttheiligtum, dessen vier Seiten jeweils eine Vihara-Gebetshalle vorgebaut ist, von
mehr als 70 kleinen, reich mit buntem Scherbenmosaik verzierten Chedis. In den Wandelgängen um den Bot stehen 394 meist vergoldete Buddha-Statuen aus verschiedenen Stilepochen. Angeblich wurden sie von König Rama I. aus den Ruinen Ayutthayas
gerettet.

Den Wat Phra Chetuphon (so der vollständige Name des Tempels) umgibt eine weiße
Mauer, deren 16 Tore grimmig dreinblickende, mit Keulen bewaffnete Riesen (*yaksha*)
bewachen. Zu Ehren seiner Vorfahren ließ König Rama I. den Tempel mit vielen chinesischen **Kunstgegenständen** ausstatten, wobei sich einige chinesische Krieger aus *Chinesischer*
Stein in dieser Umgebung recht sonderbar ausnehmen. Die Skulpturen wurden auf *Einfluss*
königlichen Reisbarken, die vom Handel aus China zurückkehrten, nach Thailand gebracht. Im äußeren Hof findet man eine Sammlung von Rishi-Statuen, steinerne Bildnisse von heiligen Eremiten. Sie zeigen verschiedene Yoga-Stellungen, die physische
und mentale Beschwerden lindern sollen, und dienten ebenso wie die zahlreichen
Wandmalereien und Inschriften an verschiedenen Gebäuden innerhalb des Tempel-
komplexes der wissenschaftlichen Unterweisung von Mönchen und Laien.
Wat Pho, ☏ (02)2259595, www.watpho.com , tgl. 8–18.30 Uhr, Eintritt: Baht 100.

Im ehemaligen Wirtschaftsministerium nahe dem Wat Pho wird im **Museum of Siam (5)** thailändische Geschichte und Kultur mittels modernster Museumspädagogik auf sehr unterhaltsame Weise präsentiert: interaktiv, per Video- und Computeranimation, zweisprachig Thai-Englisch, mit vielen Knöpfen zum Drücken und Sachen zum Anfassen und Ausprobieren. Ein Museum, in dem keine Langeweile aufkommt.

Museum of Siam, ☎ *(02)2252777, www.museumofsiamproject.com, täglich außer Mo 10–18 Uhr, Eintritt: Erwachsene Baht 300, Kinder unter 16 und Senioren über 60 Jahre freier Eintritt.*

info

Thai-Massage im Wat Pho

Der Wat Pho ist nicht nur kunsthistorisch bedeutsam. Auf dem Tempelgelände befindet sich die renommierte **Wat Pho Thai Traditional Medical and Massage School**. Mehr als 30 Lehrkräfte geben dort ihr Wissen an Schüler aus dem In- und Ausland weiter.

In Kursen von 5 und 10 Tagen Dauer (Baht 9.000 bzw. 12.500) werden die Teilnehmer in die Massage-Techniken eingeführt. Man kann sich auch nur eine Stunde lang für Baht 420 kneten, dehnen und lockern lassen: Einfach vorbeigehen und etwas Wartezeit mitbringen, für einen Kurs sollte man sich rechtzeitig anmelden **Wat Pho Thai Massage**, ☎ *(02)6223551, www.watpomassage.com, täglich 8–18.30 Uhr.*

Wat Arun

Der Wat Arun ist eines der Wahrzeichen Bangkoks

Mit der Personenfähre ab Tha Thien Ferry Pier nahe dem Wat Pho ist der in Thonburi auf dem anderen Flussufer gelegene Tempel **Wat Arun (6)** leicht erreichbar. Der mittlere, 79 m hohe Turm mit abgerundeter Spitze (Prang), den vier kleinere Türme umgeben, symbolisiert den kosmischen Berg Meru, den Sitz der hinduistischen Götter. Er ist eines der Wahrzeichen der Stadt. Ein Mosaik aus Tausenden glasierter Keramikplättchen, die im Morgenlicht funkeln, verziert den Turm. Daher wird der 1842 vollendete Bau auch als „Tempel der Morgenröte" bezeichnet. Als der mittlere Turm fast fertig war, gingen die Mosaiksteinchen zur Neige. Daraufhin zerschlugen Gläubige ihr Porzellan und lieferten die Scherben ab, denn durch diese gute Tat erwarben sie religiöse Verdienste, die sich günstig auf ihr nächstes Leben auswirken würden.

Ursprünglich gehörte der Tempel zum Palast von General Taksin, der nach der Zerstörung Ayutthayas in Thonburi eine neue Hauptstadt errichten ließ, und besaß deswegen damals keine Mönchsunterkünfte. Heute genießen die Mönche des Wat Arun das Privileg, bei der Thod-Kathin-Zeremonie am Ende der buddhistischen Fastenzeit vom König persönlich die safrangelben Roben zu empfangen. In früheren Zeiten legte der Monarch den Weg vom Großen Palast zum Wat Arun in den prachtvollen Königlichen Barken zurück. Aus Sicherheitsgründen findet die Flussprozession heute nicht mehr statt.

Wat Arun, *www.watarun.org, täglich 7.30–17.30 Uhr, Eintritt: Baht 50.*

Wat Mahathat

Zurück am Sanam Luang, lohnt sich ein Blick in den **Wat Mahathat (7)**. Das von König Rama I. Ende des 18. Jh. gegründete Kloster ist als Sitz der Mahachulalong-kornrajvidyalaya-Universität Zentrum der buddhistischen Lehre in Bangkok. Vor seiner Thronbesteigung war König Mongkut (Rama IV.), Abt des Klosters. Die Meditationsschule des Tempels bietet Kurse für Besucher an. Vor dem Wat Mahathat floriert der *Der be-* bekannteste Amulettmarkt von Bangkok. Unter den Dächern zahlreicher Marktstände *kannteste* haben die Verkäufer von Talismanen, Votivtäfelchen und Glückssteinen Hochkonjunk- *Amulett-* tur. Auch Astrologen, Geomanten und Handleser, die ihre Stände in der Nähe aufge- *Markt der* baut haben, leben gut vom Aberglauben der Thai. Sie werden regelmäßig befragt, um *Stadt* das günstigste Datum für ein wichtiges Ereignis herauszufinden und Studenten der nahen Thammasat-Universität lassen sich ihre Prüfungsergebnisse vorhersagen.

National Museum

Nächste Station ist das **National Museum (8)**, in dem man einen halben Tag ver-bringen könnte. Das größte Museum Südostasiens beherbergt eine exquisite Samm- *Kultur–* lung von Artefakten zur (Kunst-)Geschichte Thailands. Die Sammlungen, deren Grund- *historischer* stock König Rama IV. (1851–1868) legte, sind teils in zwei 1967 eigens für diesen *Überblick* Zweck errichteten Gebäuden untergebracht, teils im ehemaligen **Wang-Na-Palast**, den Rama I. Ende des 18. Jh. für seinen Bruder bauen ließ. Nach einer bereits im Königreich Ayutthaya gepflegten Tradition verlieh der jeweilige Herrscher einem nahen Verwandten den Titel Wang-Na-Prinz. Dieser nach dem König zweitmächtigste Mann im Staate war Befehlshaber der Streitkräfte und trat die Nachfolge des Herr-schers an, wenn dieser unerwartet sterben sollte.

Eines der alten Palastgebäude, zugleich ein klassisches Beispiel der Tempelarchitektur in der Bangkok-Periode, ist die **Buddhaisawan-Kapelle** gleich rechts vom Eingang mit einzigartigen Wandmalereien aus der Gründungszeit, die Episoden aus dem Leben des Buddha darstellen. Aufmerksamkeit verdienen auch die prächtigen Schwarz-Gold-Lackmalereien der Fensterläden. Errichtet wurde das Bauwerk 1787, um dem wun-dertätigen Phra Buddha Singh („Singhalesischer Buddha"), eine der landesweit am *Der „Sing-* meisten verehrten Buddha-Statuen, eine würdige Unterkunft zu bieten. Der Überlie- *halesische* ferung zufolge soll die Bronzestatue, die in der Kapelle auf einem hohen Sockel unter *Buddha"* einem krönenden Baldachin thront, bereits in frühbuddhistischer Zeit in Sri Lanka ge-gossen worden sein.

In dem wegen der Farbe des verwendeten Teakholzes „**Rotes Haus**" genannten Tamnak Daeng südlich der Buddhaisawan-Kapelle residierte einst eine Schwester von König Rama I. Die mit kunstvollen Perlmuttintarsien verzierten Möbel vermitteln einen guten Eindruck der Wohnkultur der damaligen Zeit. Da die Exponate nach Stilepochen geordnet sind, beginnt die Besichtigung am besten im Südflügel mit den ältesten Ausstellungsstücken – nachdem man sich in der Gallery of Thai History gleich nach dem Kassenhäuschen einen Überblick über die Geschichte Thailands verschafft hat. Die **Prähistorische Sammlung** umfasst jahrtausendealte archäologische Ausgrabungsstücke, z. B. schöne Exemplare der Ban-Chiang-Bandkeramik aus dem Nordosten oder ein steinzeitliches Grab aus der Region des heutigen Kanchanaburi. In den sich anschließenden Räumen sind Kunstgegenstände aus den Reichen Sri Vijaya, Dvaravati und Lopburi ausgestellt.

Streifzug durch die Stilepochen

Die Ausstellungen im alten Palast des „Vizekönigs", der das Zentrum des Museumskomplexes bildet, sind der Bangkok- oder Rattanakosin-Periode gewidmet. Der ehemalige Thronsaal bildet den stilvollen Rahmen für Wechselausstellungen. Durch die **Transportation Gallery** mit königlichen Sänften und Elefantensätteln gelangt man in die „Schatzkammer", in der man wertvolle Buddha-Statuen und Krönungsinsignien früherer Könige bewundern kann. In den anderen Räumen der ehemaligen Residenz finden sich traditionelle Musikinstrumente, seltene Khon-Masken, Schattenspielfiguren, Kostüme und Uniformen, Edelholzmöbel mit kunstvollen Perlmuttintarsien, alte Waffen sowie schöne Beispiele der Sawankhalok-Keramik. Wie im südlichen sind auch im nördlichen neuen Flügel Kunstwerke aus früheren Epochen zu sehen, vor allem Buddha-Statuen im Lan-Na-, Sukhothai- und Ayutthaya-Stil in Bronze, Stein und Terrakotta. Die Kollektion umfasst zudem sakrale Gegenstände wie illustrierte heilige Schriften und Votivtafeln. Das bekannteste Exponat in der Abteilung Sukhothai-Kunst ist die in eine Steintafel geritzte „**Regierungserklärung**" von König Ramkhamhaeng, der als „Vater von Thailand" verehrt wird. Die berühmte Inschrift aus dem Jahre 1292 ist das erste Schriftzeugnis der Thai und gilt als Beispiel für frühes Demokratieverständnis. Im letzten Gebäude des Rundwegs bewundern die Besucher die prunkvollen Bestattungswagen der Königlichen Familie.
National Museum, ☎ *(02)2241333, www.nationalmuseums.finearts.go.th, Mi–So 9–16 Uhr außer feiertags, kostenlose Führungen auf Deutsch, Englisch und Französisch Mi u. Do 9.30–11 Uhr, auf Englisch zusätzlich Sa 10 Uhr, Eintritt: Erwachsene Baht 200, Kinder freier Eintritt.*

Leistungsschau thailändischer Malerei

Die nur wenige Schritte entfernte, jenseits der Thanon Phra Pin Klao gelegene **National Art Gallery (9)** gilt als bestes Kunstmuseum des Landes. Einige Tausend Arbeiten zeigen traditionelle und zeitgenössische Thai-Kunst. Ausgestellt sind auch mehrere Ölgemälde von König Bhumipol Adulyadej. Regelmäßig finden hier hochkarätige Wanderausstellungen statt.
National Art Gallery, ☎ *(02)2822639, Mi–So 9–16 Uhr außer feiertags, Eintritt: Baht 30.*

Banglamphoo

Das nördlich an die Altstadt angrenzende auf Textilien spezialisierte Geschäftsviertel Banglamphoo hat sich seit den 1970er-Jahren zum Travellerzentrum von Bangkok ent-

Die Khao San Road ist das Mekka der Backpacker

wickelt. Heerscharen junger Weltenbummler strömen vor allem in die Thanon Khao San (Khao San Road), in der sich preiswerte Pensionen und Restaurants, Reisebüros und Läden aneinander reihen. Mitte der 1980er-Jahre eröffneten die ersten Billigunterkünfte, seitdem gilt die Khao San Road unter Backpackern als *the place to be.* Nachdem in der Khao San Road einige Szenen des Kultfilms „The Beach" gedreht wurden, ist sie für Rucksackreisende endgültig zum Ausgangspunkt für Reisen durch Thailand geworden. Ein neues, etwas ruhigeres In-Viertel hat sich in der Soi Ram Buttri und der Soi Chanasongkhram westlich der Thanon Khao San entwickelt.

Traveller-Treff

Im bedeutenden **Wat Bowonniwet (10)** aus der Mitte des 19. Jh. lebte Prinz Mongkut 27 Jahre lang als Abt, bevor er 1851 als König Rama IV. die Nachfolge seines Halbbruders antrat. Da er zuvor viele Jahre als Wandermönch durch Siam gezogen war, kannte er im Gegensatz zu seinen Vorgängern, die im Palast aufgewachsen und Zeit ihres Lebens nur von Höflingen umgeben waren, die Sorgen und Nöte seiner Untertanen. Er gründete den Mönchsorden Thammayuth. Die Angehörigen dieses Ordens, der nach sehr strengen Grundregeln lebt, sind noch heute an ihren dunkleren Roben zu erkennen. Seit den Zeiten Ramas IV. ziehen sich alle Thronfolger für einige Zeit in dieses Tempelkloster zurück. Auch der jetzige Regent, König Bhumipol Adulyadej, verbrachte hier einen Teil seiner Mönchszeit. Heute residiert im Wat Bowonniwet der Sangha Raja („König der Mönchsgemeinschaft"), das Oberhaupt des buddhistischen Klerus in Thailand. Im leider fast immer verschlossenen Bot thront der hoch verehrte Phra Buddha Chinasara, eine der schönsten Buddha-Statuen des Sukhothai-Stils. Ungewöhnlich sind die europäisch inspirierten Wandmalereien im Hauptheiligtum, die neben religiösen auch weltliche Themen aufgreifen.

Sitz des Thammayuth-Ordens

Unweit des Wat Bowonniwet ragt in einer kleinen Grünanlage am Ufer des Mae Nam Chao Phraya als Teil der alten Stadtbefestigung das restaurierte **Phra Sumen Fort (11)** auf. Ursprünglich schützten 14 Forts die Stadt. Das oktogonale, mit Kanonen bewehrte Phra Sumen Fort ist eines der beiden noch erhaltenen Bollwerke.

Eine 33 m hohe Buddha-Statue, mit deren Konstruktion man 1867 begann, überragt **Wat Indraviharn (12)** an der nordöstlichen Peripherie von Banglamphoo. Zur 200-Jahr-Feier von Bangkok 1982 wurde die Statue vollendet und mit Gold überzogen. Die riesigen Zehnägel dienen den Gläubigen als Altar für Opfergaben.

Östlich des Sanam Luang

Oasen der Ruhe

Ein Spaziergang führt zu weniger bekannten Tempelanlagen, die sich östlich des Sanam Luang als Oasen der Ruhe im Chaos der Großstadt präsentieren. Als Ausgangspunkt empfiehlt sich **Lak Muang (13)** an der Ostseite des Sanam Luang gegenüber dem von alten Kanonen „bewachten" Verteidigungsministerium. Der kleine Sakralbau mit einer fast 3 m hohen Holzsäule, die König Rama I. zum Gedenken an die Gründung der neuen Hauptstadt 1782 errichten ließ, gilt als Wohnstatt für Bangkoks Schutzgeist (*phi muang*). Tag und Nacht bringen Gläubige hier Opfergaben dar und bekleben den phallusförmigen Pfeiler mit Goldplättchen. Lotteriespieler bitten um das große Glück. Manche kaufen vor dem Schrein Schildkröten oder Vögel und lassen sie frei. Wenn die Tiere ihre Freiheit zurückerhalten, erfüllen sich die Wünsche der Gläubigen. Sind die Wünsche dann in Erfüllung gegangen, bindet man bunte Tücher um die Säule oder dankt dem Schutzgeist, indem man eine Darbietung klassischer Thai-Tänze im Tempelhof finanziert. Ganz profan dient der symbolische Grund„stein" im Lak-Muang-Schrein heute auch als Bezugspunkt für die Landvermessung.

An der weißen Umfassungsmauer des Grand Palace entlang führt der Weg über die Thanon Sanam Chai zum kleinen Park Suan Saranrom. Ein paar Schritte abseits liegt der wenig besuchte **Wat Ratchabophit (14)**. Den 1863 unter König Mongkut errichteten Tempel überragt ein 43 m hoher Chedi, umgeben von einem kreisförmigen Wandelgang aus Marmorsäulen, der von einem Bot und drei Vihara durchbrochen wird. Zweifellos diente hier der berühmte Phra Nakhon Pathom Chedi von Nakhon Pathom (s. S. 428) als Vorbild. Chedi und Wandelgang sind mit goldfarbenen Keramikkacheln verkleidet, eine Spende reicher chinesischer Kaufleute, die sich damit der Gunst des Herrschers versichern wollten. Auffallend sind die fein gearbeiteten Schmuckelemente in den Giebelfeldern der Gebetshallen sowie die auf einer heiligen Naga-Schlange thronende Buddha-Statue im zentralen Heiligtum, die Züge der Khmer-Kunst trägt. König *Chulalongkorn*, der ein Faible für europäische Architektur besaß, ließ die Innenräume des Bot und der Vihara im Stil der italienischen Gotik gestalten.

Wat Suthat

Bangkok-Stil in höchster Vollendung

Über Thanon Ratchabophit und Thanon Ti Thong geht es weiter zur fast 40 ha großen Tempelanlage **Wat Suthat (15)**, deren Ursprünge in das frühe 19. Jh. zurückreichen. Im Bot, einem der vollkommensten Bauwerke der Bangkok-Zeit, das sich im Innenhof auf einer dreistufigen Plattform erhebt, sitzt der imposante, über 8 m hohe Buddha Phra Sri Sakyamuni vor einer Versammlung seiner 80 wichtigsten Jünger. Die im 14. Jh. gegossene, mit Gold überzogene Statue gilt als größte Bronzeskulptur ihrer Zeit, zugleich auch als eines der schönsten Buddha-Bildnisse im Sukhothai-Stil. Gegen Ende des 18. Jh. versetzte man den hoch verehrten Buddha vom Wat Mahathat in Su-

Wat Suthat: vollendeter klassischer Bangkok-Stil

khothai in den Wat Suthat. Als Glanzstücke der dekorativen Kunst Thailands gelten die kunstvollen Holzschnitzereien der Fenster- und Türflügel des zentralen Heiligtums. In manchen Details werden chinesische Einflüsse sichtbar.

Berühmt ist der Tempel zudem für die **kunstvollen Fresken** in der Vihara, die eine Fläche von insgesamt über 2.000 m² einnehmen und Episoden aus dem Leben des Buddha oder Szenen aus dem „Ramakien" wiedergeben. Die Wandmalereien aus dem frühen 19. Jh. sind ein ausgezeichnetes Beispiel für die klassische Thai-Malerei, bei der die gezeigten Szenen ineinander übergehen, sich Zeit, Raum und Perspektive überlagern und zusammen mit dekorativen Elementen ein oft die gesamte Innenfläche eines Tempels überziehendes, ununterbrochenes Gemälde bilden. In einer Ecke des Wat stellt eine Sammlung von Steinstatuen europäische Soldaten dar. Die Bildnisse, die wie Karikaturen wirken, sind die Werke von chinesischen Bildhauern, die aus China zurückkehrenden Reisbooten als Ballast dienten. Ein Wandelgang mit 156 Buddha-Statuen umgibt die Tempelanlage.

Meister-
werke tradi-
tioneller
Malkunst

Weitere Sehenswürdigkeiten östlich des Sanam Luang

Vor dem Wat Suthat ragt **Sao Ching Cha (16)** in den Himmel. Auf der rot lackierten, 25 m hohen Gigantenschaukel aus Teakholzstämmen schwangen sich bis in die 30er-Jahre des 20. Jh. alljährlich während eines brahmanischen Festes junge Männer in die Lüfte. Ihr Ziel war es, mit den Händen oder dem Mund eine Geldbörse zu greifen, die an einer ebenso hohen Bambusstange befestigt war. Nach mehreren tödlichen Unfällen wurden die Schaukelwettkämpfe auf Anordnung des Königs eingestellt.

In den Geschäften für Tempelzubehör und Devotionalien in der Thanon Bamrung Muang kaufen Einheimische alles, was sie für den Tempelbesuch oder zur Ausstattung ihres Hausaltars benötigen. Von Almosenschalen und Räucherstäbchen über Buddha-

Der Wat Ratchanadta ist ein Kuriosum Bangkoker Architektur

Bildnisse und vergoldete Bodhi-Bäume bis zu Zeremonienschirmen und geschnitzten Altartafeln ist hier alles erhältlich. Die vor den Läden ausgestellten gelben Plastikeimer mit kleinen Präsenten überreichen Gläubige beim Tempelbesuch den dort lebenden Mönchen.

Etwas südlich der Thanon Bamrung Muang liegt der Anfang des 20. Jh. erbaute **Vishnu Mandir Temple (17)**, der zweitälteste Hindu-Tempel von Bangkok. Die Tempelanlage, in der auch die Dachorganisation der thailändischen Hindus ihren Sitz hat, ist Ende Januar/Anfang Februar Schauplatz des großen Hindu-Festes Thaipusam, bei dem Gläubige in Trance, die sich Metallspieße durch die Backen gestoßen haben, über glühende Kohlen laufen. Jeden Freitag in der Mittagszeit wird im Vishnu Mandir Temple Essen an Bedürftige verteilt.

An der Thanon Maha Chai nach links abbiegend und vorbei am unscheinbaren Wat Thepthidaram, in dessen Nähe sich ein kleiner Amulett- und Devotionalienmarkt befindet, gelangt man zum **Wat Ratchanatda (18)**. Im Zentrum der Tempelanlage fällt ein architektonisches Kuriosum auf, der Loha Prasat von 1846, ein Ensemble kleiner Türmchen mit Eisenspitzen, die py-

Kurioses Bauwerk ramidenförmig in drei Stockwerken angeordnet sind. Indische Vorbilder sollen hier Pate gestanden haben. Biweilen öffnen freundliche Mönche den Zugang zur Wendeltreppe, die zur obersten Plattform des „Eisenpalastes" führt. Von oben bietet sich ein schöner Blick über den Tempel zum Phu Khao Thong oder **Golden Mount (19)**, der jenseits des Khlong Ong Ang aufragt. Sein edles Attribut verdankt der etwa 70 m hohe, künstlich aus Erdreich und Bauschutt angelegte Hügel dem golden glänzenden Chedi des Wat Sakhet, der sich auf seinem Plateau erhebt. Vom Wat Sakhet am Fuße des „Goldenen Berges" führt ein Treppenpfad mit 318 Stufen zur Pagode, mit deren Bau man unter König Rama III. Mitte des 19. Jh. begann. Im Reliquienturm wird eine Kostbarkeit aufbewahrt – ein Zahn des Buddha, den der britische Vizekönig von Indien 1897 König Chulalongkorn überreichte. Jedes Jahr im November findet am Golden Mount ein prachtvolles Tempelfest statt, bei dem Mönche in einem endlosen Zug zum Chedi strömen.
Golden Mount, *täglich 7.30–17.30 Uhr, Eintritt: Baht 30.*

Dusit

Als Ausgangspunkt für den Streifzug durch den Stadtteil Dusit nördlich der Altstadt empfiehlt sich das **Democracy Monument (1)**, das 1933 zur Erinnerung an die Ausrufung der konstitutionellen Monarchie errichtet wurde. Entworfen wurde es von

1	Democracy Monument
2	Denkmal für Rama III.
3	Wat Benchamabophit
4	Reiterstandbild von König Chulalongkorn
5	Ananda Samakhom (ehemalige Thronhalle)
6	Vimanmek Palace
7	Dusit Zoo
8	Chitralada Palace

Bangkok: Dusit

© *graphic*

dem italienischen Künstler Corrado Ferroci, der von König Rama VI. 1924 nach Thailand eingeladen wurde und wesentliche Impulse zur Entwicklung der modernen thailändischen Kunst gab. Sein Entwurf für das Demokratiemonument war allerdings von der faschistischen Kunstbewegung im Italien der 1930er-Jahre inspiriert.

Einige Schritte weiter in Richtung Golden Mount steht in einer kleinen Grünanlage ein **Denkmal für König Rama III.** (2). Von dort geht es vorbei am Ratchadamnoen Boxing Stadium, einem der beiden großen Boxstadien von Bangkok, weiter in nördlicher Richtung entlang der breiten Thanon Ratchadamnoen Nok. Den auf Anweisung von König Chulalongkorn angelegten Boulevard säumen stattliche Verwaltungsgebäude.

Wat Benchamabophit

Melange thailändischer und europäischer Baustile

Etwas abseits liegt der auch Marble Temple genannte **Wat Benchamabophit (3)**, der jüngste kunstgeschichtlich bedeutsame Tempel Bangkoks. Der 1899/1900 errichtete Prachtbau, eine gelungene Verschmelzung von europäischem Klassizismus und traditioneller Baukunst Thailands, besteht wie die vor dem Haupteingang wachenden riesigen Löwen aus weißem Carrara-Marmor. König Chulalongkorn, der westlichen Einflüssen aufgeschlossene Rama V., gab das sakrale Bauwerk in Auftrag. Auf europäischen Einfluss weisen auch die farbigen Glasscheiben im Oberteil der spitzbogigen Fensteröffnungen. Im Heiligtum beten die Gläubigen vor einer Replik des Phra Buddha Chinnarat aus Phitsanulok, eine der schönsten und berühmtesten Buddha-Statuen des Landes. Unter dem Buddha befindet sich eine Urne mit der Asche des von allen Thai hoch verehrten Königs Chulalongkorn, der hier einst eine Zeitlang als Mönch lebte. Den mit Marmorplatten gepflasterten Innenhof umgibt ein Wandelgang mit 52 lebensgroßen Buddha-Figuren, die alle Stile thailändischer Sakralkunst repräsentieren.

Wat Benchamabophit, *täglich 9–17 Uhr, Eintritt: Baht 20.*

Weitere Sehenswürdigkeiten in Dusit

Auf dem weitläufigen Platz am nördlichen Ende der Thanon Ratchadamnoen Nok steht ein **Reiterstandbild von Chulalongkorn (4)**. Die Menschen huldigen dem gottgleichen König als Bewahrer der Traditionen, der Thailand im 19. Jh. vor den Kolonialmächten schützte. Am 23. Oktober, seinem Todestag, legen Tausende Gläubige vor seinem Denkmal Blumengebinde nieder.

Die dahinter aufragende ehemalige Thronhalle **Ananda Samakhom (5)** erbaute man Ende des 19. Jh. nach Entwürfen italienischer Architekten im venezianischen Palaststil. Nach dem Sturz der absoluten Monarchie im Jahre 1932 diente das Bauwerk vorübergehend als Tagungsstätte der Nationalversammlung, bevor diese in ein moderneres Haus in der Nachbarschaft umzog. Die Wandgemälde im Gebäude zeigen Szenen aus der thailändischen Geschichte.

Ananda Samakhom, *täglich außer Mo 10–18 Uhr, Eintritt: Erwachsene Baht 150, Kinder Baht 75.*

Vimanmek Palace

Größtes Teakbauwerk der Welt

Ausgedehnte Parks, üppige Gartenanlagen und begrünte Straßenzüge prägen den ruhigen Stadtteil Dusit, in dem auch zahlreiche stattliche Villen und traditionelle Teak-Häuser erhalten blieben, wie der **Vimanmek Palace (6)** des anglophilen Königs Chulalongkorn. Im Jahre 1901 gab er seinen Wohnsitz im Grand Palace auf und zog mit seiner Familie in diesen prachtvollen Palast, der mit 81 Zimmern das größte Teakholzgebäude der Welt darstellt. Nach dem Tode von König Rama V. 1910 verfiel das Gebäude allmählich. Erst 1982 wurde Vimanmek gründlich restauriert und in ein Museum zu Ehren von König Chulalongkorn umgewandelt. Originalinventar sowie Kunstgegenstände und Fotografien vermitteln ein Bild vom feudalen Lebensstil jener Zeit.

Vimanmek Palace, ☎ *(02)2815454, www.vimanmek.com, täglich 9.30–16 Uhr, traditioneller Thai-Tanz 10.30, 14 Uhr; Eintritt: Baht 100, innerhalb einer Woche frei mit der Eintrittskarte zum Grand Palace/Wat Phra Kaeo. Zutritt nur in angemessener Kleidung, Fotografieren nur im Außenbereich.*

Dusit Zoo

Der weitläufige **Dusit Zoo (7),** der sich an der Thanon Rama V erstreckt (Eingang an der Thanon Ratchawithi), bietet eine gute Einführung in die Fauna des Landes – Kinder können Affen streicheln, Wildrinder füttern und auf Elefanten reiten. Weitere Attraktionen sind mehrere Spielplätze und ein künstlicher See, auf dem man Tretboot fahren kann.

Dusit Zoo, ☎ *(02)2812000, www.dusitzoo.org, Mo–Do 8–18, Fr–So 8–21 Uhr, Eintritt Erwachsene Baht 150, Kinder Baht 70.*

In einem Tropenpark auf der anderen Seite der Thanon Rama V liegt der **Chitralada Palace (8),** die der Öffentlichkeit nicht zugängliche Residenz König Bhumipol Adulyadejs, der hier eine landwirtschaftliche Versuchsfarm unterhält.

Bangkoks Märkte

info

Der **Chatuchak Weekend Market** gegenüber dem Northern Bus Terminal ist Bangkoks bester und buntester Markt mit rund 10.000 Ständen, ein Dorado für Sammler und Schnäppchenjäger und ein einzigartiges Erlebnis für die Sinne. Auf mehr als 100.000 m² werden Kleidung, Kunsthandwerk, Schmuck, religiöses Zubehör, CDs und DVDs, Bücher, Haushaltswaren und Pflanzen präsentiert, wie auch siamesische Kampffische und lebende Kobras. Snacks wie frittierte Heuschrecken, Käfer am Spieß und Hühnerfußsalat werden zubereitet. Ein Wochenende reicht nicht aus, um den angeblich größten Markt Südostasiens bis in den letzten Winkel zu erforschen. Am besten kommt man morgens – gegen Mittag wird es eng und heiß.

Chatuchak Weekend Market, *Thanon Paholyothin,* ☎ *(02)2724440-1, www.chatuchak.org, Sa, So 6-18 Uhr, Anfahrt: Sky Train bis Station Morchit oder Subway bis Station Chatuchak Park.*

Auf dem **Khlong Toey Market** rund 1 km südöstlich des Lumpini Park kann man sehen, was in Bangkok so alles auf dem Teller landet. Hier kaufen Bangkoks Hausfrauen und Küchenchefs Obst und Gemüse, Fisch und Fleisch frisch und preiswert. Touristen erleben dort viel Lokalkolorit.

Khlong Toey Market, *Thanon Rama IV/Thanon Ratchadaphisek, Khlong Toey, täglich 5-22 Uhr.*

Der **Phak Khlong Market,** ein verwinkelter Gebäudekomplex in der Nähe der Memorial Bridge, ist seit über 100 Jahren Bangkoks zentraler Großmarkt und bedeutendster Umschlagplatz für Obst und Gemüse. Wer diesen Markt erleben möchte, muss allerdings früh aufstehen, denn der Handel wird hier bereits kurz nach der Morgendämmerung abgewickelt.

info

Auf dem Khlong Toey Market

Phak Khlong Market, *Thanon Chak Phet, Pahurat, täglich 5–13 Uhr.*

Alles, was wächst und blüht, findet man auf dem **Thewet Flower Market** nördlich der Rama VIII Bridge in der Nähe des Mae Nam Chao Phraya. An vielen Ständen flechten Frauen Jasminkränze, die als Glücksbringer an den Rückspiegeln von Autos oder in Geisterhäuschen aufgehängt werden.
Thewet Flower Market, *Thanon Luk Luang, Thewet, täglich 6–21 Uhr.*

Am späten Nachmittag, wenn fliegende Händler ihre Stände aufbauen, gleichen die **Thanon Patpong** und Abschnitte der **Thanon Silom** einer riesigen Baustelle. Hier werden Plagiate von Markenartikeln angeboten: Textilien, Mode-Accessoires, Lederwaren, Koffer, Taschen, Uhren, Musik- und Videokassetten, CDs und DVDs – oft von minderer Qualität, stets aber enorm preiswert. Der Straßenhandel mit Imitationen aller Art blüht jede Nacht auch an der unteren Thanon Sukhumvit.

Touristen besuchen auch gerne den **Bobay Market**. Auf dem Großmarkt versorgen sich viele Straßenhändler, die auf Textilien spezialisiert sind. Die meisten Artikel werden en gros verkauft, Einzelstücke sind bisweilen gegen Aufpreis erhältlich. Ein Dutzend Sporthemden gibt es schon für unter 25 Euro.
Bobay Market, *Thanon Krung Kasem, Pom Prap Sattru Phai, täglich 7–21 Uhr.*

Pahurat – Das indische Viertel

Bangkoks Klein-Indien hat sich rund um die Chak Phet Road und den auf Textilhandel spezialisierten Pahurat Market zwischen der Altstadt Rattanakosin und Chinatown gebildet. Die ersten Einwanderer vom indischen Subkontinent kamen Ende des 19. Jh. in Bangkok an. Heute ist Thailand die Heimat von rund 100.000 Menschen indischer Abstammung, zumeist Sikhs und Hindus aus dem Punjab. Viele von ihnen leben als Textilhändler in Bangkoks Stadtteil Pahurat. Ihre Domäne ist der **Pahurat Market (1)**, ein Labyrinth voller Läden. Stapel von Samt- und Seidenballen, Gold- und Brokatstoffen, Tweed und Musselin sorgen für ein buntes Bild. Duftwolken von Jasmin und Curry, Mango und Mottenpulver vermischen sich mit dem Qualm von Räucherstäbchen. In fast allen Läden werden kleinere und größere Mengen verkauft, zu Preisen, die meist

Basar der Sinneseindrücke

erheblich niedriger sind als anderswo. Jeden Tag werden angeblich mehrere Hunderttausend Meter Stoff umgesetzt.

Der Wohlstand der Zuwanderer aus Indien spiegelt sich im **Siri Guru Singh Sabha (2)**, dessen goldene Kuppel Klein-Indien überragt. Der 100 Millionen Baht teure, größte Sikh-Tempel außerhalb Indiens wurde von indischen Kaufleuten finanziert, die in Thailand zu Wohlstand kamen. Tausende Gläubige pilgern jeden Tag zu dem marmorverkleideten Heiligtum, viele arme Menschen kommen, um sich kostenlos in der

Pahurat ist das Zentrum des Textilgroßhandels

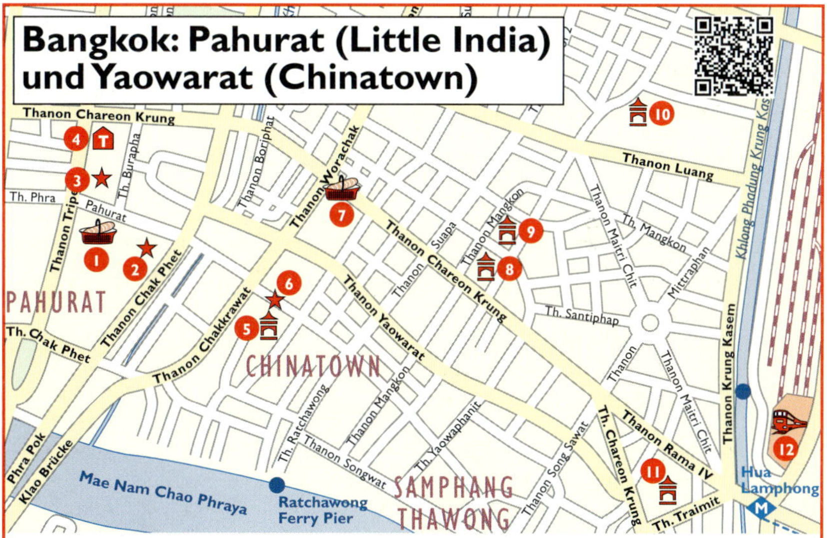

Bangkok: Pahurat (Little India) und Yaowarat (Chinatown)

1	Pahurat Market	7	Nakhon Kasem Market
2	Siri Guru Singh Sabha	8	Wat Leng Noi Yee
3	Old Siam Plaza	9	Wat Khanikaphon
4	Sala Chalermkrung Royal Theatre	10	Lee Thi Miew Temple
5	Wat Chakrawat	11	Wat Traimit
6	Sampeng Lane	12	Hua Lamphong Railway Station

© *i graphic*

Tempelklinik behandeln zu lassen oder um sich beim traditionellen Gemeinschaftsessen der Sikhs um 8 Uhr einen Teller Reis mit Curry abzuholen.

Im Schnittwinkel von Thanon Pahurat und Thanon Tri Phet liegt **Old Siam Plaza (3)**. Das Einkaufszentrum mit historischem Flair verspricht nostalgisches Shopping-Vergnügen. Klein und übersichtlich, mit einer überdachten Markthalle im Zentrum, wirkt es auf angenehme Art veraltet, ein hervorragender Essensmarkt ist angeschlossen. An der nördlichen Peripherie von Pahurat bildet das restaurierte **Sala Chalermkrung Royal Theatre (4)**, bis Mitte des 20. Jh. das größte und modernste Kino von Thailand, die stilvolle Kulisse für hochkarätige Aufführungen klassischer Tanzdramen.

Yaowarat – Die Chinatown

Als König Rama I. 1782 seine Residenz von Thonburi nach Bangkok verlegte, lebten dort, wo heute der Grand Palace und der Wat Phra Kaeo liegen, chinesische Händler. Die königliche Familie beanspruchte das hochgelegene und vor Überflutungen sichere

Brodelndes chinesisches Leben

Gebiet für sich; die Zuwanderer aus dem Reich der Mitte mussten eine neue Siedlung gründen – die heutige Chinatown. Der **Sampeng** genannte Stadtteil wurde zum bedeutendsten Geschäftszentrum der Hauptstadt. Die meisten der heute rund 800.000 Chinesen haben ihre kulturelle Identität bewahrt. Chinesische Schriftzeichen prangen auf den Neonreklamen, in den Hausaltären vor den Läden glimmen Räucherstäbchen und überall entdeckt man taoistische oder konfuzianische Tempel.

Wat Chakrawat

In der Thanon Chakrawat liegt der **Wat Chakrawat (5)**, der Ausgangspunkt des drei- bis vierstündigen Rundgangs durch Chinatown. Dort beten Chinesen und Thai vor einem kleinen Schrein, über den einst Buddhas Schatten gefallen sein soll. Seit über einem halben Jahrhundert leben in einem betonierten Bassin in einer anderen Ecke des Tempels Krokodile. Aus Mitleid hatten die Mönche einst ein einäugiges Krokodil aufgenommen. Im Laufe der Zeit wurden weitere Riesenechsen im Tempel abgeliefert, der sich zu einem Hort für heimatlose Reptilien entwickelte.

Märkte und Läden in Chinatown

In der engen, mit Läden vollgestopften Basarstraße **Sampeng Lane (6)**, dem Herz von Chinatown, türmen sich Stoffballen, Schuhe, Plastikschüsseln, Kochtöpfe und vieles mehr. Einst war Sampeng Lane Bangkoks Zentrum der Hochfinanz, zugleich aber auch ein berüchtigtes Viertel mit Bordellen, Spiel- und Opiumhöhlen.

An der **Thanon Yaowarat** und der **Thanon Charoen Krung** (auch New Road genannt), den beiden Hauptschlagadern von Chinatown, reihen sich elegante Goldgeschäfte und Devotionalienläden, in denen Heiligenfiguren und Hausaltäre verkauft werden, aneinander. Hier findet man außerdem exotische Apotheken, die Heilpflanzen, Kräuter, getrocknete Insekten und manch anderes Mittel der klassischen chinesischen

In der Sampeng Lane schlägt das Herz von Chinatown

Heilkunde feilbieten. Wer an die heilende Wirkung eines getrockneten Seepferdchens glaubt, wird hier gut bedient. Thanon Charoen Krung, einst ein Elefantenpfad, wurde 1860 auf Geheiß von König Mongkut zur ersten breiten Durchgangsstraße von Bangkok ausgebaut. Der **Nakhon Kasem Market (7)** an der Thanon Charoen Krung, nur ein paar Schritte entfernt von der Sampeng Lane, trägt auch den Beinamen „Diebesmarkt", ist aber eher ein Schmugglermarkt für elektrische und elektronische Geräte, Computerspiele und Uhrenimitate zu Niedrigstpreisen.

Weitere Sehenswürdigkeiten in Chinatown

Vor dem auch Wat Manghon genannten chinesischen Tempel **Wat Leng Noi Yee (8)** in der Thanon Charoen Krung mischt sich der Duft von Räucherstäbchen mit Abgasgestank. Im Tempel mit buddhistischen, konfuzianischen und taoistischen Altären herrscht rege Betriebsamkeit. Gläubige entzünden vor einem Altar Räucherstäbchen, andere schütteln aus einem Bambusbecher ein nummeriertes Stäbchen heraus und lassen sich von einem Tempeldiener den für diese Nummer vorgesehenen Zettel mit einer Zukunftsprognose geben. Abends bieten hier gelegentlich bunt kostümierte Schauspieler chinesisches Musiktheater dar. *Chinesische Musikdramen live*

Verlässt man den Tempelbezirk durch den Hintereingang, kommt man auf der Soi 21 zum buddhistischen Tempel **Wat Khanikaphon (9)**. „Der Tempel, der mit Hurengeld gebaut wurde" entstand im 19. Jh. auf Initiative der chinesischen Prostituierten Mae Lao Feng, die ihre „Sünden" abbüßen wollte.

Buddhis-
tisch-
taoistisches
Pantheon

Nur ein paar Schritte sind es von hier zur Thanon Phlao Phla Chai mit dem **Lee Thi Miew Temple (10)**, dessen Fassade mit steinernen Tiergestalten der chinesischen Mythologie geschmückt ist. Hier stehen neben Buddha-Statuen auch solche taoistischer Gottheiten. Damit die Ahnen nichts entbehren, was ihnen auf dieser Welt gehört hat, und damit sie die Geschicke der Nachfahren wohlwollend lenken, sendet man in einem Ofen Papiergeld oder Häuser und Autos aus Papier per Flammenpost gen Himmel.

Der Tempel
des
goldenen
Buddha

Der Spaziergang durch Chinatown endet beim **Wat Traimit (11)**, dem Tempel des goldenen Buddha in der Thanon Charoen Krung. Die Tempelanlage in der Nähe des Hauptbahnhofs würde von Touristen nicht beachtet, wenn sie nicht eine ganz besondere Attraktion bergen würde: ein aus massivem Gold gefertigtes, 3 m hohes und 5,5 t schweres Buddha-Bildnis im Sukhothai-Stil. Die im 13./14. Jh. gegossene Statue wurde später mit Gips überzogen, um den burmesischen Eroberern ihren Wert zu verbergen. Beim Transport zu einem anderen Standort im Jahre 1953 aber platzte der Gipsmantel auf und das reine Gold darunter kam zum Vorschein.
Wat Traimit, *täglich 8.30–17 Uhr, Spende erbeten.*

In Sichtweite des Wat Traimit liegt Bangkoks Hauptbahnhof **Hua Lamphong (12)**, 1916 errichtet und eines der schönsten Beispiele für thailändischen Jugendstil. Am 25. Juni 1916 löste König Rama VI. mit einem Knopfdruck das Einfahrtssignal für den ersten Zug in den Sackbahnhof aus, bei dessen architektonischer Gestaltung der Bahnhof von Manchester Pate stand.

Thonburi

Bangkoks Schwesterstadt **Thonburi** liegt am westlichen Ufer des Mae Nam Chao Phraya. Nach der Zerstörung Ayutthayas sammelte General Taksin hier seine versprengten Truppen. Bauten aus jener Zeit blieben nicht erhalten und heute ist Thonburi ein reizloser Industrievorort. Die große Attraktion sind jedoch die *khlongs*, die Kanäle, die das Stadtgebiet in ein Mosaik aus Inselchen zerstückeln. Während man in den Stadtteilen am Ostufer des Mae Nam Chao Phraya zahlreiche *khlongs* zuschüttete, um aus Wasserstraßen solche für Autos zu machen, erfüllen die Kanäle in Thonburi heute noch die gleichen Aufgaben wie vor über 200 Jahren, als das „Venedig des Ostens" an-

Stadt der
Kanäle

gelegt wurde: Ein Großteil des Verkehrs wird auf diesen schmalen Wasserwegen abgewickelt. Flache, kiellose Boote, die von PS-starken Außenbordmotoren angetrieben werden, sind die üblichen Transportmittel auf den Kanälen. Die Bezeichnung *rüa haang yao* („Langschwanz"-Boote) für die schlanken Holzkähne kommt von den langen Propellerschrauben. An zahlreichen Anlegestellen am Chao-Phraya-Fluss kann man die schnellen Boote (1 Std./Baht 1.100, 1,5 Std./Baht 1.300, 2 Std./Baht 1.600) mieten. Viele der Bootsleute verstehen kein Englisch, weshalb es einfacher ist, eine organisierte Tour zu buchen. Wer es trotzdem wagen möchte: Gute Ausgangspunkte für eine Tour zu den *khlongs* des nördlichen Thonburi sind Tha Chang Ferry Pier in der Nähe des Wat Phra Kaeo und Tha Chang Wangna Ferry Pier unterhalb der Phra Pin Klao Bridge beim Bangkok Tourist Center.

Sehenswertes im nördlichen Thonburi

Gegenüber des Tha Chang Ferry Pier liegt der **Wat Rakhang Khositaram (1)**, dessen Ursprünge in das späte 17. Jh. zurückreichen, als Ayutthaya noch Hauptstadt des Königreiches Siam war. Die kunstvoll geschnitzten Holztüren und Fensterläden der Bibliothek, in der König Rama I. während seiner Mönchszeit lebte, zeugen von großer *Vollendeter* handwerklicher Virtuosität. Ebenso wie die „Ramakien"-Wandmalereien werden sie zu *Ayutthaya-* den hervorragendsten Beispielen des Ayutthaya-Stils im ganzen Land gezählt. Weiter *Stil* geht es zum Sirirat Hospital mit dem **Museum of Forensic Medicine (2)**. Die Sammlung des Museums für Gerichtsmedizin in Thailands erstem Krankenhaus nach westlichem Vorbild (1888 gegründet) ist nichts für zarte Gemüter. Zu den skurrilen Exponaten gehören ein aufgeschnittener Schädel, in dem noch ein Projektil steckt, und der mumifizierte Körper eines Massenmörders, der unter dem Schwert des Scharfrichters starb.
Museum of Forensic Medicine, ☏ *(02)4197000, Mo–Sa 9–16 Uhr, Eintritt: Baht 50.*

Vorbei an dem in der Ayutthaya-Periode Anfang des 18. Jh. erbauten **Wat Amarin Traram (3)** führt die Tour zum Khlong Bangkok Noi. Nahe der Mündung des Kanals in den Mae Nam Chao Phraya liegt das **Königliche Barkenmuseum (The Shed** *Die* **of the Royal Barges, 4)**. Die dort ausgestellten, mit prachtvollen Holzschnitzereien *Königlichen* und Lackarbeiten dekorierten Boote benutzte schon König Rama VI. um am Ende der *Barken* buddhistischen Fastenzeit bei der pompösen Thod-Kathin-Zeremonie neue safranfarbene Roben und andere Geschenke vom Grand Palace zu den Mönchen des Wat Arun zu bringen. Sorgfältig aufgebockt stehen die Königlichen Barken in einer großen Halle, lange, schmale Prachtboote, goldverziert, Bug und Heck mit geschnitzten Tierköpfen, Drachen, Tigern, Schwänen geschmückt. Nur an hohen königlichen Festtagen

Auf den Kanälen von Thonburi verläuft das Leben in ruhigem Rhythmus

werden sie zu Wasser gelassen. Das Flaggschiff der über 50 Boote umfassenden Prunkflotte ist die stolze, 45 m lange königliche Barke „Sri Suphannahongse". Sie wurde aus einem einzigen mächtigen Teak-Baum gefertigt und benötigt eine Mannschaft von mehr als 50 Ruderern. Am Bug des Bootes ragt Hamsa auf, das schwanenähnliche mythische Reittier des Hindu-Gottes Brahma.

Königliches Barkenmuseum, ☎ *(02)4240004, täglich 9–16.30 Uhr, Eintritt: Baht 100, zusätzliche Gebühren für Fotoapparat Baht 100, für Videokamera Baht 200.*

Aus der späten Ayutthaya-Epoche stammt **Wat Suwannaram (5)**, der sich hinter einer Biegung des Khlong Bangkok Noi erhebt. Die Attraktion des Tempels sind die ungewöhnlichen Wandgemälde des Bot, die der chinesische Künstler Khong Paeh während der Herrschaftszeit von König Rama III. schuf. Zudem besticht das zentrale Heiligtum durch ausgewogene Proportionen und die Eleganz der geschwungenen Dächer. In der Nähe des Tempels erstreckt sich am Ufer des Khlong Bangkok Noi die Siedlung **Baan Bu (6)**. Die dort ansässigen Kunsthandwerker fertigen in einem uralten Verfahren *khan long hin* genannte Schüsseln aus einer Gold-Kupfer-Zinn-Legierung. Verlässt man den breiten

Bangkok: Thonburi

1 Wat Rakhang Khositaram
2 Museum of Forensic Medicine
3 Wat Amarin Traram
4 Königliches Barkenmuseum
   (The Shed of the Royal Barges)
5 Wat Suwannaram
6 Baan Bu
7 Taling Chan Floating Market
8 Wat Arun
9 Wat Kalayanamit
10 Santa Cruz Church
11 Phak Khlong Market
12 Wat Prayun Wong Sawat

© *graphic*

BANG PHLAD

Thanon Phra Pin Klao

Saphan
Phra Pin Klao
Ferry Pier

Phra Arthit
Ferry Pier

Mae Nam Chao Phraya

Phra Pin Klao
Brücke

Thanon Phra Arthit

Thanon Phra Arthit

Thanon Samsen

Thanon Phra Sumen

Thanon Wisut Kasat

Thanon Prachathipathai

BANGLAMPHOO

Khlong Banglamphoo

Thanon Chakrawongse

Thanon Khao San

Thanon Tanao

Thanon Phra Sumen

Thonburi
ilway Station
Ferry Pier

Mae Nam Chao Phraya

M 2

Tha Phra Chan
Ferry Pier

Phrannok
erry Pier
n Phrannok

Thanon Ratchdamnoen Klang

Troke Sake

Thanon Phra

Chan

Thanon Na

Thanon Mahathat

Phra That

Thanon Ratchdamnoen Nai

Thanon Rachini

Thanon Atsadang

PHRA NAKHON

Th. Mahannop

Thanon Tanao

Thanon Nawa

Thanon Dinso

Soi Samran Rar

1

Thanon Na Phra

Lan

Thanon Kanlaya Matri

Thanon Bamrung Muang

Khlong Ong Ang

Tha Chang
Ferry Pier

RATTAN AKOSIN

Thanon Mahathat

Thanon Sanam Chai

Khlong Lod

Thanon Rachini

Thanon Atsadang

Thanon Fuang Nakhon

Thanon Ti Tong

Thanon Unakan

Thanon Siri

SAO
CHING-CHA

Th. Thai Wang

Thanon Chareon Krung

Th. Burapha

Thanon Borphat

Tha Thien
Ferry Pier

Mae Nam Chao Phraya

Th. Chetuphon

Thanon Mahathat

Th. Phra Phiphit

Thanon Ban Mo

Th. Phra

Thanon Tripet

Pahurat

Th. Pahurat

PAHURAT

Thanon Chak Phet

Thanon Arun Amarin

hanon Wang Doem

8

Khlong Bangkok Yoi

9

Rachinee
Ferry Pier

11

Thanon Saphan

Thanon Chak Phet

Thanon Chakkrawat

10

Saphan Phut
Ferry Pier

12

Phra Pok

Klao Brücke

Khlong Mon

Khlong Bangkok Noi, gleitet man hinein in ein Labyrinth aus schmalen Wasserwegen, in dem man das geruhsame Leben am Wasser genießen kann – trotz dröhnender Außenbordmotoren. Die Fahrt geht vorbei an Teakholzhäusern, die zum Schutz vor Hochwasser auf Pfählen stehen. Dank dieser Bauweise bleibt die Privatsphäre der Bewohner vor Blicken geschützt. Die Khlong-Bewohner baden im Fluss und waschen ihre Wäsche und ihr Geschirr in der braunen Flut. Hier findet man einige der malerischsten Viertel der Stadt, in denen neben einfachen Arbeitern durchaus auch wohlhabende Bürger wohnen, oft schon seit Generationen, weil es Unglück bringt, das Haus der Ahnen zu verkaufen. Jedes Wochenende findet am Khlong Chak Phra der **Taling Chan Floating Market (7)** statt. Schon vor Sonnenaufgang strömen Marktfrauen mit schwer beladenen Booten voller Obst und Gemüse hierher. Auch viele Käufer sind bereits am frühen Morgen da, denn in der „Kühle" des Morgens ist die Ware am frischesten und die Auswahl am größten. Schwimmende Garküchen versorgen hungrige Marktfrauen und Touristen mit warmen Mahlzeiten.

„Schwimmender Markt"

Sehenswertes im südlichen Thonburi

Auch eine Bootstour in das südliche Thonburi beginnt man am besten am Tha Chang Ferry Pier oder am Tha Thien Ferry Pier beim Wat Pho. Am jenseitigen Ufer des Flusses ragt stolz der Prang des **Wat Arun (8)** auf (s. S. 146). Nächste Station ist der **Wat Kalayanamit (9)** am Zusammenfluss von Khlong Bangkok Yai und Mae Nam Chao Phraya. In der Vihara des während der Regentschaft von König Rama III. (1824–1851) errichteten Tempelklosters thront eine riesige, knapp 12 m hohe bronzene Statue des sitzenden Buddha in der als Bhumisparsha Mudra oder „Berührung der Erde" bekannten Haltung. Thailänder chinesischer Herkunft, die dem Buddha-Bildnis große Verehrung entgegenbringen, gaben ihm den Namen Phra Sam Po Kong. Die chinesischen Statuen auf dem Tempelgelände werden dagegen nicht verehrt: Sie waren Ballast auf den chinesischen Dschunken, die nach Bangkok kamen, um Holz, Gewürze und Reis zu laden. Auch die gut erhaltenen Wandmalereien in der Vihara haben keinen religiösen Hintergrund. Es sind Bilder, die Alltagsszenen aus dem 19. Jh. darstellen.

Christliches Zentrum

Einige Hundert Meter südöstlich liegt die **Santa Cruz Church (10)**, die von katholischen Missionaren aus Portugal nach dem Untergang Ayutthayas erbaut und zuletzt 1913 von Grund auf restauriert wurde. Gegenüber erstreckt sich auf der Bangkok-Seite des Mae Nam Chao Phraya der **Phak Khlong Market (11)** (s. S. 155). Die Memorial Bridge wurde am 6. April 1932, dem 150. Jahrestag der Stadtgründung, von König Rama VII. als erste Brücke zwischen Bangkok und Thonburi eröffnet. Im Schatten der mächtigen „Gedächtnisbrücke" liegt der **Wat Prayun Wong Sawat (12)** mit seinem großen weißen Chedi. Der auf Geheiß von König Rama III. 1828 errichtete Tempel hat außergewöhnlich schöne Türen und Fensterläden, die mit aufwendigen Perlmutteinlagen und schwarz-goldenen Lackmalereien verziert sind. Viele Gläubige füttern die in einem Teich auf dem Tempelgelände lebenden Schildkröten, die als Symbol für ein langes Leben verehrt werden, um sich Verdienste für das nächste Leben zu erwerben.

Bangrak – Zwischen Mae Nam Chao Phraya und Lumpini Park

An der Thanon Charoen Krung

Ein Pilgerziel für Freunde südost- und ostasiatischer Kunst ist das Art and Antique Center im **River City Shopping Complex (1)** mit fast fünf Dutzend Läden. Das größte Einkaufszentrum des Landes für Kunst und Antiquitäten glänzt mit einer riesigen Auswahl an Gemälden und Bronzeskulpturen, Jade und Porzellan, Lackarbeiten und Keramiken, Holzschnitzereien und Schmuck aus ganz Südostasien. Bei den Auktionen, die jeden ersten Samstag im Monat ab 13.30 Uhr im 4. Stock stattfinden, sind auch Zuschauer willkommen.

Am Ufer des Mae Nam Chao Phraya liegen die von Portugiesen zu Beginn des 19. Jh. im neogotischen Stil erbaute **Rosenkranz-Kirche (2)** mit schönen Buntglasfenstern. Thailändische Katholiken nannten das Gotteshaus einst Kalawario, nach dem Kalvarienberg, der Kreuzigungsstätte Jesu. Heute noch ist die Kirche unter dem Namen Kalawa Church bekannt. *Koloniales Flair*

Auf dem Gelände der **Portugiesischen Botschaft (3)** steht heute noch das alte portugiesische Handelsbüro aus dem Jahre 1820. Die schmale Thanon Truk Captain Bush, an der die Portugiesische Botschaft liegt, wurde nach dem englischen Kapitän John Bush benannt, der 1853 von König Mongkut als Berater an den siamesischen Königshof berufen wurde. Aufgrund seiner Verdienste verlieh ihm der Monarch den Ehrentitel *Luang Sura Sakhon Phra Visutsakhondit.*

Vorbei am 1883 erbauten General Post Office gelangt man zum **Oriental Hotel (4)**, das trotz seines modernen, 16-stöckigen Neubaus zu den „Grand Old Hotels" Südostasiens zählt. Das von dem Dänen H. N. Andersen, dem Gründer der Ostasiatischen Kompanie, nach Plänen eines italienischen Architekten erbaute Luxushotel öffnete 1877 seine Pforten und etablierte sich schnell als erstes Haus am Platze. Die Gästeliste ist beeindruckend: Könige und Präsidenten, Filmstars und vor allem Schriftsteller – etwa Somerset Maugham, Joseph Conrad, Graham Greene und James Michener – logierten hier. Erinnerung an diese Zeit ist der „Autorenflügel" im alten Trakt, eine viktorianische Schwelgerei in Marmor und Mahagoni. Wer nicht in dem edlen Gemäuer wohnt, sollte zumindest auf einen Drink in der Bamboo Bar vorbeischauen. Südlich des Oriental Hotel liegen das Verwaltungsgebäude der **Ostasiatischen Kompanie (5)** aus dem Jahre 1884 und die 1910 errichtete **Assumption Cathedral (Mariä Empfängniskirche, 6)**. *Legendäres Hotel*

Auf dem Gelände des im frühen 19. Jh. errichteten **Wat Yannawa (7)** südlich der Taksin Bridge fällt ein wie eine chinesische Dschunke geformtes Gebäude auf. Die beiden riesigen Augen am Bug dienen der Abwehr böser Geister. König Rama III. ließ das Bauwerk zu einer Zeit errichten, als Dampfschiffe die traditionellen Barken zu verdrängen drohten. Das Gebäude sollte die Erinnerung an die alten Fahrzeuge wachhalten, mit deren Hilfe die Thai ihren Wohlstand erwirtschafteten.

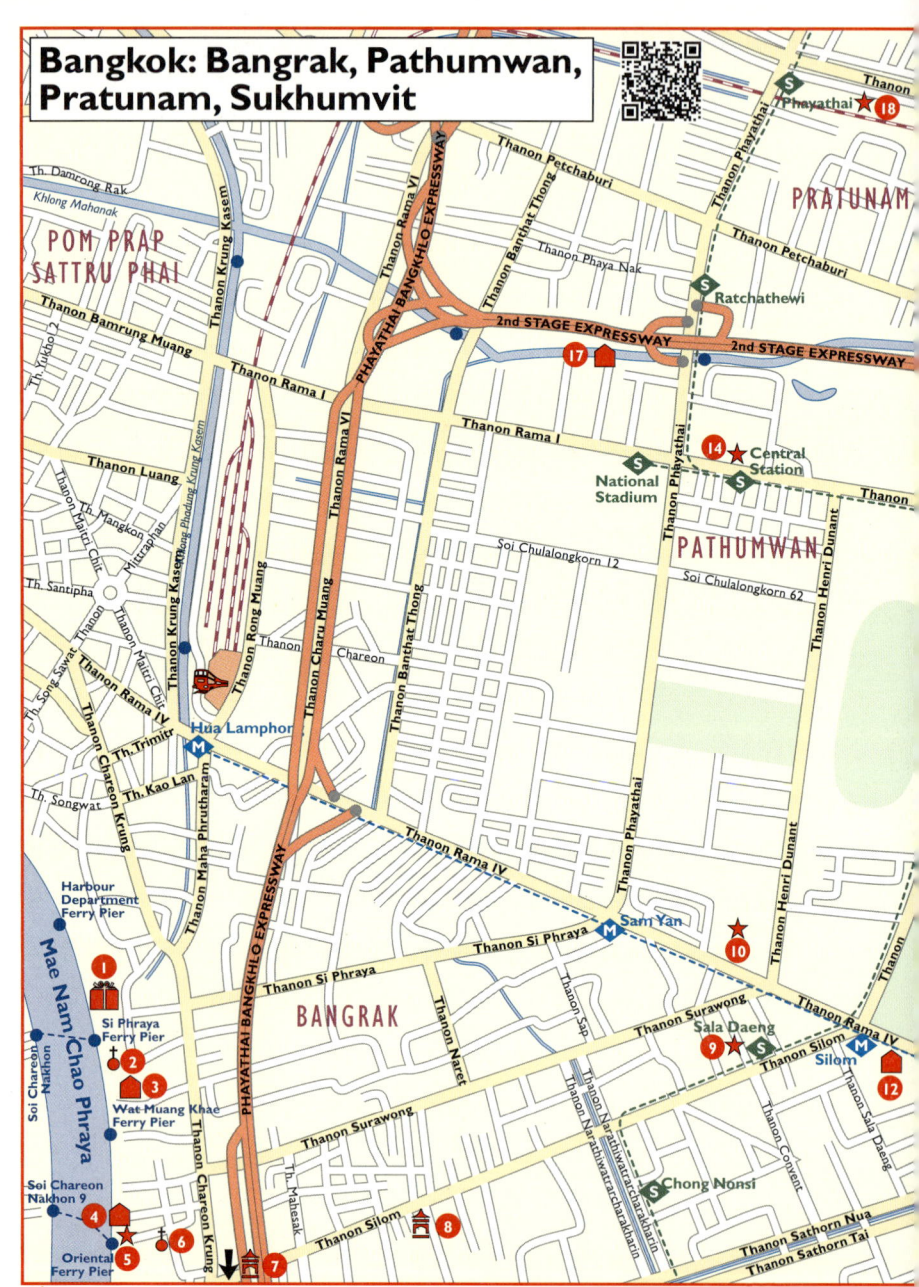

Bangkok: Bangrak, Pathumwan, Pratunam, Sukhumvit

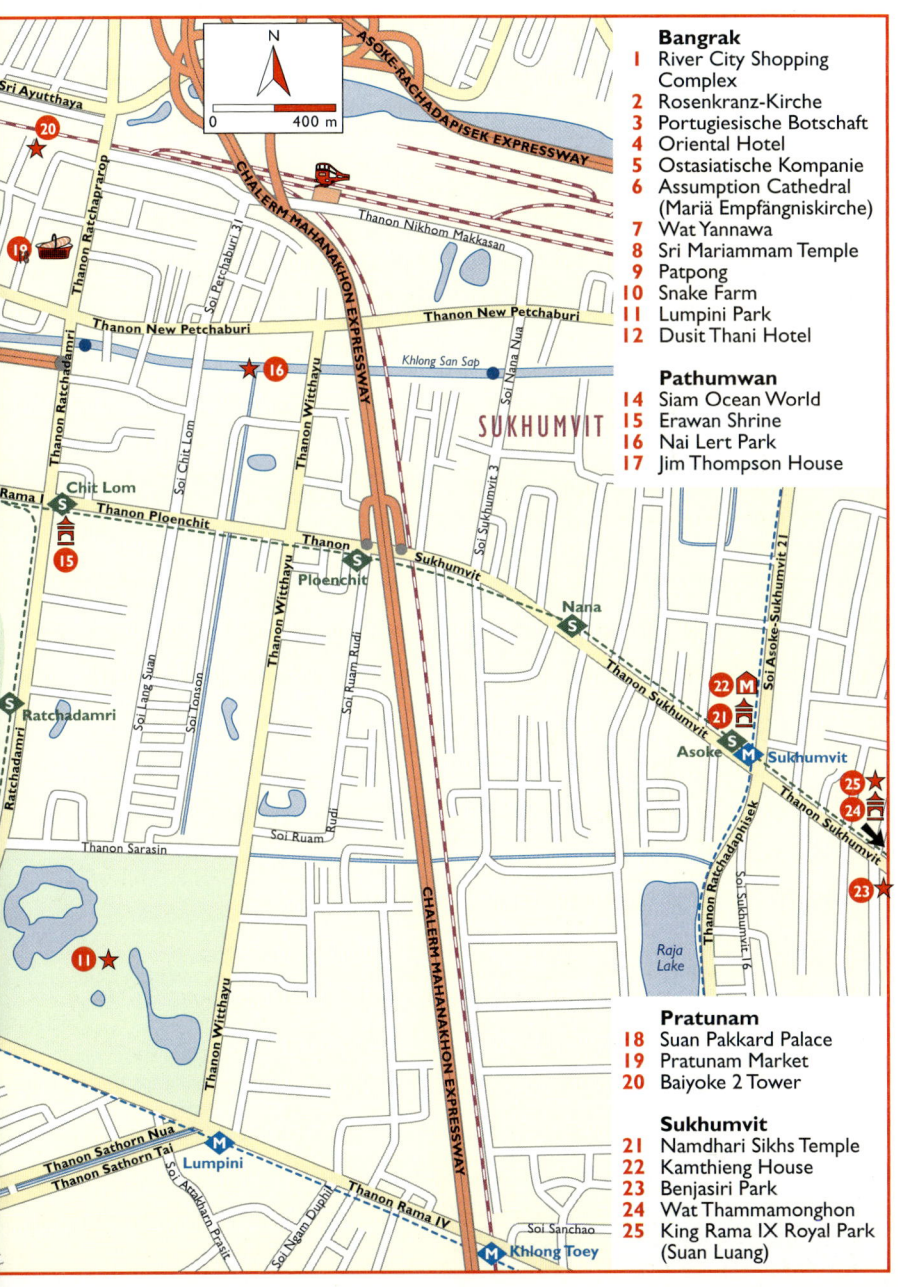

Bangrak
1 River City Shopping Complex
2 Rosenkranz-Kirche
3 Portugiesische Botschaft
4 Oriental Hotel
5 Ostasiatische Kompanie
6 Assumption Cathedral (Mariä Empfängniskirche)
7 Wat Yannawa
8 Sri Mariammam Temple
9 Patpong
10 Snake Farm
11 Lumpini Park
12 Dusit Thani Hotel

Pathumwan
14 Siam Ocean World
15 Erawan Shrine
16 Nai Lert Park
17 Jim Thompson House

Pratunam
18 Suan Pakkard Palace
19 Pratunam Market
20 Baiyoke 2 Tower

Sukhumvit
21 Namdhari Sikhs Temple
22 Kamthieng House
23 Benjasiri Park
24 Wat Thammamonghon
25 King Rama IX Royal Park (Suan Luang)

An der Thanon Silom

Gopuram-Tempelturm des Sri Mariammam Temple

Von der Thanon Charoen Krung bis zum Lumpini Park erstreckt sich die Thanon Silom, auch Wall Street genannt. Hier erhebt sich die Hochhauskulisse des Central Business District. In den Glasfassaden der futuristischen Wolkenkratzer spiegelt sich das Selbstbewusstsein eines Schwellenlands auf dem Weg zur Industrienation wider. Neben den Zentralen internationaler Banken und Wirtschaftsunternehmen liegen hier auch elegante Shopping Malls, internationale Hotels und erstklassige Restaurants.

Im Schatten der Glas-Beton-Giganten verschwindet der kleine **Sri Mariammam Temple (8)**. Dieser von südindischen Immigranten in den 60er-Jahren des 19. Jh. errichtete Tempel wird von den Thai meist Wat Khaek genannt – Tempel der Gäste; er ist der Hindu-Göttin und Shiva-Gattin Uma Dewi geweiht. Die Gopuram genannten Tempeltürme sind nahezu lückenlos mit bunt bemalten Götterfiguren überzogen. Dass auch Buddha seinen Platz im hinduistischen Pantheon hat, beweist eine Statue im Tempel. Gäste sind willkommen, allerdings ist das Fotografieren im Tempel nicht gestattet.

In den engen Seitenstraßen zwischen der oberen Thanon Silom und Thanon Surawong liegt die **Patpong (9)**, wie die Hamburger Reeperbahn ein berühmter Rotlichtbezirk. In den zwei parallel verlaufenden Straßen liegen mehr als 200 Go-Go-Bars, Nachtclubs, Discos und Cocktail-Lounges.

Die Schlangenfarm

Kobra, Viper & Co.

In der **Snake Farm (10)** des Pasteur Institute in der Thanon Rama IV beißen täglich bis zu 1.000 Schlangen in Glasplättchen und spenden so ihr Gift zur Produktion von Antiseren. Das hellgelbe Gift wird Pferden zur Serumgewinnung eingeimpft. Wenn sich im Blut der Pferde genügend Antikörper gebildet haben, wird das Serum extrahiert und in die ländlichen Provinzen versandt, wo Schlangenbisse in den Reisfeldern häufig vorkommen.
Snake Farm, ☎ (02)2520161-4, Mo–Fr 9.30–15.30 Uhr, Sa, So und feiertags 9.30–13 Uhr, Vortrag mit Diashow Mo–Fr 10.30 Uhr und 14.30 Uhr, Sa, So und feiertags 10.30 Uhr, Schlangenpräsentation mit Gift-„melken" Mo–Fr 10.30 Uhr, 14.30 Uhr, Sa, So und feiertags 10.30 Uhr; Eintritt: Erwachsene Baht 250, Kinder Baht 150.

Bangkoks grüne Lunge – der Lumpini Park

Lumpini Park

Eine Statue von König Vajiravudh (Rama VI.) markiert den Zugang zum **Lumpini Park (11)**. Mit ihren ausgedehnten Grünflächen und idyllischen Seen ist die älteste Parkanlage Bangkoks ein beliebtes Naherholungsgebiet für die Großstädter. Frühmorgens üben sich hier Chinesen im Tai-Chi-Schattenboxen, mittags halten Angestellte aus dem Central Business District im Schatten der Bäume ein Nickerchen, vom späten Nachmittag an drehen Jogger auf einem 2,5 km langen Kurs ihre Runden, während Bodybuilder Gewichte stemmen. Man kann auch Rad fahren, Inlineskaten, Skateboarden oder einfach nur geruhsam picknicken. Liebespaare mieten sich gern Tretboote, um ungestört zu sein. Während der Trockenzeit geben sonntags am späteren Nachmittag das Bangkok Symphony Orchestra und gelegentlich auch ausländische Musiker kostenlose klassische Konzerte. Besucher des Parks werden oft von *goannas* erschreckt. Doch keine Angst: Die oft über 1 m großen Echsen, die sich in den Teichen und Seen wohlfühlen, sind harmlos. Nach Anbruch der Dunkelheit sollte man den Park meiden.

Grüne Stadtoase

Schräg gegenüber der Rama IV. Statue steht das **Dusit Thani Hotel (12)**. Noch Anfang der 1970er-Jahre ragte das Hotel mit 22 Stockwerken als damals höchstes Gebäude von Bangkok einsam aus einem Häusermeer empor. Mittlerweile wird die „Stadt im Himmel" von mehreren Hundert Hochhäusern überragt.

Thai-Boxen – Erlaubt ist, was trifft

Bei dem *muay thai* genannten Nationalsport, der spektakulärsten aller waffenlosen Selbstverteidigungsarten, gilt das Motto „Erlaubt ist, was trifft". Nicht nur das Gesicht, auch andere empfindliche Stellen des Körpers dürfen mit Fäusten und Füßen traktiert werden. Die Regeln verbieten nur das Allerschlimmste, etwa zu

info

beißen. Wenn die Kämpfer aufeinander eindreschen, bis Blut fließt, geraten bis zu 10.000 Zuschauer in den beiden größten Boxstadien von Bangkok total aus dem Häuschen. Jeder Kampf geht über fünf Runden zu jeweils drei Minuten. Die zweiminütigen Pausen dazwischen dienen den Sportlern zur Erholung, die Zuschauer nutzen sie für illegale Wettgeschäfte. Die besten Kämpfe werden im Fernsehen übertragen.

Die Anfänge des Thai-Boxens reichen zurück ins 16. Jh., in die Zeit der Kriege mit Burma und dem Khmer-Reich, die mit Schwertern, Lanzen und Pfeil und Bogen ausgetragen wurden. König *Naresuan* ließ seine Soldaten auch in waffenloser Selbstverteidigung schulen, und das Boxen wurde bald in allen Bevölkerungsschichten populär. Box-Champions sind in Thailand so bekannt wie bei uns Bundesligaspieler, sie kassieren Gagen von 5.000 Euro und mehr pro Abend.

Die beiden Bangkoker Boxstadien, das Ratchadamnoen Boxing Stadium und das Lumpini Boxing Stadium, die jeweils rund 10.000 Zuschauern Platz bieten, sind bei Thai-Boxveranstaltungen häufig ausverkauft. Dabei sind die Eintrittskarten nicht billig: Für einen Platz in den hinteren Reihen zahlt man Baht 1.000–1.500, für einen der besten Plätze am Ring muss der Zuschauer bis zu Baht 2.500 hinblättern.
New Lumpini Boxing Stadium, *Thanon Ram Inthra, Anusawaree, Bang Khen,* ☏ *(02)2514303 und (02)2537940, www.muaythailumpinee.net; Di, Fr 18.30–23 Uhr, Sa 17–20 Uhr, 20.30–24 Uhr.*
Ratchadamnoen Boxing Stadium, *Thanon Ratchadamnoen Nok,* ☏ *(02)2814205 und (02)2810879; Mo, Mi, Do 18–21 Uhr, So 17–21 Uhr.*

Pathumwan – Rings um den Siam Square

Um den Siam Square, den Mittelpunkt des modernen Geschäfts- und Wohnviertels Pathumwan, erstreckt sich ein Shopping-Paradies, von Billigmärkten über elegante Ladenarkaden bis zu mondänen Einkaufszentren. Im Untergeschoss von Siam Paragon, einem der derzeit angesagtesten Shopping-Tempel, befindet sich die **Siam Ocean World (14)**. In Südostasiens größtem begehbaren Salzwasseraquarium leben auf 10.000 m² über vier Stockwerke verteilt mehr als 30.000 Meeresbewohner. Durch einen Plexiglastunnel gelangen Besucher in eine Unterwasserwelt, die von lebenden Korallenstöcken, Haien, Rochen und unzähligen farbenfrohen Fischen bevölkert wird – ein einzigartiges „Taucherlebnis" ohne Schnorchel und Sauerstoffflasche. In zahlreichen Aquarien sind zudem Biotope für Süßwasserfische, Reptilien und Wirbellose nachgestellt. Kinder können in einem Streichelpool Seesterne und Muscheln berühren – Biologieunterricht zum Anfassen. Publikumsmagneten sind Shows wie *Dive with the sharks*, bei denen bis zu zwei Meter große Leopardenhaie Tauchern aus der Hand fressen.
Siam Ocean World, *www.siamoceanworld.com, täglich 10–21 Uhr, Shark Feeding Show täglich 13, 16 Uhr, Eintritt: Erwachsene Baht 950, Kinder (80–120 cm) Baht 750.*

Thailands berühmtestes Geisterhäuschen

An der verkehrsreichen Kreuzung Thanon Ploenchit und Thanon Ratchadamri liegt neben dem Grand Hyatt Erawan ein Schrein mit der vierköpfigen Hindu-Gottheit Brahma. Als das Luxushotel Mitte des 20. Jh. gebaut wurde, gab es sehr viele Unfälle, angeblich verursacht von Erdgeistern, die von ihrem Platz vertrieben worden waren. Als Ersatz wurde der **Erawan Shrine (15)** für die Geister errichtet – und die Unfälle hörten auf. Schon bald schrieb man ihm Glück bringende Kräfte zu, und er wurde zu einem öffentlichen Wallfahrtsort. Zu jeder Tages- und Nachtzeit umringen Bittsteller die Brahma-Statue, entzünden Räucherstäbchen und Kerzen und legen duftende Jasmingirlanden nieder. So mancher stellt zum Dank für einen in Erfüllung gegangenen Wunsch einen hölzernen Elefanten auf. Andere erfolgreiche Bittsteller danken Brahma, indem sie eine Darbietung klassischer Lakon-Tänze finanzieren. Auch im buddhistischen Thailand genießt Brahma, eine der drei obersten hinduistischen Gottheiten, höchste Verehrung, denn vielen Thai gilt er als Vater des Buddha.

Einige Hundert Meter weiter bringen kinderlose Frauen im **Nai Lert Park (16)** beim Hilton Hotel vor einem ungewöhnlichen Schrein mit mehreren Hundert hölzernen Phallussäulen Opfer dar und bitten um Erfüllung ihres Kinderwunsches.

Jim Thompson House

Es gibt Orte in Bangkok, wo der Besucher eintauchen kann in das alte Siam und im nächsten Moment wieder im 21. Jahrhundert steht. Einer dieser Orte ist das **Jim Thompson House (17)**. Der 1906 geborene James („Jim") Thompson kam kurz vor Ende des Zweiten Weltkriegs nach Thailand, als amerikanischer Geheimdienstler und Verbindungsmann zur Untergrundbewegung, die gegen das japanfreundliche Regime kämpfte. Er verliebte sich nicht nur in eine Tochter Siams, sondern in das ganze Land und machte Bangkok zu seinem ständigen Wohnort. Nach einem Intermezzo als Direktor des berühmten Oriental Hotel gründete er die Thai Silk Company und rettete damit die traditionelle Kunst der Seidenspinnerei und -verarbeitung vor dem Vergessen. Zur Legende wurde der „Seidenkönig", als er am Ostersonntag 1967 von einem Ausflug in den Cameron Highlands in Malaysia nicht mehr zurückkehrte. Trotz Suchaktionen blieb Thompson im Urwald verschollen, und inzwischen ranken sich die wildesten Gerüchte um sein mysteriöses Verschwinden. Von seinen zahlreichen Reisen *Sammlung* durch alle Regionen Thailands hatte Jim Thompson erlesene Antiquitäten mitgebracht, *eines span-* fein ziselierte Keramiken und wertvolles blau-weißes Ming-Porzellan ebenso wie sel- *nenden* tene Buddha-Statuen, Seidenmalereien und Holzstiche. Ausgestellt sind die Kostbar- *Lebéns* keiten in seinem von Tropengrün umgebenen Anwesen am Khlong San Sap, einem Teakholzpalast aus sechs Häusern im traditionellen Thai-Stil, die er an ihrem ursprünglichen Standort auseinandernehmen, mit Barken nach Bangkok transportieren und dort wieder aufbauen ließ.

Jim Thompson House, *6 Soi Kasemsan 2, Thanon Rama I, ☎ (02)2167368, www.jim thompsonhouse.com, täglich 9–17 Uhr, alle 10 Min. halbstündige Führungen auf Englisch; Eintritt: Erwachsene Baht 100, Kinder Baht 50; ein Teil der Einnahmen geht an die örtliche Blindenschule.*

Pratunam – Nördlich des Siam Square

Im Schatten von Wolkenkratzern versteckt sich inmitten eines Tropengartens mit einem malerischen Lotosteich der **Suan Pakkard Palace (18)**, ein Komplex traditioneller Thai-Häuser, die viel vom Flair des alten Siam vermitteln. Jedes der fünf auf Stelzen errichteten und durch Holzstege miteinander verbundenen Teakgebäude beherbergt eine Sammlung erlesener Antiquitäten, die von Ihrer Königlichen Hoheit Prinzessin Chumbhot zusammengetragen wurde. Zu den Kostbarkeiten der Palastan-

Der Suan Pakkard Palace beherbergt kostbare Antiquitäten

lage gehört der sogenannte „Lackpavillon" aus dem 17. Jh., der aus Ayutthaya stammt und hier, sorgfältig restauriert, wieder aufgebaut wurde. Seinen Namen verdankt der graziöse Bau den kunstvollen Schwarz-Gold-Lackmalereien an den Innenwänden, die in fortlaufenden Bildern Episoden aus dem Leben des Buddha und aus dem „Ramakien" zeigen. In den anderen Gebäuden werden Buddha-Statuen, alte Gemälde, Chinoiserien, traditionelle Musikinstrumente, wertvolle Khon-Masken, bemalte Keramiken aus Nordthailand und vieles mehr ausgestellt **Suan Pakkard Palace**, *352 Thanon Sri Ayutthaya, ☎ (02)245 4934, www.suanpakkad.com, täglich 9–16 Uhr, Eintritt: Baht 100.*

Brodelndes Marktleben

Von dem historischen Kleinod sind es nur einige Hundert Meter zum **Pratunam Market (19)**, auf dem pralles Leben herrscht. In der Gegend um die beiden Baiyoke-Hochhäuser und das Indra Regent Hotel werden sogar die Gehsteige von Händlern genutzt, die Imitate von Markenwaren anbieten. Im riesigen überdachten Markt werden vor allem Textilien angeboten.

Das höchste Bauwerk des Landes

Hochgeschwindigkeitsaufzüge befördern die Passagiere in weniger als einer Minute zur Aussichtsplattform im 77. Stock des **Baiyoke 2 Tower (20)**, mit 309 m Höhe das höchste Bauwerk Thailands. Dort oder auf der drehbaren Aussichtsplattform im 84. Stock bietet sich ein ausgezeichnetes Panorama der Metropole. Der Wolkenkratzer ruht auf 306 Stahl-Beton-Pfeilern mit einem Durchmesser von jeweils 1,5 m, die 56 m tief in den Schwemmsandgrund reichen. Ursprünglich sollte der Baiyoke 2 Tower mit einer geplanten Höhe von 465 m das damals höchste Gebäude der Welt werden, doch machte die schwere Wirtschaftskrise Ende der 1990er-Jahre den Bauherren einen Strich durch die Rechnung.
Baiyoke 2 Tower, *222 Thanon Ratchaprarop, tgl. 10.30–22.30 Uhr, Eintritt: vor 16 Uhr Baht 350, nach 16 Uhr Baht 400, Kinder unter 120 cm Eintritt frei.*

Sukhumvit

Im westlich geprägten östlichen Stadtteil Sukhumvit findet man an der kilometerlangen Thanon Sukhumvit und den davon abzweigenden Sois hervorragende Restaurants, Shopping Malls und Boutiquen sowie ein vielfältiges Nachtleben, das weit mehr bietet als die Go-Go-Bars in der Soi Cowboy. Allerdings ist das Viertel relativ arm an Sehenswürdigkeiten.

Touristen werden gern im **Namdhari Sikhs Temple (21)** willkommen geheißen. *Ausge-*
Das religiöse und kulturelle Zentrum der Sikhs der Namdhari-Sekte liegt am Beginn *zeichnete*
der Soi 21 der Thanon Sukhumvit. Die meisten Mitglieder dieser Religionsgemein- *Restaurants*
schaft, die ihre Haarpracht unter einem weißen, kunstvoll gewundenen Turban ver- *und beste*
stecken, haben es in ihrer neuen Heimat zu Wohlstand und Ansehen gebracht. Tradi- *Shopping-*
tionsgemäß halten sie im Namdhari Sikhs Temple *langar* genannte Gemeinschaftsessen *möglich-*
ab, bei denen auch Gäste willkommen sind. *keiten*

Einige Fußminuten weiter liegt das etwa 150 Jahre alte, im Lan-Na-Stil erbaute **Kamt-hieng House (22)**. Das traditionelle, auf 36 Pfeilern ruhende Teak-Haus aus dem Norden des Landes wurde hier in einem Tropengarten wieder aufgebaut. Das ehemalige Wohnhaus einer begüterten Familie aus Chiang Mai bildet zusammen mit einem Reisspeicher aus derselben Gegend den stilvollen Rahmen für ein Museum, das der bäuerlichen Kultur Nordthailands gewidmet ist. Einrichtung und Exponate vom Holzpflug bis zum Webstuhl sowie Trachten der Bergstämme vermitteln einen Einblick in die Lebensgewohnheiten der bäuerlichen Bevölkerung. Auf dem Areal hat die Siam Society ihren Sitz, die sich der Erforschung und Pflege der thailändischen Kultur widmet **Kamthieng House**, ☎ *(02)6616470, www.siam-society.org, Di–Sa 9–17 Uhr, Eintritt: Erwachsene Baht 150, Studenten Baht 100, Kinder Baht 50.*

Eine „grüne Lunge" im Asphaltdschungel ist der **Benjasiri Park (23)** an der Thanon Sukhumvit. In der von Bürohochhäusern und Shopping Center umringten, ruhigen Grünanlage mit Blumenbeeten, Lotosteich und Skulpturengarten kann man nach dem Einkaufsbummel entspannen.

Weit außerhalb des Zentrums liegt der **Wat Thammamonghon (24)** mit Bangkoks höchstem Chedi. Ein Aufzug bringt Besucher bis zum 10. Stockwerk des 95 m hohen Heiligtums, dessen Spitze ein goldener Hoheitsschirm krönt. In der Vihara des Tempels erweisen die Gläubigen einem 15 t schweren Jade-Buddha ihre Reverenz.
Wat Thammamonghon, *Soi 101, Thanon Sukhumvit, Phra Khanong, tgl. 8–18 Uhr, Anfahrt: AC-Bus 1, 2, 8, 11, 13, 38 bis Soi 101, dann ca. 500 m zu Fuß.*

An der östlichen Peripherie der Stadt erstreckt sich auch der **King Rama IX Royal** *Sehens-*
Park (Suan Luang, 25). Der 200 ha große Park wurde anlässlich des 60. Geburts- *wertes am*
tags von König Bhumipol Adulyadej am 5. Dezember 1987 eröffnet. Die Anlage spie- *östlichen*
gelt die geografische Gliederung Thailands wider. Zum Suan Luang gehören ein bota- *Stadtrand*
nischer Garten, ein künstlicher Lotossee mit Fischen und Wasservögeln sowie ein
Museum, das dem Lebenswerk Rama IX. gewidmet ist.
King Rama IX Royal Park, *Soi 103, Thanon Sukhumvit, Phra Khanong, täglich 6–18 Uhr, Eintritt: Baht 30; Anfahrt: AC-Bus 133, 145, 207 bis Soi 103, dann umsteigen in einen Richtung Osten fahrenden Kleinbus.*

Bangkok mit Kindern

info

Zwar ist eine Stadt wie Bangkok mit Megastaus, Luftverschmutzung und Lärm nicht eben ein Ferienparadies für Kinder, doch es gibt Attraktionen, die Spaß für die Kids und Erholung für die Eltern versprechen.

info

Keine Angst vor großen Schlangen – in der Snake Farm des Pasteur Institute

Im Themenpark **Dream World** im nördlichen Vorort Rangsit werden Kinderträume wahr. Die besten Möglichkeiten, selbst aktiv zu werden, haben Kinder im „Fantasy Land" und im „Adventure Land", wo sie auf einen Abenteuertrip durch Wildnis und Wüste gehen. Ein weiterer Anziehungspunkt ist die Riesenwasserrutsche „Super Splash" – Badesachen nicht vergessen!

Dream World, *Thanon Nakhon Nayok, Rangsit*, ☎ *(02)5778666; Mo–Fr 10–17 Uhr, Sa, So 10–19 Uhr; Eintritt: Erwachsene Baht 600, Kinder Baht 400; Anfahrt: Vorortzug ab Hua Lamphong Railway Station bis Rangsit, dann Taxi oder Tuk-Tuk, pauschal über Reiseagentur ab Baht 1.200.*

Das **Children's Discovery Museum** im Queen Sirikit Park in der Nähe des Chatuchak Weekend Market zeigt Ausstellungen zu den Themenkreisen Natur und Umwelt, Wissenschaft und Technik, Kultur und Gesellschaft. Da all dies u. a. per Video und Computeranimation fantasievoll dargestellt wird und zudem überall Knöpfe gedrückt und Hebel bewegt werden können, ist dieses Museum ein beliebter Spielplatz für kleine und große Kinder.

Children's Discovery Museum, *Thanon Paholyothin, Chatuchak*, ☎ *(02)272 4575, Di–Fr 9–17 Uhr, Sa, So, 10–18 Uhr; Eintritt: Erwachsene Baht 200, Kinder Baht 100; Anfahrt: Sky Train bis Station Morchit. Bei Drucklegung war das Museum wegen Renovierungsarbeiten geschlossen.*

In dem ausgedehnten Freilandgehege **Safari World** im nördlichen Vorort Minburi kann man vom Fahrzeug aus Giraffen, Zebras, Löwen, Rhinozerosse und andere afrikanische Tieren beobachten. Nicht entgehen lassen sollte man sich die stündlichen Fütterungen oder Vorführungen von Dressurnummern. Sehenswert sind zudem die Delfin-und Seelöwen-Shows im angeschlossenen Marine Park. Zum Programm gehört auch eine Stunt-Show in einer Western-Stadt.

Safari World, *99 Thanon Panya Inthra, Samwatawantoh, Klongsamwa, Minburi*, ☎ *(02)9144100-19, www.safariworld.com; tgl. 9–17 Uhr; Eintritt: Erwachsene Baht 600 (Thai), Baht 950 (farangs), Kinder zwischen 6 und 14 Jahren halber Preis, unter 6 Jahre ist der Eintritt frei. Anfahrt: Mit öffentlichen Verkehrsmitteln schwer zu erreichen, am besten über eine Reiseagentur buchen, ab Baht 1.200.*

Der **Siam Park** (**Suan Siam**) ist ein Paradies für Wasserratten an der nordöstlichen Peripherie der Stadt. Für Abwechslung sorgen mehrere Wasserrutschen, vor allem die 500 m lange „Super Spiral", Plantsch- und Schwimmbecken sowie eine Achterbahn, ein Vogelpark und das „Alaska Fantasy Land", eine künstliche Winterlandschaft.

Siam Park, *99 Thanon Serithai, Khannayao*; ☎ *(02)9197200, www.siampark city.com, Mo–Fr 10–18 Uhr, Sa, So 10–19 Uhr; Eintritt: Erwachsene Baht 950, Kinder (kleiner als 140 cm) Baht 750. Anfahrt: Mit öffentlichen Verkehrsmitteln schwer zu erreichen, am besten per Taxi.*

Spaß für die ganze Familie bieten auch der **Dusit Zoo**, die **Snake Farm** im Pasteur Institute und die **Siam Ocean World** im Einkaufszentrum Siam Paragon.

Ausflüge in die Umgebung von Bangkok

Nach Südosten

Ancient City (Muang Boran)

Wer es nicht geschafft hat, alle Sehenswürdigkeiten des Landes zu besichtigen, kann das kurz vor der Heimreise nachholen: In der **Ancient City** oder **Muang Boran (1)**, dem bereits 1972 eröffneten, angeblich größten Freilichtmuseum der Welt, sind maßstabsgerecht verkleinerte Repliken von über 100 berühmten Baudenkmälern aus 1.500 Jahren thailändischer Geschichte zu sehen. Das rund 30 km südöstlich von Bangkok nahe Samut Prakan gelegene, weitläufige Areal ist das Lebenswerk eines kunstbegeisterten thailändisch-chinesischen Millionärs. Der Clou dieses einzigartigen Open-Air-Museums: Als eine Art „geschrumpftes Thailand" besitzt es exakt die Form des Landes, jede Sehenswürdigkeit liegt geografisch korrekt an der entsprechenden Stelle.

Besucher betreten die 80 ha große Freianlage an der „thailändisch-malaysischen Grenze". Vorbei an künstlichen Seen, Wasserfällen und aufgeschütteten Bergen erreicht man die Miniaturausgabe der Hauptstadt. Unbehindert von den in Bangkok allgegenwärtigen Verkehrsstaus kann man hier Modelle von Bauwerken aus dem Grand Palace und dem Königstempel Wat Phra Keo besichtigen. Weiter nördlich stehen Rekonstruktionen von Bauwerken, die im Original nicht mehr erhalten sind: der Große Palast und der Königliche Tempel der 1767 von den Burmesen zerstörten siamesischen Hauptstadt

Ayutthaya, nach historischen Dokumenten rekonstruiert von Experten des National-museums. Außerdem sind das Modell eines Thai-Dorfes aus der Ayutthaya-Epoche und ein „schwimmender Markt" zu sehen. Souvenirläden verkaufen Kunsthandwerk und in einigen Werkstätten kann man den Handwerkern über die Schulter gucken. Ein kleines anthropologisches Museum, untergebracht in der ehemaligen Residenz eines Lan-Na-Fürsten, gibt Einblick in die Alltagskultur der vergangenen Zeiten. Für das leibliche Wohl sorgen verschiedene Restaurants.

Thailand im Schnellgang

Ancient City (Muang Boran), Km 33 Thanon Sukhumvit, Samut Prakan, ☎ (02)7091644, www.ancientcity.com, tgl. 8–17 Uhr, Eintritt: Erwachsene Baht 700, Kinder Baht 350, Auto Baht 400; am Eingang können Fahrräder für Baht 70 gemietet werden.

Samut Prakan Crocodile Farm

Größte Krokodil-farm des Landes

Etwa 10 km von Ancient City entfernt leben in den Bassins der **Samut Prakan Crocodile Farm (2)** über 100.000 Riesenechsen in allen Wachstumsstadien. Angeschlossen ist ein kleiner Zoo, in dem mehrmals täglich Crocodile Wrestling Shows und Vorführungen von Arbeitselefanten gezeigt werden. In den Auslagen verschiedener Läden, die Geldbörsen, Handtaschen, Gürtel und andere Lederartikel anbieten,

sieht man, welches Schicksal die Riesenechsen erwartet. Das Krokodilfleisch wird an Spezialitätenrestaurants in Samut Prakan und Bangkok verkauft. Wissenswertes über urzeitliche Tiere vermittelt das benachbarte Dinosaurier-Museum mit lebensgroßen Modellen.
Samut Prakan Crocodile Farm, *555 Thanon Taiban, Samut Prakan, ☏ (02) 7034891-5, www. worldcrocodile.com, tgl. 8– 18 Uhr, Crocodile Wrestling Show Mo–Fr 9, 10, 11, 13, 14, 15, 16 Uhr, Sa, So auch 12, 17 Uhr, Elephant Show tgl. 9.30, 10.30, 11.30, 13.30, 14.30, 15.30, 16.30 Uhr, Fütterung der Krokodile tgl. 16.30–17.30 Uhr, Eintritt: Erwachsene Baht 550, Kinder Baht 400.*

Die Ancient City ist ein beliebtes Ausflugsziel

Nach Westen

Floating Market von Damnoen Saduak

Anfahrt: *Busse vom Southern Bus Terminal in Bangkok ab 6 Uhr im 20-Minuten-Takt, Fahrzeit 1,5 Std., oder organisierte Tour über Reisebüros oft in Verbindung mit Ausflügen zum Rose Garden und Samphran Elephant Ground & Zoo, zum River Kwai oder nach Nakhon Pathom mit dem 127 m hohen Phra Pathom Chedi.*

Ein Besuch des **Floating Market von Damnoen Saduak (3)**, 110 km westlich von Bangkok in der Provinz Ratchaburi, ist nichts für Langschläfer. Schon um 6 Uhr morgens herrscht emsiges Treiben auf dem Wassermarkt (thail.: *talat nam*). Lange vor Sonnenaufgang machen sich die Händlerinnen, die traditionell dunkelblaue Leinenblusen und breitkrempige Strohhüte tragen, mit winzigen, randvoll beladenen *sampans* auf den Weg, um in den „kühlen" Morgenstunden ihr frisches Obst und Gemüse oder Blumen zu verkaufen. In schwimmenden Garküchen werden kleine Speisen zum Frühstück angeboten, etwa Reissuppe oder gebratene Bananen. Der beste Blick auf die malerische Szenerie bietet sich von den Brücken, welche die *khlongs* überspannen.

Thailands berühmtester „schwimmender Markt"

Wer den Markt „durchstreifen" will, kann für etwa Baht 500 ein Boot mieten. Allerdings ist der „schwimmende Markt" von Damnoen Saduak schon lange kein Geheimtipp mehr: Wenn die Busse aus Bangkok ankommen (etwa ab 9 Uhr), sind die Touris-

Der „schwimmende Markt" von Damnoen Saduak

ten den Marktfrauen zahlenmäßig überlegen. Besucher, die noch nie einen Wassermarkt gesehen haben, sind begeistert. Wer aber die „schwimmenden Märkte" des Mekong-Deltas in Vietnam erlebt hat, wird vom Rummel eher enttäuscht sein. Weniger besuchte „schwimmende Märkte" in der Umgebung von Damnoen Saduak sind der **Amphawa Floating Market** und der **Tha Khu Floating Market**.

 Tipp

Wer den „schwimmenden Markt" ohne Busladungen von Touristen erleben möchte, sollte am Vorabend anreisen, in Damnoen Saduak übernachten und den Markt frühmorgens besuchen. Manche Tourveranstalter stoppen schon einige Kilometer vor Damnoen Saduak und bieten ihren Gästen die Möglichkeit, in Boote umzusteigen.

Weitere Ziele südwestlich von Bangkok

„Instant-Thailand"

Ebenfalls per Tagesausflug zu erreichen ist das **Rose Garden & Country Resort (4)**, 4 km östlich der Stadt Samphran. Zu der weitläufigen Parkanlage mit Lotosteichen und schönen Spazierwegen etwa 60 km westlich des Zentrums von Bangkok gehören ein luxuriöses Resorthotel und einer der schönsten Golfplätze Thailands. Täglich um 14.45 Uhr beginnt eine 90-minütige Cultural Show, bei der traditionelle Tänze und Schwertkämpfe, Thai-Boxen und Hahnenkampf, eine thailändische Hochzeitszeremonie und die Ordination eines Mönches, Arbeitselefanten im Einsatz und Handwerkskünste gezeigt werden. Im nahen **Samphran Elephant Ground & Zoo (5)** wird neben Elefanten-Dressuren eine Crocodile Show geboten.

Im Samphran Elephant Ground & Zoo

Rose Garden, *Km 32 Petchkasem Highway,* ☎ *(034)322544, www.sampranriverside.com, tgl. 8–18 Uhr, Vorführungen ab 14.45 Uhr, Eintritt: Erwachsene Baht 700, Kinder Baht 500.*
Samphran Elephant Ground & Zoo, *Km 32 Petchkasem Highway,* ☎ *(034)311971, www.elephantshow.com, tgl. 8.30–17.30 Uhr, Elephant Show täglich 13.45 und 15.30 Uhr und Crocodile Show tgl. 12.45, 14.20 Uhr, Eintritt: Erwachsene Baht 700, Kinder unter 130 cm Baht 350; Anfahrt: Busse vom Southern Bus Terminal in Bangkok, Fahrzeit ca. 1,5 Std., oder organisiert meistens in Verbindung mit einem Besuch des Damnoen Saduak Floating Market.*

Nach Nordwesten

Nahe der Provinzstadt Suphanburi, 110 km nordwestlich von Bangkok, liegt der Themenpark **Buffalo Village (6)**, in dem sich alles um ein anspruchsloses Tier dreht, das trotz Technisierung heute noch unentbehrlich für das kleinbäuerliche Agrarwesen ist – den Wasserbüffel (thail.: *khwai*). Trainer zeigen mit rund 100 Tieren, wie die „thailändischen Traktoren" in der Landwirtschaft eingesetzt werden, außerdem finden Wasserbüffelrennen statt. Wer Lust hat, kann auf dem Rücken eines dieser stattlichen Tiere mit Furcht einflößendem Gehörn einen Ausritt unternehmen. Beim Rundgang durch die Anlage lernen Besucher ein typisches Thai-Bauerndorf kennen. Weitere Attraktionen sind ein Schmetterlings-, Kräuter- und Orchideengarten sowie ein stattliches Teak-Gebäude, das als Restaurant dient.

Der Wasserbüffel – der thailändische „Traktor"

Buffalo Village, ☎ *(03)5581668, www.buffalovillages.com, Mo–Fr 9–18 Uhr, Sa, So 9.30–18.30 Uhr. Buffalo Show Mo–Fr 11, 16.30 Uhr, Sa, So 10.30, 14, 16 Uhr, Eintritt: Erwachsene Baht 550, Kinder Baht 350; Anfahrt: Busse vom Northern Bus Terminal in Bangkok im 60-Minuten-Takt, Fahrzeit ca. 2 Std., oder organisierte Tour über Reisebüros.*

Bei **Don Chedi (7)** nördlich von Suphanburi, an der Stelle, wo im Jahre 1592 die berühmte Befreiungsschlacht gegen die Burmesen geschlagen wurde, erinnert ein modernes Denkmal an den Sieg des Prinzen Naresuan (s. S. 211).

Nach Norden

Eine kombinierte Boot-Bus-Tour ab Bangkok ist die schönste Art, um nach Ayutthaya zu fahren, in die alte Hauptstadt des Königreiches Siam, und den Sommerpalast der Monarchen in Bang Pa-In zu besuchen. Etwa 20 km nördlich des Stadtzentrums wird **Ko Kret (8)** passiert, eine kleine, autofreie Insel im Mae Nam Chao Phraya, die entstand, als man das nördliche und das südliche Ende einer weiten Flussschlaufe durch einen Kanal verband. Auf Ko Kret hat die Töpferkunst eine lange Tradition. Heute noch produzieren die dort seit der Ayutthaya-Periode lebenden Mon feine Töpferwaren, vor allem Wasserkrüge. Der im Mon-Stil erbaute Wat Chim Phli im Süden der Insel beherbergt eine hoch verehrte Buddha-Statue aus der Ayutthaya-Zeit.

Tradition der Töpferkunst

Hinter dem Provinzstädtchen Pathum Thani legen die Boote beim „Storchentempel" **Wat Pailom (9)** an. Dieser ist zwar architektonisch nicht von großer Bedeutung, aber das Tempelareal ist Heimat für Tausende von Silberklaffschnabel-Störchen (thail.: *nok pakhang*) aus Bangladesch, die von Dezember bis Juni in das Schutzgebiet kommen, um zu brüten und ihre Jungen aufzuziehen. Vor Beginn der Regenzeit kehren die meisten Störche mit ihrem Nachwuchs zurück nach Bangladesch. Viele bleiben aber auch

In der königlichen Sommerresidenz von Bang Pa-In mischen sich fernöstliche und europäische Stilelemente

das ganze Jahr hindurch im Wat Pailom. Morgens verlassen sie den Tempelbezirk, um in den umliegenden Reisfeldern nach Schnecken und kleinen Fischen zu suchen, am späten Nachmittag kehren sie zu ihren Nistplätzen zurück. Es ist ratsam, die Störche von dafür errichteten Unterständen aus zu beobachten, denn deren Dächer schützen nicht nur vor Regen.

Nächste Station ist das **Royal Folk Arts & Craft Center** in **Bang Sai (10)**, in dem unter der Schirmherrschaft von Königin Sirikit junge Frauen und Männer aus ländlichen Regionen zu Kunsthandwerkern ausgebildet werden.
Royal Folk Arts & Craft Center, ☏ *(035)366666-7, www.sacict.net/startpage.php, Di–Fr 8–17 Uhr, Sa, So und feiertags 8–19 Uhr, Eintritt: Baht 100.*

Angeschlossen sind ein **Vogelpark** *(täglich 9–17 Uhr, Eintritt Baht 20)* und ein **Süßwasseraquarium** *(Di–Fr 10–16 Uhr, Sa, So und feiertags 10–18 Uhr).*

Bang Pa-In

Knapp 60 km nördlich von Bangkok liegt an einer Biegung des Chao Phraya **Bang Pa-In (11)** mit der Sommerresidenz der Ayutthaya-Könige, die dort zusammen mit ihrem Gefolge die heiße Jahreszeit verbrachten. Nachdem die Burmesen Ayutthaya 1767 zerstört hatten, stand der Palast 80 Jahre lang leer, denn er lag zu weit abseits vom neuen Regierungssitz in Bangkok. Erst mit der Einführung von Dampfschiffen, die eine schnelle Reise ermöglichten, wurde Bang Pa-In wieder interessant für die thailändischen Monarchen.

Ihr heutiges Gesicht, ein Potpourri aus fernöstlichen und europäischen Stilelementen, erhielt die Anlage Mitte des 19. Jh. durch König Mongkut und seinen Nachfolger König Chulalongkorn. Wegen seiner prächtigen Dekorationen und harmonischen Proportionen gilt der anmutige Pavillon Aisawan Thi Phaya At aus dem Jahr 1876, der malerisch in einem künstlichen Teich steht, als ein besonders gut gelungenes Beispiel traditioneller thailändischer Baukunst. An ein venezianisches Palais erinnert dagegen die am Ufer desselben Teiches gelegene Audienz- und Thronhalle Varophat Phiman. Das Prunkstück von Bang Pa-In ist der prachtvolle, 1889 errichtete chinesische Palast Vihat Chamrun, ein Geschenk der chinesischen Gemeinde von Bangkok an König Chulalongkorn, die sich damit dessen Wohlwollen sichern wollte. Vom Withunthatsana-Turm in der Nähe des Vihat Chamrun bietet sich ein schöner Blick auf die Anlage. Einst diente er König Mongkut, der ein Faible für Astronomie hatte, als Observatorium.
Bang Pa-In (Sommerresidenz), *täglich 8.30–16.30 Uhr, Eintritt: Baht 120; Zutritt nur in dezenter Kleidung, Fotografieren nur im Außenbereich erlaubt.*

Architektonisches Meisterwerk

Mit einer Seilbahn erreicht man **Wat Nivet Dhamapravat** auf einer Insel im Mae Nam Chao Phraya etwas südlich von Bang Pa-In. Der Tempel stellt ein Kuriosum dar, denn König Chulalongkorn ließ den Bot im neugotischen Stil errichten.

Ayutthaya (12), 15 km weiter nördlich, war von 1350 bis 1767 die Hauptstadt des Königreiches Siam. Nach der Plünderung durch die Burmesen ist vom alten Glanz nur noch wenig erhalten, dennoch zählt die einstige Metropole mit rund 500 Ruinen zu den herausragenden kulturellen Highlights von Thailand (Ayutthaya, s. S. 202).

Reisepraktische Informationen Bangkok

i Information

Bangkok Tourist Information Center, 17/1 Thanon Phra Arthit, Phra Pin Klao Bridge (nahe dem Nationalmuseum), Rattanakosin, ☎ (02)2257612-4, 🖷 (02)225 7615-6, Mo–Fr 9–19 Uhr, Sa u. So 9–17 Uhr; www.bangkoktourist.com

Informationskioske: Thanon Sukhumvit (zwischen Soi 10 und 12 sowie zwischen Soi 11 und 13), Ecke Thanon Silom/Thanon Rama IV, Thanon Khao San, Siam Square (Sky Train Central Station) und Chatuchak Weekend Market.

Informationsschalter der Tourism Authority of Thailand (TAT), Suvarnabhumi Airport, Ankunftshalle, täglich 8–24 Uhr.

Tourist Assistance Line, ☎ 1672, kostenloses Auskunftstelefon, 8–20 Uhr.

Tourist Police, ☎ 1155

🛏 Unterkunft

Es empfiehlt sich, bei der Wahl der Unterkunft auf die Nähe zu einer Haltestation von Sky Train oder Subway, den beiden zuverlässigsten Transportmitteln in der Stadt, zu achten.

The Oriental $$$$$$ (15), 48 Oriental Ave., Bangrak, ☎ (02)6599000, www.mandarin-oriental.com, EZ/DZ ab Baht 15.150. Das Oriental gehört zu den Top Ten der weltbesten Hotels. Es ist eine Legende und der Name Synonym für Service (S. 165)

The Sukhothai $$$$$$ (19), 13/3 Thanon Sathorn Tai, Sathorn, ☎ (02)3448888, www.sukhothai.com, EZ/DZ ab Baht 11.500. Extravagantes Hideaway, eine Melange aus Elementen thailändischer Sakralarchitektur und 90er-Jahre-Minimalismus, bis ins kleinste Detail luxuriös ausgestattete Zimmer. Bekannt für seine guten Restaurants wie das Celadon. Schöner Pool und edles Spa.

Dusit Thani Hotel $$$$$$ (18), Thanon Rama IV, Bangrak, ☎ (02)6363333, www.dusit.com, EZ/DZ ab Baht 7.750. Traditionsreiches Haus mit behaglichen Zimmern und erstklassigen Restaurants.

Rembrandt Hotel $$$$$ (9), Soi 18, Thanon Sukhumvit, Khlong Toey, ☎ (02)2617100, www.rembrandtbkk.com, EZ/DZ ab Baht 5.000. Eine der beliebtesten Nobelherbergen der Stadt mit luxuriös ausgestatteten Zimmern. Das hoteleigene Rang Mahal gilt als das beste indische Restaurant von Bangkok.

The Siam Heritage $$$$$ (17), 115/1 Thanon Surawong, Bangrak, ☎ (02)3536101, www.thesiamheritage.com, EZ/DZ Baht 4.750–7.750. 69 Zimmer, möbliert mit tropischem Edelholz, mit schönen Accessoires ausgestattet, man fühlt sich in das Königreich Siam zurückversetzt. Hervorragendes Restaurant, Spa und Fitness-Center, Pool.

Baiyoke Sky Hotel $$$$–$$$$$ (1), 222 Thanon Ratchaprarop, Pratunam, ☎ (02)6563000, EZ/DZ Baht 3.800–5.800. 88 Stockwerke hoch, das Hotel schmückt sich mit dem Attribut **The world's tallest hotel**. Jedes der 673 elegant möblierten Zimmer bietet einen herrlichen Blick auf die Metropole. Mehrere Restaurants und Bars. Pool im 17. Stock.

Furama Silom $$$$–$$$$$ (16), 533 Thanon Silom, Bangrak, ☎ (02)6886888, www.furama.com/silom, EZ/DZ Baht 3.000–5.000. Das frühere Unico Silom Grande überrascht mit geräumigen Zimmern in elegantem, dezentem Thai-Stil und einem Pool auf der Dachterrasse im 20. Stock.

Dream Bangkok $$$$–$$$$$ (**4**), 10 Soi 15, Thanon Sukhumvit, Sukhumvit, ☎ (02)2548500, www.dreambkk.com, EZ/DZ Baht 2.450-4.650. Das beinahe schon surreal wirkende Boutiquehotel präsentiert sich in einem Mix aus ultramodernem Design und Retrochic der 1960er- und 1970er-Jahre. Die Zimmer sind in – angeblich schlafförderndes – blaues Licht getaucht.

Royal Benja Hotel $$$$ (**3**), 39 Soi 5, Thanon Sukhumvit, Sukhumvit, ☎ (02)6552920-53, www.royalbenja.th.com, EZ/DZ Baht 2.700–3.600. Die Ausstattung der 388 Zimmer und Suiten des 30-stöckigen Hotelturms lässt keine Wünsche offen; liegt ruhig in einer Seitenstraße der Thanon Sukhumvit. Mit beliebtem Restaurant, Fitness-Studio, Pool im 5. Stock.

City Lodge $$$$ (**6**), Soi 9, Thanon Sukhumvit, Sukhumvit, ☎ (02)2537705, www.amari.com, EZ/DZ ab Baht 2.570. Praktisch und komfortabel eingerichtete Zimmer mit Bad/WC, Klimaanlage, Mini-Bar, Safe und Satelliten-TV. Günstig gelegen für Shopping und Nachtleben. Die Gäste können kostenlos den Pool des nahegelegenen Luxushotels Amari Boulevard nutzen (Soi 5, Thanon Sukhumvit).

Manhattan Hotel $$$$ (**7**), 13 Soi 15, Thanon Sukhumvit, Sukhumvit, ☎ (02)2550166, www.hotelmanhattan.com, EZ/DZ Baht 2.550–3.750. Ruhiges, familienfreundliches Haus mit geräumigen, klimatisierten Zimmern, Restaurant und Pool.

Stable Lodge $$$ (**8**), 39 Soi 8, Thanon Sukhumvit, Khlong Toey, ☎ (02)6530017-9, www.stablelodge.com, EZ/DZ Baht 1.495–1.875. Modernes Kleinhotel mit 41 zwar wenig geräumigen, aber gemütlichen Zimmern sowie einem von tropischen Pflanzen umgebenen Pool. Täglich ab 18 Uhr ein „All you can eat"-Barbecue (Baht 495).

Royal Hotel $$$ (**12**), Thanon Ratchadamnoen, Phra Nakhon, ☎ (02)2229111-26, www.rattanakosinhotel.com, EZ/DZ Baht 1.800 (inkl. Frühstück). Traditionsreiches Haus in der Nähe der wichtigsten Sehenswürdigkeiten, überrascht innen mit historischem Flair. Gutes Restaurant und schöner Pool im begrünten Innenhof.

Golden House $$$ (**2**), 1025/5-9 Thanon Ploenchit, Pathumwan, ☎ (02)2529535-7, www.goldenhousebangkok.com, EZ/DZ Baht 1.450–1.950. Kleines, aber feines Boutique-Hotel in der Nähe der eleganten Einkaufszentren um den Siam Square mit behaglichen, geräumigen Zimmern.

Reno Hotel $$$ (**11**), 40 Soi Kasem San 1, Thanon Rama I, Pathumwan, ☎ (02)215 0026-7, www.renohotel.co.th, EZ/DZ Baht 1.390–1.780. Ältliches, aber charmantes Haus mit geräumigen, gut ausgestatteten Zimmern, Restaurant und Pool; hilfsbereites Personal.

Atlanta Hotel $$–$$$ (**10**), 78 Soi 2, Thanon Sukhumvit, Sukhumvit, ☎ (02)2526069, www.theatlantahotelbangkok.com, EZ/DZ Baht 900–1.950. 1952 eröffnetes Haus mit dem Flair vergangener Tage – ob hoffnungslos verstaubt oder charmant „retro" ist Ansichtssache. Einfache, aber geräumige Zimmer mit Klimaanlage oder Deckenventilator. Üppiger Tropengarten mit Pool und Kinderplanschbecken.

Bangkok Inn $$–$$$ (**5**), 155/12-13 Soi 11, Thanon Sukhumvit, Sukhumvit, ☎ (02)254 4834, www.bangkok-inn.com, EZ/DZ Baht 900–1.650. Sympathische Pension mit geschmackvoll eingerichteten Zimmern und Touragentur.

The Bed & Breakfast $$ (**11**), 36/42-43 Soi Kasem San 1, Thanon Rama I, Pathumwan, ☎ (02)2153004, EZ/DZ Baht 750–950. Freundliche Pension in einer ruhigen Seitenstraße. Zimmer mit Klimaanlage und Dusche/WC.

River View Guest House $$ (**13**), 768 Soi Phanu Rang Si, Thanon Songwat, Samphan Thawong, ☎ (02)2342078, www.riverviewbkk.com, EZ/DZ Baht 600–950. Versteckt im Gewühl der Chinatown; einfache Zimmer mit Klimaanlage oder Deckenventilator, z. T. mit sanitären Gemeinschaftsanlagen; herrlicher Blick auf den Fluss vom Restaurant auf der Dachterrasse.

Bangkok: Hotels, Restaurants, Geschäfte

Hotels
1. Baiyoke Sky Hotel
2. Golden House
3. Royal Benja Hotel
4. Dream Bangkok
5. Bangkok Inn
6. City Lodge
7. Manhattan Hotel
8. Stable Lodge
9. Rembrandt Hotel
10. Atlanta Hotel
11. Reno Hotel, The Bed & Breakfast
12. Royal Hotel
13. River View Guest House
14. New Road Guest House
15. The Oriental

16. Furama Silom
17. The Siam Heritage
18. Dusit Thani Hotel
19. The Sukhothai

Restaurants, Bars & Nachtclubs
1. Kung Luang
2. Kalong Home Kitchen
3. The Club
4. Supatra River House
5. Royal Thai Navy Club
6. Saxophone
7. Royal City Avenue - RCA I
8. Phoebus Amphitheatre Complex

9. The Rock Pub
10. Once Upon a Time (Jao Khun Ou)
11. Hard Rock Café
12. Ku De Ta
13. Seefah
14. Coca Suki Restaurant
15. Saras
16. The Red Sky
17. Brown Sugar
18. Bali
19. Curries & More
20. Q-Bar
21. Bash-Levels Late
22. Old German Beerhouse
23. Eleven Gallery
24. Cabbages & Condoms
25. Bourbon Street
26. Mixx

© graphic

Bangkok: Hotels, Restaurants, Geschäfte

27 Le Dalat Indochine	44 Radio City	13 Platinum Fashion Mall
28 Baan Khanitha	45 Telephone	14 Montien Plaza
29 Maha Naga	46 Banana House	15 Jim Thompson
30 Bei Otto	47 Vino di Zanotti	Thai Silk
31 Lemongrass		
32 Seafood Market	**Einkaufen**	
33 Grease	1 Hua Seng Heng	
34 Tokyo Joe's	2 Mah Boon Krong	
Blues Bar	3 Pantip Plaza	
35 Riverside Lounge	4 Siam Paragon	
36 Himali Cha Cha	5 Central World Plaza	
37 Sirocco und	6 Asiatique The Riverfront	
Sky Bar/Distil	7 Asia Books	
38 Blue Elephant	8 Emporium	
39 Silom Village	9 Market Place	
40 Ta-Ling-Pling	10 Rasi Sayam	
41 Café de Laos	11 Rama Jewelry	
42 Somboon Seafood	12 Artisan's	
43 The Mango Tree	Silom Village	

New Road Guest House $–$$$ (14), 1216/1 *Thanon Charoen Krung, Bangrak,* ☏ *(02)6309371, www.newroadguesthouse.com, EZ/DZ Baht 450–1.830. Gut geführtes Gästehaus in zentraler, aber ruhiger Lage; 45 Zimmer unterschiedlicher Größe und Ausstattung mit Ventilator oder Klimaanlage, Dusche/WC.*

Unterkünfte in Banglamphoo (Thanon Khao San und Umgebung)

Im In-Viertel der Backpacker um die Thanon Khao San (Khao San Road) liegen mehr als 100 preiswerte Gästehäuser und Kleinhotels, die einfache bis relativ gut ausgestattete Zimmer mit Dusche und WC oder Gemeinschaftsbad sowie wahlweise Ventilator oder Klima-Anlage bieten; in den sehr billigen Zimmern gibt es meist nur Kaltwasser-Duschen. Den meisten Unterkünften sind kleine Restaurants und Touragenturen angeschlossen. Ruhiger als in der Thanon Khao San übernachtet man in der Soi Chana Songkhram und in der Thanon Ram Buttri. Reisende mit gehobenen Ansprüchen finden in Banglamphoo auch einige komfortable Hotels, die z. T. sogar Swimmingpools haben.

Viengtai Hotel $$$$ (4), *42 Thanon Ram Buttri, Banglamphoo,* ☏ *(02)2805434-45, www.viengtai.co.th, EZ/DZ Baht 2.900–3.900. Komfortable, freundliche Zimmer; Restaurant mit thailändischen und internationalen Gerichten; schöner Pool; optimale Lage in der Nähe der bedeutendsten Attraktionen.*

Buddy Lodge $$$$ (8), *265 Thanon Khao San,* ☏ *(02)6294477, www.buddylodge.com, EZ/DZ Baht 2.050–2.700. Hotel in einem großen Gebäudekomplex mit Shopping Center, Reiseagenturen und Restaurants, gut ausgestattete Zimmer mit Klimaanlage, mit Pool.*

New Siam Riverside Guest House $$$–$$$$ (10), *21 Thanon Phra Arthit, Banglamphoo,* ☏ *(02)6293535, www.newsiam.net, EZ/DZ Baht 1.490–2.890. 106 behaglich möblierte AC-Zimmer, z. T. mit Balkon und Flussblick, Terrassenrestaurant und Pool.*

Rambuttri Village Inn $$$ (2), *95 Soi Ram Buttri, Thanon Chakrawongse, Banglamphoo,* ☏ *(02) 2829162, www.khaosan-hotels.com, EZ/DZ Baht 1.000–1.300. Gut ausgestattete Zimmer mit Klimaanlage, Restaurant und Pool auf der Dachterrasse.*

Bhiman Inn $$$ (1), *55 Thanon Phra Sumen, Banglamphoo,* ☏ *(02)2826171-5, www.bhimaninn.com, EZ/DZ Baht 1.450–1.850 (inkl. Frühstück). Neues Boutiquehotel mit 45 gut ausgestatteten, klimatisierten Zimmern, Restaurant und kleinem Pool.*

D & D Inn $$–$$$ (6), *68-70 Thanon Khao San, Banglamphoo,* ☏ *(02)6290526-8, www.khaosanby.com, EZ/DZ Baht 850–1.550 (inkl. Frühstück). Fünfstöckiges Haus für etwas gehobenere Ansprüche, gut ausgestattete Zimmer, Frühstücksrestaurant und Pool.*

New Siam III Guest House $$ (9), *7 Soi Ram Buttri, Thanon Chakrawongse, Banglamphoo,* ☏ *(02)6294844, www.newsiam.net, EZ/DZ Baht 800–950. Vierstöckiges, frisch renoviertes Gästehaus mit klimatisierten Zimmern.*

Happy House $$ (5), *46 Soi Chana Songkhram, Banglamphoo,* ☏ *(02)2803301, EZ/DZ Baht 600-900. Angenehmes Hostel mit 110 gut ausgestatteten AC-Zimmern und beliebtem Restaurant; hilfsbereites Personal, kostenloses WLAN.*

Sawasdee Bangkok Inn $–$$ (7), *126/2 Thanon Khao San, Banglamphoo,* ☏ *(02)2801251, www.sawasdee-hotels.com, EZ/DZ Baht 450–950. Etwas zurückversetzt von der Hauptstraße und relativ ruhig, Zimmer mit Ventilator oder Klimaanlage, kleines Restaurant.*

Sawasdee House $–$$ (3), *147 Soi Ram Buttri, Thanon Chakrawongse, Banglamphoo,* ☏ *(02) 2818138, www.sawasdee-house.com, EZ/DZ Baht 450–750. Einfache, aber ordentliche Zimmer mit Ventilator oder Klimaanlage, teils mit Balkon; beliebtes, halboffenes Restaurant.*

Bangkok: Unterkünfte in Banglamphoo

1 Bhiman Inn
2 Rambuttri Village Inn
3 Sawasdee House
4 Viengtai Hotel
5 Happy House
6 D & D Inn
7 Sawasdee
  Bangkok Inn
8 Buddy Lodge
9 New Siam III
  Guest House
10 New Siam
   Riverside
   Guest House

© *graphic*

Restaurants

Thailändisch (günstig)

Banana House (46), *Duangtip Bldg., 68/1 Thanon Silom, Bangrak,* ☎ *(02)2349967, täglich außer So. 10.30–22 Uhr, Gerichte Baht 120–300. Die Ausstattung ist schlicht, aber das Küchenteam bereitet z.T. recht außergewöhnliche Thai-Gerichte zu.*

Cabbages & Condoms (24), 10 Soi 12, Thanon Sukhumvit, Sukhumvit, ☎ (02)229 4610, www.pda.or.th/restaurant, täglich 11–22 Uhr, Menü Baht 250–500. Hervorragende Thai-Gerichte, Lokal unter der Leitung der Population and Community Planning Association (PDA), einer 1974 gegründeten privaten Organisation für Familienplanung.

Coca Suki Restaurant (14), Siam Square/Thanon Henry Dunant, Pathumwan, ☎ (02) 2513538 und 8 Soi Tantawan, Thanon Surawong, Bangrak, ☎ (02)2369323, www.coca.com, täglich 11–24 Uhr, Menü Baht 400–700. Das aus Japan übernommene sukiyaki oder steamboat, eine Art Fondue, ist bei den Thai sehr beliebt.

Curries & More (19), 31 Soi 53, Thanon Sukhumvit, Sukhumvit, ☎ (02)2598530-3, täglich 11–23 Uhr, Gerichte Baht 220–470. Hier wird ein Grundnahrungsmittel der Thai in fantasievollen Variationen serviert – Curry auf Reis. Pikant ist kaeng massaman, ein leicht süßsaures Curry auf der Basis von Kartoffeln, Erdnüssen, Tamarinde und Palmzucker.

Eleven Gallery (23), 1/34 Soi 11, Thanon Sukhumvit, Sukhumvit, ☎ (02)6512672, www.11-gallery.com, täglich 11–23 Uhr, Gerichte Baht 90–385. Romantisches Thai-Restaurant in einem zweistöckigen Teakhaus, in dem man **thai style** auf Kissen sitzend an niedrigen Tischchen speist.

Royal Thai Navy Club (5), Thanon Mahathat, Rattanakosin, ☎ (02)1922525, täglich 11–14, 16–22 Uhr, Gerichte Baht 80–220. Hier speisen die Angestellten des Königlichen Marine-Hauptquartiers, doch das einfache Restaurant beim Tha Chang Ferry Pier steht allen offen. Häufig voll, aber mit etwas Glück bekommt man einen Tisch ganz nah am Fluss – der Blick verdient fünf Sterne.

Saras (15), 15 Soi 20, Thanon Sukhumvit, Sukhumvit, ☎ (02)4018484, www.saras.co.th, Mo–Fr 8.30–22.30 Uhr, Sa, So 8.30–23 Uhr, Gerichte Baht 110-220. Auf der ellenlangen Speisekarte des vegetarischen Restaurants stehen neben einigen thailändischen und chinesischen Gerichten vorwiegend Speisen aus allen Regionen des indischen Subkontinents.

Seefah (13), 434-440 Soi 7, Siam Square, Pathumwan, ☎ (02)2515517 und Soi Thaniya, Thanon Silom, Bangrak, ☎ (02)2353290, täglich 10–22 Uhr, Gerichte Baht 100–240. Das Interieur dieser Kettenrestaurants ist schlicht, doch die Thai-Gerichte sind vom Feinsten.

Silom Village (39), 286 Thanon Silom, Bangrak, ☎ (02)6356313, täglich 10–23 Uhr, Set-Menü Baht 595–950. Restaurant in traditioneller Teakholzarchitektur, seit Jahren eine verlässliche Adresse für erstklassige Thai-Küche. Auf der Bühne wird von 20.15 bis 21 Uhr klassisches Lakon-Tanztheater präsentiert.

Ta-Ling-Pling (40), 60 Thanon Pan, Bangrak, ☎ (02)2364825, täglich 11–22.30 Uhr, Menü für 2 Personen Baht 400–700. Modernes Lokal mit Charme und moderat gewürzten Thai-Gerichten.

 Tipp: Gut und günstig

Hungrige mit knappem Budget (wie den Autor dieses Reiseführers) zieht es in die **Foodcenter** in den überdachten Märkten oder den Einkaufszentren. Dort gibt es oft mehr als 100 Essensstände, die Gerichte aller Küchen Asiens servieren. Für wenig Geld (Gerichte Baht 50–100) kann man hier alle Gaumenfreuden probieren. Bezahlt wird mit Coupons, die an einer Kasse verkauft werden, übrig gebliebene Coupons kann man zurückgeben. Öffnungszeiten in der Regel täglich 10–21 Uhr. Hervorragende Foodcenter gibt es u. a. im Mah Boon Krong Shopping Complex nahe Siam Square (444 Thanon Phayathai, Pathumwan, www.thefifthfood.com) und im Old Siam Plaza (Thanon Pahurat/Thanon Tri Phet, Pahurat).

Thai Style Nouvelle Cuisine
Lemongrass (31), *5/1 Soi 24, Thanon Sukhumvit, Khlong Toey,* ☎ *(02)2588637, täglich 11–14, 18–23 Uhr, Menü Baht 800–1.000. Das stilvoll mit Bambus möblierte Lokal ist bekannt für innovative Crossover-Küche.*

Maha Naga (29), *2 Soi 29, Thanon Sukhumvit, Sukhumvit,* ☎ *(02)6623060, täglich 17.30–24 Uhr, Menü Baht 1.400–1.600. Kulinarische Kreationen aus klassisch thailändischer mit einem kräftigen Schuss italienisch-französischer Küche. Stimmungsvolles Ambiente in einem alten Thai-Haus.*

Sirocco (37), *State Tower Bangkok, 1055 Thanon Silom, Bangrak,* ☎ *(02)6249555, www.thedomebkk.com, täglich 8–24 Uhr, Gerichte Baht 490–4.990. 63 Stockwerke über dem Erdboden, fast in den Wolken und ein unvergleichlicher Panoramablick über Bangkok. Zum Ambiente passen die Gerichte der leichten thai style nouvelle cuisine mit französischem und mediterranem Touch. Gäste mit Höhenangst sollten einen Tisch in der Mitte wählen.*

Royal Thai Cuisine
Baan Khanitha (28), *36/1 Soi 23 (Soi Prasanmit), Thanon Sukhumvit, Sukhumvit,* ☎ *(02)2584181, www.baan-khanitha.com, täglich 11–23 Uhr, Menü Baht 1.400–2.000. Unverfälschte Königliche Thai-Küche im gediegenen Ambiente eines traditionellen Teak-Hauses.*

Blue Elephant (38), *233 Thanon Sathorn Tai, Yannawa,* ☎ *(02)6739353, www.blue elephant.com, täglich 11.30–14.30, 18.30–22.30 Uhr, Menü Baht 1.600–2.200. Restaurant in geschichtsträchtigem Gemäuer, gerühmt für die hervorragende Königliche Thai-Küche, leider hohe Getränkepreise.*

Once Upon a Time (Jao Khun Ou) (10), *32 Soi 17, Thanon Petchaburi, Pratunam,* ☎ *(02)2528629, www.onceuponatimeinthailand.com, täglich 11–24 Uhr, Menü Baht 1.000–1.200. Nicht unbedingt „königliche", aber sehr gute traditionelle Thai-Küche; großartiges Ambiente in einer Holzvilla; schön zum Draußensitzen im Garten.*

Supatra River House (4), *266 Soi Wat Rakhang, Thanon Arun Amarin, Sirirat, Bangkok Noi, Thonburi,* ☎ *(02)4110305, www.supatrariverhouse.net, täglich 11.30–14.30, 17.30–23 Uhr, Menü Baht 1.400–1.600, Anfahrt: Restauranteigenes Boot ab Maharat Ferry Pier. Klassische Thai-Küche auf höchstem Niveau, liegt am Thonburi-Ufer des Mae Nam Chao Phraya in einem alten Thai-Holzhaus.*

The Mango Tree (43), *37 Soi Tantawan, Thanon Surawong, Bangrak,* ☎ *(02)2362820, www.coca.com/mangotree, täglich 11.30–24 Uhr, Menü Baht 1.400–1.800. Hervorragende traditionelle Thai-Küche, stilvolles Ambiente in einem alten Haus oder unter Mangobäumen im Garten.*

Seafood
Kalong Home Kitchen (2), *2 Thanon Sri Ayutthaya, Thewet,* ☎ *(02)2819228, täglich 11–23 Uhr, Menü Baht 800–1.000, Anfahrt: Expressboot bis Thewet Ferry Pier. Einfache Ausstattung, aber feinstes Seafood. Tipp: pla sam-leh mamuang, ein karpfenähnlicher, gebackener Fisch mit pikantem Salat aus grünen Mangos.*

Kung Luang (1), *1756 Thanon Pin Klao-Nakhornchaisi, Bangkok Noi, Thonburi,* ☎ *(02) 4230748, täglich 11–23 Uhr, Menü Baht 800–1.200. Dieses Restaurant abseits der Touristenviertel ist seit vielen Jahren eine kulinarische Pilgerstätte für einheimische Seafood-Fans.*

Seafood Market (32), *89 Soi 24, Thanon Sukhumvit, Khlong Toey,* ☎ *(02)2612071-5, www.seafood.co.th, täglich 11–24 Uhr, Menü Baht 1.600–2.000. Für Seafood-Freunde ein wahrer Augen- und Gaumenschmaus. Dutzende von Köchen braten, brutzeln und grillen. Die Gäste wählen aus einem großen Angebot an Fischen, Meeresfrüchten und weiteren Zutaten, beim Bezahlen teilt man die gewünschte Art der Zubereitung mit.*

Somboon Seafood (**42**), *12 Thanon Surawong, Bangrak,* ☎ *(02)2333104, www.som boonseafood.com, täglich 16–23.30 Uhr, Gerichte Baht 150–650. Eine von sieben De- pendancen einer Restaurantkette, hervorragendes Seafood zu moderaten Preisen, keine Kreditkarten!*

International
Bali (**18**), *15/3 Soi Ruam Rudi, Thanon Ploenchit, Pathumwan,* ☎ *(02)2500711, täglich außer Sonntag 11–14, 17–22 Uhr, Gerichte Baht 150–300. Die Gerichte des indonesischen Lokals haben einen milden, etwas süßlichen Charakter.*
Bei Otto (**30**), *1 Soi 20, Thanon Sukhumvit, Sukhumvit,* ☎ *(02)2620892, www.beiotto.com, täglich 8–24 Uhr, Gerichte Baht 125–895. Wen es eher nach Schweinebraten mit Klößen als nach frittierten Schweineohren gelüstet, der ist in Bangkoks ältestem deutschem Restaurant richtig.*
Bourbon Street (**25**), *9/39–40 Tana Arcade, Soi 63, Ekamai, Sukhumvit,* ☎ *(02) 3816801, www.bourbonstbkk.com, täglich 7–1 Uhr, Gerichte Baht 150–425. Hier kann man eine kulinarische Reise durch die Südstaaten der USA machen. Jeden Dienstagabend wird ein preiswertes mexikanisches Buffet-Dinner angeboten.*
Café de Laos (**41**), *16 Soi 19, Thanon Silom, Bangrak,* ☎ *(02)6352338-9, täglich 11–14, 17–22 Uhr, Menü Baht 250–450. Essen wie auf dem Lande in Laos oder im Isaan, dem Nordosten von Thailand. Spezialität des Hauses: somtam, ein pikanter Salat aus grüner Pa- paya, Knoblauch, Chilis mit Fischsauce und Garnelenpaste.*
Himali Cha Cha (**36**), *Soi 47/1, Thanon Charoen Krung, Bangrak,* ☎ *(02)2351569, www.himalichacha.com, täglich 11–15.30, 18–22.30 Uhr, Gerichte Baht 185–375. Eines der bekanntesten indischen Restaurants der Stadt. Delikat sind Lamm und Hähnchen aus dem Tandoori-Ofen.*
Le Dalat Indochine (**27**), *14 Soi 23, Thanon Sukhumvit, Sukhumvit,* ☎ *(02)6617967- 8, täglich 11–14.30, 17.30–23 Uhr, Gerichte Baht 195–475. Bistro-Restaurant in einem stil- voll eingerichteten Holzhaus. Nach Kennermeinung gibt es hier das beste vietnamesische Essen der Stadt.*
Old German Beerhouse (**22**), *11 Soi 11, Thanon Sukhumvit, Sukhumvit,* ☎ *(02) 6513838, www.old-german-beerhouse.com, täglich 8–24 Uhr, Gerichte Baht 100–450. Eine der besten Adressen für Heimwehkranke, mit umfangreicher Speisekarte.*
Vino di Zanotti (**47**), *21/2 Soi Yommarat, Thanon Sala Daeng, Silom, Bangrak,* ☎ *6360002, täglich 15–24 Uhr, Menü Baht 1.200–1.400. Exzellente klassische italienische Küche, in den Abendstunden begleitet von Live-Jazz.*

Bars und Nachtklubs
Bash – Levels Late (**21**), *37 Soi 11, Thanon Sukhumvit, Sukhumvit,* ☎ *(02)3083246, täg- lich 24–6 Uhr. Wenn in den benachbarten Clubs auf Bangkoks neuester Partymeile die Lich- ter schon längst erloschen sind, dann geht hier erst so richtig die Post ab. Die DJs legen vor- wiegend Tech-House auf.*
Brown Sugar (**17**), *469 Thanon Phra Sumen, Banglamphoo,* ☎ *(089)4991378, www. brownsugarbangkok.com, täglich 19–1.30 Uhr. Bei Thai und farangs beliebte Musikkneipe, bester Soundmix von Blues über Jazz bis Soul, Reggae und Rock, kaltes Bier vom Fass, fan- tasievolle Snacks. Live-Bands ab 21 Uhr, vor allem Fr, Sa immer proppenvoll.*
Grease (**33**), *46/12 Soi 49, Thanon Sukhumvit, Sukhumvit,* ☎ *(02) 6626120, www.grease bangkok.com, Mo–Sa 18–2 Uhr. In Bangkoks vielleicht attraktivstem Dancespot ist jede der drei Etagen und die Dachterrasse nach einem anderen Motto gestaltet.*

Hard Rock Café (11), 424/3-6 Soi 11, Siam Square, Pathumwan, ☏ (02)6584090-3, täglich 11–1 Uhr. Täglich außer Sonntag stehen ab 22.30 Uhr Live-Bands auf der Bühne, dazu gibt es Burger und Thai-Gerichte.

Ku De Ta (12), 39. u. 40 St., Sathorn Square Complex, 98 Thanon Sathorn Nua, Bangrak, ☏ (02)1082000, www.kudeta.com, täglich 18–2 Uhr. Die stylische Lounge-Bar ist ein beliebter Nightspot der Jungen und Schönen der Stadt. Am Mittwoch ist ladies night mit Pop-Klassikern. Sehr hohes Preisniveau, dafür gibt es den Blick auf das Who is who von Bangkok gratis.

MiXX (26), Basement Intercontinental Hotel, Thanon Ploenchit, Pathumwan, ☏ (02)656 0444, www.mixx-discotheque.com, täglich 21–3 Uhr. In der 2012 zu Thailands bestem Nachtclub gewählten Mega-Disco drängeln sich auf zwei Ebenen vorwiegend Teens und Twens, die hier zu Hip Hop, R & B, House, Trance und Progressive abtanzen.

Phoebus Amphitheatre Complex (8), Thanon Ratchadaphisek, Huay Khwang, ☏ (02)2624569, täglich 20–2 Uhr. Überdimensionales Unterhaltungszentrum, in dem oft international bekannte Bands auftreten, dazu gehören Karaoke-Bars und mehrere Restaurants.

Q-Bar (20), 34 Soi 11, Thanon Sukhumvit, Sukhumvit, ☏ (02)3083246, www.qbarbang kok.com, täglich 18–2 Uhr. Trendiger Treffpunkt mit Retro-Mobiliar aus den 1960er-Jahren und Musik von House über Hip-Hop zu Pop und Jazz.

Radio City (44), Soi Patpong 1, Thanon Silom, Bangrak, ☏ (02)2664567, täglich 19–2 Uhr. Musik-Bar mit Kultstatus, die auf Bangkoks „sündiger Meile" seit Jahren erfolgreich der Konkurrenz aus grellen Go-Go-Bars trotzt, ab 23 Uhr wackelt hier ein Thai-Elvis mit den Hüften, vorher wird Live-Rock 'n' Roll gespielt.

Riverside Lounge (35), Shangri-La Hotel, 89 Soi Wat Suan Plu, Thanon Charoen Krung, Bangrak, ☏ (02)2367777, täglich 17–20 Uhr. Auch wenn eine Übernachtung in dem Fünf-Sterne-Hotel über dem Reisebudget liegt, sollte man sich wenigstens einmal einen Sundowner an der Bar am Ufer des Mae Nam Chao Phraya leisten – die Atmosphäre über dem Fluss ist einmalig.

Sky Bar/Distil (37), State Tower, 1055 Thanon Silom, Bangrak, ☏ (02)6249555, www. thedomebkk.com, täglich 18–1 Uhr. Die höchste Freiluftbar der Welt im 63. Stock des 247 m hohen State Tower „schwebt" spektakulär über dem Lichtermeer der Metropole – der Rundblick ist atemberaubend!

Saxophone (6), 3/8 Thanon Phayathai, Victory Monument, Phayathai, ☏ (02)2465472, www.saxophonepub.com, täglich 18–24 Uhr. Alteingesessener Jazzklub, in dem ab 21 Uhr einige der Top-Jazz-Musiker von Bangkok auftreten.

Telephone (45), Soi 4, Thanon Silom, Bangrak, ☏ (02)2343279, www.telephonepub.com, täglich 18–2 Uhr. Hippe Bar auf der „Soi Kathoey" nahe der Patpong. Viele Gays, aber keine reine Schwulenkneipe. Der Clou sind die Telefone auf jedem Tisch, mit denen man andere Gäste anklingeln kann.

The Club (3), Thanon Khao San, Banglamphoo, ☏ (02)6291010, www.theclubkhaosan. com, täglich 18–1 Uhr. Multi-Kulti-Techno-Club im quirligen Backpacker-Zentrum.

The Red Sky (16), Centara Grand at Central World, 999/99 Thanon Rama 1, Pathumwan, ☏ (02)1001234, www.centarahotelsresorts.com, täglich 11–1 Uhr. Fantastische Rooftop-Bar – 56 Stockwerke über dem Erdboden reicht der Blick über die glitzernde City-Skyline und vergoldete Tempeldächer bis zum Grand Palace.

The Rock Pub (9), 93/26-28 Hollywood St., Thanon Phayathai, Pathumwan, ☏ (02)208 9228, www.therockpub-bangkok.com, täglich 21.30–2 Uhr. Beste Adresse für Heavy Metal und Hard Rock. Fr–So Live-Bands.

Tokyo Joe's Blues Bar (34), 7–11 Soi 24, Thanon Sukhumvit, Khlong Toey, ☏ (02)6610359, täglich 17–1 Uhr. Steaks at their best zu Live-Blues und -Jazz aller Stilrichtungen (ab 21.30 Uhr).

Tipp: Place to go – Disco-Meile RCA 1

Die lange Unterhaltungsmeile, wo sich Bars, Pubs und Discos aneinander reihen, ist an Wochenenden Tummelplatz für vergnügungssüchtige Nachteulen. Hier gibt es hippe Szene-Hotspots mit coolem Ambiente für cool gestylte Gäste mit Hang zur Selbstdarstellung.

Royal City Avenue – RCA 1 (7), *Thanon Rama IX, Huay Khwang, täglich 20– 2 Uhr.*

Einkaufen

Artisan's (12), *Silom Village, 286 Thanon Silom, Bangrak,* ☏ *(02)2376816, täglich 10–22 Uhr. Erlesenes Angebot an Steinskulpturen, Holzschnitzereien, Terrakotta-Arbeiten sowie Seiden und anderen Textilien.*

Asia Books (7), *zwischen Soi 15 und 17, Thanon Sukhumvit, Sukhumvit,* ☏ *(02)2527277, www.asiabooks.com, täglich 9–19 Uhr. Große Auswahl an englischsprachigen Romanen und Sachbüchern; zahlreiche Titel zu Bangkok und Thailand sowie zur Thai-Kultur; mehrere Zweigstellen.*

Asiatique The Riverfront (6), *Soi 72-76, Thanon Charoen Krung, Wat Prayakrai District,* ☏ *(02)1084488, www.asiatiquethailand.com, täglich 17–24 Uhr. Auf diesem Touristenmarkt mit 1.500 Läden und Ständen am Ufer des Mae Nam Chao Phraya findet man eine riesige Auswahl an kunsthandwerklichen Souvenirs. Für das leibliche Wohl sorgen zahlreiche Restaurants, Bars und Biergärten, teils mit Live-Musik.*

Central World Plaza (5), *Thanon Rama I/Thanon Ratchadamri, Pathumwan,* ☏ *(02) 6407000, täglich 9–21 Uhr. In dem eleganten Konsumpalast kann man für viel Geld die Originale der Markenimitate kaufen, die es im nahen Pratunam Market für ein paar Baht gibt.*

Emporium (8), *Soi 24, Thanon Sukhumvit, Khlong Toey,* ☏ *(02)2691000, täglich 9–21 Uhr. Exklusiver Konsumtempel mit Dependancen von Chanel, Christian Dior u.a.*

Hua Seng Heng (1), *401–407 Thanon Yaowarat, Chinatown,* ☏ *(02)2240077, täglich 8– 20 Uhr. Seit über 50 Jahren in Chinatown ansässiges Goldgeschäft mit gutem Renommee.*

Jim Thompson Thai Silk (15), *9 Thanon Surawong, Bangrak,* ☏ *(02)6328100, www.jim thompson.com, täglich 9–21 Uhr. Ältestes Seidengeschäft der Stadt mit einem umfangreichen Sortiment an Stoffen, Kleidung und Accessoires; beste Qualität, aber nicht ganz billig. Filialen u. a. in den Einkaufszentren Central World Plaza und Emporium.*

Mah Boon Krong (2), *444 Thanon Phayathai, Pathumwan,* ☏ *(02)6209000, täglich 9– 22 Uhr. Riesiges Shopping-Center, sehr beliebt bei Bangkoks Jugend. Preiswert sind vor allem Jeans, T-Shirts, Lederwaren, Mode- und Goldschmuck, CDs und DVDs. Riesige Auswahl an Mobiltelefonen und Zubehör. Im 5. Stock kann man sich schnell und günstig Visitenkarten anfertigen lassen.*

Market Place (9), *818 Soi 55, Thanon Sukhumvit, Sukhumvit,* ☏ *(02)7147888, täglich 9–21 Uhr. Elegante Shopping-Mall auf drei Etagen. Internationale Modemarken, aber auch viele thailändische Firmen, darunter die aktuellen Designer.*

Montien Plaza (14), *50 Thanon Surawong, Bangrak,* ☏ *(02)2673569, täglich 9–20 Uhr. Das elegante Shopping Center mit gehobenem Preisniveau bietet auf zwei Etagen eine große Auswahl an Kunsthandwerk made in Thailand, darunter Silber- und Lederwaren, Kleinmöbel, Holzschnitzarbeiten, Stoffe und Kleidung aus Seide.*

Pantip Plaza (3), *147 Thanon Petchaburi, Pratunam,* ☏ *(02)2549797, www.pantip plaza.com, täglich 9–21 Uhr. Ein Mekka für Computer-Freaks, die hier auf fünf Etagen Hardund Software sowie Computerspiele zu Schnäppchenpreisen finden.*

Platinum Fashion Mall (13), *Thanon Ratchadamri/Thanon Petchaburi, Pratunam, www.platinumfashionmall.com, täglich 9–21 Uhr. Das Einkaufszentrum mit über 1.300 Geschäften ist eine Topadresse für trendige Mode. Besonders attraktiv sind die Outlets junger Thai-Designer.*

Rama Jewelry (11), *Thanon Silom/Thanon Surasak, Bangrak,* ☎ *(02)2668654-7, www.ramajewelry.com, täglich außer So 9–19 Uhr. Alteingesessenes Juweliergeschäft mit gutem Ruf. Im Asian Institute of Gemmological Science im gleichen Gebäude prüfen Experten Edelsteine und stellen Echtheitszertifikate aus.*

Rasi Sayam (10), *82 Soi 33, Thanon Sukhumvit, Sukhumvit,* ☎ *(02)2620729, Mo–Sa 9–17.30 Uhr. Zeitgenössisches thailändisches Kunsthandwerk, darunter schöne Keramikwaren nach Vorbildern aus der Sukhothai- und Ayutthaya-Periode.*

Siam Paragon (4), *Thanon Rama I, Pathumwan,* ☎ *(02)6108000, täglich 10–21 Uhr. Elegante, nach dem Shop-in-Shop-System aufgebaute, 500.000 m² große Megamall mit Filialen von Armani, Cartier, Gucci u.a.*

Silom Village (12), *286 Thanon Silom, Bangrak,* ☎ *(02)2344581, täglich 10–22 Uhr. In dem in traditioneller Teakholzarchitektur errichteten Komplex bieten Boutiquen gediegenes Kunsthandwerk, Leder- und Seidenwaren sowie Schmuck an.*

⬆ Unterhaltung

Calypso Cabaret, *Asiatique The Riverfront, Warehouse 3, Soi 72–76, Thanon Charoen Krung, Wat Prayakrai District,* ☎ *(02)6881415-17, www.calypsocabaret.com, täglich 20.15 u. 21.45 Uhr. Eintritt: Erwachsene Baht 900 Baht, Kinder unter 120 cm Baht 600. Jede Nacht präsentieren Travestiekünstler in fantastischen Kostümen ihre Shows. Spitzenunterhaltung! Immer voll! Früh reservieren!*

DJ Station, *8/6-8 Soi 2, Thanon Silom, Bangrak,* ☎ *(02)2664029, www.dj-station.com, täglich 20–3 Uhr, Eintritt: So–Do Baht 200, Fr/Sa Baht 350. In diesem Club auf Bangkoks*

Show im Calypso Cabaret – Tina Turner und andere, fast so gut wie im echten Leben

„schwuler Meile" setzen sich allnächtlich zweimal schrill gestylte Transvestiten fulminant in Szene. Immer proppenvoll!

National Theatre, Thanon Na Phra That, Sanam Luang, Rattanakosin, Programminformation Mo–Fr 8–16.30 Uhr ☏ (02)2210171, bei vielen Veranstaltungen Eintritt frei, bei anderen Baht 150–500. Maskentanz und Tanztheater auf höchstem künstlerischem Niveau.

Sala Chalermkrung Royal Theatre, Thanon Charoen Krung/Thanon Tri Phet, Pahurat, ☏ (02)2244499, www.salachalermkrung.com, Eintritt: Baht 1.000–1.800. Hochkarätige Aufführungen klassischer Tanzdramen; Freitag und Samstag um 20.30 Uhr Darbietung von Kurzversionen des „Ramakien"-Epos.

Siam Niramit, Thanon Thien Ruammit/Thanon Ratchadaphisek, Huay Khwang, ☏ (02)6499222, www.siamniramit.com, täglich 20 Uhr, Eintritt ab Baht 1.500. 80-minütige Monumental-Historienshow, die Elemente des klassischen Lakon-Tanztheaters und des traditionellen Khon-Maskentanzes mit modernem Musical und Sound & Light-Effekten verbindet – mit 150 Darstellern eine der größten Bühnenshows der Welt.

Thailand Cultural Centre, Thanon Thien Ruammit/Thanon Ratchadaphisek, Huay Khwang, ☏ (02)2470028, www.culture.go.th, bei vielen Veranstaltungen Eintritt frei, bei anderen Baht 100–1.000. Schaufenster der Thai-Kultur mit Theater und Open-Air-Bühne, wo Maskentanz und klassisches Tanztheater, gelegentlich auch traditionelles Thai-Puppentheater inszeniert werden.

The Traditional Thai Puppet Theatre, Aksra Theatre, King Power Duty Free Complex, 8/1 Thanon Rang Nam, Phayathai, ☏ (02)6778888, www.thaipuppet.com, täglich 19.30 Uhr, Eintritt: Erwachsene Baht 1.000, Kinder Baht 400. Aufführung des traditionellen thailändischen Puppentheaters und Darbietung klassischen Maskentanzes.

The Chao Phraya River Cultural Centre, 94 Soi 21, Thanon Charoen Nakhon, Khlong San, Thonburi, ☏ (02)4393478, täglich 19.30–21.30 Uhr, Eintritt: Baht 950. Touristische, aber niveauvolle Aufführungen klassischer Maskentanzes und Tanztheaters im Rahmen eines üppigen Seafood-Dinners.

 Aktivitäten
Ausflüge

Viele Tour-Veranstalter bieten **Kreuzfahrten auf dem Mae Nam Chao Phraya** an, die meist beim River City Boat Tour Center, ☏ (02)2370077-8, www.rivercity.co.th, gegenüber dem Royal Orchid Sheraton Hotel starten. Buchung auch in Hotels und Reiseagenturen. Beliebt sind kombinierte Boot-Bus-Ausflüge nach **Ayutthaya**.

Zu empfehlen sind **River Sun Cruise**, ☏ (02)2669125, www.riversuncruise.co.th, täglich 7.30 Uhr vom River City Shopping Complex, Ticket: Erwachsene Baht 2.450, Kinder Baht 1.950 und **The Oriental Queen**, ☏ (02) 236 0400-9, täglich 8 Uhr vom Oriental Hotel Pier, Ticket: Erwachsene Baht 2.950, Kinder Baht 2.250. Preiswerter sind die Bootstouren des **Chao Phraya Express Boat Service**, allerdings fahren die Boote nur bis Bang Pa-In (So 8 Uhr vom Tha Maharat Ferry Pier, Rückkehr 17.30 Uhr, ☏ (02)2253002-3 und (02)2225330, Ticket: Erwachsene Baht 750, Kinder Baht 550).

Kochkurse

Ein- und mehrtägige Kochkurse in englischer Sprache bieten die **Thai Cooking School**, The Oriental, 48 Oriental Ave., Bangrak, ☏ (02)6592000, www.mandarin-oriental.com (Baht 5.400 für Regular Class, Baht 6.500 für Special Class) und **The Thai House**, 32/4 Moo 8, Tambol,

Bang Muang, Bang Yai, Nonthaburi, ☏ (02)9039611, www.thaihouse.co.th (Baht 3.800 für Ein-Tages-Kurs, Baht 16.650 für Drei-Tages-Kurs mit 2 Übernachtungen im DZ).

Wellness
Heilmassagen sowie Entspannungs- und Schönheitsprogramme bieten u. a. **Banyan Tree Spa**, The Westin Banyan Tree Hotel, Thai Wah Tower II, 51. bis 54. Etage, 21/100 Thanon Sathorn Tai, Sathorn, ☏ (02)6791052, www.banyantreespa.com und **Ananatara Bangkok Riverside Resort & Spa**, 257 Thanon Charoen Nakhon, Khlong San, Thonburi, ☏ (02)4760022, www.marriotthotels.com/bkkth.

 Verkehr
Stadt- und Nahverkehr
Sky Train und **Subway**
Das 26 km lange Bangkok Transit System (BTS) der **Hochbahn (Sky Train)** besteht aus der Sukhumvit Line zwischen Bearing im Osten und Morchit im Norden (18 km) sowie der Silom Line zwischen National Stadium im Westen und im Süden (8 km). Zentrale Umsteigestation ist Siam Square. Die Sky Trains verkehren täglich 6–24 Uhr im Fünf-Minuten-Takt. Tickets kosten je nach Zone Baht 15–55, man erhält sie an Automaten an den Bahnsteigen. Mit dem One Day Pass (Baht 130) sind unbegrenzte Fahrten an einem Tag möglich, erhältlich an Schaltern an den Bahnsteigen. Auskunft: **Bangkok Transit System** (BTS), ☏ (02)6177340 und (02)6177141-2, www.bts.co.th.

Die **Untergrundbahn (Subway)** beginnt beim Hauptbahnhof Hua Lamphong an der Thanon Rama IV, führt in südöstliche Richtung und schwenkt nach dem Lumpini Park der Thanon Ratchadaphisek folgend nach Norden. Endhaltestelle ist nahe beim Northern Bus Terminal (Morchit). Züge verkehren täglich 6–24 Uhr im Fünf-Minuten-Takt. Die Fahrpreise entsprechen jenen des Sky Train. Auskunft: MRTA, ☏ (02)6245200, www.bangkokmetro.co.th.

Busse
Busse fahren alle paar Minuten auf festgelegten Routen zwischen den Stadtteilen, es gibt Haltestellen, aber keine festen Abfahrtszeiten. Das Ziel ist auf Schildern an der Frontscheibe angeben, allerdings in thailändischer Schrift. Die Linien haben aber Nummern mit arabischen Ziffern. Einen Stadtplan mit allen Routen und Busnummern bekommt man für Baht 70 in vielen Supermärkten und Drogerien.

Boote
Auf dem Mae Nam Chao Phraya verkehren Expressboote: Mo–Fr 6–20, Sa–So 6–19 Uhr im Zehn- bis Zwanzig-Minuten-Takt zwischen Nonthaburi im Norden und Rajburana im Süden, auf der knapp 20 km langen Strecke gibt es 30 Piers (tha) bzw. Haltestellen. Auf der Route der regulären Expressboote verkehren zwischen Sathorn Ferry Pier und Phra Arthit Ferry Pier von 9.30–15 Uhr auch die etwas teureren Chao Phraya Tourist Boats (One Day River Pass, Baht 150), in denen Fremdenführer über Lautsprecher auf die Sehenswürdigkeiten hinweisen. Auskunft: ☏ (02)4458888, www.chaophrayaexpressboat.com.

Fernverkehr
Busse
Es gibt drei große Busbahnhöfe für den Fernverkehr – **Northern Bus Terminal**, Morchit Mai, Thanon Kamphaeng Phet, ☏ (02)93628526 und (02)93628418: Busse nach

Norden, etwa Ayutthaya, Lopburi, Phitsanulok, Sukhothai, Lampang, Chiang Mai, Chiang Rai und Chiang Khong sowie nach Nordosten, etwa Pak Chong/Khao Yai National Park, Nakhon Ratchasima, Khon Kaen, Udon Thani, Nong Khai, Ubon Ratchathani und Aranyaprathet.

Southern Bus Terminal, Saitai Mai, Thanon Phra Pin Klao, ☏ (02)4351200: Busse nach Süden, etwa Damnoen Saduak, Ratchaburi, Petchaburi, Cha-am, Hua Hin, Prachuap Khiri Khan, Chumphon, Surat Thani, Nakhon Si Thammarat, Hat Yai, Ranong, Takua Pa/Khao Lak, Phuket, Krabi und Trang sowie nach Westen, etwa Nakhon Pathom und Kanchanaburi.

Eastern Bus Terminal, Ekamai, Thanon Sukhumvit, ☏ (02)3912504: Busse nach Osten, etwa Pattaya, Rayong bzw. Ban Phe/Ko Samet, Chantaburi und Trat/Ko Chang.

Ein Terminal für Minibusse befindet sich **beim Victory Monument**; von dort fahren täglich 6–20 Uhr alle 20–30 Minuten Minibusse nach Ayutthaya (Chao Phrom Market), Pattaya und Ban Phe/Ko Samet.

Züge

Vom **Hauptbahnhof Hua Lamphong**, Thanon Rama IV, Samphan Thawong, ☏ (02) 2247788 und (02)2237020, führen fünf Eisenbahnlinien nach Norden, Nordosten, Osten, Süden und Westen. Klimatisierte Schlafwagen können bis zu 60 Tage im Voraus gebucht werden. Die Reservierung muss 48 Std. vor Abfahrt bestätigt werden. Reservierungen und Fahrkarten-Vorverkauf beim Advance Booking Office, ☏ (02)2204444 und (02)2250300, Mo–Fr 8.30–18, Sa u. So 8.30–12 Uhr.

Fahrplanauskunft rund um die Uhr: ☏ (02)2204334, www.thairailways.com.

... **nach Norden**: von/nach Ayutthaya, Lopburi, Phitsanulok, Lampang und Chiang Mai sieben- bis zehnmal täglich.

... **nach Nordosten**: von/nach Pak Chong/Khao Yai National Park, Nakhon Ratchasima, Khon Kaen, Udon Thani, Nong Khai und Ubon Ratchathani vier- bis neunmal täglich.

... **nach Osten**: von/nach Pattaya sechsmal täglich und Aranyaprathet zweimal täglich.

... **nach Süden**: von/nach Ratchaburi, Petchaburi, Cha-am, Hua Hin, Prachuap Khiri Khan, Chumphon und Surat Thani zehnmal täglich sowie Nakhon Si Thammarat, Hat Yai und Trang zweimal täglich.

...**nach Westen**: von/nach Nakhon Pathom und Kanchanaburi sechs- bis zehnmal täglich.

Flughafen

Bangkoks neuer **internationaler Flughafen Suvarnabhumi Airport** liegt 35 km südöstlich der City, allgemeine Auskunft: ☏ (02)1320000 und (02) 1321888; Flugplanauskunft Abreise: ☏ (02)1329324-7, Ankunft: ☏ (02)1329328-9, www.bangkokairporton line.com. In den Ankunftshallen gibt es Wechselstuben, Geldautomaten, Info-Schalter der thailändischen Fremdenverkehrsbehörde und Schalter zum Buchen von Hotelzimmern und Mietwagen.

Der auf einer Hochbahntrasse verkehrende **Airport Rail Link Express** fährt in Zehn- bis Zwanzig-Minuten-Intervallen vom Airport zum Makassan City Air Terminal und weiter zur Endstation Phayathai, Tickets: Baht 150, Infos: www.bangkokairportonline.com. An Schaltern in der Ankunftshalle (Ebene 2) kann man Tickets (Baht 150) für **Busse** nach Pattaya kaufen, Abfahrt: Täglich 8, 10, 12, 14, 16 und 18 Uhr, Auskunft: ☏ (02)7474675-6.

Komfortable Fahrzeuge des **Airport Limousine Service**, die man an Schaltern in der Ankuftshalle (Ebene 2) buchen kann, kosten Baht 900–1.200 (Fahrzeit 30–60 Minuten, Auskunft: ☏ (08)16524444). Etwa halb so teuer ist die Fahrt in Public Taxis, die man ebenfalls an Schaltern bei den Ausgängen im Untergeschoss unter der Ankunftshalle (Ebene 1) ordert. Die genauen Kosten errechnen sich per Taxameter aus gefahrenen Kilometern und Zeit zuzüglich Baht 50 Flughafenzuschlag und Baht 50–70 Maut für Expressway, bezahlt wird an den Fahrer.

 ## Hinweis

Die Flüge der Low Cost Airlines Air Asia, Nok Air und Orient Thai Airlines werden über den alten, 25 km nördlich der City gelegenen Flughafen Don Muang abgewickelt. Zwischen den beiden Flughäfen verkehrt ein Shuttlebus, aber Passagiere, die von internationalen auf Inlandflüge ab Don Muang wechseln, sollten etwa 2 bis 3 Stunden Zeit einkalkulieren!

Fluglinien
Thai Airways International, ☏ 1566 (Flugplanauskunft), ☏ (02)3561111 (allgemeine Auskünfte), www.thaiairways.com
Air Asia, ☏ (02)5159999, www.airasia.com
Bangkok Airways, ☏ (02)2706699, www.bangkokair.com
Nok Air, ☏ 1318 und (02)9009955, www.nokair.com
Orient Thai Airlines, ☏ 1126, www.flyorientthai.com

Flugverbindungen
National
von/nach **Chiang Mai** bis zu 30mal täglich (Thai Airways, Air Asia, Bangkok Airways, Nok Air, Orient Thai Airlines), **Chiang Rai** bis zu zehnmal täglich (Thai Airways, Air Asia, Orient Thai Airlines), **Hat Yai** (Thai Airways, Air Asia, Nok Air, Orient Thai Airlines), **Khon Kaen** mehrmals täglich (Thai Airways, Air Asia), **Ko Samui** bis zu 40mal täglich (Bangkok Airways), **Krabi** bis zu zehnmal täglich (Thai Airways, Bangkok Airways), **Lampang** dreimal täglich (Thai Airways, Bangkok Airways), **Nakhon Si Thammarat** mehrmals täglich (Thai Airways), **Phitsanulok** mehrmals täglich (Thai Airways, Nok Air), **Phuket** bis zu 30mal täglich (Thai Airways, Air Asia, Bangkok Airways, Nok Air, Orient Thai Airlines), **Sukhothai** mehrmals täglich (Bangkok Airways), **Surat Thani** bis zu zehnmal täglich (Thai Airways, Orient Thai Airlines), **Trang** mehrmals täglich (Nok Air), **Trat** dreimal täglich (Bangkok Airways), **Ubon Ratchathani** mehrmals täglich (Thai Airways, Air Asia), **Udon Thani** mehrmals täglich (Thai Airways, Air Asia, Nok Air).

Mietwagen
Die internationalen Mietwagenfirmen bringen das Fahrzeug in der Regel zum Hotel und holen es dort auch wieder ab.
Avis, ☏ (02)2555300-4, www.avisthailand.com
Budget, ☏ (02)2030250, www.budget.co.th
Hertz, ☏ (02)2664362, www.hertzthailand.com
National Car Rental, ☏ (02)7228487, www.nationalcar.com

Überblick

Thailands große Zentral-
ebene ist die Reiskam-
mer der Nation und das
eigentliche **Kernland
des Königreichs**. Der
hohe landwirtschaftli-
che Ertrag verhalf den
Hauptstädten, zunächst
Sukhothai und Ayuttha-
ya, dann Thonburi und
schließlich Bangkok, zu
Reichtum und Glanz,
seit der Tai-Fürst Intha-
rathit im Jahre 1238 das
erste unabhängige Tai-
Königreich gründete.

Für die Zentralregion
galten lange Zeit die
Worte des heute noch
als „Vater von Thailand"
verehrten Königs Ram-
kamhaeng (1277–1317),
die er im Jahre 1292 in
Stein schlagen ließ: „Im
Wasser gibt es Fisch und
Reis auf den Feldern.
Der König erhebt keine
Steuern von seinen Un-
tertanen, die ihrer Wege
ziehen und ihre Büffel
zum Handelsplatz leiten
und mit ihren Pferden
zum Markt reiten. Wer
immer mit Elefanten han-
deln will, soll es tun. Wer

immer mit Pferden handeln will, soll es tun. Wer immer mit Gold und Silber handeln will,
soll es tun. Und die Augen der Menschen leuchten hell ..." Inzwischen hat sich die Lage
geändert. Wie die Megalopolis Bangkok wuchsen auch die anderen Städte der Zentralregion rasant, bevor die Maßnahmen zur Dezentralisierung Wirkung zeigten.

Heute leben auf den 104.000 km² der Zentralregion, die etwa 20 Prozent des
Staatsgebietes umfasst, rund 24,5 Mio. Menschen, also mehr als ein Drittel der Gesamtbevölkerung.

Ayutthaya

Veranstaltungen
▸ Beim **Ayutthaya World Heritage Festival** (10.–25. Dezember) wird die Aufnahme der Stadt in die UNESCO-Liste der Weltkulturstätten gefeiert. Am **Wat Mahathat** erzählt eine schöne Sound & Light Show die Geschichte der alten Königsstadt.

Feste
▸ Gegen Ende der Regenzeit (Oktober/November) finden auf den Flüssen und Kanälen Phitsanuloks **Langbootrennen** statt (S. 228).
▸ Beim **Loy-Krathong-Fest** zur Vollmondnacht Ende Oktober/Anfang November verwandelt sich der Phra-Ram-See in einen flackernden Lichterteppich.

Außergewöhnliches Erlebnis
▸ Allabendlich von 19–21 Uhr tauchen Scheinwerfer die Tempel Wat **Phra Ram**, **Wat Mahathat**, **Wat Ratchaburana** und **Wat Chai Watthanaram** in ein magisches Licht (S. 206f).

Geschichte

Als europäische Kaufleute Mitte des 17. Jh. den Mae Nam Chao Phraya hinaufsegelten, fanden sie einen Staat vor, den sie als „das Schönste, was wir je gesehen haben" beschrieben. In ihren Berichten finden sich aber nicht nur ehrfurchtsvolle Hinweise auf den Reichtum der Hauptstadt Ayutthaya und ihre „zweitausend Türme und zahllosen goldenen Bilder", sondern auch auf den gottähnlichen Status des Monarchen und den unglaublichen Pomp, der ihn umgab.

Nachdem Rama Thibodi I. um 1350 Sukhothai erobert hatte, wurde Ayutthaya für vier Jahrhunderte die **Hauptstadt Siams**, in der Kunst und Architektur einen Höhepunkt erreichten. Benannt ist sie nach Ayodhya („Unbesiegbare Stadt"), der Heimat des edlen *Rama* im indischen Epos „Ramayana". Die „goldene Stadt" zählte rund 400 verschwenderisch ausgeschmückte Tempel, unzählige vergoldete Chedis und reich verzierte Paläste. Angesichts der heutigen Ruinenfelder fällt es schwer, sich die **größte und prächtigste Stadt Südostasiens** vorzustel-

Prachtvolle Metropole

len, deren Einwohnerzahl Mitte des 18. Jh. die Millionengrenze erreicht haben mag (heute leben in Ayutthaya gut 85.000 Menschen). Auf den 55 km langen Wasserstraßen bewegten sich zu jener Zeit die königlichen Barken in der Form von Fabeltieren zwischen Hunderten anderer Boote. Es gab fast 50 km gepflasterter Straßen für die Sänften der Adeligen und die schweren Kriegselefanten. 19 Befestigungen, die uneinnehmbar schienen, schützten die Stadt. Die prunkvolle Entfaltung Ayutthayas und der höfischen Kultur wurde durch ein ausgeklügeltes Besteuerungssystem ermöglicht. Nachdem König Rama Thibodi II. (1491–1529) die Beziehungen zu Europa intensiviert hatte, ließen sich zunehmend ausländische Kaufleute in Ayutthaya nieder. Die Handelsstützpunkte von Portugiesen, Spaniern, Franzosen, Engländern, Holländern und Japanern lagen am Ostufer des Mae Nam Chao Phraya. Bis dorthin konnten damals die Hochseeschiffe den Fluss hinaufsegeln.

Das Königreich wurde jedoch ständig von den expansionslüsternen Burmesen bedroht. 1592 konnte Prinz Naresuan die kriegerischen Nachbarn, die 15 Jahre zuvor Ayutthaya erobert und geplündert hatten, in einer legendären Befreiungsschlacht aus dem Land vertreiben. Doch Mitte des 18. Jh. fielen die Burmesen erneut ein. Ayutthaya wurde belagert und eingeschlossen. Alle Ausfallversuche scheiterten. König Ekathat bot die Anerkennung der burmesischen Oberhoheit über Siam an, doch der burmesische Herrscher Hsinbyushin forderte die bedingungslose Kapitulation. Nach 15-monatiger Belagerung fiel Ayutthaya am 3. April 1767 – die bislang größte **nationale**

Katastrophe in der Geschichte der Thai. Die Stadt wurde geplündert, verwüstet und niedergebrannt. Die Burmesen vernichteten unersetzliche Kulturschätze, darunter fast das gesamte in Bibliotheken aufbewahrte Schrifttum. Die Zerstörung war so gründlich, dass nach der Vertreibung der Burmesen durch General Taksin (s. S. 134) ein Wiederaufbau nicht in Betracht kam. Die Ruinenstadt verschwand unter der tropischen Vegetation.

Zerstört von den Burmesen

Erst das Interesse ausländischer Besucher führte nach etwa 100 Jahren zu umfangreichen Restaurierungsarbeiten und dem Bemühen, die rund 500 verbliebenen Ruinen vor dem völligen Verfall zu bewahren. Seit 1991 steht die ehemalige Königsstadt als Weltkulturerbe unter dem Schutz der UNESCO.

Gottkönigtum und absolute Monarchie im alten Siam

info

Die Idee des **Gottkönigtums** (*devaraja*) stammte von Adeligen und Brahmanen-Priestern, die 1431 bei der Eroberung von Angkor gefangen genommen wurden. Die Khmer betrachteten den König, der hoch über dem gemeinen Volk residierte, als Inkarnation eines Hindu-Gottes, in der Regel Vishnus oder Shivas. Die Könige von Ayutthaya übernahmen das Konzept der Khmer und verbanden buddhistische und hinduistische Vorstellungen miteinander. Ihre Macht war somit durch die Religion legitimiert und die Herrscher konnten göttliche Verehrung bereits zu Lebzeiten beanspruchen: Die absolute Monarchie war geboren.

Die soziale und politische Ordnung des Reiches Ayutthaya spiegelte das hinduistische Universum wider, in dessen Zentrum sich als Sitz der Götter der **heilige Berg Meru** erhob. Analog dazu war die Hauptstadt der Mittelpunkt des Landes und der Königspalast stand für den heiligen Berg. Der König auf seinem Thron wurde mit dem hinduistischen Götterkönig Indra identifiziert, der von der Spitze des Berges Meru aus regiert.

Fürsten und Beamte symbolisierten das erhabene Gefolge, das Indra dient. Wie die Götter des Meru galten die Palastbewohner, die Frauen und Kinder des Königs sowie die hohen Hofbeamten, als sakrosankt. Die Hierarchie und die gesellschaftliche Funktion jedes Einzelnen waren genau definiert. Jeder in der Bevölkerung, außer dem König, der über der Rangordnung stand, erhielt eine **Punktzahl**, die sowohl seine Ansprüche als auch seine Pflichten anzeigte. Den höchsten Rang nach dem König nahm mit 100.000 Punkten der Vizekönig ein. Andere Adelige hatten 500 bis 50.000 Punkte. Die große Mehrheit der freien Bürger verfügte über 25 Punkte oder weniger. Am unteren Ende standen Bettler und Sklaven mit fünf Punkten.

Dem König wurde die höchste Ehrerbietung bezeugt, kein Bürger durfte ihm ins Antlitz schauen. Strenge Vorschriften regelten die Art den König anzusprechen oder über ihn zu reden. Daraus entwickelte sich eine eigene Hofsprache, die sich so stark von der Umgangssprache unterschied, dass das einfache Volk sie nicht verstand.

Niedere Beamte oder Diener durften die heiligen Personen bei Androhung der Todesstrafe nicht berühren. Diese Vorschrift führte noch 1880 zum tragischen Tod der Gemahlin von König Chulalongkorn und ihrer vier Kinder, die bei einem Bootsunglück auf dem Mae Nam Chao Phraya ertranken, weil keiner ihrer Begleiter sie zu retten wagte. Nach dem Unglück schaffte der König das Verbot ab.

Stadtgliederung und Orientierung

Auf einer Flussinsel gelegen — Das alte Ayutthaya (offizieller Name: Phra Nakhon Si Ayutthaya) erstreckt sich auf einer Insel, die von dem Zusammenfluss dreier Wasserläufe – Mae Nam Chao Phraya, Mae Nam Pasak und Mae Nam Lopburi – und einem Verbindungskanal im Norden gebildet wird. Mit einer Fläche von etwa 3 x 5 km ist der historische Kern von Ayutthaya (Phra Nakhon Si Ayutthaya Historical Park) zu weitläufig, um ihn zu Fuß zu erkunden.

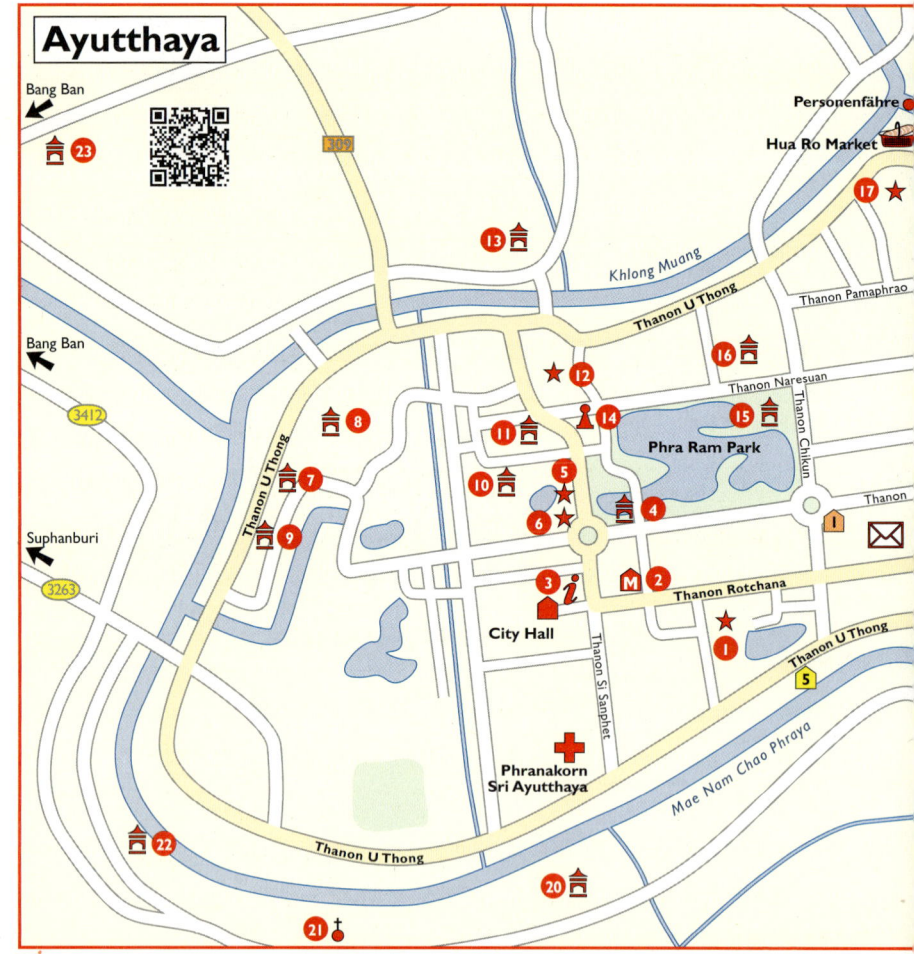

Es empfiehlt sich, ein Fahrrad oder ein Tuk-Tuk zu mieten. Für die Besichtigung der Bauwerke auf der Flussinsel sollte man einen halben Tag einplanen, wer die Museen der Stadt besuchen will, braucht einen ganzen Tag.

Einen weiteren Tag benötigt man für die Tempel außerhalb der Flussinsel. Zu den Tempelanlagen am Ufer des Mae Nam Chao Phraya (Wat Phanan Choeng, Wat Buddhaisawan, Wat Chai Watthanaram u. a.) gelangt man stilvoll mit „Langschwanz"-Booten.

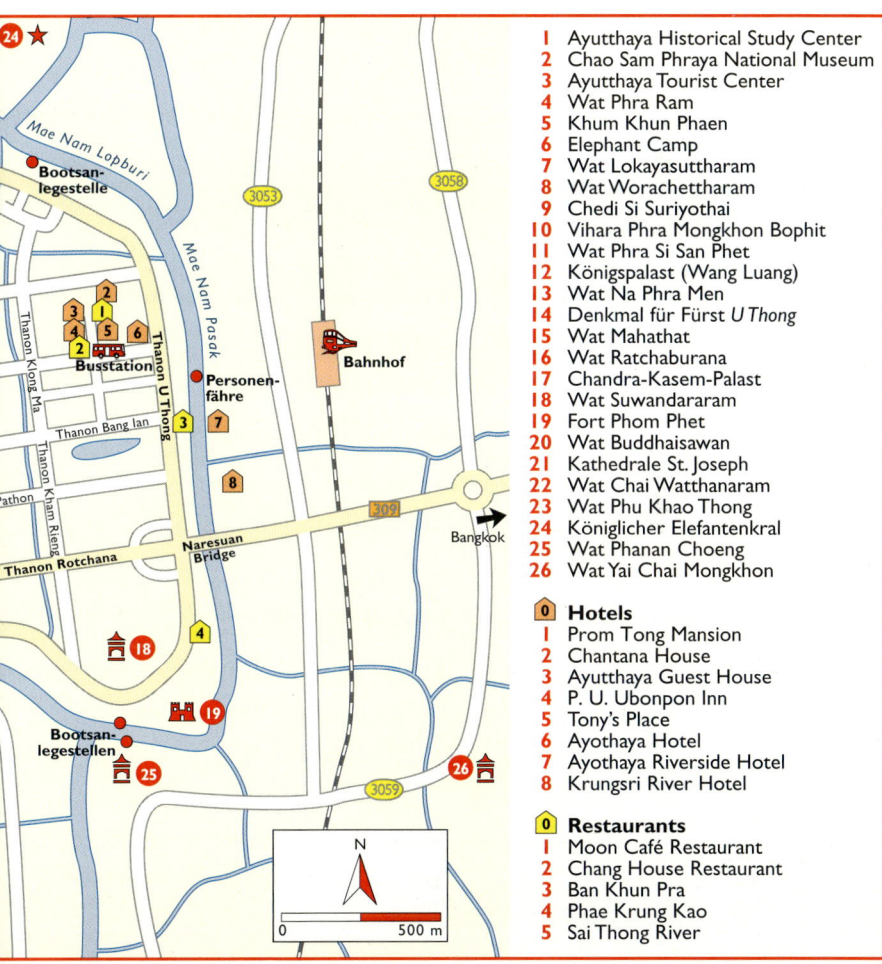

1 Ayutthaya Historical Study Center
2 Chao Sam Phraya National Museum
3 Ayutthaya Tourist Center
4 Wat Phra Ram
5 Khum Khun Phaen
6 Elephant Camp
7 Wat Lokayasuttharam
8 Wat Worachettharam
9 Chedi Si Suriyothai
10 Vihara Phra Mongkhon Bophit
11 Wat Phra Si San Phet
12 Königspalast (Wang Luang)
13 Wat Na Phra Men
14 Denkmal für Fürst *U Thong*
15 Wat Mahathat
16 Wat Ratchaburana
17 Chandra-Kasem-Palast
18 Wat Suwandararam
19 Fort Phom Phet
20 Wat Buddhaisawan
21 Kathedrale St. Joseph
22 Wat Chai Watthanaram
23 Wat Phu Khao Thong
24 Königlicher Elefantenkral
25 Wat Phanan Choeng
26 Wat Yai Chai Mongkhon

Hotels
1 Prom Tong Mansion
2 Chantana House
3 Ayutthaya Guest House
4 P. U. Ubonpon Inn
5 Tony's Place
6 Ayothaya Hotel
7 Ayothaya Riverside Hotel
8 Krungsri River Hotel

Restaurants
1 Moon Café Restaurant
2 Chang House Restaurant
3 Ban Khun Pra
4 Phae Krung Kao
5 Sai Thong River

Sehenswertes

Das historische Zentrum

Einstimmung auf die Stadtbesichtigung

Erste Anlaufstelle sollte das **Ayutthaya Historical Study Center (1)** in einem modernen Gebäude in der Thanon Rotchana sein. Die Ausstellung gibt einen Überblick über die Geschichte der ehemaligen Königsstadt, die von 1350–1767 das Zentrum des Ayutthaya-Reiches war. Karten, Schautafeln, Modelle und Dioramen beschäftigen sich nicht nur mit dem höfischen Leben, sondern auch mit der vorwiegend bäuerlichen Gesellschaft der damaligen Zeit. Dokumentiert werden außerdem die Beziehungen des Königreichs Ayutthaya zu seinen Nachbarländern und zu Europa.
Ayutthaya Historical Study Center, ☎ (035)245123, www.ayutthaya-history.com, Mo–Fr 9–16.30 Uhr, Sa, So und feiertags 9–17 Uhr, Eintritt: Baht 100.

Die umfangreiche Sammlung des etwa 500 m entfernten, ebenfalls an der Thanon Rotchana gelegenen **Chao Sam Phraya National Museum (2)** gibt eine gute Einführung in Kunst und Kultur der Ayutthaya-Periode, zeigt aber auch Kunstgegenstände anderer Stilepochen. Buddha-Statuen aus Bronze und Stein gehören ebenso dazu wie Thronsessel früherer Könige, Edelholzmöbel mit aufwendigen Perlmutt-Intarsien, Lackarbeiten und Waffen, mit denen einst gegen die Burmesen gekämpft wurde. Besonderes Interesse verdient die Sammlung von Goldobjekten im Obergeschoss, die in den 1950er-Jahren in den Grabkammern des Wat Mahathat und des Wat Ratchaburana entdeckt wurden.
Chao Sam Phraya National Museum, ☎ (035)241587, Mi–So 9–16 Uhr außer feiertags, Eintritt: Baht 150.

Einen Überblick über die Geschichte Ayutthayas vermitteln die Texttafeln, Fotografien und Dokumente in der Historical Exhibition Hall im oberen Stockwerk des **Ayutthaya Tourist Center (3)**, das in der alten Stadthalle schräg gegenüber dem Nationalmuseum untergebracht ist.
Ayutthaya Tourist Center, ☎ (035)322730-1, täglich 8.30–16.30 Uhr, Eintritt frei.

Die bedeutendsten Sakralbauten des alten Ayutthaya liegen rings um den Rama Park mit dem malerischen, von Wasserrosen bewachsenen Phra-Ram-See (Büng Phra Ram). In der südwestlichen Ecke der hübschen Parkanlage ragt der elegant proportionierte Prang des 1369 von König Ramesuan erbauten **Wat Phra Ram (4)** auf. An dem von Chedis flankierten Turmheiligtum kann man noch Reste von Stuckdekorationen sowie Garudas

Der Prang des Wat Phra Ram

und Nagas erkennen. Der Wandelgang, der den Prang umgibt, wird von zwei Viharas *Tempel*
unterbrochen. Das in seiner heutigen Form auf Erweiterungen und Restaurierungen *rings um*
im 15. und 18. Jh. zurückgehende Tempelkloster markiert den Platz der Einäscherung *den Rama*
des Stadtgründers König Rama Thibodi I. *Park*
Wat Phra Ram, *täglich 7.30–18.30 Uhr, Eintritt: Erwachsene Baht 50, Kinder Baht 30.*

Gegenüber liegen das von Wassergräben umgebene Teakholzgebäude **Khum Khun
Phaen (5)**, das man 1940 aus Teilen alter Häuser im traditionellen Thai-Stil erbaute
(*täglich 8.30–16.30 Uhr, Eintritt frei*), und ein **Elephant Camp (6)**, von dem aus Elefantenritte durch das historische Ayutthaya starten (☎ *(035)211001, täglich 9–17 Uhr,
30-minütige Ritte Erwachsene Baht 600, Kinder Baht 400*).

Von den Tempeln westlich des Kanals ist der 1412 unter König Intharacha erbaute
Wat Lokayasuttharam (7) der interessanteste. Dominiert wird das Areal von einer
28 m langen Statue des Liegenden Buddha, dessen Haupt auf einem Kissen in Form
einer Lotosblüte ruht. Der Chedi des benachbarten **Wat Worachettharam (8)** birgt
die sterblichen Überreste des Königs Naresuan, der 1592 die Burmesen aus Ayutthaya
vertrieb. In Sichtweite ragt **Chedi Si Suriyothai (9)** auf, die 1588 erbaute Begräb-
nisstätte für die heldenhafte Königin Suriyothai, die in einer Schlacht gegen die Burmesen dem König das Leben rettete, dabei aber selbst den Tod fand.

Die **Vihara Phra Mongkhon Bophit (10)** wurde in den 1950er-Jahren auf Initiative
des damaligen Premierministers Phibul Songkram errichtet, um einer der größten
bronzenen Buddha-Statuen des Landes, die nach dem Fall Ayutthayas jahrhundertelang
unter freiem Himmel stand, einen würdigen Raum zu schaffen. Die 12,5 m hohe und
9,5 m breite Statue weist Merkmale des Sukhothai-Stils auf und wurde vermutlich im
15. Jh. gegossen. Glänzende Goldplättchen, frische Lotosblüten, brennende Kerzen und
glimmende Weihrauchstäbchen verraten, dass sie noch heute verehrt wird.
Vihara Phra Mongkhon Bophit, *Mo–Fr 8.30–16.30 Uhr, Sa, So 8.30–17.30 Uhr.*

Wat Phra Si San Phet (11), der zwischen 1492 und 1530 erbaute Haupttempel von
Ayutthaya, diente einst als königlicher Palasttempel. Er gehört zu den wenigen Tem-
pelanlagen von Ayutthaya, die die Burmesen weitgehend verschonten. Als „Privattem- *Würdiger*
pel" des Monarchen besaß er, wie der Wat Phra Kaeo in Bangkok, keine Mönchsun- *Königs-*
terkünfte. Betritt man das von einer hohen Mauer umgebene Tempelareal durch den *tempel*
Haupteingang an der Ostseite, sieht man zunächst die 1499 von König Rama Thibodi
III. gestiftete **Vihara**. Die 16 m hohe Statue des Buddha Phra Si Sanphetdayan, die das
Gebäude einst barg, wurde bei der Plünderung durch die Burmesen im Jahre 1767
zerstört, als man ihre Goldschicht durch ein gewaltiges Feuer abschmolz. Linker Hand
steht der Bot, der von Bai-Sema-Steinen abgegrenzt wird, die böse Geister fernhalten
sollen. Auf einer Terrasse im Zentrum des Tempelgeländes erheben sich drei mächtige
Ziegelstein-Chedis im klassischen Thai-Stil. Den östlichen und den mittleren Chedi
ließ König Rama Thibodi II. 1492 als Begräbnisstätten für seinen Vater und seinen Bruder errichten. Er selbst ist im **dritten Chedi** beigesetzt, der auf Geheiß seines Soh-
nes und Nachfolgers König Boromaraja IV. im Jahre 1530 erbaut wurde. Steile Stufen
führen zu den Portalen der Heiligtümer, denen jeweils ein kleines, von einem Miniatur-Chedi gekröntes Vestibül vorgebaut ist. Die drei übrigen Fassaden besitzen Schein-

türen in Form von Nischen, in denen Buddha-Statuen stehen. Ein markantes Merkmal des Ayutthaya-Stils sind die Säulengalerien unterhalb der schlanken, gerillten Spitze.
Wat Phra Si San Phet, *täglich 7.30–18.30 Uhr, Eintritt: Erwachsene Baht 50, Kinder Baht 30.*

Palastruine

Durch ein Tor an der nördlichen Tempelmauer gelangten der Monarch und sein Gefolge einst direkt vom **Königspalast (Wang Luang, 12)** in den Tempel. Die ehemalige Residenz der Ayutthaya-Könige wurde von den Burmesen dem Erdboden gleichgemacht. Die verbliebenen Ziegelsteine transportierte man nach Bangkok, wo sie beim Bau des neuen Königspalastes Verwendung fanden. So lassen nur noch einige Grundmauern das Ausmaß des alten Ayutthaya-Palastes erahnen. In der Zeremonienhalle Vihara Somdet wurden einst die Krönungsfeierlichkeiten abgehalten. Hohe Staatsgäste empfing der König in der 1448 errichteten Halle San Phet Prasat, von der nur die Fundamente erhalten sind und von der am Mae Nam Lopburi gelegenen Halle Suriyat Amarin aus beobachtete der Monarch die Prozession königlicher Barken auf dem Fluss. Der erst 1908 errichtete Holzpavillon Trimuk diente König Chulalongkorn bei Besuchen in Ayutthaya als Unterkunft. Heute werden hier Zeremonien zum Gedenken an die Ayutthaya-Könige abgehalten.
Königspalast, *täglich 8–18.30 Uhr, Eintritt: Erwachsene Baht 50, Kinder Baht 30.*

Eine kleine Vihara im **Wat Na Phra Men (13)**, der am Nordufer des Mae Nam Lopburi liegt und über eine Brücke zu erreichen ist, birgt eine 3 m hohe Steinstatue des sitzenden Buddha im Dvaravati-Stil. Dieses Meisterwerk von Mon-Bildhauern aus dem Gebiet des heutigen Nakhon Pathom, südwestlich von Bangkok gelegen, stammt vermutlich aus dem 7. oder 8. Jh. Wie es nach Ayutthaya gelangte, ist unklar. Der Bot des

Das vielleicht bekannteste Fotomotiv Ayutthayas findet man im Wat Mahathat

1503 unter König Rama Thibodi II. erbauten Tempelklosters überstand wie durch ein Wunder die Brandschatzung durch die Burmesen. Typisch für den Ayutthaya-Stil sind die schmalen Spaltenfenster an den Längswänden, die der Durchlüftung dienten. Beachtung verdienen die kunstvollen Holzschnitzereien im Giebelfeld und in den Türfüllungen. Der 6 m hohe, mit einer Goldschicht überzogene Bronze-Buddha im Inneren verkörpert perfekt den Ayutthaya-Stil. *Dvaravati-Buddha in höchster Vollendung*

Wat Na Phra Men, *täglich 7.30–18.30 Uhr, Eintritt: Erwachsene Baht 50, Kinder Baht 30.*

Gegenüber dem Wat Thammikkarat aus der frühen Ayutthaya-Periode steht in der Nordwestecke des Rama-Parks ein **Denkmal (14)** zur Erinnerung an den Tai-Fürsten U Thong, der 1350 als König Rama Thibodi I. Ayutthaya gründete.

An der Ostseite des Parks erstreckt sich der ausgedehnte Tempelkomplex **Wat Mahathat (15)**, der 1384 auf Geheiß von König Ramesuan errichtet wurde. Von dem zentralen Heiligtum, einem einst 50 m hohen, von Chedis flankierten Prang, steht nur noch das Fundament. Im massiven Unterbau entdeckte man bei Restaurierungsarbeiten 1956 eine Geheimkammer mit dem Tempelschatz, darunter Buddha-Statuetten aus Gold, die heute im Chao Sam Phraya National Museum ausgestellt sind. Relativ gut erhalten ist eine Vihara mit den typischen Spaltenfenstern an der Ostseite des Areals. Vom symmetrisch dazu angeordneten Bot im Westen ist dagegen nur noch der Unterbau vorhanden. Im Wat Mahathat wie auch in anderen Tempeln Ayutthayas fallen Buddha-Statuen auf, von denen nur noch der Torso erhalten ist. Nach einer alten Tradition wird neuen Buddha-Figuren bei einem Weihefest Leben eingehaucht. Der Geist des Buddha soll auf diese Weise in das Bildnis einziehen. Eine Statue ohne Kopf hat ihre Kraft verloren und ist daher für die Gläubigen wertlos. Aus diesem Grund wurden Hunderte von Buddha-Statuen bei der Zerstörung Ayutthayas „enthauptet". Eines der beliebtesten Fotomotive Ayutthayas findet sich im Wat Mahathat: ein Buddha-Kopf, der von Baumwurzeln umschlossen ist. *Kraftlose Buddha-Statuen*

Wat Mahathat, *täglich 7.30–18.30 Uhr, Eintritt: Erwachsene Baht 50, Kinder Baht 30.*

Zu den eindrucksvollsten Baudenkmälern Ayutthayas zählt der restaurierte Prang des **Wat Ratchaburana (16)**, der unter Verwendung von stuckverzierten Ziegeln und Laterit errichtet wurde. Das Heiligtum wird König Boromaraja II. (1424–1448) zugeschrieben, der es – nach einem Streit um den Thron mit tödlichem Ausgang – als Grabmal für seine beiden älteren Brüder Chao Ai und Chao Yi erbauen ließ. Steile Stufen führen zu einer von einem Miniatur-Chedi gekrönten, Mandapa genannten Vorhalle, die dem Turmsanktuarium im Osten vorgelagert ist. Die noch vorhandenen Reste des Baudekors, u.a. Garudas und Nagas, zeugen von der Virtuosität der damaligen Steinmetze. Die Wände der beiden, Besuchern zugänglichen Krypten unter dem Allerheiligsten schmücken ausdrucksstarke Fresken mit buddhistischen Motiven. Hier fand man 1958 eine kostbare Sammlung goldener Kleinodien, darunter Buddha-Figuren, Votivtäfelchen und andere Preziosen, die man heute im Chao Sam Phraya National Museum bewundern kann. Den quadratischen Wandelgang um den Prang flankieren im Osten eine große Vihara, im Westen symmetrisch dazu der Bot. *Virtuose Steinmetz-arbeiten*

Wat Ratchaburana, *täglich 7.30–18.30 Uhr, Eintritt: Erwachsene Baht 50, Kinder Baht 30.*

Auf dem Rücken eines Elefanten stilvoll Ayutthaya erkunden

Am Rande des historischen Kerns liegt der **Chandra-Kasem-Palast (17)**. Die rekonstruierte Residenz von König Naresuan aus dem Jahre 1577 beherbergt ein kleines Museum zur Kunst der Ayutthaya-Periode. König Mongkut nutzte den Palast im 19. Jh. als Sommerresidenz. Der Pisai-Salak-Turm hinter dem Museum diente Rama IV., der sich gern astronomischen Studien widmete, als Observatorium.
Chandra-Kasem-Palast, ☎ (035) 251586, Mi–So 9–16 Uhr außer feiertags, Eintritt: Baht 100.

Der einzige Tempel auf der Flussinsel, in dem heute noch Mönche leben, ist **Wat Suwandararam (18)** in der Südostecke des historischen Kerns. Im Bot des Ende des 16. Jh. gegründeten, von drei kleinen Seen umgebenen Tempels sind die kunstvollen Holzschnitzereien der Fenster- und Türflügel sowie der Giebelfelder sehenswert. Die Wandgemälde illustrieren „Jataka"-Legenden, die sich um die früheren Leben des Buddha ranken. Das Dach ruht auf schön verzierten Säulen.

An der Mündung des Mae Nam Pasak in den Mae Nam Chao Phraya wachte einst das Fort **Phom Phet (19)**. Obwohl heute nur noch Grundmauern aus Ziegelstein und Laterit erhalten sind, bekommt man einen guten Eindruck von den massiven Verteidigungswällen, die Ayutthaya einst umgaben.

Baudenkmäler außerhalb der Flussinsel

Wat Buddhaisawan (20) am Südufer des Mae Nam Chao Phraya, eines der ältesten Tempelklöster Ayutthayas, wurde von König Rama Thibodi I. 1353 gegründet, also drei Jahre nach der Erhebung Ayutthayas zur Hauptstadt. Die Anlage des Heiligtums entspricht dem klassischen Ayutthaya-Konzept: Auf einem massiven quadratischen Unterbau erhebt sich ein von Chedis flankierter Prang. Eingeschlossen wird das Ensemble von einem Wandelgang, dem im Osten und Westen eine Vihara und ein Bot vorgelagert sind.
Wat Buddhaisawan, täglich 8–18.30 Uhr, Eintritt: Baht 50, Kinder Baht 30.

Die restaurierte französische **Kathedrale St. Joseph (21)**, die in der Nähe aufragt, stammt aus der Zeit, als die Ayutthaya-Herrscher rege Handelsbeziehungen zu den damals führenden europäischen Mächten unterhielten.

An einer Schleife des Mae Nam Chao Phraya liegt im Südwesten der Stadt der restaurierte **Wat Chai Watthanaram (22)**, dessen Prang König Prasat Thong im Jahre 1630 nach einem erfolgreichen Feldzug gegen die Khmer nach dem Vorbild des zentralen Tempelturms von Angkor Wat errichten ließ.
Wat Chai Watthanaram, *täglich 7.30–18.30 Uhr, Eintritt: Erwachsene Baht 50, Kinder Baht 30.*

Rund 2 km nördlich der Stadtumwallung erstreckt sich **Wat Phu Khao Thong (23)**. *Wechselhafte Baugeschichte* Auf dem Gelände des 1387 von König Ramesuan gestifteten Tempelklosters errichteten die Burmesen nach ihrem Sieg über Ayutthaya im Jahre 1569 einen mächtigen Stupa im Mon-Stil. Auf den Ruinen des burmesischen Bauwerks ließ König Boromakot 1745 ein Chedi im Ayutthaya-Stil erbauen, von dem sich heute ein schöner Blick über die Ebene bietet. In der Nähe erinnert ein Denkmal an König Naresuan, der 1592 die Burmesen aus dem Land vertrieb.

Im einstigen **Königlichen Elefantenkral (24)**, gut 5 km nordöstlich des Zentrums, *Schule der grauen Riesen* zähmte man früher wilde Elefanten und richtete die Tiere für ihren Einsatz als Arbeits- und Kriegselefanten ab. Heute trainieren Mahouts etwa 90 Elefanten für die Teilnahme an Paraden und religiösen Zeremonien oder auch für Auftritte in Film und Fernsehen. Besuchern bietet sich die Gelegenheit, auf den Rücken der gutmütigen Dickhäuter die Umgebung zu erkunden.
Königlicher Elefantenkral, *täglich 9–17 Uhr, 30-minütige Ritte Erwachsene Baht 600, Kinder Baht 400,* ☎ *(035)245336.*

An der Mündung des Mae Nam Pasak in den Mae Nam Chao Phraya im Südosten *Monumental-Buddha* liegt mit dem **Wat Phanan Choeng (25)** der älteste Tempel Ayutthayas. Im Jahre 1324 eingeweiht, existierte er bereits 26 Jahre bevor König Rama Thibodi I. Ayutthaya zur Hauptstadt seines Reiches erkor. Jeden Tag strömen zahlreiche Gläubige – vor allem Thai chinesischer Abstammung – zum Tempel, um der monumentalen, fast 20 m hohen Buddha-Statue Luang Pho To ihre Referenz zu erweisen. Die Innenwände des von dem Kolossal-Buddha fast völlig ausgefüllten Bot bedecken Hunderte kleiner Nischen für Votivbilder.
Wat Phanan Choeng, *täglich 8–18 Uhr, Eintritt: Baht 50, Kinder Baht 30.*

Im 1357 von König Rama Thibodi I. erbauten **Wat Yai Chai Mongkhon (26)** süd- *Symbol des Sieges* östlich der Flussinsel ließ König Naresuan im Jahre 1592 zur Erinnerung an die Befreiungsschlacht gegen die Burmesen bei Suphanburi einen 60 m hohen, glockenförmigen Chedi aus Ziegeln und Stuck errichten, der eine große Ähnlichkeit zu den in Sukhothai nach ceylonesischem Vorbild entstandenen Heiligtümern aufweist. Ein großes Wandgemälde im Bot zeigt, wie König Naresuan den burmesischen Herrscher im Zweikampf besiegt. Als Residenz des Oberhauptes des buddhistischen Klerus hatte Wat Yai Chai Mongkhon einst große Bedeutung.
Wat Yai Chai Mongkhon, *täglich 8–18.30 Uhr, Eintritt: Baht 50, Kinder Baht 20.*

Reisepraktische Informationen Ayutthaya

ℹ️ Informationen

Ayutthaya Tourist Center, Old City Hall Building, Thanon Si Sanphet, ☎ (035) 322730-1, ✉ (035)322350, www.ayutthaya.go.th und www.ayutthaya-info.com, täglich 8.30–16.30 Uhr. Hier ist für Baht 220 eine Sammelkarte für die sechs Haupttempel erhältlich.

Tourist Police, Thanon Si Sanphet (nahe Ayutthaya Tourist Center), ☎ (035)241447 und 1155 (Notruf), täglich 8–17 Uhr. Auch Fahrradverleih.

🛏️ Unterkunft

Krungsri River Hotel $$$$ (8), 27/2 Moo 11, Thanon Rotchana, ☎ (035)244 333, www.krungsririver.com, EZ/DZ Baht 2.250–2.750, Suite Baht 3.150–3.950 (inkl. Frühstücksbuffet). Angenehmes Hotel am Mae Nam Pasak mit 202 komfortablen Zimmern, Pool und Fitness-Center im 3. Stock. Stimmungsvolles Terrassenrestaurant am Fluss, ausgezeichnete thailändische (Fisch-)Gerichte.

Ayothaya Hotel $$$ (6), Thanon Naresuan, ☎ (035)232855, www.ayothayahotel.com, EZ/DZ Baht 1.650–1.950 (inkl. Frühstücksbuffet). Gepflegtes Stadthotel mit gut ausgestatteten Zimmern, Restaurant und Pool; preiswerte Zimmer mit Klimaanlage im angeschlossenen Gästehaus (Baht 650).

Prom Tong Mansion $$$ (1), 23 Soi 19, Thanon Pathon, ☎ (0891)656297, www.prom tong.com, EZ/DZ Baht 1.250–1.750. 15 liebevoll eingerichtete AC-Zimmer mit Kühlschrank, hilfsbereite Gastgeber, leckeres Frühstück, kostenloses WLAN, zentrale Lage.

Ayothaya Riverside Hotel $$$ (7), 91/1 Moo 10, Thanon Wat Pa Ko, ☎ (035)234873-7, www.ayothayariversidehotel.com, EZ/DZ Baht 950–1.550 (inkl. Frühstücksbuffet). Mehrstöckiges Haus am Mae Nam Pasak mit gut ausgestatteten Zimmern, Terrassenrestaurant am Fluss und Nachtklub.

Tony's Place $–$$$ (5), 12/18 Soi 8, Thanon Naresuan, ☎ (035)252578, EZ/DZ Baht 300–1.200. Lebhafter Traveller-Treff mit einfachen Zimmern in einem Holzhaus, beliebtem Restaurant, Touragentur und Internet-Zugang.

Chantana House $$ (2), 12/22 Soi 8, Thanon Naresuan, ☎ (035)323200, chantana house@yahoo.com, EZ/DZ Baht 600–900. Gepflegte, ruhige Pension für Nichtraucher; Zimmer im oberen Stock mit Balkon.

P. U. Ubonpon Inn $–$$ (4), Soi 8, Thanon Naresuan, ☎ (035)251213, EZ/DZ Baht 400–650. Gut geführt, freundlicher Service, Restaurant, Touragentur, Internet-Zugang.

Ayutthaya Guest House $–$$ (3), 12/35 Soi 8, Thanon Naresuan, ☎ (035)232658, ayutthaya_guesthouse@yahoo.com, EZ/DZ Baht 300–600. 30 einfache, aber ordentliche Zimmer mit Ventilator und Gemeinschaftsbad oder Dusche/WC; kleines Restaurant, Tourorganisation, Motorrad- und Fahrradverleih.

🍴 Restaurants und Bars

Ban Khun Pra (3), 48 Thanon Pathon, ☎ (035)241978, täglich 11–15, 17–23 Uhr, Gerichte Baht 90–340. Stimmungsvolles Terrassenrestaurant am Ufer des Pasak-Flusses, thailändische Gerichte und Seafood.

Chang House Restaurant (2), Soi 8, Thanon Naresuan, ☎ (035)2523969, täglich 8–24 Uhr, Gerichte Baht 70–130. Dem Traveller-Geschmack angepasste thailändische und einige internationale Gerichte.

Moon Café Restaurant (1), *Soi 8, Thanon Naresuan,* ☏ *(035)2575669, täglich 8–24 Uhr, Gerichte Baht 60–120. Bisweilen lautes Lokal mit vorwiegend jugendlichem Publikum, thailändische und internationale Gerichte, abends Thai-Pop live.*

Phae Krung Kao (4), *Thanon U Thong,* ☏ *(035)241555, täglich 11–23 Uhr, Gerichte Baht 100–380. Thailändische Gerichte, vor allem Seafood vom Feinsten vor dem Panorama des Mae Nam Pasak.*

Sai Thong River (5), *Thanon U Thong,* ☏ *(035)241449, täglich 11–23 Uhr, Gerichte Baht 120–420. Terrassenrestaurant mit angenehmem Ambiente, schönem Blick auf den Mae Nam Chao Phraya und ausgezeichneter thailändischer Küche, vor allem Seafood.*

 Tipp

„Schwimmende Restaurants"
Jeden Abend legen mehrere zu Luxusrestaurants umgebaute Schiffe (z. T. alte Reisbarken) zu Kreuzfahrten auf dem Mae Nam Chao Phraya und seinen Nebenflüssen ab. Es bietet sich ein herrlicher Blick auf den beleuchteten Tempel Wat Chai Watthanaram, zu klassischer Thai-Musik werden köstliche thailändische Spezialitäten serviert. Zu empfehlen sind: **Chao Phraya Maruai**, ☏ (035)211692 und **Khum Krungsri**, ☏ (035)210211.

 Aktivitäten

Ausflüge: *Ein besonderes Erlebnis sind* **abendliche Rundfahrten** *zu den illuminierten Tempelanlagen Wat Phra Ram, Wat Mahathat, Wat Ratchaburana und Wat Chai Watthanaram (täglich 18.30–21 Uhr, Ticket: Baht 150–250).*

Verkehr
Stadtverkehr
Busse *und* **Songthaeo** *pendeln auf der Thanon U Thong, die um das historische Zentrum herumführt. Für eine Besichtigungstour kann man Tuk-Tuks stundenweise mieten (ca. Baht 200–250 pro Stunde).*

„Langschwanz"-Boote *kann man an Anlegestellen hinter dem Wat Phanan Choeng, beim Fort Phom Phet oder beim Hua Ro Market in der Nähe des Chandra-Kasem-Palastes mieten (ca. Baht 400–450 pro Stunde).*

Fahrräder *verleihen viele Hotels und Gästehäuser, Läden beim Bahnhof und die Tourist Police in der Nähe des Ayutthaya Tourist Center (Baht 50–80/Tag).*

Fernverkehr
Busse: *In Ayutthaya gibt es zwei Busbahnhöfe –* **Local Bus Station** *(beim Chao Phrom Market): täglich 5–22 Uhr alle 15–20 Minuten Busse von/nach Bangkok (Southern Bus Terminal) sowie täglich 5–18 Uhr alle 20–30 Minuten Minibusse von/nach Bang Pa-In und Bangkok (Victory Monument). Nach Kanchanaburi entweder über Bangkok (Southern Bus Terminal) oder mit einem lokalen Bus über Suphanburi.* **Ayutthaya Bus Terminal**, *Thanon Rotchana, 4 km östlich des Zentrums,* ☏ *(035)335304: täglich 5–22 Uhr alle 15–20 Minuten Busse von/nach Bangkok (Northern Bus Terminal). Mehrmals täglich Busse* **nach Norden** *u. a. von/nach Lopburi, Phitsanulok, Sukhothai, Lampang, Chiang Mai, Chiang Rai;* **nach Nordosten** *u. a. von/nach Pak Chong/Khao Yai National Park, Nakhon Ratchasima, Nong Khai und Ubon Ratchathani.*

Züge: *Der Bahnhof liegt östlich des historischen Kerns von Ayutthaya am Ostufer des Mae Nam Pasak,* ☏ *(035)241521. Zehnmal täglich Züge von/nach Bangkok;* **nach Norden** *u. a. siebenmal täglich von/nach Lopburi, Phitsanulok, Lampang, Chiang Mai;* **nach Nordosten** *u. a. neunmal täglich von/nach Pak Chong/Khao Yai National Park und Nakhon Ratchasima, vier- bis fünfmal täglich von/nach Khon Kaen, Udon Thani, Nong Khai und Ubon Ratchathani.*

Von Ayutthaya nach Lopburi

 Tipp

Während des Vollmonds Ende Februar oder Anfang März wird das Phra-Buddha-Bath-Fest gefeiert: Tausende Gläubige strömen zum Wat Phra Buddha Bath, um zu beten und dem hoch verehrten „Fußabdruck des Buddha" Opfergaben darzubringen.

Buddhistisches Pilgerziel

Wat Phra Buddha Bath, etwa auf halbem Weg zwischen Saraburi und Lopburi am Rande einer Hügelkette gelegen, ist eine **bedeutende Wallfahrtsstätte**, die über einem als besonders heilig erachteten „Fußabdruck des Buddha" errichtet wurde. Der Überlieferung zufolge bereiste Siddharta Gautama Thailand, um seine Lehre zu verbreiten. Als Zeichen dafür, wie wichtig ihm das Land erschien, drückte er ihm das Siegel seiner Fußspuren auf. „Fußstapfen" des Erleuchteten, der auf seinen historisch nachweisbaren Wanderungen tatsächlich nie so weit nach Osten vordrang, finden sich überall in Thailand sowie auch im benachbarten Laos. Sie gelten als Symbole dafür, dass die Lehre des Buddha die betreffenden Orte erreicht hat und von der Bevölkerung angenommen wurde. Von Interesse für westliche Besucher ist vor allem die **Mondhop-Bibliothekshalle**, die zum Schutze des Fußabdrucks auf halber Höhe eines Hügels steht und durch ausgewogene Proportionen und kunstvolles Baudekor besticht. Glasierte Keramikplättchen überziehen alle Außenwände und die schlanken Säulen, auf denen das gestufte Dach ruht. Nirgends ist mit Vergoldung, Schnitzerei und Perlmuttintarsien gespart, trotzdem wirkt das Gebäude nicht überladen. Vielmehr verschmelzen die Einzelheiten zu einer harmonisch abgestimmten Farbigkeit, die den Reiz des Heiligtums ausmacht. Im Innenraum erweisen die Gläubigen dem etwa 1,5 m langen und 0,5 m breiten Fußabdruck in einer Sandsteinplatte Verehrung, indem sie Opfergaben niederlegen oder dünne Goldplättchen auf ihm applizieren. Umgeben wird die heilige Stätte von mehreren farbenprächtigen chinesischen Tempeln.

Lopburi

 Tipp

Im Königspalast Phra Narai Raja Niwet findet Mitte Februar das dreitägige King Narai Festival statt; Höhepunkte sind farbenfrohe Paraden in historischen Kostümen und Aufführungen klassischen Tanztheaters.

Geschichte

Die rund 60.000 Einwohner zählende Provinzhauptstadt Lopburi blickt auf eine wechselvolle Vergangenheit zurück. Die Stadt erlebte als Nebenresidenz der Ayutthaya-Könige eine Blütezeit und war bereits vorher unter dem Namen Lavo eine bedeutende Herrscherstadt. Zwischen dem 6. und 10. Jh. bildete sie den Mittelpunkt des Dvaravati-Reiches der Mon. Seit dem 10./11. Jh. verdrängten die Khmer die Mon zunehmend aus den fruchtbaren Flusstälern in die Bergwälder. Ende des 10. Jh. übernahmen die Khmer die Mon-Kapitale und bauten sie unter ihrem König Suryavarman I. (1001/02– 1049) als eine Art Dependance ihrer Hauptstadt Angkor zu einer **Königsresidenz** aus. Mindestens 250 Jahre lang war Lopburi eine wichtige Provinzmetropole für die Khmer-Herrschaft über die zentrale Chao-Phraya-Ebene. Nach dem Niedergang der kambodschanischen Macht im 13. Jh. versank Lopburi lange Zeit in politischer Bedeutungslosigkeit.

Wechselvolle Vergangenheit

Eine neue Hochzeit begann, als Mitte des 14. Jh. der Ayutthaya-König Rama Thibodi I. seinen Machtbereich ausweitete und Lopburi einen Vorposten zum rivalisierenden Königreich Sukhothai bildete. Fast 40 Jahre lang residierte Kronprinz Ramesuan hier. Vermutlich befand sich sein Palast dort, wo sich heute der Königspalast Phra Narai Raja Niwet erstreckt. Mit der Unterwerfung Sukhothais verlor Lopburi seine strategische Bedeutung und war nur noch eine zweitrangige Provinzmetropole.

Eine erneute Renaissance setzte ein, als König Narai (1656–1688) während eines Konflikts mit den Holländern, die Ayutthaya durch eine Seeblockade bedrohten, vorsorglich das weiter vom Meer entfernte Lopburi zur zweiten Hauptstadt ausbaute. Etwa 3 km östlich der Stadt steht heute eine überlebensgroße Bronzestatue des Königs. Während König Narai die meiste Zeit in Lopburi residierte, regierten seine Nachfolger wieder ausschließlich von Ayutthaya aus. 150 Jahre lang waren die Palastgebäude unbewohnt und verfielen. Erst König Mongkut (1851–1868), Rama IV., veranlasste Mitte des 19. Jh. den Wiederaufbau der Residenz.

Niedergang und Wiedererstarken

Konstantin Phaulkon – Ein Grieche in Siam

info

„Einer der erstaunlichsten Abenteurer, die im Fernen Osten tätig geworden sind", so nannte Somerset Maugham den griechischen Kaufmann Konstantin Phaulkon, der um 1670 in Ayutthaya auftauchte. Als ehrgeiziger Schiffsjunge war er an Bord einer englischen Handelsfregatte nach Asien gekommen. Er sprach fließend Thailändisch und hatte eine Anstellung am Hofe. Dort gewann er das Vertrauen von König Narai und stieg als erster Minister des Königs zum zweitmächtigsten Mann im Reich auf. Phaulkon war der **einzige Ausländer**, der jemals in Thailand einen so hohen Posten bekleidete. 1685 übertrug ihm König Narai die Verantwortung für Ayutthayas Außenhandel und verlieh ihm als einem seiner engsten Vertrauten den Adelstitel Chao Phraya Wichayen – „ehrenwerter und siegreicher Herr".

Phaulkon machte jedoch gemeinsame Sache mit den Franzosen, die mit den anderen Europäern um Einfluss bei Hofe buhlten. Der schlaue Grieche überzeugte sie, dass sie König Narai zum Katholizismus bekehren und somit ihren Einfluss

info

auf Dauer festigen könnten. Auf Phaulkons Rat hin nahmen der „Gottkönig" Narai und der „Sonnenkönig" Ludwig XIV. von Frankreich **diplomatische Beziehungen** auf. Nachdem Gesandtschaften ausgetauscht worden waren, wurden im Jahre 1687 als „Schutz" gegen Engländer und Holländer 600 französische Soldaten in Ayutthaya stationiert.

Die siamesischen Höflinge betrachteten Phaulkons Franzosen-Flirt jedoch mit Misstrauen und aus Sorge, dass die Franzosen das Land erobern können, betrieben sie den **Sturz des Griechen**. Im Jahre 1688, der Hof war mittlerweile von Ayutthaya in die zweite Hauptstadt Lopburi verlegt worden, lag König Narai, schwer an Wassersucht erkrankt, im Sterben. Die Höflinge schlugen zu: Im Zuge einer Palastrevolte unter Führung von Verteidigungsminister Phetracha, der sich nach Narais Tod zum König ernannte, wurde Phaulkon geköpft und alle Ausländer aus dem Königreich Siam vertrieben.

Mit dem Schwertstreich, der Phaulkons Kopf vom Rumpf trennte, kappten die Siamesen auch die Bande zur westlichen Welt. Fast anderthalb Jahrhunderte lang verwehrten sie Europäern den Zutritt zu ihrem Königreich. Erst unter der Herrschaft von König Mongkut (1851–1868) wurden die Beziehungen zu den westlichen Ländern wieder aufgenommen.

Sehenswertes

Wichtigstes historisches Gebäude der Stadt ist der zwischen 1665 und 1677 von König Narai erbaute **Königspalast Phra Narai Raja Niwet (1)**, ein Paradebeispiel für ein königliches Anwesen der damaligen Zeit mit verschachtelten Innenhöfen. Man betritt das von zinnenbewehrten Mauern geschützte Areal durch das nordöstliche Tor an der Thanon Surasongkhram. Vorbei an ehemaligen Waffenarsenalen, Lagerhallen und alten, aus Ziegeln gemauerten Wassertanks kommt man zunächst zur Empfangshalle für ausländische Besucher (Phra Khlang Supharat). Die Überreste der Elefanten- und Pferdeställe bilden die Grenze zum inneren Palastbereich mit den königlichen Wohngebäuden. Der restaurierte Chanthara-Phisan-Pavillon in der Nähe des Nordtors, der heute ein Museum mit königlichen Insignien und Erinnerungsstücken aus der Ayutthaya-Zeit beherbergt, wurde 1665 in reinem Ayutthaya-Stil errichtet. Da König *Mischung* Narai später französische Architekten mit der Planung beauftragte, weisen alle ande- *aus thailän-* ren Bauten **europäische Stilelemente** auf. In einem Mischstil wurde die südlich *discher und* des Wohnkomplexes gelegene, heute verfallene Halle Dusit Sawan Thanya Maha Pra- *europäischer* sat gebaut, in welcher der König europäischen Gesandtschaften und hohen ausländi- *Architektur* schen Würdenträgern Audienzen gewährte. Den Einfluss europäischer Architekten verrät auch die Wahl des Baumaterials: Ziegel und Stein waren eigentlich Sakralbauwerken vorbehalten, doch unter König Narai entstanden erstmals auch Profanbauten aus Ziegeln.

Die benachbarte dreistöckige **Phiman-Mongkut-Halle** diente König Mongkut bei seinen Besuchen in Lopburi als Residenz. Heute ist hier ein kunsthistorisches Museum mit Skulpturen im Mon- und Khmer-Stil eingerichtet. Im dritten Stock werden Memorabilien von König Mongkut präsentiert. Vom Sutthasawan-Pavillon im südwestlichen Palastbereich, in dem König Narai am 11. Juli 1688 nach langer Krankheit verstarb, haben nur Grundmauern die Zeiten überdauert.

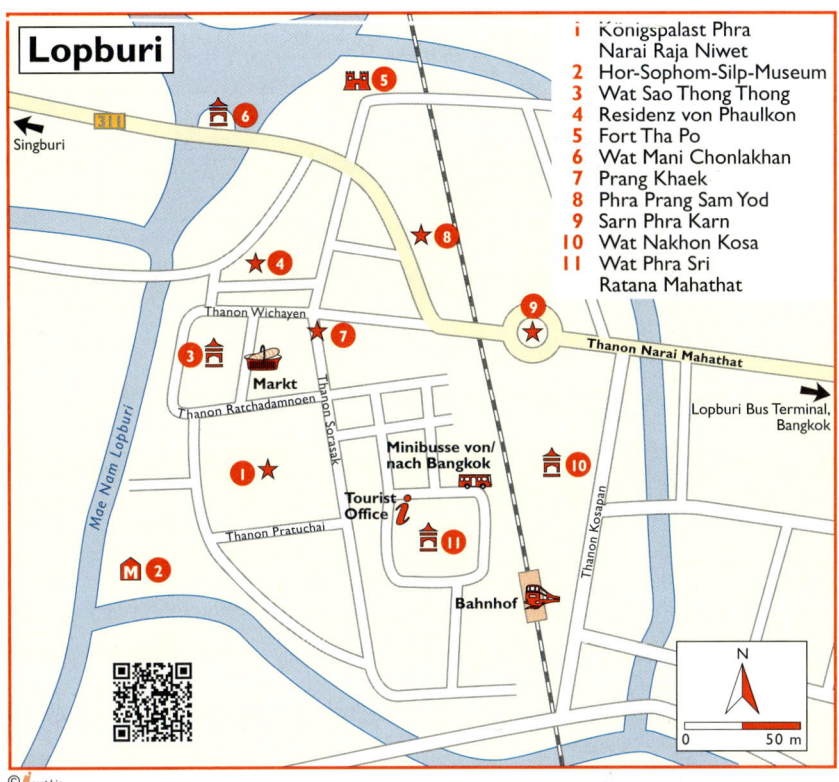

Lopburi

1 Königspalast Phra Narai Raja Niwet
2 Hor-Sophom-Silp-Museum
3 Wat Sao Thong Thong
4 Residenz von Phaulkon
5 Fort Tha Po
6 Wat Mani Chonlakhan
7 Prang Khaek
8 Phra Prang Sam Yod
9 Sarn Phra Karn
10 Wat Nakhon Kosa
11 Wat Phra Sri
   Ratana Mahathat

Singburi

Thanon Wichayen

Markt

Thanon Ratchadamnoen

Thanon Soraak

Mae Nam Lopburi

Thanon Narai Mahathat

Lopburi Bus Terminal, Bangkok

Minibusse von/ nach Bangkok

Tourist Office

Thanon Pratuchai

Thanon Kosapan

Bahnhof

N

0   50 m

© graphic

Königspalast Phra Narai Raja Niwet, ☏ *(036)411458, täglich 8.30–16.30 Uhr, Eintritt: Erwachsene Baht 150, Kinder Baht 50; der Chanthara-Phisan-Pavillon ist montags und dienstags geschlossen.*

Das **Hor-Sophom-Silp-Museum (2)** auf dem Areal des Wat Choeng Tha beherbergt eine Sammlung sakraler Kunst aus mehreren Jahrhunderten (*täglich 8.30–16.30 Uhr, Spende erbeten*).

Vorbei am **Wat Sao Thong Thong (3)** aus der späten Ayutthaya-Periode, dessen Vihara im 17. Jh. von den in Lopburi lebenden Europäern als christliche Kapelle genutzt werden durfte, gelangt man zur in der Thanon Wichayen gelegenen **Residenz von Phaulkon (4)**. Der Gebäudekomplex wurde für den ersten Gesandten Ludwigs XIV., den Chevalier de Chaumont, in einer siamesisch-europäischen Stilmelange errichtet. Später dienten die Gebäude Konstantin Phaulkon, dem griechischen Berater König

Hier wohnte einst Konstantin Phaulkon

Das Khmer-Heiligtum Phra Prang Sam Yod

Narais, als Domizil (s. S. 215). Zu dem Ensemble gehörten noch ein Audienzpavillon, eine katholische Kirche, ein freistehender Glockenturm und Stallungen für Pferde. Von allen Bauten existieren nur noch Ruinen.

Residenz von Phaulkon, *täglich 8.30–16.30 Uhr, Eintritt: Erwachsene Baht 50, Kinder Baht 30.*

Etwa 500 m weiter nördlich stehen am Ufer des Mae Nam Lopburi die Reste des **Fort Tha Po (5)**, der alten Stadtbefestigung. Auf einer Insel im Fluss ragt der markante Prang des **Wat Mani Chonlakhan (6)** auf.

Gegenüber der Ostseite des lebhaften Stadtmarktes trotzt der kleine **Prang Khaek (7)** dem Verkehr. Die drei Ziegelsteintürme des hinduistischen Heiligtums wurden vermutlich im 10./11. Jh. errichtet, also zu Beginn der Khmer-Herrschaft über die zentrale Chao-Phraya-Ebene.

Wahrzeichen der Stadt

Kurz vor der Bahnlinie ragt an der Thanon Wichayen ein weiteres steinernes Zeugnis der großen Vergangenheit Lopburis auf, zugleich das Wahrzeichen der Stadt – die drei Türme des **Phra Prang Sam Yod (8)**. Stilistische Merkmale deuten darauf hin, dass dieser Khmer-Tempel während der Herrschaft des bedeutenden Angkor-Königs Jayavarman VII. (1181 bis ca. 1220) entstand, zu einer Zeit, als das Khmer-Imperium seine größte Ausdehnung erreichte. Wie bei anderen unter diesem Herrscher errichteten Tempeln verwendete man beim Prang Sam Yod Laterit als Baumaterial. Nur die Türstürze und -pfosten bestehen aus Sandsteinblöcken, an denen noch ornamentale Stuckverzierungen zu sehen sind. Die auf einer massiven Terrasse stehenden Türme sind durch kurze Galerien miteinander verbunden. Zu einer Zeit erbaut, in der sich im Khmer-Reich der Übergang vom Hinduismus zum Buddhismus vollzog, verkörperte der **Drei-Türme-Komplex** ursprünglich die Hindu-Trinität Brahma, Vishnu und Shiva, bevor er in ein buddhistisches Heiligtum umgewandelt wurde. In der auf

Veranlassung von König Narai erbauten Ziegelstein-Vihara an der Ostseite des mittleren Turms thront ein großer Buddha im Ayutthaya-Stil des 17. Jh.
Phra Prang Sam Yod, *täglich 7.30–18.30 Uhr, Eintritt: Erwachsene Baht 50, Kinder Baht 30.*

Der Schrein **Sarn Phra Karn (9)** auf einem kleinen Hügel inmitten des Kreisverkehrs jenseits der Eisenbahngleise wurde auf dem Lateritfundament eines hinduistischen, unter den Khmer errichteten Heiligtums erbaut. Tagtäglich strömen Gläubige zu der bedeutenden Andachtsstätte, um einer archaisch wirkenden Buddha-Statue ihre Reverenz zu erweisen.

Etwas abseits steht die grün überwucherte Backsteinruine des im 12. Jh. erbauten Khmer-Prangs **Wat Nakhon Kosa (10)** mit Relieffragmenten und bröckelnden Buddha-Figuren.

Gegenüber dem Bahnhof liegt der **Wat Phra Sri Ratana Mahathat (11)**, dessen markantestes Bauwerk ein schlanker Laterit-Prang ist. An den Fassaden des im Bayon-Stil der späten Khmer-Periode (Ende 12./Anfang 13. Jh.) erbauten Turmheiligtums sind noch Reste schöner Stuckverzierungen zu sehen. Die anderen Gebäude weisen stilistische Merkmale der Ayutthaya-Periode auf, da die ausgedehnte Tempelanlage später restauriert und erweitert wurde. Eine unter König Narai im 17. Jh. errichtete Vihara mit europäisch inspirierten Spitzbogenfenstern verbindet den nur noch teilweise vorhandenen Wandelgang um den Prang mit einer um das gesamte Tempelareal verlaufenden Galerie.
Wat Phra Sri Ratana Mahathat, *täglich 8–18 Uhr, Eintritt: Erwachsene Baht 50, Kinder Baht 30.*

Heiligtum aus der Khmer-Periode

Der Affenzirkus von Lopburi

info

Die Ehrengäste kommen zu spät, stopfen sich die Mäuler voll, klettern über Tische und Stühle und benehmen sich auch sonst wie die Wilden. Was soll man von einer Horde Affen auch anderes erwarten? Jedes Jahr am letzten Sonntag im November spendiert der Hotelier Khun Yongyuth den heiligen Makaken des Sarn-Phra-Karn-Schrein und des Phra Prang Sam Yod ein Festessen aus Obst, Erdnüssen, gekochten Eiern und anderen Leckereien, um für seinen Wohlstand zu danken. Die braunen, langschwänzigen Affen werden auch sonst von Touristen gefüttert, aber Khun Yongyuths Angebot artet unter den Augen Tausender Zuschauer zu einer wahren Völlerei aus.

In keiner anderen thailändischen Stadt gibt es so viele Affen wie in Lopburi, das sich den Beinamen „Stadt der Affen" verliehen hat. Vertrieben von Militärmanövern in den Wäldern um Lopburi, suchten Anfang der 1970er-Jahre Hunderte von Makaken Zuflucht in der Stadt. Völlig unbeeindruckt vom tosenden Verkehr überqueren ganze Affenrudel die Straßen der Altstadt oder hangeln sich waghalsig an Stromleitungen entlang. Zwar bereiten sie den Anwohnern viel Verdruss, wenn sie an Bushaltestellen frech die Sitzplätze besetzen, die Außenspiegel von Autos anknabbern oder Gehwege und parkende Fahrzeuge mit ihrem Kot beschmutzen, aber immerhin gelten sie als „Kinder" des Hindu-Gottes Kala. Es würde Unglück bringen, sie zu vertreiben oder gar zu töten, weshalb sich die Einwohner von Lopburi mit dem „Affenzirkus" abgefunden haben.

Reisepraktische Informationen Lopburi

🛏 Unterkunft

Lopburi Inn Resort $$$–$$$$, 144 Thanon Paholyothin, ☏ (036)420777, www.lopburiinnresort.com, EZ/DZ Baht 1.800–2.600 (inkl. Frühstücksbuffet). Etwa 8 km östlich gelegenes Resorthotel mit 100 gut ausgestatteten Zimmern, chinesischem Restaurant, Pool und Fitness-Center.

Lopburi Inn Hotel $$$–$$$$, 28/9 Thanon Narai Maharat, ☏ (036)412300, EZ/DZ Baht 1.400–2.200 (inkl. Frühstücksbuffet). Etwa 3 km östlich gelegenes fünfstöckiges Haus, geräumige Zimmer mit Klimaanlage, im Restaurant thailändische und chinesische Gerichte.

🚌 Verkehrsverbindungen

Busse: Der Busbahnhof liegt 2 km östlich des Zentrums. Mehrmals täglich Busse **in südliche Richtung** u. a. von/nach Saraburi, Ayutthaya und Bangkok; **in nördliche Richtung** u. a. von/nach Kamphaeng Phet, Phitsanulok, Sukhothai, Lampang, Chiang Mai und Chiang Rai; **in nordöstliche Richtung** (umsteigen in Saraburi) u. a. von/nach Pak Chong/Khao Yai National Park, Nakhon Ratchasima, Khon Kaen, Udon Thani, Nong Khai und Ubon Ratchathani.

Von einem kleinen Terminal nördlich des Wat Mahathat täglich 6–20 Uhr alle 30 Min. Minibusse von/nach Bangkok (Victory Monument).

Züge: Der Bahnhof liegt in der Stadtmitte. **In südliche Richtung** u. a. siebenmal täglich Züge von/nach Ayutthaya und Bangkok; **in nördliche Richtung** u. a. siebenmal täglich von/nach Phitsanulok, Lampang und Chiang Mai; **in nordöstliche Richtung** (umsteigen in Phachi) u. a. neunmal täglich von/nach Pak Chong/Khao Yai National Park und Nakhon Ratchasima, fünfmal täglich von/nach Khon Kaen, viermal täglich von/nach Udon Thani, Nong Khai und Ubon Ratchathani.

Von Lopburi nach Kamphaeng Phet

Neuzeitliches Tempelkloster

Der Weg nach Norden führt durch die Ebene des Mae Nam Chao Phraya, in der sich Reisfelder bis zum Horizont erstrecken. Über die Provinzstädte Singburi und Chainat erreicht man **Uthai Thani**. In der Nähe des aufstrebenden Handelsstädtchens liegt mit dem weitläufigen **Wat Tha Sung** eines der bedeutendsten Tempelklöster der Region. Den Mittelpunkt bildet die „gläserne Pagode", deren Innenwände mit verspiegeltem Glas bedeckt sind. Hier ruht auch der einbalsamierte Leichnam des hoch verehrten Tempelgründers Luang Pho Sirintam. Jeden Nachmittag zwischen 15.30 und 16 Uhr schwimmen Tausende Fische zu dem am Mae Nam Sakae Krang gelegenen Tempel, um sich füttern zu lassen.

Nördlich der über 100.000 Einwohner zählenden Provinzhauptstadt **Nakhon Sawan** vereinigen sich die Quellflüsse Ping, Wang, Nan und Yom zum Mae Nam Chao Phraya, der nach dem Begründer der seit 1782 herrschenden Chakri-Dynastie, dem General Chao Phraya Chakri benannt ist. Über eine Länge von 365 km schlängelt sich der majestätische Strom bis zum Golf von Thailand und bewässert dabei die zentrale Ebene, eines der fruchtbarsten Reisanbaugebiete der Welt. Nakhon Sawan ist eine Transit- *Kaum* stadt ohne größere Sehenswürdigkeiten. Auf einem Berg im Norden der Stadt liegt der *besucht* **Wat Woranat Banphot** mit einem „Fußabdruck des Buddha". Auf einem Hügel thront auch der **Wat Chom Khiri Nagaphrot** aus der Sukhothai-Periode. Östlich von Nakhon Sawan liegt mit dem **Büng Boraphet** einer der größten natürlichen Binnenseen Thailands. Das rund 200 km² große Feuchtgebiet am See zieht viele Hobby-Ornithologen an, die hier Kormorane, Kraniche, Reiher, Sumpfhühner und viele Entenarten beobachten können. In den Wintermonaten machen Abertausende Zugvögel aus China, Japan und Sibirien hier Station.

Kamphaeng Phet

Geschichte

Kamphaeng Phet liegt am Ostufer des Mae Nam Ping, die Stadt wurde 1347 gegründet und diente den Königen von Sukhothai als **Vorposten** gegen das aufstrebende *Vorposten* Reich von Ayutthaya. Eine gepflasterte Straße verband damals Kamphaeng Phet mit *Sukhothais* Sukhothai und deren Schwesterstadt Si Satchanalai. Doch schon im Jahre 1378 musste *gegen* sich der letzte Herrscher von Sukhothai dem König Boromaraja von Ayutthaya un- *Ayutthaya* terwerfen. Nach der Eingliederung Sukhothais in das Königreich von Ayutthaya bauten dessen Herrscher Kamphaeng Phet zu einem Militärstützpunkt aus, der eine wichtige Funktion bei der Verteidigung gegen Burma hatte. Nach der Zerstörung Ayutthayas durch die Burmesen verlor Kamphaeng Phet rasch an Bedeutung. Die wichtigsten Bauwerke der Stadt, vor allem die Tempelanlagen mit ihren großen Chedis, wurden im 15. und 16. Jh. errichtet.

Buddha-Figuren aus Laterit im Wat Phra Kaeo

Sehenswertes

Das historische Zentrum ist von einem 30 m breiten Stadtgraben und einem gut 5 m hohen, teilweise restaurierten Befestigungswall aus Lateritblöcken umgeben, der einst massiv genug war, um Artilleriefeuer standzuhalten. Die Stadtmauer gab der Stadt ihren Namen: Kamphaeng Phet bedeutet „Diamantenmauer". Innerhalb der Umfriedung erheben sich die Ruinen der beiden Haupttempel. Der glockenförmige Ziegelstein-Chedi des **Wat Phra That** ist im Sukhothai-Stil errichtet. Einst barg das Heiligtum eine heilige Buddha-Reliquie, über deren Verbleib nichts bekannt ist. Von der Vihara an der Ostseite des Chedi und dem Wandelgang, der das Tempelareal einst umgab, sind nur noch spärliche Reste vorhanden.

Bedeutendste Tempel der alten Stadt

Der westlich angrenzende einstige Palasttempel **Wat Phra Kaeo** besteht aus zwei hohen, lang gestreckten Lateritterrassen, die längs einer Ost-West-Achse angeordnet sind. Auf der einst von mächtigen Elefanten geschmückten vorderen Plattform ragt ein großer Chedi auf, vor dem die Fragmente eines Bot mit einem verwitterten sitzenden Buddha zu erkennen sind. Die Reste von Löwenskulpturen und anderen Dekoren am **Hauptchedi** auf der zweiten Terrasse lassen ahnen, dass es sich bei dem Heiligtum einst um ein prachtvoll geschmücktes Bauwerk gehandelt haben muss. Umgeben wird das zentrale Heiligtum von in Trümmern liegenden Viharas mit sitzenden Buddha-Figuren aus Laterit. Im Laufe der Jahrhunderte sind die Stuckschichten verwittert, die darunterliegenden Statuen muten modern an. Vom Königspalast, wie alle profanen Bauten der damaligen Zeit eine Holzkonstruktion, hat nur das Steinfundament die Zeiten überdauert. Als Palasttempel besaß der Wat Phra Kaeo keine Mönchsquartiere. Der Legende zufolge wurde hier einst der berühmte Smaragd-Buddha des Wat Phra Kaeo in Bangkok aufbewahrt.

Wat Phra Kaeo, *täglich 8–18 Uhr, Eintritt: Baht 100; der Eingang befindet sich im Westen des historischen Zentrums.*

Spektrum der Kunstepochen

Das **Nationalmuseum** gegenüber dem Wat Phra That präsentiert Objekte aus allen thailändischen Epochen. Obwohl nicht immer ausreichend beschriftet, vermittelt es einen guten Überblick über die Entwicklung thailändischer Kunst vom Mon- bis zum Ayutthaya-Stil.

Nationalmuseum, ☏ *(055)711570, Mi–So 9–16 Uhr außer feiertags, Eintritt: Baht 100.*

Einblicke in Geschichte und Kultur der Region geben in Verbindung mit historischen Fotografien die Exponate – Haushalts- und Gebrauchsgegenstände, Kleidung, Schmuck und Waffen – im benachbarten **Kamphaeng Phet Regional Museum**, das in mehreren traditionellen Stelzenhäusern aus Holz untergebracht ist.

Tempelruinen außerhalb des Zentrums

In den Wäldern nordwestlich der Stadt errichteten die Mönche eines einflussreichen Ordens mehrere prachtvolle Tempelklöster im Sukhothai-Stil, deren Ruinen man heute im von Fahrwegen durchzogenen **Kamphaeng Phet Historical Park** besichtigen kann. Der Haupteingang befindet sich am Highway 101 etwa 2 km nördlich des historischen Zentrums. Die Ausstellung beim Kassenhäuschen gibt einen Überblick über die Sehenswürdigkeiten im Park.

Vorbei an den verwitterten Lateritruinen des **Wat Arasa Yai** und **Wat Rim Tang** kommt man zu einer Lateritterrasse, auf der sich einst der glockenförmige Chedi des

Wat Chang Rob erhob. Ins Auge springen die 68 imposanten Elefantenstatuen aus Terrakotta und Stuck, deren Köpfe und Vorderbeine aus der Wand ragen. Diese Darstellungsform entstand unter dem Einfluss buddhistischer Missionare aus Ceylon. Auch die Nachbartempel weisen ceylonesische Merkmale auf. Steile, von je zwei Löwen flankierte Treppen führen auf die mächtige quadratische Terrasse mit einer Seitenlänge von jeweils 31 m, auf der die Reste einer Krypta stehen. Das Fundament einer Vihara, die Grundmauern eines Bot und ein gemauertes Wasserbecken sind die einzigen weiteren Überbleibsel des „von Elefanten umgebenen Tempels", wie der Name Wat Chang Rob in Übersetzung lautet. Im von einer Lateritmauer eingefassten „Löwentempel" **Wat Singh** thront auf dem Fundament der Ordinationshalle ein großer sitzender Buddha.

Haupttheiligtum des **Wat Phra Si Iriyabot** war das hohe Mondhop-Bibliotheksgebäude, an dessen Außenwänden sich Nischen für große Buddha-Statuen in den vier Grundhaltungen befinden. Daher rührt auch der Name des Tempels: si bedeutet „vier", iriyabot „Haltung". Die schreitenden, sitzenden und ruhenden Figuren sind verfallen, doch der stehende Buddha im Sukhothai-Stil an der Westseite ist gut erhalten. Auf dem mächtigen rechteckigen Fundament vor dem Mondhop stand einst eine Vihara.

Der stehende Buddha im Wat Phra Si Iriyabot

Ein ungewöhnliches Merkmal weist die Vihara-Ruine des **Wat Kong Chai** auf: Gebetshallen bestehen gewöhnlich nur aus einem großen Saal, doch diese ist in neun kleine Räume unterteilt.

Der **Wat Phra Non** („Tempel des Ruhenden Buddha") zeigt deutlich die Gliederung einer Tempelanlage in zwei voneinander abgegrenzte Bereiche. In Buddhawat befinden sich die Reste der Ordinationshalle mit charakteristischen Spaltenfenstern und die quadratische Plattform der Vihara, auf der heute nur noch Seitenmauern und einige mächtige 1–1,2 m breite und 5–6 m hohe Monolithsäulen aus Laterit aufragen. Früher beherbergten die beiden Heiligtümer drei große sitzende und einen ruhenden Buddha. Eine hohe Lateritmauer trennt das Mönchsquartier Sanghawat vom Sanktuarium.
Klassische Tempelanlage

Kamphaeng Phet Historical Park, *täglich 9–17 Uhr, Eintritt: Baht 100 zuzüglich Baht 10 für Fahrrad, Baht 20 für Motorrad, Baht 50 für Auto.*

Umgebung

Am Westufer des Mae Nam Ping erstreckte sich einst **Nakhon Chum**, die ältere Schwesterstadt von Kamphaeng Phet. Als einziges Relikt der Vergangenheit blieben dort vier elegante Chedis erhalten. Am schönsten ist der **Chedi Klang Tung** in Form eines für den Sukhothai-Stil typischen, sogenannten „Lotosknospenturms". Aus jüngerer Vergangenheit stammt der Wat Phra Boromathat mit einem großen, burmesisch inspirierten Chedi.

Reisepraktische Informationen Kamphaeng Phet

Unterkunft

Chakungrao Riverview Hotel $$$, *149 Thanon Taysa 1,* ☎ *(055) 714900-8, www.chakungraoriverview.com, EZ/DZ Baht 1.250–1.850 (inkl. Frühstücksbuffet). Großes, modernes Stadthotel am Ping-Fluss mit komfortablen Zimmern und Restaurant.*
Phet Hotel $$, *189 Thanon Bumrungrat,* ☎ *(055) 712810-5, www.phethotel.com/en/, EZ/DZ Baht 700–900 (inkl. Frühstücksbuffet). Stadthotel mit 150 gut ausgestatteten Zimmern, im halboffenen Restaurant werden bei Live-Musik sehr gute thailändische Gerichte serviert.*
Three J Guest House $–$$, *79 Thanon Ratchavitee,* ☎ *(055) 720384, www.threej guesthouse.com, EZ/DZ Baht 300–600. Einfache Zimmer mit Ventilator oder Klimaanlage sowie Gemeinschaftsbad oder Dusche/WC in einem alten Holzhaus, Fahrrad- und Motorradverleih.*

Verkehrsverbindungen

Busse: *Der Busbahnhof liegt 2 km westlich des Zentrums. Mehrmals täglich Verbindungen nach Süden, u.a. Nakhon Sawan, Lopburi, Ayutthaya und Bangkok;* **nach Norden** *u. a. Sukhothai, Phitsanulok, Tak, Lampang und Chiang Mai.*

Phitsanulok

Geschichte

Das am Mae Nam Nan, einem der Quellflüsse des Mae Nam Chao Phraya, gelegene **Phitsanulok** hat 72.000 Einwohner und ist das wirtschaftliche und administrative Zentrum der nördlichen Zentralebene. Im 13. und 14. Jh. war Phitsanulok ein bedeutender Stützpunkt des Königreichs Sukhothai, bevor es 1362 unter die Oberhoheit von Ayutthaya kam. Da es im Norden immer wieder zu Unruhen kam, bauten die Ayutthaya-Herrscher Phitsanulok im 15. Jh. zur Residenz der Vizekönige aus. Als Wahrzeichen ihrer Herrschaft errichteten sie in den Tempeln Wat Phra Sri Rattana Mahathat und Wat Ratcha Burana jeweils einen Prang im Ayutthaya-Stil. Diese sind die einzigen kunsthistorisch bedeutenden Bauwerke, die 1955 eine Feuersbrunst überstanden, die fast ganz Alt-Phitsanulok in Schutt und Asche legte.

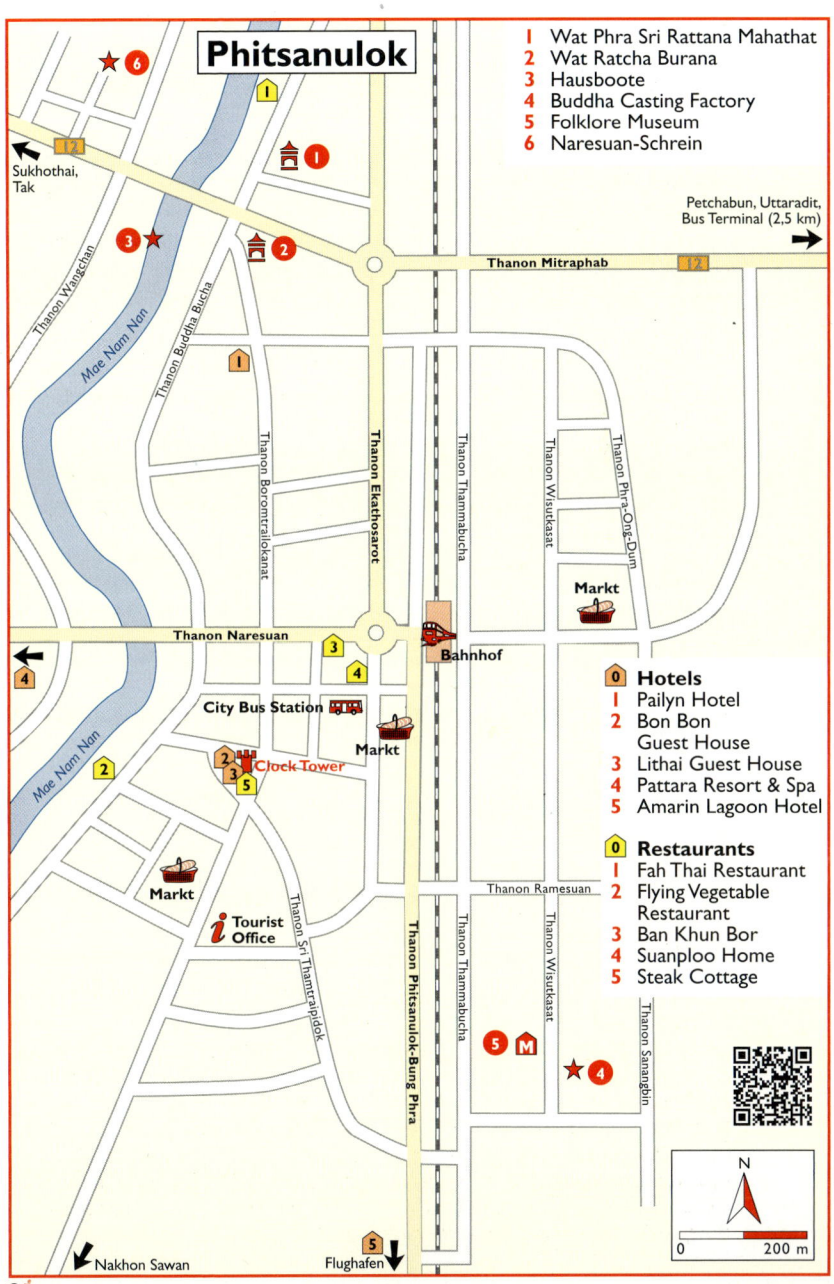

Phitsanulok

1 Wat Phra Sri Rattana Mahathat
2 Wat Ratcha Burana
3 Hausboote
4 Buddha Casting Factory
5 Folklore Museum
6 Naresuan-Schrein

Sukhothai, Tak

Petchabun, Uttaradit, Bus Terminal (2,5 km)

Thanon Mitraphab

Thanon Wangchan
Mae Nam Nan
Thanon Buddha Bucha
Thanon Boromtrailokanat
Thanon Ekathosarot
Thanon Thammabucha
Thanon Wisutkasat
Thanon Phra Ong Dum

Markt

Thanon Naresuan

Bahnhof

City Bus Station

Markt

Clock Tower

Hotels
1 Pailyn Hotel
2 Bon Bon
   Guest House
3 Lithai Guest House
4 Pattara Resort & Spa
5 Amarin Lagoon Hotel

Markt

Tourist Office

Thanon Sri Thamtraipidok
Thanon Phitsanulok-Bung Phra
Thanon Thammabucha
Thanon Wisutkasat
Thanon Sanangbin

Thanon Ramesuan

Restaurants
1 Fah Thai Restaurant
2 Flying Vegetable
   Restaurant
3 Ban Khun Bor
4 Suanploo Home
5 Steak Cottage

N

0   200 m

Nakhon Sawan

Flughafen

Redaktionstipps

▸ Im Wat Phra Sri Rattana Mahathat steht eine der **schönsten Buddha-Statuen Thailands** (S. 226). Bronzene Buddhas werden in der Buddha Casting Factory hergestellt (S. 227).

Essen und Trinken

▸ Im **Flying Vegetable Restaurant** und anderen Terrassenlokalen am Ufer des Nan-Flusses ist das Ambiente zwar schlicht, das Essen aber authentisch thailändisch und köstlich.

Feste

▸ Ende Februar/Anfang März findet im Wat Phra Sri Rattana Mahathat das sechstägige **Tempelfest Phra Buddha Chinnarat Fair** mit traditionellem Tanztheater und einem bunten Jahrmarkt statt. Am dritten Wochenende im September werden auf dem Nan-Fluss **Bootsrennen** ausgetragen (S. 228).

Sehenswertes

Schon von Weitem ist die vergoldete Spitze des 36 m hohen Prang des **Wat Phra Sri Rattana Mahathat (1)** zu erkennen. Der bei der Brücke über den Nan-Fluss am Rande der Altstadt gelegene Tempel, von den Einheimischen oft kurz Wat Yai („Großer Tempel") genannt, wurde im späten 15. Jh. erbaut. Die Vihara, deren dreifaches Staffeldach mit buntglasierten Ziegeln bedeckt ist, besticht durch ausgewogene Proportionen. Die Perlmuttintarsien der Türen stammen aus dem 18. Jh.

In der Gebetshalle befindet sich eine der **schönsten** und **berühmtesten Buddha-Statuen Thailands**. Die 1357 in Bronze gegossene, später vergoldete Figur, **Phra Buddha Chinnarat** genannt, ist ein Meisterwerk der späten Sukhothai-Periode – den Thai gilt die von einer flammenähnlichen Aureole umgebene Statue als vollkommenes Buddha-Bildnis. Die Statue stellt einen sitzenden Buddha dar,

Buddha-Statue in höchster Vollendung die Handfläche der linken Hand im Schoße nach oben gerichtet, während die Finger der nach unten gerichteten rechten Hand die Erde berühren. Diese als Bhumisparsha Mudra oder „Berührung der Erde" bekannte Haltung symbolisiert die Niederlage des Dämonen Mara, bei der Buddha die Erde als Zeugin für seinen Weg anrief. Dem Phra Buddha Chinnarat werden magische Kräfte zugesprochen und er gehört mit dem Smaragd-Buddha in Bangkok zu den meistverehrten Sakralfiguren Thailands. Jedes Jahr pilgern viele Tausend Gläubige nach Phitsanulok, um der Statue ihre Gebete zu widmen.

König Chulalongkorn ließ eine Replik für Wat Benchamabophit in Bangkok anfertigen, die jedoch nicht die Majestät und Ausstrahlung des Originals besitzt. Die dreischiffige Vihara bildet mit ihrer strengen Linienführung und ihren dunklen Farben ein würdiges Domizil für den Phra Buddha Chinnarat und ist einer der **stimmungsvollsten Sakralräume Thailands**. Vor allem am frühen Vormittag erzeugen die schräg durch die schmalen Spaltenfenster auf die goldglänzende Statue fallenden Lichtstrahlen und die aufsteigenden Schwaden der glimmenden Räucherstäbchen eine entrückte Stimmung. Weitere kunstvolle Buddha-Figuren unterschiedlicher Stilrichtungen stehen in der Galerie, die um den Prang verläuft.

Wat Phra Sri Rattana Mahathat, *täglich 6.30–18.30 Uhr, Spende erbeten; Zutritt nur in angemessener Kleidung.*

Ebenfalls am Ostufer des Mae Nam Nan liegt der **Wat Ratcha Burana (2)**. Dominierendes Bauwerk ist ein eindrucksvoller Chedi, der auf einem siebenstufigen Ziegelsteinfundament thront. Die Wandgemälde an den Innenmauern des Bot illustrieren Szenen aus dem „Ramakien". An längst vergangene Zeiten erinnern noch einige am Flussufer vertäute **Hausboote (3)**. Diese „schwimmenden Häuser" (*rüa phae*) bildeten früher einen Teil der thailändischen Städte, die sich an den Ufern von Flüssen und Strömen erstreckten. Auf diese Weise passten sich die Anwohner den jahreszeitlich bedingten Schwankungen des Wasserstands an, deren Pegel in der Regenzeit mehrere Meter über dem der Trockenzeit liegt. In den meisten anderen Orten sind die Hausboote mittlerweile verschwunden, in Phitsanulok lagen bis vor Kurzem noch Hunderte Boote, die teils als „schwimmende Restaurants" dienten, heute sind es im Stadtzentrum nur noch einige wenige.

In der **Buddha Casting Factory (4)** an der Thanon Wisutkasat können Besucher beobachten, wie in aufwendiger Handarbeit Buddha-Statuen nach dem Vorbild berühmter Sakralfiguren gegossen werden. Die meisten Bildnisse des Erleuchteten besitzen eine

Ein vollkommenes Bildnis – der Phra Buddha Chinnarat

deutliche Ähnlichkeit mit dem Phra Buddha Chinnarat aus dem Wat Phra Sri Rattana Mahathat. Eine Fotoausstellung zeigt die einzelnen Arbeitsschritte des Gussverfahrens mit Wachs. *Bronzene Buddhas*

Buddha Casting Factory, ☎ (055)258715, Mo–Sa 8–17 Uhr, Eintritt frei.

Schräg gegenüber der kleinen Bronzegießerei informiert das **Folklore Museum (5)** mit einer Sammlung von Haushalts- und Gebrauchsutensilien sowie vor allem landwirtschaftlichen Geräten über das traditionelle Alltagsleben in ländlichen Regionen. **Folklore Museum**, ☎ (055)212749, Di–So 8.30–16.30 Uhr, Eintritt: Baht 100.

Am Westufer des Mae Nam Nan erinnert der **Naresuan-Schrein (6)** an den bedeutendsten Sohn Phitsanuloks – den Ayutthaya-König Naresuan (1590–1605), der im Jahre 1592 in einer legendären Befreiungsschlacht nahe Suphanburi die Burmesen aus dem Lande vertrieb.

Umgebung

6 km südlich von Phitsanulok liegen die Ruinen des **Wat Chulamani** aus der Sukhothai-Periode, in dessen Prang Stilmerkmale der Khmer-Architektur erkennbar sind. Außerdem sind Reste der Vihara und der Umfriedungsmauer zu sehen. Die im 11. Jh. gegründete Provinzstadt **Phichit**, etwa 45 km südlich von Phitsanulok, ist am ersten Wochenende im September Ziel einheimischer Touristen, wenn auf dem Mae Nam Nan vor dem bedeutenden Wat That Luang spektakuläre **Langbootrennen** ausgetragen werden. In den reich dekorierten Pirogen sitzen 40 bis 50 Ruderer, ein Steuermann und ein Taktgeber. Zum Rahmenprogramm gehören Theateraufführungen, Musik und Tanz sowie ein großer Jahrmarkt. Der seichte, sumpfige See Büng Sifai am Westrand der Stadt war früher Lebensraum von Krokodilen; heute züchtet man hier Fische und Lotosblumen.

Wettkampf mit religiösem Hintergrund

Reisepraktische Informationen Phitsanulok

ℹ️ Informationen

Tourism Authority of Thailand Northern Office, *209/7-8 Thanon Boromtrailokanat,* ☎ *(055)252742-3,* 🖨 *(055)231063, tatphlok@tat.or.th, täglich 8.30–16.30 Uhr. Das Büro ist auch für Sukhothai zuständig.*

🛏️ Unterkunft

Pattara Resort & Spa $$$$–$$$$$$ (**4**), *349/40 Thanon Chaiyanupap,* ☎ *(055)282966, www.pattararesort.com, EZ/DZ Baht 3.500-4.250, Bungalow Baht 6.900-7.900 (inkl. Frühstücksbuffet). Modernes Resorthotel mit 64 bestens ausgestatteten Zimmern und acht komfortablen Bungalows mit eigenem Pool in einem weitläufigen Tropenpark am südwestlichen Ortsrand, internationales Restaurant, attraktiver Pool, Wellness-Center.*
Amarin Lagoon Hotel $$$$–$$$$$ (**5**), *52/299 Thanon Phraongkhao,* ☎ *(055)220 999, www.amarinlagoonhotel.com, EZ/DZ Baht 2.000-3.500, Suite Baht 5.000. Komfortables Stadthotel mit 188 Zimmern und Suiten, die kaum Wünsche offen lassen; Restaurant, einladender Pool, Spa und Nachtclub.*
Pailyn Hotel $$$ (**1**), *38 Thanon Boromtrailokonat,* ☎ *(055)25241 1-5, EZ/DZ Baht 1.350-1.650 (inkl. Frühstücksbuffet). Älteres Stadthotel, das schon bessere Zeiten gesehen hat; geräumige AC-Zimmer, z. T. mit Balkon und schöner Aussicht, Restaurant, WLAN in der Lobby.*
Bon Bon Guest House $–$$ (**2**), *77 Thanon Phaya Lithai,* ☎ *(055)219058 und (081) 7077649, EZ/DZ Baht 400–600. Zentrale, aber ruhige Lage; einfache, aber saubere Zimmer mit Ventilator oder Klimaanlage; Fahrradverleih.*
Lithai Guest House $–$$ (**3**), *73/1-5 Thanon Phaya Lithai,* ☎ *(055)219626-9, EZ/DZ Baht 350–600. Gut geführtes Gästehaus mit 60 teils klimatisierten Zimmern.*

🍴 Restaurants und Bars

Ban Khun Bor (**3**), *Thanon Chao Phraya,* ☎ *(055)235669, täglich 10–22 Uhr, Gerichte Baht 80–160. Gemütliches, im klassischen Stil eingerichtetes Thai-Restaurant.*
Fah Thai Restaurant (**1**), *Thanon Wangchan,* ☎ *(055)242743, täglich 11–15, 17–22 Uhr, Gerichte Baht 100–320. Gartenrestaurant am Ufer des Nan-Flusses; täglich 19 Uhr legt ein Restaurant-Schiff zu einem Diner Cruise auf dem Mae Nam Nan ab.*
Flying Vegetable Restaurant (**2**), *Thanon Buddha Bucha,* ☎ *(055)234769, täglich 18–23 Uhr, Gerichte Baht 60–120. In diesem und mehreren anderen Restaurants am Ufer des*

Mae Nam Nan serviert man authentische Thai-Gerichte, z.T. auch regionale Spezialitäten. In der offenen Küche des Flying Vegetable Restaurant begeistern die Köche mit akrobatischen Kunststückchen.
Steak Cottage (5), *73/1-5 Thanon Phaya Lithai,* ☏ *(055)219626, täglich 7–14, 17–21 Uhr, Gerichte ab Baht 160. Steaks und andere Fleischgerichte.*
Suanploo Home (4), *Thanon Ekathosarot,* ☏ *(055)238769, täglich 11–14, 17–23 Uhr, Gerichte Baht 80–120. Mischung aus Restaurant und Bar, gute thailändische und westliche Gerichte, urige Einrichtung.*

🚌 Verkehrsverbindungen

Busse: *Der Busbahnhof liegt an der Thanon Mitraphab (H 12) 2,5 km östlich des Zentrums,* ☏ *(055)212090. Zwischen dem Terminal und dem Bahnhof im Zentrum verkehren die Stadtbusse Nr. 1. Mehrmals täglich Busse* **in südliche Richtung** *u. a. von/nach Nakhon Sawan, Lopburi, Ayutthaya und Bangkok;* **in nördliche Richtung** *u. a. von/nach Sukhothai, Kamphaeng Phet, Tak, Mae Sot, Lampang, Chiang Mai und Chiang Rai;* **in nordöstliche Richtung** *u. a. von/nach Loei, Khon Kaen, Udon Thani und Nakhon Ratchasima.*
Züge: *Der Bahnhof liegt im Zentrum,* ☏ *(055)258005.* **In südliche Richtung** *u. a. siebenmal täglich von/nach Nakhon Sawan, Lopburi, Ayutthaya und Bangkok;* **in nördliche Richtung** *u. a. von/nach Lampang und Chiang Mai.*
Flughafen: *Zwischen dem südlich des Zentrums gelegenen Flughafen* ☏ *(055)259406) und der Innenstadt verkehren ein Shuttlebus von Thai Airways (Baht 70) und die Stadtbusse Nr. 4 (Baht 15).*
Thai Airways, *209/26-28 Thanon Boromtrailokanat,* ☏ *(055)301002;* **Nok Air,** ☏ *(055) 301026-7.*
Nationale Verbindungen: *von/nach Bangkok mehrmals täglich (Thai Airways, Nok Air).*

Von Phitsanulok nach Osten

Von Phitsanulok aus windet sich der gut ausgebaute, aber teils sehr kurvenreiche Highway 12 durch die mehr als 1.700 m aufsteigende Phetchabun-Kette in den Isaan, die Nordostregion Thailands. Die Panoramastraße, werbewirksam auch The Green Route genannt, erschließt einige der schönsten Wasserfälle des Landes.

Den Auftakt bilden die kleinen, aber malerischen Kaskaden des **Sakunothayan Waterfall** beim KM 33 und **Kaeng Song Waterfall** beim KM 45, beides beliebte Ausflugsziele mit Picknickplätzen. Beim KM 59 zweigt rechter Hand eine Straße zum **Poi Waterfall** ab, der nach 2 km erreicht wird. Eine ebenfalls 2 km lange Stichstraße führt beim KM 72 zum etwa 40 m hohen, recht breiten **Kaeng Sopha Waterfall**, der in drei Kaskaden über Felswände tost. Schattige Picknickplätze unter hohen Bäumen vervollständigen die schöne Szenerie (*täglich 7–19 Uhr, Eintritt: Baht 100 zuzüglich Baht 50 für Auto*).

Am KM 79 liegt die Zufahrt zum **Thung Salaeng Luang National Park.** Das 1.263 km² große Schutzgebiet umfasst ausgedehntes offenes Savannenland, das von Trocken- bzw. Monsunwald und lichten Pinienbeständen umrahmt wird. Besonders schön ist

Naturoase

Tosendes Naturspektakel – der Kaeng Sopha Waterfall

ein Besuch des Nationalparks von Oktober bis Januar, wenn Tausende Wildblumen blühen. Über Flora und Fauna sowie Aktivitäten im Park informiert ein Visitor Centre am Eingang.

Thung Salaeng Luang National Park, ☎ *(055)268019, täglich 7.30–18 Uhr, Eintritt: Erwachsene Baht 200, Kinder Baht 100 zuzüglich Baht 10 für Fahrrad, Baht 20 für Motorrad, Baht 50 für Auto.*

Einst heftig umkämpft

Im weiteren Verlauf mäandert der H 12 durch kahles Hügelland, das Spuren der hier lange praktizierten Brandrodung trägt. Südlich vom KM 100 ragt der baumlose **Khao Kao** (1.000 m) auf, der von 1968–1982 ein Rückzugsgebiet der kommunistischen Guerilla war, die gegen das Militärregime in Bangkok kämpfte. An die unruhige Vergangenheit erinnern Gedenkstätten und ein Kriegsmuseum. In der Nähe liegt der Khao Kao Palace, eine der königlichen Residenzen in ländlichen Regionen.

Auch das Hochplateau, das heute zum **Phu Hin Rongkla National Park** gehört, war in den 1970er-Jahren zwischen Aufständischen und Militäreinheiten heftig umkämpft. Dort hatten damals die Communist Party of Thailand (CPT) und ihr bewaffneter Arm, die People's Liberation Army of Thailand (PLAT), ihr Hauptquartier. Nach Amnestieangeboten der thailändischen Regierung unter General Prem Tinsulanonda Anfang der 1980er-Jahre ergaben sich die Rebellen. 1984 erklärte man das

Gebiet zum Nationalpark. Ein kleines Museum informiert über die damaligen Ereignisse. Zu sehen sind ein Luftschutzbunker, Schützengräben und Maschinengewehr-Stellungen.
Phu Hin Rongkla National Park, *täglich 7.30–18 Uhr, Eintritt: Erwachsene Baht 200, Kinder Baht 100 zuzüglich Baht 10 für Fahrrad, Baht 20 für Motorrad, Baht 50 für Auto.*

Beim KM 130 erreicht man eine große Kreuzung: rechts führt der H 21 nach Phetchabun, links der H 203 über Lom Sak nach **Loei** (s. S. 373). Geradeaus geht es auf dem H 12 weiter über Chumphae nach Khon Kaen (S. 362). Als Übernachtungsstopp oder auch als Standort für eine Erkundung der Region bietet sich das Handelsstädtchen **Lom Sak** an.

Östlich von Lom Sak schützt der 966 km² große **Nam Nao National Park** eine von dichtem Primärwald bewachsene Bergregion, die für ihre artenreiche Vogelwelt bekannt ist. Durch den Urwald streifen Herden wilder Elefanten sowie Rudel von Wildschweinen und Rotwild. Tiger und andere Großkatzen wurden hier allerdings schon lange nicht mehr gesichtet. *Heimat wilder Elefanten*

Etwa 50 km östlich von Lom Sak bietet sich wenige Kilometer vor dem Parkeingang vom **Phu Kor Viewpoint** ein schöner Blick bis zum **Phu Kradung**, einer der höchsten Gipfel der Phetchabun-Kette. Ein 4 km langer Wanderweg führt von hier zum Besucherzentrum, das man auch auf einer vom H 12 abzweigenden Straße erreichen kann. Wer länger bleiben möchte, findet am Parkeingang gemütliche, rustikale Bungalows.
Nam Nao National Park, ☎ *(056)729002, täglich 7.30–19 Uhr, Eintritt: Erwachsene Baht 200, Kinder Baht 100 zuzüglich Baht 10 für Fahrrad, Baht 20 für Motorrad, Baht 50 für Auto.*

20 km östlich des Visitor Centre beginnen an einem am H 12 gelegenen Parkplatz Wanderwege zu den beiden etwa 15–20 m hohen Wasserfällen **Haeo Sai Waterfall** (hin und zurück 1,5 km/45 Min.) und **Sai Tong Waterfall** (hin und zurück 3 km/1,5 Std.).

☞ Tipp: Unterkunft

Komfortabler als in den Bungalows der Nationalparks an der Route übernachtet man im **Rainforest Resort** am KM 42 des H 12. Inmitten üppiger Vegetation liegen an einem Bogen über dem Khek River geräumige, individuell gestaltete Bungalows mit Raum für 2–7 Personen. Alle sind klimatisiert und besitzen ein „begrüntes" Badezimmer. Im Restaurant serviert man hervorragende thailändische Gerichte. Angeboten werden Wildwasserfahrten in Schlauchbooten auf dem Mae Nam Khek.

Rainforest Resort, ☎ (055) 293085-6, ✉ (055)293086, www.rainforestthailand.com, Bungalow Baht 2.000–6.800, Mo–Do großzügige Rabatte möglich.

Komfort zum Schnäppchenpreis bietet in Lom Sak das **Lom Sak Nattirat Grand Hotel** mit bestens ausgestatteten Zimmern, einem guten Restaurant und großem Pool, 163/10 Thanon Kochsanee, ☎ (056)745022-8, ✉ (056) 745029, nattirat@yahoo.com, EZ/DZ Baht 950–1.200, inkl. Frühstück.

Sukhothai

Sehenswertes
‣ Wer sich für die thailändische Kunstgeschichte interessiert, sollte das private **Sangkhalok Museum** besuchen (S. 239).

Übernachten
‣ Stilvoll ist **The Legendha Sukhothai**, etwa 1 km vor Alt-Sukhothai.

Essen und Trinken
‣ Das **Dream Café** ist bis zum letzten Winkel mit Antiquitäten und Kuriositäten angefüllt.

Feste
‣ Beim Lichterfest **Loy Krathong** verwandeln sich in einer Vollmondnacht Ende Oktober/Anfang November die Teiche und Seen im Sukhothai Historical Park in flackernde Lichterteppiche, die Tempel werden mit Lichterketten illuminiert.

Geschichte

Anfang des 13. Jh. lösten sich die Tai-Völker, die ab dem 7./8. Jh. aus ihrem Königreich Nan Chao in der heutigen südwestchinesischen Provinz Yunnan nach Süden gezogen waren, von der Herrschaft der Khmer. 1238 gründete ein Tai-Fürst, der spätere König Intharathit, das erste unabhängige siamesische Königreich. Zur Hauptstadt erkor er Sukhothai, das früher der nördlichste Stützpunkt des Khmer-Reiches war. Damit beginnt der Teil der Geschichte Thailands, der historisch gesichert ist. Auf dem Höhepunkt seiner Macht umfasste das Reich von Sukhothai fast das gesamte Gebiet des heutigen Thailand.

Das Sukhothai-Reich war nicht nur der erste staatliche Zusammenschluss von Tai-Völkern auf dem Gebiet des heutigen Thailand: Sukhothai – „die Morgenröte der Glückseligkeit" – gilt auch als **Wiege der thailändischen Kultur**. Die Thai-Kunst wurde in Sukhothai entwickelt und ab Mitte des 14. Jh. in Ayutthaya vervollkommnet. Dabei stützte man sich auf das Erbe der Khmer und nahm Elemente der indischen und chinesischen Kultur auf. All die Einflüsse von außen wurden aber nach den eigenen Vorstellungen umgeformt. Im Gegensatz zum alten Königreich Nan Chao, das stark chinesisch geprägt war, trugen Kunst und Kultur jetzt eigenständige Züge.

König Ramkhamhaeng – der „Vater Thailands" Dem dritten und bedeutendsten Herrscher der Sukhothai-Dynastie, König Ramkhamhaeng (1277–1317), wird die Einführung eines eigenen **Schriftsystems** für die Tai-Sprache im Jahre 1283 zugeschrieben, das auf der Khmer-Schrift basiert. Ramkhamhaeng pflegte enge Kontakte zu Ceylon, dem Mutterland des Theravada-Buddhismus und holte Mönche von dieser Insel ins Land. Diese führten sein Volk, das zuvor eine von den Khmer geprägte „Mischreligion" aus Mahayana-Buddhismus und Hinduismus praktizierte, zum „Buddhismus der Älteren" zurück.

Obwohl das Reich von Sukhothai nur kurz bestand und die Nachfolger König Ramkhamhaengs bereits Mitte des 14. Jh. zu Vasallen der Ayutthaya-Herrscher wurden, wurden in Sukhothai die Grundlagen für die künftige politische und kulturelle Führungsrolle des Tai-Volkes in der südostasiatischen Region gelegt.

Stadtgliederung und Orientierung

Die Ruinenstadt Alt-Sukhothai liegt 12 km westlich der neuen, rund 40.000 Einwohner zählenden Stadt Sukhothai, wo sich die meisten Hotels und Gästehäuser konzentrieren. Zum **Sukhothai Historical Park** gehören die alte Königsstadt und etwa 70 weitere Stätten innerhalb eines Umkreises von 5 km. Das Areal ist zu ausgedehnt, um es zu Fuß zu erkunden. In der „kühlen" Jahreszeit von November bis Februar empfiehlt sich eine Erkundung per Fahrrad. Mit einem Songthaeo oder Minibus gelangt man von Neu-Sukhothai zum Eingang des historischen Parks, wo man gegenüber dem Wat Traphang Thong und beim Kassenhäuschen am Osttor Fahrräder (auch Kinderräder) mieten kann (Baht 40/Tag). Wer es bequemer mag, bucht eine Tour in einer klimatisierten Limousine oder mit einem Minibus. Auf einer festgelegten Route im Zentrum pendeln zudem Elektro-Trams (Ticket: Baht 40). Für die Besichtigung des Parks sollte man einen, besser noch zwei Tage einplanen.

Sukhothai Historical Park, ☎ (055)697310, whc.unesco.org/en/list/574, täglich 6–18 Uhr, Eintritt: für die Zone innerhalb der Stadtmauer Baht 150, für jede der vier äußeren Zonen Baht 100 zuzüglich Baht 10 für Fahrrad, Baht 20 für Motorrad, Baht 50 für Auto. Ein Kombi-Ticket für alle Zonen, für das Ramkhamhaeng National Museum in Alt-Sukhothai, das Sawanvoranayok National Museum in Sawankhalok, den Si Satchanalai Historical Park und das Center for Study and Preservation of Sangkhalok Kilns in Ban Ko Noi nahe Si Satchanalai kostet 550 Baht und ist 30 Tage gültig.

Alt-Sukhothai

Die in der Ebene des Mae Nam Yom gelegene Stadt wurde von Mauern aus Laterit, Erdwällen und Wassergräben geschützt. An jeder Seite der Befestigung führt ein Tor in das innere Stadtgebiet, das eine Fläche von etwa 1.800 mal 1.300 m einnimmt. Da man in der damaligen Zeit alle Wohnbauten, auch die Königspaläste, aus Bambus und Holz errichtete, sind heute nur noch Reste der Fundamente zu sehen. In den Tempelanlagen sind manche Chedis noch erstaunlich gut erhalten, doch von den Ordinations- und Gebetshallen stehen heute meist nur noch Mauerreste und Säulen.

Vorwiegend Tempeltürme erhalten

Nachdem man das Osttor (Pratu Kamphaeng Hak) passiert hat, erblickt man auf einer Insel im See den **Wat Traphang Thong (1)**. Dem Laterit-Chedi im typischen Sukhothai-Stil ist eine Mandapa-Halle vorgebaut. Dort wird ein „Fußabdruck des Buddha" verehrt. Während des Loy-Krathong-Festes Ende Oktober/Anfang November verwandelt sich der künstliche See in einen flackernden Lichterteppich.

Eine hervorragende Einführung in Kunst und Geschichte der alten Königsstadt vermittelt ein Besuch des **Ramkhamhaeng National Museum (2)** westlich des Wat Traphang Thong. In der Eingangshalle steht ein Modell von Alt-Sukhothai mit den einzelnen Baudenkmälern, historische Fotografien zeigen die Tempelruinen vor ihrer Restaurierung. Im Hauptgebäude dokumentiert eine Sammlung erstklassiger Werke die Entwicklung der Sukhothai-Kunst.

Einführung in die Kunst der Sukhothai-Periode

Im Erdgeschoss werden die Besucher von einem **schreitenden Buddha** aus dem frühen 14. Jh. empfangen. Elegant, mit einem geheimnisvollen Lächeln und formal perfekt gestaltet, zählt die Statue zu den schönsten Sakralfiguren der Sukhothai-Periode. Der größte Teil der Buddha-Statuen ist im Sukhothai-Stil gestaltet, doch auch Bangkok-, Ayutthaya-, U Thong-, Khmer- und Mon-Stil sind vertreten.

Zu den Prunkstücken aus der Khmer-Epoche zählt eine Statue der Hindu-Gottheit Harihara, die Züge von Vishnu und Shiva in sich vereint. An einen Stützbogen gelehnt, besticht diese Plastik durch eine anatomisch genau modellierte Körpermuskulatur und ebenmäßige Gesichtszüge. Die Relief- und Baufragmente stammen aus Sukhothai sowie aus Si Satchanalai und aus Kamphaeng Phet, den beiden anderen Königsstädten der Sukhothai-Herrscher. In einer der **Sawankhalok-Keramik** gewidmeten Abteilung im Obergeschoss legt jedes einzelne Stück Zeugnis ab vom hohen Stand der Handwerkskunst der damaligen Zeit. Im Museumsgarten kann man einen Brennofen bewundern, wie er einst von den chinesischen Kunsthandwerkern, die König Ramkhamhaeng Ende des 13. Jh. aus dem Reich der Mitte kommen ließ, verwendet wurde. **Ramkhamhaeng National Museum**, *täglich 9–16 Uhr, Eintritt: Baht 150 oder Kombi-Ticket; Fotografieren nur im Außenbereich erlaubt*, ☎ *(055)6192001*.

Architektonisch dominiert wird die alte Königsstadt vom **Wat Mahathat (3)**, einst Zentrum *Königlicher* der religiösen und politischen *Palast-* Macht. Auf dem etwa 200 x 200 *tempel* m messenden Tempelareal standen einst der zentrale Chedi und etwa 200 kleinere, außerdem fast 20 andere Bauwerke.

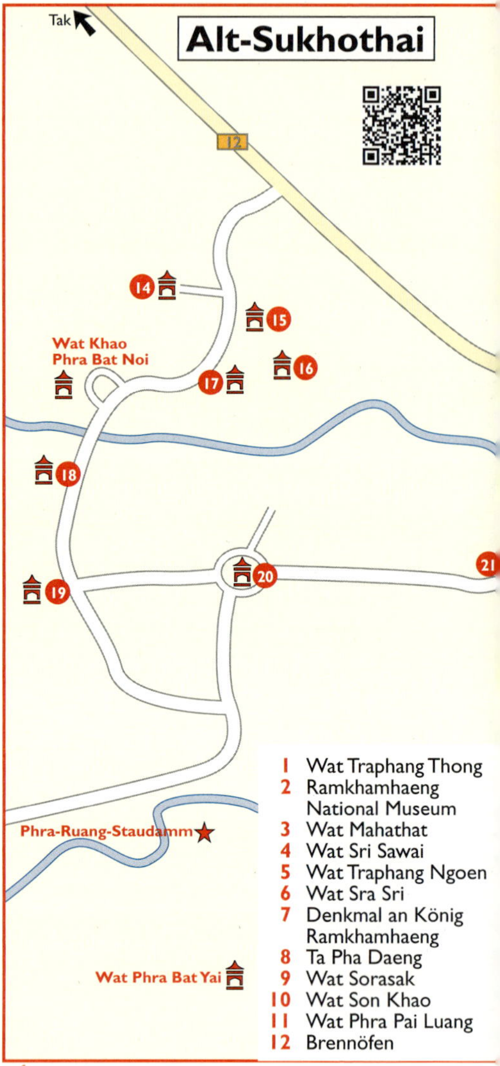

Alt-Sukhothai

Tak

Wat Khao Phra Bat Noi

Phra-Ruang-Staudamm

Wat Phra Bat Yai

1	Wat Traphang Thong
2	Ramkhamhaeng National Museum
3	Wat Mahathat
4	Wat Sri Sawai
5	Wat Traphang Ngoen
6	Wat Sra Sri
7	Denkmal an König Ramkhamhaeng
8	Ta Pha Daeng
9	Wat Sorasak
10	Wat Son Khao
11	Wat Phra Pai Luang
12	Brennöfen

© graphic

Am Anfang einer Ost-West-Achse, an der alle Hauptgebäude angeordnet sind, steht eine kleine **Vihara**, gefolgt vom **Bot**. Zu sehen sind noch sechs Reihen mächtiger Lateritsäulen, die das Innere der Ordinationshalle in fünf Schiffe gliederten. Hier stand der mehr als 8 m hohe Buddha Phra Sri Sakyamuni, den König **Rama I**. Ende des 18. Jh. nach Bangkok in den Wat Suthat versetzen ließ.

Hotels
1 Old City Guest House
2 Vitoon Guest House
3 The Legendha Sukhothai
4 Pailyn Sukhothai Hotel
5 Tharaburi Resort
6 Orchid Hibiscus Guest House

Restaurants
1 The Coffee Cup Restaurant
2 Sinvana Restaurant

Information Center

Nordtor (Pratu San Luang)

Wat Chang Lom

Fahrrad- und Mopedverleih

Osttor (Pratu Kamphaeng Hak)

Westtor (Pratu Oa)

Palast

Khlong Sao Ho

Südtor (Pratu Namo)

Eingang + Fahrrad- und Mopedverleih

Neu-Sukhothai

Wat Ton Chan

Wat Chedi Si Hong

13 Wat Sri Chum
14 Wat Saphan Hin
15 Wat Aranyik
16 Wat Chang Rob
17 Wat Pa Daeng
18 Wat Chedi Ngam
19 Wat Tham Heep
20 Wat Mangkorn
21 Ho Thewalai
22 Wat Tuk
23 Wat Sri Thon
24 Wat Chetuphon
25 Wat Traphang Thong Lang

Durch die Säulenreihen hindurch fällt der Blick auf den aus Laterit und Ziegelstein errichteten **Haupt-Chedi**, in dem sich einst die heiligen Reliquien befanden. Die Skulpturen am Sockel stellen eine Prozession der Jünger des Erleuchteten dar, sie faszinieren durch ästhetische Leichtigkeit: Alle Figuren zeichnen sich durch fließende Bewegungen

Wat Mahathat – der Mittelpunkt der alten Königsstadt

aus, sie scheinen zu „laufen". Die Lotosknospenspitze, die das Heiligtum krönt, ist charakteristisch für den frühen Sukhothai-Stil. Flankiert wird der zentrale Chedi von je drei kleineren Chedis im Sukhothai-Stil, vor denen sitzende Buddhas platziert sind, sowie von zwei Mondhops mit 8 m hohen Statuen stehender Buddhas. Reste von Stuckdekorationen geben eine vage Vorstellung von der einstigen Pracht des Wat Mahathat, dem als königlicher Palasttempel kein Mönchskloster angeschlossen war, sondern der staatlichen und wichtigen religiösen Zeremonien diente. Vom Königspalast an der Ostseite des Tempelareals haben nur die Grundmauern überdauert.

Mit dem Aufstieg Sukhothais wurde der bisher dominierende Khmer-Stil abgelöst. Die Khmer-Tempel wurden aber nicht abgerissen, sondern umgestaltet und den eigenen religiösen Bedürfnissen angepasst. So auch bei dem etwas weiter südwestlich gelegenen **Wat Sri Sawai (4)**: Die Unterbauten der drei gut erhaltenen Prangs wurden in der Khmer-Zeit in Lateritbauweise errichtet, die oberen Partien von Sukhothai-Baumeistern mit Ziegelstein und Stuck vollendet. Jeder Tempelturm besitzt eine Cella, die früher einen Linga, das Symbol der Schöpfungskraft des Hindu-Gottes Shiva, beherbergte. An den Stufendächern der Prangs und an den Mauern der Mittelhalle erkennt man Fragmente des üppigen Baudekors. Umschlossen wird das Areal von einer Lateritmauer mit einem kreuzförmigen Torturm (Gopuram).

Auf der Basis der Khmer-Kultur

Pendant zum Wat Traphang Thong am Osttor ist im Westen der Stadt, ebenfalls auf einer Insel, der **Wat Traphang Ngoen (5)**. Aus den Nischen in der Lotosknospenspitze des Chedis blicken stehende Buddhas über die Ruinen.

Malerische Tempelruine

Sehr pittoresk wirken die Relikte des **Wat Sra Sri (6)**. Auf einer Insel im Trapang Trakuan, dem größten künstlichen See der Stadt, erhebt sich ein großer Chedi nach ceylonesischer Art. Vor ihm thront zwischen sechs Reihen achteckiger Lateritsäulen, die früher das Dach der Vihara trugen, ein restaurierter Buddha in der als Bhumisparsha Mudra oder „Berührung der Erde" bekannten Haltung. Eine Holzbrücke führt zu einer zweiten, kleineren Insel mit den Überresten des Bot.

Östlich des Sees erinnert ein **Denkmal an König Ramkhamhaeng (7)**, der als „Vater Thailands" heute noch hohe Verehrung genießt. Friese vor der großen Bronzestatue preisen die Verdienste des Herrschers, vor allem die Entwicklung der thailändischen Schrift und die Einführung des Theravada- bzw. Hinayana-Buddhismus.

Etwas weiter nördlich steht auf einem Sockel der hinduistische Schrein **Ta Pha Daeng (8)**, der unter dem bedeutenden Khmer-König Suryavarman II., dem Schöpfer von Angkor Wat, erbaut wurde. Hier entdeckte man kunstvolle Sandsteintorsos männlicher und weiblicher Hindu-Gottheiten im Khmer-Stil, die heute im Ramkhamhaeng National Museum zu sehen sind.

Vorbei am **Wat Sorasak (9)** mit einem kleinen Ziegelstein-Chedi, dessen Sockelterrasse nach ceylonesischem Stil von steinernen Elefanten geschmückt wird, und der Ruine des **Wat Son Khao (10)** kommt man zum Nordtor (Pratu San Luang).

Außerhalb des Stadtwalls

Jenseits der Stadtmauer liegt das weitläufige Areal des **Wat Phra Pai Luang (11)**, um 1200 von den Khmer errichtet. Es ist von einem breiten Wassergraben umgeben, der in der hinduistischen Kosmologie den mythischen Urozean symbolisierte, zugleich aber auch als Wasserspeicher genutzt wurde. Vermutlich befand sich zur Zeit der Herrschaft der Angkor-Könige über Zentralthailand hier ein bedeutendes politisch-religiöses Machtzentrum. Von dem ursprünglichen Drei-Türme-Ensemble steht nur noch der nördliche, mit Stuck verkleidete Laterit-Prang. Von der großen Vihara, die unter Sukhothai-Herrschern errichtet wurde, sind ebenso wie von allen anderen Gebäuden nur noch Fundamente, Begrenzungsmauern und Säulenreihen vorhanden. Nördlich grenzt ein modernes Tempelkloster an.

Einst von den Khmer errichtet

Vorbei an den Überresten alter **Brennöfen (12)**, in denen seit Ende des 13. Jh. Sawankhalok-Keramik hergestellt wurde, geht es weiter zum **Wat Sri Chum (13)**. Haupttheiligtum des relativ kleinen Tempels ist eine quaderförmige 32 m breite und 15 m hohe, nach oben offene Mondhop mit einem 11,3 m hohen sitzenden Buddha in der Bhumisparsha-Mudra-Haltung. Die restaurierte **Kolossalstatue** aus stuckverziertem Ziegelstein, Phra Buddha Achana genannt, stammt aus der zweiten Hälfte des 14. Jh. Die glimmenden Räucherstäbchen zu seinen Füßen beweisen, dass dem Buddha heute noch höchste Ehrerbietung zuteil wird. Ein in der Regel nicht zugänglicher tunnelartiger Gang führt innerhalb der 3 m dicken Mauern bis zum Dach empor. Die Steinplatten an den Wänden des Korridors sind mit Gravuren von außergewöhnlicher Schönheit geschmückt, die zu den ältesten Zeugnissen thailändischer Zeichenkunst gehören. Dargestellt sind „Jataka"-Legenden, die sich um die früheren Leben des Buddha ranken. Weshalb die einzigartigen Steinzeichnungen von hohem künstlerischem Niveau in den rätselhaften Gang „verbannt" wurden, ist bisher nicht geklärt.

Monumental-Buddha

In der bewaldeten Hügellandschaft westlich der Stadtmauer liegen verstreute Tempelruinen, die meist nicht restauriert wurden und selten besucht werden. Ein mit Steinplatten gepflasterter Pfad führt zu dem auf einem 200 m hohen Hügel thronen-

Beim Gebet im Wat Sri Chum

den **Wat Saphan Hin (14)**. Im „Tempel der steinernen Brücke" beging einst König Ramkhamhaeng am Ende der buddhistischen Fastenzeit die Thod-Ka-thin-Zeremonie. Das Holzdach der Vihara ruhte einst auf mit Stuck umkleideten Lateritsäulen. Mit den halb geöffneten Augen der Einsicht und weise lächelnd blickt ein 12,5 m hoher stehender Buddha, der an eine Ziegelmauer angelehnt ist, über die Ruinenfelder Sukhothais. Die Statue zeigt die Abhaya-Mudra-Pose, die „Stellung des Furchtlosen", die Segen und Schutz ausdrückt.

Nur wenige Reste sind vom Waldtempel **Wat Aranyik (15)** erhalten. Den Chedi des **Wat Chang Rob (16)** tragen 24 steinerne Elefantenfiguren. Auch ein Ziegelstein-Chedi des **Wat Pa Daeng (17)** hat die Zeiten überdauert. Der glockenförmige, im ceylonesischen Stil errichtete Chedi des **Wat Chedi Ngam (18)** ragt auf einem Hügel auf, umrahmt von hohen Bäumen. Weitgehend in Trümmern liegt der **Wat Tham Heep (19)**. Aus der späten Sukhothai-Periode stammt **Wat Mangkorn (20)** mit einem gut erhaltenen Stupa in ceylonesischer Bauweise. Nur noch das Fundament und einige Säulen aus Ziegelstein sind von

Kaum besuchte Tempelruinen dem Hindu-Heiligtum **Ho Thewalai (21)** zu sehen. Relativ gut erhalten ist dagegen die fensterlose Ziegelstein-Mondhop des **Wat Tuk (22)**. Vorbei an den Ruinen des **Wat Sri Thon (23)** gelangt man zurück zum westlichen Stadttor (Pratu Oa).

Südlich der Stadtmauer steht isoliert der **Wat Chetuphon (24)**. Hauptheiligtum des Tempels war einst der fensterlose Ziegelbau einer Mondhop, an deren Außenwänden sich Nischen für große Buddha-Statuen in den vier klassischen Grundhaltungen befinden. Die Figuren in den Positionen sitzend und liegend an der Nord- und Südwand sind zerstört, doch der schreitende Buddha an der Ost- und der stehende Buddha an der Westwand sind relativ gut erhalten. Von den übrigen Tempelgebäuden ist außer den Säulen einer Vihara und Mauerresten eines Bot nichts mehr vorhanden.

Ein außerordentlich kunstvolles Dekor hatte einst der gut 500 m vor dem Osttor gelegene **Wat Traphang Thong Lang (25)**. Leider ist von den Stuckreliefs, die wichtige Ereignisse aus dem Leben des Buddha zeigen, nur das an der Südseite des Mondhop erhalten: Der Erleuchtete schreitet in Begleitung der Hindu-Götter Indra und Brahma vom Himmel zur Erde herab.

Neu-Sukhothai und Umgebung

Kunsthistorisch Interessierten sei der Besuch des an der Umgehungsstraße südlich von Neu-Sukhothai gelegenen privaten **Sangkhalok-Museums** empfohlen. Die Sammlung ist modern konzipiert und dokumentiert die Entwicklung der Sawankhalok-Keramik. Merkmale dieser Celadon-Produkte sind die milchig-grüne Glasur sowie fein gearbeitete Muster aus Sonnen-, Blumen- und Fischmotiven. Neben Gefäßen aller Art *Entwicklung* sind auch Tier- und Menschenfiguren im Sawankhalok-Stil ausgestellt. Einer der größ- *der* ten Importeure thailändischer Keramiken in der Sukhothai- und Ayutthaya-Zeit war *Sawankha-* China. Dort nannte man die Töpferwaren „Sangkhalok", eine fehlerhafte Aussprache *lok-Keramik* des Ortsnamens „Sawankhalok".
Sangkhalok-Museums, *10 Ban Lum,* ☏ *(055)614333, täglich 8–17 Uhr, Eintritt: Erwachsene Baht 150, Kinder Baht 75.*

Etwa 8 km nordwestlich von Neu-Sukhothai liegt abseits des Highway 1195 am Ufer des Mae Nam Yom der **Wat Thawet**, gegründet von dem angesehenen Abt Luang Pho Som Rong. Im Garten stehen bunt bemalte, etwas skurrile Betonfiguren, die Episoden aus dem Leben des Buddha sowie Legenden über seine früheren Existenzen darstellen. Auf diese Weise wollte der 1995 verstorbene Abt die Landbevölkerung, unter der die Analphabetenquote sehr hoch war, religiös unterweisen. Sein Lebenswerk wird heute von seinem Sohn fortgeführt. Mit dem Fahrrad erreicht man das Tempelkloster über einen ungeteerten Feldweg. Hinter dem Tempel überspannt eine schwankende Hängebrücke den Fluss.

Reisepraktische Informationen Sukhothai

 Unterkunft
… in Neu-Sukhothai
Ruean Thai Hotel $$$$–$$$$$ (**10**), *181/20 Soi Pracharuammit, Thanon Jarodvithi Thong,* ☏ *(090)5205878, www.rueanthaihotel.com, EZ/DZ Baht 2.450–4.950. Charmante Herberge im klassischen Thai-Stil mit 28 komfortablen Zimmern, hervorragendem Restaurant und einladendem Pool im begrünten Innenhof.*
Sukhothai Resort Hotel $$$ (**1**), *99 Moo 7 Sarmruen,* ☏ *(055)681696, EZ/DZ Baht 1.450–1.950 (inkl. Frühstücksbuffet). Ca. 25 km nördlich nahe dem Flughafen am Ufer des Yom-Flusses gelegen, 80 komfortable Zimmer, schöner Garten, Restaurant und Pool.*
Lotus Village $$–$$$ (**2**), *170 Thanon Rajthanee,* ☏ *(055)621484, www.lotus-village.com, EZ/DZ Baht 800–1.700 (inkl. Frühstück). Bungalows im Thai-Stil mit Ventilator oder Klimaanlage in einem schönen Tropengarten, mit Frühstücksrestaurant.*
J & J Guest House $$–$$$ (**3**), *122/1501 Soi Khlong Mae Rampan,* ☏ *(055)620095, jjguest@hotmail.com, EZ/DZ Baht 600–1.400. Einfache Zimmer mit Ventilator, klimatisierte Bungalows mit Wohnterrasse; Restaurant mit thailändischen und europäischen Gerichten, Pool mit Kinderbecken.*

Neu-Sukhothai

Si Satchanalai, Sawankhalok, Busbahnhof, Flughafen

Alt-Sukhothai, Tak, Kamphaeng Phet

Thanon Rajthanee
Thanon Vichien Chamrong
Thanon Jarodvithi Thong
Thanon Ban Muang
Thanon Maharaj
Thanon Singhawat
Thanon Nikon Kasem
Thanon Praset Nakhon
Mae Nam Yom
Thanon Singhawat

Sangkhalok-Museum, Phitsanulok

0 Hotels
1 Sukhothai Resort Hotel
2 Lotus Village
3 J & J Guest House
4 Sabaidee House
5 At Home Sukhothai
6 TR Guest House
7 Banthai Guest House
8 Sukhothai Orchid Hotel
9 Cocoon
10 Ruean Thai Hotel

0 Restaurants
1 Kuai Tiao Ta Pui
2 Poo Restaurant & Bar
3 Chopper
4 Dream Café

© graphic

N

0   200 m

At Home Sukhothai $$ (**5**), 184/1 Thanon Vichien Chamrong, ☎ (055)610172, www.athomesukhothai.com, EZ/DZ Baht 600-900 (inkl. Frühstück). Attraktives Teakhaus mit 11 gemütlichen, teils klimatisierten Zimmern, gutes Restaurant, Tourservice, WLAN.

Cocoon $$ (**9**), 86/1 Thanon Singhawat, ☎ (055)612081, suwatmaykin@yahoo.com, EZ/DZ Baht 550–1.050. Vier stilvoll möblierte Zimmer mit Ventilator oder Klimaanlage in einem traditionellen Thai-Haus.

Sukhothai Orchid Hotel $$ (**8**), 43 Thanon Singhawat, ☎ (055)611193-4, EZ/DZ Baht 650–850 (inkl. Frühstücksbuffet). Stadthotel mit klimatisierten Zimmern, Restaurant und großem Pool.

Sabaidee House $–$$ (**4**), 81/7 Thanon Jarodvithi Thong, ☎ (055)616303, www.sabaideehouse.com, EZ/DZ Baht 400–450, Bungalow Baht 500–700. Hübsche Bungalows mit Dusche/WC und Ventilator oder AC, im Haupthaus einfache Zimmer mit Gemeinschaftsbad, gutes Restaurant, ruhige Lage am Ortsrand.

Banthai Guest House $–$$ (**7**), *38 Thanon Pravet Nakhon,* ☏ *(055)610163, banthai_ guesthouse@yahoo.com, EZ/DZ Baht 450–700. Kleine, dicht stehende Bungalows mit Ventilator oder Klimaanlage; im Restaurant serviert man hervorragende thailändische Gerichte und Steaks.*

TR Guest House $–$$ (**6**), *27/5 Thanon Pravet Nakhon,* ☏ *(055)611663, www.su khothaibudgetguesthouse.com, EZ/DZ Baht 300–600. Einfach und sauber, Restaurant mit westlichem Frühstück, Fahrrad- und Motorradverleih.*

... in Alt-Sukhothai

Tharaburi Resort $$$$ (**5**), *111/3 Thanon Srisomboon,* ☏ *(055)697132, www.thara buriresort.com, EZ/DZ Baht 2.650–3.850 (inkl. Frühstück). Kleines, feines Boutique-Hotel mit individuell gestalteten Zimmern, Restaurant und Pool, nahe dem Osttor.*

The Legendha Sukhothai $$$$ (**3**), *214 Thanon Jorodvithi Thong,* ☏ *(055)697214, www.legendhasukhothai.com, EZ/DZ Baht 2.400–3.600. Komfortable Zimmer in traditionellen Holzhäusern, gutes Restaurant, 1 km vor dem Osttor.*

Pailyn Sukhothai Hotel $$$ (**4**), *10/2 Moo 1, Thanon Jarodvithi Thong,* ☏ *(055)613 310-5, www.pailynhotel.com, EZ/DZ Baht 1.400–1.800 (inkl. Frühstücksbuffet). 2 km östlich der Old City gelegenes Hotel mit 240 komfortablen Zimmern, zwei Restaurants und Pool.*

Orchid Hibiscus Guest House $$–$$$ (**6**), *407/2 Old City,* ☏ *(055)633284, www.or chidhibiscus-guesthouse.com, EZ/DZ Baht 900–1.950 (inkl. Frühstück). Gut ausgestattete Zimmer und Bungalows mit Klimaanlage, Frühstücksrestaurant und Pool, in der Nähe des Osttors.*

Old City Guest House $–$$ (**1**), *28/7 Old City,* ☏ *(055)697515, EZ/DZ Baht 350– 800. Zimmer unterschiedlicher Qualität in einem schönen Holzhaus, innerhalb der Stadtmauer, sehr ruhig.*

Vitoon Guest House $–$$ (**2**), *28/5 Old City,* ☏ *(055)697045, EZ/DZ Baht 350– 700. Einfache Zimmer, familiäre Atmosphäre, innerhalb der Stadtmauer, Fahrradverleih.*

 Restaurants und Bars
 ... in Neu-Sukhothai

Chopper (**3**), *24 Thanon Pravet Nakhon,* ☏ *(055)612769, täglich 17–2 Uhr, Gerichte Baht 70–100. Szene-Lokal mit kleinen Gerichten, Musik und Drinks bis weit nach Mitternacht, am schönsten sitzt man auf der Dachterrasse.*

Dream Café (**4**), *86/1 Thanon Singhawat,* ☏ *(055)612081, täglich 17–23 Uhr, Gerichte Baht 80–150. Mit Antiquitäten, Kuriositäten und altem Mobiliar eingerichtet, thailändische und internationale Gerichte, gute Cocktails.*

Poo Restaurant & Bar (**2**), *24/3 Thanon Jarodvithi Thong,* ☏ *(086)9392085, täglich 8–22 Uhr, Gerichte Baht 60–180. Hervorragender thailändisch-europäischer Küchenmix, Chang-Bier vom Fass, kostenloses WLAN.*

Kuai Tiao Ta Pui (**1**), *Thanon Jarodvithi Thong,* ☏ *(055)620435, täglich 7–22 Uhr, Gerichte Baht 50–70. Das einfache, immer proppenvolle Lokal auf halbem Weg zwischen Neu- und Alt-Sukhothai ist auf ein Gericht spezialisiert – die kräftige Nudelsuppe* **kuai tiao nam***.*

... in Alt-Sukhothai

Sinvana Restaurant (**2**), *Thanon Srisomboon,* ☏ *(055)697521-2, täglich 10–22 Uhr, Gerichte Baht 80–150. Großes Thai-Restaurant nahe dem Osttor.*

The Coffee Cup Restaurant (**1**), *24/7 Old City,* ☏ *(055)697769, täglich 7–21 Uhr, Gerichte Baht 60–120. Gegenüber dem Wat Traphang Thong, thailändische und internationale Gerichte.*

Aktivitäten

Kochkurse*: Halbtägige Kochkurse in englischer Sprache werden vom* **Banthai Guest House** *(s. o.) angeboten; vor dem Kurs gehen die Teilnehmer zusammen mit der Kochlehrerin auf den Markt und kaufen alle Zutaten frisch ein (Baht 800).*

Radtouren*: Der Belgier Ronny veranstaltet täglich am späten Nachmittag eine zweistündige Countryside Tour, die Einblick in das ländliche Leben gibt (Baht 350) und eine ganztägige Old City Tour nach Alt-Sukhothai (Baht 750). Info: www.cycling-sukhothai.com.*

Verkehrsverbindungen

Im Stadtgebiet von Neu-Sukhothai sowie zwischen Neu- und Alt-Sukhothai (Abfahrt an Thanon Jarodvithi Thong/Thanon Khiri Samarang) pendeln tagsüber Songthaeo.

Fahrräder *werden in vielen Hotels und Gästehäusern verliehen; die Tagesmiete beträgt Baht 60–80. In Alt-Sukhothai kann man in Läden gegenüber dem Wat Traphang Thong und beim Kassenhäuschen am Osttor nahe dem Wat Mahathat Fahrräder (auch Kinderräder) für Rundfahrten im Sukhothai Historical Park mieten (Baht 40/Tag).*

Busse*: Der Busbahnhof liegt 2 km nördlich von Neu-Sukhothai, ☏ (055)613296. Zwischen dem Terminal und dem Zentrum verkehren Minibusse und Tuk-Tuks. Mehrmals täglich Busse* **in südliche Richtung** *u. a. von/nach Kamphaeng Phet, Ayutthaya und Bangkok;* **in westliche Richtung** *u. a. von/nach Tak und Mae Sot;* **in nördliche Richtung** *u. a. von/nach Sawankhalok, Si Satchanalai, Phrae, Lampang, Chiang Mai und Chiang Rai;* **in östliche Richtung** *u. a. von/nach Phitsanulok, Khon Kaen, Udon Thani und Nakhon Ratchasima.*

Flughafen*: Zwischen dem 25 km nördlich gelegenen Flughafen und Neu-Sukhothai verkehren Taxis (Baht 600) und ein Shuttlebus von Bangkok Airways (Baht 180).* **Bangkok Airways**, ☏ *(055)647225-6.*

Nationale Verbindungen*: von/nach Bangkok und Chiang Mai mehrmals täglich (Bangkok Airways).*

Internationale Verbindungen*: von/nach Luang Prabang in Laos einmal täglich (Bangkok Airways).*

Sawankhalok

Auf dem Weg zur Königsstadt Si Satchanalai lohnt sich ein Stopp im Städtchen Sawankhalok. König Ramkhamhaeng (1277–1317) unternahm in den Jahren 1282 und 1300 beschwerliche Reisen, um den chinesischen Kaisern seine Reverenz zu erweisen. Von seiner zweiten Expedition brachte er chinesische Handwerker mit, die in Sukhothai und Sawankhalok mit der Herstellung der feinen Sawankhalok-Keramik begannen. Der Ort selbst ist zwar wenig attraktiv, mit dem **Sawanvoranayok National Museum** liegt hier jedoch eines der bedeutendsten Kunstmuseen des Landes. Die umfangreiche Ausstellung gibt einen ausgezeichneten Überblick über die Geschichte der Sawankhalok-Keramik, ihre Verwendung und Verbreitung weit über die Grenzen des damaligen Siam hinaus.

Geschichte der Sawankhalok-Keramik

Sawanvoranayok National Museum, *Mi–So 9–16 Uhr außer feiertags, Eintritt: Baht 50; Anfahrt: In der Ortsmitte beim Muang Inn Hotel links abbiegen, dann nach der Brücke rechts noch etwa 700 m.*

Si Satchanalai

Geschichte

Si Satchanalai, 55 km nördlich von Sukhothai gelegen, war als Sitz des Vizekönigs (zumeist der Kronprinz) der Hauptstadt fast ebenbürtig, es wurde zeitgleich gegründet. Von der einstigen Pracht zeugen heute gut erhaltene Ruinen. Charakteristisch sind von Ceylon inspirierte Chedis – über einem massiven Unterbau erheben sich Turmheiligtümer in Glocken- oder Zwiebelform. Die sehr weiträumig angelegten Ordinations- und Versammlungshallen der Mönche wurden ebenso wie die Gebets- und Meditationshallen der Laien aus Stein und Holz gebaut. Meist sind nur die Säulenstümpfe erhalten und die Apsis, die das Buddha-Bildnis beherbergte. Nach der Eingliederung Sukhothais in das Königreich Ayutthaya im 14./15. Jh. verlor Si Satchanalai rasch an Bedeutung. Im Verlauf der Kriege gegen die Burmesen wurde die Stadt im 18. Jh. weitgehend zerstört und ihre Bewohner mussten in das Gebiet des weiter südlich gelegenen heutigen Sawankhalok umsiedeln.

Redaktionstipps

Einkaufen

‣ Hochwertige Imitate alter **Sawankhalok-Keramiken** werden in Ban Ko Noi, 5 km nördlich des Si Satchanalai Historical Parks, verkauft (S. 245). Ebenfalls nördlich von Si Satchanalai liegt am H 101 das **Dorf Ban Hat Siao**, wo Familienbetriebe im Handwebverfahren hochwertige Baumwoll- und Seidenstoffe herstellen und zum Verkauf anbieten (S. 246).

Besichtigung

Das alte Si Satchanalai liegt im Schutze einer einst 5 m hohen Stadtmauer und eines Grabens am Westufer des Mae Nam Yom. Das Areal ist zu weitläufig für eine Besichtigung zu Fuß, die in eine reizvolle Landschaft eingebetteten Tempelruinen können aber mit dem Fahrrad erkundet werden. Räder kann man beim Kassenhäuschen am Osttor mieten (Baht 40/Tag). Wer es bequemer liebt, bucht in Sukhothai einen Tagesausflug in klimatisierter Limousine oder Minibus. Für die Besichtigung des **Si Satchanalai Historical Park** sollte man einen halben Tag einplanen.
Si Satchanalai Historical Park, ☏ *(055)679 211, www.thaiwebsites.com/sisatcha nalai.asp, tgl. 8–17 Uhr, Eintritt: Baht 100 zuzüglich Baht 10 für Fahrrad, Baht 20 für Motorrad, Baht 50 für Auto oder Kombi-Ticket.*

Vier bedeutende Tempel stehen im südlichen Teil der Stadt entlang einer Nord-Süd-Achse. Der **Wat Chang Lom (1)** wird in die glanzvolle Ära König Ramkhamhaengs *Ceylonesi-* (1277–1317) datiert, der intensive Beziehungen zu Ceylon unterhielt. So verwundert *sches* es nicht, dass sich die Architektur des Tempels am singhalesischen Mahatupa-Stupa *Vorbild* von Anuradhapura orientiert. Der große, glockenförmige Chedi aus Laterit und Stuck erhebt sich auf einer zweistufigen, quadratischen Plattform. Rings um die erste Etage stehen die Reste von **39 lebensgroßen Elefanten**, die den Anschein erwecken, als trügen sie das Bauwerk. Auch dieses Stilelement stammt aus Ceylon und gibt dem Heiligtum seinen Namen: „Der von Elefanten umgebene Tempel". In Nischen im oberen Stockwerk thronen Buddha-Figuren. Alle Skulpturen bestehen aus Backstein oder Lateritblöcken und sind mit Stuck übermodelliert. Die Lateritsäulen einer Vihara sind die einzigen Überreste der sonstigen Tempelgebäude. Umfriedet wird der Komplex von einer teilweise erhaltenen Ziegelsteinmauer.

Si Satchanalai Historical Park

1   Wat Chang Lom
2   Wat Chedi Tjet Thaeo
3   Königspalast
4   Wat Suan Kaeo Uthayan Noi
5   Wat Suan Kaeo Uthayan Yai
6   Wat Nang Phaya
7   Wat Khao Suwankhiri

8   Wat Khao Phanom Phloeng
9   Stromschnellen Kaeng Luang
10   Wat Kudi Rai
11   Wat Khok Singkaram
12   Wat Chom Chuen
13   Wat Phra Sri Rattana
     Mahathat Chaliang

© *i graphic*

Gegenüber dem Wat Chang Lom liegt **Wat Chedi Tjet Thaeo (2)**. Vorbild war der zentrale Chedi im Wat Mahathat von Sukhothai und das Hauptheiligtum weist die spezifischen Merkmale der Sakralbauten der Sukhothai-Epoche auf: die schlanke Form, eine Lotosknospenspitze als Abschluss sowie das hohe, gestufte Fundament in Form einer Pyramide. Der Chedi und die ihm vorgebaute Vihara werden von 33 kleineren Chedis unterschiedlicher Stile und Formen umgeben. Die in sieben Reihen angeordneten Sakralbauten – daher auch der Name „Tempel der sieben Reihen von Denkmälern" – bergen die sterblichen Überreste der Herrscher dieser Stadt. In einer Nische des Chedi in der Mitte der nördlichen Reihe steht ein sehr schönes Bildnis des meditierenden Buddha im Schutze der Naga. Die heilige Schlange ist in sieben Ringen zusammengerollt. Sie fächert sich in die siebenköpfige Naga aus, um den Erleuchteten wie ein natürlicher Schirm vor dem Regen zu schützen. Die Plastik zeigt den Einfluss des Sri-Vijaya-Stils, der in Zentralthailand auftauchte, nachdem König Ramkhamhaeng Ende des 13. Jh. Teile des südlichen Thailands eroberte.

Weitere Tempel-ruinen
Zwischen Wat Chedi Tjet Thaeo und der westlichen Stadtmauer lassen sich noch einige von Wassergräben und Teichen umgebene Fundamente von Bauten des **Königspalastes (3)** ausmachen. Die Zeiten überdauert hat allein der Chedi des Palasttempels **Wat Suan Kaeo Uthayan Noi (4)**. Der **Wat Suan Kaeo Uthayan Yai (5)** liegt weitgehend in Trümmern. Vom **Wat Nang Phaya (6)**, letzter Tempel an der Längsachse, sind der Laterit-Chedi in der singhalesischen Glockenform und mit Lotosknospe sowie die Seitenwände der Vihara mit länglichen Spaltenfenstern (typisch

für den Sukhothai-Stil) erhalten. An der westlichen Außenwand kann man filigrane Pflanzenornamente aus Stuck im frühen Ayutthaya-Stil bewundern, wie sie einst das gesamte Bauwerk verzierten. In der Nordhälfte des Stadtgebiets ragen zwei Hügel mit weithin sichtbaren Chedis auf. Der westliche ist der **Wat Khao Suwankhiri (7)** auf einem 28 m hohen Hügel, der über eine Laterittreppe erreicht wird. Der Chedi ist gut erhalten, unterhalb der Lotosknospenspitze kann man eine Prozession der Jünger des Buddha erkennen.

Durch einen Wald, in dem Hunderte weißer Reiher nisten, schlängelt sich ein Fußweg zum gegenüberliegenden **Wat Khao Phanom Phloeng (8)**. Man kann auch mit dem Auto oder Fahrrad nördlich um die Hügel herumfahren und auf einer breiten Laterittreppe zu dem Tempel hinaufsteigen. Auf der Kuppe stehen ein Chedi im ceylonesischen Stil und die Säulen einer Vihara, zwischen denen ein großer sitzender Buddha thront. Der Name des Heiligtums – „Tempel auf dem Berg des heiligen Feuers" – deutet darauf hin, dass sich hier ein Kremationsplatz für hohe staatliche und religiöse Würdenträger befand. Der ideale Ort, um sich vom Tempel-Sightseeing zu erholen, ist der schattige

Der berühmte Buddha im Schutze der Naga im Wat Chedi Tjet Thaeo

Picknickplatz bei den **Stromschnellen Kaeng Luang (9)** des Yom-Flusses, in der Nähe des Wat Khao Phanom Phloeng. Nördlich von Si Satchanalai liegen die beiden Dörfer Ban Pa Yang und Ban Ko Noi, in deren etwa 200 Brennöfen ein Großteil der „Sawankhalok"-Keramiken hergestellt wurden. Fährt man entlang des Mae Nam Yom nach Norden, kommt man zunächst zum **Wat Kudi Rai (10)** mit einer Vihara, die zum Schutze eines „Fußabdrucks des Buddha" erbaut wurde. Einige Hundert Meter nörd- *Keramik-* lich des kleinen Tempels sieht man nahe **Ban Pa Yang** zwei freigelegte Brennöfen. In *dörfer nörd-* **Ban Ko Noi**, 5 km nördlich von Si Satchanalai, stellen heute noch einige Familienbetriebe *lich von Si* nach überlieferten Methoden hochwertige Keramiken her, die an Straßenständen zum *Satchanalai* Verkauf angeboten werden. Einen Blick lohnt das **Center for Study and Preservation of Sangkhalok Kilns**, das über die Entwicklung, Verwendung und Verbreitung der Sawankhalok-Keramik informiert. Von besonderem Interesse ist ein frei gelegter alter Kiln mit großen Tongefäßen und Scherben.
Center for Study and Preservation of Sangkhalok Kilns, *täglich 8–16.30 Uhr, Eintritt: Baht 50 oder Kombi-Ticket.*

Am Ufer des Mae Nam Yom südöstlich des Mauerrings um das alte Si Satchanalai lie- *Tempel süd-* gen drei weitere Tempelanlagen, die einen Besuch lohnen. Das Zentrum des **Wat** *östlich von* **Khok Singkaram (11)** bilden drei glockenförmige Chedis, die auf einem gemeinsa- *Si Satcha-* men Sockel ruhen. Von der Vihara sind noch die Außenmauern erhalten. In der etwas *nalai* abseits gelegenen kleinen Ordinationshalle steht ein Miniatur-Chedi, was ungewöhnlich ist, denn Chedis hat man in der Regel als eigenständige Bauwerke errichtet.

Dem ceylonesisch inspirierten Laterit-Chedi des **Wat Chom Chuen (12)**, etwa 2 km südöstlich des Si Satchanalai Historical Park, ist eine gut erhaltene Vihara mit einem großen sitzenden Buddha vorgebaut. Über einer Grabungsstätte auf dem Tempelareal hat man das informative **Wat Chom Chuen Archeological Site Museum** errichtet (*täglich 9–16 Uhr*). Die Fundstücke beweisen, dass die Region bereits im 3./4. Jh. besiedelt war.

Noch ein Stückchen weiter flussabwärts lag in einer engen Schleife des Mae Nam Yom die bereits im 11. Jh. gegründete Khmer-Stadt Chaliang, von der jedoch nur wenige Reste zu sehen sind. Hauptmonument des **Wat Phra Sri Rattana Mahathat Chaliang (13)** ist ein Prang im Ayutthaya-Stil. Mit diesem markanten Bauwerk ließ König Trailokanat im 15. Jh. einen großen Chedi aus der Sukhothai-Zeit überbauen, der sich wiederum über einen Khmer-Prasat stülpte. Merkmale des Sukhothai-Stils sind noch am zweistufigen, reich gegliederten Sockel auszumachen. In der Apsis einer verfallenen, einst dreischiffigen Vihara sitzt ein großer Sukhothai-Buddha in der Bhumisparsha-Mudra-Geste, der Haltung der Unterwerfung des Dämonen Mara. Aus der frühen Sukhothai-Periode stammt das im Hochrelief ausgeführte Bildnis eines schreitenden Buddha an der Rückseite der südlichen Vihara-Außenmauer. Unter dem schützenden Dach eines kleinen Gebäudes an der Westseite befindet sich ein „Fußabdruck des Buddha". Den Komplex umfasst eine unter König Ramkhamhaeng errichtete, monumentale Mauer, die an neolithische Steinsetzungen erinnert. Sie besteht aus massiven *Relikt der* Monolithsäulen, auf denen wuchtige Lateritblöcke ruhen. Noch aus der Khmer-Epoche *Khmer-* stammt der Miniatur-Prang auf dem östlichen, zweifach gegliederten Portal. Mit seinen *Periode* in die vier Himmelsrichtungen blickenden Reliefantlitzen erinnert er an die Gesichtertürme der unter dem Angkor-König Jayavarman VII. errichteten Tempel. Westlich der Lateritmauer ruhen auf einem oktogonalen Sockel die Reste eines großen Chedi, der Merkmale des Dvaravati- oder Mon-Stils aufweist. Gesäumt von den Säulen einer Vihara blicken westlich des Chedi zwei große sitzende Buddhas auf die Besucher.

Ausflug nach Ban Hat Siao

Aus vielen Häusern im Dorf Ban Hat Siao, etwa 25 km nördlich von Si Satchanalai am H 101 gelegen, dringt das monotone Schlagen von Holz auf Holz. Dort sitzen Mädchen *Traditionel-* und Frauen an Handwebstühlen und fertigen in einer von Generation zu Generation *les Weber-* weitergegebenen Technik Baumwoll- und Seidenstoffe mit traditionellen Mustern. Be- *dorf* kannt sind vor allem die Röcke mit reich gemusterten Brokatsäumen. Die Geschichte des Weberdorfs reicht bis ins späte 19. Jh. zurück, als sich Tai Phuan aus der nordostlaotischen Provinz Xieng Khouang hier niederließen. Wegen ihrer besonderen Qualität haben die Webwaren von Ban Hat Siao im ganzen Land einen guten Ruf. Im **Gold Textile Museum** sind bis zu 200 Jahre alte Hat-Siao-Stoffe und andere wertvolle Textilien aus allen Landesteilen ausgestellt. Zu den Prunkstücken zählen golddurchwirkte Hüfttücher, deren Herstellung Monate in Anspruch nahm und die nur bei wichtigen religiösen Zeremonien getragen wurden.
Gold Textile Museum, *täglich 9–16 Uhr, Eintritt: Baht 50.*

Reisepraktische Informationen Si Satchanalai

🛏 Unterkunft
Wang Yom Resort $$, *Thanon Phra Ruang*, ☎ *(055)631380, EZ/DZ Baht 800–1.000 (inkl. Frühstück). Einfache Bungalows mit Klimaanlage, im Terrassenrestaurant sehr gute thailändische Gerichte.*

🚌 Fernverkehr
Busse: *Zwischen Sukhothai und Si Satchanalai tagsüber stündlich Busse. Wer nicht mit Mietwagen oder -motorrad unterwegs ist, bucht besser einen der in Sukhothai angebotenen Tagesausflüge.*

Von Sukhothai nach Mae Sot

Südwestlich von Sukhothai erstreckt sich der **Ramkhamhaeng National Park**. Ziel einer Wanderung durch dichten Bergdschungel ist der Khao Luang, mit 1.185 m der höchste Gipfel des Nationalparks. Der anstrengende Kampf durch dampfende Feuchtigkeit und Nebelfetzen wird mit einer herrlichen Fernsicht über weite Teile der Ebene von Sukhothai belohnt (hin und zurück 5–6 Std.). Etwas weniger mühsam ist die Wanderung zum Sai Rung Waterfall (hin und zurück 3–4 Std.). Detaillierte Informationen zu den Wanderungen und weiteren Aktivitäten im Nationalpark erhält man im Visitor Centre am Parkeingang. *(Ziel von Wanderern)*

Ramkhamhaeng National Park, ☎ *(055)567769, tgl. 7.30–18 Uhr, Eintritt: Erwachsene Baht 200, Kinder Baht 100 zuzüglich Baht 10 für Fahrrad, Baht 20 für Motorrad, Baht 50 für Auto.*

Tak

Die am Ufer des Ping-Flusses gelegene, rund 24.000 Einwohner zählende Stadt **Tak** (gesprochen: Taag) war im 16. und 17. Jh. der Vorposten zum Königreich Lan Na, das unter burmesischer Oberhoheit stand. Taks berühmtester Sohn ist der 1734 geborene General Taksin, der nach dem Fall Ayutthayas im Jahre 1767 die Burmesen vertrieb, in Thonburi die neue Hauptstadt des siamesischen Reiches errichtete und sich selbst zum König krönte.

Im **prunkvollen Schrein Sala Taksin Maharat** nahe der Brücke über den Mae Nam Ping erweisen die Einheimischen dem Helden ihre Reverenz, indem sie vor seiner vergoldeten Statue Lotosblüten und Jasmingirlanden niederlegen und Räucherstäbchen entzünden. Hinter dem Schrein sieht man eine Herde hölzerner Mustangs und einige Elefanten. Es sind Opfergaben für den laut chinesischem Kalender im Jahr des Pferdes geborenen König. In der Vihara aus Teakholz (Mitte 19. Jh.) des nicht weit entfernten Wat Mani Sibunruang thront eine prachtvolle Buddha-Statue im Sukhothai-Stil. *(Zur Verehrung des Burmesen-Bezwingers)*

Im Schrein Sala Taksin Maharat

Knapp 30 km nördlich von Tak steht am Westufer des Mae Nam Ping, nahe dem nach Mae Ramat führenden H 1175, der **Wat Phra Borommathat**. Im Zentrum des Tempels, dessen Ursprünge in das 12. Jh. zurückreichen, erhebt sich ein vergoldeter Chedi im Stil der berühmten Shwedagon-Pagode in der myanmarischen Hauptstadt Yangoon. Die farbenfrohen Wandgemälde in der lang gestreckten Vihara illustrieren Episoden aus den „Jatakas", den Legenden über die früheren Existenzen des Buddha. Künstlerische Virtuosität spiegelt sich in dem filigranen Holzschnitzwerk wider, das Giebel, Türen und Fensterläden von Bot und Vihara schmückt. Der nicht weit entfernte, auf einem Hügel am H 1175 thronende **Chedi Yutthahatthi** wurde Anfang des 14. Jh. zum Gedenken an einen Sieg König Ramkhamhaengs über einen burmesischen Heerführer errichtet.

Prachtvolles Holzschnitzwerk

Der von König Bhumipol Adulyadej 1964 eröffnete **Bhumipol Dam** (**Kheuan Bhumipol**) etwa 30 km weiter nordwestlich staut den Mae Nam Ping, einen der wasserreichsten Flüsse des Nordens, auf rund 200 km Länge. Ein Wasserkraftwerk versorgt die Region mit Strom. Zudem dient der 154 m hohe und 486 m breite Damm der Wasserregulierung des Mae Nam Ping und sichert Wasserreserven für den Reisanbau. Vor allem an Wochenenden ist der Stausee ein beliebtes Ausflugsziel der Einheimischen.

Reisepraktische Informationen Tak

Unterkunft

Rajaburi Boutique Hotel $$–$$$, *307/1 Moo 8, Thanon Paholyothin,* ☎ *(055) 572111, www.rajaburi.com, EZ/DZ Baht 850–1.800 (inkl. Frühstück). Attraktives Haus im zeitgenössischen Lan-Na-Thai-Stil mit 140 schnörkellos-eleganten Zimmern, Restaurant und Bar.* **The Viang Tak Riverside Hotel** $$–$$$, *236 Thanon Jampol,* ☎ *(055)512507-8, www.viangtakriverside.com, EZ/DZ Baht 800–1.500 (inkl. Frühstück). Gut geführtes Hotel am Ufer des Ping-Flusses mit 150 Zimmern, Restaurant und Pool.*

 **Verkehrsverbindungen**
Busse: *Der Busbahnhof liegt 3 km östlich des Zentrums,* ☎ *(055)512369. Mehrmals täglich Busse u. a. von/nach Kamphaeng Phet, Bangkok, Lampang, Chiang Mai, Sukhothai, Phitsanulok und Mae Sot.*

Auf dem H 105 von Tak nach Mae Sot

Westlich der Zentralebene steigt das Gelände zu bewaldeten Bergen an. Durch das bis zu 1.200 m hohe Gebirge windet sich der kurvenreiche H 105 von Tak nach Mae Sot. 22 km westlich von Tak zweigt eine 1 km lange Stichstraße zum **Lansang National Park** ab. Ein viertelstündiger Spaziergang führt vom Visitor Centre am Parkeingang zu den kleinen Wasserfällen Lansang und Pha Phung, wo natürliche Felsenpools zu einem erfrischenden Bad einladen.
Lansang National Park, ☎ *(055)519278-9, täglich 9–18 Uhr, Eintritt: Erwachsene Baht 200, Kinder Baht 100 zuzüglich Baht 10 für Fahrrad, Baht 20 für Motorrad, Baht 50 für Auto.*

Eine ebenfalls 1 km lange Stichstraße zweigt 36 km westlich von Tak zum **Taksin Maharat National Park** ab. Aus dem Dschungel des Parks ragt der höchste Krabak-Baum (*Anisoptera costata*) Thailands empor, ein 700 Jahre alter Gigant mit einer Höhe von rund 50 m und einem Umfang von 16,1 m an der Stammbasis. Wer ihn bewundern möchte, fährt vom Parkeingang zunächst 2 km bis zu einem Parkplatz. Von dort führt ein steiler Weg 400 m hinab zu dem Baumriesen. Weitere Attraktionen sind der etwa 1 km vom Krabak-Baum entfernte 20 m hohe Pang-Ah-Noi Waterfall und Saphan Hin, ein 30 m langer natürlicher Brückenbogen. *Ursprüngliche Natur*
Taksin Maharat National Park, ☎ *(055) 511429, täglich 9–18 Uhr, Eintritt: Erwachsene Baht 200, Kinder Baht 100 zuzüglich Baht 10 für Fahrrad, Baht 20 für Motorrad, Baht 50 für Auto.*

 Hinweis

Für Selbstfahrer
Auf dem 100 km langen, sehr kurvenreichen H 105 zwischen Tak und Mae Sot gibt es viele Unfälle. Größte Vorsicht ist angebracht, vor allem bei Regen!

Mae Sot

Die Zeiten, da **Mae Sot** ein verschlafener Ort am Ufer des Mae Nam Moei war, sind vorbei. In der Stadt an der Grenze zu Myanmar herrscht Aufbruchstimmung. Über die 1998 eröffnete **Thai-Myanmar Friendship Bridge** können Touristen seit 2013 ins Nachbarland reisen; viele nutzen die kurzfristige Ausreise aus Thailand, um ihr Visum

Redaktionstipps

▸ Das **Khao-Mao Khao-Fang Restaurant** in Mae Sot scheint fast mit dem ringsherum wuchernden Garten verwachsen zu sein, serviert werden köstliche regionale Spezialitäten (S. 251).

▸ Der **multikulturelle Markt** am Grenzfluss Mae Nam Moei bei Mae Sot ist Einkaufsparadies und Sehenswürdigkeit zugleich.

zu verlängern. Mae Sot soll, sobald es die politischen Verhältnisse in Myanmar erlauben, eine Durchgangsstation an einem der bedeutendsten Transitkorridore Südostasiens werden: Der Asia Highway, der von der vietnamesischen Hafenstadt Da Nang am südchinesischen Meer über das laotische Savannaketh und die thailändischen Städte Mukdahan, Khon Kaen, Phitsanulok und Tak nach Mae Sot führt, soll bis nach Moulmein in Myanmar verlängert werden.

Buntes Markt-treiben

Hauptattraktion der Stadt ist der 5 km westlich an der Grenzbrücke gelegene große, überdachte **Rim Moei Market**, auf dem sich Thailänder, Burmesen in traditionellen Longgyi-Wickelröcken, Karen, Chinesen, turbangekrönte Sikhs und bärtige Pakistani ein Stelldichein geben. Für weitere Farbtupfer sorgen neuerdings zahlreiche von dem exotischen Warenangebot angelockte *farang*, die hier vor allem Textilien, (Halb-) Edelsteine, Schmuck und kunsthandwerkliche Produkte wie Teakholzschnitzereien und Lackwaren aus Myanmar günstig erwerben.

Tipp

Touristen aus westlichen Ländern können an der Grenze ein Tagesvisum für einen Besuch des am Ostufer des Mae Nam Moei gelegenen Ortes Myawaddy in Myanmar bekommen. Erforderlich sind der Reisepass, zwei Kopien des Reisepasses sowie zwei Passbilder. Auf burmesischer Seite ist eine Gebühr von US$ 10 zu bezahlen.

Ansonsten gibt es in Mae Sot kaum Sehenswürdigkeiten. Für Besucher mit Interesse an Sakralarchitektur lohnt sich ein Spaziergang zum **Wat Chumphon Khiri** in der Ortsmitte, für dessen 1993 erbauten goldenen Chedi die berühmte Shwedagon-Pagode in Yangoon Pate stand. Das von mehreren goldfarbenen Miniatur-Chedis umgebene Heiligtum ist das religiöse Zentrum der in Mae Sot lebenden Burmesen. **Wat Chumphon Khiri**, *täglich 15–19 Uhr, Eintritt: Baht 50.*

Reisepraktische Informationen Mae Sot

🛏 Unterkunft

Centara Mae Sot Hill Hotel $$$–$$$$, *100 Asia Road,* ☎ *(055)532601-8, www.centarahotelsresorts.com, EZ/DZ Baht 1.850–2.250, Suite 2.950–4.250 (inkl. Frühstücksbuffet). Bestes Haus im Ort mit Restaurant, Nachtklub und Pool.*

Wattana Village Resort $$–$$$, *373-373/1 Moo 2, Thanon Pratardpardang,* ☎ *(055) 533468-70, EZ/DZ Baht 650, Bungalow Baht 950–1.100. Resort mit klimatisierten Zimmern und Bungalows, Restaurant und Pool; Anfahrt: 5 km östlich von Mae Sot in südliche Richtung abzweigen, dann 3 km auf Stichstraße.*

The Picturebook Guesthouse $$, *125/4-6 Soi 19, Thanon Intharakiri,* ☎ *(0904)596990, www.picturebookthailand.org, EZ/DZ Baht 600–800. Gepflegtes Gästehaus*

*mit 10 gemütlichen Zimmern (Dusche/WC und AC). Der Profit kommt der gemeinnützigen
Organisation Youth Connect zugute.*
Bai Fern Guest House $, *660 Thanon Intharakiri,* ☎ *(055)531349, www.bai-fern.com,
EZ/DZ Baht 250–350. 10 einfache Zimmer mit Ventilator und Gemeinschaftsbad, sauber und
gut geführt.*

🍴 Restaurants

Borderline Tea Garden, *674/14 Thanon Intharakiri,* ☎ *(055)546584, täglich
Di–Fr 9–18, Sa/So 8–18 Uhr, Gerichte Baht 60–120. Mischung aus Café mit Snacks und
guten vegetarischen Gerichten, Fair-Trade-Laden für Kunsthandwerk und Kunstgalerie. Mit
dem Erlös werden Hilfsprojekte für Flüchtlinge aus Myanmar finanziert.*
Khao-Mao Khao-Fang Restaurant, ☎ *(055)532483, www.khaomaokhaofang.com,
täglich 11–15, 17–22 Uhr, Gerichte Baht 100–360. Halboffenes, uriges Restaurant mit hervorragenden thailändischen Gerichten bei dezenter Thai-Musik; 3 km nördlich des Zentrums
am H 105 in Richtung Mae Ramat.*

🚍 Verkehrsverbindungen

Busse*: Der Busbahnhof liegt 3 km westlich des Zentrums,* ☎ *(055)532769. Mehrmals täglich Busse von/nach Tak und Bangkok. Zwischen Mae Sot und Umphang von 6–14
Uhr stündlich Songthaeo (164 km/5–6 Std.). Zwischen Mae Sot und Mae Sariang gibt es
kaum öffentliche Verkehrsmittel.*

Von Mae Sot nach Umphang

Hinweis zur Strecke

Der H 1090 von Mae Sot nach Umphang ist eine der landschaftlich reizvolls-
ten Panoramastraßen Thailands, die exakt 1.219 Kurven hat. Für die 164 km
benötigen die halboffenen Songthaeo (Pickups) je nach Witterungsverhält-
nissen 5–6 Std.; die Strecke ist sehr kurvenreich. Selbstfahrer sollten mit
mindestens 4–5 Std. rechnen. Vor Fahrtantritt unbedingt volltanken, zwischen KM 49 und KM 140 gibt es keine Tankstellen und in Umphang ist der
Sprit wesentlich teurer als in Mae Sot. Wem Achterbahnfahrten auf den Magen
schlagen, macht sich besser nicht auf den Weg. Im Grenzgebiet Thailand-Myanmar kam es wiederholt zu Kämpfen, man sollte in Mae Sot Informationen
über die aktuelle Situation einholen. In Umphang gibt es weder eine Bank
noch Geldautomaten, es werden auch keine Kreditkarten akzeptiert. Unbedingt ausreichend Bargeld mitnehmen!

Zunächst geht es von Mae Sot auf dem teilweise vierspurig ausgebauten H 1090 zügig
durch ein fruchtbares Hochtal, in dem vorwiegend Reis und Mais angebaut werden. Zu
einem ersten Stopp lockt am KM 23 der nur etwa 15 m hohe, aber malerische **Tha-
raruk Waterfall** mit einem schönen Picknickplatz an einem romantischen See. Beim
KM 37 markiert ein Schild die Abzweigung zum **Nam Tok Pacharoen National
Park**, wo der zwar nicht sehr hohe, aber sehr malerische Pacharoen Waterfall liegt:
Zahlreiche größere und kleinere Wasser-Kaskaden tosen inmitten einer märchenhaften Urwaldszenerie über die Felsen.

*Zauber-
hafte
Szenerie*

Der Wasserfall Nam Tok Pacharoen

Nam Tok Pacharoen National Park, *täglich 9–18 Uhr, Eintritt: Erwachsene Baht 200, Kinder Baht 100 zuzüglich Baht 10 für Fahrrad, Baht 20 für Motorrad, Baht 30 für Auto.*

Am KM 43 liegt das **Gibbon Sanctuary** der William F. Deters Foundation. Dort kümmert man sich um Gibbons, die aus den Händen von Wilderern oder Tierhändlern gerettet wurden (*www.gibbonathighlandfarm.org, täglich 9–17 Uhr, Spende erbeten*). Im **Phopphra Handicraft Centre** beim KM 44 werden kunsthandwerkliche Produkte der Bergvölker verkauft.

In einem Dorf beim KM 49 kann man noch einmal tanken, bevor es in engen Kurven steil bergauf geht. Der H 1090 mäandert durch eine wilde Bergwelt, in der allerdings Spuren von Brandrodung und Holzeinschlag sichtbar sind und der Primärwald nur noch Inseln bildet. Beim KM 85 wird das große Hmong-Dorf **Ban Rom Kao** erreicht, in dessen Umgebung sich terrassierte Gemüsefelder vom Flusstal bis in hohe Hanglagen ziehen. Zwei, drei Kilometer weiter erstreckt sich neben der Straße in einem engen Tal die „Ansiedlung" **Lao Yang**, eines von mehreren großen Flüchtlingslagern im Grenzgebiet. Dort leben bereits seit Jahren Angehörige des Karen-Volkes, die nach kriegerischen Auseinandersetzungen zwischen der Karen National Union (KNU) und der Militärregierung Myanmars Zuflucht in Thailand suchten. Eine Kirche mit grünem Wellblechdach am Ortsrand weist die Flüchtlinge als Christen aus.

Nach dem Hmong-Dorf **Ban Mae Klong Noi** beim KM 93 haarnadelt der H 1090 in mühsamem Auf und Ab durch dichten Regenwald über einen gut 1.100 m hohen Pass und erreicht bei KM 131 das Hmong-Dorf **Ban Mae Klong Khi**, hinter dem schroffe Kalksteinfelsen aufragen. Die verbliebenen gut 30 km nach Umphang verlaufen relativ gemächlich durch ein ausgedehntes Hochtal.

Umphang

Umphang (gesprochen: Umpaang) ist die rund 4.000 Einwohner zählende „Hauptstadt" des gleichnamigen Distrikts an der Grenze zu Myanmar. Etwa 30.000 Menschen leben in der Region, vorwiegend ethnische Minderheiten wie Karen, Hmong, Shan, Mon und Lisu. Die Gegend ist „Thailands wilder Westen", es gibt weder exakte Landkarten noch allzu viele offizielle Informationen. Bevor die thailändische Armee Ende der 1980er-Jahre die Allwetterstraße von Mae Sot nach Umphang baute, war die Re-

gion praktisch von der Außenwelt abgeschnitten. Immer wieder kam es in der Vergangenheit
zu militärischen Konflikten, aber auch zu Problemen durch Karen-Flüchtlinge und Drogen-
kuriere, die vor allem Amphetamine nach Thailand schmuggeln. **Umphang** selbst, das vorwiegend von ethnischen Thai bewohnt wird, hat
sich einen ruhigen Lebensrhythmus bewahrt.
Der Pulsschlag des sympathischen Städtchens
erhöht sich nur, wenn Minibusse aus Mae Sot
oder Bangkok einheimische Naturliebhaber
mitbringen, die wegen der Hauptattraktion der
Region kommen – dem **Thi Lo Su Waterfall**.
Der weit über 100 m hohe Wasserfall, je nach
Jahreszeit 50–200 m breit, stürzt über viele Felsen in eine von üppigem Tropengrün umrahmte
Schlucht und gilt als einer der schönsten Wasserfälle Thailands. Informationstafeln vor Ort
sprechen sogar von 300 m Breite und 400 m
Höhe und machen den Thi Lo Su Waterfall
damit zum größten Wasserfall Südostasiens und
zum sechstgrößten der Welt. Wie auch immer,
das tosende Spektakel lag so versteckt im dichten Dschungel, dass es erst Ende der 1980er-
Jahre aus der Luft entdeckt wurde.

In Lao Yang leben Karen-Flüchtlinge aus Myanmar

Der Wasserfall ist nur in der Trockenzeit mit
einem Geländewagen zu erreichen. Zunächst
fährt man rund 40 km auf einer Asphaltstraße, dann etwa 15 km auf einer holprigen
Dschungelpiste. Endstation ist ein großer Campingplatz, wo die Eintrittsgebühren (*Erwachsene Baht 200, Kinder Baht 100*) entrichtet werden. Zum Wasserfall führt ein halbstündiger Spaziergang auf einem Naturlehrpfad mit informativen Tafeln. Einige Felsenpools eignen sich für ein Bad im Regenwald. Gutes Fotolicht herrscht hier am Vormittag. Während der Regenzeit zwischen Mai/Juni und Oktober/November erreicht
man das Naturspektakel nur mit dem Schlauchboot auf dem Huay Mae Klong und anschließendem Fußmarsch und Elefantenritt (s. u.). Naturgemäß ist der Wasserfall in den
niederschlagsreichsten Monaten August und September am eindrucksvollsten, die Wanderung ist dann aber am schwierigsten, da die Dschungelpfade im Morast versinken.

Neben dem Thi Lo Su Waterfall locken in der Umgebung von Umphang noch weitere
Naturattraktionen. Eine 5 km lange Wanderung oder eine Schlauchbootfahrt auf dem
Huay Mae Klong führt zum **Thi Lo Cho Waterfall**, von dem es weitere 2 km zu *Tropfstein-*
heißen Quellen sind. 7 km westlich von Umphang wartet mit der **Ta Kho Bi Cave** *höhlen und*
ein unterirdisches Naturkabinett auf abenteuerlustige Hobby-Speläologen. Hier hat *Wasserfälle*
ein unterirdischer Fluss eine über 2 km lange Kaverne in den Kalkstein gefräst. Ausgerüstet mit einer starken und möglichst wasserdichten Taschenlampe, kann man bei
niedrigem Wasserstand – teilweise watend – eine unterirdische Märchenlandschaft
entdecken, in der die Natur kunstvolle Kalkgebilde geformt hat. Eine Tageswanderung

führt von Umphang zum 13 km nordöstlich aufragenden „Nebelberg" **Doi Hua Mot**. 27 km südlich von Umphang liegt **Palatha**, das man auf einer Teerstraße erreicht. Das Karen-Dorf, in dem man nur in Privatquartieren übernachten kann, ist Ausgangspunkt für anspruchsvolle Trekking-Touren und Schlauchbootfahrten. Nur mit dem Boot erreicht man von Palatha den Wasserfall **Thi Lo Le**. Ein unvergessliches Erlebnis ist in jedem Fall eine Floß- oder Schlauchbootfahrt auf dem **Huay Mae Klong**, einem der schönsten Urwaldflüsse Thailands. Bis zu 100 m hohe Kalksteinklippen türmen sich an den Ufern zu imposanten Landschaftskulissen auf. Immer wieder nimmt er bei seinem Lauf Bäche und tosende Wasserfälle auf, die über mit Lianen und Farnen bewachsene Felsen in die Tiefe stürzen.

Weltnaturerbe

Das gesamte Dschungelgebiet südlich von Umphang mit dem Thi Lo Su Waterfall wurde 1999 von der UNESCO als **Umphang Wildlife Sanctuary** zum Naturerbe der Menschheit erklärt und ist einer der größten intakten Regenwälder Südostasiens. Auf geführten Wanderungen kann man Vögel, Gibbons und andere Primaten, eventuell auch Rotwild und Wildschweine beobachten. Wilde Elefanten wird man dagegen nur mit viel Glück und Geduld, Raubkatzen wie Tiger und Leoparden vermutlich überhaupt nicht zu Gesicht bekommen.

Umphang und Umgebung sind Malaria-Gebiet, weshalb man unbedingt eine entsprechende Prophylaxe mitnehmen sollte (s. S. 109f).

info

Touren in der Umgebung von Umphang

Wer den Regenwald erkunden möchte, schließt sich am besten organisierten Touren an, die von Veranstaltern in Mae Sot oder Umphang angeboten werden. Einen guten Ruf haben der ehemalige Polizeioffizier Sombat Panarong, im Grenzland als Captain Daeng eine Institution, und sein Sohn vom Umphang Hill Resort, die Trekkingtouren, Floß- und Schlauchbootfahrten sowie Ausflüge zum Thi Lo Su Waterfall organisieren.

Eine Fünf-Tages-Tour ab Mae Sot (Baht 8.500/Person) kann so aussehen:
1. Tag: Fahrt im Minibus von Mae Sot nach Umphang; Übernachtung im Umphang Hill Resort.

2. Tag: Mit dem Schlauchboot auf dem Huay Mae Klong in drei Stunden von Umphang mit Stopps beim Thi Lo Cho Waterfall und der Ta Kho Bi Cave nach Tha Sai. Von dort 3–4 Stunden Trekking durch den Regenwald zum Campingplatz beim Thi Lo Su Waterfall. Übernachtung im Zelt.

3. Tag: 3–4 Stunden Trekking zum Karen-Dorf Kho Tha. Übernachtung in einem Stelzenhaus.

4. Tag: Auf dem Rücken von Elefanten in 3–4 Stunden zur Mae-La Moone Junction. Von dort mit dem Auto zurück nach Umphang. Übernachtung im Umphang Hill Resort.

5. Tag: Im Minibus zurück nach Mae Sot.

Das Umphang Hill Resort und andere Veranstalter in Umphang bieten kombinierte Rafting-Trekking-Touren an, etwa eine Zwei-Tages-Tour (Baht 4.500/ Person), die aber nur während der Regenzeit im August und September möglich ist, wenn der Huay Mae Klong genügend Wasser führt.

1. Tag: Die Teilnehmer trekken sechs Stunden flussaufwärts. Schlauchboote und Ausrüstung werden von Elefanten transportiert. Übernachtung in einem Karen-Dorf.

2. Tag: Am zweiten Tag wird noch einmal drei Stunden flussaufwärts marschiert. Dabei durchquert man den tosenden Fluss, an Seilen gesichert, rund zwanzigmal. Höhepunkt ist die wilde Schlauchbootfahrt durch 68 Stromschnellen, bei der alle Teilnehmer mit Schwimmwesten und Helmen ausgerüstet sind.

Anspruchsvoll ist eine siebentägige Wanderung von Umphang nach Sangkhlaburi durch die kaum erforschten westlichen Grenzberge, deren Gipfel mehr als 1.200 m aufragen. Übernachtet wird in einfachen Pfahlbauten in Karen-Dörfern. Durchgeführt wird der Trek vom Umphang Hill Resort mit mindestens 5–6 Teilnehmern. Die Kosten: Baht 1.200 pro Person und Tag. Sehr zuverlässig und ortskundig ist der englischsprachige Guide Thoo Thoo.

Kontakte
Umphang Hill Resort, in Umphang, ☎ (055)561063-4, 🖨 (055)561065, www.umphanghill.com; in Mae Sot ☎ (055) 531409, 🖨 (055)533142; in Bangkok ☎ (02)5737942, 🖨 (02)9819992.
The Umphang Riverside, ☎ (086)9342871, www.umphangriverside.com.

☞ **Tipp**

An Wochenenden und Feiertagen kommen viele einheimische Gruppen nach Umphang. Einzelreisende haben dann gute Chancen, sich einer Tour anzuschließen.

Reisepraktische Informationen Umphang

 Unterkunft
Die meisten Resorts sind mit Mehrbettzimmern und Matrazenlagern für 4–12 Personen vorwiegend auf thailändische Reisegruppen eingestellt. Es gibt nur wenige Einzel- und Doppelzimmer. Während der Hauptsaison von Nov.–März sowie an wichtigen Feiertagen Unterkunft und Tour rechtzeitig buchen.

Tu Ka Su Cottage $$–$$$, ☎ *(055)561295 und (081)8190304, www.tukasu.webs. com, EZ/DZ und Mehrbettzimmer Baht 900–1.800. Holzbungalows mit gemütlichen Zimmern, halboffenes Restaurant, zuverlässige Tourorganisation.*
Umphang Hill Resort $$, ☎ *(055)561063-4, 🖨 (055)561065, EZ/DZ Baht 650–950, Mehrbettzimmer ab Baht 250/Person (inkl. Frühstück). Resort mit Zimmern unterschiedlicher Größe in Stein- und Holzgebäuden (auch Einzel- und Doppelzimmer), sehr gutes Restaurant und zuverlässige Tourorganisation.*
Garden Huts $–$$, ☎ *(055)561093, 🖨 (055)561341, www.boonyapornresort.com, EZ/DZ Baht 350–750. Holzbungalows und ein dreistöckiges Steingebäude am Huay Umphang, gutes Restaurant, gute Adresse für Einzelreisende.*

Verkehrsverbindungen

Busse: *Zwischen Umphang und Mae Sot verkehren von etwa 7 bis 14 Uhr stündlich Songthaeo (164 km/5–6 Std.). Sporadisch fahren Songthaeo auf einer guten Teerstraße in südwestliche Richtung zu dem malerisch gelegenen Ort Pueng Kueng nahe der Grenze zu Myanmar sowie in südliche Richtung zu den Karen-Dörfern Palatha, Zepala und Kha Ngae Ki, wo die Straße endet.*

Von Mae Sot nach Mae Sariang

Hinweis zur Strecke

Nur wer mit einem eigenen Fahrzeug – Auto oder zuverlässiges Motorrad – unterwegs ist, wird diese 238 km lange, landschaftlich sehr reizvolle Strecke, für die man mit Muße fahrend etwa 8–10 Stunden benötigt, wirklich genießen können. Der gut ausgebaute H 105 ist wenig befahren und wird daher bei Mountainbikern immer beliebter. Von Mae Sot über Mae Ramat bis Mae Salit fahren zwar regelmäßig Songthaeo, weiter nördlich aber gibt es kaum öffentliche Verkehrsmittel. Vor Fahrtantritt unbedingt volltanken, denn unterwegs gibt es nur wenige Tankmöglichkeiten! Im Grenzgebiet Thailand-Myanmar kam es in den letzten Jahren wiederholt zu kriegerischen Auseinandersetzungen. Darum in Mae Sot aktuelle Informationen einholen!

In Ban Mae Kuea Sam Tha zweigt beim KM 12 eine Stichstraße zu den 7 km entfernten **Mae Ka Sa Hotsprings** ab, ein beliebtes Ausflugsziel mit Picknickplätzen. Der Marktflecken **Mae Ramat** am KM 30 hat Besuchern außer dem Wat Don Kaeo mit einem großen Marmor-Buddha im burmesischen Mandalay-Stil nichts zu bieten.

Karen-Flüchtlinge

Beim KM 55 erreicht man nach einem Polizei-Checkpoint **Mae La**, eines von zehn Flüchtlingslagern im thailändisch-myanmarischen Grenzgebiet. Über eine Länge von 5 km drängen sich einfache Holz-Bambus-Hütten dicht aneinander. Hier leben rund 45.000 Menschen, viele von ihnen schon seit 30 Jahren. Die Flüchtlinge gehören dem Volk der Karen an, das in Myanmar seit Jahrzehnten für einen unabhängigen Staat Kawthoolei kämpft. Kriegerische Auseinandersetzungen zwischen der Karen National Union (KNU) und den Streitkräften sowie die Angst vor „ethnischen Säuberungen" haben sie nach Thailand getrieben. Hier dürfen sie nicht arbeiten und können auch keinen Ackerbau betreiben, da sie keinen Grund und Boden besitzen. Sie werden von internationalen Hilfsorganisationen mit Lebensmitteln und medizinischer Hilfe versorgt. Nach Mae La windet sich der H 105 durch schönes Bergland nach **Tha Song Yang** beim KM 82. Nördlich des wenig attraktiven Ortes am Mae Nam Moei prägen Karstmassive die Landschaft. Kurz nach Ban Mae Ou-Sa beim KM 93 zweigt eine steile Stichstraße ab, von der sich ein schöner Blick auf Karstkegel bietet. Nach 2 km wird die **Ou-Sa Cave** erreicht, die der unterirdische Fluss Mae Nam Ou-Sa in das Kalkgestein gefräst hat. Vor dem Eingang warten Jungen mit einfachen Petroleumlampen, um Touristen gegen einen kleinen Obolus das Reich der Stalaktiten und Stalagmiten

Karstlandschaft bei Ban Mae Ou-Sa

zu zeigen. Bis zum westlichen Ende, wo durch eine große Öffnung in der Höhlendecke Sonnenlicht einfällt sind es etwa 450 m (hin und zurück 30–45 Min.).

In **Mae Salit** beim KM 114 zweigt eine 34 km lange Stichstraße (H 1267) in nordöstlicher Richtung zum **Mae Moei National Park** und dem alten Karen-Dorf **Mae Ramoeng** ab. Von einem Aussichtspunkt am H 1267 einige Kilometer oberhalb von Mae Salit hat man einen schönen Blick über das Tal des Mae Nam Moei. Nördlich von Mae Salit schlingert der H 105 in engen Kurven an steilen Schluchten entlang. Die bizarre Bergwelt ist dramatisch schön. Der in der Trockenzeit ausgedörrte Monsunwald *Kurven-* weicht immergrünem Regenwald. Im Dorf Mae Ngao beim KM 190 zweigt eine 4 km *karussell* lange Stichstraße zum **Mae Ngao National Park** ab. Weiter nördlich öffnet sich die Landschaft zum fruchtbaren Tal des Mae Nam Yuam, an dem sich das freundliche Städtchen Mae Sariang erstreckt (s. S. 295).

 ## Tipp

Unterkunft
Entlang der Strecke gibt es nur wenige, einfache Unterkünfte, weshalb die meisten Reisenden bis Mae Sariang durchfahren. Wer mit dem Fahrrad unterwegs ist oder sich Zeit lassen möchte, findet in Tha Song Yang und Mae Salit Gästehäuser und einfache Lokale. Ein liebenswertes Ehepaar betreibt am nördlichen Ortsende von Tha Song Yang das **Wasan Guest House** mit hübschen Holzbungalows, die über Ventilator oder Klimaanlage und Dusche/WC verfügen (☎ (055)589088 und (09)9593674, EZ/DZ Baht 350–500). Das **Per-Pron Resort** an der nördlichen Peripherie von Mae Salit besteht aus rustikalen Holzbungalows mit Ventilator und Dusche/WC am Steilufer des Moei-Flusses (☎ (080)1263124, EZ/DZ Baht 400). Das **Pa-Pa Valley Resort** beim KM 143 des H 105 ist leider recht verwahrlost und nur als Notunterkunft zu empfehlen (☎ (055)519040, EZ/DZ Baht 100).

5. NORDTHAILAND

Überblick

Der Norden Thailands mit schroffen Bergen und tief eingeschnittenen Tälern, Teak- und Kiefernwäldern und traditioneller Stammesbevölkerung entspricht so gar nicht den Klischeevorstellungen über das Land. Dabei lag hier das erste Siedlungsgebiet der Tai-Völker, nachdem sie den Südwesten Chinas verlassen hatten. Das Königreich Fang wurde 857, das Fürstentum Phayao 1096, das Königreich Lan Na 1262 gegründet. Doch die Tai-Fürsten errichteten im Süden noch mächtigere Königreiche: Während der Sukhothai-Periode (1238–1350) lag das politische Zentrum bereits in der oberen Zentralregion, obwohl das Lan-Na-Reich als weitgehend unabhängiger Staat bis zur Eroberung durch die Burmesen im Jahre 1556 weiter bestand. Je weiter sich das Zentrum Thailands nach Süden verlagerte, desto mehr wurde die **Nordregion** zum **Randgebiet**, an dem niemand großes Interesse hatte. Erst die Versuche der Burmesen, den Norden ihrem Reich einzugliedern, veranlassten die Zentralregierung, ihn stärker an das Kernland anzu-

binden. So machte Nordthailand lange Zeit eine eigenständige politische und kulturelle Entwicklung durch. Abgesehen vom Mon-Erbe, das bis ins 13. Jh. hinein fortwirkte, weil die Khmer ihr Reich nicht über die Mae-Nam-Chao-Phraya-Ebene hinaus nach Norden ausdehnen konnten, waren dafür vor allem die Beziehungen zum benachbarten Burma wichtig. Trotz der hohen Gebirge zwischen den beiden Regionen fand ein reger kultureller Austausch statt. Bis heute lässt sich ein deutlicher Unterschied zwischen Bangkok und dem Norden feststellen. Die Architektur ist verschieden, die Tempel zeigen deutlich burmesischen Einfluss. Auch in vielen Traditionen sowie im Dialekt, in den sich Elemente der Mon-Sprache mischen, kommen die **kulturellen Eigenheiten** des Nordens zum Ausdruck.

Erfrischen-
des Klima
und Blüten-
pracht

Die Nordregion umfasst etwa 170.000 km² und damit 35 Prozent der Staatsfläche, dort leben rund 12,5 Mio. Menschen, knapp 20 Prozent der Gesamtbevölkerung. Die Region ist heute kein abgelegener Landesteil mehr. Verglichen mit der heißen Zentralebene ist das **Klima** vor allem in den Monaten Dezember bis Februar erfrischend, Besucher staunen über die Blütenpracht in der kühlen Bergwelt und genießen Erdbeeren und andere für Thailänder exotische Früchte. Die landschaftliche Schönheit, die traditionell farbenfroh gekleideten Angehörigen der Akha, Hmong, Karen, Lahu, Lisu, Yao und anderer Bergstämme sowie geschickte Kunsthandwerker machen den Norden zu einem beliebten Ziel für einheimische und ausländische Touristen.

Chiang Mai

Geschichte

Mitte des 13. Jh., also etwa zeitgleich mit dem Sukhothai-Staat, entstand im Norden ein anderes bedeutendes Tai-Königreich, gegründet von Fürst Mengrai. Sein Bündnis mit dem Sukhothai-König Ramkhamhaeng ermöglichte ihm nach langen Kämpfen die Einnahme der alten Stadt Lamphun, der Hauptstadt des Mon-Königreiches Haripunchai. Der Legende zufolge suchte Mengrai, der zunächst in Chiang Rai residierte, nach einem geeigneten Ort für eine neue Hauptstadt seines **Königreichs Lan Na** (Land der Millionen Reisfelder). Er hörte von einer Stätte, an der zwei weiße Sambar-Hirsche mit weißen Mäusen einträchtig zusammenlebten. Er deutete dies als ein gutes Omen und ließ im Jahre 1296 Chiang Mai errichten. 90.000 Arbeiter sollen die „neue Stadt" in nur vier Monaten aus dem Boden gestampft haben. Trotz der Eroberungsversuche der Burmesen konnte Lan Na lange seine politische Unabhängigkeit bewahren. Erst 1556 gelang es dem König von Pegu, Chiang Mai zu erobern. Bis Ende des 18. Jh. blieb das Land mit Unterbrechungen unter burmesischer Oberherrschaft. Während dieser Zeit war Chiang Mai für den **Handel zwischen China** und **Burma** sehr bedeutend. Chinesische Händler aus Yunnan, bekannt als Jin Hoo, zogen mit schwer beladenen Lasttieren auf dem Weg zur burmesischen Hafenstadt Moulmein durch Chiang Mai. In den langen Burmesischen Kriegen von 1727–1770 vertrieben die Lan-Na-Herrscher der Kawila-Dynastie die Burmesen, doch lagen Chiang Mai und die anderen Städte

Redaktionstipps

Sehenswertes
▸ Zu den beeindruckenden Tempeln der Altstadt gehören **Wat Chedi Luang**, **Wat Phra Singh** und **Wat Chiang Man** (S. 261f). Abendfüllend ist der Besuch des **Night Bazaar** östlich der Altstadt (S. 269).

Essen und Trinken
▸ Alte Villen und Teak-Häuser im Lan-Na-Stil bilden die stilvolle Kulisse für einige der besten Restaurants der Stadt, etwa das **Antique House** (S. 272) und **The Gallery** (S. 273), beide mit nordthailändischen Spezialitäten vom Feinsten. Typisch für Chiang Mai sind die **Khantoke-Dinner** (S. 268).

Veranstaltungen
▸ Höhepunkte des **Chiang Mai Flower Festival** am ersten Wochenende im Februar sind eine Parade von Blumen-geschmückten Flößen auf dem Mae Nam Ping und die Wahl der Blumenkönigin. Gourmets besuchen das **Chiang Mai Food Festival** Ende November/Anfang Dezember. Während des einwöchigen Winterfestes Ende Dezember/Anfang Januar werden auf einem Jahrmarkt Spezialitäten angeboten.

ihres Reiches in Trümmern. Bis zum späten 19. Jh. war Lan Na ein zwar armes, aber unabhängiges Königreich, bevor es unter König Rama V. in das Königreich Siam eingegliedert wurde.

Heute ist das am Mae Nam Ping gelegene Chiang Mai mit 380.000 Einwohnern das wirtschaftliche und administrative Zentrum des Nordens und die **zweitgrößte Stadt Thailands**. Leider geht in Chiang Mai vieles einen ähnlichen Weg wie in Bangkok: unkontrollierte Bauwut, Verkehrschaos und Umweltverschmutzung nehmen zu. Im Jahre 2004 bedachte die National Geographic Society die Stadt mit dem Prädikat „getting ugly": Immer mehr Tempel und historische Bauten verschwinden zwischen Betontürmen und haushohen Reklametafeln. Vielleicht kam die Warnung aber noch rechtzeitig: Inzwischen wurden betagte Teakholzgebäude am Ufer des Mae Nam Ping in stilvolle Restaurants umgewandelt und auch beim Bau neuer Hotels erlebt die alte Lan-Na-Kultur eine Renaissance.

Chiang Mai heute

Orientierung

Das historische Zentrum ist von einem quadratischen Graben von etwa 1.800 m Seitenlänge umgeben. Innerhalb des Grabens liegen einige der bedeutendsten Tempel sowie zahlreiche Gästehäuser, Hotels und Restaurants. Zwischen dem östlichen Befestigungsgraben und dem Mae Nam Ping breitet sich das moderne Geschäftsviertel mit Hotels und Restaurants sowie dem berühmten Night Bazaar aus. Wer gut zu Fuß ist, kann die Altstadt an einem Tag erwandern.

Einen weiteren Tag sollte man für die Tour zum Chiang Mai National Museum und zu den außerhalb gelegenen Tempeln veranschlagen (Fahrrad oder Tuk-Tuk).

Die Altstadt

Von der Altstadt ist außer dem gut erhaltenen Wassergraben zwar nicht mehr viel zu sehen, doch eine Reihe von Tempeln, meist Gründungen des 14. und 15. Jh., sind Beispiele buddhistischer Architektur und Kunst aus der Lan-Na-Epoche. Der alte Stadtwall wurde bis auf einen Rest an der Südostecke abgetragen. Die Fragmente des Mauerrings und die Stadttore sind Rekonstruktionen.

Vom Tapae Gate zum Wat Phra Singh

Den westlichen Zugang zur Altstadt bildet das wieder aufgebaute **Tapae Gate (1)**. Entlang der Thanon Ratchadamnoen, die von meist zweistöckigen Geschäftshäusern gesäumt wird, kommt man zum **Wat Chedi Luang (2)**. Der Name des Tempels stammt von dem großen Chedi, dessen Reste hinter der Vihara auf einem Fundament aus Ziegel- und Lateritsteinen thronen. Nach Erweiterungen hatte der mächtige Backsteinbau, mit dessen Errichtung im Jahre 1401 begonnen worden war, bis Ende des 15. Jh. eine Höhe von 90 m erreicht. 1545, etwa 50 Jahre nach seiner Fertigstellung, fiel

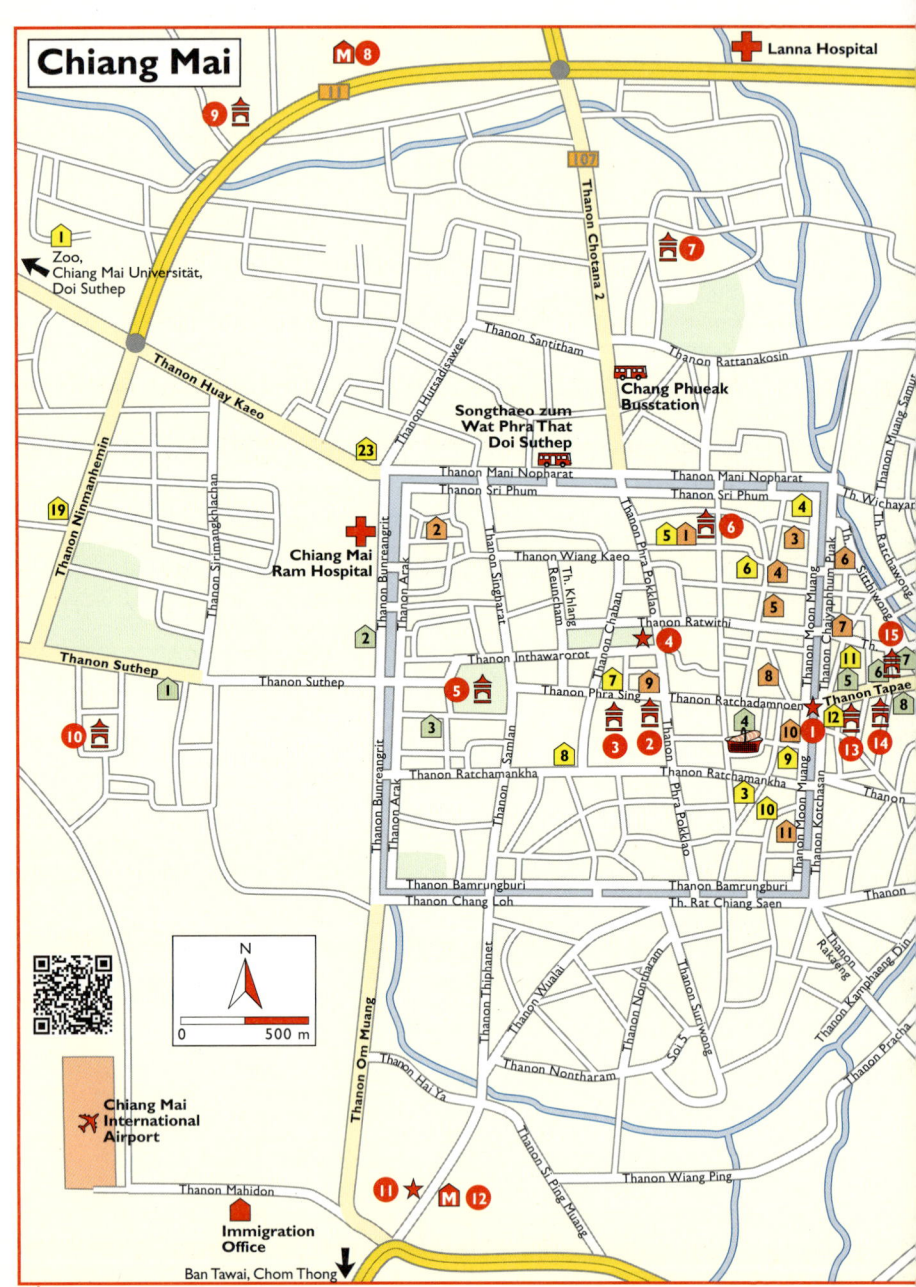

Chiang Mai

Lanna Hospital

Zoo,
Chiang Mai Universität,
Doi Suthep

Thanon Chotana 2

107

Thanon Huay Kaeo

Thanon Santitham

Thanon Rattanakosin

Chang Phueak
Busstation

Thanon Hussadhiawse

Songthaeo zum
Wat Phra That
Doi Suthep

Thanon Nimmanhemin

Thanon Mani Nopharat

Thanon Mani Nopharat

Thanon Sri Phum

Thanon Sri Phum

Th. Wichayar

Thanon Srimangklachan

Chiang Mai
Ram Hospital

Thanon Bunreangcrit

Thanon Arak

Thanon Singharat

Thanon Wiang Kaeo

Thanon Phra Pokklao

Thanon Chaban

Thanon Moon Muang

Th. Chaiyaphum Park

Th. Sithiwong

Thanon Ratwithi

Thanon Suthep

Thanon Suthep

Thanon Inthawarorot

Th. Khang Reunchiam

Thanon Tapae

Thanon Phra Sing

Thanon Ratchadamnoen

Thanon Bunreangcrit

Thanon Arak

Samlan

Thanon Phra Pokklao

Thanon Ratchamankha

Thanon Ratchamankha

Thanon Karchasn

Thanon Moon Muang

Thanon

Thanon Bamrungburi

Thanon Bamrungburi

Thanon Chang Loh

Th. Rat Chiang Saen

Thanon

Thanon Om Muang

Thanon Thiphanet

Thanon Wualai

Thanon Nontharan

Thanon Suriwong

Soi 5

Thanon Rakweg

Thanon Kamphaeng Din

Thanon Pracha

N

0   500 m

Chiang Mai
International
Airport

Thanon Nontharam

Thanon Sri Ping Muang

Thanon Wiang Ping

Thanon Mahidon

Thanon Hai Ya

Immigration
Office

Ban Tawai, Chom Thong

©graphic

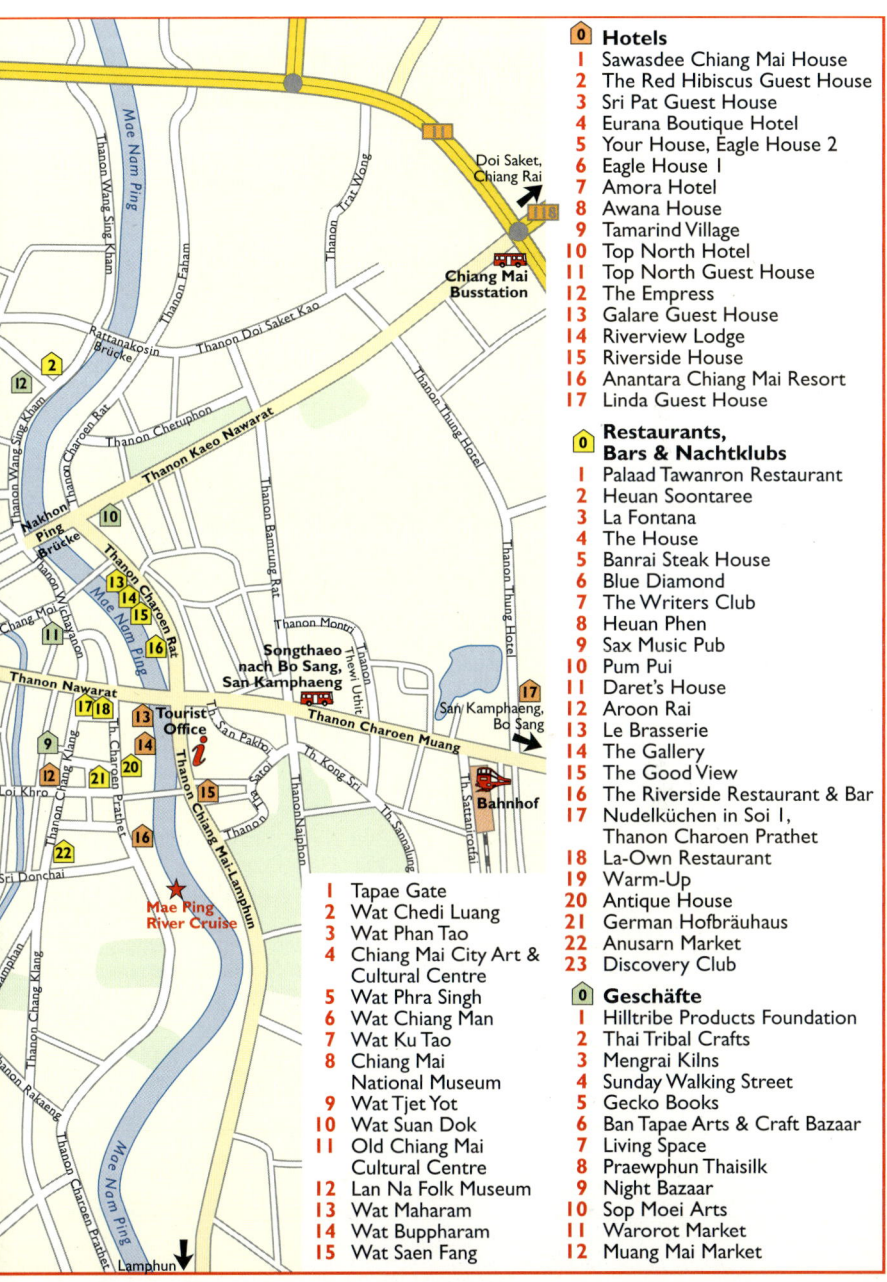

Hotels
1 Sawasdee Chiang Mai House
2 The Red Hibiscus Guest House
3 Sri Pat Guest House
4 Eurana Boutique Hotel
5 Your House, Eagle House 2
6 Eagle House 1
7 Amora Hotel
8 Awana House
9 Tamarind Village
10 Top North Hotel
11 Top North Guest House
12 The Empress
13 Galare Guest House
14 Riverview Lodge
15 Riverside House
16 Anantara Chiang Mai Resort
17 Linda Guest House

Restaurants, Bars & Nachtklubs
1 Palaad Tawanron Restaurant
2 Heuan Soontaree
3 La Fontana
4 The House
5 Banrai Steak House
6 Blue Diamond
7 The Writers Club
8 Heuan Phen
9 Sax Music Pub
10 Pum Pui
11 Daret's House
12 Aroon Rai
13 Le Brasserie
14 The Gallery
15 The Good View
16 The Riverside Restaurant & Bar
17 Nudelküchen in Soi 1, Thanon Charoen Prathet
18 La-Own Restaurant
19 Warm-Up
20 Antique House
21 German Hofbräuhaus
22 Anusarn Market
23 Discovery Club

Geschäfte
1 Hilltribe Products Foundation
2 Thai Tribal Crafts
3 Mengrai Kilns
4 Sunday Walking Street
5 Gecko Books
6 Ban Tapae Arts & Craft Bazaar
7 Living Space
8 Praewphun Thaisilk
9 Night Bazaar
10 Sop Moei Arts
11 Warorot Market
12 Muang Mai Market

1 Tapae Gate
2 Wat Chedi Luang
3 Wat Phan Tao
4 Chiang Mai City Art & Cultural Centre
5 Wat Phra Singh
6 Wat Chiang Man
7 Wat Ku Tao
8 Chiang Mai National Museum
9 Wat Tjet Yot
10 Wat Suan Dok
11 Old Chiang Mai Cultural Centre
12 Lan Na Folk Museum
13 Wat Maharam
14 Wat Buppharam
15 Wat Saen Fang

das Bauwerk bei einem starken Erdbeben zusammen. Erst in den 1990er-Jahren begann die wenig sachkundige Restaurierung der massigen, 60 m hohen Ruine. Steile Treppen mit Naga-Balustraden führen zur mittleren Terrasse des mehrstufigen Unterbaus. Dort stehen steinerne Elefanten, auf deren Rücken der Chedi einst ruhte.

Einst Domizil des Smaragd-Buddhas

Die kleine Buddha-Statue, die in einer Nische an der Ostseite des Chedi gegenüber der Vihara sitzt, ist eine Kopie des berühmten Smaragd-Buddha im Wat Phra Kaeo von Bangkok. Von 1482–1547 diente der Wat Chedi Luang diesem „Nationalheiligen" Thailands als Domizil. Die Vihara im klassischen Lan-Na-Stil beherbergt einen 9 m hohen, stehenden Buddha aus dem 15. Jh. In dem kleinen Schrein, der beim Eingang neben einem mächtigen Krabak-Baum steht, bitten Gläubige vor der Stadtsäule Lak Muang, dem Wohnsitz für den Schutzgeist von Chiang Mai (*phi muang*), um die Erfüllung ihrer Wünsche.

Im Schnittwinkel von Thanon Phra Singh und Thanon Phra Pokklao liegt an das Areal des Wat Chedi Luang grenzend der **Wat Phan Tao (3)**. Die beiden eleganten Teakholzhallen Ho Kham und Vihara Ho Kham dienten früher vermutlich einem Adeligen als Residenz.

Nur wenige Fußminuten entfernt bildet der 1924 erbaute ehemalige Sitz der Provinzregierung den stilvollen Rahmen für das **Chiang Mai City Art & Cultural Centre (4)**, das in 15 Sälen einen Überblick über die nordthailändische Kunst- und Kulturgeschichte gibt (*Di–So 8.30–17 Uhr, Eintritt Baht 100*). Vor dem Gebäude erinnert das Anusawari Sam Kasat, das Denkmal der drei Könige, an drei Lan-Na-Herrscher.

Der Wat Phra Singh – das bedeutendste Heiligtum Chiang Mais

Wat Phra Singh (5)

Die Thanon Phra Singh bildet zusammen mit der Thanon Ratchadamnoen die zentrale Ost-West-Achse der Altstadt und führt direkt zum Haupteingang des **Wat Phra Singh**, dem bedeutendsten Tempel Chiang Mais. Vor dem Hintergrund eines großen, weißen Chedi, den der Lan-Na-König Pa Yo 1345 als Grabmal für seinen Vater errichten ließ, heben sich ein Bot und eine Vihara aus dem frühen 16. Jh ab, beides Bauwerke im klassischen Stil mit mehrfach gestaffelten Dächern. Die burmesisch beeinflusste Bibliothek (*mondhop*), die einst wertvolle Tripitaka-Palmblatt-Manuskripte barg, steht auf einem hohen Steinfundament, das mit Reliefs von Himmelsnymphen geschmückt ist. Die etwas zurückversetzte Vihara Laai Kham gilt als ein Juwel nordthailändischer Architektur und vereint alle Merkmale des Lan-Na-Stils: Das bis fast auf den Boden hinuntergezogene, dreifach gestaffelte Satteldach, die dreigliedrige Holzfassade mit vergoldetem Schnitzwerk und die burmesischen Löwen, die den Tempel bewachen. Die Wandgemälde an den Innenmauern, die zu den bedeutendsten Fresken von Chiang Mai gehören, erzählen „Jataka"-Legenden über die früheren Existenzen des Buddha. Man hat das Heiligtum zwischen 1495–1525 errichtet, um dem Phra Buddha Singh („Singhalesischer Buddha"), eine der landesweit am höchsten verehrten Buddha-Statuen, eine würdige Unterkunft zu bieten. Der Legende nach kam das Buddha-Bildnis in der Haltung der Erdanrufung nach einer langen Odyssee aus Ceylon nach Chiang Mai. Ob es sich wirklich um das Original handelt, ist allerdings umstritten, denn auch im Nationalmuseum von Bangkok und in einem Tempel von Nakhon Si Thammarat soll sich ein echter Phra Buddha Singh befinden.

Lan-Na-Stil in Vollendung

Wat Chiang Man (6)

Nahe der nördlichen Stadtbefestigung liegt **Wat Chiang Man**. Der älteste Tempel der Stadt wurde 1296 auf Weisung König Mengrais errichtet. Seinen heutigen Glanz erhielt das Heiligtum bei einer umfassenden Restaurierung von 1782–1813. Die zentrale Vihara aus dem 19. Jh. ist ein besonders feines Beispiel für den nordthailändischen Architekturstil: Hohe Giebelseiten und niedrige Längsmauern, mehrfach gestaffeltes, bis fast auf den Boden reichendes Satteldach üppig dekorierten Säulen und reiches, goldfarbenes Schnitzwerk in den Giebelfeldern. In einer Glasvitrine stehen in der kleineren, ebenfalls prächtig dekorierten Neben-Vihara zwei hoch verehrte Buddha-Statuen. Die kleinere von ihnen, der aus Bergkristall hergestellte Buddha Phra Setangamani, wird in das

Berühmte Buddha-Bildnisse

Perfekt restauriert – der Wat Chiang Man, der älteste Tempel der Stadt

6./7. Jh. datiert und soll aus Lopburi stammen, einem der Schwerpunkte des Mon-Rei-ches von Dvaravati. Die andere Kultfigur ist aus Marmor und stellt den Buddha Phra Sila dar. Ein buddhistischer Mönch soll sie Ende des 13. Jh. aus Ceylon mitgebracht haben. Die täglich zahlreich in den Tempel strömenden Gläubigen erweisen vor allem dem kleinen Kristall-Buddha, der als Regenspender gilt, ihre Reverenz. Während des Songkran-Festes zum Höhepunkt der Trockenzeit (s. S. 269) wird er in einer prunk-vollen, von Mönchen und buddhistischen Würdenträgern angeführten Prozession durch die Straßen der Altstadt getragen, um zu bewirken, dass bald der lang ersehnte Regen fällt. Hinter der Haupt-Vihara ragt auf einer quadratischen Plattform ein gro-ßer Chedi mit vergoldeter Spitze auf. Rings um das Fundament stehen 15 große Steinelefanten mit dem Blick nach außen, die den Anschein erwecken, als trügen sie das Bauwerk. Beachtung verdient zudem der graziöse Bibliothekspavillon, dessen Außen-wände kunstvolle Gold-Lack-Verzierungen und Holzschnitzereien schmücken.

Außerhalb der Altstadt

Burmesi-sches Vorbild

Durch das nördliche Chang Puak Gate (Tor des weißen Elefanten) geht es zunächst zu dem im burmesischen Stil erbauten **Wat Ku Tao (7)**, der nahe dem Sportstadion liegt. Ungewöhnlich ist der Chedi auf einem quadratischen Sockel. Er besteht aus fünf Halbkugeln, die in abnehmender Größe übereinander angeordnet sind. Möglicher-weise sollen damit Almosenschalen symbolisiert werden. Da jede der Halbkugeln vier Öffnungen besitzt, wurden in ihnen vermutlich Tempelreliquien aufbewahrt. Vor den Portalen wachen grimmig blickende Löwen, deren Aufgabe es ist, Dämonen und an-dere übelwollende Wesen vom sakralen Bezirk fernzuhalten.

Chiang Mai National Museum (8)

Kultur-historischer Überblick

Ein Rundgang durch das 1973 eröffnete, im modernen Lan-Na-Stil erbaute **Chiang Mai National Museum** gibt einen guten Überblick über die wechselhafte Ge-schichte und vielschichtige Kultur Nordthailands. Insbesondere die im Erdgeschoss ausgestellten Buddha-Bildnisse aus der Lan-Na-Periode weisen deutliche Unterschiede zum zentralthailändischen Sukhothai-Stil auf, der sich zur gleichen Zeit entwickelte. Eine andere Abteilung ist den Celadon-Keramiken gewidmet, die vom 15.–18. Jh. in Chiang Mai und Umgebung hergestellt wurden. Die umfangreiche Ausstellung zeigt Entwicklung, Verwendung und Verbreitung der Töpferwaren. Die Sammlung im oberen Stockwerk umfasst Exponate unterschiedlicher Art, von königlichen Memorablien über kunsthandwerkliche Produkte der Bergvölker bis zu traditionellen Haushalts-und Gebrauchsgegenständen.
Chiang Mai National Museum, ☏ (053) 221308, Mi–So 9–16 Uhr außer feiertags, Eintritt: Baht 100.

Wat Tjet Yot (9)

Einige Hundert Meter weiter westlich verteilen sich unweit der Umgehungsstraße auf einem ausgedehnten Areal zwischen hohen Bäumen die Bauten des **Wat Tjet Yot**. Das markanteste der Sakralgebäude ist der hohe, auf einem rechteckigen Sockel aufragende Zentral-Chedi, flankiert von sechs kleineren spitzen Türmen. Sie geben dem Heiligtum seinen Namen – „Tempel der sieben Spitzen". Der als eifriger Förderer des Buddhismus bekannte König Tilokaraja ließ das ungewöhnliche Bauwerk kurz nach der Gründung des Tempelklosters im Jahre 1455 nach dem Vorbild des Mahabodhi-Tempels von Bodh Gaya in Indien errichten, wo Prinz Siddharta Gautama die Erleuchtung erreicht hat und damit zum Buddha wurde. Die sieben Spitztürme symbolisieren die sieben Wochen, die der Buddha nach seiner Erleuchtung in Bodh Gaya verbracht haben soll. Geschmückt sind die Wände des Unterbaus mit virtuos gearbeiteten Stuckreliefs himmlischer Nymphen, die als Meisterwerke nordthailändischer Steinmetzkunst gepriesen werden. Unter der Ägide des frommen König Tilokaraja, der hier den achten Buddhistischen Weltkongress ausrichtete, entwickelte sich Wat Tjet Yot zu einem der bedeutendsten spirituellen Zentren der buddhistischen Welt jener Zeit. Das auch von den Nachfolgern König Tilokarajas großzügig mit prächtigen Bauwerken erweiterte Tempelkloster erlebte ein Jahrhundert lang eine Blütezeit. Das Ende kam mit der Eroberung des Lan-Na-Reiches durch die Burmesen im Jahre 1556. Von dichtem Urwald umschlossen, gerieten die Ruinen des geplünderten Tempels in Vergessenheit. Erst in den 1950er-Jahren begann man mit Restaurierungsarbeiten.

„Tempel der sieben Spitzen"

Wat Suan Dok (10)

Den **Wat Suan Dok (10)** südlich der Thanon Suthep ließ König Ku Na etwa 1370 auf dem Gelände des ehemaligen königlichen Blumengartens errichten – daher auch der Name „Tempel des Blumengartens". In seinem glockenförmigen, weißen Haupt-Chedi in ceylonesischem Stil wird eine wichtige Reliquie aufbewahrt (s. S. 281). Die kleineren turmartigen Sakralbauten westlich der Vihara bergen die sterblichen Überreste von Mitgliedern der königlichen Familie. Die 1932 in Form einer offenen Halle erbaute Vihara ist der größte buddhistische Andachtsraum im nördlichen Thailand. In der Meditationsschule des Tempels werden Kurse durchgeführt, die allen Interessenten offenstehen.

„Tempel des Blumengartens"

Old Chiang Mai Cultural Centre (11)

Das **Old Chiang Mai Cultural Centre**, das etwa 1 km südlich der Altstadt liegt, bietet „Pauschal-Kultur". Trotzdem bekommt man einen kleinen Einblick in Aspekte thailändischen Lebens, wenn man Kunsthandwerkern über die Schulter guckt oder die Ausstellungen typischer Utensilien aus dem Norden in alten Holzhäusern besichtigt. Abends sitzt man bei einem traditionellen Khantoke-Dinner auf dem Boden zusammen, zu dem Tänze und Gesänge des Nordens dargeboten werden. Im größten Textilmuseum des Landes, das zum Kulturzentrum gehört, kann man fein gearbeitete, handgewebte Stoffe und wertvolle Kleidungsstücke aus verschiedenen Ländern Südostasiens bewundern.

„Pauschal-Kultur"

Old Chiang Mai Cultural Centre, *185/3 Thanon Wualai, ☎ (053)202993-5, www.old chiangmai.com, Museum Do–Di 10–12 Uhr und 13–19 Uhr, Eintritt: Erwachsene Baht 140, Kinder Baht 70; Khantoke-Dinner und Hilltribe Show täglich 19–21.30 Uhr, Eintritt: Erwachsene Baht 520, Kinder Baht 380.*

> ## ☞ Tipp
>
> Beim traditionellen **Khantoke**-Dinner sitzt man auf Kissen an einem kleinen runden Tisch, auf dem vier bis fünf Schälchen mit lauwarmen Gerichten stehen, etwa gegrillte Schweineschwarten, burmesisch beeinflusste Currys, ein scharfer nordthailändischer Salat, Chilisauce und Klebreis. Gegessen wird mit den Fingern und die kulinarischen Genüsse werden von einem Folkloreprogramm mit Musik, Tanz, Maskentheater und traditionellem Kampfsport begleitet. Besonders beliebt, wenn auch recht touristisch, sind die Khantoke-Dinner im **Old Chiang Mai Cultural Centre** und im **Restaurant Khum Khantoke** (s. S. 273).

Der bäuerlichen Kultur Nordthailands ist das nicht weit entfernte **Lan Na Folk Museum (12)** gewidmet. Die ausgestellten Gegenstände, vom Holzpflug bis zum Webstuhl, zeigen das ländliche Alltagsleben vergangener Tage (*185/20 Thanon Wualai,* ☎ *(053)200655, täglich 10–16 Uhr außer Do, Eintritt: Baht 75*).

Tempel östlich des Tapae Gate

Der Wat Buppharam präsentiert sich in einer Mischung aus Alt und Neu

Ein prachtvolles Bild bietet der **Wat Maharam (13)** an der Thanon Tapae, dessen Vihara von einem nahezu lückenlosen Mantel aus reich vergoldetem Holzschnitzwerk überzogen ist. Grimmige Löwen im burmesischen Stil drohen von den Portalpfosten am Haupteingang zur Vihara und zum Chedi, der burmesische Vorbilder hat.

Schon von Weitem sichtbar ist der Turm in Form einer Lotosblüte, der auf dem mehrfach gestaffelten Satteldach der zweistöckigen Vihara-Halle Bo Montien Dham im **Wat Buppharam (14)** thront. Im oberen Stockwerk des mit üppigem Baudekor geradezu „barock" überladenen Gebäudes beeindruckt der größte Teakholz-Buddha der Welt die Betrachter. Während die Bo-Montien-Dham-Halle erst 1992 errichtet wurde, stammen die meisten anderen Bauten der großen Tempelanlage, die 1497 von König Phra Muang Kaeo gestiftet wurde, aus dem 16. und 17. Jh. Verglichen mit der Vihara gibt sich der Bot bescheiden, dennoch weist er alle Merkmale der Lan-Na-Architektur in klassischer Vollendung auf. Dazu gehören insbesondere das tief heruntergezogene Teleskopdach und die kunstvoll geschnitzten Holzfassaden. Burmesischen Einfluss zeigt der hinter der Vihara aufragende Chedi mit vergoldeter Lotosblütenspitze, den wild blickende Löwen bewachen.

Ohne große kunsthistorische Bedeutung, aber sehr pittoresk ist das in einer Mischung aus burmesischem und klassischem Lan-Na-Stil angelegte Tempelkloster **Wat Saen Fang (15)** auf der gegenüberliegenden Straßenseite. Eine schmale, von zwei züngelnden Naga-Schlangen mit Schuppen aus bunt glasierten Ziegeln flankierte Gasse führt in den wenig besuchten Tempelbezirk mit einem schönen Garten, der im lebhaften Treiben der Thanon Tapae eine Oase der Ruhe bildet. Vier Löwenwächter im typisch burmesischen Tempelbaustil flankieren den Chedi.

Malerischer Tempel

Chiang Mais Märkte

Auf dem **Muang Mai Market (12)** werden Obst und Gemüse aus den ländlichen Gebieten angeboten. Die Waren werden nachts mit Barken zum zentralen Großmarkt gebracht und der Handel bereits kurz nach der Morgendämmerung abgewickelt (*Thanon Wang Sing Kham, täglich 5–13 Uhr*).

Wie aus einem Bilderbuch erscheint der **Warorot Market (11)** – voller Farben, fremdartiger Gerüche und regen Treibens. Der Markt teilt sich in einen „nassen" Bereich im Freien und im Erdgeschoss, wo die Hausfrauen und Küchenchefs der Stadt Obst und Gemüse, Fisch und Fleisch kaufen, sowie einen „trockenen" Sektor in den oberen Stockwerken, in dem Textilien, Haushaltswaren und konfektionierte Lebensmittel angeboten werden (*Thanon Chang Moi, täglich 6–21 Uhr*).

Obwohl er viel an Lokalkolorit eingebüßt hat, seit das ehemalige bunte Durcheinander der Stände einem festen Marktgebäude weichen musste, ist ein Bummel über den allabendlich östlich der Altstadt stattfindenden **Night Bazaar (9)** ein „Muss" für jeden Besucher Chiang Mais. Das dreistöckige Gebäude und die Straßenstände ringsherum sind prall gefüllt mit Textilien, Lederwaren, Taschen, Uhren, Musikkassetten, CDs und DVDs. Zudem werden kunsthandwerkliche Souvenirs angeboten, von Korbwaren über Sonnenschirme bis zu Schnitzereien, die meist in Chiang Mai und den umliegenden Dörfern hergestellt werden. In traditionellen Trachten gekleidete Hmong- und Lisu-Frauen verkaufen auf dem angeschlossenen Hilltribe Market hochwertiges Kunsthandwerk (*Thanon Chang Klan, täglich 16–23 Uhr*).

Jeden Sonntagabend macht die **Sunday Walking Street (4)** in der Altstadt dem berühmten Nachtbasar Konkurrenz. Auch auf diesem reinen Touristenmarkt gibt es ein überwältigendes Angebot an kunstgewerblichen Souvenirs, Textilien und Plagiaten von Markenartikeln. Für das leibliche Wohl sorgen Essensstände (*Thanon Ratchadamnoen, So 16–22 Uhr*).

Songkran – Die Wasserschlacht von Chiang Mai

Wer in Thailand Mitte April den Ruf „*sawat-dee pi mai*" hört, der geht am besten ganz schnell in Deckung, vor allem wenn er sich gerade in Chiang Mai aufhält. Auf den Neujahrsgruß folgt in der Regel ein Schwall kaltes Wasser (und schallendes Gelächter). Für mehrere Tage tobt zum buddhistischen Neujahrsfest Songkran eine Wasserschlacht durchs Land. Trotz aller Fröhlichkeit hat das Songkran-Fest, das zum Zeitpunkt der Tag- und Nachtgleiche stattfindet und meist am 13.

April beginnt, eine tiefe religiöse Bedeutung. Das traditionelle Neujahrsfest der Buddhisten ist ein Fest der Reinigung. Wohnhäuser und Tempel werden blitzblank geputzt und aller Unrat verbrannt, denn Schmutz zum Neujahrsanfang bringt Unglück für das ganze folgende Jahr.

Buddha-Statuen werden von den Gläubigen mit Blumen und Girlanden geschmückt, nachdem Mönche an ihnen rituelle Waschungen vollzogen haben, auch das mit Frangipani-Blüten versetzte Wasser wird aufgefangen und für glückbringende Waschungen verwendet. Während der Festtage besprengt man sich mit wohlriechendem Wasser. Das Puder oder das Reismehl, mit dem man sich zuvor gegenseitig die Gesichter einreibt, symbolisiert den Schmutz des vergangenen Jahres. Das Ritual steht nicht nur für Reinheit, sondern auch für **Erneuerung und Fruchtbarkeit**, denn es ruft den Regen herbei und schafft neues Leben. Jüngere Familienmitglieder bezeugen während der Festlichkeiten den Eltern und Großeltern ihren Respekt, indem sie deren Hände mit Parfum benetzen.

Aus diesen alten Bräuchen entwickelte sich eines der ausgelassensten Feste des Landes, das mancherorts, vor allem in Chiang Mai, in regelrechten Wasserschlachten endet. Dutzende von Pickups fahren durch die Straßen, auf den Ladeflächen große Bottiche voller Wasser zum Spritzen. Diese „Kampfwagen" wiederum werden mit Salven aus Wasserwerfern und Wasserpistolen empfangen, die vom Straßenrand aus abgefeuert werden. Und auch aus den oberen Stockwerken ergießen sich Sturzbäche auf die Wasserkämpfer am Straßenrand. Auch Touristen werden nicht verschont und sind in kürzester Zeit bis auf die Haut durchnässt. An diesen Tagen ist es ratsam, nicht die besten Sachen anzuziehen, denn wo immer man geht und steht, fängt man die Wassermassen gleich kübelweise ein. Am besten greift man selbst zu einem Wassereimer und macht mit beim feucht-fröhlichen Spaß, der in Anbetracht der drückenden Aprilhitze auch eine willkommene Erfrischung ist.

Reisepraktische Informationen Chiang Mai

i Informationen
Tourism Authority of Thailand Northern Office, *105/1 Thanon Chiang Mai-Lamphun,* ☎ *(053)248604,* 📠 *(053)248605, tatchmai@tat.or.th, www.chiangmaitourist guide.com, täglich 8.30–16.30 Uhr. Das Büro ist auch zuständig für Lamphun, Lampang und Mae Hong Son.*

Unterkunft
Die meisten Unterkünfte liegen an der Thanon Moon Muang, in den von ihr abzweigenden Sois und im modernen Geschäftsviertel zwischen der Altstadt und dem Mae Nam Ping. Auch einfache Traveller-Bleiben haben Warmwasser-Duschen. In der Hauptsaison von Dezember bis April sind die Zimmerpreise um etwa 25–50 Prozent höher. Viele Gästehäuser bieten einen kostenlosen Abholservice vom Bahnhof oder Busbahnhof.

Anantara Chiang Mai Resort $$$$$$ **(16)**, *123 Thanon Charoen Prathet,* ☎ *(053)253333, www.chiang-mai.anantara.com, EZ/DZ ab Baht 9.500. Luxuriöses Design-Hotel mit 84 puristischen Zimmern und Suiten mit herrlichem Blick auf den Mae Nam Ping. Weitere Pluspunkte: Gourmet-Restaurant, schickes Spa und großer Pool.*

Tamarind Village $$$$$$ (**9**), 50/1 Thanon Ratchadamnoen, ☎ (053)418896-9, www.tamarindvillage.com, EZ/DZ ab Baht 7.100. Boutique-Hotel im Lan-Na-Stil mit 40 stilvollen Zimmern, Thai-Restaurant und hübschem Pool.

Amora Hotel $$$$ (**7**), 22 Thanon Chaiyaphum, ☎ (053)251531, www.chiangmai.amora hotels.com, EZ/DZ Baht 2.875–3.675. Gut 200 Zimmer mit allen Annehmlichkeiten auf 14 Etagen; Restaurant, Bar, Dachterrasse, Pool und Wellness-Center.

Eurana Boutique Hotel $$$$ (**4**), Soi 7, 7/1 Thanon Moon Muang, ☎ (053)219402-3, www.euranaboutiquehotel.com, EZ/DZ Baht 2.250–2.950. Oase der Stille und des Stils, mit komfortablen Zimmern, hervorragendem Restaurant und Pool.

The Empress $$$–$$$$ (**12**), 199/42 Chang Klan Road, ☎ (053)270662, www.em presshotels.com, EZ/DZ Baht 1.950–2.750. Modernes Haus in der Nähe des Nachtbasars mit 74 komfortablen Zimmern, Restaurant und Pool.

Riverview Lodge $$$–$$$$ (**14**), Soi 4, 25 Thanon Charoen Prathet, ☎ (053)271109, www.riverviewlodgch.com, EZ/DZ Baht 1.800–2.500 (inkl. Frühstück). Stilvolles Kleinhotel am Ping River mit 33 Zimmern, Restaurant und Pool.

Galare Guest House $$–$$$ (**13**), Soi 2, 7 Thanon Charoen Prathet, ☎ (053)818887, www.galare.com, EZ/DZ Baht 990–1.420. Kleinhotel am Ping River mit 35 klimatisierten Zimmern und luftigem Terrassenrestaurant.

The Red Hibiscus Guest House $$ (**2**), Soi 2, Thanon Arak, ☎ (053) 217631, www.red hibiscus.com, EZ/DZ Baht 700–1.400. Familiäre Atmosphäre, 10 gemütliche Zimmer mit Klimaanlage, Reservierung empfohlen.

Top North Hotel $$–$$$ (**10**), 41 Thanon Moon Muang, ☎ (053)279623-5, www.top northgroup.com, EZ/DZ Baht 700–1.350 (inkl. Frühstück). Angenehmes Hotel in zentraler, aber ruhiger Lage; geräumige, leider etwas abgewohnte Zimmer mit Ventilator oder Klimaanlage; schöner Pool, zuverlässige Touragentur, Parkmöglichkeit.

Sri Pat Guest House $$ (**3**), 16 Soi 7, Thanon Moon Muang, ☎ (053) 218716-7, www.sri-patguesthouse.com, EZ/DZ Baht 875–975. Gepflegtes Gästehaus für gehobene Ansprüche mit klimatisierten Zimmern und Frühstücksrestaurant.

Riverside House $$ (**15**), 101 Thanon Chiang Mai-Lamphun, ☎ (053)241860, www.river sidehousechiangmai.com, EZ/ DZ Baht 700–1.000 (inkl. Frühstück). Sehr angenehme Frühstückspension am Ping-Fluss mit 15 behaglich möblierten, klimatisierten Zimmern und kleinem Pool; kostenloser Internetzugang, Fahrradverleih und zuverlässige Touragentur; der Besitzer Khun Nui ist hilfsbereit und spricht ausgezeichnet Deutsch.

Awana House $–$$ (**8**), 3 Soi 1, Thanon Ratchadamnoen, ☎ (053)419005, www.awana house.com, EZ/DZ Baht 590–890. Gut geführtes Gästehaus, 18 saubere Zimmer mit Ventilator oder Klimaanlage, Frühstücksrestaurant, kleiner Pool, Tourorganisation.

Top North Guest House $–$$ (**11**), Soi 2, 15 Thanon Moon Muang, ☎ (053)278900, www.topnorthgroup.com, EZ/DZ Baht 450–700. Großes Gästehaus gehobenen Niveaus, 95 Zimmer mit Ventilator oder Klimaanlage, mit Restaurant und kleinem Pool.

Linda Guest House $–$$ (**17**), 454/67 Soi Banditpatana, Thanon Charoen Muang, ☎ (053)246915, www.lindaguesthouse.com, EZ/DZ Baht 400–600. Gut geführtes Gästehaus mit makellosen Zimmern nahe dem Bahnhof, Organisation von Trekkingtouren und Ausflügen, hilfsbereites deutsch-thailändisches Besitzerehepaar.

Sawasdee Chiang Mai House $$$ (**1**), 5 Soi 13, Thanon Phra Pokklao, ☎ (053)418 907, www.chiangmaisawasdee.com, EZ/DZ Baht 1.700–2.000 (inkl. Frühstück). Beliebtes und oft ausgebuchtes Gästehaus, 32 geräumige und komfortabel mit Teakholzmobiliar im Lan-Na-Stil eingerichtete Zimmer, nettes Café, hilfsbereite Besitzer, kostenloses WLAN.

Your House $–$$ (5), 8 Soi 2, Thanon Ratwithi, ☎ (053)217492, www.yourhouseguest house.com, EZ/DZ Baht 250–600. Gästehaus der ersten Stunde mit gemütlichem Restaurant; 6 einfache Zimmer mit Ventilator oder AC und Gemeinschaftsbad in einem alten Teak-Haus sowie 19 Zimmer mit Ventilator und Dusche/WC in einem Steingebäude. Die hilfsbereite Besitzerin Khun Sin organisiert zuverlässig Trekking-Touren.

Eagle House 1 $ (6), Soi 3, 16 Thanon Chang Moi Kao, ☎ (053)874126, www.eagle house.com, EZ/DZ Baht 250–450. Alteingesessenes Gästehaus mit einfachen Zimmern und gemütlichem Gartenrestaurant, zuverlässige Organisation von Trekking-Touren, mit Dependance in der Altstadt **Eagle House 2 (5)**, Soi 2, Thanon Ratwithi, ☎ (053)210620.

🍴 Restaurants

Antique House (20), 71 Thanon Charoen Prathet, ☎ (053)276810, täglich 11–24 Uhr, Gerichte Baht 150–450. Teakholzgebäude aus dem Jahre 1870, hervorragendes nordthailändisches Essen, auch zum Draußensitzen am Ping River, am Abend traditionelle Thai-Musik live.

Anusarn Market (22), Soi Anusarn, Thanon Chang Klang, ☎ (053)818340, täglich 11–24 Uhr, Gerichte Baht 50–150. Abends verwandelt sich die Gasse südöstlich vom Night Bazaar in ein riesiges Open-Air-Schlemmerlokal mit thailändischen, chinesischen und internationalen Gerichten. Hier gibt es flying vegetables – Gemüse, das der Koch aus der Pfanne über einige Meter hinweg dem Kellner treffsicher auf den Teller wirft.

Aroon Rai (12), Thanon Khotchasan/Thanon Tapae, ☎ (053)276947, täglich 11–22 Uhr, Gerichte Baht 60–130. Alteingesessenes Restaurant mit unverfälschten nordthailändischen Gerichten; Tipp: **khanom jin nam ngiao** – dünne Reisnudeln mit scharfer Erdnuss-Sauce.

Banrai Steak House (5), Thanon Wiang Kaeo, ☎ (053)218061, täglich 11–15, 17–23 Uhr, Gerichte Baht 160–380. Steaks at their best in einem urigen, halboffenen Restaurant.

Blue Diamond (6), Soi 7, 35/1 Thanon Moon Muang, ☎ (053)217120, Mo–Sa 7–20.30 Uhr, Gerichte Baht 80–180. Gesunde, rein vegetarische nordthailändische Küche, gutes Frühstück mit Hilltribe-Kaffee und Vollkornbrötchen.

Daret's House (11), Thanon Chaiyaphum, ☎ (053)235440, täglich 7.30–24 Uhr, Gerichte Baht 60–140. In diesem alteingesessenen Open-Air-Restaurant mit bunt gemischter Speisekarte gibt sich die Traveller-Szene ein Stelldichein. Gute Info-Börse!

German Hofbräuhaus (21), 115/1-2 Thanon Loi Khro, ☎ (053)276989, www.ger manhofbrauhauschiangmai.com, täglich 11–24 Uhr, Gerichte Baht 120–480. Der deutsche Beitrag zu Chiang Mais Gastro-Szene.

Heuan Phen (8), 112 Thanon Ratchamankha/Thanon Chaban, ☎ (053)277103, täglich 8–15, 17–22 Uhr, Gerichte Baht 60–180. Gemütliches Restaurant mit unverfälschten nordthailändischen Gerichten; unbedingt probieren: laap khua – Hackfleischsalat im nordthailändischen Stil.

Heuan Soontaree (2), 46/2 Thanon Wang Sing Kham, ☎ (053)252445, täglich 10–23 Uhr, Gerichte Baht 100–250. In dem Restaurant am Ping River werden Spezialitäten aus Nord-, Nordost- und Zentralthailand serviert. An den Wochenenden greift die Besitzerin, die bekannte Sängerin Soontaree Vechanon, persönlich zum Mikrofon. Tipp: **nam tok muu** – ein warmer Salat mit scharf gewürztem Schweinefleisch.

La Fontana (3), 39/7-8 Thanon Ratchamankha, ☎ (053)207091, www.lafontana chiangmai.com, täglich 11.30–22.30 Uhr, Gerichte Baht 200-450. Sympathischer „Italiener" mit leckeren Pasta, Pizzas und Risotto sowie authentisch mediterranen Fisch- und Fleischgerichten, erlesene Weine, aufmerksamer Service, stimmungsvolles Ambiente.

La-Own Restaurant (18), *Thanon Charoen Prathet,* ☏ *(053)275669, täglich 8–22 Uhr, Gerichte Baht 80–120. Hier gibt es nur ein Gericht:* **honey grilled chicken** *– honigglasiertes Hähnchen vom Holzkohlegrill.*

Le Brasserie (13), *37 Thanon Charoen Rat,* ☏ *(053)241665, täglich 17–2 Uhr, Gerichte Baht 150–300. Seit Jahren einer der* **hottest spots** *der Stadt mit Live-Musik; es werden auch gute thailändische Gerichte serviert.*

Palaad Tawanron Restaurant (1), ☏ *(053)216576, www.palaadtawanron.com, täglich 11.30–24 Uhr, Gerichte Baht 100–350. Großes Terrassenrestaurant oberhalb von Chiang Mai, feinste nordthailändische Küche und erlesene Weine, Reservierung empfohlen.*

Pum Pui (10), *Soi 2, 24/1 Thanon Moon Muang,* ☏ *(053)278209, Mo–Sa 12–22.30 Uhr, Gerichte Baht 200–300. Hübsches Lokal in einem alten Teak-Haus, beste Pizzas und Pastas, P. S.: „pum pui" bedeutet „mollig".*

The Gallery (14), *25-29 Thanon Charoen Rat,* ☏ *(053)248601, www.thegallery-restaurant.com, täglich 11–15, 17.30–23 Uhr, Gerichte Baht 100–300. Nordthailändische Küche vom Feinsten; das ehemalige Anwesen eines reichen chinesischen Kaufmanns ist zugleich Gourmet-Tempel und Kunstgalerie.*

The Good View (15), *13 Thanon Charoen Rat,* ☏ *(053)241866, täglich 17–1 Uhr, Gerichte Baht 120–280. Terrassenrestaurant am Ping River mit schönem Blick und Live-Musik. Auf der Speisekarte finden sich thailändische, chinesische, japanische und europäische Gerichte.*

The House (4), *199 Thanon Moon Muang/Thanon Sri Phum,* ☏ *(053)419011, www.thehousethailand.com, täglich 18–22.30 Uhr, Menü Baht 1.200–1.600. Das elegante Restaurant ist bekannt für seine innovative Crossover-Küche, Reservierung zu empfehlen.*

The Riverside Restaurant & Bar (16), *9-11 Thanon Charoen Rat,* ☏ *(053)243239, www.theriversidechiangmai.com, täglich 10–1 Uhr, Gerichte Baht 80–260. Beliebtes Terrassenrestaurant am Ping River mit thailändischen und europäischen Gerichten.*

The Writers Club (7), *141/3 Thanon Ratchadamnoen,* ☏ *(053)814187, So–Fr 12–24, 17.30–23 Uhr, Gerichte Baht 80–240. Thailändische und westliche Gerichte in angenehmem Ambiente; der Besitzer ist ein amerikanischer Reiseautor im Ruhestand.*

 ## Tipp

Khao soi – Chiang Mais „Nationalgericht"

Dieses Nudelgericht ist ein Erbe chinesischer Händler aus Yunnan, die Jin Hoo genannt wurden und zwischen dem 17.–19. Jh. auf dem Weg von China nach Burma mit ihren Lasttierkarawanen durch Chiang Mai zogen. *Khao soi* sind Weizennudeln in einer scharfen Hühnchen-Currysauce mit Kokosmilch, verfeinert mit Schalotten, eingelegtem Kohl und Chilipaste. Gelegentlich wird auch Rind- oder Schweinefleisch verwendet. Das beste *khao soi* bekommt man in den kleinen Nudelküchen in der Soi 1, Thanon Charoen Prathet (17).

Essen mit Unterhaltungsprogramm

Galare Food Center, *Thanon Chang Klang,* ☏ *(053)818044, täglich 11–24 Uhr. Großes Open-Air-Restaurant gegenüber dem Night Bazaar, in dem jeden Abend von 19.30–22.30 Uhr klassisches Tanztheater und folkloristische Tänze von Bergvölkern aufgeführt werden.*

Khum Khantoke, *Chiang Mai Business Park, 139 Moo 4, Nong Pakrung,* ☏ *(053)304121-3, www.khumkhantoke.com, täglich 18.30–21.30 Uhr, Menü Erwachsene Baht 550, Kinder*

Baht 400. Traditionelles nordthailändisches Khantoke-Dinner mit folkloristischem Beiprogramm in Teak-Gebäuden im Lan-Na-Stil; kostenloser Abholservice.
Old Chiang Mai Cultural Centre, 185/3 Thanon Wualai, ☎ (053)202993-5, www.old
chiangmai.com, täglich 19–21.30 Uhr, Eintritt: Erwachsene Baht 520, Kinder Baht 380. Traditionelles Khantoke Dinner, begleitet von Tänzen der Bergvölker im Rahmen einer Hilltribe Show.

Einkaufen

Ban Tapae Arts & Craft Bazaar (6), Thanon Tapae, ☎ (053)274369, täglich 9–
21 Uhr. Querschnitt durch das nordthailändische Kunsthandwerk.
Gecko Books (5), 2 Thanon Chaiyapum, ☎ (053)874066, www.geckobooks.net, täglich 9–
21 Uhr. Der angeblich größte Secondhand-Buchladen in Südostasien, vorwiegend englischsprachige Literatur.
Hilltribe Products Foundation (1), 21/17 Thanon Doi Suthep, ☎ (053)277743, täglich 9–17 Uhr. Unter der Schirmherrschaft des Königs, u. a. kunsthandwerkliche Produkte, Textilien und Schmuck; nahe dem Wat Suan Dok.
Living Space (7), 276-278 Thanon Tapae, ☎ (053)874156, täglich 9–19 Uhr. Wohnraumaccessoires und Dekoartikel in einer Mischung aus Lan-Na-Stil und westlichem Design.
Mengrai Kilns (3), 79/2 Soi 6, Thanon Arak, ☎ (053)272063, täglich 9–19 Uhr. Große Auswahl an Celadon-Keramikwaren.
Night Bazaar (9), Thanon Chang Klang, täglich 16–23 Uhr.
Sop Moei Arts (10), 150/10 Thanon Charoen Rat, ☎ (053)306123, www.sopmoei
arts.com, Mo–Fr 10–18 Uhr, Sa/So 12–16 Uhr. Fair-Trade-Laden für hochwertiges Kunsthandwerk, vor allem Flechtwaren, Textilien und Silberschmuck. Mit dem Erlös werden Schulstipendien für Kinder aus Bergdörfern finanziert.
Praewphun Thaisilk (8), Thanon Tapae, ☎ (053)267169, täglich 8–20 Uhr. Handgewebte Seidenstoffe, elegante Kleidung und Accessoires aus Seide.
Sunday Walking Street (4), Thanon Ratchadamnoen, So 16–22 Uhr.
Thai Tribal Crafts (2), 208 Thanon Bunreuangrit, ☎ (053)241043, www.ttcrafts.co.th,
täglich 9–20 Uhr. Kunsthandwerkliche Produkte von Bergvölkern, vor allem Webwaren und Silberschmuck der Hmong; der Erlös fließt einer gemeinnützigen Organisation zu.
In der Umgebung von Chiang Mai liegen die Dörfer **Ban Tawai**, 18 km südlich, **Bo Sang**,
9 km östlich, und **San Kamphaeng**, 12 km östlich, in denen Sie hervorragendes Kunsthandwerk bekommen.

 Nachtleben

Warm-Up (19), Thanon Ninmanhemin, ☎ (053)400677, www.warmupcafe
1999.com, täglich 19–1.30 Uhr. Mischung aus Bar, Club und Restaurant, sehr beliebt bei Chiang Mais jungen Trendsettern, Soundmix von Thai-Pop, Dance, Hip-Hop und Techno.
Sax Music Pub (9), Thanon Moon Muang, ☎ (069)166807, täglich 17–1 Uhr. Mittwoch-
und samstagabends veranstalten Amateurjazzmusiker Jam Sessions; beliebter Treff von Motorradfahrern.
Discovery Club (23), 12 Thanon Huay Kaeo, ☎ (053)404709, täglich 19–2 Uhr. Bei jungen Thailändern und Touristen beliebter Tanzschuppen mit populärer Thai-Livemusik und DJs.

Aktivitäten

Ausflüge: Reisebüros veranstalten zwei- bis dreistündige Kreuzfahrten auf dem Mae
Nam Ping, z. B. Mae Ping River Cruise, 133 Thanon Charoen Prathet, ☎ (053)274822,
www.maepingrivercruise.com, Ticket: Baht 400.

Kochkurse: *Chiang Mai ist einer der besten Orte in Thailand, um einen Kochkurs zu besuchen. Vor dem Kurs gehen die Teilnehmer mit der Kochlehrerin auf den Markt und kaufen alle Zutaten frisch ein (eintägiger Kurs Baht 1.000–1.500, zweitägiger Kurs Baht 1.800–2.800, dreitägiger Kurs Baht 3.200–4.000). Einen guten Ruf haben:* **Baan Thai Cookery School**, *Soi 5, Thanon Ratchadamnoen,* ☏ *(053)357339, www.cookinthai.com (nahe Wat Sumpao);* **Chiang Mai Thai Cookery School**, *47/2 Thanon Moon Muang,* ☏ *(053) 206388, www.thaicookeryschool.com (gegenüber Tapae Gate);* **The Chilli Club**, *Eagle House 2, Soi 2, Thanon Ratwithi,* ☏ *(053)210620, www.eaglehouse.com.*

Meditation: *Englischsprachige Meditationslehrer geben in folgenden Instituten Einführungskurse in buddhistische Meditationstechniken (Wochenendkurse ab Baht 2.500, mehrtägige Kurse ab Baht 3.500):* **International Buddhism Centre**, *Wat Doi Suthep,* ☏ *(053)295012, www.fivethousandyears.org;* **Northern Insight Meditation Centre**, *Wat Ram Poeng,* ☏ *(053) 278620, www.watrampoeng.net;* **Sri Chinmoy Meditation Centre**, *Wat Umong, Thanon Suthep,* ☏ *(053)277248, www.watumong.org;* **Wat Suan Dok**, *Thanon Suthep,* ☏ *(053)273149, www.monkchat.net.*

Mountain Biking: *Tagestouren im Doi Suthep National Park und im Doi Inthanon National Park (ca. Baht 1.450–2.700) veranstaltet* **Mountain Biking Chiang Mai**, *1 Thanon Samlan,* ☏ *(081)0247046, www.mountainbikingchiangmai.com.*

Thai-Massage-Schulen: *In drei- bis siebentägigen Kursen (Baht 4.000–7.500) werden die Teilnehmer in die traditionellen Techniken der Thai-Massage eingeführt. Einen guten Ruf haben:* **International Training Massage School (ITM)**, *59/9 Soi 4, Thanon Chang Puak,* ☏ *(053)218632, www.itmthaimassage.com;* **Lek Chaiya**, *149/26 Anusarn Market,* ☏ *(087)7279688, www.nervetouch.com. In allen Massageschulen kann man sich auch massieren lassen (ca. Baht 200–250/Stunde).*

Trekking: *Zahlreiche Agenturen bieten mehrtägige Trekking-Touren meist in der Gegend von Mae Sariang, Sop Moei, Mae Hong Son und Pai an (zweitägige Tour Baht 1.600–2.000, dreitägige Tour Baht 2.200–2.800, viertägige Tour Baht 3.000–3.800). In der Regel sind im Preis alle Transporte, Übernachtungen und Eintrittsgebühren für Nationalparks enthalten. Achten Sie darauf, dass die Veranstalter eine TAT-Lizenz haben und nur mit lizenzierten Guides arbeiten! Folgende Veranstalter haben einen guten Ruf:* **Eagle House** *(s. o.);* **East West Siam**, ☏ *(053)281789 (Treks für gehobene Ansprüche mit Übernachtung in der komfortablen Lisu Lodge);* **Panda Tour**, *127/5 Thanon Ratchapakinai,* ☏ *(053)418920, www.pandatourchiangmai.com;* **Pooh Eco-Trekking**, *59 Thanon Ratchaphakhinai,* ☏ *(053)208538, www.pooh-ecotrekking.com;* **Your House** *(s. o.);* **Thailand Treks**, *7/6 Soi 2,* ☏ *(053) 208184, www.thailandtreks.com.*

Wellness: *Heilmassagen, Entspannungs- und Schönheitsprogramme bieten u. a.* **Oasis Spa**, *Thanon Sirimuangkarajan,* ☏ *(053)920111, www.chiangmaioasis.com (mit kostenlosem Abholservice);* **Cheeva Spa**, *4/2 Thanon Hussadhisewee,* ☏ *(053)405129, www.cheevaspa.com, täglich 10-21 Uhr (mit kostenlosem Abholservice). Ein erstklassiges Spa, das auch Außer-Haus-Gästen offen steht, hat das* **Dhara Dhevi**, *Thanon San Kamphaeng,* ☏ *(053) 888888, www.dharadhevi.com.*

Verkehrsverbindungen

Im **Stadtgebiet** *pendeln tagsüber rote Songthaeo (Pickups) und Silor (Minibusse). Wichtig: Bei Fahrten in gecharterten Songthaeo, Tuk-Tuks und Samlor die Preise immer vorher aushandeln und sich nie von den Fahrern zu einer Einkaufstour überreden lassen, denn ihre Provision wird auf den Preis aufgeschlagen.*

Fahrräder *werden in vielen Hotels und Gästehäusern verliehen (Baht 60–80/Tag).*

Busse: *In Chiang Mai gibt es zwei Busbahnhöfe –* **Chiang Mai Arcade Bus Station,** *Superhighway/Thanon Kaeo Nawarat, ca. 3 km östlich der Altstadt,* ☎ *(053)242664. Zwischen Terminal und Altstadt verkehren Taxis (ca. Baht 100–120) und Tuk-Tuks (ca. Baht 40–60). Mehrmals täglich Busse* **nach Süden** *u. a. nach Lampang, Phrae, Sukhothai, Tak, Phitsanulok, Kamphaeng Phet, Mae Sot, Lopburi, Ayutthaya und Bangkok;* **nach Norden** *u. a. nach Chiang Rai, Mae Sai und Chiang Khong;* **nach Osten** *u. a. nach Phayao, Nan, Khon Kaen, Udon Thani, Nakhon Ratchasima und Ubon Ratchathani;* **nach Westen** *u. a. nach Mae Sariang, Mae Hong Son und Pai.*
Chang Puak Bus Station, *Thanon Chotana, 500 m nördlich des Chang Puak Gate,* ☎ *(053) 211586: Mehrmals täglich Busse* **nach Süden** *u. a. nach Lamphun und Chom Thong/Doi Inthanon National Park;* **nach Norden** *u. a. nach Chiang Dao, Fang und Thaton. Einige private Gesellschaften setzen VIP-Busse* **nach Bangkok** *ein; Abfahrt meist vor den Büros der Firmen oder am Anusarn Market, Soi Anusarn, Thanon Chang Klang (nahe dem Night Bazaar).*

Züge: *Die Nordlinie der State Railways of Thailand endet in Chiang Mai. Der Bahnhof liegt ca. 3 km östlich der Altstadt an der Thanon Charoen Muang,* ☎ *(053)242094 und (053)245363-4. Zwischen Bahnhof und Zentrum verkehren Taxis (ca. Baht 100–120) und Tuk-Tuks (ca. Baht 40–60). Sieben- bis zehnmal täglich Züge von/nach Lampang, Phitsanulok, Lopburi, Ayutthaya und Bangkok.*

Flughafen: *Zwischen dem 3 km südwestlich der Altstadt gelegenen Chiang Mai International Airport (*☎ *(053)270222), www.chiangmaiairportonline.com, und dem Zentrum verkehren Taxis (ca. Baht 120–140) und Tuk-Tuks (ca. Baht 60–80).*
Thai Airways, ☎ *(053)920920 und (053)920999;* **Air Asia,** ☎ *(053)922170;* **Bangkok Airways,** ☎ *(053)281519;* **Nok Air,** ☎ *1318;* **Orient Thai Airlines,** ☎ *1126.*
Nationale Verbindungen: *von/nach Bangkok bis zu 30mal täglich (Thai Airways, Air Asia, Bangkok Airways, Nok Air, Orient Thai Airlines), Krabi dreimal wöchentlich (Thai Airways), Mae Hong Son mehrmals täglich (Thai Airways), Pai einmal täglich (Kan Air), Phuket einmal täglich (Thai Airways), Sukhothai mehrmals täglich (Bangkok Airways).*
Internationale Verbindungen: *von/nach Kunming in China zweimal wöchentlich (Thai Airways), Luang Prabang und Vientiane in Laos einmal täglich (Thai Airways, Lao Airlines), Singapur einmal täglich (Silk Air, Tiger Airways), Yangoon und Mandalay in Myanmar mehrmals wöchentlich (Air Mandalay).*

Mietwagen/Motorräder
Avis, ☎ *(053)281033-6, www.avis.com.*
Budget, ☎ *(053)202871-2, www.budget.co.th.*
Mr. Mechanic, *Thanon Moon Muang,* ☎ *(053)214708, www.chiangmai-motorcycle-rental.info (zuverlässiger Motorradverleih).*
North Wheels Rent A Car, *70/4-8 Thanon Chaiyaphum,* ☎ *(053)874478, www.northwheels.com.*

Konsulate
(Geschäftszeiten in der Regel Mo–Fr 8.30–11.30 Uhr)
Deutschland, *199/63 Moo 3, Baan Nai Fun, Thanon Klong Chon Prathan,* ☎ *(053) 838735.*
Schweiz, *Frangipani Serviced Residences, 1111 Soi 13, Thanon Phra Pokklao,* ☎ *(053) 22500, chiangmai@honrep.ch.*

Umgebung von Chiang Mai

Hinweis zur Strecke

Alle in diesem Kapitel beschriebenen Sehenswürdigkeiten können mit öffentlichen Verkehrsmitteln oder mit einem Mietfahrzeug (Auto/Motorrad) als Tagesausflug erreicht werden. In Chiang Mai bieten Agenturen organisierte Ausflüge an, die man in fast jedem Hotel oder Gästehaus buchen kann. Zum **Wat Phra That Doi Suthep** fahren Songthaeo ab Thanon Mani Nopharat (nahe Chang Puak Gate), die man auch entlang der Thanon Huai Kaeo oder am Chiang Mai Zoo stoppen kann. Busse nach Lamphun fahren etwa alle 20 Minuten ab Chang Puak Bus Station. Wer mit dem eigenen Fahrzeug nach Lamphun fährt, kann den alten H 106 nehmen, der von alten Bäumen gesäumt wird (anstelle des vierspurigen Superhighways H 11). Songthaeo nach **Bo Sang** und **San Kamphaeng** an der „Straße der Kunsthandwerker" fahren ab Thanon Charoen Muang ca. 1 km östlich der Nawarat Bridge. Die Attraktionen im Mae Sa Valley erreicht man bequem im Rahmen einer organisierten Tour. Für die gut 100 km lange Fahrt von Chiang Mai durch das Mae Sa Valley nach Samoeng und entlang der südlichen Ausläufer des Doi Suthep-Doi Pui National Parks zurück nach Chiang Mai benötigt man ein eigenes Fahrzeug, da Songthaeo nur auf Teilabschnitten verkehren.

Westlich von Chiang Mai

Der Ausflug beginnt am westlichen Stadttor, dem Suan Dok Gate. Von dort führt die Thanon Suthep zu den Ausläufern des Doi Suthep, Chiang Mais 1.685 m hohem „Hausberg". Knapp 2 km westlich vom Wat Suan Dok zweigt eine gut 1 km lange Stichstraße zum **Wat Umong** ab. Der Waldtempel, eines der ältesten Klöster von Chiang Mai, wurde Ende des 13. Jh. auf Weisung König Mengrais für vier bedeutende singhalesische Mönche errichtet. Damit sich diese ungestört der Meditation widmen konnten, ließ der Herrscher unterirdische Gewölbe anlegen, an deren Wänden noch Spuren von Fresken auszumachen sind. Der ursprüngliche Chedi und andere Bauwerke aus der Gründerzeit sind weitgehend verfallen. In den erst in den letzten Jahrzehnten entstandenen neuen Klostergebäuden leben Mönche, welche die strenge ceylonesische Richtung des Hinayana-Buddhismus praktizieren. Man erkennt sie an ihren – im Vergleich zu den anderen Mönchen – dunkleren Roben. An vielen Bäumen auf dem bewaldeten Tempelareal zeugen Tafeln mit erbaulichen Sinnsprüchen, die meisten davon auch auf Englisch, vom intensiven religiösen Leben, das in das lange verwaiste Kloster eingezogen ist. Die Meditationsschule des Tempels bietet Kurse für Besucher an (s. S. 275).

Meditationsgewölbe

Zwischen der Thanon Suthep und der Thanon Huay Kaeo erstreckt sich der weitläufige Campus der **Chiang Mai University**. An der 1964 als erste thailändische Universität außerhalb von Bangkok gegründeten Hochschule sind mehr als 10.000 Studenten immatrikuliert. In dem westlich angrenzenden **Botanischen Garten** um das Arng Kaeo Reservoir kann man im Schatten alter Bäume kleine Spaziergänge unternehmen.

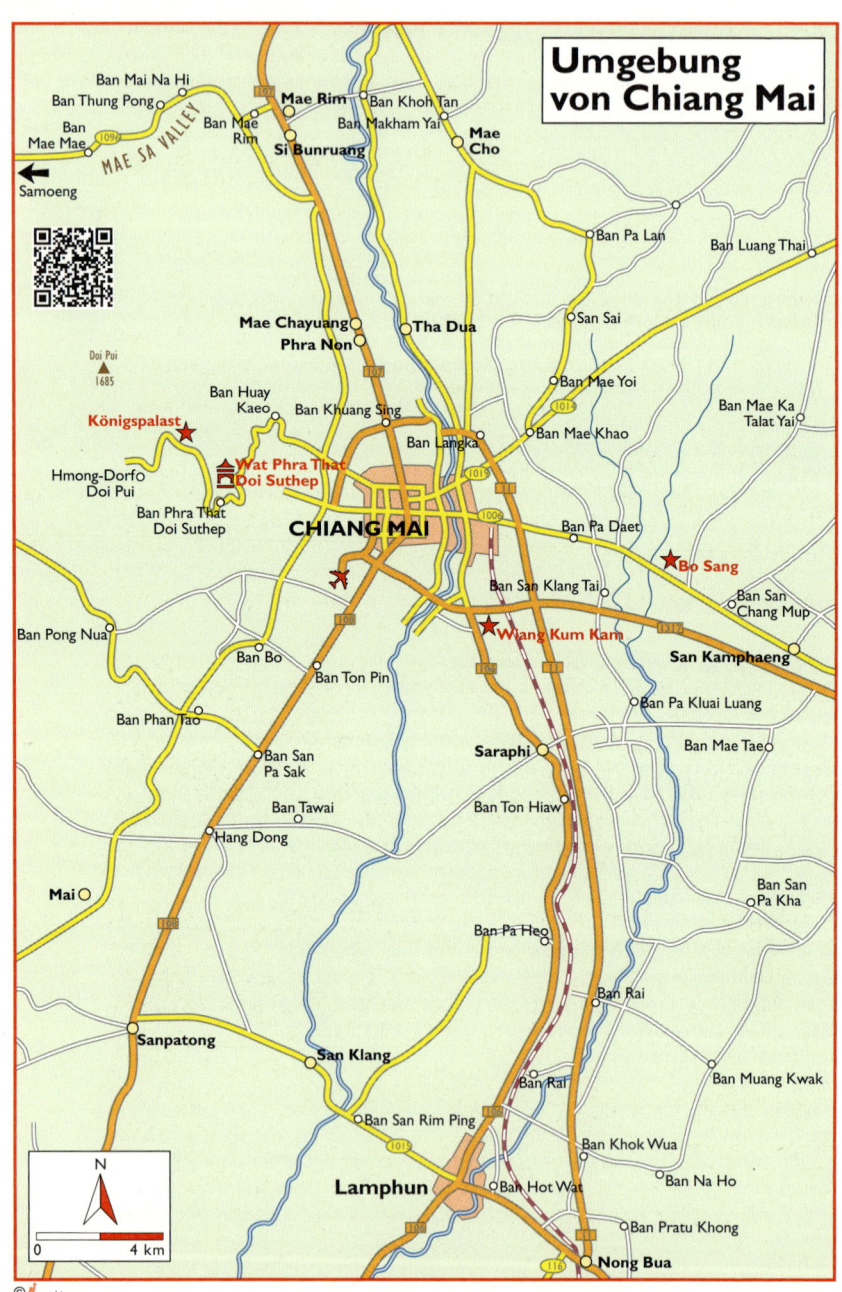

Umgebung von Chiang Mai

Ban Mai Na Hi
Ban Thung Pong
Ban Mae Mae
Mae Rim
Ban Khoh Tan
Ban Mae Rim
Ban Makham Yai
Mae Cho
Si Bunruang
Samoeng
MAE SA VALLEY

Ban Pa Lan
Ban Luang Thai
San Sai

Mae Chayuang
Phra Non
Tha Dua
Ban Mae Yoi

Doi Pui
1685

Ban Huay Kaeo
Ban Khuang Sing
Ban Mae Ka Talat Yai

Königspalast
Ban Mae Khao

Wat Phra That Doi Suthep
Ban Langka

Hmong-Dorf Doi Pui
Ban Phra That Doi Suthep

CHIANG MAI
Ban Pa Daet
Bo Sang

Ban San Klang Tai
Ban San Chang Mup

Ban Pong Nua
Wiang Kum Kam
San Kamphaeng

Ban Bo
Ban Ton Pin
Ban Pa Kluai Luang

Ban Phan Tao
Ban Mae Tae

Ban San Pa Sak
Saraphi

Ban Tawai
Ban Ton Hiaw

Hang Dong
Ban San Pa Kha

Mai

Ban Pa Heo

Ban Rai

Sanpatong
San Klang
Ban Rai
Ban Muang Kwak

Ban San Rim Ping

Ban Khok Wua
Ban Na Ho

Lamphun
Ban Hot Wat
Ban Pratu Khong

0   4 km

Nong Bua

©igraphic

Noch ein Stückchen weiter westlich liegt an den Ausläufern des Doi Suthep in schöner Umgebung der **Chiang Mai Zoo**, in dem viele einheimische Tiere zu sehen sind, *Spektrum* darunter asiatische Elefanten, Sambar-Hirsche, indochinesische Tiger und Gaur-Wild- *der thailän-* rinder. Ein Besuchermagnet ist die große Voliere, in der man Vögel aus aller Welt be- *dischen* trachten kann. Die „Stars" des Zoos sind zwei Panda-Bären, eine Leihgabe aus China. *Fauna* **Chiang Mai Zoo**, *www.chiangmaizoo.com täglich 8–17 Uhr, Eintritt: Erwachsene Baht 150, Kinder Baht 70, Panda Show zusätzlich Baht 100/50.*

Wat Phra That Doi Suthep

Hinweis zur Strecke

Songthaeo zum **Wat Phra That Doi Suthep** fahren ab Thanon Mani Nopharat (nahe Chang Puak Gate) in Chiang Mai.

Vom Zoo führt eine kurvenreiche Bergstraße zum 1.080 m über dem Meeresspiegel gelegenen **Wat Phra That Doi Suthep**, einer der bedeutendsten und schönsten Tempel Nordthailands. Einst war dieser Ausflug (15 km vom Stadtzentrum) mit er- heblichen Strapazen verbunden, denn bis zur Fertigstellung der Bergstraße 1934 führte *Buddhisti-* nur ein steiler Fußpfad hinauf. Heute muss man nicht einmal mehr die 306 Stufen einer *sche Wall-* monumentalen Treppe zu Fuß bewältigen, die vom Parkplatz unterhalb des Wat zum *fahrtsstätte*

Der Wat Doi Suthep ist ein bedeutendes Pilgerziel

Heiligtum hinaufführt, denn eine kleine Zahnradbahn fährt hinauf (*Ticket: Baht 40*). Die gewundenen Körper von zwei sich geisterabwehrend aufrichtenden siebenköpfigen Nagas bilden die Brüstungen neben den Stufen.

Nachdem man am Ende der Treppe zwei Dämonenwächter passiert hat, betritt man den äußeren Bereich der Sakralanlage. Den Zentralkomplex des Heiligtums umschließt ein rechteckiger, nach innen offener Wandelgang mit zahlreichen Buddha-Statuen im Lan-Na- und Sukhothai-Stil. Die mit zeitgenössischen Wandgemälden, die Szenen aus dem Leben des Buddha darstellen, geschmückte Galerie wird an jeder Seite von einer Vihara mit weiteren Bildnissen des Erleuchteten unterbrochen. Links und rechts der westlichen Vihara, in der die Andachten abgehalten werden, befinden sich die Eingänge zum inneren Bereich, der nur ohne Schuhe betreten werden darf. Vor der West-Vihara, einem der Hauptheiligtümer des Tempels, stehen die Statuen des legendären buddhistischen Eremiten Sutepa, der einst in der Bergwildnis gelebt haben soll und nach dem der Doi Suthep benannt ist, und diejenige des berühmten Weißen Elefanten (siehe Infokasten S. 281).

Als Mittelpunkt des Tempelklosters, das überwiegend aus dem 16. Jh. stammt, erhebt sich im Sanktuarium auf einem quadratischen Sockel von 12 m Breite ein 32 m hoher, mit ornamentierten, vergoldeten Kupferplatten verkleideter Chedi im burmesischen Stil. Aus vergoldetem Kupfer bestehen auch die Zeremonialschirme, die an jeder Ecke des Unterbaus aufragen. Ein ebenfalls vergoldeter Metallzaun grenzt den heiligsten Bezirk ab, den nur Mönche betreten dürfen.

Der Wat Phra That Doi Suthep ist heute noch ein **bedeutendes Pilgerziel**. Die Gläubigen umschreiten den Chedi und legen an den kleinen Altären an allen Seiten des Zauns Lotosblüten nieder, entzünden Kerzen und Räucherstäbchen. Die Weihrauchstäbchen – gewöhnlich sind es drei – werden Buddha, seiner Lehre und dem Mönchsorden gewidmet. Von Zeit zu Zeit unterbricht ein dumpfer Ton die Stille – wer die Gebetsglocke anschlägt, soll das Glück auf seiner Seite haben, denn ihr Klang trägt die Gebete zum Himmel. Beste Zeit für einen Besuch des Wat Phra That Doi Suthep ist kurz vor Sonnenuntergang, wenn die meisten Tourbusse bereits abgefahren sind und die Mönche mit ihren monotonen Versgesängen begonnen haben – die perfekte Hintergrund-„Musik" für den Sonnenuntergang. Das **International Buddhism Centre** auf dem Tempelgelände bietet Meditationskurse auch für Ausländer an (*täglich 8–18 Uhr, Eintritt: Baht 50*).

Königspalast

Vom Parkplatz am Fuße der Treppe zum Wat Phra That Doi Suthep windet sich die Straße 5 km weiter den Berg hinauf zu dem in etwa 1.300 m Höhe gelegenen **Königlichen Palast Bhubing**. Errichtet wurde die Sommerresidenz, in der sich östliche und westliche Architekturstile mischen, Anfang der 1960er-Jahre. Wenn kein Mitglied der Königsfamilie anwesend ist, dürfen Besucher den gepflegten Landschaftsgarten mit vielen Blumenbeeten besichtigen.
Königlicher Palast Bhubing, *www.bhubingpalace.org, täglich 8.30–11.30 Uhr und 13–15.30 h, Eintritt: Baht 50. Zutritt nur in dezenter Kleidung.*

Das am Rande des Doi Suthep-Doi Pui National Park gelegene **Hmong-Dorf Doi Pui** weitere 3 km westlich zählt zu den Lieblingszielen der Reiseveranstalter in Chiang

Mai. Davon zeugen ein großer Parkplatz ebenso wie ein riesiger Souvenirmarkt, auf dem Textilien, Holzschnitzereien, Silberschmuck und andere Mitbringsel angeboten werden. Die farbenfrohen Trachten der Hmong-Frauen und -Mädchen, die gegen Bezahlung für Fotos posieren, gehören längst zum Vorzeigeprogramm für die Besucher. Die Ausstellung in einem kleinen Hilltribe Museum vermittelt einen Eindruck vom Leben in dem Dorf vor dem „touristischen Zeitalter".

Folkloristisches Spektakel

Die Legende vom Weißen Elefanten

info

Mit der Gründung des Wat Phra That Doi Suthep verbindet sich die Geschichte um einen weißen Elefanten. Der Lan-Na-König Kuena (1355–1385) hatte den ceylonesischen Mönch Sumana gebeten, in seinem Reich die reine, von animistischen Vorstellungen freie Lehre des Theravada-Buddhismus zu verbreiten. Als Geschenk brachte der ceylonesische Mönch eine **Reliquie des Buddha** von unschätzbarem Wert mit. Einen Teil davon erhielt der Wat Phra That Haripunchai in Lamphun (s. S. 283). Auf wundersame Weise teilte sich der Rest der Reliquie in zwei Hälften, die wieder zur Größe des Originals anwuchsen.

Für die eine Hälfte errichtete man im Blumengarten des Königs den Chedi des **Wat Suan Dok** (s. S. 267). Auf der Suche nach einer geeigneten Stelle für einen Tempel, in dem die andere Hälfte aufbewahrt werden konnte, ließ der König die Reliquie auf den Rücken eines weißen Elefanten setzen, den man dann frei laufen ließ. Von König und Mönchen respektvoll gefolgt, lief das heilige Tier zielstrebig in den Bergdschungel nordwestlich von Chiang Mai. Nahe dem Gipfel des Doi Suthep gab der Elefant drei Trompetenstöße von sich, drehte sich dreimal im Kreis und kniete nieder. Als man die Reliquie von seinem Rücken nahm, starb der Elefant.

An der Stelle, an der das heilige Tier verendete, errichtete man den Chedi des Wat Phra That Doi Suthep, um die Buddha-Reliquie angemessen zu beherbergen.

Südlich von Chiang Mai

5 km südlich des Chiang Mai Gate liegt nahe dem H 106 die archäologische Ausgrabungsstätte **Wiang Kum Kam**. Die Ruinenstadt soll in der zweiten Hälfte des 13. Jh. von König Mengrai als Vorgängerin von Chiang Mai gegründet worden sein, bevor sie kurz danach bei einer Naturkatastrophe unter einer meterhohen Schlammschicht begraben wurde. Zu sehen sind heute nur noch Fundamente und Reste von Ziegelstein-Chedis. Bedeutende Fundstücke wie beschriftete Steintafeln sind im Chiang Mai National Museum ausgestellt.
Wiang Kum Kum, *täglich 8.30–17 Uhr, Eintritt: Baht 50.*

Vorläufer von Chiang Mai

Im nahegelegenen **Wat Chedi Si Liam** steht ein imposanter, im Haripunchai-Stil errichteter Chedi. Das Heiligtum besteht aus fünf sich nach oben verjüngenden Stockwerken, die auf allen Seiten mit je drei Nischen für Buddha-Statuen versehen sind.

Nahe dem Marktflecken Hang Dong am KM 15 des H 108, der von Chiang Mai in südwestliche Richtung führt, zweigt links eine Straße ab, auf der nach 3 km **Ban Tawai** erreicht ist. In dem „Dorf" dominiert die Schnitzkunst. Über mehrere Kilometer ziehen sich Galerien und Studios, Ateliers und Manufakturen rechts und links der Straße hin. Früher wurde hier nur im Auftrag von Tempelklöstern und Herrscherhäusern gearbeitet, heute entstehen dekorative Produkte für den Touristenmarkt. Bataillone von Holzschnitzern werkeln wie am Fließband und zaubern aus groben Teakholzklötzen erhabene Buddhas und edle Helden, aber auch Fabelwesen aus der buddhistisch-hinduistischen Mythologie und heilige Elefanten in allen Größen sowie schweres Teakmobiliar.

Ort der Holzschnitzer

Lamphun

Knapp 30 km südlich von Chiang Mai liegt am Mae Nam Kuang die rund 15.000 Einwohner zählende **Provinzstadt Lamphun**, die jahrhundertelang ein wichtiges politisches und kulturelles Zentrum war. Mon aus dem Königreich Dvaravati von Lopburi (s. S. 214) zogen Mitte des 7. Jh. nach Norden, wo sie das Königreich Haripunchai mit der Hauptstadt Lamphun gründeten. Der Überlieferung zufolge wurden sie von der Königstochter Chama Thevi angeführt, der einzigen Frau in der thailändischen Geschichte, der die Gründung eines bedeutenden Königreiches zugeschrieben wird. Als einziger der Mon-Staaten auf dem Gebiet des heutigen Thailand konnte sich Haripunchai dem Zugriff der Khmer entziehen, die seit dem 10./11. Jh. die Mon aus den fruchtbaren Flussebenen Zentralthailands verdrängten. Die Verbindung zu den Mon-Reichen Burmas beeinflusste die Kunst, und es entstand ein eigenständiger Stil, der sich deutlich vom Sukhothai-Stil abhebt. Zu einer Zeit, da der Mon-Stil in seinem ursprünglichen Kerngebiet um Lopburi, Nakhon Pathom und U Thong in Zentralthailand bereits vom Khmer-Stil abgelöst worden war, lebte er in Nordthailand im Königreich Haripunchai noch fort. Bis zur Eroberung durch den Tai-König Mengrai 1281 war Lamphun der **kulturelle**, **künstlerische** und **religiöse Mittelpunkt Nordthailands**. Mit der Eingliederung in das siegreiche Lan-Na-Reich wurde auch die Haripunchai-Kunst durch den von Tai-Merkmalen geprägten Lan-Na-Stil abgelöst. Lamphun verlor seine kulturelle Vormachtstellung an Chiang Mai. Doch bis heute gelten die Einwohner Lamphuns als Bewahrer des nordthailändischen Dialekts, der sich, mit Elementen der Mon-Sprache vermischt, deutlich vom Hoch-Thailändischen unterscheidet.

Einstige Kapitale des Haripunchai-Reiches

Der Chedi im Wat Phra That Haripunchai

Der Besuch des kleinen, aber gut bestückten **Haripunchai National Museum** ist eine gute Einstimmung auf den Stadtrundgang. Beispiele der frühen Haripunchai-Kunst sind etliche schöne Buddha-Statuen und -Köpfe, die deutlich die Charakteristika des Mon-Stils tragen.

Haripunchai National Museum, *Mi–So 9–16 Uhr außer feiertags, Eintritt: Baht 100.*

Die Gründung des gegenüber liegenden **Wat Phra That Haripunchai** wird dem legendären König Atityarai zugeschrieben, der Ende des 9. Jh. über einer Buddha-Reliquie einen Chedi errichten ließ. Am Haupteingang auf der Flussseite werden die Besucher von riesigen burmesischen Wächterlöwen begrüßt. Die reich mit Holzschnitzereien und Wandmalereien versehene Vihara, welche die 15 m lange Figur eines liegenden Buddha enthält, stammt wie alle Tempelgebäude mit Ausnahme des großen zentralen Chedi und zweier kleinerer Neben-Chedis aus dem 20. Jh., denn das nach der Eroberung Lamphuns durch die Tai lange verwaiste Tempelkloster belebte sich erst zu Beginn des vergangenen Jahrhunderts wieder. Alle Merkmale des klassischen Lan-Na-Stils sind in dem graziösen Bibliothekspavillon verkörpert, ein wohlproportionierter Holzbau mit gestaffeltem Dach, der auf einem hohen Ziegelsteinunterbau ruht. Aus älteren Zeiten stammt der zweistöckige Glockenturm, in dem der mit 2 m Durchmesser angeblich größte Bronzegong von Thailand hängt. Alle Gebäude gruppieren sich um einen 46 m hohen, vergoldeten Chedi, der bereits Ende des 9. Jh. erbaut wurde, seinen heutigen Glanz aber bei Vergrößerungen und Restaurierungen Mitte des 15. Jh. erhielt. Charakteristisch für den Lan-Na-Stil sind die Zeremonialschirme, die an jeder Ecke des Unterbaus aufragen, sowie der neunstufige Schirm, der die Spitze krönt. Flankiert wird das Bauwerk von acht überlebensgroßen Buddha-Statuen aus Bronze.

Lan-Na-Architektur in klassischer Vollendung

Wat Phra That Haripunchai, *täglich 9–16 Uhr, Eintritt: Baht 40.*

2 km westlich des Stadtzentrums liegt **Wat Kukut**, einer der ältesten Tempel Nordthailands, dessen Ursprünge in das frühe 12. Jh. reichen. In dem nach der ersten Königin von Haripunchai auch Wat Chama Thevi genannten Heiligtum befinden sich zwei der wenigen erhaltenen Architekturmonumente des Mon-Stils. Neben der Vihara erhebt sich auf einem quadratischen Unterbau ein fünfstöckiger, pyramidenförmiger Chedi, den der Sohn von Chama Thevi, König Mahandayok, zu Beginn des 8. Jh. als Grabmal für seine Mutter errichten ließ. An jeder Seite der sich nach oben verjüngenden Etagen befinden sich jeweils drei Nischen, in denen insgesamt 60 Buddha-Statuen aus Terrakotta im Gestus der Vergebung stehen. Nach dem gleichen Muster wurde der benachbarte kleinere Chedi mit oktogonalem Grundriss errichtet.

Östlich von Chiang Mai

Schon lange bevor die Touristen kamen, war Chiang Mai ein bedeutendes Kunsthandwerkszentrum, wo Töpferwaren, Webarbeiten, Silberschmuck und Holzschnitzereien gefertigt wurden. In kleinen Dörfern haben sich viele der alten Traditionen erhalten. Die Lackwarenfabriken, Möbelschnitzereien, Silberschmieden, Bronzegießereien, Töpfereien, Schirmmanufakturen und Seidenwebereien verkaufen nicht nur ab Fabrik, sondern gewähren zum Teil auch Einblick in die Produktion.

Dorf der Silberschmiede

Einige bekannte Kunsthandwerker- und Künstlerdörfer liegen am H 1006, der als Verlängerung der Thanon Charoen Muang von Chiang Mai in östliche Richtung führt. Das lang gezogene Straßendorf **Ban Pa Daet** nach der Kreuzung des H 1006 mit dem Superhighway (H 11) hat sich als Zentrum der nordthailändischen **Silberschmiedekunst** einen Namen gemacht. An fast jedem Haus weist ein Schild auf eine der vielen Verkaufsausstellungen hin. In traditioneller Technik stellt man Filigranarbeiten her, vor allem Schmuck, aber auch Schalen und andere Utensilien für religiöse Zwecke. Zwischen den Silberfabriken haben sich Manufakturen angesiedelt, in denen in einem aufwendigen Verfahren Lackarbeiten produziert werden. Zum Sortiment eines jeden Souvenirgeschäfts gehören Tabletts, Teller, Schalen, Vasen, Aschenbecher und Schmuckkästchen, die mit hauchdünnen Lackschichten überzogen sind. Auf der obersten Schicht sind Verzierungen aus Perlmutt, Gold- oder Silberplättchen eingearbeitet. Als Qualitätsmerkmal gilt die Zahl der aufgetragenen Lackschichten: Je mehr Schichten, desto wertvoller der Gegenstand. Als Minimum gelten zehn Schichten. Etwas weiter glühen Tag und Nacht die Brennöfen der Keramiker. Hergestellt werden sowohl unglasierte Töpferwaren für den Alltagsgebrauch als auch dekorative Keramiken. Typisch

Kunstvolle Lackarbeiten und Keramiken

sind die milchig-grünen Celadon-Keramiken mit Rissglasuren oder zartem Reliefdekor aus Blütenzweigen und eingeschnittenen Motiven wie Pfauen und Tigern, Kriegern und Elefanten. Die Kunst der Herstellung von Celadon-Keramiken ist ein Erbe von Töpfern aus Si Satchanalai, die sich nach dem Niedergang Sukhothais hier niederließen.

Ein weiteres Zentrum traditionellen Kunsthandwerks ist **Bo Sang**, das Dorf der Schirmmacher, das sich rund 9 km östlich von Chiang Mai beiderseits des H 1006 erstreckt (*www.handmade-umbrella.com*).

Weberdorf

In **San Kamphaeng**, dem letzten der Volkskunstdörfer an der „Straße der Kunsthandwerker", sorgen Stapel von Baumwoll- und vor allem von Seidenstoffen für ein buntes Bild. Die „Königin der Stoffe" gibt es in vielen Farben und Stärken. Feinere Textilien, deren Muster durch Einfärben mit Naturfarben in der traditionellen Abbindetechnik mudmee (s. S. 363) entstanden, werden zu teuren Kleidungsstücken verarbeitet, stärkere eignen sich für Dekorationen.

Hinweis zur Strecke

Songthaeo nach **Bo Sang** und **San Kamphaeng** fahren ab **Thanon Charoen Muang** ca. 1 km östlich der Nawarat Bridge in Chiang Mai.

info

Kunst am Stiel

Nur wenige Schritte von der staubigen Hauptstraße entfernt leuchten zwischen den Häusern Hunderte, Tausende grellbunte, kreisrunde Farbkleckse, die sich aus der Nähe als perfekte Symbiose von Kunst und Zweckmäßigkeit entpuppen. Es sind **Schirme**, die das Dorf Bo Sang zu einer besonderen Attraktion für Touristen aus aller Welt gemacht haben. Frisch grundiert, die Farbe noch feucht, trocknen sie ordentlich aufgereiht in den Innenhöfen, fantasievoll bemalt blitzen sie an Hausfassaden in der gleißenden Tropensonne um die Wette. Jeder Schirm ist ein kleines Kunstwerk, individuell von Hand gefertigt.

In Bo Sang werden aus Gebrauchsgegenständen kleine Kunstwerke

In den offenen Werkstätten kann man die vier Arbeitsschritte zur Herstellung der Schirme und von Fächern beobachten: von der Papieraufbereitung und Fertigung der Gestelle und der Schirmmechanik über das Aufziehen der Papierbespannung bis zur kunstvollen Bemalung und Lackierung. Das Spannpapier wird, ebenso wie alle anderen Bestandteile des Schirms, in Bo Sang selbst hergestellt. Zunächst wird die **Rinde des Maulbeerbaums** (*Broussonetia papyrifera*), der gleich hinter den Häusern der Schirmmacher wächst, einen Tag lang in reinem Wasser eingeweicht und dann drei bis vier Stunden lang ausgekocht. Die Fibermasse wird abgeschöpft und mit Schlegeln weich geklopft. Anschließend kommt sie erneut in ein Wasserbad, wo man sie so lange umrührt, bis sie sich aufgelöst hat. Danach wird das Konzentrat auf einen Stoffrahmen geschöpft und gleichmäßig verteilt. Beim Trocknen an der Sonne entsteht das grobe, aber reißfeste Sa-Papier.

Auch die **Schirmgestelle** fertigen die Handwerker aus heimischen Materialien. Jedes einzelne Teil der Mechanik wird aus *tong*, einem sehr elastischen, zu Streifen geschnittenen Bambusholz hergestellt und zu einem Aufspannschirm zusammengesetzt. Die Speichen und Streben des Gestells werden schließlich mit dreieckigen Stücken des durchscheinenden Baumrindenpapiers doppelschichtig bespannt. Hierzu verwendet man den sogenannten **nam tako**, einen Leim, der aus tropischen Früchten gewonnen wird und sowohl für die nötige Spannung als auch für Wasserdichte sorgt. Abschließend werden die Rohschirme bemalt. Einfache Schirme für den Alltagsgebrauch erhalten nur eine farbige Grundierung. Die Spezialität von Bo Sang sind jedoch kunstvoll bemalte Schirme mit fantasievollen Mustern und Figuren: Blumen und Tiere, tropische Landschaften und Motive aus der thailändischen Mythologie.

Wie schon vor Jahrhunderten legen die Schirmmacher von Bo Sang auch heute noch großen Wert auf Handarbeit. Während die Schirme früher an buddhistische Klöster für religiöse Zeremonien geliefert wurden, begegnet man heute überall in Thailand, meistens als Sonnenschutz. Auch der Export in westliche Länder floriert, wo die Schirme als Dekorationsstücke genutzt werden.

Im Januar feiert das Dorf der Schirmmacher das **Bo Sang Umbrella Festival** mit einer farbenfrohen Schirmprozession und einem nächtlichen Laternenumzug.

Mae Sa Valley

Das Mae Sa Valley nördlich von Chiang Mai, das ein wenig an die Schweiz erinnert, gehört zum Pflichtprogramm vieler Touristen. Auf dem Weg gibt es meist einen Stopp beim **Hilltribe Research Institute Museum**, etwa 3 km nördlich der Altstadt beim King Rama IX Lanna Garden an der Thanon Chotana gelegen. Das ethnologische Museum zur Geschichte und Kultur der Bergvölker zeigt sorgsam arrangierte Exponate wie Haushalts- und Gebrauchsgegenstände, Kleidung, Schmuck und Waffen. Die Schautafeln und kurzen Videofilme sind mehrsprachig und geben einen Einblick über die religiösen Vorstellungen und die vielfältigen Sitten und Gebräuche der ethnischen Gruppen des Nordens.

Geschichte und Kultur der Bergvölker

Hilltribe Research Institute Museum, ☎ *(053)210872, www.chiangmai-chiang rai.com/hilltribe_research_institute_museum.html, Mo–Fr 9–16 Uhr, jeden ersten Sa 9–18 Uhr, außer feiertags, Eintritt frei.*

Im Marktflecken **Mae Rim** zweigt vom vierspurigen H 107 der H 1096 in das Mae Sa Valley ab. Nach 1,5 km weist ein Schild den Weg zur an der Old Road gelegenen **Sainamphung Orchid Farm**. In der großen Zuchtanlage können Besucher zahllose Orchideenarten bewundern, ein wahres Feuerwerk der Farben (*täglich 8–17 Uhr, Eintritt: Erwachsene Baht 100, Kinder Baht 60,* ☎ *(053)298771).*

Künstliche und natürliche Attraktionen

Beim KM 3 des H 1096 versuchen reißerische Hinweistafeln, Besucher in die **Mae Sa Snake Farm** zu locken, wo sie sich bei Snake Shows von Königskobras und anderen Giftschlangen Schauer über den Rücken jagen lassen können (*Snake Show täglich 11.30, 14.15, 15.30 Uhr,* ☎ *(053)860719, Eintritt: Baht 200, Kinder Baht 100).*

Vorwiegend thailändische Touristen und Besucher aus asiatischen Nachbarländern zieht es zum nur wenige Hundert Meter entfernten **Monkey Centre** mit einem etwas absonderlich anmutenden „Affentheater" (*Monkey Show täglich 11, 12.15, 13.15, 14.15, 15.15, 16.15 Uhr, Eintritt: Baht 200, Kinder Baht 100).* Gleich nebenan suchen Wagemutige beim **Bungee Jumping** den ultimativen Kick (*täglich 8.30–18 Uhr, Baht 2.000).* Orchideen und Schmetterlinge präsentiert kurz vor dem KM 6 die etwas vernachlässigt wirkende **Mae Rim Orchid & Butterfly Farm** (*täglich 7.30–16.30 Uhr, Eintritt: Baht 60).*

Ein kleines Stückchen weiter liegt der über mehrere Felsstufen tosende **Mae Sa Waterfall**, der vor allem an Wochenenden ein beliebtes Ziel von einheimischen Ausflüglern ist, die dort unter hohen Bäumen Picknicks veranstalten. Auf Wanderwegen unterschiedlicher Länge kann man bequem den Monsunwald erkunden. Da der Wasserfall im Doi Suthep-Doi Pui National Park liegt, werden *farangs* leider kräftig zur Kasse gebeten. Der **Tad Mok Waterfall** liegt einige Kilometer nördlich des H 1096. **Mae Sa Waterfall**, *täglich 9–18 Uhr, Eintritt: Erwachsene Baht 100, Kinder Baht 50.*

Ein Besuchermagnet ist das **Maesa Elephant Camp** beim KM 10. Einst zogen die grauen Riesen als Arbeitstiere wuchtige Baumstämme aus schwer zugänglichen Teakholzwäldern, heute zeigen sie zum Vergnügen der Touristen ihre einst nützlichen Künste. Außerdem erfreuen sie das Publikum mit antrainierten Fertigkeiten wie Fußballspielen oder dem Malen abstrakter Bilder. Wer schon etwas vor Showbeginn

Das Maesa Elephant Camp ist Ausgangspunkt für Elefantensafaris

kommt, kann die Tiere beim Baden im Fluss beobachten. Nach der Show bietet sich die Möglichkeit, auf dem Rücken der Elefanten die Umgebung zu erkunden.
Maesa Elephant Camp, ☎ *(053)206247, www.maesaelephantcamp.com, täglich 7.30–14.30 Uhr, Elephant Show täglich 8.15, 10, 13.45 Uhr, Eintritt: Baht 200, Kinder Baht 120, 30-minütige Ritte Erwachsene Baht 800, Kinder Baht 600.*

Orchideen und Elefanten

Wer gut zu Fuß ist, kann etwa 2 km weiter im **Queen Sirikit Botanical Garden** auf einem ausgedehnten Wegenetz Tausende verschiedene Pflanzenarten aus aller Welt entdecken. Zu den Attraktionen des Botanischen Gartens gehören ein Orchideenhaus, eine Sammlung von Wildblumen und eine Abteilung mit einheimischen Heilpflanzen.
Queen Sirikit Botanical Garden, *www.qsbg.org, täglich 8.30–17 Uhr, Eintritt: Baht 100, Kinder Baht 50, zuzüglich Baht 100 für Auto.*

Auf einer nahe dem KM 18 abzweigenden Straße erreicht man das **Pong Yang Elephant Centre**, von dem Ausritte auf Elefanten durch den Bergdschungel zu Dörfern von Hmong und anderen Bergstämmen starten. Beliebt sind auch die täglichen Vorführungen.
Pong Yang Elephant Centre, *Elephant Show,* ☎ *(053)215943, täglich 9.15 Uhr, 10.15 Uhr, Eintritt: Baht 150, Kinder Baht 100, 60-minütige Ritte Erwachsene Baht 1.200, Kinder Baht 800.*

Der H 1096, der sich weiter nach Samoeng windet, führt nun durch eine weitgehend kahl geschlagene Bergkette sowie teils wieder aufgeforstete Hügel. **Samoeng**, ein weitläufiger, nicht sonderlich attraktiver Ort, der 520 m über dem Meeresspiegel in einem ausgedehnten, von Bergen umrahmten Hochtal liegt, kann nicht zu einem längeren Aufenthalt verlocken. Die Piste, die von hier aus in nordwestliche Richtung nach Pai führt, ist in schlechtem Zustand, hier sollten sich nur Geländewagen- oder Enduro-Fahrer mit viel Erfahrung wagen. Gut ausgebaut ist dagegen die Bergstraße, die von Samoeng durch den südlichen Teil des Doi Suthep-Doi Pui National Park Richtung Hang Dong am H 108 mäandert. Südlich der Parkgrenze wird die Straße beiderseits von Ferienresorts gesäumt, in denen wohlhabende Thailänder ihren Urlaub verbringen.

Reisepraktische Informationen Mae Sa Valley

Unterkunft
Mae Sa Valley Valley Garden Resort & Craft Village $$$–$$$$, *86 Moo 2, Pong Yang, KM 13 Thanon Mae Rim-Samoeng,* ☎ *(053)290051-2,* 🖨 *(053)290017, www.maesavalleyresort.com, EZ/ DZ Baht 1.450–2.650. 48 klimatisierte Stein- und Holzbungalows in einem weitläufigen Park; im Restaurant gibt es Di, Do und Sa ab 19.30 Uhr traditionelle Khantoke-Dinner; Pool, Wellness-Center und breites Angebot an Aktivitäten.*

Tour zum Doi Inthanon

👉 Hinweis

Wer von Chiang Mai aus den rund 150 km langen Ausflug zum höchsten Berg Thailands an einem Tag schaffen will, sollte über ein eigenes Fahrzeug verfügen und früh starten (hin und zurück sind es rund 300 km). Wer sich Zeit lassen möchte, kann eine Übernachtung in Mae Chaem einplanen. Mit öffentlichen Verkehrsmitteln ist der Ausflug nicht durchführbar.

Höchster Berg Thailands Südwestlich von Chiang Mai ragt der 2.565 m hohe **Doi Inthanon** auf, der höchste Gipfel Thailands. In den tieferen Lagen stehen lichte laubabwerfende Monsunwälder und in den höheren Lagen immergrüne Regenwälder. Die Region wurde 1972 zum 482 km² großen **Doi Inthanon National Park** erklärt. In dem Naturschutzgebiet liegen kleine Dörfer der Hmong und der Karen, von denen einige auf den Besuch von Touristen eingestellt sind. Hauptattraktion des Parks sind Wasserfälle, die in tosenden Kaskaden über steile Felswände donnern. Zum Teil speisen sie idyllische Felsenpools, die Badespaß im Urwald versprechen. Tiger, Elefanten, Bären und andere große Wildtiere durchstreifen die Bergwälder schon lange nicht mehr. Mit annähernd 400 Vogelarten ist der Nationalpark aber ein Paradies für Ornithologen. Erschlossen wird der Park durch den gut ausgebauten H 1009, der am Gipfel des Doi Inthanon endet.

Auf dem abschnittsweise vierspurigen H 108 geht es von Chiang Mai zum 54 km südwestlich gelegenen **Chom Thong**. 1 km vor der Stadt markiert ein Hinweisschild die Abzweigung nach rechts zum Doi Inthanon National Park. Bereits nach 1 km zweigt vom H 1009 eine knapp 15 km lange Stichstraße zu dem in mehreren Kaskaden über Felswände tosenden **Mae Ya Waterfall** in den südlichen Ausläufern des Nationalparks ab.

Der Mae Klang Waterfall – tosender Auftakt der Fahrt zum Doi Inthanon

Beim KM 8 des H 1009, kurz vor dem Nationalpark-Checkpoint, führt links eine kurze Stichstraße zum **Mae Klang Waterfall**, eines der Highlights der Tour. Aus etwa 40 m Höhe tost das silbrige Nass die glatten Felsen hinab und bildet einen kleinen Na- *Parade der* turpool. Am Kassenhäuschen nahe dem Wasserfall löst man die Eintrittskarte für den *Wasserfälle* Nationalpark. Im **Visitor Center** beim KM 9 kann man sich über Fauna und Flora der Region sowie über Aktivitäten im Nationalpark informieren. Zur oberen Abbruchkante, über die der Mae Klang Waterfall stürzt, führt ein kurzer Spaziergang. Bereits 500 m vor dem Visitor Center beginnt ein Wanderpfad zur Borichinda Cave mit schönen Tropfsteinen (hin und zurück 6 km/2 Std.).

Nicht entgehen lassen sollte man sich den **Wachirathan Waterfall** beim KM 20,8, den man auf einer 500 m langen Stichstraße erreicht. Der auch Tad Khongyong genannte Wasserfall donnert über eine breite Felswand etwa 30 m senkrecht in eine von üppigem Tropengrün umrahmte Schlucht. Kaum weniger beeindruckend ist der etwa 50 m hohe **Sirithan Waterfall** beim KM 23, zu dem vom Parkplatz am H 1009 ein fünfminütiger Spaziergang führt. Am KM 26,5 passiert man das von terrassierten Reisfeldern umgebene Karen-Dorf Mae Klang Luang, in dem für Besucher einfache Gästehäuser eingerichtet sind.

Beim KM 31 ist das Hmong-Dorf **Ban Khun Klang** erreicht. Um die ärmlichen Le- *Königliches* bensverhältnisse des Bergvolks zu verbessern und den Drogenanbau einzudämmen, *Entwick-* gibt es hier ein Royal Project: Bereits Anfang der 1980er-Jahre richtete König Bhumi- *lungsprojekt* pol, dem die Existenznöte der Bergstämme besonders am Herzen liegen, eine Musterfarm ein. Da die Brandrodung und der Mohnanbau für die Opium- und Heroingewinnung seit Ende der 1970er-Jahre offiziell verboten sind, bringt man den Hmong und anderen Bergstämmen den Anbau alternativer Produkte bei, die obendrein mehr

Gewinn abwerfen als Mohn. Mit der Kultivierung von Obst, Gemüse und Schnittblumen, Kaffee und Reis, zudem mit Schulen und Straßenbau versucht Seine Majestät die Stämme zu integrieren. Bereits vom Dorf aus sieht und hört man den **Siriphum Waterfall**, der etwa 500 m außerhalb im freien Fall über eine etwa 70 m hohe Felswand stürzt. Am Fuße des Wasserfalls liegt der schöne Royal Garden Siriphum, durch den Wildbäche rauschen.

Vorbei am National Park Headquarter am KM 31,5 kommt man zum westlichen Checkpoint am KM 37,5. Dort zweigt der H 1192 nach links zum 22 km entfernten Mae Chaem ab, während der H 1009 steil ansteigend geradeaus zum Gipfel des Doi Inthanon weiterführt. Der laubabwerfende Monsunwald geht nun allmählich in immergrünen Bergregenwald über. Beim KM 41 lohnt sich ein kurzer Stopp an einem Aussichtspunkt.

Königliche Türme

Beim KM 41,5 sind **The Royal Chedis** erreicht, die anlässlich des 60. Geburtstags von König Bhumipol errichtet wurden. Die beiden modernen, von Lotosspitzen gekrönten Stupas thronen auf zwei sich gegenüberliegenden Hügeln, zwischen denen sich eine schöne Gartenanlage erstreckt. Im Innern des rechten, „Naphamethanidol" genannten Chedi erweisen viele Gläubige einem großen stehenden Buddha ihre Reverenz. Die schmückenden Deckenmosaiken stellen bedeutende Ereignisse im Leben des Königssohns Siddharta Gautama auf seinem Weg zur Erleuchtung dar. Der sitzende Buddha im linken Naphapolbhumisiri-Chedi genießt bei den Gläubigen ebenfalls hohes Ansehen. **The Royal Chedis**, *täglich 8–18 Uhr, Eintritt: Baht 50.*

500 m hinter den Royal Chedis beginnt der in den Regenmonaten geschlossene Wanderweg Kew Mae Pan Nature Trail durch von Epiphyten und Orchideen überwucherten Nebelwald (hin und zurück 5 km/2 Std.). Beim KM 48 steht man auf dem

Die Royal Chedis auf dem Weg zum Doi Inthanon

Gipfelplateau des **Doi Inthanon**, der laut einer Inschrift eine Höhe von exakt
2.565,3341 m hat. Vom Parkplatz aus sind es nur wenige Schritte zu einem kleinen *Auf dem*
Grab-Chedi mit den sterblichen Überresten von König Inthawichyanon, des 1897 ver- *höchsten*
schiedenen letzten Herrschers von Chiang Mai. Nach ihm ist auch Thailands höchster *Punkt Thai-*
Berg benannt – Intha(wichya)non. Etwas unterhalb des Gipfels beginnt der Natur- *lands*
lehrpfad Ang Ka Trail, der durch einen urwüchsigen Rhododendron-Hain zu einem
kleinen Hochmoor führt. Hobby-Ornitholgen können dort zahlreiche der 383 im Nationalpark registrierten Vogelarten beobachten (hin und zurück 3 km/1–1,5 Std.).

Vom westlichen Checkpoint am KM 38 führt der schmale, sehr kurvenreiche H 1192
hinab nach Mae Chaem. Ein schöner Abschluss vor dem Verlassen des Nationalparks
ist ein Blick auf den **Mae Pan Waterfall**. Nach 7 km zweigt vom H 1192 rechts eine
2,5 km lange Stichstraße zu einem Parkplatz ab. Von dort sind es nur wenige Fußminuten zum etwa 30 m hohen Huay Sai Leung Waterfall. Rund 500 m sind es zum **Mae
Pan Waterfall**, der mit über 100 m Höhe im freien Fall zu den höchsten Wasserfällen
Thailands zählt.
Doi Inthanon National Park, ☎ *(053)268550, täglich 6–18 Uhr, Eintritt: Erwachsene
Baht 200, Kinder Baht 100 zuzüglich Baht 10 für Fahrrad, Baht 20 für Motorrad, Baht 50
für Auto.*

Mae Chaem

Die von Naturpisten durchzogene Umgebung des verschlafenen Marktfleckens **Mae
Chaem** gilt als Dorado für Motorradfahrer. Nur erfahrene Fahrer sollten sich auf
den in der Regenzeit meist unpassierbaren Track wagen, der über das Karen-Dorf Se
Lo Sa (46 km) und das Lawa-Dorf La Up (70 km) nach Mae La Noi (95 km) am H 108 *Paradies für*
zwischen Mae Sariang und Khun Yuam führt. Gut ausgebaut ist dagegen der land- *Motorrad-*
schaftlich sehr reizvolle H 1263 von Mae Chaem über Mae Na Chon (27 km) und *fahrer*
Sop Huai Bong (52 km, kurz vor dem Dorf ein herrlicher Aussichtspunkt) nach Khun
Yuam (108 km).

In südliche Richtung führt der ebenfalls gut ausgebaute H 1088 durch weitgehend
unbewaldetes, landwirtschaftlich intensiv genutztes Bergland zum H 108 zwischen
Chiang Mai und Mae Sariang (s. S. 295).

Reisepraktische Informationen Mae Chaem

🛏 **Unterkunft**
Navasoung Resort $$$, ☎ *(053)828477, www.navasoungresort.com, Bungalow
Baht 1.350–1.750 (inkl. Frühstück). 4 km nordöstlich in herrlicher Lage mit Blick auf das
Massiv des Doi Inthanon; 15 behaglich ausgestattete Holz-Stein-Bungalows mit Klimaan-
lage; Terrassenrestaurant mit thailändischen und europäischen Gerichten, schöner Pool.*
Chaem Muang House $$$, ☎ *(053)828397,* 🖷 *(053)485058, EZ/DZ Baht 1.200
(inkl. Frühstück). Makelloses Bed & Breakfast mit vier stilvoll ausgestatteten, blitzblanken
Zimmern in einem schönen Holzhaus, 1,5 km südöstlich.*

Rundfahrt im Nordwesten

Hinweis zur Strecke

Für die gut 600 km lange Rundfahrt durch den Nordwesten (Mae Hong Son Loop) sollte man mindestens vier Tage, besser noch eine Woche einplanen. Zwischen den größeren Orten verkehren regelmäßig Busse und Songthaeo, mit einem eigenen Fahrzeug lässt sich die landschaftlich sehr reizvolle Strecke aber besser genießen. Sowohl der H 108 zwischen Chiang Mai und Mae Hong Son als auch der H 1095, der von Mae Hong Son über Soppong und Pai nach Mae Taeng am H 107 nördlich von Chiang Mai führt, sind teilweise etwas holprig, aber insgesamt gut ausgebaut: Ein Pkw reicht aus. Wer Abstecher in Regionen abseits der Hauptstraßen plant, sollte einen Geländewagen mit Allradantrieb und viel Bodenfreiheit mieten.

Der Mae Hong Son Loop ist eine Traumstrecke für Motorradfahrer, allerdings nur für Fahrer mit viel Praxis und zuverlässigen, nicht untermotorisierten Maschinen. Autos und Motorräder kann man in Chiang Mai mieten, Mopeds für Tagesausflüge auch in Mae Hong Son und Pai. Beste derzeit erhältliche Karte ist „Mae Hong Son Loop" im Maßstab 1:375.000 von Golden Triangle Rider (www.GT-Rider.com). Von Chiang Mai nach Mae Hong Son und Pai kann man auch fliegen.

In den Wintermonaten gehört warme Kleidung ins Gepäck: Im Bergland sinken die Temperaturen nachts und am frühen Morgen deutlich unter 10° C. Im Dezember und Januar ist sogar mit leichten Nachtfrösten zu rechnen. In den allermeisten Hotels und Gästehäusern gibt es mittlerweile Warmwasserduschen. Die Zimmer in besseren Häusern sind oft mit Klimaanlagen ausgestattet, die man auf Heizbetrieb stellen kann.

Von Chiang Mai nach Mae Sariang

Redaktionstipps

Essen und Trinken

▸ Authentische **Shan-Gerichte** werden in Khun Yuam im Ban Farang Guest House, in Mae Hong Son im Bai Fern Restaurant, im Salween River Restaurant sowie in Pai im Baan Benjarong serviert.

Feste

▸ Im Februar feiern die Lisu in ihren Bergdörfern drei Tage lang das **Lisu New Year**. Ende März/Anfang April wird in Mae Hong Son die Ordination von Knaben und jungen Männern mit dem **Poi-Sang-Long-Fest** gefeiert. Beim **Shan Candle Festival** im Oktober werden in prachtvollen Prozessionen riesige Holzlaternen durch die Straßen von Mae Hong Son getragen. Wenn Mitte November die Sonnenblumen in voller Blüte stehen, begeht man in Mae Sariang das **Blooming Flower Festival** und in Khun Yuam das **Dok Bua Tong Festival**.

Von Chiang Mai geht es zunächst zügig auf dem mehrspurigen H 108 in südwestliche Richtung. In **Hang Dong** biegt eine Straße nach links ab, auf der nach 3 km das Kunsthandwerkerdorf Ban Tawai (s. S. 281) erreicht ist. 2 km hinter dem Dorf **San Pa Tong**, wo der H 1015 nach Lamphun abzweigt (15 km), findet am Samstagmorgen ab 5.30 Uhr der bedeutendste Viehmarkt (*talat wua*) der Region statt.

Von San Pa Tong gelangt man auf dem H 1013 in das malerische **Mae Wang Valley**, das sich jedoch ab den Vormittagsstunden in einen lebhaften Tummelplatz für Tagesausflügler aus Chiang Mai ver-

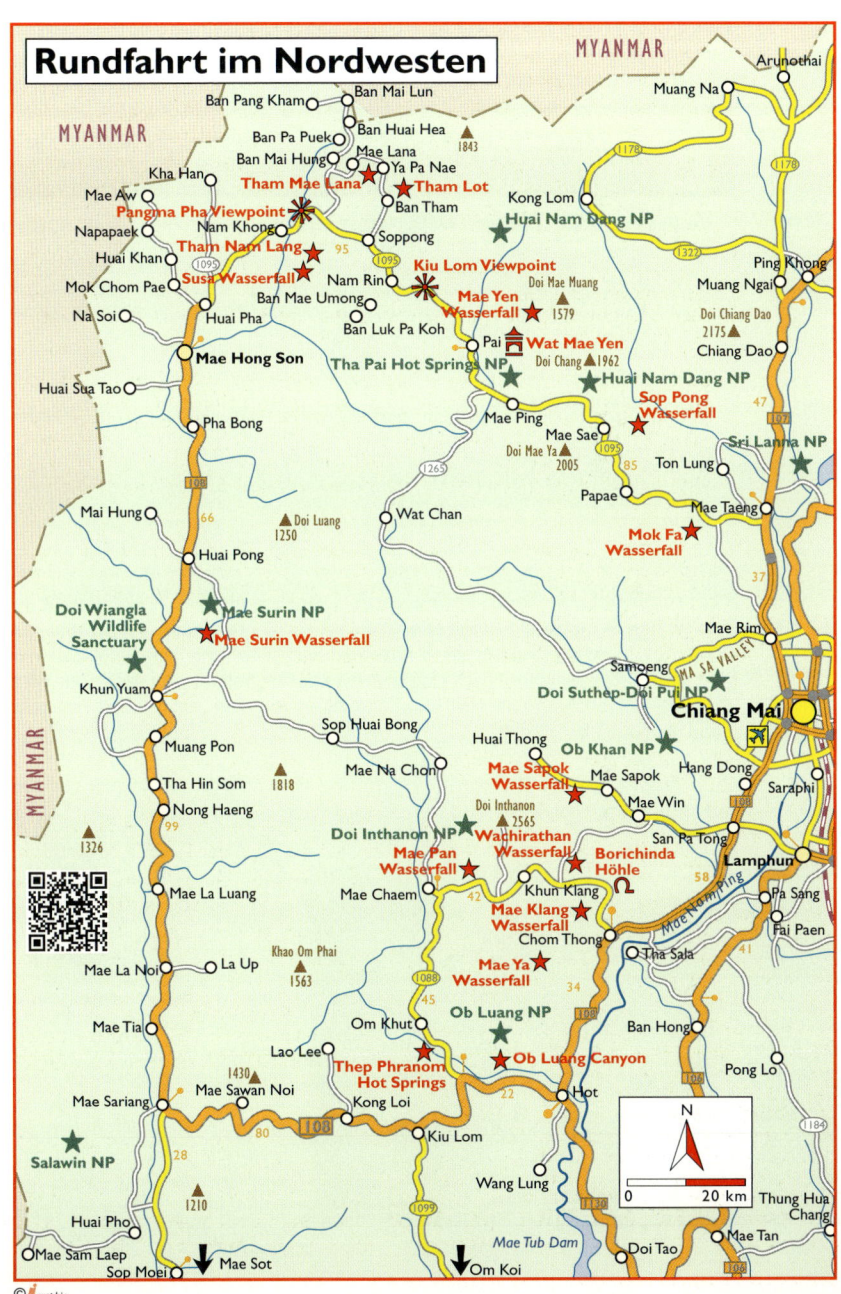

Rundfahrt im Nordwesten

MYANMAR

MYANMAR

MYANMAR

Arunothai
Muang Na
Ban Mai Lun
Ban Pang Kham
Ban Huai Hea
Ban Pa Puek
Mae Lana
Ban Mai Hung
Ya Pa Nae
1843
Kha Han
Mae Aw
Tham Mae Lana
Tham Lot
Kong Lom
Napapaek
Pangma Pha Viewpoint
Ban Tham
Huai Nam Dang NP
Nam Khong
Soppong
Ping Khong
Huai Khan
Tham Nam Lang
95
Muang Ngai
Mok Chom Pae
Susa Wasserfall
Ban Mae Umong
Nam Rin
Kiu Lom Viewpoint
Doi Mae Muang
Doi Chiang Dao
2175
Na Soi
Ban Luk Pa Koh
1095
Mae Yen Wasserfall
1579
Chiang Dao
Huai Pha
Pai
Wat Mae Yen
Mae Hong Son
Tha Pai Hot Springs NP
Doi Chang 1962
Sop Pong Wasserfall
47
Huai Sua Tao
Mae Ping
Mae Sae
Huai Nam Dang NP
Sri Lanna NP
Pha Bong
Doi Mae Ya 2005
Ton Lung
85
Mai Hung
1265
Papae
Mae Taeng
Doi Luang 1250
Wat Chan
Mok Fa Wasserfall
37
Huai Pong
66
Mae Rim
Doi Wiangla Wildlife Sanctuary
Mae Surin NP
Samoeng
MA SA VALLEY
Khun Yuam
Mae Surin Wasserfall
Doi Suthep-Doi Pui NP
Chiang Mai
Muang Pon
Sop Huai Bong
Huai Thong
Ob Khan NP
Hang Dong
Tha Hin Som
1818
Mae Na Chon
Mae Sapok Wasserfall
Mae Sapok
Saraphi
Nong Haeng
Mae Win
99
Doi Inthanon 2565
Doi Inthanon NP
San Pa Tong
Lamphun
1326
Mae Pan Wasserfall
Wachirathan Wasserfall
Borichinda Höhle
58
Mae La Luang
Mae Chaem
Khun Klang
Pa Sang
42
Mae Klang Wasserfall
Fai Paen
Khao Om Phai 1563
Chom Thong
Tha Sala
41
Mae La Noi
La Up
1088
Mae Ya Wasserfall
34
Mae Tia
45
Ob Luang NP
Ban Hong
Lao Lee
Om Khut
Ob Luang Canyon
Pong Lo
1430
Thep Phranom Hot Springs
22
Mae Sariang
Mae Sawan Noi
Kong Loi
Hot
1184
N
80
103
Kiu Lom
28
1210
Wang Lung
1099
Salawin NP
0   20 km
Huai Pho
Mae Tub Dam
Thung Hua Chang
Mae Sam Laep
Mae Sot
Om Koi
Doi Tao
Mae Tan
Sop Moei

© igraphic

wandelt, die auf dem Wang River Kajaktouren und Floßfahrten unternehmen oder auf dem Rücken von Elefanten den Bergdschungel durchstreifen. Im oberen Mae-Wang-Tal stürzt der Mae Sapok Waterfall über mehrere Felsstufen in eine Schlucht und bildet einen schönen Naturpool.

 ## Tipp

Zu Besuch beim „Elefanten-Flüsterer"
Im Mae-Wang-Tal an den nördlichen Ausläufern des Doi Inthanon betreibt der deutsche Tier-Psychologe Bodo Jens Förster eine **Mahout-Schule**, in der man sich in ein- oder zweiwöchigen Kursen zum Elefantenführer ausbilden lassen kann. Angeboten werden auch bis zu siebentägige Trekking-Touren mit den grauen Riesen. Die Teilnehmer übernachten in einem schön gelegenen Haus mit Blick auf Berge und Reisfelder (☎ (086)1930377, www.elephant-tours.com und www.elephant-tours.de, EZ/DZ € 245–1.820 (Vollpension und Kursgebühren).
Das Elephant Camp nahe dem Dorf Mae Win ist nicht mit öffentlichen Verkehrsmitteln zu erreichen. Wer einen Kurs bucht, wird in Chiang Mai abgeholt. Wer keinen Mahout-Kurs machen möchte, kann im Dorf Mae Win im angenehmen **Mae Win Guest House** übernachten (☎ (081)8830610, 🖷 (053)830721, www.maewinguesthouse.com, EZ/DZ Baht 800–2.400, inkl. Frühstück).

---

1 km nordöstlich von **Chom Thong** markiert ein Hinweisschild die Abzweigung des H 1009 zum Doi Inthanon. Auf der durch die nördliche Region des Doi Inthanon National Park führenden, landschaftlich reizvollen Bergstraße und dem von ihr abzweigenden H 1192 gelangt man nach Mae Chaem (s. S. 291), von wo man nach Khun Yuam am H 108 weiterfahren kann (190 km). Diese Alternative verkürzt den Mae Hong Son Loop um gut 50 km.

Zum **Wat Phra That Si Chom Thong**, etwa 1 km hinter der Abzweigung zum Doi Inthanon gelegen, gehören ein 1451 erbauter Chedi im Lan-Na-Stil, der mit Messingplatten verkleidet ist, und ein jüngerer Chedi im burmesischen Stil, der eine Buddha-Reliquie enthalten soll. Die Giebel, Gesimse und Portale der Vihara, 1516 errichtet und 1817 restauriert, sind mit wunderschönem, goldüberzogenem Holzschnitzwerk geschmückt. Dem prächtigen Äußeren entsprechen im Inneren die reich ornamentierten Teakholzsäulen, auf denen das mehrfach gestaffelte Dach ruht, und der geradezu barock geschmückte Altar mit zwei Elefantenstoßzähnen und mehreren Buddha-Statuen.

Der Ob Luang Canyon bei Hot

Hot dient den meisten Reisenden nur als Durchgangsstation. Hinter dem Ort mäandert der in westliche Richtung schwenkende H 108 durch das malerische Tal des Mae Nam Chaem. Gut 17 km westlich von Hot zwängt sich der Fluss tosend durch den 40 m tiefen und an seiner engsten Stelle nur 2 m breiten **Ob Luang Canyon**, den der Chaem River in Jahrmillionen in das Kalkgestein gefräst hat. In dem Felsmassiv hat man an verschiedenen Stellen prähistorische Felsmalereien und Grabstätten entdeckt. Zusammen mit dort gefundenen Bronzewerkzeugen beweisen sie, dass in der Region bereits vor 7.000–8.000 Jahren Menschen lebten. Eine Ausstellung im Besucherzentrum des Ob Luang National Park informiert über die prähistorischen Fundstätten der Region. Ein Fußweg führt am Fluss entlang zu einer Hängebrücke, die den Felsdurchbruch überspannt und einen schönen Blick in die Schlucht bietet. Jenseits der schwankenden Brücke erschließt ein Rundweg (1,3 km/30–45 Min.) die archäologischen Fundstätten (*täglich 8–18 Uhr, Eintritt: Erwachsene Baht 200, Kinder Baht 100*).

Prähistorische Fundstätten

 Tipp

Unterkunft
Wer die Reise bereits nach gut 85 km in Hot unterbrechen möchte, kann im 4 km westlich am H 108 gelegenen **Hod Resort** übernachten. Das Resort in einem schönen Tropengarten am Ufer des Chaem River bietet Zimmer in einem rustikalen Holzhaus und einige frei stehende Bungalows (alle mit Ventilator oder Klimaanlage und Dusche/WC) sowie ein gutes Restaurant (☎ (053)461070, EZ/DZ Baht 450–650, Bungalow Baht 850).

Knapp 5 km nach dem Ob Luang Canyon zweigt der H 1088 nach Mae Chaem ab. Unterwegs lohnt sich ein Stopp bei den **heißen Quellen von Thep Phranom**, die man nach knapp 11 km passiert. In vielen Windungen führt der H 108 hinauf auf ein vor langer Zeit von Karen und anderen Bergvölkern gerodetes Hochplateau, auf dem man heute vereinzelt inselartige Aufforstungen mit Nadelhölzern sieht. Die Umgebung des **Mae Sawan Noi Waterfall**, etwa 20 km östlich von Mae Sariang, ist im November und Dezember von ausgedehnten Feldern wild blühender Sonnenblumen (*dok bua tong*) bedeckt.

Mae Sariang

Das am Mae Nam Yuam gelegene Mae Sariang wird von Reisenden zu Unrecht oft links liegen gelassen. Zwar hat das freundliche Städtchen mit ruhigem Lebensrhythmus keine spektakulären Sehenswürdigkeiten zu bieten, doch imponiert es durch sein schönes Ortsbild, das von teilweise alten Holzhäusern und Tempeln im burmesischen Stil geprägt wird. Bedeutendstes Heiligtum ist der **Wat Kittiwong** im Zentrum, in dem wertvolle alte Manuskripte aufbewahrt werden. Durch seine drei Chedis fällt der 1896 erbaute Wat Utthayarom auf. Den Ortseingang am H 108 markiert eine prachtvolle Pagode im burmesischen Stil mit vielfach gestaffeltem Dach, das mit silberfarbenen Schindeln gedeckt ist. Auf einem Hügel etwas außerhalb wacht ein großer sitzender Buddha über das Wohlergehen der Stadt.

Harmonisches Ortsbild

An der Grenze zu Myanmar

Wenige Kilometer westlich von Mae Sariang beginnt der 720 km² große, noch sehr ursprüngliche **Salawin National Park** (*täglich 8–18 Uhr, Eintritt: Erwachsene Baht 200, Kinder Baht 100*). Auf dem H 1194 erreicht man das gut 50 km südwestlich von Mae Sariang am Salween (thailändisch Salawin), dem Grenzfluss zu Myanmar, gelegene Dorf **Mae Sam Laep**, dessen Bewohner vom regen Warenaustausch zwischen Thailand und dem Nachbarland leben. Boots- und Floßfahrten auf dem Mae Nam Yuam und auf dem Salween sowie Ausflüge in den Salawin National Park und Treks zu Bergdörfern werden von den Betreibern von Hotels und Gästehäusern in Mae Sariang organisiert. Landschaftlich sehr reizvoll ist die Fahrt von Mae Sariang nach Mae Sot auf dem H 105, für die man allerdings ein eigenes Fahrzeug benötigt (s. S. 256).

Reisepraktische Informationen Mae Sariang

🛏 Unterkunft

Riverhouse Resort $$$–$$$$, 65 Thanon Laeng Phanit, ☏ (053)683066, www.riverhousehotels.com, EZ/DZ Baht 1.500–2.500 (inkl. Frühstück). 42 schnörkellos-elegant eingerichtete Zimmer mit Klimaanlage, holzverkleideten Badezimmern, Minibar und kleinem Balkon; Terrassenrestaurant mit Flussblick.
Riverhouse Hotel $$, 77 Thanon Laeng Phanit, ☏ (053)621201, www.riverhousehotels.com, EZ/DZ Baht 900–1.000. 12 einfache, aber gemütliche Zimmer mit Ventilator oder Klimaanlage in einem schönen Holzhaus am Fluss, gutes Restaurant.
Riverside Guest House $–$$, 85 Thanon Laeng Phanit, ☏ (053)681188, 🖶 (053)681353, EZ/DZ Baht 250–750. Traveller-Bleibe mit Zimmern unterschiedlicher Qualität in einem alten Holzhaus am Fluss, die besseren mit Klimaanlage und Veranda; Terrassenrestaurant, zuverlässige Tourorganisation.

🍴 Restaurant

Inthira Restaurant, 69 Thanon Wiang Mai, ☏ (053)681529, täglich 10–22 Uhr, Gerichte Baht 70–140. Ausgezeichnete thailändische und chinesische Speisen.

🚌 Verkehrsverbindungen

Busse: Der Busbahnhof liegt in der Ortsmitte an der Thanon Mae Sariang. Mehrmals täglich Busse von/nach Chiang Mai und Mae Hong Son. Zwischen Mae Sariang und Mae Sot gibt es kaum öffentliche Verkehrsmittel.

Von Mae Sariang nach Mae Hong Son

Gastfreundliches Shan-Dorf

In Mae La Noi, 30 km nördlich von Mae Sariang, zweigt eine Straße zur kaum erschlossenen Tropfsteinhöhle **Tham Kaeo Komon** ab. Der H 108 ist zwar auch im weiteren Verlauf gut ausgebaut, weist aber abschnittsweise zahlreiche, tiefe Schlaglöcher und Straßenschäden durch Erdrutsche auf.

Größter Ort an der Strecke ist das von terrassierten Feldern umgebene Shan-Dorf **Khun Yuam**, das sich über mehrere Kilometer beiderseits des H 108 erstreckt. Im

Zentrum fällt der **Wat Muai Tho** mit mehreren kleinen Chedis ins Auge. Schräg gegenüber präsentiert das **Second World War Museum** eine Sammlung von Kriegsmemorabilen aus der Zeit, als die Umgebung von Khun Yuam Schauplatz heftiger Kämpfe zwischen den Japanern und den Alliierten war.

 Tipp

Unterkunft
Wer die Fahrt in Khun Yuam unterbrechen möchte, kann im **Ban Farang Guest House** übernachten, das makellose Zimmer mit Ventilator oder Klimaanlage und Dusche/WC bietet. Im Restaurant werden neben thailändischen und internationalen Gerichten auch regionale Shan-Spezialitäten serviert. Die Besitzerin Khun Charinee spricht Englisch und gibt Informationen zu Unternehmungen in der Umgebung (☎ (053)622086, www.banfarang-guesthouse.com, EZ/DZ Baht 700–1.600 inkl. Frühstück; im Schlafsaal Baht 150/Person).

Nordöstlich von Khun Yuam stürzt im **Mae Surin Nationalpark** der gut 100 m hohe Mae Surin Waterfall, einer der höchsten Wasserfälle Thailands, in eine von immergrünem Bergregenwald umrahmte Schlucht, um dann über moosbewachsene Felsen talwärts zu tosen (*täglich 8–18 Uhr, Eintritt: Erwachsene Baht 200, Kinder Baht 100*). Man fährt auf dem 1 km nördlich von Khun Yuam abzweigenden H 1263 bis zum Hmong-Dorf Mae Yuam Luang (28 km). Von dort führt eine befestigte Straße zum Hmong-Dorf **Mae U-Khor** (8 km), in dessen Umgebung im November wilde Sonnenblumen (*dok bua tong*) blühen. Weiter geht es auf einer Piste, deren Zustand sich zusehends verschlechtert und auf der ein Geländewagen gute Dienste leistet, zum **Mae Surin Waterfall** (17 km).

Einer der höchsten Wasserfälle Thailands

Zwischen Khun Yuam und Mae Hong Son führt der H 108 kurvenreich durch eine Bergwelt von teils dramatischer Schönheit. 11 bzw. 10 km südlich von Mae Hong Son liegen die **Ban Pha Bong Hot Springs** und das Kunsthandwerkerdorf **Ban Pa Pu**.

Mae Hong Son

Noch bis Mitte des 20. Jh. war eine Reise in die abgelegene, in bewaldete und oft nebelverhangene Berge eingebettete Provinzhauptstadt mit großen Strapazen verbunden. Bis zum Bau des Flugplatzes und der Asphaltierung des H 108 in den 1960er-Jahren dauerte die beschwerliche Fahrt im Geländewagen von Chiang Mai nach Mae Hong Son nicht selten mehrere Tage. Obwohl auf thailändischem Territorium gelegen, war Mae Hong Son ursprünglich eine rein burmesische Siedlung, in der vor allem **Shan**, **Hmong**, **Karen** und **Lawa** lebten. Erst 1832 erkundete eine Expedition, die im Auftrag des Prinzen von Chiang Mai wilde Elefanten einfing, die schwer zugängliche Grenzregion. Ihr Standquartier errichteten die Elefantenfänger an der Stelle des heutigen Mae Hong Son, das ständig anwuchs, bis es schließlich 1874 vom letzten Herrscher von Chiang Mai, König Inthawichanon, zur Stadt erklärt wurde. Bis heute siedeln in der

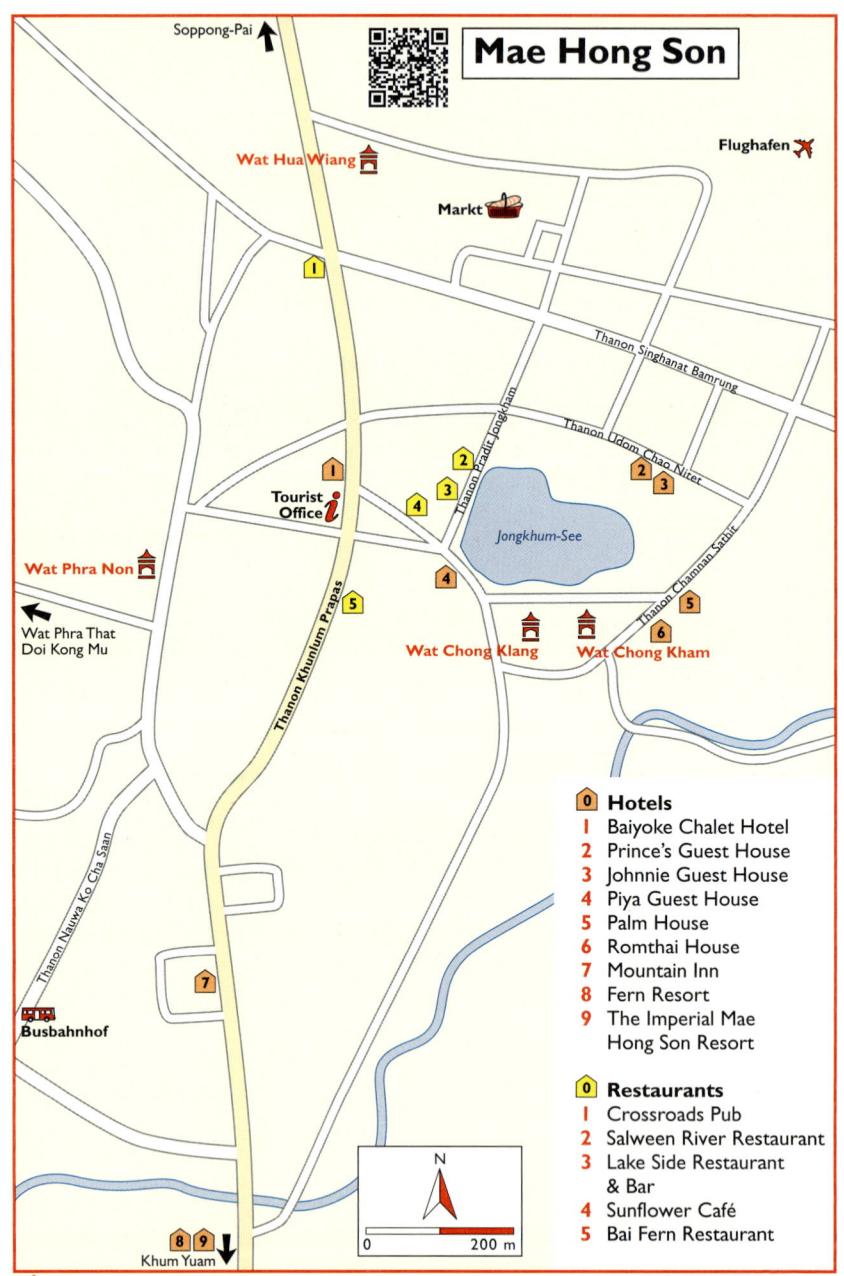

Mae Hong Son

Soppong-Pai

Wat Hua Wiang

Markt

Flughafen

Thanon Singhanat Bamrung

Thanon Udom Chao Nizet

Thanon Pradit Jongkham

Jongkhum-See

Tourist Office

Wat Phra Non

Wat Phra That Doi Kong Mu

Thanon Khunlum Prapas

Thanon Channan Sathit

Wat Chong Klang

Wat Chong Kham

Thanon Nauwa Ko Cha Saan

Busbahnhof

Khum Yuam

N

0   200 m

Hotels
1. Baiyoke Chalet Hotel
2. Prince's Guest House
3. Johnnie Guest House
4. Piya Guest House
5. Palm House
6. Romthai House
7. Mountain Inn
8. Fern Resort
9. The Imperial Mae Hong Son Resort

Restaurants
1. Crossroads Pub
2. Salween River Restaurant
3. Lake Side Restaurant & Bar
4. Sunflower Café
5. Bai Fern Restaurant

© graphic

Der Wat Chong Klang in Mae Hong Son

Provinz Mae Hong Son fast ausschließlich Angehörige verschiedener Bergstämme sowie Shan (auch Tai Yai genannt), die zur selben ethnischen Gruppe wie die Thai gehören und mit leichten Abwandlungen praktisch die gleiche Sprache sprechen. „Echte" Thailänder leben als Minderheit nur in der Stadt Mae Hong Son, die heute rund 15.000 Einwohner zählt. Mit der durchgehenden Asphaltierung der Nordroute über Pai Anfang der 1990er-Jahre und der Intensivierung des Flugverkehrs hat sich die Besucherzahl vervielfacht. Trotz der vielen Touristen ist Mae Hong Son aber immer noch ein bezauberndes Städtchen. Das, was Chiang Mai nur noch ansatzweise bieten kann – unverfälschte nordthailändische Kultur und eine exotische Naturszenerie –, findet man *Kultur und* in Mae Hong Son. Die meisten einheimischen und ausländischen Touristen kommen in *Natur* den kühlen Monaten November und Dezember, wenn blühende Sonnenblumen die Umgebung des 330 m hoch gelegenen Mae Hong Son in ein gelbes Farbenmeer verwandeln.

Für viele liegt der besondere Reiz von Muang Nai Mork – der „Stadt im Nebel", wie Mae Hong Son auch genannt wird – im burmesischen Flair, das vor allem die Tempel und Märkte haben. Am Ufer des kleinen Jongkhum-Sees im Stadtzentrum liegen die beiden Tempel **Wat Chong Kham** und **Wat Chong Klang**. Die Vielfalt kultureller *Vielfältige* Einflüsse zeigt sich in den stilistischen Unterschieden: Der Wat Chong Klang mit einem *kulturelle* vergoldeten, von einer Lotosspitze gekrönten Chedi wurde im thailändischen Stil er- *Einflüsse* baut. Dagegen ist der 1827 von dem Tai-Yai-Herrscher Phraya Singhanataraja als erster Tempel der Stadt errichtete Wat Chong Kham ein schönes Beispiel burmesisch beeinflusster Tempelarchitektur. In einem Nebenraum der Vihara des Wat Chong Klang ist ein kleines, etwas „unorganisiertes" Tempelmuseum mit Buddha-Statuen, Manuskripten und Glasgemälden eingerichtet. Von besonderem Interesse sind 33 Holzpuppen, die 1857 aus Burma hierhergebracht wurden. Sie stellen Figuren aus einer „Jataka"-Legende dar, die sich um eine der früheren Existenzen des Buddha rankt (*täglich 8–18 Uhr, Spende erbeten*). Wat Chong Kham ist alljährlich Ende März/Anfang April Schauplatz des **Poi-Sang-Long-Festes**, einer farbenprächtigen buddhistischen Ordinationsfeier im Stil der Shan.

Auf dem knapp 600 m hohen Doi Kong Mu im Westen wacht der 1874 erbaute **Wat Phra That Doi Kong Mu** über die Stadt. Der burmesische Einfluss zeigt sich deutlich an den beiden hohen Chedis mit goldenen Schirmen und den steinernen Kolossallöwen am Fuße des Stufenpfads. Für die Mühe des schweißtreibenden Aufstiegs entschädigt das herrliche Panorama der Stadt und ihrer Umgebung reichlich. Der **Wat Phra Non** am Fuße des Berges beherbergt mehrere große Buddha-Statuen, darunter einen 12 m langen ruhenden Buddha im burmesischen Stil.

Obwohl er keine kunsthistorische Bedeutung hat, strömen zahlreiche Einheimische zum Teakholztempel **Wat Hua Wiang** einige Schritte westlich des Marktes. Sie kommen, um dem hoch verehrten Bronze-Buddha Phra Chao Pharalakhaeng zu huldigen, der in Burma gegossen wurde und auf einer abenteuerlichen Odyssee seinen Weg

Bunter hierher fand. Auf dem morgendlichen **Markt** verkaufen Frauen der Bergvölker, die
Markt vereinzelt noch in bunte Trachten gekleidet sind, ihre Erzeugnisse und decken sich mit Bedarfsgegenständen ein.

Ausflug nach Mae Aw

Mae Hong Son ist Ausgangspunkt für Ausflüge in die landschaftlich reizvolle Umgebung. Von zahlreichen Veranstaltern und Gästehaus-Betreibern werden ein- und mehrtägige Trekking-Touren zu Bergdörfern angeboten. Zu den Tagesausflügen, die man in der Trockenzeit mit einem zuverlässigen Geländewagen oder -motorrad auch auf eigene Faust unternehmen kann, gehört die Tour zu dem **Kuomintang-Dorf Mae Aw** (auch Ban Rak Thai genannt) etwa 45 km nördlich von Mae Hong Son unmittelbar an der Grenze zu Myanmar. Man verlässt Mae Hong Son auf dem H 1095 in nördliche Richtung. Nach gut 16 km zweigt am Kilometerstein 192 vor dem Dorf Huai Pha eine schmale Betonstraße in nordwestliche Richtung nach Mok Chom Pae und Huai Khan ab.

Nördlich von Huai Khan, knapp 11 km nach der Abzweigung, bietet sich ein Picknickplatz vor dem Hintergrund des kaskadierenden **Pha Sua Waterfall** für eine kurze Rast an. Auf einem Wanderpfad, der am Fluss entlangführt, kann man die nähere Umgebung erkunden. Auf dem Weg vom Pha Sua Waterfall zum gut 10 km nördlich gelegenen **Hmong-Dorf Napapaek** passiert man den Pang-Tong-Palast, in dem Mitglieder der königlichen Familie bei ihren Besuchen im Grenzgebiet residieren.

Einst Von Napapaek sind es noch 7,5 km in nördliche Richtung zu dem **Kuomintang-Dorf**
Kämpfer **Mae Aw**, das sich umgeben von Teeplantagen an einen idyllischen See schmiegt. Die
gegen Mao Vorfahren der Dorfbewohner waren Mitglieder der Truppen des chinesischen Gene-
Zedong rals Chiang Kai-shek. Nach ihrer Niederlage gegen die chinesische Volksbefreiungsarmee unter Mao Zedong folgten nicht alle nationalchinesischen Soldaten ihrem Führer auf die Insel Formosa (heute Taiwan). Einige Tausend von ihnen flüchteten in die Ge-

birgsregion im Norden von Laos, Myanmar und Thailand. In Nordthailand versuchte der US-amerikanische Geheimdienst CIA, die versprengten Truppen für einen Guerillakrieg gegen die Kommunisten zu gewinnen, was allerdings misslang. Heute arbeiten zahlreiche Kuomintang-Männer im Dienste der thailändischen Regierung als Beamte und Polizisten und überwachen Abschnitte der thailändisch-myanmarischen Grenze. In einfachen Lokalen serviert man in Mae Aw Spezialitäten aus der südwestchinesischen Provinz Yunnan.

Nimmt man in Napapaek die nach Westen führende Straße, kommt man nach 6 km zu dem von Angehörigen verschiedener Bergvölker bewohnten Dorf **Ban Ruam Thai**, in dessen Umgebung Kaffee kultiviert wird.

Ausflug nach Huai Sua Thao

Ein kürzerer Ausflug führt zum 10 km südwestlich von Mae Hong Son gelegenen Karen-Dorf **Huai Sua Thao**, in dem sogenannte Langhals-Frauen (*long necks*) des rätselhaften Bergstamms der Padaung (auch Pradong) leben. Die zum Dorf führende Straße zweigt südlich von Mae Hong Son etwa in Höhe des Imperial Tara Hotel ab und ist gut ausgeschildert. An mehreren Stellen muss ein Nebenfluss des Mae Nam Sa Nga an meist betonierten Furten durchquert werden, was außer nach starken Regenfällen kein Problem ist. Kurz vor Huai Sua Thao liegt ein **Elephant Camp**, von dem Elefantenritte starten (*täglich 9–17 Uhr, 60-minütige Ritte für zwei Personen Baht 1.000–1.500*).

Dorf der Langhals-Frauen

Am Rande des Karen-Dorfes sitzen die Langhals-Frauen fast unbeweglich, aber sehr fotogen mit ihrem mehrere Kilogramm schweren Messingschmuck um den Hals und bieten handgearbeitete kleine Taschen, gewebte Decken, Armreifen und andere kunsthandwerkliche Souvenirs an. Einige jüngere Frauen sprechen etwas Englisch und beantworten gern die Fragen von Touristen. Fotografien und Texttafeln auf Englisch informieren über die Kultur der aus Myanmar stammenden Padaung (*täglich 8–18 Uhr, Eintritt: Baht 300*). Nai Soi, ein weiteres Padaung-Dorf, liegt gut 20 km nordwestlich von Mae Hong Son dicht an der thailändisch-myanmarischen Grenze.

Die Langhals-Frauen vom Stamm der Padaung

info

Eine kleine ethnische Minderheit sind die aus Myanmar stammenden Padaung, deren Mädchen und Frauen sich durch das Anlegen von Messingspiralen die Hälse verlängern – ein qualvoll erscheinendes Schönheitsritual, das einen „Giraffen-Hals" macht. Einer Überlieferung zufolge diente der Halsschmuck einst als Schutz vor Tigerbissen – das erzählen zumindest die meisten thailändischen Reiseführer. Wahrscheinlicher ist, dass er als Statussymbol auf die Stammeszugehörigkeit und die soziale Position der Trägerin verweist. Möglicherweise diente der Spiralschmuck, der früher aus purem Gold gewesen sein soll, auch als mobiler Hausschatz und als Altersvorsorge. Nur Mädchen der zum Volk der Karen gehörenden Padaung, die **bei Vollmond geboren** wurden, dürfen den Schmuck tragen.

An einem von dem Dorfschamanen festgelegten Tag wird dem vier- oder fünfjährigen Mädchen stundenlang der Hals mit geheimnisvollen Salben eingerieben und die Muskulatur mit einer speziellen Massage gedehnt. In einem komplizierten Ver-

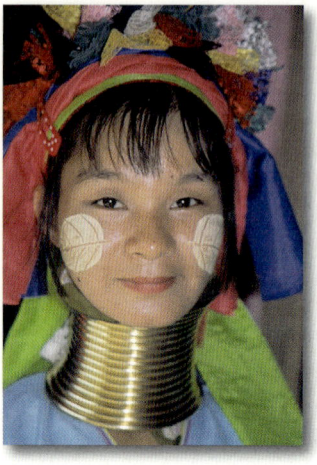

fahren wird dann die **Messingspirale** angelegt, die man in dreijährigen Abständen in einem besonderen Ritual durch eine jeweils längere ersetzt. Die Prozedur endet im Alter von 25 bis 27 Jahren, wenn der Hals die angestrebte Länge erreicht hat. Von nun an muss die Spirale bis ans Lebensende getragen werden, denn sie erfüllt nicht mehr allein eine Schmuck-, sondern auch eine Stützfunktion: Einer erwachsenen Langhals-Frau würde das Genick brechen, nähme man ihr die Last des bis zu 15 kg schweren Schmucks ab. Heute steht es den Mädchen und jungen Frauen angeblich frei, ob sie die Ringe anlegen wollen oder nicht.

Nach Thailand kamen die Padaung mit dem großen Flüchtlingsstrom der Karen, die durch kriegerische Auseinandersetzungen zwischen den Truppen der myanmarischen Militärjunta und der 20.000 Mann starken Karen National Union (KNU) vertrieben wurden. Die KNU kämpft in Myanmar seit rund 60 Jahren erfolglos für ihre Unabhängigkeit. Wegen der dort nach wie vor herrschenden Gewalt können die Padaung-Karen nicht in ihre Heimat zurückkehren. In Thailand werden die Karen nur geduldet und haben keine Bürgerrechte.

Inzwischen ist vielen Interessengruppen daran gelegen, dass vor allem die Langhals-Frauen, die sich gegen Geld von Touristen fotografieren lassen, im Lande bleiben, denn sie bilden einen bedeutenden „Wirtschaftsfaktor": Allein im Padaung-Dorf Huai Sua Tao sollen die Einnahmen monatlich 1 Mio. Baht betragen – viel Geld im armen Norden, das aber nicht den Frauen, sondern Geschäftemachern und den Anführern der karenischen Guerilla-Armeen zugute kommt.

Reisepraktische Informationen Mae Hong Son

i Information
Tourism Authority of Thailand Northern Office, *Thanon Khunlum Prapas,* ☎ *(053)623016, Mo–Fr 8.30–16.30 Uhr.*

Unterkunft
The Imperial Mae Hong Son Resort $$$$ (9), *149 Thanon Khunlum Prapas,* ☎ *(053)684444-9, www.imperialhotels.com, EZ/DZ Baht 2.650–3.850. Luxushotel mit Gourmet-Restaurant und großem Pool, 2 km südlich des Zentrums.*
Fern Resort $$$$ (8), *64 Moo 10, Ban Pha Bong,* ☎ *(053)686110, www.fernresort.info, Bungalow Baht 2.500–3.500. 30 Holz-Bambus-Bungalows mit Klimaanlage und Veranda am Rande von Reisfeldern; halboffenes Restaurant und großer Pool; Anfahrt: 6 km südlich von Mae Hong Son in Ban Pa Pu Abzweigung nach Osten, dann 2 km auf Stichstraße.*
Mountain Inn $$$$ (7), *112/2 Thanon Khunlum Prapas,* ☎ *(053)611802-3, www. mhsmountaininn.com, EZ/DZ Baht 2.400–2.800. Komfortable Zimmer, gutes Restaurant, sehr beliebt und häufig ausgebucht.*

Baiyoke Chalet Hotel $$$ (**1**), *90 Thanon Khunlum Prapas,* ☏ *(053)613132, www. baiyokechalet.baiyokehotel.com, EZ/DZ Baht 1.200–1.800 (inkl. Frühstück). Stadthotel mit gut ausgestatteten, klimatisierten Zimmern.*

Piya Guest House $$ (**4**), *111 Thanon Khunlum Prapas, Soi 3 Jongkham,* ☏ *(053) 611260,* 🖷 *(053)611208, piyaguesthouse@hotmail.com, Bungalow Baht 750–850. Alteingesessenes Gästehaus mit 14 Steinbungalows in einem schönen Garten am See.*

Palm House $–$$ (**5**), *22/1 Thanon Chamnan Sathit,* ☏ *(053)614022, EZ/DZ Baht 400–650. 14 ordentliche Zimmer mit Ventilator oder Klimaanlage.*

Romthai House $–$$ (**6**), *22 Thanon Chamnan Sathit,* ☏ *(053)612437, www.mae hongson-romtai.com, EZ/DZ Baht 350–600. Einfache Zimmer in einem zweistöckigen Gebäude nahe dem See mit Ventilator oder Klimaanlage sowie einige klimatisierte Bungalows.*

Prince's Guest House $ (**2**), *3/1 Thanon Udom Chao Nitet,* ☏ *(053)611136, EZ/DZ Baht 300–400. Kleine Pension, am schönsten sind die beiden Zimmer im oberen Stockwerk mit Blick auf den See.*

Johnnie Guest House $ (**3**), *5/1 Thanon Udom Chao Nitet,* ☏ *(053)611667, EZ/DZ Baht 250–350. Einfache Zimmer mit Ventilator und Gemeinschaftsbad oder Dusche/WC; gute Informationen zu Trekking-Touren.*

🍴 Restaurants und Bars

Bai Fern Restaurant (**5**), *77 Thanon Khunlum Prapas,* ☏ *(053)611374, täglich 10.30–22 Uhr, Gerichte Baht 95–265. Mit Kunsthandwerk dekoriertes Lokal, teils ausgefallene und bisweilen sehr scharfe Gerichte des Berglands, abends Livemusik.*

Crossroads Pub (**1**), *32 Thanon Khunlum Prapas,* ☏ *(053)612500, täglich 17–24 Uhr, Gerichte Baht 60–180. Beliebtes Lokal in einem alten Holzhaus mit thailändischen und westlichen Gerichten.*

Lake Side Restaurant & Bar (**3**), *15 Thanon Pradit Jongkham,* ☏ *(053)620169, täglich 16–23 Uhr, Gerichte ab Baht 80. Hier gibt es bei Live-Musik sehr leckeres Thai-Fondue: Man bedient sich an einem Buffet mit klein geschnittenem Fleisch, Gemüse u. v. m. und gart alles in siedender Brühe selbst am Tisch.*

Salween River Restaurant (**2**), *23 Thanon Pradit Jongkham,* ☏ *(053)613421, www.sal weenriver.com, täglich 7.30-22 Uhr, Gerichte Baht 80-220. Gut besuchtes Terrassenrestaurant am See, ellenlange Speisekarte mit thailändischen, birmanischen und internationalen Gerichten sowie einigen regionalen Shan-Spezialitäten.*

Sunflower Café (**4**), *Soi 3, Thanon Khunlum Prapas,* ☏ *(053)611729, www.sunflower cafetour.com, täglich 8–22 Uhr, Gerichte Baht 80–140. Beste Pastas und Pizzas, zudem bakken Fiona und La echtes Vollkornbrot und leckere Kuchen.*

🏃 Aktivitäten

Ausflüge: *Tagesausflüge zu Dörfern der Bergvölker und zu Langhals-Frauen verbunden mit Elefantenritten werden von zahlreichen Agenturen angeboten (ab Baht 1.000), z. B.* **Sunflower Tour**, *Soi 3, Thanon Khunlum Prapas,* ☏ *(053)611729, www.sunflowercafetour.com.*

Rafting: *Zweitägige Wildwasserfahrten in Schlauchbooten mit Übernachtung in Zelten (ab Baht 3.500) veranstaltet* **Thai Adventure Rafting**, *39 Moo 3, Thanon Chaisongkram,* ☏ *(053)699111, www.thairafting.com.*

Trekking: *Zwei- und dreitägige Trekking-Touren mit englischsprachigen Führern werden von verschiedenen Agenturen angeboten (zweitägige Tour ca. Baht 1.800–2.200, dreitägige Tour ca. Baht 2.400–3.000), z. B.* **Chan Nature Walks**, ☏ *(053)695540, www.trekkingthai land.com und* **Rosegarden Tours**, ☏ *(053)611681, www.rosegarden-tours.com.*

Verkehrsverbindungen

Busse: *Der Busbahnhof liegt an der Umgehungsstraße Thanon Nauwa Ko Cha Saan an der südlichen Peripherie der Stadt. Mehrmals täglich Busse* **in südliche Richtung** *u. a. von/nach Mae Sariang, Chiang Mai (via Khun Yuam, Mae Sariang, Hot, Chom Thong, San Pa Tong und Hang Dong, 370 km/8–9 Std.) und Bangkok;* **in nördliche Richtung** *u. a. von/nach Soppong, Pai und Chiang Mai (via Soppong und Pai 230 km/7–7,5 Std.).*
Flüge: *mehrmals wöchentlich von/nach Chiang Mai (Kan Air). Der* **Flugplatz** *liegt am nördlichen Ortsrand.* **Kan Air,** ☏ *(02)5526111, www.kanairlines.com. In der Hauptsaison sind die Flüge oft lange im Voraus ausgebucht!*

Von Mae Hong Son nach Soppong

Von Mae Hong Son führen Serpentinen in einem 65 km langen Kurvenkarussell über sechs Pässe nach Soppong. Gut 15 km nördlich von Mae Hong Son lädt die **Tham Pla** (*Fish Cave*) zu einem kurzen Stopp ein. Ein kleiner Spaziergang durch einen schönen Park führt zu einem Pool vor einer Grotte, in dem sich Bachkarpfen tummeln und auf Futter warten.

In einem majestätischen Karstmassiv mit Klippen, spitzen Felsnadeln und bizarren Steindomen liegt südlich des H 1095 **Tham Nam Lang**, eine der größten Höhlen Thailands und Ziel unerschrockener Höhlenforscher. Diese sollten sich allerdings von ortskundigen Guides führen lassen. Der Eingangsbereich der Grotte, durch die unterirdisch der Mae Nam Lang fließt, hat die Dimension einer Konzerthalle. Ausgerüstet mit einer starken und möglichst wasserdichten Taschenlampe, kann man in der Trockenzeit bei niedrigem Wasserstand – teils watend, teils schwimmend – eine unterirdische Märchenlandschaft mit riesigen Stalaktiten und Stalagmiten entdecken. Wer danach noch Energie hat, kann von der Grotte in einer guten Stunde durch die schöne Bergwelt zu dem weiter südlich in eine Schlucht donnernden **Susa Waterfall** wandern.

Das am gleichnamigen Fluss gelegene Dorf **Nam Khong** ist Ausgangspunkt für zweitägige Floß- oder Schlauchbootfahrten nach Mae Hong Son. Buchen kann man die Trips bei Agenturen in Mae Hong Son (s. S. 303) und Pai (s. S. 311). Vom Flusstal haarnadelt der H 1095 hinauf

Überwucherte Karstmassive prägen die Landschaft

zum letzten der sechs Pässe an der Route. Auf der Passhöhe (860 m) bietet sich vom **Pangma Pha Viewpoint** ein herrliches Panorama auf die Bergwelt.

Gut 5 km östlich der Passhöhe zweigt der nur anfangs asphaltierte und später in Schotter übergehende H 1226 zur thailändisch-myanmarischen Grenze ab. Nach dem malerisch zwischen Karstmassiven gelegenen Lahu-Dorf Ban Jabo, das man nach 3 km erreicht, biegt eine 5 km lange Straße in das von ausgedehnten Reisfeldern geprägte **Tal von Mae Lana** ab. Erfahrene und gut ausgerüstete Speläologen zieht es zur Tham Mae Lana, einer mehrere Kilometer langen Kaverne, die ein unterirdischer Fluss in das Kalkgestein gefräst hat. *Karstmassive und Höhlen*

Der H 1226 mäandert nach der Mae-Lana-Abzweigung durch eine wilde Bergwelt zur Grenze, die 22 km weiter nördlich verläuft. Man passiert dabei die **Lahu-Dörfer** Ban Mai Hung, Ban Pa Puek, Ban Huai Hea und Ban Mai Lun, bevor die Piste in Ban Pang Kham endet. Da es im Grenzgebiet Thailand-Myanmar in den letzten Jahren wiederholt zu Kämpfen kam, sollte man in Mae Hong Son, Soppong oder spätestens in Mae Lana Informationen über die aktuelle Situation einholen.

In Serpentinen windet sich der H 1095 hinunter nach Soppong. Wenige Kilometer vor dem Ort ragen linker Hand bizarre **Kalksteinformationen** auf. Hier findet man eine Vielzahl von Höhlen, die einst als Begräbnisstätten dienten. Zu sehen sind heute nur noch Reste verwitterter Holzsärge, deren Alter und Herkunft unbekannt sind.

Soppong

Das beschauliche Städtchen erwachte erst aus seinem Dornröschenschlaf, als die Nordroute von Chiang Mai über Pai nach Mae Hong Son Anfang der 1990er-Jahre durchgehend asphaltiert wurde. Heute ist der auch Pangma Pha genannte Ort vor allem als Warenumschlagsplatz und Versorgungszentrum für das Umland von Bedeutung. Mit zunehmend besserer touristischer Infrastruktur, wozu vor allem eine Reihe angenehmer Gästehäuser gehört, entwickelt sich Soppong mehr und mehr zum Ausgangspunkt für Unternehmungen in die Bergwälder der Umgebung. Ein- oder mehrtägige Wanderungen führen zu Dörfern der Karen, Lahu und Lisu. Wenn jeden Dienstagmorgen zahlreiche, mit traditionellen Trachten bekleidete Bergbewohner den Markt in Soppong besuchen, bietet sich ein faszinierendes Bild. *Ausgangspunkt für Trekking-Touren*

8 km nördlich von Soppong liegt die gut erschlossene **Tham Lot**. Um diese große Tropfsteinhöhle zu erkunden, muss man sich ortskundigen Guides aus dem nahen Shan-Dorf Ban Tham anvertrauen. Sie besorgen die Kerosinlampen, ohne die man im stockdunklen labyrinthischen Gewirr völlig hilflos wäre. Von der Tham Lot Nature Education Station läuft man etwa 500 m zum Eingang des Höhlenkomplexes, den der Mae Nam Lang durchfließt. Einen Teil der Tour durch das unterirdische Meisterwerk der Natur legt man auf Bambusflößen zurück. Zunächst kommt man in die **Giant Pillar Cave** (Tham Sao Hin), die ihren Namen riesigen kunstvollen Kalkgebilden verdankt. An den Wänden der gegenüberliegenden **Doll Cave** (Tham Tukada) kann man im flackernden Schein der Kerosinlampen prähistorische Felsmalereien ausmachen. In *Mekka der Speläologen*

der **Coffin Chamber** (Tham Pee Man) entdeckte man mehrere Meter lange und bis zu 100 kg schwere Holzsarkophage, deren Alter mit etwa 2.000 Jahren angegeben wird. Archäologische Funde ergaben, dass in der Tham Lot bereits vor mehr als 10.000 Jahren steinzeitliche Jäger und Sammler auf ihren Streifzügen Schutz suchten. Die porösen Kalksteinwände am Höhleneingang bieten Weißnest-Salanganen, einer Art Mauersegler, optimale Niststätten. Ist man am späten Nachmittag (ca. 17–18 Uhr) bei der Grotte, wird man Zeuge eines grandiosen Naturspektakels, wenn Abertausende Vögel zu ihren Nestern zurückkehren. Wie auf ein geheimes Zeichen hin flattern wenig später Zehntausende Fledermäuse aus der Höhle, um sich auf die nächtliche Futtersuche zu begeben.

Schwärme von Vögeln und Fledermäusen

Tropfsteinhöhle Tham Lot, ☎ *(053)617218, täglich 8–17 Uhr, Eintritt: Baht 150/ Person zuzüglich Baht 450–550 für Bambusfloß für max. 4 Personen.*

Reisepraktische Informationen Soppong

🛏 Unterkunft

Little Eden Guest House *$$–$$$,* ☎ *(053)617054, www.littleeden-guest house.com, EZ/DZ und Bungalow Baht 450–1.800. Zimmer und Bungalows unterschiedlicher Größe und Ausstattung, Restaurant, kleiner Pool, Organisation von Trekking-Touren.*

Soppong River Inn *$$–$$$,* ☎ *(053)617107, www.soppong.com, EZ/DZ und Bungalow Baht 700–1.500. Zimmer und Bungalows mit individueller Note, Restaurant auch zum Draußensitzen, die Betreiber vermitteln gut organisierte Treks.*

Cave Lodge *$–$$,* ☎ *(088)4153845, www.cavelodge.com, EZ/DZ Baht 300–700. 8 km nördlich nahe der Tham-Lot-Höhle gelegen, Zimmer und Bungalows unterschiedlicher Größe und Qualität, Restaurant, Organisation auch ungewöhnlicher Touren in der Umgebung.*

Von Soppong nach Pai

Dramatisch schöne Berge

Von Soppong nach Pai fährt man 42 km lang auf dem kurvenreichen H 1095 durch eine wilde Bergwelt, in der jedoch nur noch unzugängliche Kuppen und steile Gipfel mit ursprünglichem Dschungel bedeckt sind. Dennoch zählt diese Strecke zu den landschaftlich schönsten in Nordthailand. Hinter jeder Haarnadelkurve eröffnen sich neue, spektakuläre Perspektiven. Vor allem kunstvoll an die Berghänge modellierte Terrassenkulturen prägen das Landschaftsbild und zeugen von den Bemühungen der Bergvölker, dem Land ein Maximum an fruchtbarem Boden abzugewinnen. Man passiert Bergdörfer wie das Lisu-Dorf **Nam Rin**, in denen sich das Leben seit Generationen kaum wirklich geändert hat. Über die Kultur der Bergvölker informiert in Nam Rin ein kleines, aber gut bestücktes Museum (*täglich 9–17 Uhr, Eintritt: Baht 30*). Trekking-Touren führen zu den 7 km bzw. 8 km südlich gelegenen Karen-Dörfern **Ban Mae Umong** und **Ban Luk Pa Koh**.

Höhepunkt im wörtlichen Sinn ist am H 1095 ein 1.292 m hoher Pass mit dem **Kiu Lom Viewpoint**, von dem sich eine grandiose Fernsicht bietet. Südlich der Passhöhe öffnet sich die Landschaft zum fruchtbaren Tal des Pai River, an dem das Städtchen gleichen Namens liegt.

Pai

Vor gar nicht allzu langer Zeit noch ein isoliert in den Bergen gelegenes Städtchen, hat Pai nach der Fertigstellung des H 1095 Mitte der 1990er-Jahre eine unglaublich schnelle Wandlung vollzogen und sich zu einem der beliebtesten Reiseziele vor allem von Backpackern entwickelt. Die Stadt scheint aus Gästehäusern, Restaurants, Bars, Diskos und Internetcafés zu bestehen, und das Angebot der Tourveranstalter reicht *Touristische* von Trekking- und Fahrradtouren über Höhlenerkundungen bis zu Wildwasserfahr- *Boomtown* ten: Pai ist die nordthailändische Version von Bangkoks berühmter Khao San Road. Pai hat vielleicht das Flair einer ursprünglichen Stadt verloren, sich aber trotz des Booms eine beschauliche Atmosphäre bewahrt. Ein Aufenthalt in dem von Shan, eines ethnisch mit den Thailändern verwandten Volkes, bewohnten Städtchens lohnt sich allein schon wegen der idyllischen Landschaft.

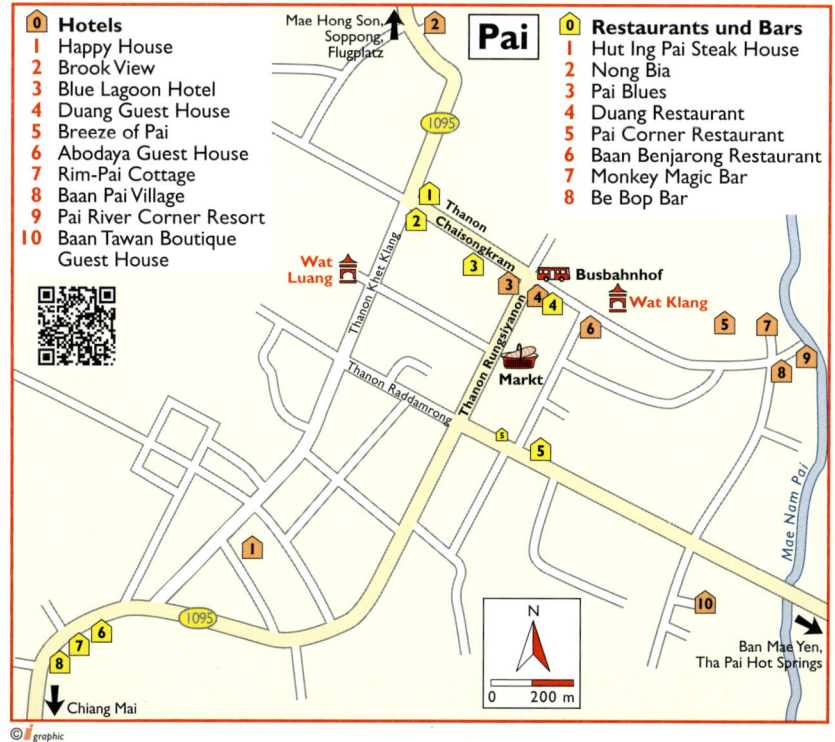

Hotels
1 Happy House
2 Brook View
3 Blue Lagoon Hotel
4 Duang Guest House
5 Breeze of Pai
6 Abodaya Guest House
7 Rim-Pai Cottage
8 Baan Pai Village
9 Pai River Corner Resort
10 Baan Tawan Boutique Guest House

Restaurants und Bars
1 Hut Ing Pai Steak House
2 Nong Bia
3 Pai Blues
4 Duang Restaurant
5 Pai Corner Restaurant
6 Baan Benjarong Restaurant
7 Monkey Magic Bar
8 Be Bop Bar

Pai

Mae Hong Son, Soppong, Flugplatz

1095

Thanon Chaisongkram

Wat Luang

Busbahnhof

Wat Klang

Markt

Thanon Khet Klang

Thanon Rungsiyanon

Thanon Raddamrong

Mae Nam Pai

N
0   200 m

Ban Mae Yen, Tha Pai Hot Springs

1095

Chiang Mai

© *i* graphic

Ein Blick in die burmesisch inspirierten Shan-Tempel **Wat Klang** und **Wat Luang** sowie ein **Bummel über den Markt**, zu dem morgens oft in Stammestracht gekleidete Frauen der Karen, Lahu und Lisu kommen – das Besuchsprogramm in Pai ist schnell abgehakt. Dafür bietet die Umgebung reichlich Möglichkeit für Aktivitäten. Naturliebhaber kommen hier auf ihre Kosten, denn Pai liegt inmitten endlos scheinender Reisfelder, die die perfekte asiatische Idylle zeigen. Durchzogen von einem engmaschigen Netz von Fußpfaden und wenig befahrenen Straßen, bietet die Landschaft vielfältige Möglichkeiten für Spaziergänge, Wanderungen und Radtouren, auf denen man einen guten Eindruck vom ländlichen Leben gewinnt.

Umgebung von Pai

Beliebte Ausflugsziele: Ein Wasserfall und heiße Quellen

Eine Tageswanderung führt zu dem nordöstlich gelegenen **Mae Yen Waterfall**, der ganzjährig Wasser führt und in drei Kaskaden etwa 15 m talwärts tost. Erfrischung verspricht ein „Planschpool" am Fuße des Wasserfalls (hin und zurück 14 km/ca. 8–9 Std.).

Im **Tha Pai Hot Springs National Park** 8 km südlich der Ortsmitte kündigen schwefeliger Geruch und Schwaden aufsteigenden Wasserdampfes die etwa 300 m vom Parkeingang sprudelnden heißen Quellen (*boo nam ron*) an. Mit 80° C ist das Thermalwasser so heiß, dass man damit Eier kochen kann. Ein wohl temperiertes Fußbad nimmt man im etwas unterhalb davon fließenden Bach, der zu kleinen Bassins aufgestaut ist.

Tha Pai Hot Springs National Park, *täglich 7–18 Uhr, Eintritt: Erwachsene Baht 200, Kinder Baht 100 zuzüglich Baht 10 für Fahrrad, Baht 20 für Motorrad, Baht 50 für Auto.*

In der Nähe liegen mehrere **Elephant Camps**, von denen Elefantenritte starten (*täglich 9–17 Uhr, 60-minütige Ritte für zwei Personen Baht 1.400*).

Auf dem Hin- oder Rückweg lohnt ein Stopp bei dem auf einem Hügel gelegenen **Wat Phra That Mae Yen**, der zwar keine große kunsthistorische Bedeutung hat, aber als ein Ort der Stille und des Friedens bezaubert. Zudem bietet sich ein schöner Blick auf das von Reisfeldern umgebene Pai und das kleine Shan-Dorf Mae Yen, das wie eine Insel in einem Meer von Reisfeldern liegt (*täglich 8–18 Uhr, Spende erbeten*).

Reisepraktische Informationen Pai

Unterkunft
In der Hochsaison von November bis März und an Feiertagen rechtzeitig reservieren! In vielen Unterkünften wird in dieser Zeit ein Zuschlag von 25–50 Prozent erhoben.

Pai River Corner Resort $$$$–$$$$$ (**9**), *94 Thanon Chaisongkram,* ☎ *(053)699049, www.pairivercorner.com, Bungalow Baht 2.450–4.250. Komfortable Holzbungalows mit Ventilator oder AC in einem Garten am Pai River, schönes Terrassenrestaurant mit Flussblick und Pool.*
Rim-Pai Cottage $$$–$$$$ (**7**), *84 Thanon Chaisongkram,* ☎ *(053)699133, www.rimpaicottage.com, EZ/DZ oder Bungalow Baht 1.500–4.000. Gut ausgestattete Zimmer in Holzhäusern und Bungalows, die teureren mit Terrasse und Flussblick.*

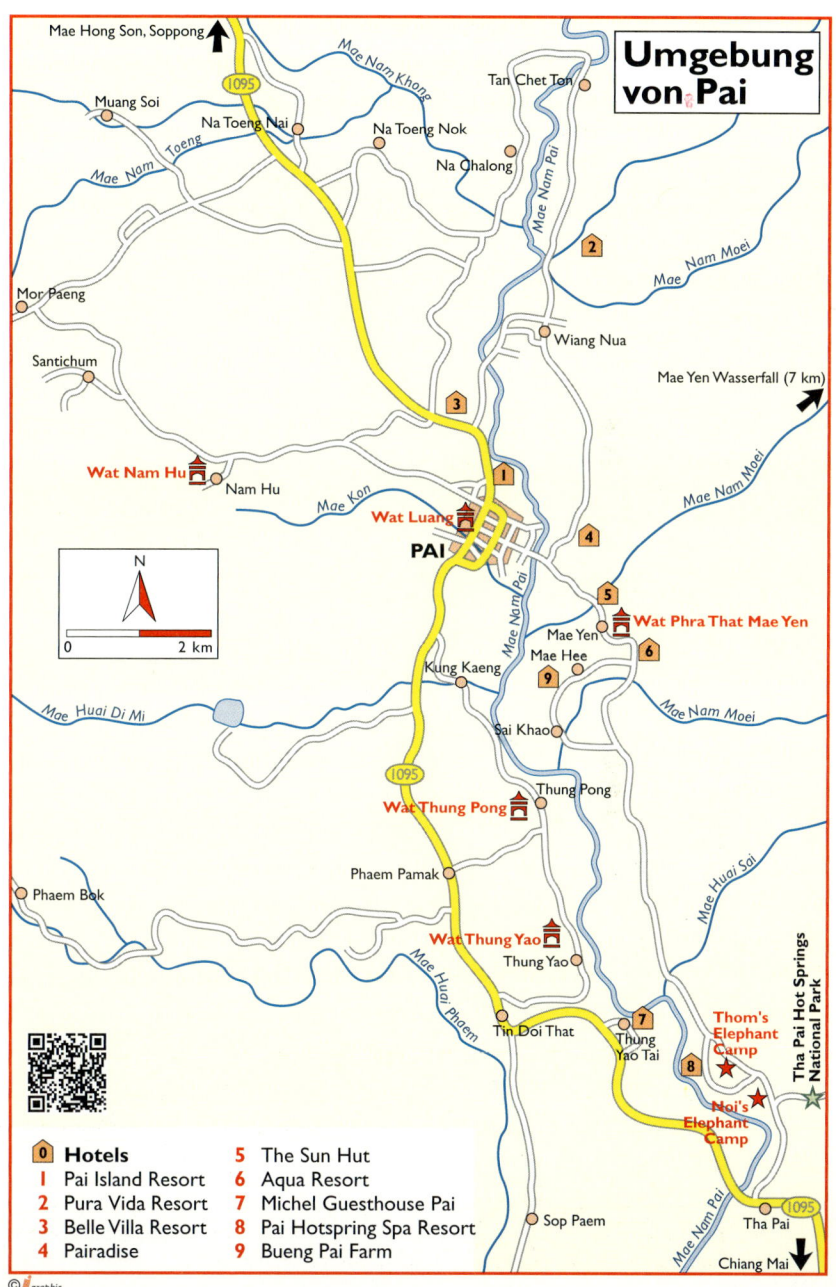

Umgebung von Pai

Mae Hong Son, Soppong

Muang Soi

Na Toeng Nai

Na Toeng Nok

Na Chalong

Tan Chet Ton

Mae Nam Khong

1095

Mae Nam Toeng

Mor Paeng

Santichum

Wat Nam Hu

Nam Hu

Mae Kon

Wat Luang

PAI

Mae Nam Pai

Wiang Nua

Mae Yen Wasserfall (7 km)

Mae Nam Moei

2

3

1

4

5

Wat Phra That Mae Yen

Mae Yen

Mae Hee

6

9

Kung Kaeng

Sai Khao

Mae Nam Moei

Mae Huai Di Mi

N

0   2 km

1095

Wat Thung Pong

Thung Pong

Phaem Pamak

Phaem Bok

Wat Thung Yao

Thung Yao

Mae Huai Phaem

Tin Doi That

Thung Yao Tai

7

8

Mae Huai Sai

Thom's Elephant Camp

Hoi's Elephant Camp

Tha Pai Hot Springs National Park

Sop Paem

Tha Pai

1095

Mae Nam Pai

Chiang Mai

0	**Hotels**	5	The Sun Hut
1	Pai Island Resort	6	Aqua Resort
2	Pura Vida Resort	7	Michel Guesthouse Pai
3	Belle Villa Resort	8	Pai Hotspring Spa Resort
4	Pairadise	9	Bueng Pai Farm

© graphic

Baan Pai Village $$–$$$$ (**8**), ☏ *(053)698152, www.baanpaivillage.com, Bungalow Baht 1.000–2.900. Bungalows mit Ventilator oder AC und kleiner Terrasse in einem Garten am Pai River; beliebt ist die angeschlossene Poppies Wine Bar & Restaurant.*

Baan Tawan Boutique Guest House $$–$$$$ (**10**), *117 Thanon Raddamrong,* ☏ *(053)698116, www.baantawanpai.com, EZ/DZ Baht 700–1.800, Bungalow Baht 1.500– 3.000 (inkl. Frühstück). 8 geschmackvoll möblierte Zimmer mit Ventilator oder AC in einem doppelstöckigen Haus und 10 komfortable, klimatisierte Holz-Bambus-Bungalows am Pai River, stimmungsvolles Restaurant am Fluss, Tourservice und kostenloses WLAN.*

Brook View $$–$$$ (**2**), *132 Thanon Khet Klang,* ☏ *(053)699366, EZ/DZ Baht 700– 1.650. Mit Holzmobiliar ausgestaltete Zimmer mit Ventilator oder Klimaanlage in schönen Teak-Bungalows, die besseren mit Terrasse und Flussblick.*

Blue Lagoon Hotel $$–$$$ (**3**), *4 Thanon Rungsiyanon,* ☏ *(053)699824, EZ/DZ Baht 700–1.400. Gemütliche Zimmer mit Klimaanlage, mit Restaurant und Pool, gutes Preis-Leistungs-Verhältnis.*

Abodaya Guest House $$ (**6**), *16/3 Thanon Chaisongkram,* ☏ *(053)699041, EZ/DZ Baht 650–950. Zimmer mit Ventilator oder Klimaanlage in einem alten Teak-Haus, mit Restaurant.*

Breeze of Pai $–$$$ (**5**), *Thanon Chaisongkram,* ☏ *(081)9984597, www.breezeofpai. com, EZ/DZ Baht 300–600, Bungalow Baht 900–1.200. Von einem thailändisch-britischen Ehepaar kompetent geleitetes kleines Resort in einem gepflegten Garten, einfache Zimmer mit Ventilator oder AC und ebensolche, etwas dicht stehende Bungalows.*

Duang Guest House $–$$ (**4**), *5 Thanon Rungsiyanon,* ☏ *(053)699101,* 🖷 *(053)699 581, EZ/DZ Baht 300–900. Gästehaus der ersten Stunde, die Besitzerin Khun Duang organisiert Trekking-Touren.*

Happy House $ (**1**), ☏ *(087)0208598, www.happyhouse.paiexplorer.com, EZ/DZ Baht 300–500. Das etwas versteckt südlich der Markthalle gelegene Gästehaus unter australisch-thailändischer Leitung bietet 6 geräumige Zimmer mit Dusche/WC und Ventilator.*

Unterkünfte außerhalb im Norden

Pai Island Resort $$$$$–$$$$$$ (**1**), *H 1095,* ☏ *(053)699699, www.paiisland resort.com, Villa ab Baht 4.750. Am Pai River, etwa 500 m nördlich der Stadt gelegenes exklusives Resort mit 10 bestens ausgestatteten Villen und hervorragendem Restaurant.*

Belle Villa Resort $$$$ (**3**), ☏ *(053)698226-7, www.bellevillaresort.com, Bungalow Baht 2.475–3.575. 2 km nördlich am Pai River gelegenes Resort mit 19 komfortablen Holz-Bambus-Bungalows, Restaurant und Pool.*

Pura Vida Resort $$$ (**2**), ☏ *(089)6357556, www.puravidapai.com, Bungalow Baht 1.150–1.450 (inkl. Frühstück). Hübsche und gepflegte Anlage in einer ehemaligen Orangenplantage mit 8 Bungalows und kleinem Restaurant, hilfsbereites thailändisch-holländisches Besitzerehepaar, 5 km nördlich.*

Unterkünfte außerhalb im Osten und Süden

Pai Hotsprings Spa Resort $$$–$$$$ (**8**), ☏ *(053)065748, www.paihotsprings sparesort.com, EZ/DZ Baht 1.600-2.300 (inkl. Frühstück). 8 km südlich gelegenes Resort mit 68 Zimmern in Holzhäusern und Restaurant, fünf Pools mit unterschiedlich temperiertem Mineralwasser.*

Bueng Pai Farm $$–$$$ (**9**), *Ban Mae Hee,* ☏ *(089)2654768, www.paifarm.com, Bungalow Baht 600–2.000. 15 gemütliche und gepflegte Bambusbungalows an einem großen Fischteich, im Restaurant vorwiegend vegetarische Gerichte aus organischem Anbau, kleiner Pool.*

Pairadise $$–$$$ (**4**), ☎ *(053)698065, www.pairadise.com, Bungalow Baht 900–1.500. Auf einem Hügel über dem Pai River etwa 1 km östlich des Ortes verteilen sich Holz- und Steinbungalows mit Ventilator, kleinem Restaurant und Naturschwimmbecken, familienfreundlich.*

Michel Guesthouse Pai $$$ (**7**), ☎ *(086)1186999, www.michel-bungalows.com, EZ/DZ Baht 1.200-1.600. 7 km südlich am Pai River gelegen, Zimmer mit Ventilator oder AC in Steinbungalows, im Restaurant thailändische und europäische Gerichte, schöner Pool, kostenloses WLAN, Schweizer Management.*

The Sun Hut $–$$$ (**5**), *Ban Mae Yen,* ☎ *(053)699730, Bungalow Baht 450–1.250. 2 km südöstlich in Ban Mae Yen, Bungalows mit Ventilator oder Klimaanlage sowie Restaurant mit vegetarischer Küche.*

Aqua Resort $$–$$$ (**6**), *Ban Mae Yen,* ☎ *(086)2722016, aquaresortpai@yahoo.com, Bungalow Baht 600–1.500. Hübsche Steinbungalows (Dusche/WC und Ventilator) in einem schönen Garten mit Wasserfall und kleinem Pool.*

🍴 Restaurants und Bars

Baan Benjarong Restaurant (**6**), *57 Thanon Rungsiyanon,* ☎ *(053)698010, täglich 8–22 Uhr, Gerichte Baht 80–140. Thailändische Gerichte und Shan-Spezialitäten.*

Be Bop Bar (**8**), *47 Thanon Rungsiyanon,* ☎ *(053)699128, täglich 17–1 Uhr. Szene-Treff mit guten Drinks und Live-Musik, vor allem Rock und Rhythm 'n' Blues.*

Duang Restaurant (**4**), *5 Thanon Rungsiyanon,* ☎ *(053)699101, täglich 7.30–22 Uhr, Gerichte Baht 60–120. Thailändische und europäische Gerichte sowie lokale Spezialitäten, z. B. khao soi – Weizennudeln in einer scharfen Hühnchen-Currysauce mit Kokosmilch.*

Hut Ing Pai Steak House (**1**), *Thanon Chaisongkram/Thanon Khedkelang,* ☎ *(053) 699841, täglich 10–22 Uhr, thailändische Gerichte Baht 70–150, Steaks Baht 200–350. Gute Adresse für Freunde von Fleischgerichten.*

Monkey Magic Bar (**7**), *59 Thanon Rungsiyanon, täglich 17–1 Uhr. Lokale und internationale Drinks bei Reggae-Rhythmen, der Besitzer ist Maler und dekoriert die Wände mit seinen Bildern.*

Nong Bia (**2**), *Thanon Chaisongkram/Thanon Khedkelang,* ☎ *(053)699103, täglich 7.30– 22 Uhr, Gerichte Baht 60–120. Alteingesessenes Restaurant mit hervorragenden thailändischen und traditionellen Shan-Gerichten, immer gut besucht.*

Pai Blues (**3**), *91/1 Thanon Chaisongkram,* ☎ *(053)691869, täglich 8–22 Uhr, Gerichte Baht 70–120. Thailändische und europäische Gerichte sowie einige Shan-Spezialitäten, begleitet von Blues vom Band.*

Pai Corner Restaurant (**5**), *53 Thanon Raddamrong,* ☎ *(01)0303195, täglich 8–23 Uhr, Gerichte Baht 70–140. Eine Institution in Pai unter der Leitung des Deutschen Tom, hervorragende thailändische und deutsche Gerichte, gute Info-Börse.*

🥾 Aktivitäten

Elefanten-Safaris: *Tagesausflüge mit Elefantenreiten und Wildwasserfahrten in Schlauchbooten auf dem Pai River bietet Thom's Pai Elephant Camp Tours,* ☎ *(053) 699286, www.thomelephant.com.*

Rafting: *Zweitägige Wildwasserfahrten in Schlauchbooten mit Übernachtung in Zelten (ab Baht 2.800) veranstalten* **Pai Adventure,** ☎ *(053)699385, www.thailandpai.net und* **Thai Adventure Rafting,** *Thanon Rangsiyanun,* ☎ *(053)699111, www.thairafting.com.*

Trekking: *Trekking-Touren (meist kombiniert mit Elefantenritten und Schlauchbootfahrten) werden von den Betreibern von Gästehäusern und verschiedenen kleinen Agenturen angeboten (eintägige Tour ca. Baht 1.000–1.200, zweitägige Tour ca. Baht 1.800–2.200, drei-*

tägige Tour ca. Baht 2.400–3.000), z. B. **Back Trax Trekking**, *29 Thanon Chaisongkram,* ☎ *(053)699739;* **Duang Guest House** *(s. o.) und* **Northern Green Tours**, *28 Thanon Chaisongkram,* ☎ *(053)699385 und* **Pai Adventure** *(s.o.).*

🚆🚗 Verkehrsverbindungen

Busse: *Der Busbahnhof liegt in der Ortsmitte an der Thanon Chaisongkram. Mehrmals täglich Busse und Minibusse u. a. von/nach Chiang Mai, Soppong und Mae Hong Son. Einige Agenturen setzen Minibusse nach Thaton, Mae Sai, Chiang Rai und Chiang Khong ein.*

Von Pai nach Chiang Mai

Dorf des Karen-Volkes

Auch diese rund 125 km lange Strecke führt durch wunderschöne Berglandschaften. 12 km südlich von Pai zweigt nach dem Karen-Dorf Mae Ping der schottrig-staubige H 1265 zum großen **Karen-Dorf Wat Chan** ab (43 km). Geübte Fahrer von Geländemotorrädern erreichen von dort auf einer abenteuerlichen Piste Samoeng (100 km, s. S. 287). Diese Fahrt ist nur in der **Trockenzeit** möglich, da einige Furten in den Regenmonaten, wenn die Flüsse Hochwasser führen, nicht durchquert werden können.

Südlich von Mae Ping führt der H 1095 in vielen Kurven über zwei mehr als 1.000 m hohe Pässe. Beim KM 30,5 zweigt eine Straße zum 6 km nördlich gelegenen Eingang des 1.250 km² großen **Huai Nam Dang National Park** ab, der sich um den 1.962 m hohen Doi Chang (Elefantenberg) ausbreitet. Attraktionen des Parks sind mehrere Wasserfälle, Aussichtspunkte mit Blick auf das Doi-Chang-Massiv und das morgendliche Nebelmeer.

Huai Nam Dang National Park, *täglich 8–18 Uhr, Eintritt: Erwachsene Baht 200, Kinder Baht 100 zuzüglich Baht 10 für Fahrrad, Baht 20 für Motorrad, Baht 50 für Auto.*

Wilde Bergwelt

Im weiteren Verlauf macht die Streckenführung des H 1095 Alpenpässen Konkurrenz. Immer wieder lohnen sich Stopps an Aussichtspunkten. **Mae Sae**, die einzige Stadt an der Route und Verwaltungssitz des gleichnamigen Bezirks, erscheint wie ein größeres Dorf, aus dem zwei, drei Betonbauten herausragen. Neben zwei einfachen Gästehäusern und kleinen Restaurants besitzt der lebhafte Ort einen Markt, zu dem frühmorgens viele Angehörige von Bergstämmen kommen.

12 km südlich von Mae Sae zweigt eine 8 km lange Stichstraße zum **Sop Pong Waterfall** und den **Pong Dueat Hot Springs** ab. Beide Ausflugsziele liegen im Huai Nam Dang National Park und sind bei Einheimischen beliebt, *farangs* werden kräftig zur Kasse gebeten.

Letztes Highlight an der Strecke ist der **Mok Fa Waterfall**, zu dem beim KM 77,5 eine 2 km lange Stichstraße vom H 1095 abzweigt. Vom Parkplatz am Parkeingang führt ein schöner, zehnminütiger Spaziergang an einem Wildbach entlang zu dem Wasserfall, der etwa 25 m steil über eine Felswand stürzt. Leider wird ausländischen Besuchern auch hier eine hohe Eintrittsgebühr abverlangt, da der Wasserfall im Doi Suthep-Doi Pui National Park liegt (*täglich 8–18 Uhr, Eintritt: Erwachsene Baht 200, Kinder Baht 100*).

Tipp

Unterkunft
Wer die Rückfahrt nach Chiang Mai noch einmal unterbrechen möchte, sollte dies in dem Lisu-Dorf Ton Lung tun (Abzweigung vom H 1095 knapp 4 km vor Erreichen des H 107, dann 13 km auf einer schmalen Asphaltstraße). Dort steht die nach ökologischen Prinzipien errichtete **Lisu Lodge**, deren Holz-Bambus-Bungalows traditionellen Baustil der Bergvölker mit westlichem Komfort verbinden.
Buchung über: Asian Oasis (East West Siam), Chiang Mai, ☎ (053)278338, www.asian-oasis.com, EZ/DZ Baht 3.650–4.150.

Zu Besuch in einem Bergdorf – Trekking in Nordthailand

info

Bunt geht es zu im hohen Norden Thailands. Neben den ethnischen Thai, die im Norden *khon muang* („Stadtmenschen") heißen, leben in der Region sogenannte Bergmenschen oder *chao khao*, die ein entbehrungsreiches Leben führen. Die Bergstämme sind unterschiedlicher ethnischer und geografischer Herkunft.

Zu den größeren Gruppen gehören die **Akha**, **Hmong (Meo)**, **Karen**, **Lahu**, **Lawa**, **Lisu** und **Yao**, deren Bevölkerung zusammen gut 1 Million zählt. Die ethnischen Minoritäten wanderten vor 500–1.000 Jahren, vielfach aber auch erst im Laufe des 19. Jh. aus dem Süden Chinas, aus Tibet und Myanmar (Burma) ein. Insgesamt sind es heute etwa zwei Dutzend verschiedene Minderheiten mit unterschiedlichen Kulturen, eigenen Sprachen und lokalen Dialekten. Sie können sich untereinander so fremd sein wie etwa Deutsche und Italiener, doch fast alle sind Pantheisten, verehren die Ahnen und fürchten die Launen von Geistern und Göttern. Obwohl sie auf der untersten Stufe der hierarchisch strukturierten thailändischen Gesellschaft stehen, strahlen sie meist eine zurückhaltende Freundlichkeit und Zufriedenheit aus.

Die schönste Art, in die Bergdörfer zu kommen, ist die anstrengendste: Trekking. Obwohl bereits viele Dörfer auf Besucher eingestellt sind, erscheint eine Wanderung in den Bergen Nordthailands wie ein Zeitsprung in eine andere Welt.

Die schönsten Trekking-Regionen
Beliebte Ausgangspunkte für organisierte ein- und mehrtägige Trekking-Touren unterschiedlicher Schwierigkeitsgrade sind Chiang Mai, Mae Hong Son, Soppong, Pai und Chiang Rai. Zu den beeindruckendsten Trekking-Gebieten gehören die Gegend westlich von Mae Taeng um den 1.805 m hohen Doi Mon Angket (ab Chiang Mai), das Gebiet um den 2.175 m hohen Doi Chiang Dao (ab Chiang Mai), der Naturpark Doi Ang Khang (ab Chiang Rai), die Bergwelt westlich von Wiang Pa Pao (ab Chiang Mai oder Chiang Rai), der Khun Chae National Park und der Jaeson National Park (ab Chiang Mai) sowie die Gebiete um Mae Sariang, Sop Moei, Khun Yuam, Mae Hong Son, Soppong, Pai und Thaton. Als „Geheimtipp" gilt die nordöstliche Provinz Nan mit dem Doi Phukha National Park.

Organisation und Buchung
Während man einfachere Wanderungen in die nähere Umgebung der genannten Orte durchaus auf eigene Faust unternehmen kann, empfiehlt es sich, für mehrtägige Treks die Dienste eines Veranstalters in Anspruch zu nehmen. Leider gibt

es darunter „schwarze Schafe", die es in erster Linie auf das Geld der Touristen abgesehen haben und die Bergdörfer wie Ethno-Zoos sehen.

Junge Akha-Frau in Ban Lorcha bei Thaton

Man sollte stets darauf achten, dass die Agenturen und die für sie tätigen *guides* eine Lizenz der **Tourism Authority of Thailand** (TAT) besitzen. Die staatliche Fremdenverkehrsbehörde wacht darüber, dass die Vorschriften des seit einigen Jahren geltenden Tourismusgesetzes eingehalten werden: Alle Trekking-Agenturen sollen registriert sein, die Touren müssen angemeldet werden, die *guides* Spezialkurse besucht haben und einen TAT-Ausweis mit sich führen. Eine kostenlose Liste der registrierten Veranstalter ist im TAT-Office in Chiang Mai erhältlich. Dort gibt man auch Auskunft über eventuelle Sicherheitsrisiken bei Treks im Grenzgebiet zu Myanmar.

„Grünes" Trekking

Der Trekking-Tourismus hat zwar bisweilen die Lebensgemeinschaften in den Bergdörfern verändert, ihnen aber auch neue Einkommensmöglichkeiten erschlossen, was die Lebensqualität vielerorts deutlich verbessert hat. Das geschieht heute längst nicht mehr nur durch fotowütige Reisebus-Gesellschaften, sondern erfreulicherweise oft durch eine „Begegnung auf Augenhöhe".

Verantwortungsvolle Tourunternehmer haben einen „sanften", sozial- und umweltverträglichen Trekking-Tourismus entwickelt, der Abenteuer mit Naturerkundung und Völkerverständigung verbindet. „Wir besuchen die Bergstämme als Freunde und betrachten sie nicht als Ausstellungsobjekte", heißt es in einem Prospekt einer vorbildlich arbeitenden Agentur. Englischsprachige einheimische *guides* unterrichten die Wanderer während des Treks über Sitten und Gebräuche der Hochlandvölker, informieren sie über Fauna und Flora der Region, geben ihnen Einblick in das uralte Wissen der Bergstämme über die Heilwirkung vieler Pflanzen. Abseits der Touristenzentren ist ein guter Führer deshalb schon deshalb unentbehrlich, weil die Orientierung im zerklüfteten Bergland nicht einfach ist und vor allem auch, weil nicht in jedem Dorf Thailändisch gesprochen wird, ganz zu schweigen von Englisch. Zudem hat die schnelle Entwicklung des Trekking-Tourismus dazu beigetragen, dass Fremde längst nicht mehr in jedem Bergdorf willkommen sind.

Bei mehrtägigen Treks verantwortungsbewusster Veranstalter wandert man in Kleingruppen von sechs bis maximal zehn Teilnehmern und übernachtet in den einfachen Pfahlbauten der Einheimischen. Bei gemeinsamen Abendessen mit den Dorfältesten lernen die Trekker viel über die traditionelle Lebensweise ihrer Gastgeber, die auf einem strikten Kodex beruht. So erfahren sie zum Beispiel, weshalb die Akha an den Zugängen zu ihren Dörfern „Geistertore" errichten und warum sie diese mit magischen Abwehrzeichen in Form von Bambussternen versehen.

Kosten

Treks ab Chiang Mai oder Chiang Rai kosten etwa Baht 1.600–2.000 für zwei Tage, Baht 2.200–2.800 für dreitägige und Baht 3.000–3.800 für viertägige Touren. In der Regel sind in den Kosten alle Transporte, Übernachtungen und Eintrittsgebühren für Nationalparks enthalten. Dazu kommen Extra-Kosten etwa für Elefantenritte oder Riverrafting. Trekking-Touren in Mae Hong Son, Pai und anderen kleineren Orten sind meist etwas preiswerter.

Wann trekken?

Als beste Trekking-Zeit gelten die kühlen, klaren Monate November bis Februar. Zwar kann es im Dezember und Januar in den höheren Lagen nachts empfindlich kalt werden, doch ist es tagsüber angenehm mild. Zudem begehen die Bergvölker in dieser Zeit ihre traditionellen Neujahrsfeste, bei denen sich vor allem die teilnehmenden Frauen in prächtigster Stammestracht präsentieren. Die heißen Monate von März bis Mai verlangen Wanderern viel ab. Meiden sollte man die Regenzeit von Juni/Juli bis Oktober, weil die Niederschläge die Wege aufweichen und Wanderpfade immer wieder durch Erdrutsche blockiert sind.

Was ist mitzubringen?

Zur Ausrüstung gehören gute Wanderschuhe, Regen- und Kälteschutz, Schlafsack und Wasserflasche. Immer darauf achten, dass das Trinkwasser abgekocht wird oder Wasserentkeimungstabletten verwenden. Nicht vergessen sollte man eine Kopfbedeckung zum Schutz vor der Sonne, Sonnencreme, Insektenschutzmittel, Toilettenpapier und eine elementare Reiseapotheke. Wertsachen sollte man sicherheitshalber gegen Quittung im Safe des Guest House oder Hotels aufbewahren, wo auch schweres Gepäck deponiert werden kann.

Bitte beachten!

Teilnehmer einer Trekking-Tour werden gebeten folgende Regeln zu beherzigen:
• Vor dem Fotografieren von Menschen immer zunächst um deren Einwilligung bitten – viele Stammesangehörige lehnen es aufgrund ihrer traditionellen Glaubensvorstellungen grundsätzlich ab, fotografiert zu werden.
• Auf allzu freizügige Kleidung verzichten.
• Kindern kein Geld und keine Geschenke, vor allem keine Süßigkeiten, geben, um sie nicht zum Betteln zu ermutigen.
• Medikamente nur Ärzten oder Krankenschwestern überlassen.
• Ein Haus nur nach Einladung betreten.
• Nichts berühren, das von religiöser Bedeutung für die Einheimischen sein könnte, etwa „Geistertore", Altäre, Opfergaben oder Grabstätten.
• Religiösen Zeremonien und Ritualen fernbleiben; es sei denn, es wird signalisiert, dass Zuschauer willkommen sind.
• Keine Familienerbstücke wie Reifen, Ringe, Ketten und Gehänge oder anderen Schmuck kaufen (weil diese wichtiges Kulturgut sind).
• Keine Drogen konsumieren und Müll nicht achtlos entsorgen.

Besucher hinterlassen einen guten Eindruck, wenn sie dem Vorsteher des Dorfes, in dem sie übernachten, Gastgeschenke überreichen, etwa Salz, Zucker, Reis, Trockenfisch oder Tabak. Man sollte vorher mit dem *guide* besprechen, welche Mitbringsel sinnvoll sind. Für die Gastfreundschaft kann man sich auch erkenntlich zeigen, indem man lokale kunsthandwerkliche Produkte wie gestickte Decken oder Umhängetaschen kauft oder einen Geldbetrag für die Dorfschule oder einen anderen Gemeindefonds spendet.

info

Von Chiang Mai nach Chiang Rai

Hinweis zur Strecke

Die schnellste Verbindung von Chiang Mai nach Chiang Rai ist der H118. Auf dieser Fernverkehrsstraße verkehren die meisten Busse zwischen den beiden größten Städten des Nordens. Mit 180 km ist sie gut 60 km kürzer als der westlich gelegene H 107, der sich in weitem Bogen nach Norden und dann nach Osten schwingt. Diese Westroute ist aber landschaftlich reizvoller und erlaubt interessante Abstecher in die Bergwelt im Grenzgebiet zu Myanmar. Sehr beliebt ist die Boots- oder Floßfahrt von Thaton nach Chiang Rai. Mit „Seitensprüngen" sollte man für diese Route mindestens vier Tage einplanen.

Wer plant, weiter am Mekong entlang nach Chiang Khong und dann in südliche Richtung über Chiang Kham und Nan nach Phrae zu reisen, wird die Vorzüge eines eigenen Fahrzeugs schätzen, denn viele der beschriebenen Nebenstrecken werden nur sehr sporadisch mit öffentlichen Verkehrsmitteln bedient. Mit Muße fahrend, sollte man für diese Route 4–5 Tage vorsehen. Komfortabel in klimatisierten Bussen reist man auf dem vierspurig ausgebauten H 1 in wenigen Stunden von Chiang Rai über Phayao nach Lampang. Für die Besichtigung von Phayao und Lampang sollte man jeweils einen halben Tag einkalkulieren.

Auf dem Weg nach Chiang Dao

Redaktionstipps

Sehenswertes
▶ Die **Chiang Dao Caves** (S. 318) beeindrucken mit magischer Stimmung. Wissenswertes über die Kultur der Akha erfährt man im **Ban Lorcha Living Museum** (S. 321). Wie aus dem Südwesten Chinas importiert wirkt das Bergstädtchen **Mae Salong** (S. 322).

Übernachten/Essen und Trinken
▶ Gehobenen Ansprüchen wird in Thaton das **Mae Kok River Village Resort** gerecht, das auch ein sehr gutes Restaurant hat (s. S. 321). Ein Haus zum Wohlfühlen ist in Mae Salong das Hotel **Mae Salong Villa**, dessen Restaurant Spezialitäten aus Yunnan serviert (s. S. 323).

Außergewöhnliche Erlebnisse
▶ Nicht nur für Kinder ist der **Ritt auf einem der Dickhäuter** im Chiang Dao Elephant Training Center ein faszinierendes Erlebnis (S. 317).
▶ Unvergesslich ist auch eine **Bambusfloß**- oder **Bootsfahrt** auf dem Mae Nam Kok von Thaton nach Chiang Rai (S. 320).

Einige Kilometer vor Chiang Dao liegt am KM 57 des H 107 am Ping River das **Chiang Dao Elephant Training Center**. Früher wurden in der von Karen geleiteten Elefantenschule die grauen Riesen zu „Waldarbeitern" ausgebildet. Bis in die 1970er-Jahre hinein setzte man in der thailändischen Forstwirtschaft Tausende Elefanten ein, um Teak-Stämme aus unwegsamem Gelände zu Sammelplätzen zu schleppen, wo das wertvolle Holz dann auf Lastwagen verladen wurde. Seit die thailändische Regierung 1989 ein absolutes Fällverbot für Tropenhölzer verhängt hat, um weitere Umweltzerstörung zu verhindern, wurden die meisten der einstigen Arbeitselefanten „umgeschult". Heute reiten Touristen auf dem Rücken vieler Dickhäuter durch die Bergwälder. Viele der grauen Riesen zeigen in Elefantencamps wie dem in Chiang Dao ihre alten Fertigkeiten wie „Stämmeschleppen" und „Stämmestapeln" oder auch neu erlernte Künste wie Fußballspielen. Niemand bleibt unbeeindruckt, wenn ein kraftstrotzender Bulle mit seinem Rüssel bis zu 700 kg schwere Teak-Stämme hochhebt oder an einer Kette

Entdeckungsreisen im hohen Norden

Lasten bis zu 2 t hinter sich her zieht. Wer vor Beginn der Vorführung kommt, kann die Tiere beim Baden im Ping River beobachten. Nach der Show kann man auf dem Rücken der Elefanten die Umgebung erkunden.

Chiang Dao Elephant Training Center, ☏ *(053)298553, www.chiangdaoelephant camp.com, täglich 8–12 Uhr, 45-minütige Elephant Show täglich 10 Uhr, Eintritt: Erwachsene Baht 100, Kinder Baht 50, 30-minütige Ritte Erwachsene Baht 700, Kinder Baht 400.*

Chiang Dao

Der sympathische Ort **Chiang Dao**, in dem noch etliche Holzhäuser aus alten Zeiten stehen, liegt am Fuße des Doi Chiang Dao, mit 2.175 m der dritthöchste Gipfel Thailands. Bizarre Karstfelsen setzen landschaftliche Akzente, und es gibt ausgezeichnete Trekking-Möglichkeiten. Besuchermagnet sind die **Chiang Dao Caves**, die etwa 3 km westlich des H 107 in einem mächtigen Karstmassiv liegen. Die Grotten mit zahlreichen Buddha-Bildnissen sind eine bedeutende Pilgerstätte der Einheimischen, ziehen mit imposanten Tropfsteinen aber auch Naturliebhaber an. Der Eingang zu dem weit verästelten Höhlenkomplex liegt auf dem Gelände des **Wat Tham Chiang Dao**. Als einzige Kaverne des **labyrinthischen Grottensystems** ist die 360 m lange Tham Phranon beleuchtet. Unmittelbar nach dem niedrigen Eingang öffnet sich ein hoher Raum mit zahlreichen Buddha-Statuen. Durch Felsspalten einfallende Lichtstrahlen und die aufsteigenden Schwaden glimmender Räucherstäbchen erzeugen eine entrückte Stimmung.

Nach wenigen Metern zweigt links ein Weg zur unbeleuchteten, 735 m langen Tham Ma ab, die man an Wochenenden in Begleitung eines *guide* erkunden kann. Folgt man dem Lichterschein geradeaus, kommt man zu einem großen liegenden Buddha.
Chiang Dao Caves, *täglich 7–17 Uhr, Eintritt: Baht 40, zuzüglich Baht 100/Pers. für Führung durch Tham Ma.*

Ein weiteres Pilgerziel in der Umgebung von Chiang Dao ist **The Memorial Stupa of King Naresuan the Great** im Dorf Muang Ngai am H 1178, der 6 km nördlich von Chiang Dao vom H 107 abzweigt. Das Denkmal, ein von bunten Hähnen bewachter grau-weißer Chedi, erinnert an den großen Ayutthaya-König Naresuan, der im Jahre 1592 in einer heroischen Schlacht nahe Suphanburi in Zentralthailand die Burmesen besiegte. Zuvor hatte er in der Gegend von Chiang Dao seine Truppen gesammelt. Vor einer Statue des gottgleichen Herrschers knien Gläubige zum Gebet nieder und bringen Opfergaben dar. Etwas abseits steht der Nachbau eines Palisadenforts aus der Zeit Naresuans.

17 km nördlich von Ban Ping Khong steht am KM 100 des H 107 das **Chiang Dao Hill Resort**. Das große Hauptgebäude, das wie ein Landschloss wirkt, ist eines der größten Teakholzhäuser des Nordens. Danach steigt die Straße kurvenreich zur Passhöhe Chaiprakorn an, wo ein großer sitzender Buddha über den Verkehr wacht.

Beliebte Trekking-Region

Nach dem Pass zweigt bei KM 118 eine Straße in westliche Richtung zur **Tab Tao Cave** (6 km) ab, die mit ihrem hoch verehrten, großen ruhenden Buddha ein bedeutendes Pilgerziel ist. Vom KM 137 führt der H 1249 sehr steil ansteigend und kurvenreich zum **Doi Ang Khang Nature Reserve** (25 km). Das sich um den 1.931 m hohen Doi Ang Khang dicht an der Grenze zu Myanmar ausbreitende Naturschutzgebiet mit Dörfern der Akha, Lahu und Shan ist ein beliebtes Terrain für anspruchsvolle Treks. Am Fuße des Berges wurde auf Initiative von König Bhumipol Adulyadej eine landwirtschaftliche Versuchsfarm angelegt. Im kühlen Klima der Bergregion, auch Little Switzerland genannt, gedeihen Obst- und Gemüsesorten sowie Blumen, die sonst nur in gemäßigten Breiten wachsen.

Bereits 857 gründeten Tai-Völker auf ihrem Weg nach Süden die Ortschaft **Fang**, die später aufgegeben und 1268 von König Mengrai erneut besiedelt wurde. In Fang ist nichts mehr von der großen Vergangenheit zu spüren. Einzige Attraktion der gesichtslosen Stadt, der einst der Ruf eines Schmugglernests für Opium und Waffen vorauseilte, sind die Thermalquellen (*boo nam ron*) im nahen Mae Nam Fang National Park (☎ *(053)453517, täglich 8–18 Uhr, Eintritt: Erwachsene Baht 200, Kinder Baht 100*). Auf der Weiterfahrt zum 23 km nördlich gelegenen Thaton sieht man linker Hand die Ausläufer des **Doi Pha Hom Pok**, mit 2.285 m der zweithöchste Berg Thailands.

Reisepraktische Informationen Chiang Dao

🛏 Unterkunft
Marisa Resort $$$–$$$$, *304 Moo 4, Muang Ngai, ☎ (053)375517, www.marisaresort.com, EZ/DZ Baht 1.200–3.200. Etwa 10 km nördlich gelegenes Resort, Teakholzhäuser im klassischen Thai-Stil und moderne Steinbungalows; Restaurant, Pool und Wellness-Center; Anfahrt: Bei KM 81 des H 107 nach Westen abbiegen, dann 1 km zum Resort.*
Malee's Nature Lovers Bungalows $–$$$, *144/2 Moo 5, ☎ (081)9618387, www.maleenature.com, EZ/DZ Baht 450, Bungalow Baht 650–1.650. 1,5 km nach den Chiang Dao Caves in einem hübschen Garten gelegen; einfache Zimmer mit Ventilator und Gemeinschaftsbad sowie 9 gemütliche Holz- und Steinbungalows mit Ventilator und Warmwasser-Dusche/WC. Im sehr guten Restaurant gibt es jeden Abend ein Buffet-Dinner (Baht 150). Besitzerin Khun Malee organisiert individuelle Ausflüge.*
Chiang Dao Nest 1 & 2 $$–$$$, *144/4 Moo 5, ☎ (053)456242, www.chiangdaonest.com, Bungalow Baht 995–1.595. Nahe den Chiang Dao Caves bzw. 1,5 km davon entfernt gelegene kleine Resorts mit 14 bzw. 9 hübschen Holz-Bambus-Bungalows und Restaurants. Die Besitzerin Khun Wicha organisiert naturkundliche Wanderungen im nahen Chiang Dao Wildlife Sanctuary.*
Rim Doi Resort $$, *46 Moo 4, Muang Ngai, ☎ (053)375028, www.rimdoiresort.com, EZ/DZ und Bungalow Baht 500–1.000. 7,5 km nördlich am KM 1,5 des H 1178 gelegenes Thai-Resort, Zimmer und Holzbungalows mit Ventilator oder Klimaanlage, im rustikalen Restaurant regionale Spezialitäten.*

🍴 Restaurant
Mon & Kurt's Restaurant, *☎ (084)1739975, täglich 10–22 Uhr, Gerichte Baht 100–275. Beste deutsche Hausmannskost in tiefster thailändischer Provinz, Mon und Kurt vermieten auch Zimmer, ca. 1 km nördlich der Ortsmitte.*

Verkehrsverbindungen
*Mehrmals täglich **Busse** von/nach Chiang Mai, Fang und Thaton.*

Thaton

Das beschauliche Städtchen am Mae Nam Kok erfreut sich seit Jahren großer Beliebtheit bei Touristen. Sie kommen in erster Linie, um von hier zu einer Boots- oder Floßfahrt durch eine der schönsten Flusslandschaften Thailands zu starten. Größte Sehens-

Ausgangspunkt für Boots- und Floßfahrten

würdigkeit im Ort ist das ausgedehnte Tempelkloster **Wat Thaton**, das sich weit über den Bergrücken über dem Kok River erstreckt. Von der Brücke aus sieht man eine große Statue der Kuan Yin, der chinesischen Göttin der Barmherzigkeit, die im Mahayana-Buddhismus als eine Erscheinung des Boddhisattva Avalokiteshvara verehrt wird. Weiter oberhalb blicken ein großer, weißer, sitzender Buddha und ein Buddha im Schutze der Naga auf den Ort herab. Wer sich die Mühe macht und hinaufwandert, wird mit einer herrlichen Aussicht belohnt. Ein Erlebnis ist der allmorgendliche Markt, in dessen buntem Treiben sich die ethnische Vielfalt der Region widerspiegelt.

 ## Tipp

Auf dem Kok River von Thaton nach Chiang Rai

Eine Tour mit dem Motorboot oder Bambusfloß auf dem Mae Nam Kok sollte man sich keinesfalls entgehen lassen. Die Flussfahrt gilt trotz einiger Kahlschläge am Waldrand als eine der schönsten Thailands. Am Ufer liegen abwechselnd dichte Dschungelvegetation und Kulturland, dazwischen vereinzelte kleine Dörfer der Akha, Lahu und Lisu. Besonders lohnend sind Stopps bei Dörfern von Bergstämmen, die Elefanten züchten und Besucher gern auf dem Elefantenrücken mit zu einem Trip in die Wildnis nehmen.

Jeden Vormittag um 10.30 Uhr und 12.30 Uhr legen von der Thaton Boat Landing Motorboote zur etwa 50 km langen Fahrt flussabwärts nach Chiang Rai ab. Im öffentlichen Boot kostet die 4- bis 5-stündige Fahrt Baht 420. Wer möchte, kann die Reise unterwegs mehrfach unterbrechen, etwa in den Lahu-Dörfern Ban Mai, Mae Salak und Kok Noi oder im großen „Elefantendorf" Ruamit, das man aber auch leicht auf einem Tagesausflug von Chiang Rai erreichen kann.

Stopps bieten sich vor allem etwa auf halber Strecke beim Akha Hill House an sowie beim My Dream Guest House 7 km westlich des Karen-Dorfes Ruamit; beides gute Stützpunkte für Wanderungen zu Bergdörfern. Da das Gepäck im Bug des Bootes verstaut wird, sollte man alle Utensilien, die man während der Fahrt benötigt, bei sich haben (vor allem Trinkwasser, Sonnenhut, Sonnenbrille, Sonnencreme und Plastikbeutel als Nässeschutz für die Kamera sowie in den Wintermonaten bei morgendlichem Aufbruch auch Jacke oder Pullover).

Die Miete für ein Boot für 6–8 Personen kostet etwa Baht 2.500–3.000. Doppelt bis dreimal so teuer sind die zweitägigen Fahrten auf Bambusflößen, die von Veranstaltern und den Betreibern von Gästehäusern angeboten werden (z. B. vom **Garden Home Nature Resort**, ☎ (053)373015). Agenturen in Thaton bieten auch Tagesausflüge auf dem Kok River an, zu denen der Besuch von Bergdörfern und Thermalquellen sowie Elefantenritte gehören (etwa Baht 800–1.000/Person), z. B. **Thaton Tour**, ☎ (053)373143.

Akha Hill House, ☎ *(08)99975505, apaehouse@hotmail.com, www.akhahill.com, EZ/DZ mit Gemeinschaftsbad Baht 150–400, Bungalow mit Warmwasser-Dusche/WC Baht 700–1.200; von der Anlegestelle bei den Hot Springs läuft man etwa 3 km zu dem in 1.500 m Höhe nahe dem Huai Kaeo Waterfall gelegenen Resort; täglich 9.30 Uhr kostenloser Transfer nach Chiang Rai.*

MyDream Guest House, ☎ *(08)23880705, nan@mydreamguesthouse.com, www.mydreamguesthouse.com, EZ/DZ und Bungalow mit Dusche/WC Baht 300–500.*

Reisepraktische Informationen Thaton

🛏 Unterkunft
Mae Kok River Village Resort $$$$–$$$$$, ☎ (053)053628, www.maekok-river-village-resort.com; Bungalow Baht 2.700–4.230. 36 Holz-Bambus-Bungalows mit Wohnterrasse in einem Garten am Kok River, Restaurant mit Spezialitäten des Nordens, Pool, vielfältiges Ausflugsprogramm.

Huai Khum Resort $$$–$$$$, ☎ (053)717438, www.huaikhum.com, EZ/DZ Baht 2.000–3.500. 20 km flussabwärts gelegenes Resort mit 20 Bambusbungalows am Kok River, Restaurant, Pool, Tourorganisation und Abholservice in Thaton.

Thaton Riverview Resort $$$, ☎ (053)373173-5, www.thaton-riverview-resort.chiang mai-chiangrai.com, EZ/DZ Baht 1.200–1.400 (inkl. Frühstücksbuffet). 33 klimatisierte Zimmer in Doppel- und Einzelbungalows am Ufer des Kok River, großes Terrassenrestaurant mit Flussblick.

Khun Mai Baan Suan Resort $$–$$$, ☎ (053)373214, www.khunmaibaansuan.com, EZ/DZ Baht 800–1.100, Bungalow Baht 1.200–1.500 (inkl. Frühstück). Zimmer und Bungalows mit Ventilator oder Klimaanlage, schöner Garten und Restaurant mit Flussblick.

Garden Home Nature Resort $–$$$, ☎ (053)373015, www.thatonaccommodation.com, EZ/DZ Baht 200–300, Bungalow Baht 600–1.500. Gemütliche Bungalows in einem Obstgarten am Kok River, gutes Restaurant, Tourorganisation und Motorradverleih.

🚌 Verkehrsverbindungen
Busse: Mehrmals täglich Busse u. a. von/nach Chiang Dao, Chiang Mai, Mae Chan, Mae Sai und Chiang Rai. Tagsüber halbstündlich Songthaeo von/nach Mae Salong.

Von Thaton nach Mae Salong

Von Thaton geht die Fahrt auf dem H 1089 zunächst in nordöstliche Richtung durch das fruchtbare Tal des Mae Nam Kok. Ausgedehnte Obstgärten und -plantagen bestimmen das Bild. Vorbei an den **Maliga Hot Springs** beim KM 16 und Dörfern der Kuomintang, Shan und verschiedener Bergvölker kommt man zu dem zwischen KM 41 und KM 42 gelegenen, auf Besucher eingestellten Dorf **Ban Nana Pao**, in dem Langhals-Frauen (s. S. 301) leben (*täglich 9–17 Uhr, Eintritt: Baht 200*).

Nach Ban Saen Suk beginnt die Straße in vielen Kurven anzusteigen. Auf einer Passhöhe beim KM 49 weist ein großes Schild den Weg zu The Three Tribes Village. Von einem Parkplatz am H 1089 sind es zehn Fußminuten zum Dorf **Ban Ya Pa**, in dem Akha, Yao und christianisierte Wa leben. Leider spricht in dem Dorf niemand Englisch, sodass man kaum etwas über die Kultur der Bewohner erfährt (*täglich 8–18 Uhr, Eintritt: Baht 250*).

Sehr viel ergiebiger ist ein Besuch des **Ban Lorcha Living Museum** beim KM 53. In einem beispielhaften Entwicklungsprojekt versucht man, die Einheimischen an den Erträgen des Tourismus teilhaben zu lassen und zugleich die gefährdete Kultur der Bergvölker zu bewahren. *Guides* führen Besucher etwa eine halbe Stunde lang durch

Einblick in die Akha-Kultur

Souvenirstand mit Kunsthandwerk der Akha in Ban Ya Pa

das Akha-Dorf. Ausführliche Texttafeln auf Englisch informieren über Besonderheiten der dörflichen Kultur. Man betritt das Dorf durch aus Bambus gefertigte Geistertore, die schädliche Einflüsse fernhalten sollen. Außer dem Dorfschamanen ist es niemandem gestattet, die magischen Tore zu berühren, neben denen grob geschnitzte menschliche Statuen stehen. Die hölzernen Schaukeln am Dorfeingang werden zu Fruchtbarkeitszeremonien benutzt. Im Dorf kann man Frauen am Webstuhl und Männern in einer Schmiede über die Schulter gucken und der Aufführung traditioneller Tänze beiwohnen. Mag das Ambiente auch etwas museal konserviert wirken, so bekommt man doch einen guten Eindruck von der Akha-Kultur.

Ban Lorcha Living Museum, ☏ *(053)740088, täglich 8–17 Uhr, Eintritt: Baht 125, www.pda.or.th/chiangrai/ban_lorcha.htm.*

An einem Polizei-Checkpoint kurz vor KM 55 gabelt sich die Straße: Der H 1089 führt rechts nach Mae Chan, der H 1234 haarnadelt als herrliche Panoramastraße, auf der sich hinter jeder Kurve und Spitzkehre neue, spektakuläre Perspektiven eröffnen, nach Mae Salong (13 km).

Mae Salong

Ein Stück Yunnan in Thailand

Der Ort schmiegt sich an die südliche Flanke des 1.708 m hohen Doi Mae Salong; er wurde von Kuomintang-Soldaten gegründet und wirkt wie die Kopie einer Bergstadt in der südwestchinesischen Provinz Yunnan. In China ging 1949 der Bürgerkrieg mit dem Sieg der Volksbefreiungsarmee unter Mao Zedong über die Kuomintang-Truppen von Chiang Kai-shek zu Ende, und Tausende Soldaten flüchteten zunächst in die Gebirgsregion im Norden von Laos und Burma (Myanmar). 1961 zogen die Angehörigen des 5. Bataillons der KMT-Armee weiter nach Thailand. Dort unterstützten sie die thailändischen Regierungstruppen bei deren Kampf gegen die People's Liberation Army of Thailand (PLAT), den bewaffneten Arm der Communist Party of Thailand (CPT).

Als Gegenleistung für ihre Dienste erhielten sie die Erlaubnis, in Thailand zu siedeln. Einige Kuomintang-Offiziere wandten sich jedoch einträglicheren Geschäften zu – sie begannen den Opiumhandel im berüchtigten Goldenen Dreieck zu organisieren (s. S. 333). Heute basiert der Wohlstand des 10.000 Einwohner zählenden Städtchens, das zur Hälfte aus Läden und Verkaufsständen zu bestehen scheint, auf dem Handel mit China und Myanmar. Ein weiteres wirtschaftliches Standbein ist die Tee- und Kaffeeproduktion. Die meisten thailändischen und vor allem auch taiwanesischen Ausflügler zieht es zwischen Dezember und Februar nach Mae Salong, wenn die japanischen Sakura-Kirschbäume ihre weiße Blütenpracht entfalten. Ein großes, einem chinesischen Kaiserpalast nachempfundenes Gebäude am südwestlichen Ortsrand beherbergt **The Chinese Martyrs Memorial Museum**, das die Geschichte der Kuomintang-Armee, vor allem ihren Kampf gegen die chinesischen und thailändischen Kommunisten dokumentiert (*täglich 9–17 Uhr, Eintritt: Baht 30*).

Eine steile Bergstraße führt zum 4 km südlich der Stadt auf einem Hügel thronenden **Wat Santi Khiri**, der aus einem modernen Chedi mit vergoldeter Spitze in Lotosform und einer Vihara im thailändisch-burmesischen Mischstil besteht. Von hier bietet sich ein großartiger Blick auf Mae Salong, das sich malerisch über mehrere Hügel ausbreitet. Ein herrliches Panorama öffnet sich auch von dem Hügel mit dem marmornen **Grabmal von General Duan**, Kommandeur des 5. KMT-Bataillons, am südlichen Ortsrand.

Herrliches Bergpanorama

Reisepraktische Informationen Mae Salong

🛏 Unterkunft

Mae Salong Flower Hills Resort $$–$$$, ☏ *(053)765496*, 🖷 *(053)765498, EZ/DZ Baht 850–1.550. Ca. 1,5 km nördlich, komfortable Zimmer in doppelstöckigen Steinbungalows und einem Hauptgebäude, mit Restaurant und Pool; umgeben von Teeplantagen; im Internet unter www.maesalongflowerhills.com (nur thailänd.)*

Mae Salong Villa $$–$$$, ☏ *(053)765114-9, EZ/DZ Baht 800–1.400. An der Hauptstraße am nördlichen Ortsrand gelegenes zweistöckiges Haus, gemütliche Zimmer mit kleiner Terrasse; im Restaurant serviert man hervorragende Yunnan-Spezialitäten.*

Khum Nai Phol Resort $$, ☏ *(053)765000*, 🖷 *(053)765004, EZ/DZ Baht 650–950. 24 einfache Zimmer in einem größeren Holzgebäude und in Holzbungalows in schöner Hanglage; am südlichen Ortsrand, sehr ruhig, Restaurant in der Nähe.*

Mae Salong Little Home Guest House $$, ☏ *(053)765389, www.maesalonglittle home.com, EZ/DZ Baht 500–1.000. Gemütliche Zimmer mit Ventilator und Gemeinschaftsbad oder Dusche/WC in einem Holzhaus an der Hauptstraße in der Ortsmitte.*

🍴 Restaurant

Nai Phol Tuan Restaurant, ☏ *(053)765000, täglich 8–22 Uhr, Gerichte Baht 80–265. Am südlichen Ortsrand an der Hauptstraße gelegen, unscheinbarer, aber hoch gelobter Familienbetrieb, serviert werden liebevoll zubereitete Spezialitäten aus der südwestchinesischen Provinz Yunnan.*

Verkehrsverbindungen

Busse: *Tagsüber halbstündlich Songthaeo von/nach Thaton und Mae Chan.*

Von Mae Salong nach Chiang Rai

Östlich von Mae Salong mäandert der H 1234 durch die herrliche Bergwelt nach Mae Chan, von wo der H 110 in südliche Richtung nach Chiang Rai führt. Unterwegs lohnen sich Stopps im **Akha-Dorf Sam Yaek** und im **Yao-Dorf Pha Dua**. In beiden Bergdörfern sind Besucher willkommen.

Einst Zentrum des Opiumschmuggels

In Sam Yaek zweigt eine schmale Stichstraße nach **Ban Thoet Thai** ab. Hier leben vorwiegend Shan, muslimische Hoo-Chinesen und Angehörige von Bergstämmen wie Akha und Lisu. In dem früher Ban Hin Taek genannten Dorf befanden sich einst das Hauptquartier des berüchtigten Shan-Drogenbarons Khun Sa und seine Rauschgiftlabors. 1982 gelang es der thailändischen Armee, den Rauschgiftkönig und seine Gefolgsleute nach Myanmar zu vertreiben. Als Anführer der bewaffneten Shan United Army hatte Khun Sa von thailändischem Territorium aus jahrzehntelang gegen die Militärregierung in Yangoon (Rangun) gekämpft, um die Autonomie des Shan-Staates durchzusetzen. Dieser war im 19. Jh. von der britischen Kolonialmacht erobert und später Burma einverleibt worden. Den Unabhängigkeitskampf finanzierte er seit Beginn der 1960er-Jahre mit millionenschweren Drogengeschäften. Lange Zeit kontrollierten Khun Sa und seine Leute einen großen Teil des weltweiten Opium- und Heroinhandels. 1996 ergab sich der Drogenbaron den myanmarischen Behörden.

In einem fruchtbaren Tal 10 km vor der Einmündung des H 1234 in den H 110 liegt das **Hilltribe Center**, in dem die Ausstellung über die von der Königsfamilie in der Region initiierten landwirtschaftlichen Entwicklungsprojekte zur Unterstützung der Bergvölker informiert (☎ (053)779124, www.maefahluang.org, täglich 9–17 Uhr, Eintritt: Baht 50; am letzten Samstag im Monat findet abends eine Light & Sound Show statt, Ticket: Baht 700).

Chiang Rai

Geschichte

Chiang Rai, die „Krone des Nordens", wurde 1262 von König Mengrai als Residenzstadt seines Lan-Na-Reiches gegründet, bevor die Hauptstadtwürde an Chiang Mai überging. Die Stadt am rechten Ufer des Mae Nam Kok hat allerdings weniger sehenswerte Relikte der großen Vergangenheit zu bieten als Chiang Mai. Thailänder idealisieren Chiang Rai gern als eine altmodische Stadt. Aber auch das ist längst Vergangenheit, denn Chiang Rai hat sich in einen modernen, kosmopolitischen Ort mit rund 70.000 Einwohnern verwandelt, in dem sich viele Zeichen der heutigen globalen Kultur und Technologie finden. Den meisten Besuchern dient Chiang Rai, das über eine ausgezeichnete touristische Infrastruktur verfügt, als Ausgangspunkt für Unternehmungen im hohen Norden.

Zeichen der Moderne

Sehenswertes

Wer halbwegs gut zu Fuß ist, kann die interessantesten Tempel und Märkte, die alle im Zentrum liegen, leicht an einem Tag besichtigen. Die Altstadt ist nur mäßig interessant, besitzt aber einen außergewöhnlichen Tempel: den **Wat Phra Kaeo**, den Tempel des Smaragd-Buddha südlich des Mae Nam Kok. Die Namensgleichheit mit dem bedeu- *Bedeutende* tendsten Tempel Thailands ist kein Zufall: In einer Vihara befindet sich eine perfekte *Tempel* Kopie des Smaragd-Buddha, der heute im Königlichen Tempel Wat Phra Kaeo in Bangkok thront (s. S. 140). Im Tempel in Chiang Rai wurde die heilige Statue gefunden: Im Jahre 1434 spaltete ein Blitz einen Chedi, und unter einer unscheinbaren Statue kam die kleine Buddha-Figur aus grüner Jade zum Vorschein, heute das meistverehrte Buddha-Bildnis Thailands. Von der guten Beobachtungsgabe der Künstler zeugen die von Glasplatten geschützten detailgenauen Wandgemälde der Vihara, die das höfische Leben zu Zeiten König Mengrais darstellen.

Mit dem Namen des nur wenige Fußminuten entfernten **Wat Phra Singh** verbindet sich ein weiteres hoch verehrtes Bildnis des Erleuchteten. In einer von Steinlöwen – untrügliche Zeichen für den burmesischen Einfluss in der Tempelarchitektur – be- *Kopie des* wachten Vihara beten die Gläubigen vor einer Statue des Phra Buddha Singha. Aller- *„Singhale-* dings handelt es sich bei dem „Singhalesischen Buddha" um eine Kopie. Das Original *sischen* steht im Wat Phra Singh in Chiang Mai. Wie der Wat Phra Kaeo stammt der Wat Phra *Buddha"* Singh aus dem 15. Jh.

Kunsthistorisch bedeutsam ist auch das Tempelkloster **Wat Klang Wiang** an der Ecke Thanon Utarakit und Thanon Si Koet. Es wurde in einer Mischung aus burmesischem und klassischem Lan-Na-Stil angelegt, seine Ursprünge reichen ins 14./15. Jh. zurück. Merkmale der Lan-Na-Architektur in klassischer Vollendung sind das dreifach gestaffelte Teleskopdach sowie die kunstvollen Holzschnitzereien an der Portalseite *Burmesi-* und an den Fensterumrahmungen. Auf burmesischen Einfluss weisen die Wächterlö- *sche und* wen hin. Der verglaste, von grimmig dreinblickenden und mit Keulen bewaffneten Rie- *nordthailän-* sen (*yaksha*) bewachte Schrein links der Vihara birgt eine Holzsäule, die König Men- *dische* grai zum Gedenken an die Gründung der Stadt 1262 errichten ließ. Ursprünglich be- *Tempel-* fand sich der „Grundstein" der Stadt in dem weißen Chedi hinter der Vihara, dessen *architektur* Sockel Elefantenköpfe schmücken.

Eine Pilgerstätte der Einheimischen am östlichen Rand der Altstadt ist das **Denkmal von König Mengrai**, der von Chiang Rai aus das Mon-Königreich Haripunchai mit der Hauptstadt Lamphun unterwarf. Wer Interesse an den Bergvölkern hat, sollte einen Besuch des ethnografischen **Hilltribe Museum** in der Thanon Thanalai nicht versäumen. Die Exponate – Gebrauchs- und Zeremonialgegenstände sowie traditionelle Trachten und Modelle überlieferter Haustypen – geben in Verbindung mit histo- *Geschichte* rischen Fotografien einen recht guten Einblick in Alltagsleben, Kunst und Kultur der *und Kultur* Bergvölker, die in der Provinz Chiang Rai leben. Informativ ist auch die der Geschichte *der Berg-* des Opiums gewidmete Ausstellung. Dem Museum ist ein Laden mit kunstgewerb- *völker* lichen Produkten der Bergvölker angeschlossen.
Hilltribe Museum, ☎ *(053) 740088, www.pdacr.org, Mo–Fr 8.30–18 Uhr, Sa, So und Feiertag 10–18 Uhr, Eintritt: Baht 80.*

Das markanteste Gebäude des erst Mitte des 19. Jh. erbauten **Wat Tjet Yot** in der südwestlichen Altstadt ist der hohe, auf einem rechteckigen Sockel aufragende Zentral-Chedi, der von sechs kleineren spitzen Türmen flankiert wird.

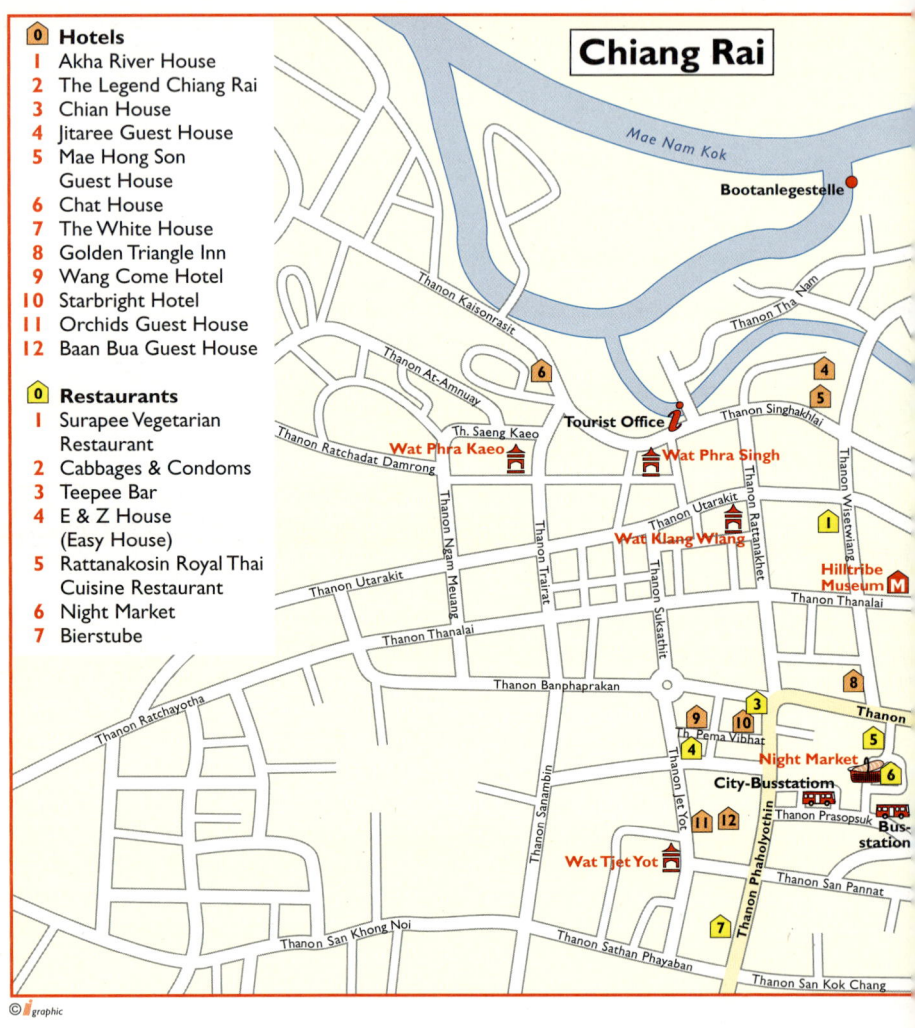

Hotels
1. Akha River House
2. The Legend Chiang Rai
3. Chian House
4. Jitaree Guest House
5. Mae Hong Son Guest House
6. Chat House
7. The White House
8. Golden Triangle Inn
9. Wang Come Hotel
10. Starbright Hotel
11. Orchids Guest House
12. Baan Bua Guest House

Restaurants
1. Surapee Vegetarian Restaurant
2. Cabbages & Condoms
3. Teepee Bar
4. E & Z House (Easy House)
5. Rattanakosin Royal Thai Cuisine Restaurant
6. Night Market
7. Bierstube

© graphic

Eine abendfüllende Attraktion ist der **Night Market**, der gute Einkaufsmöglichkeiten für Souvenirs aller Art bietet. Bei einem Bummel über den Markt erhält man zudem einen Eindruck von der Völkervielfalt der Region.

Umgebung von Chiang Rai

Beliebte Ziele für **Tagesausflüge** in die nähere Umgebung von Chiang Rai sind der etwa 15 km südwestlich der Stadt in einer Art tropischem „Zuckerbäckerstil" aufragende **Wat**

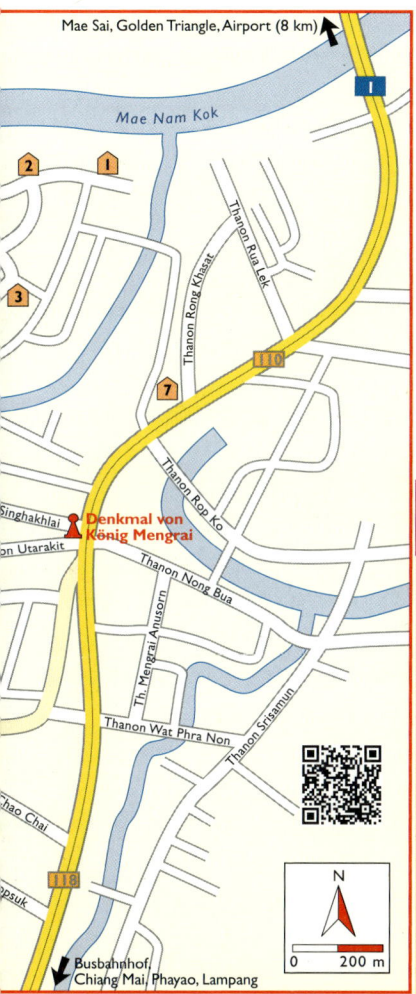

Mae Sai, Golden Triangle, Airport (8 km)

Mae Nam Kok

Thanon Rua Lek

Thanon Rong Khasat

Singhakhlai

on Utarakit

Denkmal von König Mengrai

Thanon Nong Bua

Th. Mengrai Anusorn

Thanon Wat Phra Non

Thanon Srisamun

Thanon Rop Ko

hao Chai

psuk

Busbahnhof,
Chiang Mai, Phayao, Lampang

N

0   200 m

Rong Khun, der „weiße Tempel", mit dessen Bau durch einen Künstler erst 1998 begonnen wurde, der gut 25 km südwestlich über eine 70 m hohe Felswand tosende **Khun Kon Waterfall** und das etwa 15 km nordwestlich am Mae Nam Kok gelegene Karen-Dorf **Ruamit**. Am besten erreicht man das auch als **Elephant Village** bekannte Dorf auf dem H 1207, der ab der Brücke über den Kok River nördlich des Zentrums dem Flusslauf folgt. Die günstigste Zeit für einen Besuch ist kurz nach Sonnenaufgang, wenn die grauen Riesen zum Morgenbad in den Fluss geführt werden und der große Ansturm der Tourbusse noch nicht begonnen hat.

Reisepraktische Informationen Chiang Rai

i Informationen
Tourism Authority of Thailand Northern Office, *448/16 Thanon Singhakhlai,* ☎ *(053)717433,* 🖨 *(053)717434, www.chiangraiprovince.com, täglich 8.30–16.30 Uhr. Das Büro ist auch zuständig für Phayao, Phrae und Nan.*

Unterkunft
The Legend Chiang Rai $$$$– $$$$$$ (**2**), *124/15 Thanon Ko Loi,* ☎ *(053) 910400, www.thelegend-chiangrai.com, EZ/ DZ Baht 3.475–5.150, Villa 7.250–11.500. Luxuriöses Design-Resort am Ufer des Kok River mit Gourmet-Restaurant und tollem Pool.*
Starbright Hotel $$$$ (**10**), *Thanon Pema Vibhat,* ☎ *(053)752960-3, www.starbrighthotel.com, EZ/DZ Baht 2.150–*
3.150 *(inkl. Frühstück). Boutique-Hotel im Lan-Na-Stil nahe dem Night Market mit komfortablen Zimmern und kleinem Wellness-Center.*
Wang Come Hotel $$$$ (**9**), *869/90 Thanon Pema Vibhat,* ☎ *(053)711800, www.wangcome.com, EZ/DZ Baht 2.200–3.000 (inkl. Frühstücksbuffet). Stadthotel mit komfortablen, z.T. frisch renovierten Zimmern, Restaurant, Karaoke-Bar, Pool und bewachtem Parkplatz.*
Golden Triangle Inn $$ (**8**), *590 Thanon Paholyothin,* ☎ *(053)711339, EZ/DZ Baht 850–950. 30 klimatisierte Zimmer in Holz-Stein-Reihenhäusern, kleines Restaurant mit Spezialitäten des Nordens und Touragentur.*

The White House $$ (**7**), 789/7 *Thanon Paholyothin*, ☎ *(053)713427, www.chiangrai province.com/htl/whitehouse, EZ/DZ Baht 550–950. Angenehmes Kleinhotel mit 30 klimatisierten Zimmern, Coffee Shop und schönem Pool.*

Akha River House $–$$$ (**1**), 423/25 *Soi 1 Thanon Ko Loi*, ☎ *(053)745140, www.chi angrairiverhouse.com, EZ/DZ Baht 150–350, Bungalow Baht 700–1.200. Sehr ruhig am Kok River gelegen, Terrassenrestaurant mit Flussblick, zuverlässige Organisation von Tagesausflügen und mehrtägigen Treks nach individuellen Vorstellungen. Täglich 16.30 Uhr kostenloser Transfer zum Akha Hill House 23 km nordwestlich von Chiang Mai, einem guten Ausgangspunkt für Wanderungen zu Bergdörfern.*

Orchids Guest House $–$$ (**11**), 1012/3 *Thanon Tjet Yot*, ☎ *(053)718361, www.orchids guesthouse.com, EZ/DZ Baht 400–600. Neues Gästehaus mit sehr sauberen Zimmern (Ventilator oder Klimaanlage) in zentraler, aber ruhiger Lage, Auto- und Motorradverleih, Internet-Service, Kaffee und Tee gratis, freundliches Personal.*

Baan Bua Guest House $–$$ (**12**), 879/2 *Thanon Tjet Yot*, ☎ *(053)718880, www.baan bua-guesthouse.com, EZ/DZ Baht 350–600. Zwei Reihenhäuser mit einfachen, aber sauberen Zimmern (Ventilator oder Klimaanlage) in einer malerischen Gartenanlage. Khun Tim und ihr Gatte Brian organisieren zuverlässig Ausflüge und Trekking-Touren.*

Chat House $ (**6**), 3/2 *Thanon Sang Kaeo*, ☎ *(053)711481, www.chatguesthouse.com, Schlafsaal Baht 100/Person, EZ/DZ Baht 150–400. Gut geführtes Gästehaus mit einfachen, aber sauberen Zimmern (Ventilator oder Klimaanlage); kleines Restaurant, zuverlässige Organisation von Tagesausflügen und Treks, Motorradverleih.*

Chian House $–$$ (**3**), 172 *Thanon Sri Bun Ruang*, ☎ *(053)713388, www.chianhouse thailand.webs.com, EZ/DZ Baht 200–300, Bungalow Baht 400–600. Einfaches, aber makelloses Gästehaus mit Restaurant und kleinem Pool, Internet-Service, Tours & Treks.*

Mae Hong Son Guest House $ (**5**), 249 *Soi Santirat, Thanon Singhakhlai*, ☎ *(053)715367, lotee@hotmail.com, EZ/DZ Baht 200–400. Einfache, aber ordentliche Zimmer in hübschen Stein-Holz-Häusern mit Ventilator; Organisation von Touren, WLAN.*

Jitaree Guest House $ (**4**), 246/3 *Soi Santirat, Thanon Singhakhlai*, ☎ *(053)719348, http://jitaree.house.tripod.com/, EZ/DZ Baht 200–250. 12 einfache, aber saubere Zimmer mit Ventilator; kostenloser Internet-Zugang und kostenloser Fahrradverleih.*

❚❚ Restaurants

Bierstube (**7**), *Thanon Paholyothin*, ☎ *(053)714195, täglich 9–24 Uhr, Gerichte Baht 100–250. Futtern wie bei Muttern – deutsche Gastlichkeit im hohen Norden Thailands.*

Cabbages & Condoms (**2**), *Thanon Thanalai*, ☎ *(053)740657, täglich 11–24 Uhr, Gerichte Baht 100–200. Das Restaurant im Erdgeschoss des Hilltribe Museum serviert hervorragende Thai-Gerichte und steht unter der Leitung der Population and Community Planning Association (PDA), einer 1974 gegründeten privaten Familienplanungsorganisation.*

E & Z House (**Easy House**) (**4**), 868/88 *Thanon Pema Vibhat*, ☎ *(053)711369, täglich 8–23 Uhr, Gerichte Baht 80–140. Rustikales Lokal mit thailändischen und westlichen Gerichten.*

 Tipp

Wer gern mit dem Gaumen auf Entdeckungsreise geht, hat auf dem **Night Market** (**6**) von Chiang Rai dazu genügend Gelegenheit, denn abends verwandelt sich ein Teil des Nachtmarkts in ein riesiges Open-Air-Schlemmerlokal.

Rattanakosin Royal Thai Cuisine Restaurant (5), *Night Market, Thanon Paholyothin,* ☎ *(053)740012, täglich 16–24 Uhr, Menü Baht 1.200–1.400. Nordthailändische Küche in höchster Vollendung.*
Surapee Vegetarian Restaurant (1), *Thanon Wisetwiang,* ☎ *(053)712369, täglich 10– 22 Uhr, Gerichte Baht 80–140. Ausgezeichnete vegetarische Gerichte aus Thailand und europäische Küche.*
Teepee Bar (3), *Thanon Paholyothin/Thanon Banphaprakan,* ☎ *(053)714569, täglich 17– 24 Uhr, Gerichte Baht 60–120. Crossover aus Bar und Restaurant, gute Info-Börse.*

Einkaufen

Hilltribe Museum Shop, *Thanon Thanalai,* ☎ *(053)740088, Mo–Fr 8.30–18, Sa, So 10–18 Uhr. Kunsthandwerkliche Produkte von Bergvölkern, der Erlös geht an eine gemeinnützige Organisation.*
Night Market (6), *Thanon Paholyothin, täglich 16–23 Uhr. Hunderte von Ständen und Geschäften in mehreren Gebäuden, vor allem für Kleidung, Schmuck und Handwerkliches.*

Aktivitäten

Trekking: *Verschiedene Agenturen bieten zwei- bis viertägige Trekking-Touren an (zweitägige Tour Baht 1.600–2.000, dreitägige Tour Baht 2.200–2.800, viertägige Tour Baht 3.000–3.800). In der Regel sind in den Kosten alle Transporte, Übernachtungen und Eintrittsgebühren für Nationalparks enthalten. Folgende Veranstalter haben einen guten Ruf:* **Akha River House** *(s. o.);* **Baan Bua Guest House** *(s. o.);* **Chat House** *(s. o.);* **Golden Triangle Tours**, *590 Thanon Paholyothin,* ☎ *(053)713918,* 🖷 *(053)713963, www.golden chiangrai.com;* **Hilltribe Museum**, *620/1 Thanon Thanalai,* ☎ *(053)740088, www.pda. or.th/chiangrai (ein- und zweitägige Treks, deren Erlös direkt den Hilltribes zufließt);* **Mae Hong Son Guest House** *(s. o.).*

Verkehrsverbindungen

Busse: *Die City Busstation liegt nahe dem Night Market,* ☎ *(053)711224, der neue Busbahnhof 6 km südlich,* ☎ *(053)711469. Von beiden fahren mehrmals täglich Busse* **nach Süden** *u. a. Chiang Mai, Lampang, Sukhothai, Phitsanulok und Bangkok;* **nach Norden** *u. a. Mae Sai, Chiang Saen, Sop Ruak (Goldenes Dreieck) und Chiang Khong;* **nach Osten** *u. a. Nan, Udon Thani und Khon Kaen. Einige private Gesellschaften setzen VIP-Busse* **nach Bangkok** *ein; Abfahrt meist vor den Büros der Firmen in der Nähe des Night Market. Zu empfehlen sind* **Chedchai Tour**, ☎ *(053)740232, und* **Sombat**, ☎ *(053)715884.*
Flughafen: *Zwischen dem 8 km nordöstlich gelegenen Flughafen* ☎ *(053)798000, www. chiangraiairportonline.com, und dem Zentrum verkehren Taxis (ca. Baht 200–250).* **Thai Airways**, ☎ *(053)711179.*
Nationale Verbindungen: *von/nach Bangkok bis zu zehnmal täglich (Thai Airways, Air Asia, Orient Thai Airlines).*
Boote: *Jeden Vormittag um 10 Uhr legen vom Boat Pier nördlich der Thanon Tha Nam Motorboote zur etwa 50 km langen Fahrt flussaufwärts nach Thaton ab. Im öffentlichen Boot kostet die 4- bis 5-stündige Fahrt Baht 420.*

Mietwagen/Motorräder

Budget, *Golden Triangle Inn, 590 Thanon Paholyothin,* ☎ *(053)740442-3, www. budget.co.th.*
North Wheels Rent A Car, *591 Thanon Paholyothin,* ☎ *(053)740585, www.northwheels.com.*
S. T. Motorbike, *1025/34-35 Thanon Jet Yod,* ☎ *(053)713652.*

Rundfahrt im hohen Norden

Redaktionstipps

Sehenswertes
▸ Am **Doi Tung** locken eine herrliche Bergwelt und der zauberhafte Mae Fah Luang Garden (S. 330). Die Geschichte des Opiumsanbaus wird in der **Hall of Opium** im Goldenen Dreieck anschaulich präsentiert (S. 333).

Übernachten
▸ Mit Blick nach Myanmar übernachtet man in Mae Sai im **Wang Thong Hotel**, das auch über ein sehr gutes Restaurant verfügt (S. 332).

Einkaufen
▸ Kunsthandwerkliche Souvenirs der Bergvölker wie Webwaren, Stickereien, Silberschmuck und Lackarbeiten kauft man günstig im **Doi Tung Handicraft Promotion Center** (S. 330).

Außergewöhnliches Erlebnis
▸ Wer einmal „burmesische" Luft schnuppern möchte, kann von Mae Sai einen Tagesausflug nach **Tachilek** machen (S. 332).

Von Chiang Rai nach Mae Sai

Nördlich von Chiang Rai führt der H 110 vierspurig und oft schnurgerade durch das weite Tal des Mae Nam Kok, in dem sich Reisfelder bis zum Horizont erstrecken. Bei Mae Chan kündigt linker Hand die ausgefranste Silhouette einer Bergkette den **Doi Tung** an. Das mächtige Bergmassiv, in dem Akha, Lahu, Lisu und Yao siedeln, steht unter königlicher Patronage. Um die Bergstämme am wirtschaftlichen Aufstieg des Landes zu beteiligen, wurden auf Initiative der Königlichen Familie landwirtschaftliche Entwicklungsprojekte gestartet. Mit der Kultivierung sogenannter *cash crops*, etwa Sojabohnen, Macadamianüsse, Erdbeeren, Lychees, Mais, Arabica-Kaffee oder Blumen gelang es zudem, den Anbau von Schlafmohn zur Opiumgewinnung am Doi-Tung-Massiv gänzlich zurückzudrängen.

13 km nördlich von Mae Chan zweigt der H 1149 bei Huai Khrai in westliche Richtung ab. Die Straße gabelt sich: Es gibt links eine neue und breite Straße, rechts eine etwas kürzere, aber schmalere und steilere Verbindung, beide führen zum Doi Tung (16 km) und zur Doi Tung Royal Villa, zum Mae Fah Luang Garden und zur Princess Mother Commemorative Hall.

Ein Stopp lohnt sich bereits nach 2 km beim **Doi Tung Handicraft Promotion Center**. Dort kann man Kunsthandwerkerinnen bei der Herstellung von Sa-Papier, beim Teppichknüpfen und beim Weben von Seidenstoffen zuschauen und die fertigen Produkte erwerben (☎ (053)763116, täglich 8–17 Uhr).

Villa der Königinmutter Nur mit angemessener Kleidung darf man die edel in Tropenholz möblierte **Doi Tung Royal Villa**, die ein wenig an ein Schweizer Chalet erinnert, besichtigen. Der Bau im modifizierten Lan-Na-Stil ist ein gutes Beispiel dafür, dass sich klassische Bauformen mit den Bedürfnissen moderner Wohnkultur verbinden lassen. Dem Leben und Wirken der 1995 verstorbenen Mutter von König Bhumipol Adulyadej, nach der das Doi-Tung-Hilfsprojekt benannt wurde, ist die Ausstellung in der **Princess Mother Commemorative Hall** gewidmet. Die in Nordthailand als Wohltäterin verehrte Königinmutter hatte es sich zur Lebensaufgabe gemacht, die Lebenssituation der Bergbewohner zu verbessern. Zum bezaubernden **Mae Fah Luang Garden**, einem wahren Meisterwerk thailändischer Landschaftsgärtner, gehören ein Winterblumengarten, ein Felsengarten und eine kleine landwirtschaftliche Versuchsfarm.

Überbordende Blütenpracht im Mae Fah Luang Garden

Mae Fah Luang Garden, ☎ *(053)767015, www.doitung.org, www.maefahluang.org, täglich 6.30–18 Uhr, Eintritt: Villa Baht 90, Garden Baht 90, Hall Baht 50, Kombi-Ticket Baht 190.*

Durch eine herrliche Bergwelt, die nicht von Brandrodung zerstört ist, geht es weiter zum **Bergtempel Phra That Doi Tung**. Beim Lahu-Dorf Laba gabelt sich der H 1149 erneut. Beide Straßen führen zum Bergtempel. Für die Auffahrt sollte man die nach links abzweigende neue Straße nehmen, die zwar etwas länger, dafür aber weniger steil ist. Die Ursprünge der beiden Chedi des 1.420 m hoch gelegenen **Phra That Doi Tung** reichen zurück ins frühe 13. Jh. Sie wurden als erste Stupas des Lan-Na-Reiches errichtet, um eine hoch verehrte Buddha-Reliquie, angeblich das linke Schlüsselbein, würdig zu beherbergen. Das 1927 und 1973 restaurierte Heiligtum ist heute noch eine der bedeutendsten buddhistischen Pilgerstätten des Nordens. *Buddhistische Wallfahrtsstätte*

Eine schmale, steile und sehr kurvenreiche Straße windet sich über den schönen Park **Mae Fah Luang Arboretum** (Eintritt: Baht 50) und das Akha-Dorf Phami dicht an der thailändisch-myanmarischen Grenze entlang nach Mae Sai. Weniger spektakulär, aber sicherer ist es, auf dem alten H 1149, der ebenfalls einige sehr steile Abschnitte und enge Kurven aufweist, zum H 110 zurückzukehren.

Nahe Ban Pong, 14 km südlich von Mae Sai und westlich des H 110, liegt der Höhlentempel **Wat Tham Khao Payanak**. Auf einem Treppenpfad mit gut 200 Stufen gelangt man, begleitet von einer Horde frecher Makaken, zur Haupthöhle mit mehreren Buddha-Statuen. Einheimische Gläubige benetzen sich mit dem Wasser aus einem Goldfischteich am Fuße der Treppe, denn die „Quelle der Reinigung" gilt als heilig.

Mae Sai

Geschäftige
Grenzstadt

Der am Sai River gelegene nördlichste Ort Thailands, einst ein Schmugglernest, lebt heute gut vom legalen Warenaustausch zwischen Thailand und Myanmar. Beiderseits der staubigen Hauptstraße vor dem Grenzübergang reihen sich unzählige Geschäfte und mehrere überdachte Ladenpassagen, die Produkte aus dem Nachbarland anbieten, vor allem Textilien, (Halb-)Edelsteine, Schmuck und kunsthandwerkliche Erzeugnisse wie Teakholzschnitzereien und Lackwaren. Angeboten werden zudem viele Waren aus dem nur gut 100 km entfernten China. Ein schöner Blick über den Ort hinweg bis nach Myanmar bietet sich vom **Wat Doi Wao**, der auf einem Hügel über Mae Sai thront.

Reisepraktische Informationen Mae Sai

🛏 Unterkunft

Wang Thong Hotel $$$–$$$$, *299 Thanon Paholyothin,* ☎ *(053) 733388-95,* 📠 *(053) 733399, www.wangthonghotel.com, EZ/DZ Baht 1.100–3.000. Bestes Haus im Ort direkt an der Grenze mit 150 komfortablen Zimmern, schöner Blick nach Myanmar vom Restaurant im obersten Stock, Pool und Karaoke-Bar.*

Piyaporn Place Hotel $$$, *77/1 Thanon Paholyothin,* ☎ *(053) 734511-3, EZ/DZ Baht 1.000–1.800 (inkl. Frühstücksbuffet). Ansprechendes Mittelklassehotel mit zweckmäßig ausgestatteten AC-Zimmern, gutes Thai-Restaurant, kostenloses WLAN.*

Mae Sai Riverside Resort $, *690 Thanon Wiengpangkam,* ☎ *(053) 732630, EZ/DZ Baht 350–450. Einfache Zimmer mit Ventilator und kleinem Balkon in einem Holz-Bambus-Gebäude am Sai River, mit Restaurant.*

🚐 Verkehrsverbindungen

Busse*: Der Busbahnhof liegt am H 110 3 km südlich des Zentrums. Mehrmals täglich Busse u. a. von/nach Chiang Rai, Thaton, Chiang Mai, Phayao und Lampang. Tagsüber halbstündlich Minibusse und Songthaeo von/nach Sop Ruak (Goldenes Dreieck) und Chiang Saen.*

Von Mae Sai aus sind Ein- oder Mehrtagesausflüge nach **Myanmar** *möglich. Touristen aus westlichen Ländern erhalten an der Grenze problemlos ein Tagesvisum für einen Besuch des am Nordufer des Mae Nam Sai gelegenen Ortes Tachilek. Erforderlich sind der Reisepass und zwei Kopien davon sowie zwei Passbilder. Auf myanmarischer Seite ist eine entrance fee von US$ 10 zu bezahlen. Sie können auch ein Zwei-Wochen-Visum für die sogenannten Eastern Shan States beantragen, für einen Trip in das gut 170 km nördlich gelegene Kentung. Dreitägige Ausflüge nach Kentung (thailändisch Chiang Tung) werden von Reiseagenturen im Ort angeboten (etwa Baht 8.000–10.000). Da sich die Bestimmungen immer wieder ändern, sollte man vor Ort aktuelle Informationen einholen.*

Sop Ruak – das Goldene Dreieck

Im Dreiländereck von Thailand, Myanmar und Laos an der Mündung des Mae Nam Sai in den Mae Nam Khong (Mekong) liegt das berühmt-berüchtigte Goldene Dreieck. Heute wird das einstige Opiumanbaugebiet, aus dem sich die Drogenschmuggler schon seit einiger Zeit weitgehend zurückgezogen haben, touristisch vermarktet.

Ein Mythos wird vermarktet

Die **Opiumproduktion im Goldenen Dreieck** (Sop Ruak) begann, als Kuomintang-Offiziere nach ihrer Niederlage gegen die Truppen Mao Zedongs im chinesischen Bürgerkrieg groß ins Rauschgiftgeschäft einstiegen. Sie unterwarfen die Bergstämme und erpressten von ihnen Steuern in Form von Opium. Chemiker aus Hongkong und Taipeh stellten in Dschungellabors aus dem Rohopium hochwertiges Heroin her. Innerhalb kürzester Zeit wurde das „Goldene Dreieck" zur Hauptdrehscheibe des internationalen Rauschgifthandels. Zur Sicherung ihrer Territorien und zum Geleitschutz für die Opiumkarawanen, die über die Ländergrenzen wechselten, stellte die Rauschgiftmafia Kampfeinheiten auf und rüstete sie mit modernen Waffen aus.

Noch Anfang der 1990er-Jahre wurden im Goldenen Dreieck bis zu 3.000 t Rohopium jährlich produziert, mehr als in allen anderen Teilen der Welt. Inzwischen sind die meisten der violettfarbenen Mohnfelder verschwunden. Seit afghanische *warlords* in den weltweiten Heroinhandel eingestiegen sind und mit Rekordernten den Preis drücken, haben die Drogenbarone des Goldenen Dreiecks „diversifiziert". Neben Heroin lassen sie nun kleine, bunte Pillen produzieren – Amphetamine, auch bekannt als Speed. Leider entwickeln sich die Amphetamin-Tabletten in Thailand zu einer Volksdroge – jeder 20. Einwohner des Königreichs nimmt Speed.

Das legendäre Opium-Dreieck ist heute einer jener Orte, die dem Auge wenig, der Fantasie aber umso mehr Nahrung geben: eine Ansammlung von Restaurants und Souvenirläden, vor denen sich die Tourbusse aus Chiang Rai stauen. An der Mündung des Sai-Flusses in den Mekong wacht Phra Buddhanawa Lantue in sitzender, die Erde als Zeugin aufrufender Haltung über das hektische Getriebe. Obwohl es nicht viel zu sehen gibt, lassen sich viele Touristen von Bootsleuten zu sogenannten *three countries in one hour cruises* überreden.

Im etwas abseits gelegenen **Golden Triangle Park** dokumentiert in der auf Initiative der verstorbenen Königinmutter entstandenen **Hall of Opium** eine didaktisch gut aufgebaute Ausstellung die Geschichte des Opiums (☏ *(053)7844446, www.mae fahluang.org/hall_opium.php, Di–So 8.30–16 Uhr, Eintritt: Erwachsene Baht 200, Kinder Baht 100*).

Geschichte des Opiums

Reisepraktische Informationen Sop Ruak (Goldenes Dreieck)

🛏 **Unterkunft**
Anantara Resort & Spa $$$$$$, ☏ *(053)784084*, 🖷 *(053)784090, www.an antara.com, EZ/DZ ab Baht 6.950. Luxusresort mit renommierter Wellness-Oase.*

The Imperial Golden Triangle Resort $$$$, ☎ *(053) 784001-5,* 📠 *(053) 784006, www.imperialhotels.com, EZ/DZ ab Baht 2.650. Resorthotel mit 74 Zimmern, die keine Wünsche offen lassen, sowie Top-Restaurant und Pool.*

Verkehrsverbindungen
Busse: *Tagsüber halbstündlich Minibusse und Songthaeo von/nach Chiang Saen und Mae Sai.*

Chiang Saen

Erste Siedlungen der Tai

Unter dem Druck von Chinesen und Mongolen mussten die Tai-Völker ab dem 7./8. Jh. ihr Königreich Nan Chao in der Region der heutigen südwestchinesischen Provinz Yunnan aufgeben. Den Flusstälern folgend, wanderten sie nach Süden und besiedelten zunächst den Norden des heutigen Thailand, vor allem die Gegend um die heutigen Städte Fang und Chiang Saen. Kriegerische Auseinandersetzungen mit den Khmer führten im 11./12. Jh. zur Zerstörung von Chiang Saen, das erst zu Beginn des 14. Jh. wieder aufgebaut wurde und danach unter der Oberhoheit der in Chiang Mai residierenden Lan-Na-Herrscher stand. Außer einem grün überwucherten Ziegelsteinwall, der einst die Stadtmauer bildete, und einigen Tempelruinen sind kaum Relikte der großen Vergangenheit erhalten geblieben. Die Geschichte der Stadt und die Entwicklung des sogenannten Chiang-Saen-Stils dokumentiert die Ausstellung im **Chiang Saen National Museum** (*Mi–So 8.30–16.30 Uhr außer feiertags, Eintritt: Baht 100*).

Daneben ragt die Ruine des ursprünglich 60 m hohen, glockenförmigen Chedi des **Wat Chedi Luang** auf. Schöne Blicke auf die Stadt und über den Mekong hinweg bis weit nach Laos hinüber bieten sich von dem im 10. Jh. erbauten **Wat Phra That Chom Kitti**, dessen Überreste sich über einen Hügel am nördlichen Ortsrand verteilen, und von dem 2 km südöstlich auf einem Hügel thronenden Chedi des **Wat Phra That Pha Ngao**. Auf dem Areal des Pha-Ngao-Tempels befinden sich im Schutze einer modernen Vihara ein kleiner, archaisch wirkender Ziegelstein-Chedi und ein Bronze-Buddha im Chiang-Saen-Stil.

Reisepraktische Informationen Chiang Saen

Unterkunft
Siam Triangle Hotel $$$–$$$$, ☎ *(053) 651115, www.siamtriangle.com, EZ/DZ Baht 1.650-2.850. Modernes, vierstöckiges Hotel mit 52 komfortablen AC-Zimmern, Terrassenrestaurant und Pool mit Flussblick, südlich der Stadt am Mekong gelegen.*

Verkehrsverbindungen
Mehrmals täglich **Busse** *u. a. von/nach Chiang Khong, Chiang Rai, Chiang Mai, Phayao und Lampang. Tagsüber halbstündlich Minibusse und Songthaeo von/nach Sop Ruak (Goldenes Dreieck) und Mae Sai.*
Bei ausreichend hohem Wasserstand fahren **Motorboote** *auf dem Mekong nach Chiang Khong (ca. 3 Std.) und zum Goldenen Dreieck (ca. 30 Min.).*

Erkundungen im Grenzland zu Laos

Von Chiang Saen nach Chiang Khong

Die 56 km lange Fahrt auf dem H 1129 von Chiang Saen nach Chiang Khong führt durch die herrliche Bergwelt im Nordosten Thailands, die vom Mekong durchzogen wird, der die Grenze zu Laos bildet. Nach rund 20 km muss man an einer Straßengabelung beim Dorf **Mae Ngoen** eine Entscheidung treffen. Entweder man folgt dem H1129 geradeaus über die Berge oder man nimmt die nach links abzweigende, etwa 10 km längere Nebenstraße, die sich am Mekong entlangwindet. Auf beiden Strecken bieten sich immer wieder schöne Blicke auf den mächtigen, träge fließenden Strom, aus dem oft schroffe Felsklippen herausragen. Am jenseitigen Mekong-Ufer liegt die laotische Provinz Bokeo. Vor allem in der Trockenzeit sieht man immer wieder Einheimische, die auf der Suche nach Edelsteinen tiefe Löcher in die lehmige Uferböschung des Mekong graben. Den schlammigen Aushub waschen sie mit Bambussieben aus und hoffen, dass im Geflecht einmal ein funkelnder Saphir, Smaragd oder Rubin hängenbleibt. Meist werden die Steine von thailändischen Händlern aufgekauft. Im Dorf Huai Yen treffen die Berg- und die Uferstraße wieder zusammen. Ein herrliches Flusspanorama öffnet sich vom **Huaisai Man Viewpoint** etwa 10 km nördlich von Chiang Khong.

Redaktionstipps

Sehenswertes
▸ Landschaftliche Attraktionen sind die **Flusslandschaft des Mekong** und die Region um die beiden „Aussichtsberge" **Doi Pha Tang** und **Phu Chi Faa** an der Grenze zu Laos (S. 338). Bedeutende kunsthistorische Bauten sind in Nan der **Wat Phumin** (S. 340) und in Phrae der **Wat Luang** sowie der Holztempel **Wat Chom Sawan** (S. 344).

Übernachten
▸ Vom **Namkhong Riverside Hotel** und dem **Ruan Thai Sopaphan Resort** in Chiang Khong hat man einen schönen Blick auf den Mekong (S. 337). Einfache Zimmer, aber viel Flair hat das **Pukha Nan Fa Hotel** in Nan, auch Wooden Hotel genannt. Komfort zum Schnäppchenpreis genießt man in Phrae im **Maeyom Palace Hotel** (S. 344).

Feste
▸ Gegen Ende der Regenzeit, meist Ende Oktober/Anfang November, werden in Nan die **Lanna Boat Races** mit reich dekorierten Pirogen ausgetragen.

 Tipp

Unterkunft
Am Mekong 23 km nördlich von Chiang Khong liegt das kleine, sehr schöne Resort **Rai Saeng Arun** mit 15 komfortablen, klimatisierten und stilvoll in Teak-Holz möblierten Bungalows am Flussufer oder im hügeligen Hinterland mit Blick den Mekong. Im Terrassenrestaurant am Fluss serviert man ausgezeichnete thailändische Gerichte und regionale Spezialitäten (☎ (087) 6907610, www.raisaengarun.com, Bungalow Baht 3.300–3.900).

Chiang Khong

Das geschäftige, aber nicht hektische Handelsstädtchen am Mekong hat seit der Öffnung der Grenze zum Nachbarn Laos einen rasanten wirtschaftlichen Aufschwung vollzogen. Viele Einheimische am linken wie am rechten Ufer des Mekong leben vom Im- und Export. Meist mit Erfolg – das belegen die stattlichen Häuser beiderseits des Flusses, der majestätisch zwischen den ehemaligen Feinden Thailand und Laos gen Süden fließt.

Einst wie heute bedeutende Handelsknotenpunkte

Schon vor Jahrhunderten waren Chiang Khong und seine laotische Schwesterstadt Houay Xay am jenseitigen Mekong-Ufer bedeutende **Handelsknotenpunkte** zwischen Siam und China. Chinesische Händler aus Yunnan, bekannt als Jin Hoo, zogen mit ihren schwer beladenen Lasttieren auf dem Weg nach Chiang Mai durch Houay Xay, wo sie mit Booten über den Mekong nach Chiang Khong setzten. Sie transportierten Tee, Seide und Opium und brachten auf dem Rückweg Gold, Silber und Elfenbein in das Reich der Mitte. Seit den 1960er-Jahren wurden die Lasttierkarawanen zusehends durch Lastwagenkonvois ersetzt. Auch der Mekong spielt seit vielen Jahrhunderten als Handelsweg für die Anrainerstaaten eine große Rolle. Die Passagier- und Autofähren, die den Grenzfluss einst überquerten, haben jedoch ausgedient, denn im Dezember 2013 wurde die vierte thai-laotische Freundschaftsbrücke, die gut 10 km südlich den Mekong überspannt, eröffnet. Das Projekt ist ein wichtiges Glied der geplanten Überlandverbindung zwischen Bangkok und Kunming im Südwesten Chinas. Mit optischen Highlights ist Chiang Khong allerdings nicht gesegnet, seine touristische Bedeutung hat der Ort eher als Ausgangs- oder Endpunkt der zweitägigen Mekong-Fahrt von oder nach Luang Prabang, die alte laotische Königsstadt.

☞ Tipp

Auf dem Mekong nach Luang Prabang
Von Chiang Khong setzen Fähren in den geschäftigen Hafen Houay Xay über, wo jeden Morgen mehrere Passagierboote nach Luang Prabang ablegen. Auf der beschaulichen Bootsfahrt den Mekong abwärts kann man das Leben am und auf dem mächtigen Fluss beobachten. Während die ohrenbetäubend lauten und auch gefährlichen Speedboats (Ticket: Baht 1.800) die Fahrt zur ehemaligen laotischen Königsresidenz an einem Tag schaffen, legen die Slowboats (Ticket: Baht 1.200) einen Übernachtungsstopp auf halbem Weg in Pak Beng ein. Viele Betreiber von Gästehäusern in Chiang Khong können die Boottour nach Luang Prabang organisieren oder Tickets besorgen. Am laotischen Grenzübergang in Ban Don an der neuen Freundschaftsbrücke gut 10 km südlich von Houay Xay ist ein 30 Tage gültiges, sogenanntes *visa on ar-*

Der Mekong bei Chiang Khong

rival (Visum bei Ankunft) für US$ 30 (für Deutsche) bzw. US$ 35 (für Öster-reicher und Schweizer) erhältlich. Da sich die Bestimmungen immer wieder ändern, sollte das Visum für Laos besser bereits in Europa oder in Bangkok be-antragt werden. Falls in Houay Xay kein visa on arrival ausgestellt wird, kann die Visa-Beschaffung durch Agenturen in Chǐang Khong zwei bis fünf Tage dauern. Als zuverlässig bei der Visa-Beschaffung und der Buchung von Bootstouren nach Luang Prabang gilt die Agentur **Lanchang Easy Trip**, ☎ (053)655174, easy trip@discovery laos.com, www.discoverylaos.com.

Reisepraktische Informationen Chiang Khong

Unterkunft
Namkhong Riverside Hotel $$$, ☎ *(053)791796, www.namkhongriverside. com, EZ/DZ Baht 1.000–1.500 (inkl. Frühstück). Modernes Hotel am Mekong mit 40 kom-fortablen Zimmern und sehr gutem Terrassenrestaurant.*
Namkhong Resort $–$$, ☎ *(053)791055, EZ/DZ Baht 400–800. 40 einfache, aber or-dentliche Zimmer mit Ventilator oder AC in zwei Steingebäuden am Fluss, gutes Restaurant, schöner Pool, kostenloses WLAN.*
Bamboo Riverside Guest House $, ☎ *(053)791621, EZ/DZ Baht 250–350. Urige Bambusbungalows am Mekong mit Ventilator, beliebtes Terrassenrestaurant am Fluss mit thailändischen und mexikanischen Gerichten.*

Restaurant
Lomtawan, ☎ *(053)796769, täglich 8–22 Uhr, Gerichte Baht 80–150. Sehr gutes Thai-Essen und einige westliche Gerichte wie Steaks, schräg gegenüber Ruan Thai Sopaphan Resort.*

Verkehrsverbindungen
Mehrmals täglich **Busse** *von/nach Chiang Saen, Chiang Rai, Chiang Kham, Phayao, Lampang, Chiang Mai und Bangkok.*
Bei ausreichend hohem Wasserstand fahren **Motorboote** *auf dem Mekong nach Chiang Saen (ca. 3 Std.).*

Von Chiang Khong nach Chiang Kham

Diese abwechslungsreiche, mit mehreren Abstechern rund 180 km lange Route ent-lang der thailändisch-laotischen Grenze ist ideal für Selbstfahrer. Vor allem Motorrad-fahrer schwärmen von den kurvenreichen, wenig befahrenen Straßen im gebirgigen Grenzgebiet. Obwohl die Wälder in den unteren Lagen stark abgeholzt wurden, ist die majestätische Bergwelt sehr beeindruckend. Höhepunkte sind die beiden „Aussichts-berge" **Doi Pha Tang** und **Phu Chi Faa**. Besonders schön ist die Fahrt von No-vember bis Februar, wenn klare Sicht herrscht. *Einsame Bergstraßen*

Von Chiang Khong fährt man zunächst auf dem H 1020 für 13 km in südliche Rich-tung bis **Sri Don Chai**. In dem großen Dorf weist rhythmisches Klappern den Weg zu Webereien, in denen im traditionellen Handwebverfahren feine Stoffe hergestellt *Weberdorf* werden. Gleich nach der Brücke in der Ortsmitte folgt man dem blauen Wegweiser „Phu Chi Faa" und biegt auf den H 1155 ab, der nach 8 km auf den Mekong trifft und dem Flusslauf einige Kilometer folgt. Beim KM 78,5 des H 1155 bietet sich von einem Aussichtspunkt ein schöner Blick auf den Mekong, aus dem zahlreiche Klippen und Felsriegel ragen. Danach schwenkt der H 1155 in südliche Richtung ab. Vom **Städtchen Wiang Kaen** beim KM 67 (36 km nach Chiang Khong) führt eine 8 km lange Stichstraße zu den Mekong-Stromschnellen Kaeng Pha Dai.

Aussichts-berg

In Ban Pang Had am KM 52 (53 km nach Chiang Khong) zweigt vom H 1155 eine großartige, sehr kurvenreiche, aber gut ausgebaute 14 km lange Panoramastraße nach Ban Pha Tang ab. Die Gebirgspiste steigt auf mehr als 1.200 m an und bietet Ausblick auf die Bergwelt und steilwandige Täler, die aber Spuren von Brandrodungsfeldbau trägt. In den unteren Lagen liegen ausgedehnte Obstplantagen und Gemüsefelder an den steilen Hängen, angelegt im Rahmen eines Entwicklungsprojektes der Königsfamilie. Vom Bergort Ban Pha Tang sind es 2 km auf einer schmalen, steilen Stichstraße zum Gipfel des **Doi Pha Tang**. Nur wenige Fußminuten braucht man vom Parkplatz zu einem chinesischen Pavilion. Noch etwas weiter oben blickt ein sitzender Buddha übers Land – und dies ist auch für Besucher ein guter Platz, um die Aussicht bis weit hinein nach Laos zu genießen.

Von Ban Pha Tang mäandert der H 1093, eine weitere herrliche Bergstraße, nach Ban Rom Faa Thong, einem der beiden Ausgangsorte für einen Abstecher zum Berg **Phu Chi Faa**. Wie der Nachbarort Ban Rom Faa Thai ist Ban Rom Faa Thong geprägt von kühn an den Hang gebauten **Bungalowanlagen**, in denen in den kühlen Wintermonaten vor allem thailändische Bergfreunde Quartier beziehen.

Herrliches Bergpanorama

3 km nach Ban Rom Faa Thong gabelt sich der H 1093: Rechts geht es nach Thoeng, links nach Ban Huak (38 km), Chiang Kham (71 km) und zum **Phu Chi Faa Forest Park** (2 km), dem Ausgangspunkt für die **Wanderung** zum Gipfel des Phu Chi Faa (hin und zurück 1,5 km/1,5–2 Std.). In den Wintermonaten bietet sich vor allem bei Sonnenaufgang vom 1.412 m hohen „Berg, der zum Himmel zeigt" ein überwältigendes Panorama des Grenzgebirges zwischen Thailand und Laos. Besonders schön ist die Stimmung, wenn am frühen Morgen dichte Nebelschwaden in den tiefen Tälern hängen (*täglich 4.30–18.30 Uhr*).

Über Ban Rom Pho Thai geht es weiter auf dem H 1093 nach **Ban Huak**, wo eine 2 km lange Stichstraße zur nur für den „kleinen" Grenzverkehr geöffneten thailändisch-laotischen Grenze abzweigt. Nach Ban Huak kommen zweimal im Monat zahlreiche Händler aus Laos, um auf dem Thai Lao Border Market ihre Waren anzubieten. 6 km südwestlich von Ban Huak passiert man den **Phu Sang National Park**. Beim KM 23 lädt der inmitten eines schönen Parks in einen Naturpool rauschende Phu Sang Waterfall zu einer kurzen Fahrtunterbrechung ein.

Endpunkt der Route ist der sympathische Marktflecken **Chiang Kham**, der Besuchern außer Lokalkolorit jedoch keine Attraktionen zu bieten hat. In der Umgebung von Chiang Kham leben zahlreiche Angehörige des Volkes der Tai Lü, die als geschickte Weber gelten. In ihren Dörfern fertigen Mädchen und Frauen an Handwebstühlen in einer von Generation zu Generation weitergegebenen Technik Stoffe mit komplizierten Mustern.

Tipp

Unterkunft

In **Ban Rom Faa Thong** und **Ban Rom Faa Thai** gibt es zahlreiche einfache Bungalowanlagen mit Matrazenlagern. Etwas mehr Komfort bietet die **Phu Chi Faa Lodge** am KM 67 des H 1093 mit 10 gut ausgestatteten Bungalows und einem Restaurant, das allerdings unter der Woche oft geschlossen ist (☎ (053)918240 und (01)816 5452, www.phucheefah.com, EZ/DZ Baht 750–1.050).

In Chiang Kham bietet das **Chiang Kham Hotel** 45 einfache, aber saubere Zimmer (☎ (054)451771, EZ/DZ mit Ventilator und Dusche/WC Baht 250–350, mit Klimaanlage und Dusche/WC Baht 500–650); an der Hauptstraße gibt es eine Handvoll kleiner Lokale und Nudelküchen mit guten thailändischen Gerichten.

Nan

Die sympathische, auffallend saubere Stadt mit rund 25.000 durchweg sehr freundlichen Einwohnern liegt am Mae Nam Nan, einem der Quellflüsse des Mae Nam Chao Phraya. Gegründet wurde Nan im Jahre 1368 als Hauptstadt des gleichnamigen Königreichs. Die Herrscher von Nan waren zwar den Lan-Na-Königen tributpflichtig und später Vasallen der Burmesen und der Ayutthaya-Könige, doch gelang es ihnen lange Zeit, durch geschickte Diplomatie einen halbautonomen Status zu bewahren. Erst 1931 wurde Nan in das Königreich Siam eingegliedert. Von der großen Vergangenheit der Stadt zeugen heute noch einige bedeutende Tempel. *Kaum besucht, aber sympathisch*

Der Wat Phumin in Nan zeigt Merkmale verschiedener Baustile

Trotz der langen Unabhängigkeit entwickelte sich im Nan-Königreich kein eigener Kunststil. Vielmehr übernahmen die Baumeister Stilelemente der Lan-Na-Architektur sowie auch solche vorausgegangener Epochen. So zeigt der an der Thanon Suriyaphong gelegene, im Jahre 1596 eingeweihte **Wat Phumin**, der kunsthistorisch bedeutendste Tempel der Stadt, auch Merkmale des Mon-, Chiang-Saen- und Sukhothai-Stils. Reinster Lan-Na-Stil zeigt sich im dreifach gestaffelten Dach der Vihara, die einen kreuzförmigen Grundriss besitzt. Kurze Treppenaufgänge mit Naga-Balustraden führen zu den an allen vier Seiten symmetrisch angeordneten Eingängen. Aufmerksamkeit verdienen die kunstvollen Holzschnitzereien an den Portalen und an der Decke des Innenraums. An den Wänden illustrieren Fresken aus dem 19. Jh. das Leben des Buddha,

Hoch verehrte Buddha-Statuen

seine Wunder und die Stufen seiner Erleuchtung. Dargestellt sind auch Szenen aus der Geschichte des Königreichs Nan. Alles in dem stimmungsvollen Raum ist zentriert auf vier Buddha-Bildnisse im Sukhothai-Stil, die mit dem Rücken zueinander auf einem Podest thronen. Eine beeindruckende Raumwirkung wird am frühen Vormittag oder späten Nachmittag erreicht, wenn die Sonnenstrahlen schräg auf die Statuen fallen, die dahinterliegenden Wandfresken scheinen dann lebendig zu werden.

Schräg gegenüber liegt der **Wat Phra That Chang Kham** aus dem Jahr 1406. Sein glockenförmiger Chedi aus Laterit und Stuck ruht auf einem massiven Sockel. Die das Fundament schmückenden 28 Elefanten erwecken den Anschein, als trügen sie das Bauwerk. Von diesem Stilelement, das aus Ceylon stammt, rührt auch der Name des Heiligtums – „Der von Elefanten getragene Tempel". Der **Wat Ming Muang** etwas nördlich des Wat Phumin fällt durch seine verschwenderische Ausstattung mit Stuckornamenten an den Außenwänden auf. Innen schildern Wandbilder das frühere Leben der Bauern in ihren Dörfern und das der Adeligen am Königshof. Im 1456 gebauten **Wat Suan Tan** am nördlichen Ortsrand erhebt sich ein 20 m hoher grauer Prang im kambodschanisch inspirierten Ayutthaya-Stil. In der Vihara huldigen die Gläubigen dem hoch verehrten Phra Chao Thong, einer Statue des sitzenden Buddha im Sukhothai-Stil aus dem Jahre 1449.

Geschichtlicher Überblick

Das **National Museum** in der Thanon Pha Kong gegenüber dem Wat Phumin ist in einer Königsresidenz aus dem Jahre 1903 untergebracht. Eine Ausstellung im Erdgeschoss mit ausführlichen Texttafeln auf Englisch informiert über die ethnischen Minderheiten in der Provinz Nan, vor allem auch über die geheimnisvollen Mabri (s. Info). Die Exponate im Obergeschoss geben einen Überblick über die (Kunst-)Geschichte der Stadt und des alten Königreichs Nan.
National Museum, *Mi–So 9–16 Uhr, Eintritt: Baht 100.*

Von Buddha selbst bestimmt

Auf einem Hügel 2 km südöstlich der Brücke über den Mae Nam Nan thront majestätisch der **Wat Phra That Chae Haeng**. Der Legende zufolge hat Buddha selbst bei seinen Wanderungen den Platz für das Tempelkloster bestimmt, das um 1300 gegründet wurde, dessen heutige Gestalt jedoch auf eine umfassende Erweiterung und Restaurierung im Jahre 1476 zurückgeht. Die gewundenen Körper von zwei sich geisterabwehrend aufrichtenden siebenköpfigen Nagas bilden die Brüstungen neben den breiten Stufenpfaden. Als Mittelpunkt des Tempelklosters erhebt sich auf einem massiven Sockel ein 56 m hoher, mit ornamentierten, vergoldeten Kupferplatten verkleideter Chedi. Laotischer Einfluss spiegelt sich in dem tief herabschwingenden Staffeldach der Vihara wider. Ein beliebtes Ziel für einen Tagesausflug von Nan ist der rund

85 km nordöstlich gelegene 1.704 km² große **Doi Phukha National Park**. Die Anfahrt führt durch eine beeindruckende Berglandschaft, deren Baumbestand leider weitgehend abgeholzt wurde. Beim Besucherzentrum, in dem man Informationen über
Wanderungen und andere Aktivitäten im Park erhält, beginnt ein zweistündiger Rund-
weg zu kleineren Wasserfällen in den nördlichen Ausläufern des 1.980 m hohen Doi *Wasserfälle*
Phukha. Nur erfahrene Speläologen mit guter Ausrüstung sollten sich in Begleitung *und Höhlen*
einheimischer *guides* in die verzweigten, weitgehend unerschlossenen Höhlen in den
Karstmassiven wagen.
Doi Phukha National Park, ☏ (54)701000, täglich 8–18 Uhr, Eintritt: Erwachsene
Baht 200, Kinder Baht 100.

info

Mabri – Die „Geister der gelben Blätter"

In den schwer zugänglichen Bergen der Provinz Nan und der benachbarten laotischen Provinz Xayaboury leben die nomadisierenden Mabri, die zur Ur-Bevölke-
rung Thailands gehören. Sie durchstreifen in kleinen Gruppen als **Jäger und
Sammler** die Bergwälder und ernähren sich vorwiegend von Kleintieren, Wild-
pflanzen und Wurzeln. Die Mabri errichten Lager aus einfachen Windschirmen,
die sie aber aufgeben, sobald die zur Bedachung verwendeten Blätter sich gelb
färben. Aus diesem Grund werden sie von den Thai *phi toong lüang* genannt –
„Geister der gelben Blätter". Zum ihrem materiellen Besitz gehören Grabstöcke,
Speere, Bambusgefäße und Matten. Ab und zu erwerben sie bei den Bergstämmen
Messer und Speerspitzen, Tabak, Salz oder abgetragene Kleidungsstücke, die sie
gegen wilden Honig und Rotang (Rattan) eintauschen.

Über den geheimnisvollen, bis heute kaum erforschten Stamm war jahrhundertelang fast nichts bekannt. Erst 1919 spürte eine Expedition im Norden Thailands
die ersten Mabri auf. Der Name bedeutet in ihrer Stammessprache, die zur Mon-
Khmer-Sprachgruppe gehört, soviel wie **„Waldmenschen"**. Eine thailändische Legende erzählt, dass vor langer Zeit im Königreich Nan eine große Hungersnot aus-
brach. Um die Götter gnädig zu stimmen, beschloss der Herrscher, einige seiner
Untertanen zu opfern und befahl, junge Paare in den Dschungel zu vertreiben.
Doch diese wurden nicht von Tigern und anderen Raubtieren gefressen, sondern
lernten zu jagen, wilde Früchte zu sammeln und Blätterbehausungen zu bauen.
Dann kamen die ersten Kinder zur Welt. Die Vertriebenen blieben für immer im Urwald – sie wurden „Waldmenschen". Da die Mabri Kontakte mit Fremden meiden,
ist ihre genaue Anzahl unbekannt. Vermutlich gibt es nur noch wenige Hundert,
sie sind durch Krankheiten, Unterernährung und Raubtierattacken bedroht. Die
moderne Zivilisation beginnt, die Mabri einzuholen: Brandrodungen zerstören
ihren natürlichen Lebensraum und heute suchen viele „Geister der gelben Blätter" verstärkt den Schutz von Dorfgemeinschaften, vor allem bei den Hmong. Häufig verdingen sie sich gegen gebrauchte Kleidung, Decken und Nahrungsmittel
als Tagelöhner.

Reisepraktische Informationen Nan

> ℹ️ **Informationen**
> **Nan Tourist Police**, 46 Thanon Suriyaphong, gegenüber Wat Phumin, ☏ (054)
> 710216, 🖷 (054)771630, Mo–Fr 8.30–16.30, Sa, So 10–14 Uhr. Hier gibt es auch ein
> kleines Tourist Office mit hilfsbereiten Mitarbeitern.

Unterkunft

Pukha Nan Fa Hotel $$$$–$$$$$, 436-440 Thanon Sumon Dhevaraj, ☎ (054) 771111, www.pukhananfahotel.co.th, EZ/DZ Baht 3.350–4.650. Stilvolle Herberge in einem großen, über 80 Jahre alten, renovierten Teakgebäude mit 14 komfortablen AC-Zimmern.

The City Park Hotel $$–$$$, 99 Thanon Yantrakitkosol, ☎ (054)741343-52, 📠 (054) 773135, www.thecityparkhotel.com, EZ/DZ Baht 600–1.500 (inkl. Frühstück). Komfortable, klimatisierte Zimmer, Restaurant, Pool und Tennisplatz.

Dhevaraj Hotel $$–$$$, 466 Thanon Sumon Dhevaraj, ☎ (054)751577, www.dhevaraj hotel.com, EZ/DZ Baht 800–1.200 (inkl. Frühstück). Solides Stadthotel mit komfortablen, klimatisierten Zimmern, Restaurant und Pool.

Nan Guest House $, 57/15 Thanon Mahaprom, ☎ (054)771849, www.nanguest house.net, EZ/DZ Baht 250–480. Angenehme Familienpension mit einfachen, aber makellos sauberen Zimmern in einer ruhigen Soi nahe dem National Museum, mit kleinem Restaurant.

Restaurant

Ho Lo Sui, 169 Thanon Suriyaphong, ☎ (054)751496, täglich 11–23 Uhr, Gerichte Baht 80–180. Vielfältige Auswahl an chinesischen Gerichten in kolonial anmutendem Ambiente.

Aktivitäten

Trekking: Die Bergwelt um Nan ist eine noch relativ unerschlossene Trekking-Region; Touren organisiert Fhu Travel, 453/4 Thanon Sumon Dhevaraj, ☎ (054)710636, www.fhutravel.com.

Verkehrsverbindungen

Busse: Der neue Busbahnhof liegt im Südwesten des Zentrums, ☎ (054)711661. Mehrmals täglich Busse u. a. von/nach Phrae, Lampang, Phayao, Chiang Mai, Chiang Rai und Bangkok.

Flughafen: Zwischen dem 2 km nördlich des Zentrums gelegenen Flughafen und der Innenstadt verkehren Taxis und Tuk-Tuks (ca. Baht 80–100).

Nationale Verbindungen: von/nach Bangkok dreimal täglich (Nok Air).

Von Nan nach Phrae

Malerische Sandstein-schlucht

Selbstfahrer könnten auf der Fahrt von Nan nach Phrae einen Abstecher zum Erosionstal **Sao Din** machen. Dort hat im Laufe von Jahrtausenden ein kleiner Fluss einen pittoresken ocker- bis rotfarbenen Canyon in den Sandstein gefräst. Kinder, die auf Englisch radebrechen und sich ein kleines Trinkgeld erhoffen, zeigen Besuchern den Weg durch die Schlucht, die wie eine Miniaturausgabe des amerikanischen Monument Valley wirkt. 25 km südlich von Nan zweigt man im Marktflecken Wiang Sa vom H 101 in den weiter in südliche Richtung führenden H 1026 ab. Nach 30 km ist das Dorf Na Noi erreicht; von dort sind es noch knapp 6 km bis zum Tal Sao Din, das von den Einheimischen auch Hom Chom genannt wird. Falls es die Witterungsverhältnisse und der

Pisten-Zustand erlauben, kann man mit einem Geländewagen oder -motorrad von Na Noi durch eine wilde Berglandschaft über das **Hmong-Dorf Khun Sathan** am Fuße des 1.728 m hohen Doi Sathan nach Ban Huai Kaet am H 101 fahren. Die Hochlandbewohner nutzen jeden Quadratmeter des kostbaren Landes und bauen auf Terrassenfeldern an den Berghängen Gemüse an. Einige Kilometer nördlich von Ban Huai Kaet rauscht der **Doi Sawan Waterfall** über von hohen Bäumen umgebene Sinterterrassen zu Tal. Ein weiteres Highlight an der Route ist die 35 km nördlich von Phrae gelegene **Phra Nang Khoi Cave**, eine bedeutende Pilgerstätte der Einheimischen. Ihr Ziel ist ein großer Stalagmit am Ende der etwa 500 m langen Kaverne, in dem man mit etwas Fantasie eine Mutter mit Kind erkennen kann. Der Tropfstein wird von Frauen, bei denen der Nachwuchs ausbleibt, als Fruchtbarkeitssymbol verehrt.

Phrae

Die prosperierende, knapp 35.000 Einwohner zählende Hauptstadt der gleichnamigen Provinz ist eine der ältesten Stadtgründungen Thailands. Vom 10.–12. Jh. gehörte Phrae zum Mon-Königreich Haripunchai: Die Tempel der Stadt weisen Merkmale des Dvaravati- bzw. Mon-Stils auf. Phrae ist zwar auf westliche Besucher eingestellt, aber das Leben hat noch einen geruhsamen Rhythmus.

Geschichtsträchtige Provinzhauptstadt

Die bedeutendsten **Sehenswürdigkeiten** liegen in der Altstadt, die von einem beinahe vollständig erhaltenen oder rekonstruierten Ziegelsteinwall umgeben wird. Das historische Viertel von Phrae ist so kompakt und übersichtlich, dass man es in wenigen Stunden erkunden kann. Als Ausgangspunkt bietet sich das im Zentrum gelegene **Governor's House** (Khum Chao Luang) an. Der einstige Wohnsitz des Provinzgouverneurs wurde 1882 in dem für die Zeit König Chulalongkorns typischen thailändisch-europäischen Stilmix gebaut. Heute beherbergt das Gebäude ein Museum zur Geschichte der Stadt und Provinz. Ausgestellt sind vor allem Originalmobiliar und Gebrauchsgegenstände aus dem 19. Jh. (*täglich 9–17 Uhr, Eintritt frei*).

Im **Wat Phra That Ming Muang** einige Schritte südöstlich des Governor's House fallen ein goldener Chedi im burmesischen Stil und ein graziöser Bib-

Das Wongburi House in Phrae ist eines der schönsten Teakgebäude Thailands

liotheksbau ins Auge. Vorbei am **Wat Pong Sunan**, dessen Eingang von goldenen burmesischen Löwen bewacht wird, kommt man zum **Wongburi House**. Mit gut erhaltenem Originalmobiliar, wertvollen Wohnaccessoires und historischen Fotos gibt das wunderschöne, rosafarbene Teakholzhaus einen Eindruck vom feudalen Lebensstil der Oberschicht im 19. Jh. (*täglich 9–17 Uhr, Eintritt: Baht 40*).

Burmesischer und laotischer Einfluss

Gleich um die Ecke liegt der kunsthistorisch bedeutende **Wat Luang**, der burmesische und laotische Stilmerkmale aufweist. Ein Kennzeichen burmesischer Tempelarchitektur sind die beiden rot-goldenen Wächterlöwen vor dem hölzernen Westtor, hinter dem auf einem Ziegelsteinfundament ein grauer Chedi aufragt. Auf laotischen Einfluss deutet der an den Giebelseiten spitz nach oben gezogene Dachfirst der Vihara. In diesen hakenförmigen Gebilden, welche die Bezeichnung *cho faa* tragen, sollen sich böse Geister und Dämonen verfangen. Auf einem Podest voller Opfergaben thront im Inneren eine große Buddha-Statue in sitzender, die Erde als Zeugin aufrufender Haltung. Obwohl es etwas verstaubt wirkt, lohnt sich ein Blick in das Tempelmuseum. Das Erdgeschoss beherbergt ein heimatkundliches Museum mit alten Waffen und Gebrauchsgegenständen. In einer Glasvitrine thront The Golden Buddha, eine kleine Statue aus massivem Gold. Im oberen Stockwerk sind Zeremonialgegenstände und Buddha-Statuen verschiedener Stilepochen ausgestellt (*täglich 9–11.30 Uhr und 13–16 Uhr, Spende erbeten*).

Die überwiegend aus dem 16. Jh. stammenden Gebäude des gegenüberliegenden **Wat Sri Chum** gruppieren sich um einen markanten Ziegelstein-Chedi im burmesischen Stil.

Der wohl schönste Tempel Phraes, der **Wat Chom Sawan**, liegt etwa 1 km nordöstlich der Stadtmauer an der Thanon Ban Mai. Das Heiligtum wurde zu Beginn des 20. Jh. von Tai Yai bzw. Shan, die in der Umgebung von Phrae als Holzfäller arbeiteten, fast komplett aus Teakholz im burmesischen Stil erbaut. Die feinen Details erheben die filigranen Holzschnitzereien an der Decke der Vorhalle in den Rang erstklassiger Kunstwerke.

Eine bedeutende Pilgerstätte ist der 8 km südöstlich auf einem Hügel thronende **Wat Phra That Cho Hae**, den ein 34 m hoher, mit vergoldeten Kupferplatten verkleideter Chedi überragt.

Reisepraktische Informationen Phrae

Unterkunft

Maeyom Palace Hotel $$$–$$$$, *1811/6 Thanon Yantarakijkosol,* ☎ *(054) 521028-35, wccphrae@hotmail.com, EZ/DZ Baht 1.175–2.450 (inkl. Frühstücksbuffet). Bestes Haus im Ort mit komfortablen, klimatisierten Zimmern, Restaurant und Pool; etwa 1 km nordöstlich der Altstadt.*

Phoomthai Garden Hotel $$$, *31 Thanon Sasibutr,* ☎ *(054)627359, www.phoom thaitravel.com, EZ/DZ Baht 1.100–2.000 (inkl. Frühstück). Dreistöckiges Haus im modernen Lan-Na-Stil mit 46 hellen, gut ausgestatteten AC-Zimmern, Restaurant und kostenlosem WLAN.*

Verkehrsverbindungen

Busse: *Der Busbahnhof liegt ca. 1 km nordöstlich der Altstadt an der Thanon Ban Mai. Mehrmals täglich Busse u. a. von/nach Nan, Lampang, Chiang Mai, Phayao, Chiang Rai und Bangkok.*

Von Chiang Rai nach Lampang

Auf dem Weg nach Phayao

Erste Stopps lohnen sich bei dem 15 km südwestlich von Chiang Rai gelegenen **Wat Rong Khun** und beim **Khun Kon Waterfall** 25 km südwestlich (S. 327). Hauptattraktion des 1.170 km² großen **Doi Luang National Park**, der sich etwa auf halbem Weg zwischen Chiang Rai und Phayao westlich des H 1 erstreckt, ist der **Pu Kaeng Waterfall** (Abzweigung zwischen KM 773 und 774). Der schöne Wasserfall rauscht auf einer Länge von 1,3 km über neun Felsstufen durch lichten Monsunwald zu Tal und ist an den Wochenenden ein beliebtes Ausflugsziel der Einheimischen.

Ebenfalls zum Doi Luang National Park gehört der **Wang Kaeo Waterfall**, den man aber nur über eine Stichstraße erreicht, die in Wang Nua vom H 120, der Verbindungsstraße zwischen dem H 1 und dem H 118, abzweigt. Mag der Wang-Kaeo-Wasserfall auch nicht sonderlich hoch sein, die Szenerie ist zauberhaft: In zahllosen Kaskaden tost der Wasserfall inmitten einer märchenhaften Urwaldkulisse über Kalksteinfelsen und Sinterterrassen. Viele Felsenpools versprechen Badespaß im Regenwald (*täglich 8–18 Uhr, Eintritt: Erwachsene Baht 100, Kinder Baht 50*).

Phayao

Die Provinzstadt schmiegt sich an das Ostufer des malerischen Sees Kwan Phayao und wird im Westen von einer schroffen, bis zu knapp 1.700 m aufragenden Bergkette flankiert. Obwohl immer mehr gesichtslose Betonbauten die schönen alten Teakholzhäuser verdrängen, wirkt die Stadt auf Anhieb sympathisch. Gegründet wurde Phayao bereits im Jahre 1096 als Hauptstadt eines kleinen, autonomen Königreichs, das erst Mitte des 14. Jh. dem mächtigen Lan-Na-Reich einverleibt wurde. *Auf Anhieb sympathisch*

Ein Besuchermagnet hauptsächlich für einheimische Ausflügler ist der 6 km lange und 4 km breite, sehr fischreiche Binnensee **Kwan Phayao**. Im Ortsbereich lädt eine gepflegte Uferpromenade zum Flanieren ein und zahlreiche nette Lokale in Seenähe locken mit frischen Fischgerichten. Am Seeufer nördlich des Zentrums liegt der **Wat Sri Khom Kham**, dessen weitgehend schmucklose Vihara erst in jüngerer Zeit errichtet wurde, um einen riesigen sitzenden Buddha in der als Berührung der Erde bekannten

Haltung zu beherbergen. Umgeben wird die Vihara von einem Wandelgang mit zahlreichen Buddha-Statuen in unterschiedlichen Positionen und Gesten.

Der prächtige Teakholztempel **Wat Luang Ratcha Santhan** aus dem 12. Jh. stürzte im Jahre 1988 bei einem schweren Unwetter ein. Doch gelang es, Reste des alten Tempels in den Neubau nahe dem Markt zu integrieren. So stammen die mächtigen Teaksäulen und das hölzerne Dachgebälk der Vihara aus dem ursprünglichen Bauwerk.

Reisepraktische Informationen Phayao

Unterkunft

Gateway Hotel $$–$$$$, 7/36 Thanon Pratuklong, ☎ (054)411333, www.phayao gateway.com, EZ/DZ Baht 900–2.500. Bestes Haus im Ort mit klimatisierten Zimmern, Restaurant und Pool, nahe dem Busbahnhof.
Phayao Northern Lake Hotel $$, 15/7 Thanon Robwieng Pratuklong, ☎ (054)411123, EZ/DZ Baht 650–850. Etwas abgewohnte, aber akzeptable Zimmer mit Klimaanlage, mit Restaurant und bewachtem Parkplatz.

Verkehrsverbindungen

Busse: Der Busbahnhof liegt am Nordrand der Altstadt an der Thanon Pratuklong. Mehrmals täglich Busse u. a. von/nach Chiang Rai, Chiang Mai, Lampang, Nan, Phrae und Bangkok.

Lampang

Geschichte und Sehenswertes

Auf angenehme Weise „rückständig"

Lampangs Einwohnerzahl mag zwar die 50.000-Grenze deutlich überschritten haben, doch die Hauptstadt der gleichnamigen Provinz wirkt fast kleinstädtisch, und über ihre Straßen rumpeln immer noch einspännige, vierrädrige Pferdekutschen. Hier findet man vor allem entlang der Thanon Talat Kao (Altmarkt-Straße) noch zahlreiche schöne alte Holzhäuser in typisch nordthailändischer Bauweise. Wirtschaftliche Basis der in der ausgedehnten Schwemmebene des Mae Nam Wang, einer der vier Quellflüsse des Mae Nam Chao Phraya, gelegenen Stadt sind **Landwirtschaft** und **Handel** und zunehmend auch der Fremdenverkehr. Gegründet wurde Lampang von Mon aus dem Königreich Dvaravati von Lopburi (s. S. 214), die Mitte des 7. Jh. nach Norden zogen. Hier residierte ein Sohn Chama Thevis, der ersten Herrscherin des Mon-Königreichs Haripunchai. Mit der Eroberung der Hauptstadt Lamphun durch den Tai-König Mengrai im Jahre 1281 fiel auch Lampang an das siegreiche Lan-Na-Reich, bevor es im 16. Jh. von den Burmesen in Besitz genommen wurde.

Aus der Mon-Epoche sind so gut wie keine architektonischen Relikte erhalten. Fast alle bedeutenden Baudenkmäler Lampangs stammen aus der Zeit nach der Inbesitznahme der Stadt durch die Burmesen, deren kultureller Einfluss heute noch an vielen Stellen sichtbar ist. So hebt sich in dem am Mae Nam Wang gelegenen **Wat Phra Kaeo Don Tao** vor dem Hintergrund eines 50 m hohen, ceylonesischen Chedis mit vergoldeter Spitze eine zierliche Pagode ab, die beste burmesische Tempelarchitektur verkörpert. Das Bauwerk mit einem siebenfach gestaffelten Dach besticht durch ausgewogene Proportionen und kunstvolles Baudekor. Nirgends ist an Vergoldung, Schnitzerei, Spiegelmosaiken und Perlmuttintarsien gespart, trotzdem wirkt das Gebäude nicht überladen.

Der Wat Phra Kaeo Don Tao gehört zu den **bedeutendsten buddhistischen Andachtsstätten** des Landes. Grund dafür ist, dass er dem berühmten Smaragd-Buddha, der heute im Königstempel Wat Phra Kaeo in Bangkok thront, vorübergehend als Domizil diente. Nachdem man den im ganzen Land verehrten Smaragd-Buddha im Jahre 1434 in Chiang Rai entdeckt hatte, befahl der damalige Lan-Na-Herrscher die kostbare Statue in seinen Palast in Chiang Mai zu bringen. Doch der für den Transport ausgewählte Elefant lief nicht nach Chiang Mai, sondern schlug den Weg nach Lampang ein. Der König deutete dies als göttliches

Chedi und burmesische Pagode im Wat Phra Kaeo Don Tao in Lampang

Zeichen und ließ dort zur würdigen Beherbergung des Smaragd-Buddha den Wat Phra Kaeo Don Tao errichten. Über 30 Jahre lang befand sich der Nationalheilige in Lampang, bevor er doch noch eine vorübergehende Heimat in Chiang Mai fand und nach einer langen Odyssee schließlich nach Bangkok gelangte (s. S. 140).

Hier residierte einst der Smaragd-Buddha

Im kleinen Lanna Museum in der Nähe des Eingangs sind Kunstwerke im Lan-Na-Stil, vor allem Holzschnitzereien, Keramiken und Schmuck, ausgestellt (*täglich 8–18 Uhr, Eintritt: Baht 30*). Der angrenzende **Wat Suchada** aus dem 15. Jh. besitzt zwei schöne Vihara in reinem Lan-Na-Stil.

Auch die burmesisch geprägte Architektur des **Wat Si Rong Muang** in der Thanon Tha Krao Noi liegt ganz auf der Linie der damaligen Zeit, ohne irgendetwas Bemerkenswertes zu bieten. Anreiz zu einem Besuch geben die kunstvollen Holzschnitzereien der Vihara, mit denen die Giebelfelder über den Portalen und die mächtigen Teakholzsäulen geschmückt sind. Errichtet wurde der Tempel im Jahre 1905 auf dem Höhepunkt des Teakholzhandels, als viele burmesische Holzfäller in Lampang lebten.

3 km nordöstlich der Stadt liegt der im burmesischen Stil erbaute **Wat Chedi Sao** wie eine Insel in einem Meer wogender Reisfelder. Der Name des Heiligtums, „Tempel der 20 Chedis", rührt von den 20 kleinen, mit Schmuckornamenten versehenen und einer goldenen Spitze bekrönten Chedis, die neben der Vihara aufgereiht sind.

Hotels
1. The Riverside Guest House
2. Tip Inn
3. Pin Hotel
4. Auangkham Resort
5. Asia Lampang Hotel

Restaurants
1. The Riverside Restaurant
2. Aroy One Baht

Reisepraktische Informationen Lampang

Unterkunft

Auangkham Resort $$$–$$$$ (**4**), *51 Thanon Wang Nua,* ☎ *(054)221306, www.auangkhamlampang.com, EZ/DZ Baht 1.150–2.350. Ansprechendes Haus im zeitgenössischen Lan-Na-Stil mit 14 freundlichen Komfortzimmern in einem schönen Garten, ruhige Lage, kostenloses WLAN.*

Pin Hotel $$–$$$ (**3**), *8 Thanon Suan Dok,* ☎ *(054)221509,* 🖨 *(054)322286, EZ/DZ Baht 600–800, Suite Baht 1.000–1.400. Stadthotel mit 58 klimatisierten Zimmern und Restaurant.*

Asia Lampang Hotel $$ (**5**), *229 Thanon Boonyawat,* ☎ *(054)227844-7, www.asialampanghotel.com, EZ/DZ Baht 650–850. Stadthotel mit klimatisierten Zimmern und Restaurant in einem schönen Teak-Gebäude.*

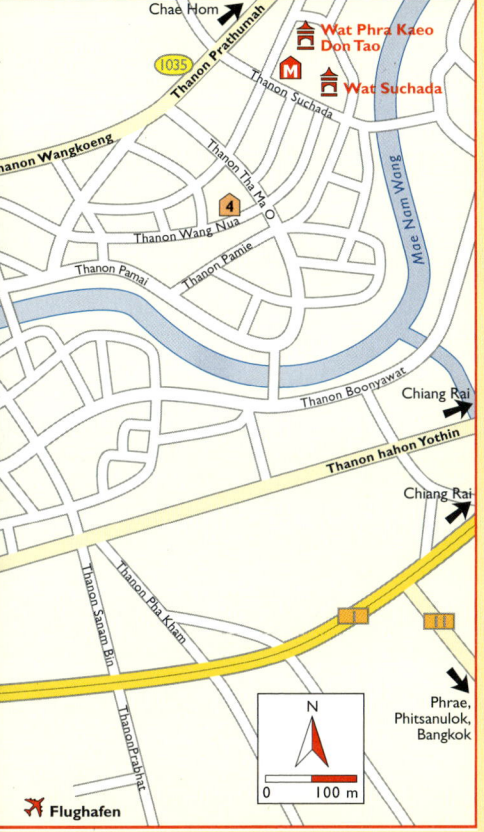

The map shows streets including Chae Hom, Thanon Prathurnah, Wat Phra Kaeo Don Tao, Wat Suchada, Thanon Suchada, anon Wangkoeng, Thanon Tha Ma O, Thanon Wang Nua, Thanon Pamal, Thanon Parnie, Mae Nam Wang, Thanon Boonyawat, Chiang Rai, Thanon hahon Yothin, Chiang Rai, Thanon Pha Khan, Thanon Sanam Bin, Thanon Prabhat, Phrae, Phitsanulok, Bangkok, Flughafen, 0 100 m, N, 1035, 4

The Riverside Guest House \$–
\$\$\$ (1), *286 Thanon Talat Kao,* ☎
(054)227005, www.theriverside-lam
pang.com, EZ/DZ Baht 400–1.200.
Komplex alter Teak-Häuser am
Wang River mit 16 individuell gestal-
teten Zimmern und Frühstücksre-
staurant; nur Nichtraucherzimmer!
Die agile Besitzerin Lorenza aus Ita-
lien organisiert Touren und vermietet
Fahr- und Motorräder.

Tip Inn \$–\$\$ (2), *Thanon Talat*
Kao, ☎ *(054)221821, EZ/DZ Baht*
400–600. Einfache Zimmer mit Ven-
tilator oder Klimaanlage und Ge-
meinschaftsbad oder Dusche/WC in
einem schönen Teakhaus im traditio-
nellen La-Na-Stil.

🍴 Restaurants
Aroy One Baht (2), *Tha-*
non Thipchang, ☎ *(089)7009444,*
täglich 16–24 Uhr, Gerichte Baht
60–140. Ausgezeichnete nordthai-
ländische Speisen, flotter und freund-
licher Service.

The Riverside Restaurant (1),
328 Thanon Thip Chang, ☎ *(054)*
221861, täglich 11–24 Uhr, Gerichte
Baht 100–250. Terrassenrestaurant
in einem Teak-Haus am Fluss mit
(nord-)thailändischen und westli-
chen Gerichten, abends Live-Musik.

Verkehrsverbindungen
Lampang ist eine der letzten Städte Thailands, in denen neben Song-thaeo im Stadt-
bereich auch Pferdekutschen verkehren (Baht 15–25). Man kann die originellen Gefährte
auch für individuelle Stadtrundfahrten mieten (etwa Baht 600/Stunde).
Busse: *Der Busbahnhof liegt südlich des Zentrums am H1. Mehrmals täglich Busse u. a.*
von/nach Chiang Mai, Phayao, Chiang Rai, Phrae, Nan, Sukhothai, Phitsanulok, Kamphaeng
Phet, Lopburi, Ayutthaya und Bangkok.
Züge: *Der Bahnhof liegt in der Ortsmitte an der Thanon Paholyothin. Sieben- bis zehnmal*
täglich Züge von/nach Chiang Mai, Phitsanulok, Lopburi, Ayutthaya und Bangkok.
Flughafen: *Zwischen dem Flughafen am südlichen Ortsrand (*☎ *(054)230401-2) und der*
Innenstadt verkehren Taxis und Tuk-Tuks (ca. Baht 80–100).
Thai Airways, *Pin Hotel, 8 Thanon Suan Dok,* ☎ *(054)221509.*
Bangkok Airways, *Pin Hotel, 8 Thanon Suan Dok,* ☎ *(054)226483, www.bangkokair.com.*
Nationale Verbindungen: *von/nach Bangkok dreimal täglich (Thai Airways, Bangkok Airways).*

Ausflüge in die Umgebung von Lampang

Nach Südwesten

Pilgerziel vieler Buddhisten – der Wat Phra That Lampang Luang

Als einer der schönsten Tempel Thailands gilt der **Wat Phra That Lampang Luang**, 18 km südwestlich von Lampang nahe dem Ort Ko Kha. Das festungsartige Heiligtum liegt auf einem Hügel und eine Treppe mit Balustraden aus den gewundenen Schlangenleibern zweier siebenköpfiger Nagas – Zeichen für burmesischen Einfluss – führt zu seinem Portal. Einst suchten die Menschen bei Angriffen feindlicher Streitkräfte vor allem aus Burma Schutz hinter den massiven Mauern des Tempelklosters. Die Anlage stammt überwiegend aus dem 15. Jh. und gruppiert sich um einen 45 m hohen, vergoldeten Chedi im burmesischen Stil; sein Sockel ist vielfach gegliedert und mit ornamentierten Kupferplatten bedeckt. Flankiert wird der Chedi in jeder Himmelsrichtung von einer Vihara. Die größte, die nach Osten ausgerichtete, 36 m lange *Architektonisches Meisterwerk* **Vihara Luang** wurde im Jahre 1476 von König Tilokaraja als offene Halle errichtet. Das mächtige, dreifach gestaffelte Dach ruht auf massiven Teakholzsäulen. Im Inneren beeindruckt ein geradezu in „barockem" Überschwang mit Reliefskulpturen geschmückter pagodenähnlicher Schrein im burmesischen Stil. Die wohlproportionierte Vihara Phra Buddha an der Südseite des Chedi birgt in ihrem stimmungsvollen Sanktuar einen Buddha im Lan-Na-Stil. Die **Mondhop-Bibliothekshalle** im Hintergrund wurde Mitte des 15. Jh. zum Schutze eines „Fußabdrucks des Buddha" errichtet.

In einem unscheinbaren, etwas abseits gelegenen Teakholzpavillon knien die Gläubigen vor der wichtigsten Buddha-Statue des Tempels nieder – einem kleinen Buddha, der aus demselben Jadeblock geschnitten sein soll wie der berühmte Smaragd-Buddha des Wat Phra Kaeo in Bangkok. Kunsthistorisch Interessierte werfen noch einen Blick in das Tempelmuseum, das neben Buddha-Statuen verschiedener Stilrichtungen vor allem Zeremonialgegenstände präsentiert.

Wat Phra That Lampang Luang, Mi–So 8–12 Uhr und 13–17 Uhr außer feiertags, Eintritt: Baht 50; Anfahrt: Mit einem Songthaeo oder Minibus von Lampang nach Ko Kha (15 km), dann 3 km zu Fuß oder mit einem Motorradtaxi; man kann in Lampang auch für etwa Baht 500–600 ein Songthaeo chartern.

Nach Nordwesten

28 km nordwestlich von Lampang liegt am nach Chiang Mai führenden H 11 das **Thai Elephant Conservation Centre**. Gegründet wurde die Einrichtung zum Schutz

der Elefanten, die in Thailand zu den stark bedrohten Tierarten gehören. Man ist bemüht, die Fertigkeiten der Arbeitselefanten, die einst als „Waldarbeiter" in der thailändischen Forstwirtschaft eingesetzt waren, nicht in Vergessenheit geraten zu lassen. Auf dem 120 ha großen, bewaldeten Areal gibt es Trainings- und Vorführplätze, ausgedehnte Grassavannen als Weideplätze für die Dickhäuter und ein Dorf für die Elefantenführer (*mahouts*), die meist dem Volk der Karen angehören. Zudem sind ein Museum, ein Informationszentrum und ein Hospital vorhanden, in dem man sich um kranke oder verletzte Elefanten kümmert. Im Trainingslager werden ehemalige Arbeitselefanten, die nach dem 1989 erlassenen absoluten Fällverbot für Tropenhölzer arbeitslos sind, „umgeschult". Heute führen sie dem Publikum ihre Fertigkeiten wie etwa Fußballspielen vor. Manche Elefanten konnten sogar zum Malen abstrakter Bilder oder zum Musizieren animiert werden. Wer schon etwas vor Beginn der ersten Vorführung da ist, kann die Tiere beim Baden beobachten. Nach der Show kann man auf dem Rücken der Elefanten die Umgebung erkunden.

Hier dreht sich alles um das Nationaltier

Thai Elephant Conservation Centre, ☎ *(054)229042, täglich 8.30–16.30 Uhr, 30-minütige Elephant Show täglich 10 Uhr und 11 Uhr, am Wochenende zusätzlich 13.30 Uhr, Eintritt: Erwachsene Baht 150, Kinder Baht 90, 15-minütige Ritte Erwachsene Baht 300, Kinder Baht 150. Anfahrt: Die zwischen Lampang und Chiang Mai auf dem H 11 verkehrenden Busse halten vor dem Eingang; man kann in Lampang auch für etwa Baht 600–700 ein Songthaeo chartern oder bei einer Agentur eine Tour buchen.*

 **Tipp**

Zu Besuch bei den Mahouts

Wer mehr über das Leben eines Elefantenführers wissen möchte, kann einige Tage im Mahout-Dorf des Thai Elephant Conservation Centre verbringen. Der Tag beginnt mit dem morgendlichen Bad der grauen Riesen, danach folgen Training und Ausritte in den Bergwald, man kann den Mahout bei ihrer Arbeit mit den Elefanten behilflich sein. **Homestay Program**, ☎ (054)228034, www.thailandelephant.org, Baht 3.500 für einen Tag Vollpension, Baht 6.200 für zwei Tage Vollpension, Baht 8.800 für drei Tage Vollpension.

Nördlich des H 11 erstreckt sich um den 1.373 m hohen Doi Khuntan in einer von Schluchten zerklüfteten, dicht bewaldeten Gebirgsregion der 255 km² große **Doi Khuntan National Park**, ein Dorado für Bergwanderer und Naturliebhaber. Am besten erreicht man den Park mit der Eisenbahn von Lampang oder Chiang Mai aus. Beim Bau der abenteuerlichen, mit deutschem Know-how angelegten Bergstrecke durch den Südteil des Nationalparks mit mehreren Brücken und dem mit 1.352 m längsten Eisenbahntunnel Thailands mussten die Ingenieure tief in die technische Trickkiste greifen. Von dem 578 m hoch gelegenen, kleinen Bahnhof Khun Tan sind es 1,3 km zu Fuß auf einem steilen Pfad zum Visitor Center, in dem man Informationen über Wanderungen erhält und bei längeren Aufenthalten auch eine Unterkunft in Park-Bungalows buchen kann. Den Bergdschungel durchstreifen Schwarzbären, Wildschweine, Wildbüffel und Rotwild, während sich Makaken, Languren und Gibbons durch die Baumwipfel hangeln. Tiger und andere Raubkatzen wurden schon lange nicht mehr gesichtet (☎ *(053)519216-7, täglich 8–18 Uhr, Eintritt: Erwachsene Baht 100, Kinder Baht 50)*.

Mit der Eisenbahn in die Natur

Überblick

Die ausgedehnte Region im Nordosten Thailands, der **Isaan**, ist ein **Hochplateau** mit unfruchtbaren Böden und geringen Niederschlägen. Im Unterschied zur Zentralebene wird wenig künstlich bewässert, sodass die vom Monsunregen abhängigen Reisbauern im Jahr nur einmal pflanzen und ernten können. Trotzdem ist das Plateau mit 22,3 Mio. Einwohnern auf 169.000 km² ziemlich dicht besiedelt. Es gibt zwar einige Städte mit 100.000 oder mehr als 250.000 Einwohnern, eine bäuerlich-ländliche Lebensweise herrscht aber vor.

Bis zur Eroberung der laotischen Hauptstadt Vieng Chan (Vientiane) durch die Siamesen im Jahre 1779 gehörte der Isaan zum Königreich Laos. Während der **Khmer-Herrschaft** vom 10.–13. Jh. war die Korat-Hochebene eine blühende Provinz, deren wichtigste Stadt Phimai mit der Metropole Angkor in Kambodscha durch eine direkte Straße verbunden war. Zahlreiche Überreste von Tempeln zeugen vom regen geistigen und künstlerischen Leben dieser Zeit. Der Einfluss der Nachbarländer zeigt sich heute noch in der ethnischen Zusammensetzung: Fast der ganze nördliche Teil des Nordostens wird von Lao sprechenden und ein breiter Grenzstreifen im Süden von Khmer sprechenden Gruppen bewohnt. Obwohl vor allem der Isaan mit seinen billigen Arbeitskräften Mitte der 1980er-Jahre das thailändische Wirtschaftswunder nährte, hat der Nordosten am allgemeinen wirtschaftlichen Aufschwung des Landes nur am Rande teilgenommen. Lange hat die Region unter der **Vernachlässigung** durch die Regierung gelitten. Immer noch leben dort Hunderttausende unterhalb der **Armutsgrenze**. Erst seit den 1960er-Jahren versuchte die Regierung in Bangkok durch Bewässerungsprojekte und Industrieansiedlung den Lebensstandard der Bevölkerung zu heben und durch den Ausbau des Straßennetzes die Region an

Reiche Vergangenheit, heute Armenhaus der Nation

Nordostthailand

MYANMAR
Chiang Rai
LAOS
VIETNAM
Chiang Mai
Udon Thani
LAOS
Sukhothai
THAILAND
Ubon Ratchathani
Nakhon Ratchasima
Ayutthaya
BANGKOK
Kanchanaburi
MYANMAR
Pattaya
Hua Hin
KAMBODSCHA
Chumphon
VIETNAM
Surat Thani
Ko Phuket
MALAYSIA
© Igraphic
N
0   100 km

Zur Reisernte kehren viele Khon Isaan in die Dörfer zurück

Zentralthailand anzubinden. Doch der Abstand zu den drei anderen Großregionen ist immer noch deutlich. Die prekäre Lage der Bauern im Nordosten erklärt ihren hohen Anteil an der Migration innerhalb Thailands. Zu Beginn der Trockenzeit, nachdem die Reisernte eingebracht ist und es in der Landwirtschaft keine Arbeit mehr gibt, verlassen jedes Jahr Hunderttausende ihre Familien und ziehen auf die Baustellen oder in die Fabriken Bangkoks und anderer großer Städte. Khon Isaan stellen auch einen Großteil der Bediensteten in der Tourismusindustrie des Südens. Viele junge Frauen vom Lande prostituieren sich, um die Not ihrer Familien zu lindern. Von Dezember bis Juni scheinen viele Dörfer des Isaan nur Kinder und Alte zu beherbergen. Erst wenn mit Einsetzen des Monsuns die Reisaussaat beginnt, kehren viele Abwanderer wieder für einige Monate zurück.

Abseits der Reiserouten

Der Nordosten liegt abseits der großen Besucherströme. Die bedeutenden **Khmer-Tempel Prasat Hin Phimai**, **Prasat Phanom Rung** und **Khao Phra Viharn** sind die wichtigsten Attraktionen des Isaan. Wenige Touristen besuchen den **Khao Yai National Park** oder **Ban Chiang**, wo die Reste einer bis zu 7.000 Jahre alten stein- und bronzezeitlichen Kultur gefunden wurden. In der Tat empfängt der Nordosten seine Besucher nicht mit offenen Armen, sondern eher spröde und abweisend: Die Landschaft der waldärmsten Region Thailands ist karg und monoton, die Städte sind wenig attraktiv. Im Isaan zeigt sich das fernöstliche Königreich ungeschminkt.

Reisepraktische Informationen

Der Isaan ist von Bangkok aus problemlos zu erreichen. Thai Airways und einige kleinere Fluglinien fliegen täglich von Bangkok nach Khon Kaen, Nakhon Phanom, Roi Et, Sakon Nakhon, Ubon Ratchasima und Udon Thani.

Busse von Bangkoks Northern Bus Terminal fahren täglich zu den meisten größeren Städten des Nordostens. Das Busnetz im Isaan ist engmaschig, jedoch sind Sehenswürdigkeiten abseits der großen Straßen, etwa die Khmer-Tempel Prasat Phanom Rung und Khao Phra Viharn, nicht mit öffentlichen Verkehrsmitteln zu erreichen. Von Bangkok führen zwei Eisenbahnlinien in den Nordosten. Sie trennen sich in Nakhon Ratchasima, von wo die eine über Buriram und Surin nach Ubon Ratchathani im Osten führt und die andere über Khon Kaen und Udon Thani nach Nong Khai im Norden. Um abgelegene Sehenswürdigkeiten besuchen zu können, empfiehlt sich ein Mietwagen. Außerhalb der größeren Städte herrscht nur wenig Verkehr, sodass auch ungeübte Fahrer keine Probleme haben werden.

Auf dem Friendship Highway nach Nong Khai

Von Bangkok zum Khao Yai National Park

Am Verkehrsknotenpunkt Saraburi zweigt vom Highway 1 der in den Nordosten führende Highway 2 ab. Der sogenannte Friendship Highway wurde in den späten 1950er-Jahren aus strategischen Gründen gemeinsam von den USA und Thailand gebaut. Im Vietnam-Krieg rollte der Nachschub für die amerikanischen Militärflughäfen im Nordosten über den Highway. Von US-Basen in Nakhon Ratchasima und Udon Thani starteten die B-52-Bomber zu Luftangriffen auf Laos und Vietnam. Heute verbindet die „Straße der Freundschaft" (thailändisch: *Thanon Mitraphap*) einige der wichtigsten Provinzstädte des Isaan miteinander, bevor sie in Nong Khai am Mekong endet. Am KM 160 ist die Abzweigung nach **Pak Chong** erreicht. Das lebhafte Städtchen hat Besuchern außer einem farbenfrohen Markt nichts zu bieten, eignet sich aber gut als Ausgangspunkt für einen Abstecher zum Khao Yai National Park.

Khao Yai National Park

Redaktionstipps

Sehenswertes

▸ Unberührte Natur lässt sich im **Khao Yai National Park** (S. 355) genießen. Der majestätische Khmer-Tempel **Prasat Hin Phimai** ist großartig restauriert (S. 361).
▸ Einen Blick in prähistorische Zeiten gewährt das **Ban Chiang National Museum** (S. 366).

Feste und Veranstaltungen

▸ Ende März wird in Nakhon Ratchasima mit einer Parade der **Nationalheldin Khun Ying Mo** gedacht. In einer Vollmondnacht im Oktober steigen während des **Bung Fai Phaya Nak Festivals** (S. 369) nahe Nong Khai mysteriöse „Feuerbälle" aus dem Mekong. Ende Oktober werden dort **Bootsrennen** ausgetragen. Am zweiten Wochenende im November wird in Prasat Hin Phimai die **Phimai Fair** mit Laternenumzügen und einer Light & Sound Show begangen.
▸ Ende November/Anfang Dezember wird in Khon Kaen das **Silk Festival** mit Umzügen und kulturellen Veranstaltungen abgehalten.

Einkaufen

▸ Beste Seidenstoffe und Kleidung aus Seide, hergestellt im komplizierten Mudmee-Verfahren, gibt es im **Weberdorf Chonnabot** bei Khon Kaen (S. 363).

Überraschenderweise liegt einer der größten unberührten Regenwälder Südostasiens nur gut 200 km nordöstlich von Bangkok. Der Khao Yai National Park, das erste Naturschutzgebiet Thailands, wurde bereits 1962 eingerichtet und inzwischen von der UNESCO in den Rang eines **Weltnaturerbes** erhoben. Der Park umfasst 2.168 km^2

Der Khao Yai National Park gehört zu den artenreichsten Naturschutzgebieten weltweit

Natur pur vor den Toren Bangkoks

des dicht bewaldeten, teils schroffen und bis zu 1.300 m aufragenden Dangrek-Gebirges und zeichnet sich durch große **Artenvielfalt** aus: Er ist die Heimat von asiatischen Schwarzbären, siamesischen Krokodilen, Zibetkatzen, Hirschen, Wildschweinen und Banteng-Wildrindern sowie verschiedenen Primatenarten wie Makaken und Gibbons. Besonders vielfältig ist mit rund 340 Arten die **Vogelwelt**, darunter die imposanten Nashornvögel. Zudem fand hier Thailands größte Population wilder Elefanten ein Rückzugsgebiet. Wer Geduld mitbringt, hat gute Chancen, einige der rund 200 grauen Riesen zu beobachten, die den Park durchstreifen. Beste Zeit hierfür sind die frühen Morgen- und vor allem späten Nachmittagsstunden während der Trockenmonate, wenn die Dickhäuter aus dem Dschungel kommen, um an natürlichen oder von Menschen angelegten Salzlecken ihren Bedarf an Mineralien zu decken. Die Wahrscheinlichkeit, im Park lebende Leoparden und Tiger zu sichten, ist jedoch sehr gering.

Im Khao Yai National Park herrscht fast das ganze Jahr hindurch ein angenehmes Klima. Die Regenzeit ist zwar zur Beobachtung von Elefanten nicht geeignet, aber die Natur präsentiert sich von Juni bis Oktober von ihrer üppigsten Seite. Neben Orchideen sind vor allem unzählige farbenprächtige Schmetterlinge zu bestaunen und die Wasserfälle im Park sind am beeindruckendsten.

Tour durch den Park

Die Anfahrt zum Parkeingang ist von Pak Chong möglich (38 km) oder auch vom etwas südlich ebenfalls am H 2 gelegenen Muak Lek (32 km). Beide Zufahrtsstraßen werden von zahlreichen Ferienresorts, Wochenendhaus-Siedlungen und Golfclubs sowie von Obstplantagen und Weinbergen gesäumt. Am Kassenhäuschen beim KM 23

löst man die Eintrittskarte für den Nationalpark. Quer durch den Park führt vom nördlichen bis zum südlichen Eingang nahe Prachinburi eine kurvenreiche und bisweilen sehr
steile, aber gut ausgebaute Teerstraße, auf der
jedoch keine öffentlichen Verkehrsmittel fahren.
Auf Wanderer warten 13 Urwaldpfade unterschiedlicher Schwierigkeitsgrade von insgesamt
rund 50 km Länge. Von markierten Ausgangs-
punkten an der Teerstraße aus kann man kleinere Wanderungen auf eigene Faust unternehmen. Bei schwierigeren Unternehmungen ist
die Begleitung von Rangern angebracht. Auch
einige Veranstalter bieten naturkundliche Exkursionen an.

Auf der Fahrt vom nördlichen Parkeingang zum
14 km südlich gelegenen Besucherzentrum kann
man beobachten, wie der lichte, laubabwerfende
Monsunwald allmählich in den immergrünen
Regenwald der höheren Lagen übergeht. Von
einem **Aussichtspunkt** am KM 30 bietet sich
ein weiter Blick über Wälder und tiefe Täler. Offene Savanne prägt die Landschaft um den KM

Der Haew Suwat Waterfall

35. An einer **Salzlecke** (*elephant salt lick*) stillen Elefanten, Hirsche und andere grasfressende
Tiere ihren Bedarf an Salz und Mineralien wie
etwa das für Knochenbau und (Stoß-) Zähne wichtige Kalzium. Hier beginnt die Wanderung auf einem Feldweg durch Grasland zum **Nong Phak Chi Wildlife Watching
Tower**, von wo aus mit Glück und Geduld wilde Elefanten beobachtet werden können (hin und zurück 1,6 km/1 Std.).

Im 745 m hoch gelegenen **Visitor Center** beim KM 37 informiert eine Ausstellung
über Flora und Fauna des Parks. Dort werden *guides* für schwierige Wanderungen
vermittelt, etwa für den 8 km langen Trek durch dichten Dschungel zum Haew
Suwat Waterfall, den man jedoch auch bequem mit dem Auto erreicht (s. u.). Nur
wenige Schritte vom Besucherzentrum entfernt rauscht der kleine Khong Kaeo
Waterfall. Jenseits der Hängebrücke beginnt ein kurzer Naturlehrpfad (Rundweg 1
km/30 Min.).

Vom Besucherzentrum führen Straßen in verschiedene Richtungen. So erreicht man
mit dem Auto den Pha Kluai Mai Campground, wo ein Wanderweg zum **Pha Kluai**   *Badespaß*
Mai Waterfall beginnt (hin und zurück 3 km/1,5 Std.). Der „Orchideen-Wasser-   *im Regen-*
fall" verdankt seinen Namen den vielen wilden Orchideen, welche die Felswände in der *wald*
Nähe umranken. Die Straße endet bei einem großen Parkplatz, von dem es 10 Fußminuten zum **Haew Suwat Waterfall** sind. Der etwa 20 m hohe Wasserfall bildet
einen schönen Naturpool, in dem man schwimmen kann.

Eine andere Stichstraße windet sich zum **Khao Kieow Viewpoint** am Rande eines militärisch genutzten Areals. Etwas unterhalb führt ein kurzer Spaziergang zum **Pha Daew Dai Viewpoint**, ein spektakulär auf einem Felsvorsprung liegender Aussichtspunkt.

Landschaftlich ungemein reizvoll ist die Fahrt quer durch den Nationalpark nach Prachinburi. Ein Stopp lohnt sich beim KM 22. Dort beginnt ein Wanderpfad zum 150 m hohen **Haew Narok Waterfall**, der in drei Kaskaden zu Tale tost (hin und zurück 1,6 km/ 1 Std.). Die Highlights in der westlichen Region des Nationalparks, den **Sarika Waterfall** und den **Nang Rong Waterfall**, erreicht man auf einer Stichstraße von Nakhon Nayok, den **Ta Khro Waterfall** im Osten auf einer Piste von Prachantakham. Beide Orte sind am H 33 gelegen, der den Khao Yai National Park im Süden berührt.

Am späten Nachmittag kann man bei einigen außerhalb der nördlichen Parkgrenze gelegenen großen Karstgrotten ein grandioses Naturspektakel beobachten, wenn wie auf ein geheimes Zeichen hin Zehntausende von Fledermäusen aus den Höhlen zu ihren nächtlichen Jagdrevieren flattern. Da die **Fledermaushöhlen** ohne Ortskenntnisse kaum zu finden sind, sollte man sich einer organisierten Tour anschließen. **Khao Yai National Park**, ☎ (037)319002, *www.thainationalparks.com/khao-yai-national-park, täglich 6–21 Uhr, Eintritt: Erwachsene Baht 400, Kinder Baht 200 zuzüglich Baht 20 für Fahrrad, Baht 30 für Motorrad, Baht 50 für Auto.*

Reisepraktische Informationen Khao Yai National Park

Unterkunft

Die Parkverwaltung stellt Bungalows zur Verfügung, angenehmer sind aber die außerhalb des Parks gelegenen Resorts. Der Khao Yai National Park ist vor allem an Wochenenden und Feiertagen stark frequentiert, frühzeitige Buchung ist ratsam. Zu diesen Zeiten steigen die Zimmerpreise um 25–50 Prozent.

... in Pak Chong
The Hill Hotel $$$, *151/1 Thanon Mitraphap,* ☎ *(044)280047-54, www.khaoyai hotels.net, EZ/DZ Baht 1.250–1.450 (inkl. Frühstück). Angenehmes Hotel mit 140 klimatisierten Zimmern, Restaurant und Pool.*

... an der Straße von Pak Chong zum Khao Yai NP
Juldi's Khao Yai Resort $$$$, *KM 17, 54 Moo 4, Thanon Thanarat,* ☎ *(044)297297, www.juldiskhaoyai.com, EZ/DZ Baht 2.950–3.450. Dreistöckiges Resorthotel mit komfortablen Zimmern, gutem Restaurant und großem Pool.*
Khao Yai Garden Lodge $$–$$$$, *KM 7, 135/1 Thanon Thanarat,* ☎ *(044)365178, www.khaoyaigardenlodgekm7.com, EZ/DZ Baht 750–950, Bungalow Baht 1.550–2.950. Schöne Lodge inmitten eines Tropengartens, einfache Zimmer in einem Hauptgebäude und gemütliche Bungalows unterschiedlicher Größe. Gutes Restaurant, kleiner Pool, Wellness-Center, Abholservice von Pak Chong und interessante Ausflüge im Nationalpark (s. u.).*
The Jungle House $$–$$$$, *KM 19,5, 215 Moo 5, Thanon Thanarat,* ☎ *(044)297307, www.junglehousehotel.com, EZ/DZ Baht 950–2.750. Motto: Modernes Wohnen im Dschun-*

gel. Zimmer in einem Hauptgebäude, Bungalows und schöne Baumhäuser. Restaurant, Fahrradverleih, Elefantenreiten und Ausflüge in den Nationalpark.
Greenleaf Guest House $, KM 7,5, 52 Moo 6, Thanon Thanarat, ☎ (044)365073, www.greenleaftour.com, EZ/DZ Baht 300. 21 einfache, aber saubere Zimmer mit Ventilator; kleines Thai-Restaurant; Abholservice von Pak Chong und Ausflüge im Nationalpark (s. u.).

... an der Straße von Muak Lek zum Khao Yai NP
Cabbages & Condoms Resort $$$$, 98 Moo 6, Phaya Yen Sub-District, Pak Chong District, ☎ (036)227065 und (081)9949004, www.pda.or.th/saptai, EZ/DZ Baht 2.250–2.750 (inkl. Frühstück). Angenehmes Resort mit 40 klimatisierten Zimmern, halboffenem Gartenrestaurant und tollem Pool. Anfahrt: Von Muak Lek 7 km in Richtung Khao Yai National Park, dann Hinweisschild nach rechts folgen und weitere 6 km auf einer Stichstraße.

Aktivitäten
Tagesausflüge zur Tierbeobachtung und zu Wasserfällen (Baht 1.300–2.500 zuzüglich Eintrittsgebühr) kann man in der **Khao Yai Garden Lodge** *und im* **Greenleaf Guest House** *buchen (s. o.). Halbtägige Touren führen zu Fledermaushöhlen (Baht 500– 1.000). Beliebt sind auch die Exkursionen, die von* **Khao Yai Nature Life & Tours** *angeboten werden, z. B. die Zwei-Tages-Wanderung mit Zeltübernachtung im Park (Baht 8.900), Infos: ☎ (081)8278391, www.khaoyainaturelifetours.com.*

Anreise
Busse vom Northern Bus Terminal in Bangkok tagsüber alle 30 Minuten nach Pak Chong, Züge mehrmals täglich von Bangkoks Hauptbahnhof Hua Lamphong nach Pak Chong. Zwischen Pak Chong und dem Parkeingang (38 km) pendeln Songthaeo. Die Attraktionen im Park erreicht man aber nur mit eigenem Fahrzeug oder im Rahmen einer organisierten Tour (s. o.). Mit eigenem Fahrzeug kann man auch von Prachinburi über den H 3077 zum südlichen Parkeingang fahren.

Nakhon Ratchasima und Umgebung

Für viele Touristen beginnt die Entdeckungsreise in den Isaan in **Nakhon Ratchasima**, auch das „Tor zum Nordosten" genannt und mit etwa 220.000 Einwohnern eine der größten Städte der Region. Mithilfe deutscher Ingenieure war bereits bis 1891 eine Eisenbahnlinie bis Nakhon Ratchasima vorangetrieben worden; Boom war während des Vietnam-Krieges, als hier US-amerikanische Luftwaffeneinheiten stationiert waren. Von den Einheimischen kurz Korat genannt, ist der Ort heute ein bedeutender Verkehrsknotenpunkt und wirtschaftliches Zentrum des südlichen Isaan. Mag Korat auch der Ausgangspunkt zu den von den Khmer geschaffenen „Schlössern aus Stein" (*prasat hin*) sein, die Stadt selbst hat kaum Sehenswürdigkeiten. Ein Streifzug entlang der alten Stadtmauer zum **Denkmal von Khun Ying Mo** alias Thao Suranari, unter deren Führung 1826 ein Angriff der Laoten zurückgeschlagen wurde; ein Bummel über den riesigen **Markt**; ein Blick in das **Museum Maha Wirawong** auf dem Gelände des Wat Suthachinda mit archäologischen Grabungsstücken und Artefakten aus der Khmer-Epoche (*Mi–So 9–16 Uhr, Eintritt: Baht 30*); ein Besuch des

Tor zum Isaan

Töpferdorfs **Ban Dan Kwian** 6 km südlich der Stadt, in dem nach traditionellen Methoden dekorative Keramiken und Töpferwaren für den alltäglichen Gebrauch hergestellt werden oder ein Ausflug zum 15 km südlich gelegenen **Zoo** mit einheimischen und exotischen Tieren (*täglich 8–18 Uhr, Eintritt: Baht 100*) – das Besuchsprogramm in Nakhon Ratchasima ist schnell abgehakt.

Khmer-
Heiligtum

Etwas mehr Zeit sollte man sich für den Ausflug zu dem 22 km nordöstlich gelegenen kleinen Khmer-Heiligtum **Prasat Phanom Wan** aus dem 11. Jh. nehmen. Wie die meisten Khmer-Tempel jener Zeit besteht es aus einem hohen Turm mit quadratischem Grundriss. Nach allen vier Seiten öffnen sich Türen, wobei eine Vorhalle den Haupteingang an der Ostseite betont. Kammern im Innern des ursprünglich hinduistischen Tempels bergen später hinzugefügte Buddha-Statuen unterschiedlicher Stilrichtungen. In **Ban Prasat** 44 km nordöstlich hat man bei archäologischen Grabungen prähistorische Fundstücke sowie Artefakte im Dvaravati- und Khmer-Stil zutage gefördert. Ein kleines Museum präsentiert die Funde (*täglich 8–17 Uhr, Spende erbeten*).

Reisepraktische Informationen Nakhon Ratchasima

i Informationen
Tourism Authority of Thailand Northeastern Office, *2102-2104 Thanon Mitraphap*, ☎ *(044)213666*, 🖨 *(044)213667, tatsima@tat.or.th, www.isaan.com und www.tourismthailand.org/nakhonratchasima, täglich 8.30–16.30 Uhr. Das Büro ist auch für Buriram, Chaiyaphum und Surin zuständig; 4 km westlich am H 2.*

🛏 Unterkunft
Dusit Princess Hotel $$$$, *1137 Thanon Suranarai*, ☎ *(044)256629-35, www.dusit.com, EZ/DZ Baht 2.250–3.450. Bezahlbares Luxushotel mit 186 bestens ausgestatteten Zimmern; günstiges Dinnerbuffet im Restaurant „The Empress" (Baht 400).*
V-One Hotel $$$–$$$$, *666/6 Thanon Changphurk*, ☎ *(044)342444, www.v-one hotelkorat.com, EZ/DZ Baht 1.850–2.850. Das farbenfroh gestylte „Trendy & Boutique Hotel" mit 116 Zimmern, Restaurant und Pool bietet viel Komfort zu moderatem Preis.*

🚌 Verkehrsverbindungen
Busse: *In Nakhon Ratchasima gibt es zwei Busbahnhöfe –* **Bus Terminal 1** *(im Zentrum an der Thanon Burin): Täglich 5–22 Uhr alle 15–20 Minuten Busse von/nach Bangkok sowie täglich 5–19 Uhr alle 20–30 Minuten Busse von/nach Phimai, Pak Chong und Ayutthaya.* **Bus Terminal 2** *(2 km nördlich des Zentrums am H 2): Mehrmals täglich Busse* **in nordwestliche Richtung** *(eventuell umsteigen in Saraburi) u. a. von/nach Lopburi, Phitsanulok, Sukhothai und Chiang Mai;* **in nordöstliche Richtung** *u. a. von/nach Khon Kaen, Udon Thani und Nong Khai;* **in östliche Richtung** *u. a. von/nach Surin und Ubon Ratchathani.*
Züge: *Der Bahnhof liegt am Südrand des Zentrums an der Thanon Chira.* **In südliche Richtung** *u. a. acht- bis zehnmal täglich von/nach Bangkok und Ayutthaya;* **in nordöstliche Richtung** *u. a. siebenmal täglich von/nach Khon Kaen, Udon Thani und Nong Khai;* **in östliche Richtung** *u. a. drei- bis viermal täglich von/nach Surin und Ubon Ratchathani.*

Phimai

Etwa 60 km nordöstlich von Nakhon Ratchasima liegt der majestätische Khmer-Tempel **Prasat Hin Phimai** in einem modernen Städtchen gleichen Namens. Die Khmer spielten eine bedeutende Rolle in der Entwicklung der thailändischen Kunst und Architektur. Vor einem Jahrtausend waren sie Herrscher über ein Reich, das sich über ganz Indochina und weite Teile des heutigen Thailand bis zur Malaiischen Halbinsel erstreckte. Ruinen ihrer Tempel kann man in vielen Teilen des östlichen Thailand finden. Als bedeutendstes Heiligtum des ehemaligen Khmer-Reiches außerhalb des heutigen Kambodscha gilt der in den Jahren 1964–68 meisterhaft restaurierte Prasat Hin Phimai. Manche Kunsthistoriker sehen in dem Ende des 11. Jh. errichteten Monument gar das architektonische Vorbild für Angkor Wat, mit dem Phimai einst über eine 240 km lange, gepflasterte Straße verbunden war.

Wie den berühmten Tempelberg in Kambodscha haben die gottgleichen Khmer-Könige auch die Tempelanlage von Phimai nach symbolischen, von der **hinduistischen Kosmologie** bestimmten Kriterien anlegen lassen. Überreste von Wassergräben verweisen auf den kosmischen Ozean und der sich auf einem quadratischen Sockel erhebende 28 m hohe Tempelturm aus grauem Sandstein auf den heiligen Weltenberg Meru, den Sitz der Götter. Das zentrale Heiligtum besitzt an allen Seiten stufige Vorhallen mit kunstvoll skulptierten Dächern, wobei die südliche, die sich in einer überwölbten Längshalle fortsetzt, als Haupteingang dient. Abweichend von der üblichen Khmer-Konzeption ist die Tempelanlage von Phimai nach Süden – in Richtung der „Mutterstadt" Angkor – statt nach Osten ausgerichtet.

Modell des hinduistischen Kosmos

Rechts und links vor dem Hauptsanktuarium stehen zwei gleichartige Bauten, deren einstige Bestimmung unklar ist. Im rechten fand man eine schöne Statue des Khmer-Königs Jayavarman VII., heute eines der Prunkstücke des Nationalmuseums in Bangkok.

Das längliche Gebäude neben dem Hauptportal des zentralen Sanktuariums diente möglicherweise als Schatzkammer oder Bibliothek. Den **inneren Tempelbezirk**, der eine Fläche von 86 x 64 m umfasst, umschließt eine Galerie mit einer fensterlosen Außenmauer. Anstelle von Innenwänden stützen Baluster-Fenster aus gedrehten Säulen die gewölbten Halbdächer. Durchbrochen wird der Wandelgang an allen vier Seiten von

Das Hauptsanktuarium des Prasat Hin Phimai

kreuzförmigen, reich geschmückten **Tortürmen** (*Gopuram*), denen Vorhallen angefügt waren. Die beiden stark verfallenen Gebäude aus Laterit und Sandstein im äußeren Hof nahe dem nordwestlichen Tor dienten vermutlich den Khmer-Königen bei Besuchen als Residenz. Von der äußeren Umfassungsmauer aus Sandstein sind nur noch Reste erhalten.

Vom hinduistischen zum buddhistischen Tempel

Ursprünglich war Prasat Hin Phimai dem hinduistischen Gott der Bewahrung, Vishnu, geweiht. Doch nach der Thronbesteigung des letzten bedeutenden Khmer-Königs Jayavarman VII. (1181 bis ca. 1220), der den Mahayana-Buddhismus zur Staatsreligion erklärte, wurde das hinduistische Heiligtum in einen buddhistischen Tempel umgewandelt. Davon zeugen zahlreiche **kunstvolle Reliefs**, die wichtige Episoden aus dem Leben des Buddha zeigen. Obwohl der Glanz des Prasat Hin Phimai über die Jahrhunderte hinweg verblichen ist, hat das sakrale Bauwerk durch seine harmonische Proportionierung und vor allem durch seinen reichen Reliefschmuck bis heute nichts von seiner Faszination verloren.

Prasat Hin Phimai, ☏ *(044)471568, tgl. 7–18 Uhr, Eintritt: Baht 100, in Verbindung mit Prasat Phanom Rung (s. S. 387) und Prasat Muang Tam (s. S. 389) Baht 150, tgl. 18.30–20 Uhr, Sound&Light-Show Baht 100–200.*

An der nordöstlichen Peripherie von Phimai, direkt an der Brücke über den Mae Nam Mun, befindet sich das **Phimai National Museum** mit zahlreichen Skulpturen, vor allem virtuos gearbeiteten Türstürzen, aus dem Prasat Hin Phimai und kleineren Khmer-Tempeln der Umgebung (*Mi–So 9–16 Uhr, Eintritt: Baht 100*).

Hölzerner Methusalem

1,5 km nördlich der Stadt steht auf einer Flussinsel des Mun River der größte Banyan-Baum Thailands. Das Blätterdach des 350 Jahre alten Baumgiganten, der mit seinem Gewirr aus Luftwurzeln und Ablegern wie ein Hain wirkt, nimmt eine Fläche von über 1.000 m² ein. Er ist ein beliebtes Wochenendziel der Einheimischen, die in seinem Schatten Picknicks abhalten und am bunt geschmückten Geisterhäuschen Sai Ngam Opfergaben darbringen.

Reisepraktische Informationen Phimai

Unterkunft
Phimai Inn $–$$, 33/1 Bypass Road, ☏ *(044)287228*, 📠 *(044)471175, EZ/DZ mit Ventilator Baht 400–500, mit Klimaanlage Baht 700–1.000. Geräumige Zimmer, luftiges Terrassenrestaurant mit sehr guten thailändischen Gerichten und großer Pool.*

Khon Kaen und Umgebung

Universitätsstadt

Die rund 160.000 Einwohner zählende Stadt ist ein wichtiges Handels- und Verwaltungszentrum und als Sitz der einzigen Universität des Isaan zugleich der kulturelle Mittelpunkt der Region. Aufgrund des modernen Flughafens und der Lage am Schnittpunkt des Friendship Highway mit dem nach Westen führenden H 12 ist sie überdies

ein geschäftiger Verkehrsknotenpunkt. Das am südöstlichen Stadtrand am Ufer des Kaen-Nakhon-Sees gelegene **Khon Kaen National Museum** präsentiert eine erlesene Sammlung prähistorischer Funde aus Ban Chiang, vor allem bis zu 7.000 Jahre alte Töpferwaren. Ausgestellt sind zudem Buddha-Statuen und andere Artefakte sakraler Kunst aus unterschiedlichen Stilepochen sowie schöne Werke der regionalen Volkskunst und traditionelle Utensilien des täglichen Gebrauchs.
Khon Kaen National Museum, *Mi–So 9–16 Uhr außer Mo, Eintritt: Baht 100.*

Der nach der ältesten Tochter des regierenden Königspaares benannte **Ubon-Ratana-Stausee** gut 50 km nordwestlich von Khon Kaen sichert Wasserreserven für den Reisanbau und dient der Stadtbevölkerung als Naherholungsgebiet. Besonders beliebte Wochenendausflugsziele sind die nach bekannten Badeorten benannten Strände Bang Saen 2 und Pattaya 2 mit zahlreichen einfachen Lokalen. Ein schöner Panoramablick bietet sich vom Wat Phra Bhat auf dem Gipfel des Phu Phan Kum, der im gleichnamigen Nationalpark am Ostufer des Sees aufragt. Nervenkitzel verspricht ein Ausflug nach Ban Khok Sa Nga, besser bekannt als **King Cobra Village**. Man verlässt Khon Kaen auf dem H 2 in nördliche Richtung und biegt am KM 33 bei der Brücke über den Mae Nam Bong in östliche Richtung ab. Nach 16 km auf einer schmalen Landstraße ist das Dorf erreicht, in dem täglich je nach Besucherandrang Männer und Jungen gewagte Snake Shows mit Königskobras veranstalten (*täglich 7–19 Uhr, Eintritt Baht 50*).

Mudmee – Seide in Vollendung

info

Wenn elegante Damen aus Bangkok die weite Reise in die tiefste Provinz auf sich nehmen, dann hat das oft einen Grund: Feinste Mudmee-Seide, verarbeitet zu Thailands schönsten Stoffen. Die Provinz Khon Kaen ist eines der wichtigsten Zentren der thailändischen Seidenproduktion.

55 km südwestlich der Stadt Khon Kaen liegt das **Seidenweberdorf Chonnabot**, hier man kann die Seidenherstellung von der Raupe bis zum fertigen Stoff beobachten. Nach dem Schlüpfen vergrößern sich die Raupen um ein Vielfaches und spinnen sich in Kokons ein. Diese werden nach etwa sechs Wochen in einem Wasserkessel gekocht, bis sich der Faden löst. Das ungefärbte Seidengarn wird in langen Schlaufen auf einen Rahmen aus Teakholz gespannt. Die Schlaufen haben Ähnlichkeit mit chinesischen Nudeln (*mee*), daher der Name *mudmee* – „Nudeln binden".

Zur Seidenherstellung werden die Kokons in großen Kesseln gekocht

info

Bei dem **komplizierten Handwebverfahren** verarbeitet man gemusterte Fäden, die vor dem Webvorgang nach einem bestimmten Plan bündelweise gefärbt wurden, wie beim berühmten indonesischen *Ikat*. Hierzu bindet man die Kett- oder/und Schussfäden an bestimmten Stellen mit farbresistentem Plastikband eng zusammen, sodass sie beim Eintauchen in die Farbe diese nicht annehmen. Der komplizierte Wechsel aus Binden und Färben wird so oft wiederholt, bis sich das gewünschte Muster ergibt. Danach werden die Fäden auf Spulen gedreht, die ins Webschiffchen kommen. Um die gewünschten, meist geometrischen oder streng stilisierten Motive zu erreichen, müssen beim Weben mit viel Geduld und Kunstfertigkeit die Fäden der Kette mit denen des Einschlags in Übereinstimmung gebracht werden. Hat man eine Spule verwechselt, kann das gewünschte Muster nicht mehr entstehen.

In Chonnabot gibt es kaum eine Familie, die nicht in der Seidenweberei tätig ist. Den besten Ruf haben die Seidenweber, die außer ihrer Kunstfertigkeit noch eine weitere Gemeinsamkeit haben – sie sind *kathoey*. Weder Mann noch Frau, gehören sie zum „dritten Geschlecht". Besucher können sich in einem der Familienbetriebe die einzelnen Phasen der Seidenproduktion zeigen lassen. Einen Überblick über die breite Produktpalette verschafft man sich in der **Thai Silk Exhibition Hall** (*täglich 9–17 Uhr*).

Reisepraktische Informationen Khon Kaen

i Informationen
Tourism Authority of Thailand Northeastern Office, *15/5 Thanon Pracha Samoson,* ☎ *(043)244498-9,* ✆ *(043)244497, www.khonkaen.com und www.khonkaen-info. com, täglich 8.30–16.30 Uhr. Das Büro ist auch für Roi Et und Maha Sarakham zuständig.*

Unterkunft
Pullman Khon Kaen Raja Orchid Hotel $$$$–$$$$$, *9/9 Thanon Pracha Sumran,* ☎ *(043)322155, www.pullmankhonkaen.com, EZ/DZ Baht 2.450–4.850. Komforthotel in zentraler Lage mit 293 bestens ausgestatteten Zimmern, fünf Restaurants und Bars sowie attraktivem Pool und Fitness-Center.*
Piman Garden Hotel $$$–$$$$, *6/100 Thanon Klang Muang,* ☎ *(043)334111, www. pimangardenhotel.com, EZ/DZ Baht 1.600–2.500. Eine Oase der Stille und des Stils mit 104 in warmen Pastellfarben gestalteten Wohlfühl-Zimmern und hervorragendem Restaurant.*
Khon Kaen Hotel $$–$$$, *43/2 Thanon Pimpasut,* ☎ *(043)333222,* ✆ *(043)242458, www.khonkaen-hotel.com, EZ/DZ Baht 950–1.650. Bei farangs beliebtes Stadthotel mit 130 gut ausgestatteten, klimatisierten Zimmern, Restaurant und Nachtklub.*

Verkehrsverbindungen
Busse: *In Khon Kaen gibt es zwei Busbahnhöfe –* **Bus Terminal Air** *(für klimatisierte Busse, im Zentrum an der Thanon Klangmuang) und* **Bus Terminal Non-Air** *(für nicht klimatisierte Busse, 1 km nördlich des Zentrums an der Thanon Pracha Samoson). Mehrmals täglich Busse* **in südliche Richtung** *u. a. von/nach Nakhon Ratchasima, Ayutthaya und Bangkok;* **in nördliche Richtung** *u. a. von/nach Udon Thani und Nong Khai;* **in westliche Richtung** *u. a. von/nach Phitsanulok, Sukhothai und Chiang Mai;* **in östliche Richtung** *u. a. von/nach Roi Et, Sakon Nakhon, Nakhon Phanom und Mukdahan.*

Züge: *Der Bahnhof liegt am westlichen Rand des Zentrums an der Thanon Darun Samran.* **In südliche Richtung** *u. a. fünf- bis zehnmal täglich von/nach Nakhon Ratchasima, Ayutthaya und Bangkok;* **in nördliche Richtung** *u. a. siebenmal täglich von/nach Udon Thani und Nong Khai.*
Flughafen: *Zwischen dem 8 km westlich gelegenen Flughafen und der Innenstadt verkehren Minibusse (Baht 80) und Taxis (Baht 180–220).*
Thai Airways, *Pullman Hotel (s.o.),* ☎ *(043)227701-4.*
National: *von/nach Bangkok mehrmals täglich (Thai Airways).*

Udon Thani

Mit gut 250.000 Einwohnern ist das Handelszentrum am Mekong-Zufluss Mae Nam Luang eine der **größten Städte des Isaan**. Lange Zeit lag das historisch wenig bedeutsame Udon Thani im Abseits, doch mit dem Vietnam-Krieg lag die Stadt im Nordosten entlang der Nachschublinie der Amerikaner. Nach dem Abzug der in Udon Thani stationierten US-Soldaten wurden die Bars, Kinos, Nachtklubs und Kasinos geschlossen. Die Stadt mit einem großen chinesischen Tempel an der Thanon Sisatar und einem zoologischen Garten ist zwar nicht ohne Reiz, doch die eigentlichen Sehenswürdigkeiten liegen in der Umgebung. Vor allem die archäologische Grabungsstätte von Ban Chiang, 50 km östlich, ist ein „Muss" für jeden Besucher.

Ban Chiang

Im Jahre 1966 stieß ein junger Ausländer in der Nähe des Dorfes Ban Chiang auf Tonscherben von ungewöhnlichem Aussehen und damit rückte der unbekannte Ort in den Mittelpunkt des Interesses von Archäologen und Anthropologen aus aller Welt: Dank moderner Technologie konnte man nachweisen, dass die Scherben aus dem 4. oder 5. Jahrtausend v. Chr. stammen. Ausgrabungen brachten **kunstvoll bemalte Tongefäße** feinster Ausführung ans Licht, dazu **Bronzegegenstände**, die von höchster Kunstfertigkeit zeugen. Die Funde belegen, dass schon vor ca. 6.000–7.000 Jahren Menschen im Nordosten Thailands lebten, also einige Tausend Jahre bevor Tai-Völker auf ihrem Zug von China nach Süden die Region besiedelten. *Sensationelle Funde*

Was aber die Archäologen in Aufregung versetzte, ist die Tatsache, dass die Tongefäße mindestens 1.000 Jahre älter sind als die aus China bekannten Funde. Damit wird in Frage gestellt, dass das Reich der Mitte die Wiege der asiatischen Zivilisation war. Außer den Keramiken hat man auch **Werkzeuge**, **Schmuck** und **Gefäße** aus **Bronze** zu Tage gefördert, die auf 3000–2500 v. Chr. datiert wurden. Dies war eine weitere Sensation, denn bis dahin hatte man immer angenommen, dass die ersten Bronzegegenstände in Mesopotamien hergestellt wurden. Doch dort begann die Bronzezeit erst um 2000 v. Chr. Damit war eindeutig belegt, dass sich im Nordosten Thailands eine der frühesten Hochkulturen der Welt entwickelt hat. Man weiß allerdings wenig über die Träger dieser Kultur. Auch fand man bislang noch keine Antwort auf die Frage, weshalb sie ihre Siedlung um 200 n. Chr. aufgaben. Die archäologische Ausgrabungsstätte von Ban Chiang gehört seit 1992 zum UNESCO-Weltkulturerbe.

Zeugnisse einer hoch entwickelten Kultur

Bei den im **Ban Chiang National Museum** ausgestellten Töpferwaren handelt es sich wahrscheinlich um Begräbnisurnen oder Grabbeigaben, nicht um Gebrauchskeramiken, von hervorragender künstlerischer Qualität. Die unterschiedlichen Verzierungsstile lassen sich in drei Phasen einteilen: mit Schmuckbändern, dann mit Spiralen, Wellen und geometrischen Mustern und schließlich, in der jüngsten Phase, in sicherer Linienführung mit stilisierten Blatt-, Blumen-, Tier- und Menschenmotiven. Man kann die Fundstücke zwar recht genau datieren, über ihre Entstehung ist allerdings nichts Genaueres bekannt. Außer den Keramiken sind Schmuck, Werkzeuge und andere Gegenstände aus Stein und Bronze ausgestellt. Texttafeln auf Englisch informieren über die Entwicklung der Ban-Chiang-Kultur und die Ausgrabungsarbeiten. Eine Sektion im oberen Stockwerk vermittelt Wissenswertes über die heute noch in Ban Chiang gepflegte traditionelle Töpfertechnik.

Ban Chiang National Museum, ☏ *(042)208340, tgl. 8.30–18 Uhr, Eintritt: Baht 150; Anfahrt: Von Udon Thani/Bus Terminal 1 mit einem Bus Richtung Sakon Nakhon bis Ban Pulu kurz vor KM 50, dann 6 km mit Tuk-Tuk nach Ban Chiang.*

Auf dem etwa 1 km entfernten Areal des **Wat Po Sri Nai** kann man ein von einem Pavillon geschütztes geöffnetes Grab mit Menschenknochen und Tonscherben besichtigen (*täglich 8.30–16 Uhr, Eintritt: Baht 100*).

Reisepraktische Informationen Udon Thani

ℹ️ Informationen

Tourism Authority of Thailand Northeastern Office, *16/5 Thanon Mukmontri,* ☏ *(042)325406-7,* 🖷 *(042)325408, www.tourismthailand.org/udonthani, tatu don@tat.or.th, täglich 8.30–16.30 Uhr. Das Büro ist auch für Nong Khai und Loei zuständig.*

🛏️ Unterkunft

Centara Hotel $$$$, *277/1 Thanon Prajaksillapakhom,* ☏ *(042)343555, www. centarahotelsresorts.com, EZ/DZ Baht 2.450–3.850. Eines der besten, aber dennoch erschwinglichen Hotels im Isaan mit 259 luxuriösen Zimmern, drei Restaurants, Pool und Wellness-Center.*

Udon Thai House – Thomas Resort $$–$$$, *119/10 Moo 2,* ☏ *(042)204014, www.udonthaihouse.com, EZ/DZ Baht 800–1.400. Zimmer mit Klimaanlage in Steinbungalows, die sich um einen schönen Pool gruppieren; angenehme, familienfreundliche Atmosphäre; im Restaurant sehr gute thailändische und deutsche Gerichte; Motorrad- und Autoverleih; einige Kilometer östlich unweit des H 22 nach Sakon Nakhon gelegen.*

🚗 Verkehrsverbindungen

Busse: *In Udon Thani gibt es drei Busbahnhöfe –* **Bus Terminal 1** *(westlich des Bahnhofs an der Thanon Rangsan): Mehrmals täglich klimatisierte Busse von/nach* **Bangkok** *und* **in östliche Richtung** *u. a. von/nach Sakon Nakhon und Nakhon Phanom.* **Bus Terminal 2** *(3 km westlich an der Umgehungsstraße H 210): Mehrmals täglich nicht klimatisierte Busse von/nach* **Bangkok** *sowie* **in südliche Richtung** *u. a. von/nach Khon Kaen, Nakhon Ratchasima und Ayutthaya und* **in westliche Richtung** *u. a. von/nach Loei, Chiang Khan, Phitsanulok und Chiang Mai.* **Bus Terminal 3** *(nahe dem Rungsina Market an der Ausfallstraße H 2): Mehrmals täglich Busse von/nach Nong Khai und Vientiane in Laos.*

Züge: *Der Bahnhof liegt am östlichen Rand des Zentrums. Fünf- bis zehnmal täglich von/nach Khon Kaen, Nakhon Ratchasima, Ayutthaya, Bangkok und Nong Khai.*
Flughafen: *Zwischen dem 5 km südwestlich gelegenen Flughafen ☎ (042)246567 und der Innenstadt verkehren Taxis. Nach Nong Khai fährt mehrmals täglich 5.30–21 Uhr ein Shuttlebus der Thai Airways.* **Thai Airways**, *☎ (042)411530.*
Nationale Verbindungen: *von/nach Bangkok mehrmals täglich (Thai Airways, Air Asia, Nok Air).*

Nong Khai

Der Friendship Highway und die Eisenbahnlinie von Bangkok enden in Nong Khai. Die meisten Touristen kommen nicht wegen der (wenigen) Sehenswürdigkeiten in die Stadt am Mekong, sondern um in die laotische Hauptstadt Vientiane weiterzureisen, die am jenseitigen Ufer des längsten Stroms Südostasiens liegt. Beeindruckend ist der Blick auf die 1.774 m lange „**Brücke der Freundschaft**" (Khua Mitraphap), die seit 1994 Thailand und Laos verbindet. Die von Australien finanzierte, erste internationale Brücke über den Mekong soll den Binnenstaat Laos der Wirtschaft des Nachbarlandes und dem internationalen Tourismus öffnen. Neben billiger Massenware werden auf dem überdachten **Indochina Market**, der sich in der Ortsmitte am Mekong erstreckt, vor allem kunsthandwerkliche Produkte angeboten.

Sprungbrett nach Laos

Die größte Attraktion Nong Khais liegt knapp 5 km östlich der Stadt – der Sala Kaeo Ku. In dem besser als **Wat Khaek** bekannten Skulpturenpark stellt eine Sammlung

Wat Khaek – der Fürst der Finsternis verschlingt den Mond

*Buddhisti-
sche Disney
World*

skurriler, bis zu 20 m hoher Betonfiguren Wesen aus der hinduistisch-buddhistischen Mythologie und der thailändischen Sagenwelt dar. Schöpfer der eigenwilligen Gestalten war der 1996 verstorbene buddhistische Mönch Luang Pho Bounleua Soulilat. In den 1950er-Jahren hatte er südlich von Vientiane am jenseitigen Ufer des Mekong den Wat Xieng Khuan („Tempel der Geisterstadt") angelegt. Nach der kommunistischen Machtübernahme im Jahre 1975 floh er wie viele andere buddhistische Mönche nach Thailand und schuf mit Unterstützung wohlhabender Gönner den Wat Khaek nahe Nong Khai.

Ein Blickfang ist die **Kolossalstatue** des **Buddha** im Schutze der neunköpfigen Naga. Nicht zu übersehen ist auch die Monumentalstatue eines ruhenden Buddha sowie ein riesiger, Furcht erregender *rakshasa*, der eine hilflose Frau entführt. Etwas weiter entfernt blickt Pha Ouma, die Mutter der Unterwelt, düster auf die Besucher, während sich Rahu, der Fürst der Finsternis, anschickt, in Gestalt eines riesigen Frosches den Mond zu verschlingen

Wat Khaek, *täglich 8–18 Uhr, Eintritt: Erwachsene Baht 30, Kinder unter 14 Jahren frei.*

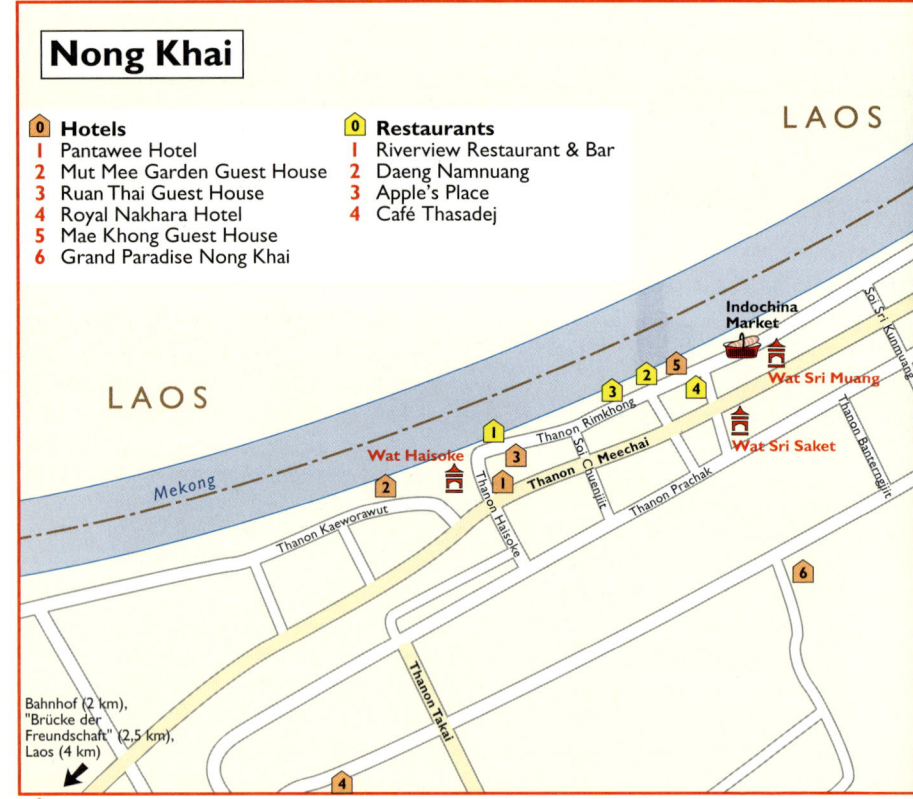

Nong Khai

Hotels
1. Pantawee Hotel
2. Mut Mee Garden Guest House
3. Ruan Thai Guest House
4. Royal Nakhara Hotel
5. Mae Khong Guest House
6. Grand Paradise Nong Khai

Restaurants
1. Riverview Restaurant & Bar
2. Daeng Namnuang
3. Apple's Place
4. Café Thasadej

LAOS

LAOS

Mekong

Indochina Market

Wat Sri Muang

Wat Haisoke

Wat Sri Saket

Thanon Rimkhong

Thanon Meechai

Thanon Prachak

Thanon Kaeworawut

Thanon Haisoke

Thanon Takai

Bahnhof (2 km),
"Brücke der
Freundschaft" (2,5 km),
Laos (4 km)

© graphic

Die Feuerbälle des Naga-Königs

In einer Vollmondnacht am Ende der buddhistischen Fastenperiode steigt jedes Jahr der auf dem Grund des Mekong lebende Naga-König empor und schickt Buddha zu Ehren funkelnde Feuerbälle in den Himmel. So erklärt eine alte Legende ein Phänomen, das jedes Jahr im Oktober im Dorf **Phon Phisai** auftritt, 45 km flussabwärts von Nong Khai gelegen, und das von Thailändern und Laoten **Bung Fai Phaya Nak** genannt wird – die „Feuerbälle des Naga-Königs".

Kurz nach Sonnenuntergang steigen aus den Tiefen des mächtigen Stroms Blasen zur Wasseroberfläche auf und schweben als leuchtende Schleier in den Nachthimmel. Tausende von Menschen säumen jedes Jahr beide Flussufer, um die mysteriösen Feuerbälle zu beobachten. Wissenschaftler haben eine nüchterne Erklärung für den vermeintlich übernatürlichen Spuk. Ihnen zufolge bildet sich in den Tiefen des Mekong **Methan-Nitrofen-Gas**. Wenn am Ende der Regenzeit die Wassertemperatur steigt, dringt es an die Oberfläche, wo es sich mit Sauerstoff verbindet und einen rötlichen Schein erzeugt. Allerdings hat bislang noch kein Wissenschaftler schlüssig erklären können, weshalb das Phänomen jedes Jahr zur gleichen Zeit und immer an der gleichen Stelle – an der Mündung des laotischen Flusses Nam Ngum in den Mekong – auftritt. Wie dem auch sei – Thailänder wie Laoten nehmen das Ereignis zum Anlass, um mit Musik, Tanz, Schönheitswettbewerben und einer Parade reich dekorierter Boote auf dem Mekong das große Bung Fai Phaya Nak Festival zu feiern.

info

Reisepraktische Informationen Nong Khai

Unterkunft
Grand Paradise Nong Khai
$$$$ (**6**), *589 Moo 5 Thanon Nongkhai-Ponpisai*, ☎ *(042)420033, EZ/DZ Baht 1.995–3.195. Bestes Haus im Ort mit 132 Komfortzimmern, Restaurant, Pool und Dachterrasse mit tollem Blick.*
Royal Nakhara Hotel $$$–$$$$
(**4**), *678 Thanon Sadet*, ☎ *(042)422889, www.royalnakhara.com, EZ/DZ Baht 1.375–2.695. Elegantes Stadthotel, das in seiner Architektur klassische thailändische und westliche Stilelemente verbindet; 80 komfortable Zimmer, Restaurant und Biergarten.*

Pantawee Hotel $$–$$$$ (1), 1049 Thanon Haisoke, ☏ (042) 411568-9, www.pan tawee.com, EZ/DZ Baht 600–2.975. Solides Stadthotel mit unterschiedlich ausgestatteten Zimmern, von einfach bis komfortabel, Restaurant und kleiner Pool, Transport zur Brücke der Freundschaft nach Laos.

Mae Khong Guest House $$ (5), 519 Thanon Rimkhong, ☏ (042)460 689, www. mekongnongkhai.com, EZ/DZ Baht 500–1.000. Saubere und gemütliche Zimmer mit Klimaanlage, gutes Restaurant mit Blick auf den Mekong.

Mut Mee Garden Guest House $$–$$$ (2), 1111/4 Thanon Kaeworawut, ☏ (042) 460717, www.mutmee.com, EZ/DZ Baht 200–1.650. Von Betten im Schlafsaal über einfache Zimmer mit Ventilator und Gemeinschaftsbad bis zu klimatisierten Zimmern mit Dusche/WC in Stein-Holz-Bungalows; gemütliches Restaurant mit Flussblick.

Ruan Thai Guest House $–$$$ (3), 1126/2 Thanon Rimkhong, ☏ (042)412519, http:// ruanthaiguesthouse.nongkhaiinformation.com, EZ/DZ Baht 300–1.200. Schönes Holzhaus nahe am Mekong; gemütliche Atmosphäre.

🍴 Restaurants und Bars

Daeng Namnuang (2), 513 Thanon Rimkhong, ☏ (042)411961, www.daeng namnuang.net, täglich 9–23 Uhr, Gerichte Baht 80–180. Terrassenrestaurant mit vietnamesischen und thailändischen Gerichten am Mekong.

Apple's Place (3), 622 Thanon Rimkhong, ☏ (089)8432713, täglich 8–23 Uhr, Gerichte Baht 80–280. Österreichische Gastlichkeit am Mekong, Hausmannskost für Heimwehkranke.

Riverview Restaurant & Bar (1), 627 Thanon Rimkhong, ☏ (042)461769, täglich 17–23 Uhr, Gerichte Baht 80–200. Terrassenlokal mit Flussblick, vorwiegend thailändische Gerichte.

Café Thasadej (4), 387/3 Soi Thepbunterng, ☏ (042)423921, täglich 8–24 Uhr, Gerichte Baht 120–380. Thailändische und europäische Gerichte, gutes Frühstück mit Vollkornbrötchen.

🚌 Verkehrsverbindungen

Busse: Der Busbahnhof liegt am nördlichen Ortsrand neben dem Pho Chai Market. Mehrmals täglich Busse u. a. von/nach Chiang Khan, Loei, Nakhon Phanom, Udon Thani, Khon Kaen, Nakhon Ratchasima, Ayutthaya und Bangkok.

Züge: Nong Khai ist Endpunkt der Eisenbahnlinie von Bangkok. Der Bahnhof liegt 2 km westlich des Zentrums. Fünf- bis zehnmal täglich von/nach Udon Thani, Khon Kaen, Nakhon Ratchasima, Ayutthaya und Bangkok.

Flughafen: Vom nächst gelegenen Flughafen in Udon Thani 50 km südlich fliegen Thai Airways, Air Asia und Nok Air mehrmals täglich von/nach Bangkok. Zwischen Nong Khai und Udon Thani Airport pendelt täglich 5.30–21 Uhr ein Shuttlebus der Thai Airways (Baht 200).

🧳 Weiterreise nach Laos

Vom Busbahnhof fährt mehrmals täglich ein Bus nach Vientiane in Laos. Am Grenzübergang in Tha Deua/Brücke der Freundschaft ist ein 30 Tage gültiges sogenanntes visa on arrival (Visum bei Ankunft) für US$ 30 (für Deutsche) bzw. US$ 35 (für Österreicher und Schweizer) erhältlich. Man benötigt zwei Passfotos.

Entdeckungsreisen westlich des Friendship Highway

Von Nong Khai nach Chiang Khan

Dem Lauf des Mekong stromaufwärts folgend mäandert der H 211 von Nong Khai nach Chiang Khan. Zwar verkehren auf der 240 km langen Route öffentliche Verkehrsmittel, aber man wird die Reise nur mit einem eigenen Fahrzeug wirklich genießen können.

In **Si Chiang Mai**, das gegenüber der laotischen Hauptstadt Vientiane liegt, markiert ein Wegweiser die Abzweigung zum gut 50 km südwestlich gelegenen **Phu Phra Bat Historical Park**. Die Kräfte der Erosion haben dort auf einem licht bewaldeten Sandsteinplateau eine Wunderwelt aus steilen Felsdomen, bizarren Steinkuppeln und wie Bienenkörbe wirkenden Natursteinskulpturen geschaffen. Archäologische Fundstücke und prähistorische Felszeichnungen legen die Vermutung nahe, dass die Höhlen in der Felslandschaft bereits vor 5.000–6.000 Jahren Menschen als Unterschlupf dienten. Im 8. und 9. Jh. soll das Gebiet von Mon-Völkern besiedelt gewesen sein; darauf deuten einige verwitterte Flachreliefs hin. Heute stehen in manchen Felsnischen zeitgenössische Buddha-Statuen. In der bizarren Landschaft liegt das **Tempelkloster Wat Phra Buddhabat Bua Bok**, dessen 45 m hoher, dem That Phanom (s. S. 378) nachempfundener Chedi einen „Fußabdruck des Buddha" schützt (*täglich 9–16 Uhr, Eintritt: Baht 40*).

10 km westlich von Si Chiang Mai thront auf einem Hügel hoch über dem Mekong der weiße, von einer goldenen Lotosspitze bekrönte Chedi des in den 1990er-Jahren erbauten **Wat Aranyaphunbot**. Am KM 64 des H 211 versteckt sich in einem Bambuswald das auf Initiative von König Bhumipol Adulyadej errichtete große Meditationskloster **Wat Hin Mak Peng**. Am KM 73 sucht sich der **Than Thong Waterfall** tosend einen Weg durch ein Felslabyrinth, bevor er in den Mekong stürzt. Vor allem an Wochenenden schätzen zahlreiche Einheimische die malerische Szenerie als Picknick- und Badeplatz. Das kleine, am Mekong gelegene Dorf **Sang Khom** bietet jenen, die etwas länger bleiben wollen, einige einfache Gästehäuser.

Gut 10 km weiter westlich zweigt am KM 97 eine 2 km lange Stichstraße zum **Than Thip Waterfall** ab, der über zwei jeweils etwa 20 m hohe Felsstufen stürzt. Die Wassermassen plätschern in zwei Felsenpools, in denen man ein erfrischendes Bad nehmen kann.

Letztes Highlight an der Strecke sind die Stromschnellen **Kaeng Khut Ku** 2 km vor Chiang Khan. Ein schöner Blick auf das wirbelnde Spektakel im Mekong bietet sich

Redaktionstipps

Sehenswertes
▸ Das verschlafene Städtchen **Chiang Khan** ist ein wahres Kleinod am Mekong (S. 372). Der **Phu Kradung National Park** überrascht mit europäisch anmutenden Landschaften (S. 375).

Feste
▸ An unsere Fastnacht erinnert das „**Geisterfest**" **Phi Tha Khon**, das man während des Vollmonds im Juni in Dan Sai bei Loei begeht (S. 374).

Ein beliebter Badeplatz – der Than Thong Waterfall

Faszinie-
rende Fluss-
landschaft
von einem Park am Fluss. Die Stromschnellen und tiefen Ausspülungen in den Felsen sind Lebensraum und Laichplatz für Fische. Oft kann man Fischer beobachten, wie sie von schwankenden Bambusflößen ihre Netze auswerfen oder Fischreusen kontrollieren. Einen guten Eindruck vom Leben am Fluss vermittelt eine Bootsfahrt, die man im Park buchen kann (*30-minütige Fahrt Baht 600, 60-minütige Fahrt Baht 900*).

Chiang Khan

Obwohl es Besuchern wenig zu bieten hat, bleibt mancher länger als geplant in dem verschlafenen Städtchen am Mekong. Es gibt kein Bauwerk von besonderer Bedeutung, doch der Zauber von Chiang Khan liegt in seinem Frieden, im gemächlichen Dahinschreiten des Lebens. Am Ufer des träge vorbeiziehenden Stroms lässt es sich ein paar Tage schön ausspannen und das Thailand längst vergangener Zeiten genießen. Die ruhige Hauptstraße wird von alten rustikalen Holzhäusern gesäumt, mit Balkonen zur Straße und oft großen Terrassen zum Fluss hin. Dazwischen verstecken sich kleine Tempel wie **Wat Thakhok** und **Wat Sri Khun Muang**, letzterer mit einem symbolischen „Fußabdruck des Buddha".

Reisepraktische Informationen Chiang Khan

Unterkunft
Chiang Khan Hill Resort $$$–$$$$, *Kaeng Khut Ku*, ☏ *(042)821285*, www.chi angkhanhill.com, *EZ/DZ Baht 1.150–2.450. Komfortable Bungalows, ausgezeichnetes Restaurant und großer Pool, 2 km östlich bei den Mekong-Stromschnellen.*

Souk Somboon Hotel $$$–$$$$, *243/3 Thanon Chaikhong,* ☎ *(042)821064, EZ/DZ Baht 975–2.175. Nach aufwendiger Renovierung bietet das alteingesessene Haus 23 komfortable Zimmer, ein heimeliges Ambiente und kostenloses WLAN.*
Loogmai Guest House $–$$, *287/1 Thanon Chaikhong,* ☎ *(042)822334, loogmai guest@thaimail.com, EZ/DZ Baht 450–750. 5 originell möblierte Zimmer mit Ventilator oder Klimaanlage in einem alten Steinhaus am Fluss; am schönsten ist Zimmer Nr. 3 mit Blick auf den Mekong.*
Chiang Khan Guest House $–$$, *282 Thanon Chaikhong,* ☎ *(042)821691, EZ/DZ Baht 350–600. 13 einfache Zimmer mit Ventilator und Gemeinschaftsbad in einem schönen Holzhaus am Mekong, kleines Restaurant, Fahrrad- und Motorradverleih, Organisation von Boots- und Fahrradtouren.*

❚❙ Restaurant
Rabiang Restaurant, *221/3 Thanon Rimkhong,* ☎ *(042)821532, täglich 9–22 Uhr, Gerichte Baht 80–200. Terrassenrestaurant am Mekong, hervorragende thailändische Gerichte, toller Blick.*

Verkehrsverbindungen
Mehrmals täglich **Busse** *und* **Songthaeo** *u. a. nach Nong Khai, Udon Thani, Loei, Khon Kaen und Bangkok.*

Loei und Umgebung

Eingebettet in eine reizvolle Berglandschaft träumt 45 km südlich von Chiang Khan das Städtchen **Loei**, administratives und wirtschaftliches Zentrum der gleichnamigen Provinz, vor sich hin. Mag Loei auch nicht eben mit großartigen Sehenswürdigkeiten gesegnet sein, so eignet es sich doch als Ausgangspunkt für Erkundungen der Region. Mit einem eigenen Fahrzeug kann man einen Ausflug in die schöne Bergwelt an der thailändisch-laotischen Grenze machen, etwa zum kleinen Ort Tha Li, der in einem weiten Tal am kurvenreichen H 2115 liegt. Schilder weisen den Weg zur gut 400 km nördlich gelegenen alten laotischen Königsresidenz Luang Prabang. Im Oktober 2004 wurde die zweite **Thai-Lao-Friendship Bridge** eröffnet, die 110 m lange Brücke über den Nam Hueng zwischen dem thailändischen A Hi und dem laotischen Na Bone. Reisende aus Drittländern erhalten an der Grenze ein *visa on arrival*.

Von Bergen umgeben

Im fruchtbaren Hochtal um das Städtchen **Phu Ruea** am H 203, gut 45 km westlich von Loei, gedeihen Obst- und Gemüsesorten, die sonst nur in gemäßigten Breiten wachsen. Ausgedehnte Blumenfelder bieten Fotografen farbenfrohe Motive.

Der 121 km^2 große **Phu Ruea National Park**, wo im Januar 1981 mit minus 4° C die bislang tiefste Temperatur in Thailand gemessen wurde, ist ein beliebtes Ausflugsziel vorwiegend einheimischer Naturfreunde. Vom Gipfel des 1.365 m hohen Phu Ruea („Boots-Berg") bietet sich an klaren Tagen ein weiter Blick bis zum Mekong und nach Laos.

Das majestätische Massiv des Phu Kradung

Phu Ruea National Park, *täglich 8–18 Uhr, Eintritt: Erwachsene Baht 200, Kinder Baht 100.*

Heiliger Ort

Das sympathische Städtchen **Dan Sai**, etwa 35 km weiter westlich, ist stolz darauf, mit dem **Phra That Si Song Rak** eines der bedeutendsten buddhistischen Heiligtümer Thailands zu besitzen. Der grau-weiße, 28 m hohe Chedi wurde in den Jahren 1560–63 vom Ayutthaya-König Maha Chakraphat und dem laotischen Herrscher Setthathirath zum Gedenken an die thailändisch-laotische Waffenbrüderschaft im Kampf gegen die Burmesen errichtet. Auf einem Hügel über Dan Sai thront mit dem **Wat Nitramit Vit Pathsana** ein architektonisch sehr interessantes modernes Tempelkloster. Zum Bau von Chedi und Vihara, die von einem schönen Garten umgeben sind, hat man poröse Lateritsteine verwendet.

Fastnacht auf Thailändisch

In den Vollmondnächten im Juni geistern während des Festes **Phi Tha Khon**, das an unsere Fastnacht erinnert, Fabelwesen mit Furcht einflößenden Masken durch den Ort und erschrecken mit phallusförmigen Schwertern und Speeren die Passanten. In einer farbenprächtigen, von Mönchen und buddhistischen Würdenträgern angeführten Prozession bringt man eine hoch verehrte Buddha-Statue zum Phra That Si Song Rak. Am nächsten Tag werden nach einer weiteren großen Parade und dem Abfeuern von Raketen die Masken und Kostüme in einen Fluss geworfen, als Symbol für den Sieg des Guten über das Böse.

Etwa 50 km südlich von Loei liegt zwischen dem Marktflecken Nong Hin am H 201 und dem etwas weiter westlich gelegenen großen Dorf Phu Luang der sogenannte **Stone Forest (Suan Hin)**, eine Ansammlung bizarrer Karstfelsen (*täglich 8–17 Uhr,*

Eintritt: Baht 100). 25 km weiter südlich zweigt im Ort Phu Kradung eine 8 km lange Stichstraße zum **Phu Kradung National Park** ab. Der 348 km^2 große Nationalpark erstreckt sich auf einem etwa 1.200–1.350 m hoch gelegenen Sandsteinplateau. Am Fuß des Berges informiert im Besucherzentrum Ban Si Than eine Ausstellung über die Tier- und Pflanzenwelt des Parks. Hier beginnt der einzige – etwa dreistündige und abschnittsweise sehr beschwerliche – **Aufstieg** auf das ringsum steil abfallende Bergmassiv. Es ist ratsam, mit möglichst wenig Gepäck zu starten oder einen der jungen Männer aus dem Dorf als Träger zu engagieren. Zunächst führt der Pfad sachte ansteigend etwa 3 km durch saisonal laubabwerfenden Monsunwald, bevor der 2,5 km lange Aufstieg auf das Plateau beginnt. Anstrengend ist der letzte Kilometer, der ohne die angebrachten Treppen und Leitern kaum zu bewältigen wäre. Vom Rande des Plateaus, das man in der Nähe einer Radarstation erreicht, sind es noch knapp 4 km zu einer Außenstation der Parkverwaltung, wo es Übernachtungsmöglichkeiten in Bungalows und auf Zeltplätzen gibt.

Landschaftlicher Höhepunkt

Die meisten Besucher überrascht die europäisch anmutende Vegetation des etwa 60 km^2 umfassenden Hochplateaus, mit lichten Kiefern-, Eichen- und Ahornwäldern sowie offenen Savannen. Den Nationalpark durchzieht ein Netz meist ebener, sandiger Wanderpfade, darunter der beliebte **Rundweg**, der zu sechs Wasserfällen Phon Phop, Phen Phop, Tham Yai, Tham So, Sa Pha Nam Pha und Khum Phong führt. Ein weiterer Pfad verläuft am Rand des steil abfallenden Tafelbergs entlang. Frühaufsteher zieht es zu den **Klippen Pha Nok Aen** oder **Pha Lom Sak**, wo man den Sonnenaufgang beobachten kann. Auf den Wanderungen kann man Vögel (darunter die seltenen Nashornvögel) und Affen beobachten, bisweilen auch Wildschweine und Rotwild. Die im Park lebenden wilden Elefanten oder gar Raubkatzen wird man dagegen kaum sichten. **Phu Kradung National Park,** ☎ *(042)871333, Besucherzentrum Ban Si Than täglich 8–17 Uhr, Eintritt: Erwachsene Baht 400, Kinder Baht 200; geschlossen von Juni–September; für Übernachtungen im Park während der Hauptsaison von Dezember bis Februar ist eine Buchung ratsam, es sei denn, man hat ein eigenes Zelt; obwohl es am Fuße des Bergs und auf dem Plateau einige einfache Restaurants gibt, sollte man sicherheitshalber etwas Proviant mitnehmen.*

Paradies für Naturliebhaber

Reisepraktische Informationen Loei

Unterkunft
King Hotel $$–$$$, *11/812 Thanon Chumsai,* ☎ *(42)811225,* 🖷 *(042)811235, kinghotel@hotmail.com, EZ/DZ Baht 550–700, Suite Baht 900–1.500. Stadthotel nahe dem großen Kreisverkehr mit klimatisierten Zimmern; im gleichen Gebäude befindet sich das Can Can Restaurant mit thailändischen und westlichen Gerichten.*

Verkehrsverbindungen
Busse: *Der Busbahnhof liegt am südlichen Stadtrand. Mehrmals täglich Busse u. a. von/ nach Chiang Khan, Udon Thani, Nong Khai, Phitsanulok, Khon Kaen, Nakhon Ratchasima und Bangkok.*

Entdeckungsreisen östlich des Friendship Highway

Von Nong Khai nach Nakhon Phanom

Der H 212 von Nong Khai nach Nakhon Phanom folgt mehr oder weniger dem Lauf des Mekong. Auf der rund 300 km langen Strecke verkehren zwar öffentliche Busse, bei Abstechern, etwa zum Wat Phu Tok, ist man jedoch auf ein eigenes Fahrzeug angewiesen. Über **Phon Phisai**, wo im Oktober die mysteriösen „Feuerbälle des Naga-Königs" aus dem Mekong in den Himmel steigen (s. S. 369), geht die Fahrt zu dem Marktflecken **Bung Kan**.

Redaktionstipps

Sehenswertes

▸ Der Prang des **Wat Phra That Phanom** zeigt frühe thai-laotische Baukunst und ist eines der bedeutendsten Pilgerziele des Landes (S. 378). Einen Blick in vorgeschichtliche Zeiten gewähren die Felszeichnungen am **Pha Taem Cliff** über dem Mekong (S. 382). Die Heiligtümer **Khao Phra Viharn** (S. 384), **Prasat Phanom Rung** (S. 387) und **Prasat Muang Tam** (S. 389) gehören zu den bedeutendsten Khmer-Tempeln außerhalb Kambodschas.

Übernachten

▸ Eine stilvolle Unterkunft ist das am Mekong gelegene **Tohsang Khongjiam Resort** in Khong Chiam (S. 382).

Feste und Veranstaltungen

▸ Tausende Pilger strömen im Februar zum siebentägigen **Tempelfest** in den Wat Phra That Phanom. Am zweiten Wochenende im April findet im Prasat Phanom Rung das **Prasat Phanom Rung Festival** mit Prozessionen und einer Light & Sound Show statt. Mitte Mai findet u. a. in Yasothon das **Raketenfest Bun Bang Fai** statt (s. S. 380). Während des Vollmonds Ende Juli/Anfang August feiert Ubon Ratchathani das **Candle Festival**: Riesige Kerzen und Wachsskulpturen werden in nächtlichen Prozessionen zu Tempeln getragen. Meist am dritten Wochenende im November zeigen beim großen **Elephant Round Up** in Surin rund 200 Elefanten ihre Künste.

Etwa 30 km südöstlich von Bung Kan liegt der **Wat Phu Tok**, das „thailändische Meteora": ein Kloster und etwa ein Dutzend Eremitenklausen liegen spektakulär an einem mächtigen Sandsteinmassiv, das wie ein Monolith aus der trockenen Ebene herausragt. Über Holztreppen, Stufenpfade und Brücken führt der Aufstieg siebenmal um den majestätischen Felsen herum. Besucher halten respektvoll Abstand vor den kleinen Holzbehausungen, in denen die Mönche leben. Eine Grotte unterhalb des Gipfels dient als Gebets- und Meditationshalle.

Nakhon Phanom und Umgebung

Außer der malerischen Lage am Mekong und einem großen Souvenirmarkt hat die Hauptstadt der gleichnamigen Provinz Besuchern nichts zu bieten. Von der **Mekong-Promenade** bietet sich ein schöner Blick auf die gegenüberliegende laotische Stadt Thakhek, hinter der sich die Silhouetten von Karstmassiven zu einer imposanten Landschaftskulisse verdichten. In den 1960er-Jahren überquerten bei Nakhon Phanom 20.000 vietnamesische Flüchtlinge den Mekong. Sie und ihre Nachkommen leben teils hier und teils im knapp 100 km nordwestlich gelegenen **Sakon Nakhon**. Die meisten von ihnen sind Katholiken, die damals aus Furcht vor Repressalien der nordvietnamesischen Kommunisten über Laos nach Thailand flohen. Die einflussreiche gesellschaftliche Stellung, die sie in ihrer neuen Heimat erlangten, zeigt sich in zahlreichen Gotteshäusern, in denen sich Elemente der christlichen Kirchenarchitektur mit denen des thailändischen Tempelbaus verbinden.

Nordwestlich von Sakon Nakhon erstreckt sich der **Phu Phan National Park**, in dem noch wilde Elefanten leben sollen. Unweit des Besucherzentrums bietet sich von der Karstklippe Nang Mern Cliff ein herrlicher Blick über schroffes, dicht bewaldetes Hügelland (*täglich 8–18 Uhr, Eintritt: Erwachsene Baht 200, Kinder Baht 100*).

Der in der Nähe gelegene **Phu Phan Palace** dient Mitgliedern der Königlichen Familie bei Besuchen in der Provinz als Residenz. Ebenfalls nordwestlich von Sakon Nakhon liegt nahe dem H 22 das im 11. Jh. aus Laterit errichtete kleine Khmer-Heiligtum **Wat Phra That Narai**, dessen Türstürze gut erhaltene Reliefs mit Szenen aus der hinduistischen Mythologie schmücken.

Auf wackeligen Brücken in schwindelerregende Höhen – der Wat Phu Tok

Thailand und Laos – Zwei ungleiche Brüder

info

Der 4.200 km lange Mekong bildet für 1.500 km die Grenze zwischen Thailand und Laos. Der Strom trennt zwei Nationen, die viele Gemeinsamkeiten haben, deren Verhältnis zueinander aber nicht immer unproblematisch war.

Thailänder und Laoten haben die **gleichen ethnischen Wurzeln**. Ihre Vorfahren gehörten Tai sprechenden Völkern an, die bis zum 13. Jh. aus dem südchinesischen Raum nach Südostasien einwanderten. Die Ur-Thai ließen sich in den fruchtbaren Ebenen des Mae Nam Chao Phraya nieder und die Vorväter der Laoten besiedelten das heutige Laos und den Nordosten Thailands. Heute leben im Isaan am Westufer des Mekong etwa siebenmal so viele ethnische Laoten wie in Laos selbst – ein Ergebnis siamesischer Feldzüge und kolonialer Grenzziehung. Zwar ähneln sich die religiösen und kulturellen Bräuche beiderseits des Mekong, doch nahm die politische und wirtschaftliche Entwicklung in den beiden Ländern seit Mitte der 1970er-Jahre unterschiedliche Richtungen. Thailand gehörte nach damaliger politischer Geografie zum Westen, Laos war nach der kommunistischen Machtübernahme bis zum Kollaps des Sowjet-Imperiums ein Staat des Ostblocks. Während in Thailand die Wirtschaft boomte, verharrte Laos als eines der wenigsten entwickelten Länder der Welt in bitterer Armut. Lange Zeit verschloss sich Laos aus ideologischen Gründen dem Bruderland. Erst im Rahmen der Öffnungspolitik und der wirtschaftlichen Liberalisierung kam es wieder zu einer Annäherung zwischen den beiden Staaten.

info

Heute kommt fast die Hälfte aller Investitionen in Laos aus Thailand. Die Waren sind in beiden Ländern die gleichen, der thailändische Baht ist in Laos neben dem US-Dollar Zweitwährung. Das thailändische Fernsehen ist in Laos ungemein populär. Viele Laoten, die sich um ihre Kultur und traditionellen Werte sorgen, sehen darin eine andere Art von Kolonialismus und befürchten vom reichen Vetter schleichend vereinnahmt zu werden.

Reisepraktische Informationen Nakhon Phanom

ℹ️ Informationen

Tourism Authority of Thailand Northeastern Office, *184/1 Thanon Sunthon Wichit, ☏ (042)513490-1, 🖨 (042)513492, www.tourismthailand.org, täglich 8.30–16.30 Uhr. Das Büro ist auch für Sakon Nakhon und Mukdahan zuständig.*

🛏️ Unterkunft

Siam Grand Hotel *$$–$$$, 218/3 Thanon Nakhonphanom Thauthen, ☏ (042) 512750, www.siamgrandhotel.net, EZ/DZ Baht 550–1.250. Das modern-schick gestylte Haus bietet gut ausgestattete AC-Zimmer mit Home-Cinema-Anlage und WLAN, super Preis-Leistungs-Verhältnis.*

🚗 Verkehrsverbindungen

Busse: *Der Busbahnhof liegt im Zentrum an der Thanon Aphiban Bancha. Mehrmals täglich Busse u. a. von/nach Sakon Nakhon, Udon Thani, Nong Khai, Khon Kaen, Mukdahan, Ubon Ratchathani, Si Saket und Bangkok.*
Songthaeo *zum knapp 60 km südlich gelegenen That Phanom fahren tagsüber alle 15 Minuten ab Thanon Aphiban Bancha.*
Flughafen: *Zwischen dem 15 km westlich der Stadt am H 22 gelegenen Flughafen und der Innenstadt verkehren Taxis (Baht 200–220).*
Nationale Verbindungen: *von/nach Bangkok dreimal täglich (Air Asia, Nok Air).*

That Phanom

Die große Attraktion des ebenfalls am Mekong, knapp 60 km südlich von Nakhon Phanom gelegenen Ortes That Phanom ist der Prang des **Wat Phra That Phanom**, der zu den wichtigsten buddhistischen Wallfahrtsorten Thailands zählt. Wie der auf dem gegenüberliegenden Mekong-Ufer nahe der Stadt Thakhek aufragende That Sikhottabong gehört der That Phanom zu den schönsten noch erhaltenen Beispielen früher thai-laotischer Baukunst. Die Stätte erwuchs aus einem buddhistischen Schrein, den indische Mönche im 6. Jh. an dieser Stelle errichtet hatten. Unter dem Einfluss der Khmer wurde That Phanom zu einer hinduistischen Kultstätte, bevor er im 13./14. Jh. wieder zu seiner ursprünglichen Bestimmung zurückgeführt wurde. Das hinduistische Intermezzo hinterließ Spuren in Form von Reliefs im Khmer-Stil an den Seiten des Sockels.

Der Prang, der Ende des 17. Jh. auf 47 m Höhe aufgestockt und mit einer Spitze aus 16 kg purem Gold versehen ist, erinnert an eine Lotosknospe. Er soll das Wachstum eines Lotos vom Samen auf dem schlammigen Seegrund bis zur Blüte auf der Wasseroberfläche symbolisieren – ein perfektes Bild für die Entwicklung des Menschen von Unwissenheit zur Erleuchtung im Buddhismus. Im Inneren des Prang soll sich eine wichtige Reliquie befinden, ein Knochensplitter vom Schlüsselbein des Buddha. Seine heutige Höhe von 57 m erhielt der Prang bei einer Restaurierung im Jahre 1941. Alle Tempelbauten, die sich um den That Phanom gruppieren, stammen aus jüngerer Zeit. Die Gründung des That Phanom wie auch die des That Sikhottabong fällt in die Zeit des bedeutenden buddhistischen **Reiches Sikhottabong**, das zwischen dem 2. und 6. Jh. n. Chr. etwa die Territorien der heutigen Staaten Thailand, Malaysia, Kambodscha und Laos sowie das Mekong-Delta umfasste. Chinesische Chronisten prägten für das von Mon-Khmer-Völkern beherrschte Imperium die heute geläufige Bezeichnung **Funan**. Vor dem Wat Phra That Phanom erstreckt sich ein Platz, der alljährlich im Februar Schauplatz eines siebentägigen Tempelfestes ist, zu dem viele Tausend Mönche und Laien nicht nur aus Thailand, sondern auch aus Laos strömen.

Im Phra That Phanom verkörpert sich frühe thai-laotische Baukunst in Vollendung

Mukdahan und Umgebung

Wie ihre am jenseitigen Mekong-Ufer gelegene laotische Schwesterstadt Savannakhet profitiert das geschäftige Mukdahan von seiner Lage an einem der bedeutendsten Transitkorridore zwischen Thailand, Laos und Vietnam. Die Passagier- und Autofähren, die den Grenzfluss einst überquerten, haben seit dem 21. Dezember 2006 ausgedient, als Kronprinzessin Maha Chakri Sirindhorn die dritte **Thai-Lao Friendship Bridge**, die 1.600 m lange Mukdahan-Savannakhet-Brücke, eröffnete. Die Zeiten, da Mukdahan am Ufer des großen Stromes vor sich hindöste, sind denn auch vorbei. Am Steilufer des Mekong präsentiert sich der **Wat Yot Kaeo Siwichai** mit kunstvollen Stuckarbeiten und virtuosen Holzschnitzereien in geradezu barocker Pracht. Angesichts des wirtschaftlichen Aufschwungs können die Tempel über einen Mangel an Spenden zur Restaurierung nicht klagen. Das zeigt sich auch am prachtvollen **Wat Si Mongkon Nua**, der von Flüchtlingen aus Vietnam in einem eigenwilligen vietnamesisch-chinesisch-thailändischen Stilmix errichtet wurde. Als modernes Wahrzeichen der Stadt

Boomtown am Mekong

ragt am südlichen Ortsrand der 1996 errichtete **Mukdahan Tower** auf, von dessen Aussichtsplattform im 6. Stock sich ein schöner Rundblick bietet (*täglich 8.30–18 Uhr, Eintritt: Baht 40*).

Yasothon, rund 120 km südwestlich von Mukdahan, ist einer der Hauptschauplätze des alljährlich im Mai stattfindenden spektakulären Raketenfestes Bun Bang Fai.

info

Das Raketenfest Bun Bang Fai

Mitte Mai findet auf dem Höhepunkt der Trockenzeit im Nordosten Thailands das Raketenfest Bun Bang Fai statt. Die im Eigenbau hergestellten Raketen sollen den Himmel befruchten und bewirken, dass bald der lang ersehnte Regen fällt. Besonders spektakulär geht es dabei in **Yasothon** zu, das drei Tage lang einem Tollhaus gleicht.

Das Fest beginnt stets an einem Freitag, erster Höhepunkt ist aber der Samstag mit der mehrstündigen Parade der Raketenkarren. Am Sonntagmorgen beginnt der Count-down für die größten von Hand hergestellten Raketen der Welt. Begleitet von Musikkapellen und Tanzgruppen werden die abenteuerlichen Konstruktionen – meist mit mehreren Kilogramm Schießpulver gefüllte Bambusrohre, aber auch bis zu 500 kg schwere Monstergeschosse mit Plastik als Raketenhülle – zu den hölzernen Abschussrampen auf einem Feld außerhalb der Stadt gebracht.

Sobald die Lunte brennt, machen sich die Feuerwerker schnell aus dem Staub, denn nicht alle Raketen heben sofort ab. Sie qualmen meist fürchterlich, bevor sie mit ohrenbetäubendem Lärm davonzischen. Je höher sie in den Himmel steigen, desto zufriedener ist der Regengott Phraya Thaen und umso mehr des kostbaren Nasses wird er den Reisbauern schicken. Für den ersten Preis kommen nur die Flugkörper in Frage, die länger als eine Minute in der Luft bleiben. Wenn aber eine der primitiven Raketen nicht planmäßig von der Startrampe abhebt, wird der „Konstrukteur" unter Hohn und Spott des Publikums in ein Schlammloch geworfen.

⚠ Wichtiger Hinweis

Zuschauer sollten das Geschehen aus sicherem Abstand beobachten, denn viele Raketen explodieren am Boden. Auch bei planmäßig abhebenden Raketen werden oft faustgroße brennende Materialteile in alle Himmelsrichtungen geschleudert.

Reisepraktische Informationen Mukdahan

Unterkunft
Ploy Palace $$$, *40 Thanon Pitak Panomkhet,* ☎ *(042)631111, www.ploypa lace.com, EZ/DZ Baht 1.150–1.850. Zehnstöckiges Stadthotel mit klimatisierten Zimmern und Restaurant sowie Sauna und Pool.*

Huanam Hotel $–$$, *36 Thanon Samut Sakdarak,* ☏ *(042)611137, EZ/DZ Baht 250–550. Einfaches Stadthotel in der Nähe des Nachtmarkts, Zimmer mit Ventilator und Gemeinschaftsbad oder Klimaanlage und Dusche/WC, kostenloses WLAN.*

Verkehrsverbindungen

Busse: *Der Busbahnhof liegt am westlichen Ortsrand an der Thanon Pitak Panomkhet,* ☏ *(042)630486. Mehrmals täglich Busse u. a. von/nach Nakhon Phanom, Khon Kaen, Ubon Ratchathani, Si Saket und* Bangkok.

Khong Chiam und Umgebung

Von Mukdahan führt der H 2034 dem Mekong folgend über Don Tan zu dem unattraktiven Provinznest Khemmarat. Von dort geht es auf dem H 2112 durch landschaftlich reizvolles, dünn besiedeltes Bergland nach **Khong Chiam**, das malerisch an der Mündung des Mae Nam Mun in den Mekong liegt. Wegen der unterschiedlichen Farben der beiden Flüsse – erdig-braun der Mekong, grünlich-klar der Mun – nennen die Einheimischen den Zusammenfluss Mae Nam Song Si – Fluss der zwei Farben. Das Städtchen ist sympathisch, hat Besuchern aber außer einem quirligen Markt nichts zu bieten. Ein kurzer Ausflug führt zum nur wenige Kilometer entfernten **Kaeng Tana Rapids National Park**, wo sich der Mun River tosend einen Weg durch ein Felsenlabyrinth sucht (*täglich 8–18 Uhr, Eintritt: Erwachsene Baht 100, Kinder Baht 50*).

Mehr Zeit nehmen sollte man sich für den Ausflug zum rund 20 km nordöstlich gelegenen **Pha Taem National Park**, dessen Hauptattraktion gut erhaltene prähistorische Felszeichnungen am Steilufer des Mekong sind. An der Zufahrtsstraße liegen *Blick in die Vorgeschichte*

Die „Steinpilze" Sao Chaliang im Pha Taem National Park

Bizarre Sandstein- felsen

die von Wind und Wetter geschaffenen, pilzförmigen Sandsteinfelsen **Sao Chaliang**. Nach einem kurzen Spaziergang erreicht man von dort die metertiefe Felsspalte Lan Hin Taek und einen Aussichtspunkt mit herrlichem Blick über das Sandsteinplateau zum Mekong (hin und zurück 1 km/30 Min.). Im Besucherzentrum informiert eine interessante Ausstellung über die vier steinernen „Kunstgalerien". Die größte und beeindruckendste ist die erste Gruppe am etwa 200 m entfernten **Pha Taem Cliff**. Von der Abbruchkante der Steilklippe führt ein 500 m langer Stufenpfad hinunter zu den Felszeichnungen, die etwa 2000 bis 1000 v. Chr. geschaffen wurden. In dem 180 m langen Felsen-Bilderbuch am überhängendem Pha Taem Cliff kann man rund 300 Bilder bewundern, die in rötlich-braunen Farben anschaulich das Leben der Jäger und Fischer am Mekong in prähistorischen Zeiten schildern. Weitere 500 m sind es von hier zu einer Felsgalerie am **Pha Mon Cliff** (*täglich 8–18 Uhr, Eintritt: Erwachsene Baht 200, Kinder Baht 100*). Das Ticket gilt auch für den schönen **Soi Sawan Waterfall**, der etwa 15 km weiter nördlich in mehreren Kaskaden rund 30 m tief in eine Felsenschlucht stürzt.

Reisepraktische Informationen Khong Chiam

🛏 Unterkunft

Tohsang Khongjiam Resort $$$$$–$$$$$$, *68 Moo 7 Ban Huai Mak Tai,* ☎ *(045)351174-6 und (081)8605905, www.tohsang.com, EZ/DZ Baht 2.500–3.500, Bungalow Baht 4.500–11.200 (inkl. Frühstück). Architektonisch ansprechendes Resort am Zusammenfluss von Mekong und Mun mit Hotelzimmern und Bungalows in einem schönen Garten, mit gemütlichem Restaurant zum Drinnen- und Draußensitzen sowie großem Pool.*
Ban Rimkhong Resort $$$, *37 Thanon Klaew Pradit,* ☎ *(045)351101, banrimkhong resort@hotmail.com, EZ/DZ Baht 1.000–1.500. Sieben klimatisierte Holzbungalows mit Terrasse am Mekong-Ufer, mit Restaurant.*
Araya Resort $$–$$$, *500 Moo1 Thanon Phukamchai,* ☎ *(045)351191, arayaresort @gmail.com, EZ/DZ Baht 900–1.200, Bungalow Baht 1.800. 65 komfortable AC-Zimmer in einem doppelstöckigen Gebäude, dessen drei Flügel sich um einen schönen Pool gruppieren, sowie drei Bungalows am Ufer des Mun River, gutes Restaurant.*

🚌 Verkehrsverbindungen

Busse: *Von 6–16 Uhr alle 30 Minuten Songthaeo von/nach Phibun Mang Sahan; von dort mehrmals täglich Busse von/nach Ubon Ratchathani/Warin Chamrap.*

Ubon Ratchathani und Umgebung

Die rund 225.000 Einwohner zählende Hauptstadt der gleichnamigen, zweitgrößten Provinz des Nordostens liegt am Nordufer des Mae Nam Mun. Trotz ihres klangvollen Namens kann die „Königliche Stadt der Lotosblüte" Touristen nicht zu einem längeren Aufenthalt verleiten. Die meisten Tempelanlagen der Stadt sind zwar üppig ausgestattet, aber ohne kunsthistorische Bedeutung. Eine Ausnahme ist der unter König

Mongkut Mitte des 19. Jh. errichtete **Wat Supattanaram** am Nordufer des Mae Nam Mun, dessen Bot Elemente thailändischer und kambodschanischer Tempel- sowie abendländischer Sakralarchitektur aufweist. Wat Supattanaram ist der erste von dem nach strengen Grundregeln lebenden Mönchsorden Thammayuth im Nordosten gegründete Tempel. König *Mongkut* selbst hat den Orden ins Leben gerufen, um den Buddhismus zu seinen Wurzeln zurückzuführen. Auf dem Tempelareal sind einige Reliefs aus alten Khmer-Heiligtümern ausgestellt.

Provinz-metropole

Einen Besuch lohnt auch der an der nördlichen Peripherie gelegene, in den 1950er-Jahren erbaute **Wat Phra That Nongbua**, dessen Chedi architektonisch dem des Mahabodhi-Tempels im indischen Bodh Gaya nachempfunden sind. Das **Ubon Ratchathani National Museum** in der Thanon Kuan Thani enthält Werke aus allen Epochen thailändischer Kunst und eine reich bestückte heimatkundliche Sektion, die einen guten Eindruck vom Alltagsleben im ländlichen Isaan vermittelt (*Mi–So 9–16 Uhr außer feiertags, Eintritt: Baht 60*).

15 km südwestlich von Ubon (wie die Einheimischen die Stadt kurz nennen) zweigt in Ban Bung Wai vom H 226 eine 1 km lange Stichstraße zum **Wat Pa Nana Chart** ab. In dem von einem Abt aus Australien geleiteten Waldkloster, das von den Einheimischen Wat Farang genannt wird, leben etwa 40 Mönche aus westlichen Ländern, darunter auch einige aus Deutschland. Die Meditationsschule des Tempels bietet Kurse für Laien an, die aber Grundkenntnisse mitbringen sollten (*www.dhammathai.org*).

Reisepraktische Informationen Ubon Ratchathani

i Informationen

Tourism Authority of Thailand Northeastern Office, *264/1 Thanon Kuan Thani, ☎ (045)243770, 🖷 (045)243771, www.tourismthailand.org/ubonratchathani und www.weloveubon.com, täglich 8.30–16.30 Uhr. Das Büro ist auch für Si Saket und Yasothon zuständig.*

Unterkunft

Tohsang City Hotel $$$$, *251 Thanon Palochai, ☎ (045)245531-9, www.tohsang.com, EZ/DZ Baht 2.200–3.000. Komfortables Business-Hotel mit bestens ausgestatteten Zimmern, Restaurant und Pool.*
Laithong Hotel $$$, *50 Thanon Pichitransan, ☎ (045)264271, www.laithong.com, EZ/DZ Baht 1.400–1.800. Komfort zum Schnäppchenpreis: 124 Zimmer, die kaum Wünsche offen lassen, Restaurant, Pool, Fitness-Center und traditionelle Thai-Massage.*
Sri Isan Hotel $$, *62 Thanon Ratchabut, ☎ (045)261011, www.sriisanhotel.com, EZ/DZ Baht 650–950. Angenehmes Stadthotel am Markt mit gut ausgestatteten Zimmern (AC, Dusche/WC) und thailändisch-internationalem Restaurant.*

Verkehrsverbindungen

Busse: *Der Busbahnhof liegt 4 km nördlich der Stadt an der Thanon Chayangkun. Zwischen dem Busbahnhof und dem Zentrum pendeln Stadtbusse. Mehrmals täglich Busse u. a. von/nach Si Saket, Surin, Nakhon Ratchasima, Ayutthaya, Bangkok, Mukdahan, Nakhon Phanom, Khon Kaen, Udon Thani, Nong Khai und Chiang Mai. Vom Bus Terminal fährt zwei-*

mal täglich ein Bus nach Pakxe in Laos. An der Grenze ist für US$ 30 (für Deutsche) bzw. US$ 35 (für Österreicher und Schweizer) ein **visa on arrival** erhältlich.

Züge: Der Bahnhof liegt 5 km südlich auf der anderen Seite des Mun River. Zwischen dem Bahnhof und dem Zentrum pendeln Stadtbusse. **In westliche Richtung** u. a. vier- bis sechsmal täglich von/nach Si Saket, Surin, Nakhon Ratchasima, Ayutthaya und Bangkok. Wer **nach Norden** möchte, muss in Nakhon Ratchasima umsteigen.

Flughafen: Zwischen dem 3 km nordöstlich gelegenen Flughafen und der Innenstadt verkehren Taxis. **Thai Airways**, 364 Thanon Chayangkun, ☎ (045)263916.

Nationale Verbindungen: von/nach Bangkok mehrmals täglich (Thai Airways, Air Asia, Nok Air).

Khao Phra Viharn

 Hinweis

Beim Bergheiligtum Khao Phra Viharn an der thailändisch-kambodschanischen Grenze kommt es seit einigen Jahren immer wieder zu Schusswechseln zwischen den Truppen beider Seiten. Auch wenn die thailändische Tourismusbehörde keine Hinderungsgründe für einen Besuch des Tempels sieht, rät das Auswärtige Amt von einem Besuch ab, da der Konflikt jederzeit wieder aufflammen kann. Aktuelle Infos: www.auswaertiges-amt.de.

Entlegenes Khmer-Heiligtum

Das von den Kambodschanern Prasat Preah Vihear und von den Thailändern Khao Phra Viharn genannte **Bergheiligtum**, das erhaben auf einem schroffen Kamm in den 600 bis 800 m hohen Dangrek-Bergen thront, liegt zwar auf kambodschanischem Staatsgebiet, ist aber von thailändischer Seite aus wesentlich bequemer zu erreichen – seit Kurzem auch ohne aufwendige Grenzformalitäten. Für die jeweils gut 100 km lange Fahrt von Ubon Ratchathani (Highway 2178 u. Highway 221) oder Si Saket (Highway 221) über Kantharalak zum Khao Phra Viharn mietet man vor Ort am besten einen Wagen mit Fahrer (ca. Baht 2.000), da die Anreise mit öffentlichen Verkehrsmitteln sehr umständlich und zeitaufwendig ist.

Vom Parkplatz, an dem der Highway 221 endet, geht es – nachdem man auf thailändischer Seite Eintrittsgebühren für den „Khao Phra Viharn National Park" entrichtet hat – zu Fuß ca. 1,5 km über das Felsplateau zu dem Bergtempel. Pass oder Visum sind nicht erforderlich, aber es wird erneut eine Eintrittsgebühr erhoben. Die Grenze ist in der Regel von Sonnenaufgang bis 16 Uhr geöffnet. Für die Besichtigung sollte man 2 bis 3 Std. einplanen.

Mit einer Länge von gut 1.000 m ist der auf vier Ebenen ansteigende Khao Phra Viharn eine der **größten Tempelanlagen der Khmer**. Begonnen wurde mit dem Bau der göttlichen Heimstatt bereits im 9. Jh., doch der Großteil des Komplexes entstand in der ersten Hälfte des 11. Jh. während der Regentschaft von König Suryavarman I. (1001/02–1049). Seine Nachfolger, besonders König Suryavarman II. (geb. 1112/13, gest. vor 1155) und König Jayavarman VII. (1181–1220) erweiterten die dem Hindu-Gott Shiva geweihte, vollkommen aus Sandstein errichtete Tempelanlage. Eine nur noch teilweise erhaltene Treppe mit schönen Naga-Balustraden führt zur ersten der vier jeweils von einer Umfassungsmauer umgebenen und durch Prozessionswege miteinander verbundenen Ebenen. Man betritt sie, wie auch die nachfolgenden Ebenen, durch einen Gopuram genannten Torturm mit kreuzförmigem Grundriss und kunstvoll gemeißelten Ziergiebeln. Längst ausgetrocknet sind die mit Sandsteinblöcken eingefassten Becken vor dem zweiten Gopuram, in denen Könige und Hohepriester vor Tempelzeremonien rituelle Waschungen vollzogen. Am Südportal des zweiten Torturms verdienen zwei Reliefs Beachtung: Am **Türsturz** sieht man eine Darstellung des liegenden Vishnu. Der **Ziergiebel** zeigt eine Episode des indischen Heldenepos „Ramayana" – „Das Quirlen des Milchmeers", das Symbol für die Erschaffung der Welt.

Macht-symbol der Khmer-Herrscher

Auf der Ebene hinter dem dritten Gopuram stehen die Überreste der **königlichen Gemächer**, in die sich einst die Herrscher bei Tempelfesten zurückzogen. Zwei weitere Pavillons dienten Pilgern, meist hohen Würdenträgern, als Raststätte. Das Nordportal des Torturms besitzt als Zeugnis hoher Steinmetzkunst ein gut erhaltenes Relief, das eine Szene aus dem „Mahabharata", dem zweiten großen Heldenepos der Inder, illustriert – den Kampf zwischen Arjuna, der das Gute verkörpert, gegen Duryodhana, den Inbegriff des Bösen. Dem zu einem Großteil in Trümmer liegenden **Hauptheiligtum** auf der obersten Terrasse ist ein gut erhaltener Mandapa vorgelagert. Verwitterte Reste ornamentaler Verzierungen geben eine Vorstellung von einst reichem Dekor, mit dem die Türstürze und Pilaster des Sakralbaus geschmückt waren. Den heiligsten Tempelbezirk umschließt eine Galerie. Anstelle von Innenwänden stützen Balusterfenster die gewölbten Halbdächer der Süd-, Ost- und Westseite. Nur die Nordgalerie wird innen von einer fensterlosen Mauer abgeschlossen.

Einen schönen Blick auf den Felsentempel hat man von der 584 m hohen Klippe Pha Mor Daeng, die wenige Fußminuten südlich des Parkplatzes steil abfällt. Bemerkenswert sind die in den Sandstein gemeißelten Basreliefs, über deren Ursprung und Bedeutung aber nichts Genaues bekannt ist.
Khao Phra Viharn, ☏ *(045)818021, täglich 8–16 Uhr, Eintritt: Erwachsene Baht 200, Kinder Baht 100 (zuzüglich Baht 10 für Fahrrad, Baht 20 für Motorrad, Baht 50 für Auto); zuzüglich Erwachsene Baht 200, Kinder Baht 100 auf kambodschanischer Seite.*

Von Ubon Ratchathani nach Surin

Im Landstrich zwischen der Eisenbahnlinie von Nakhon Ratchasima nach Ubon Ratchathani und der aus Sandsteinen aufgebauten, lang gestreckten Kette der bis zu 800 m hohen Dangrek-Berge, die im Süden die natürliche Grenze zu Kambodscha bilden, ist das Erbe der Khmer-Epoche in zahlreichen Tempelruinen sichtbar. Vom 10. bis 13. Jh. erstreckte sich das Khmer-Reich der Angkor-Dynastie bis weit in das heutige thailändische Staatsgebiet hinein. Die Khmer bauten die Tempelstadt Angkor im heutigen Kambodscha zum Zentrum ihres Reiches aus und errichteten entlang ihrer Handelsrouten viele Heiligtümer. Diese dienten als Stützpunkte und Symbole ihres Machtanspruchs, aber auch zur geistigen Erbauung der Händler und Kaufleute, die bis nach China reisten.

Weitere Relikte der Khmer-Epoche

Sandsteinrelief am Prasat Sikhoraphum

Etwa auf halbem Weg zwischen Si Saket und Surin lohnt sich ein Stopp bei dem kleinen Khmer-Heiligtum **Prasat Sikhoraphum**, das nahe dem H 226 liegt und teilweise
restauriert ist. Auf einer 25 m langen Lateritterrasse erhebt sich ein zentraler Ziegel-
stein-Prang, dem an jeder Ecke ein kleinerer Prang zugeordnet ist. Aufmerksamkeit verdient das kunstvolle Sandsteinrelief im Baphuon-Stil am Türsturz des sich nach Osten
öffnenden Hauptportals. Wenn der bescheidene Tempel aus dem 11./12. Jh. auch nicht
mit Pracht und Größe beeindrucken kann, so umgibt ihn doch ein eigener Zauber
(*täglich 7.30–18 Uhr, Eintritt: Baht 50*). Nach dem gleichen Schema ist der **Prasat
Muang Thi** 12 km westlich von Sikhoraphum aufgebaut, allerdings sind von den ursprünglich fünf Tempeltürmen nur noch drei erhalten.

Surin

Fest der
grauen
Riesen

Die etwa 50.000 Einwohner zählende Provinzhauptstadt liegt in einer ausgedehnten
Ebene zwischen dem Korat-Plateau im Norden und den Dangrek-Bergen im Süden.
Surin ist eine beschauliche Stadt mit ruhigem Lebensrhythmus, aber ohne nennens-
werte Attraktionen. Allein das alljährlich im November stattfindende **Elephant
Round Up**, das Tausende von Besuchern anlockt, beschert dem Ort einige geschäftige Tage. Bei dem großen Elefantenauftrieb, einem mehrtägigen farbenprächtigen Volks-
fest, zeigen rund 200 ehemalige Arbeitselefanten, die aus dem ganzen Land hierhergebracht werden, spielerisch ihr Können: beim Wettlauf, beim Fußballspielen, bei Mus-
kelprotzereien mit Baumstämmen oder in prunkvollem Ornat als „Kriegselefanten".
Mit seiner guten touristischen Infrastruktur ist Surin der ideale Ausgangspunkt für
zwei der bedeutendsten Khmer-Tempel der Region: den Prasat Phanom Rung und den
Prasat Muang Tam.

Reisepraktische Informationen Surin

Unterkunft

Surin Majestic Hotel $$$–$$$$$, *99 Thanon Chit Bamrung,* ☎ *(044)713980-83, www.surinmajestic.com, EZ/DZ Baht 1.200–1.400, Suite 2.200–4.500. Fünfstöckiges Komforthotel nahe dem Busbahnhof mit 71 bestens ausgestatteten Zimmern und Suiten, Restaurant, Pool, Fitness-Center, WLAN.*

Petchkasem Grand Hotel $$–$$$, *104 Thanon Chid Bamrung,* ☎ *(044)511274, pkhotel@yahoo.com, EZ/DZ Baht 900–1.800 (inkl. Frühstücksbuffet). Angenehmes Stadthotel mit klimatisierten Zimmern, sehr gutem Restaurant und großem Pool.*

Verkehrsverbindungen

Busse: *Der Busbahnhof liegt im Zentrum an der Thanon Chid Bamrung. Mehrmals täglich Busse u. a. von/nach Si Saket, Ubon Ratchathani, Nakhon Ratchasima, Ayutthaya und Bangkok.*

Züge: *Der Bahnhof liegt im Zentrum an der Thanon Nongdum. U. a. vier- bis sechsmal täglich von/nach Si Saket, Ubon Ratchathani, Nakhon Ratchasima, Ayutthaya und Bangkok. Wer nach* **Norden** *will, muss in Nakhon Ratchasima umsteigen.*

Prasat Phanom Rung

Auf dem 160 m hohen Gipfel eines erloschenen Vulkans erhebt sich etwa 70 km südwestlich von Surin ein weiteres **klassisches Monument der Khmer-Architektur** – der eindrucksvolle Prasat Phanom Rung. Im 10. Jh. wurde er zunächst dem Hindu-Gott Shiva geweiht, später im 12./13. Jh. unter der Herrschaft Jayavarmans VII., des letzten großen Khmer-Königs, zum Buddhismus „konvertiert". Der in Ost-West-Richtung angelegte Bergtempel war ein wichtiges Verbindungsglied zwischen der Khmer-Kapitale Angkor und dem Prasat Hin Phimai (s. S. 361). Alle wesentlichen Teile der Anlage wurden im 12. Jh. von Narendraditya errichtet, einem nahen Verwandten des bedeutenden Khmer-Königs Suryavarman II., der zur gleichen Zeit den berühmten Angkor Wat erbauen ließ. Von 1971 bis 1988 wurde das Heiligtum vom Department of Fine Arts vorbildlich restauriert.

Über eine kurze Treppe gelangt man zu einer kreuzförmigen **Plattform aus Laterit**, die vermutlich früher als Fundament des ersten Torbaus aus Holz diente. Rechter Hand sind die Überreste eines rechteckigen Pavillons aus Sandstein und Laterit auszumachen, in dem einst die Könige und ihre Angehörigen vor bedeutenden Tempelzeremonien ihre Ritualgewänder anlegten. Auf einer **Allee**, die auf beiden Seiten von jeweils 35 mit Lotosspitzen bekrönten Sandsteinpfeilern akzentuiert wird, bewegten sich früher Prozessionen zum zentralen Teil der Tempelanlage. Eine imposante **Naga-Brücke**, die den Übergang von der irdischen Welt zu den himmlischen Gefilden symbolisiert, verbindet die Allee mit dem oberen Treppenaufgang aus Sandsteinquadern. Fein ausgearbeitete, sich windende Schlangenleiber mit fünf hoch aufgerichteten Köpfen bilden die Brüstungen des kreuzförmigen Baus. In fünf Absätzen führt die monu-

Großartiges Zeugnis der Khmer-Kultur

Eine Prozessionsallee führt zum Khmer-Heiligtum Prasat Phanom Rung

mentale Treppe steil hinauf zur Terrasse mit den **Tempelgebäuden**. Vor der gut erhaltenen rechteckigen äußeren Galerie, die das Heiligtum umschließt, liegt eine zweite kreuzförmige Naga-Brücke mit vier kleinen, quadratischen Wasserbecken, in denen Könige und Hohepriester vor Zeremonien rituelle Waschungen vollzogen. Jede Seite des nach innen offenen Wandelgangs wird in der Mitte von einem Eingang in Form eines Torturms (Gopuram) durchbrochen, wobei der östliche Haupteingang durch Vorhallen betont ist. Im **Zentrum des Innenhofs** ragt das von einer inneren Galerie umschlossene Sanktuarium auf. Besonders schön gestaltet ist das östliche Tor der inneren Tempelumfassung. Am Türsturz sieht man ein Relief mit einer Darstellung des Hindu-Gottes Shiva. Eine dritte Naga-Brücke verbindet das Osttor der Innengalerie mit dem Eingangspavillon (Mandapa) des zentralen Tempelturms. Im Inneren des Vorbaus befindet sich eine Statue von Shivas Reittier, des mythischen Stieres Nandi.

Abbild des hinduistischen Universums

Der **Tempelturm** aus rosa Sandstein ist in reinem Khmer-Stil errichtet: Der Prasat Phanom Rung ist ein Architektur gewordenes Weltbild, dessen Bauplan von der hinduistischen Kosmologie diktiert wurde. Das Hindu-Universum ist quadratisch, von Gebirgsketten (den Umfassungsmauern und Wandelgängen) begrenzt und vom Urozean (symbolisiert durch Wasserbecken und -gräben) umgeben. In der Mitte erhebt sich der heilige Berg Meru, Drehpunkt der Welt und zugleich Sitz der Götter, im Prasat Phanom Rung versinnbildlicht durch den zentralen Tempelturm. In dessen Allerheiligstem befindet sich als phallisches Symbol der Schöpfungskraft Shivas, des Zerstörers und zugleich Erneuerers, ein Linga. Dieser Bereich war allein dem König und dem Hohepriester vorbehalten, denn hier wurden die Rituale vollzogen, durch die der Herrscher eins mit der Gottheit wurde.

Der **zentrale Tempelturm** besitzt als Zeugnisse hoher Steinmetzkunst gut erhaltene Reliefs. So sieht man an der Mandapa-Vorhalle eine Darstellung des tanzenden Shiva (*Shiva Nataraja*) und am Türsturz den ruhenden Hindu-Gott Vishnu (*Vishnu Anantasayiu*). Andere Reliefs illustrieren Episoden aus dem „Ramayana", etwa Krishnas Kampf gegen den Dämonen Kaliya oder die Entführung Sitas durch den Dämonenkönig Ravana. Das **Vishnu-Relief** war in den 1960er-Jahren gestohlen worden und in einem Museum in Chicago wieder aufgetaucht. Auf starken öffentlichen Druck hin gaben es die Amerikaner zur offiziellen Eröffnung des restaurierten Tempels im Jahre 1988 wieder zurück.

Die beiden verfallenen, bereits im 10. Jh. errichteten Ziegelsteinbauten nordöstlich vom Tempelturm sind die ältesten Gebäude der Sakralanlage. Der im 11. Jh. erbaute **Nebenturm Prang Noi** südwestlich des Hauptturms diente einst der Vorbereitung bedeutender Rituale; das Bauwerk enthält eine „Fußspur des Buddha", die heute noch große Verehrung genießt. Aus dem 13. Jh. stammen die beiden aus Laterit errichteten, rechteckigen Gebäude südöstlich und nordöstlich des Zentralturms; in den Bannalai genannten Bibliotheken bewahrte man einst heilige Schriften auf. **Prasat Phanom Rung**, *täglich 6–18 Uhr, Eintritt: Erwachsene Baht 100, in Verbindung mit Prasat Hin Phimai (s. S. 361) und Prasat Muang Tam (s. S. 389) Baht 150, Kinder unter 14 Jahre Eintritt frei.*

Wasserbecken symbolisieren in Khmer-Tempeln den Urozean – hier im Prasat Muang Tam

Prasat Muang Tam

Von der Hochkultur des Khmer-Reiches zeugt auch das im 11. Jh. angelegte Heiligtum Prasat Muang Tam 7 km südöstlich des Prasat Phanom Rung. Aufgrund seiner Lage in einer Ebene wirkt das Heiligtum weniger majestätisch als der auf einem Berggipfel thronende Prasat Phanom Rung.

Dafür herrscht bei dem weniger besuchten **Prasat Muang Tam** eine friedvolle Stimmung. Der weiträumige, in Ost-West-Richtung angelegte Tempel wird von einer 114 x 150 m langen Lateritmauer umschlossen. An jeder Seite liegen mittig Eingänge in Form von Gopuram. Hinter dem dreifach gegliederten, kreuzförmigen östlichen Torturm öffnet sich der **erste Hof**, der fast gänzlich von vier L-förmigen Wasserbassins als Symbolen des Urmeers eingenommen wird. Einst sprudelte aus steinernen Wasserspeiern das Wasser für rituelle Waschungen in die von imposanten Naga-Balustraden eingefassten Becken. Heute spiegeln sich in ihnen die Ruinen des Hauptheiligtums, die auf einer quadratischen Plattform mit einer Seitenlänge von 22 m stehen. Vom Wandelgang, der sie umschloss, sind nur die Reste der Tortürme erhalten geblieben. Drei der fünf aus Ziegelstein errichteten und in zwei Reihen angeordneten **Prang**, die hier einst als steinerne Sinnbilder der fünf Gipfel des Götterberges Meru aufragten, stehen noch, der Zentralturm und ein Nebenturm sind zusammengestürzt. Wie beim Prasat Phanom Rung spiegelt sich die Virtuosität der damaligen Steinmetze vornehmlich in dem reichen Baudekor, vor allem in den fein herausgearbeiteten Reliefs an den Stürzen und Giebelfeldern über den Türen wider. Alle figürlichen Szenen illustrieren Begebenheiten aus der hinduistischen Mythologie. Da es sich bei dem Prasat Muang Tam um ein Shiva-Heiligtum handelt, ist dieser Hindu-Gott besonders häufig dargestellt. So sieht man ihn auf dem Sturz des Nordturms der vorderen Reihe zusammen mit seiner Gattin Parvati auf dem Stier Nandi reitend.

Architektonisch und künstlerisch seiner Zeit voraus

Prasat Muang Tam, *täglich 6–18 Uhr, Eintritt: Erwachsene Baht 100, in Verbindung mit Prasat Hin Phimai (s. S. 361) und Prasat Phanom Rung (s. S. 389) Baht 150, Kinder unter 14 Jahren Eintritt frei.*

7. DIE ÖSTLICHE GOLFKÜSTE

Überblick

Die östliche Golfküste Thailands ist eine Region mit vielen Gesichtern. Industrieparks kontrastieren mit weiten Sandstränden, dem lebhaften Strandort Pattaya mit seinem turbulenten Nightlife stehen entlegene Inseln gegenüber, auf denen man die Seele baumeln lassen kann.

Geografisch und administrativ gilt die östliche Golfküste als ein Teil Zentralthailands, da sie nicht weit von der Metropole Bangkok entfernt liegt und vom Zentrum auch durch keine natürliche Barriere getrennt wird. Zum Nachbarland Kambodscha hin wird der Südosten durch Gebirgsschwellen abgegrenzt, gegen die Nordostregion durch das massige, bis über 1.300 m aufsteigende Dangrek-Gebirge. Das Küstentiefland ist von Inselbergen und kleineren Massiven durchsetzt, die parallel zur Küste verlaufen und imposant aus dem flachen Land aufragen.

Vor der Küste mit ausgedehnten Sandstränden und Buchten liegt eine Anzahl kleinerer und mittlerer Inseln, die gleichermaßen bei Familien und Individualreisenden, einheimischen wie ausländischen Touristen beliebt sind. Populäre Urlaubsziele sind vor allem Pattaya, Ko Samet und Ko Chang.

Die östliche Golfküste

MYANMAR
Chiang Rai
Chiang Mai
LAOS
Sukhothai
Udon Thani
LAOS
T H A I L A N D
Ubon Ratchathani
Nakhon Ratchasima
Ayutthaya
BANGKOK
Kanchanaburi
MYANMAR
Pattaya
Hua Hin
KAMBODSCHA
Chumphon
VIETNAM
Surat Thani
Ko Phuket
MALAYSIA
N
0   100 km

© *graphic*

👉 **Hinweis**

Entlang der Grenze zu Kambodscha sowie auf Ko Chang und den südöstlichen Nachbarinseln besteht ein erhöhtes Malaria-Risiko. Vor allem während der Regenzeit werden dringend vorbeugende Maßnahmen empfohlen (s. S. 109). Weitgehende Entwarnung gibt es dagegen für Ko Samet: Seit Jahren wurden dort kaum noch Malaria-Fälle registriert.

Auf dem Sukhumvit Highway nach Trat

Von Bangkok nach Pattaya

Fährt man von Bangkok aus auf dem mehrspurigen Highway 34 nach Osten, mag sich zunächst keine rechte Urlaubslaune einstellen. Industrieanlagen, Schwerlastverkehr und endlose Vorortsiedlungen entlang staubiger Durchgangsstraßen dämpfen die Vorfreude auf die Traumstrände. Eine schönere Route ist der alte Sukhumvit Highway (Highway 3), der an der Küste entlang verläuft. Mit der **Ancient City** und der **Samut Prakan Crocodile Farm** liegen hier zwei Attraktionen an der Strecke, die einen Stopp lohnen (s. S. 176–177).

Knapp 30 km nördlich von Chonburi trifft der Sukhumvit Highway auf den H 34. Die Ursprünge des rasch expandierenden, rund 250.000 Einwohner zählenden **Chonburi**, Verwaltungssitz der gleichnamigen Provinz sowie geschäftige Industrie- und Handelsstadt, reichen zurück ins 14. Jh. Zu den wenigen Baudenkmälern aus der Ayutthaya-Epoche, welche die Zeitläufte überdauert haben, gehört der **Wat Intharam** in der Ortsmitte. Allerdings wurde die Tempelanlage in jüngerer Vergangenheit wiederholt restauriert und erweitert, sodass kaum mehr etwas an ihr ursprüngliches Aussehen erinnert.

Im hügeligen Hinterland von Chonburi liegt der **Khao Kheow Open Zoo** mit einheimischen und exotischen Tieren. Ein Netz von Fahrwegen durchzieht das weitläufige Areal, sodass man die einzelnen Tiergehege und das große Aviarium mit seltenen Vögeln bequem mit dem eigenen Auto oder einem im Zoo verkehrenden Shuttlebus erreichen kann. Eine besondere Attraktion vor allem für Kinder ist der Elefantenpark, wo auch kurze Ausritte auf den Rücken der Dickhäuter angeboten werden.

Khao Kheow Open Zoo, ☎ *(038)318444, www.kkopenzoo.com, täglich 8–18 Uhr, Eintritt: Erwachsene Baht 300, Kinder Baht 150 zuzüglich Baht 100 für Auto. Anfahrt: südöstlich von Chonburi zweigt vom Highway 7 eine 7 km lange, ausgeschilderte Stichstraße ab; mit öffentlichen Verkehrsmitteln nicht zu erreichen.*

Im Khao Kheow Open Zoo bei Chonburi

Südlich von Chonburi liegt der traditionelle Badeort **Bang Saen** mit den wohl schönsten Sandstränden in der näheren Umgebung von Bangkok. Während der Woche wirkt das Seebad wie ausgestorben, an den Wochenenden aber verwandeln Großfamilien die langen Strände in riesige Picknickplätze. Abends vergnügt man sich in lauten Karaoke-Bars. Oft hört man Klagen über trübes Wasser und verschmutzte Strandabschnitte. Kurzum: Bang Saen ist ein „typisch thailändischer" Badeort, der den Erwartungen anspruchsvoller westlicher Badeurlauber nicht gerecht wird. Auf dem etwa 1 km landeinwärts gelegenen Gelände des Institute of Marine Science kann man in die großen Aquarium in die Unterwasserwelt Thailands abtauchen, ohne nass zu werden. Ein riesiger Meereswassertank bietet Hunderten von Fischarten Platz. Die Besucher können Muränen, Manta-Rochen, kleine Haie und vor allem viele bunte Korallenfische aus nächster Nähe beobachten (☏ *(038)391671, Di–So 8.30–16.30 Uhr, Eintritt: Baht 60).*

Landestypischer Badeort

Die gesamte Küste südlich des etwa 220.000 Einwohner zählenden Industrieortes **Si Racha**, in dem die bekannten Chili-Saucen Thailands hergestellt werden, wird von dem neuen, riesigen Tiefseehafen **Laem Chabang** geprägt. Gut 10 km vor der Küste liegt die von etwa 5.000 Menschen bewohnte **Ko Si Chang**, zu der mehrmals täglich Passagierboote von Si Racha verkehren. Bevor Bangkoks Hafen Khlong Toey und später der Tiefseehafen Laem Chabang angelegt wurden, löschten die Ozeandampfer ihre Ladung auf der kleinen Insel. Von dort wurden die Waren mit Barken über die Bucht von Bangkok und den Mae Nam Chao Phraya aufwärts in die Hauptstadt transportiert. Weil er das Klima schätzte, ließ König Chulalongkorn Ende des 19. Jh. eine Sommerresidenz auf der Insel errichten.

Pattaya

Der gut 100.000 Einwohner zählende Badeort liegt 150 km südöstlich von Bangkok am Golf von Thailand und galt einst als „Sündenbabel". Das schlechte Renommee geht auf die Zeit des Vietnam-Krieges zurück, als die US-Armee die GIs zur *rest and recreation* an den Pattaya Beach verfrachtete, zahlreiche amerikanische Soldaten waren auch auf der nahegelegenen Marinebasis Sattahip und dem Luftwaffenstützpunkt U-Tapao stationiert. Das Fischerdorf entwickelte sich zu einer „amerikanischen" Stadt mit Hotels und Restaurants, Nachtklubs, Bars und Massagesalons. Pattaya stand für das „Sexparadies" Thailand und wurde zugleich zum Inbegriff für Nepp, Drogenhandel, Bandenkriminalität und Umweltverschmutzung. Nach dem Abzug der Amerikaner nutzten Touristen aus aller Welt die Urlaubseinrichtungen. Ihnen folgten Spekulanten. Ungeheure Summen wurden in Hotels, Appartementhäuser, Restaurants, Geschäfte und Vergnügungslokale investiert.

Anrüchige Vergangenheit

Auch heute ist Pattaya alles andere als ein ruhiges Familienbad. Dafür sorgen jährlich Hunderttausende von Touristen, die sich auf der Suche nach erotischen Abenteuern in das neonglitzernde Nachtleben der „Reeperbahn unter Palmen" stürzen. Das Unterhaltungsangebot von Pattaya ist jedoch nicht ausschließlich auf alleinreisende Männer zugeschnitten: Die Stadtverwaltung hat in den letzten Jahren große Anstrengungen unternommen, die schlimmsten Auswüchse des Sextourismus einzudämmen. Viel

Blick vom Buddha Hill auf Pattaya

wurde auch getan, um die Umweltverschmutzung in den Griff zu bekommen. Einst waren die Gewässer so mit Schadstoffen belastet, dass an Badebetrieb nicht mehr zu denken war. Heute sorgen eine Ringkanalisation und Kläranlagen dafür, dass man im früher arg verschmutzten Meer wieder bedenkenlos schwimmen kann.

Keine Traumstrände Doch in Pattaya werden Südsee-Träume nicht erfüllt: Am weit geschwungenen, aber schmalen Strand von Zentral-Pattaya, etwa zwischen Dusit Resort und Pattaya Pier, ist praktisch jeder Quadratmeter mit Liegestühlen und Sonnenschirmen bedeckt, lärmende Waterscooter und Motorboote verleiden die Badefreuden. Die Strände von Nord-Pattaya, Wongamat Beach, Wong Phra Chan und Naklua Beach, sind felsig mit nur schmalen Sandstreifen, dafür aber sehr ruhig.

Für **Familien mit Kindern** ist die Gegend um den kilometerlangen, feinsandigen **Jomtien Beach** 3 km südlich von Zentral-Pattaya am besten geeignet. Das Zentrum des Nachtlebens befindet sich in Süd-Pattaya, wo sich auf der Walking Street Go-Go-Bars und Bierkneipen aneinanderreihen.

Zum vielfältigen **Freizeitangebot** gehören alle Arten von Wassersport, Fallschirmsegeln, Golf, Reiten und Tennis, außerdem mehrere Go-Kart-Bahnen, Fitness-Center, Schieß- und Kegelbahnen sowie ein 40 m hoher Bungee-Jumping-Turm. Überall im Stadtzentrum findet man seriöse Massagesalons, die traditionelle Heilmassagen, Fuß-Reflex- oder Gesichtsmassagen anbieten.

Einkaufsparadies Überdies ist Pattaya ein Paradies für **Shopper** und **Schlemmer**. Die Beach Road mit einer schönen Promenade wird gesäumt von Boutiquen, Maßschneidern, Souvenirläden und Juweliergeschäften sowie Restaurants, in denen man kulinarische Streifzüge durch beinahe alle Küchen der Welt machen kann. Das gastronomische Angebot ist so vielfältig wie sonst nur in Großstädten.

Die Walking Street in Süd-Pattaya – das Zentrum des Nachtlebens

Attraktionen in Pattaya

Pattayas Nachtleben besteht nicht nur aus Go-Go-Bars und Bierkneipen. Anspruchsvolle Unterhaltung im Las-Vegas-Stil bieten **Transvestiten-Kabaretts** wie etwa das *Kurioses* Alcazar oder das Tiffany. Jeweils bis zu 150 *ladymen* präsentieren sich in fantasievollen *aus aller* Verkleidungen, schwelgen geradezu in üppigen, farbenprächtigen Kostümen – ein Fest *Welt* für die Augen, an dem auch Familien mit Kindern ihre Freude haben. Über 250 Kuriositäten und optische Täuschungen sind im Museum **Ripley's – Believe it or not** zu bestaunen. Das Haus ist eines von knapp zwei Dutzend Museen weltweit, in denen die Kuriositätensammlung des kalifornischen Weltenbummlers Robert Leroy Ripley zu sehen ist. Ein behaarter Fisch, ein dreibeiniges Pferd, der mit 2,72 m größte Mann der Welt – „glaub es oder glaub es nicht".
Ripley's – Believe it or not, *Royal Garden Plaza, Second Rd.,* ☎ *(038)710294, www.rip leysthailand.com, täglich 11–23 Uhr, Eintritt: Erwachsene Baht 500, Kinder Baht 400.*

Auf einer Landzunge im nördlich an Pattaya grenzenden **Naklua** thront das *Größtes* **Sanctuary of Truth** (Heiligtum der Wahrheit), das größte aus tropischem Edelholz *Teak-Ge-* errichtete Bauwerk der Welt. Den 100 m hohen und ebenso langen Teak-Palast über- *bäude der* ziehen kunstvolle Holzschnitzereien mit Motiven aus der hinduistisch-buddhistischen *Welt* Mythologie und der thailändischen Sagenwelt.
Sanctuary of Truth, *206/2 Moo 5, Naklua,* ☎ *(038)367229, www.sanctuaryoftruth.com, täglich 8–17 Uhr, Eintritt: Erwachsene Baht 450, Kinder Baht 225.*

Eine der größten Attraktionen von Pattaya liegt etwas südlich des Zentrums an der Thanon Sukhumvit: die **Underwater World**. Durch einen 30 m langen Acrylglas-

Abtauchen, ohne nass zu werden

tunnel gelangen Besucher in eine Unterwasserwelt, die von lebenden Korallenstöcken, Haien, Rochen und farbenfrohen Fischen bevölkert wird – ein einzigartiges „Taucherlebnis" ohne Schnorchel und Sauerstoffflasche, ideal für all jene Reisenden, die keine Zeit für einen Ausflug zu den Korallengärten der vorgelagerten Insel haben, aber doch einen Eindruck von der schillernden Unterwasserwelt der östlichen Golfküste bekommen wollen. Publikumsmagneten sind die Shark Shows, bei denen Haie von Tauchern gefüttert werden.

Underwater World, ☎ (038)756879, www.underwaterworldpattaya.com, täglich 9–18 Uhr, Fütterungszeiten 10, 10.30, 11, 14, 14.30, 15.30 Uhr, Eintritt: Erwachsene Baht 500, Kinder Baht 300.

Aussichtspunkte

Das schönste Panorama der Bucht von Pattaya und der Inseln bietet sich vom **Khao Phra Tamnak** oder **Buddha Hill** zwischen Süd-Pattaya und Jomtien. Vom South Pattaya Beach sind es etwa 40 bis 50 Fußminuten durch den schönen Rama IX Memorial Park zum Gipfel. Die beste Aussicht beim Essen hat man 52 oder 53 Etagen über dem Erdboden in den beiden Drehrestaurants des **Pattaya Park Tower**, der zwischen South Pattaya und Jomtien in den Himmel ragt. In weniger als einer Minute befördern Hochgeschwindigkeitsaufzüge die Passagiere zur Aussichtsplattform in 240 m Höhe. Hinunter geht es noch spektakulärer: An Stahlseilen im Sky Shuttle und Space Shuttle oder für Wagemutige mittels Tower Jump am Flaschenzug.

Pattaya Park Tower, ☎ (038)364110-20, www.pattayapark.com, Restaurants tgl. 17–22 Uhr; Sky Shuttle, Space Shuttle und Tower Jump tgl. 13–19 Uhr, Eintritt: Baht 350.

Ausflugsziele in der Umgebung

An oberster Stelle des Sightseeing-Programms asiatischer Pauschaltouristen stehen das nördlich von Pattaya gelegene **Mini Siam** mit Thailands berühmtesten Bauwerken als Miniaturen im Maßstab 1:25 (387 Soi 6, Thanon Sukhumvit, ☎ (038)727333, www.minisiam.com, täglich 7–22 Uhr, Eintritt: Erwachsene Baht 380, Kinder Baht 190) und das **Nong Nooch Village** 18 km südlich der Stadt, wo in einer gepflegten Parkanlage mehrmals täglich eine 90-minütige Thai Cultural Show mit traditionellen Tänzen, Thai-Boxen und dem Kampf von Kriegselefanten über die Bühne geht (☎ (038)709358, www.nongnoochgarden.com, Thai Culture Shows tgl. 9.45, 10.45, 15, 16 Uhr; tgl. 8–18 Uhr, Eintritt: Erwachsene Baht 150, Kinder Baht 100 zzgl. Baht 300 für Thai Cultural Show).

Treffpunkt der Weltreligionen

Einige Kilometer vor dem Noong Noch Village markiert ein Wegweiser die Abzweigung zu einem Ziel ganz anderer Art: Im Landesinneren wurde 1995 der **Wat Yannasangwaram** eingeweiht. Die riesige Tempelanlage an einem See soll Gläubigen aller großen Religionen als Begegnungsstätte dienen. Mehrere Länder haben jeweils landestypische Andachtsstätten gestiftet. Aus der Schweiz stammt eine kleine Bergkirche, aus China ein konfuzianischer Tempel.

7 km östlich von Pattaya demonstrieren im **Elephant Village** ehemalige Arbeitselefanten ihr Können. Wer möchte, kann nach der Show auf dem Rücken eines Dickhäuters die Umgebung erkunden (48/120 Moo 7, Tambon Nong Prue, ☎ (038)249818, www.elephant-village-pattaya.com, Elephant Show tgl. 14.30–16 Uhr, Eintritt: Erwachsene Baht 650, Kinder Baht 300, 60-minütige Ritte Erwachsene Baht 1.200, Kinder Baht 500).

Ebenfalls östlich der Stadt liegt der **Million Years Stone Park**, ein Landschaftsgarten mit bizarren Natursteinskulpturen. Angeschlossen ist ein kleiner Zoo mit indochinesischen Tigern, asiatischen Braunbären, Elefanten, exotischen Vögeln und der Pattaya Crocodile Farm. Hier reiten wagemutige Trainer auf den Reptilien oder stecken ihren Kopf in deren aufgesperrte Rachen (*22/1 Moo 1, Nong Plalai, ☎ (038)249347, www.thaistonepark.org, täglich 8.30–19 Uhr, Crocodile Show täglich 9, 10, 11.20, 13, 14.20, 15.30, 17 Uhr, Eintritt: Erwachsene Baht 500, Kinder Baht 300*).

200 indochinesische Tiger und bengalische Königstiger sind die Stars des **Si Racha Tiger Zoo** nahe Pattayas nördlicher Nachbarstadt Si Racha. Zum Entertainment gehören auch hier Tiger Shows, Elephant Shows, Crocodile Shows und sogar eine Scorpion Show (*341 Moo 3, Nongkham, www.tiger zoo.com, täglich 8–18 Uhr, mehrmals täglich Vorführungen, Eintritt: Erwachsene Baht 450, Kinder unter 100 cm gratis*).

Im Si Racha Tiger Zoo dürfen Kinder Tigerbabys füttern

Zu den beliebtesten Ausflugszielen um Pattaya zählen die vorgelagerten Inseln, die in der Hochsaison von zahlreichen Touristenbooten angesteuert werden. Leider haben die Korallenriffe vor **Ko Larn** sehr unter dem Besucheransturm gelitten. Die etwa 20 km von Pattaya entfernte **Ko Phai** dagegen ist von Saumriffen umgeben und steht unter Naturschutz, hier finden Taucher und Schnorchler sehr gute Bedingungen. Östlich von Ko Phai erwartet Taucher eine besondere Attraktion – das **Wrack** des im Jahre 2003 versenkten, 60 m langen Landungsschiffs „HTMS Kram". Vor **Ko Sak** bietet ein U-Boot mit großen Panoramafenstern Wasserscheuen ein „Taucherlebnis" im Trockenen (*täglich 10.30, 11.30, 13.30 Uhr, Ticket: Baht 1.850*).

Reisepraktische Informationen Pattaya

Unterkunft

In Zentral-Pattaya dominieren große Hotels, aber am nördlichen Pattaya Beach, in Naklua und vor allem am Jomtien Beach liegen kleine Ferienhotels. South Pattaya ist das Zentrum des Nachtlebens, die Hotels dort sind eher für alleinreisende Männer ausgerichtet. **Informationen im Internet**: *www.pattaya.net.*

... in Pattaya
Dusit Resort $$$$$$ (**3**), *240/2 Pattaya Beach Rd., ☎ (038)425611-7, www.dusit.com, EZ/DZ Baht 6.950–12.950. Elegantes Strandhotel mit luxuriös ausgestatteten Zimmern, zwei Gourmet-Restaurants, Wellness- und Fitness-Center sowie herrlichem Pool.*
Woodlands Hotel & Resort $$$$–$$$$$ (**2**), *164/1 Pattaya-Naklua Rd., ☎ (038) 421707, www.woodland-resort.com, EZ/DZ Baht 2.650–4.450 (inkl. Frühstücksbuffet). Schnörkellos-elegant ausgestattete Zimmer und vorzügliches Restaurant; zum felsigen Strand sind es 400 m, dafür gibt es einen schönen Pool.*

Pattaya

Pattaya Park Tower

8

10

Khao Phra Ta
(Buddha Hill)

4

Phra Tamnak Road

11

TAT Office

Wat Phra Yai

9

Tappraya Road

10

11

12

Cliff Road

Jomtien Beach

JOMTIEN

Thepprasit Road

Jomtien Beach Road

SÜD
PATTA

Soi Bun Kanchanaran Road

South Pattaya Road

Chaiyaphruek Road

Underwater
World

3

Sukhumvit Road

Nong Nooch Village,
Sattahip, Rayong,
U-Tapao Airport

Soi Khao Makok Road

N

0   250 m

Hotels
1 Pattaya Garden Hotel
2 Woodlands Hotel & Resort
3 Dusit Resort
4 Sabai Lodge
5 Basaya Beach Hotel & Resort
6 Nautical Inn
7 Royal Cliff Beach Resort
8 Birds & Bees Resort
9 Surf Beach Hotel
10 Silver Sand Villa
11 Tulip House
12 Seabreeze Hotel

Restaurants, Bars und Nachtklubs
1 Haus München
2 Moon River Pub
3 Thai House
4 Au Bon Coin
5 Ruen Thai
6 Tankay Seafood Restaurant
7 Lucifer
8 Marine Disco
9 The Blues Factory
10 Le Saigon Bayview
11 Jomtien Cuisine

PATTAYA BAY

Ripley's Believe It or Not

Pattaya Beach

Pattaya Beach Road

Pattaya Second Road

Pattaya Third Road

Tiffany

Alcazar

Central Pattaya Road

ZENTRAL-PATTAYA

NORD-PATTAYA

NAKLUA

North Pattaya Road

Pattaya Naklua Road

Potisan Road

Sanctuary of Truth

NAKLUA BAY

North Eastern Bus Terminal

AC-Bus Terminal to Bangkok

Sukhumvit Road

Sawan Fa Road

Bahnhof

Million Years Stone Park

Mini-Siam

Sabai Lodge $$$–$$$$ (**4**), 380 Soi 2, Pattaya Second Rd., ☏ (038)361836-8, www.sa bailodge.com, EZ/DZ Baht 1.250–2.950. Ruhig gelegen, 200 m zum Strand, gut geführt, komfortable Zimmer, schöner Pool. Eine Oase inmitten der quirligen City.

Basaya Beach Hotel & Resort $$$–$$$$ (**5**), Central Pattaya Rd./Pattaya Beach Rd., ☏ (038)420016-7, www.basayahotelresort.com, EZ/DZ Baht 1.200–2.000, Suite Baht 2.400–2.700 (inkl. Frühstücksbuffet). Das ehemalige Nova Lodge Hotel ist das einzige Überbleibsel aus der Pionierzeit Pattayas mit geschmackvoll in Bambus möblierten, erst kürzlich renovierten Zimmern, Restaurant und Pool, 100 m zum Strand.

Pattaya Garden Hotel $$$–$$$$ (**1**), 157/77 Pattaya-Naklua Rd., ☏ (038)426775-6, www.gardenseaviewresort.com/pattayagarden, EZ/DZ Baht 1.440–2.200, Bungalow Baht 1.920–2.800 (inkl. Frühstücksbuffet). Gut ausgestattete Zimmer in einem mehrstöckigen Hauptgebäude und gemütliche Bungalows, die sich in einem schönen Garten um einen großen Pool gruppieren. Weitere Pluspunkte: Ruhige Lage, freundlicher Service, üppiges Frühstücksbuffet. Manko: 400 m zum felsigen Strand.

Nautical Inn $$$–$$$$ (**6**), 10/10 Soi 11 Pattaya Beach Rd., ☏ (038)429890, www.nauticalinn.co.th, EZ/DZ Baht 1.800–2.900. Angenehmes Haus mittlerer Größe wenige Schritte vom Strand, mit Garten und Pool, beliebt bei Langzeiturlaubern.

... am Jomtien Beach

Royal Cliff Beach Resort $$$$$$ (**7**), 353 Phra Tamnak Rd., ☏ (038)250421-40, www.royalcliff.com, EZ/DZ Baht 6.850–14.750. Riesiges, an einer Privatbucht gelegenes Resort mit 9 Restaurants, mehreren Bars, vier Pools und einem großen Wellness-Center. Es werden immer wieder Sonderkonditionen geboten – im Internet checken!

Birds & Bees Resort $$$$–$$$$$$ (**8**), 366/11 Soi 4, Phra Tamnak Rd., ☏ (038)250 556-8, www.cabbagesandcondoms.co.th, EZ/DZ Baht 2.500–5.150, Familienzimmer Baht 6.000–7.500. An einer Bucht mit Privatstrand gelegenes familienfreundliches Resort mit 54 komfortablen Zimmern, halboffenem Gartenrestaurant und einladendem Pool. Ein Teil des Profits fließt in Hilfsprojekte.

Silver Sand Villa $$$–$$$$ (**10**), 97 Jomtien Beach Rd., ☏ (038)231288-9, www.silversandvilla.com, EZ/DZ Baht 1.450–2.650 (inkl. Frühstücksbuffet). Ferienhotel im traditionellen Thai-Stil mit Restaurant und Pool, wenige Schritte zum Strand.

Seabreeze Hotel $$$ (**12**), 347/5 Jomtien Beach Rd., ☏ (038)231056-8, www.seabreezeresortpattaya.com, EZ/DZ Baht 1.350–1.950. Sympathisches Ferienhotel mit 112 Zimmern wenige Meter vom Strand, mit Restaurant und Pool.

Surf Beach Hotel $$ (**9**), 75/1 Jomtien Beach Rd., ☏ (038)231025-6, 🖷 (038)231029, www.surfbeachhotel.net, EZ/DZ Baht 750–1.000. Kleines Haus mit gemütlichen Zimmern, individuellem Service und gut besuchtem Restaurant; wenige Schritte zum Strand.

Tulip House $$ (**11**), 344/2/3 Jomtien Beach Rd., ☏ (038)231134, EZ/DZ Baht 650–850. Gemütliche, kleine Ferienpension nur wenige Meter vom Strand, mit 20 klimatisierten Zimmern, die teils über einen Balkon mit Meeresblick verfügen.

🍴 Restaurants, Bars und Nachtklubs
... in Pattaya

Au Bon Coin (**4**), Soi 5, Phra Tamnak Rd., ☏ (038)364542, www.auboncoinpattaya.com, Do–Mo 11–22 Uhr, Menü Baht 1.400–1.800. Feine französische Küche, Gourmet-Tempel und Kunstgalerie in einem. Gemütliche Atmosphäre, freundliche und manchmal individuelle Bedienung durch den Chef selbst.

Haus München (**1**), 157/91-91 *Pattaya-Naklua Rd.,* ☎ *(038)370390, täglich 8–24 Uhr, Gerichte Baht 100–350. Seit Jahren beliebte Anlaufstelle für Heimwehkranke mit guter deutscher Küche.*

Lucifer (**7**), *Walking Street,* ☎ *(038)412369, täglich 19–1 Uhr. Angesagter Techno-Tempel mit Live-Musik.*

Marine Disco (**8**), *Walking Street,* ☎ *(038)421369, täglich 19–1 Uhr. Seit Jahren eine der beliebtesten Tanzadressen, die Sound- und Light-Anlagen gelten als die besten der Stadt.*

Moon River Pub (**2**), *North Pattaya Rd.,* ☎ *(038)412369, täglich 17–1 Uhr, Gerichte Baht 80–240. Lokal im Stil eines Western Saloon mit Gerichten der westlichen Hemisphäre und Live-Musik von Country über Rhythm 'n' Blues bis Thai-Rock.*

Ruen Thai (**5**), *485/3 Pattaya Second Rd.,* ☎ *(038)425911, täglich 17–23 Uhr, Menü Baht 400–600. Gartenrestaurant mit vorzüglichen thailändischen Gerichten, ab 19.30 Uhr klassisches Tanztheater.*

Tankay Seafood Restaurant (**6**), *88/7 Walking Street,* ☎ *(038)710460, täglich 11–24 Uhr, Gerichte Baht 200–600. Für Seafood-Freunde ein wahrer Augen- und Gaumenschmaus; die Gäste wählen aus einem großen Angebot an Fischen, Meeresfrüchten und Zutaten aus und teilen die gewünschte Art der Zubereitung mit; sehr angenehm sitzt man auf der luftigen Terrasse mit Blick auf die Bucht.*

Thai House (**3**), *171/1 North Pattaya Rd.,* ☎ *(038)370579-81, täglich 11.30–23.30 Uhr, Menü Baht 600–800. Großes Thai-Restaurant neben der City Hall, in dem allabendlich ab 19 Uhr klassisches Tanztheater aufgeführt wird.*

The Blues Factory (**9**), *Soi Lucky Star, Walking Street,* ☎ *(038)719569, www.theblues factorypattaya.com, täglich 20.30–1 Uhr. Beste Adresse für Blues- und Rock-Fans, zwei Live-Bands sorgen für Spitzen-Unterhaltung.*

... am Jomtien Beach

Jomtien Cuisine (**11**), *12 Jomtien Beach Rd.,* ☎ *(038)757342, täglich 10–24 Uhr, Gerichte Baht 120–340. Thailändische und internationale Gerichte, umfangreiche Weinkarte.*

Le Saigon Bayview (**10**), *Pattaya Hill Resort, Phra Tamnak Rd.,* ☎ *(038)250329, www.lesai gonbayview.com, täglich 15.30–22.30 Uhr, Menü Baht 1.400–1.800. Feinste vietnamesische und eurasische Fusion-Küche 23 Stockwerke über dem Erdboden, kostenloser Abholservice.*

 Unterhaltung

Alangkarn, *Sukhumvit Rd.,* ☎ *(038)256000, www.alangkarnthailand.com, Dinner täglich 17–18 Uhr, Show täglich 18–19 Uhr, Eintritt: Baht 1.950 (inkl. Dinner). Monumental-Historienshow auf einer 70 m langen Bühne.*

Alcazar, *78/14 Pattaya Second Rd.,* ☎ *(038)410224-7, www.alcazarthailand.com, täglich 17, 18, 21.30 Uhr, Eintritt: Baht 800–1.000. Fulminante Travestieshow von Weltniveau, Reservierung zu empfehlen.*

Tiffany's Show, *464 Pattaya Second Rd.,* ☎ *(038)421700-5, www.tiffany-show.co.th, täglich 18, 19.30, 21 Uhr, Eintritt: Baht 800–1.000. Farbenprächtige Travestieshow im Las-Vegas-Stil, Reservierung zu empfehlen.*

Verkehr

Stadtverkehr

Dunkelblaue Songthaeo bilden das Rückgrat des Personen-Nahverkehrs. Sie pendeln auf der Pattaya Beach Road und den anderen Hauptstraßen und stoppen auf Handzeichen (Baht 20–30). Man kann sie auch chartern (im Bereich Pattaya-Jomtien ca. Baht 120–200).

Fernverkehr

Busse: *In Pattaya gibt es zwei Busbahnhöfe –* **AC-Bus Terminal to Bangkok**, *North Pattaya Rd./Sukhumvit Rd.,* ☎ *(038)429877 (zwischen dem Terminal und dem Zentrum verkehren Songthaeo). Täglich 5–22.30 Uhr alle 20–30 Minuten Busse von/nach Bangkok sowie mehrmals täglich Busse* **in südöstliche Richtung** *u. a. von/nach Rayong bzw. Ban Phe/Ko Samet, Chanthaburi und Trat bzw. Laem Ngop/Ko Chang.* **Bus Terminal to the North and Northeast**, *Sukhumvit Rd. (geg. Einmündung Central Pattaya Rd.),* ☎ *(038)424871 (zwischen dem Terminal und dem Zentrum verkehren Songthaeo). Mehrmals täglich Busse* **in nördliche** *und* **nordöstliche Richtung** *u. a. von/nach Chiang Mai, Nakhon Ratchasima, Ubon Ratchathani und Udon Thani.*

Vielfach werden **Charter-Taxis** *zum* **Suvarnabhumi Airport** *(etwa Baht 1.300–1.600) und nach* **Bangkok** *(etwa Baht 1.600–2.200) angeboten. Nach Bangkok (Victory Monument) fahren vom frühen Morgen bis in die späten Abendstunden laufend Minibusse von Reiseagenturen (buchbar in jedem Hotel). Nach* **Ko Samet** *und* **Ko Chang** *reist man am bequemsten in den von Reiseagenturen eingesetzten Minibussen, z. B.* **Malibu Travel**, ☎ *(038)423180, und* **Ko Chang Travel**, ☎ *(038) 710145-8 (buchbar in allen Hotels und Gästehäusern).*

Züge: *Der Bahnhof liegt am östlichen Rand des Zentrums nahe der Sukhumvit Rd.,* ☎ *(038)429285. Sechsmal täglich von/nach Bangkok.*

Flughafen: *Der nächstgelegene Flughafen ist der ehemalige Militär-Flugplatz U-Tapao, 35 km südlich. Von dort fliegt Bangkok Airways täglich oder mehrmals wöchentlich nach Ko Samui und Phuket.*

Bangkok Airways, *75/8 Pattaya Second Rd.,* ☎ *(038)412382.*

Von Pattaya nach Rayong

Ruhige Sandstrände

Wer dem Trubel entfliehen möchte, fährt zu den Stränden in Richtung Rayong. Zwar ragen südlich von Pattaya und Jomtien an der Küste „Condominiums" in den Tropenhimmel, Wolkenkratzer, in denen viele wohlhabende Bangkoker ihre Zweitwohnung am Meer haben, doch sind die Strände wie etwa der 16 km südlich gelegene **Golden Beach** weitaus breiter und leerer als die Strände von Pattaya, und die Pinienwälder erinnern sogar ein wenig an Italien. Ungetrübten Badespaß bietet auch der 2 km entfernte **Sunset Beach** (Hat Tawanron). Die wunderschöne, geschwungene Sandbucht erstreckt sich über mehrere Kilometer bis zu dem Fischerdorf Bang Saray.

Handels- und Fischerei- häfen

In **Sattahip** befindet sich ein Marinestützpunkt der thailändischen Kriegsflotte. Der Hafen war während des Vietnam-Krieges zusammen mit der Luftbasis U-Tapao einer der wichtigsten Stützpunkte der USA. Wieder unter thailändischer Verwaltung, wurde er als Tiefwasserhafen für den Öl- und Containerverkehr ausgebaut. Die schönen Korallengärten um die südlich vorgelagerten Inseln **Ko Chuang**, **Ko Samaesan** und **Ko Chan** locken Taucher und Schnorchler. Der lebhafte, 130.000 Einwohner zählende Fischereihafen **Rayong** ist berühmt für seine Fischsauce (*nam plaa*), die ihren Weg bis in die Asialäden in Deutschland findet. Östlich von Rayong erstreckt sich um die Orte Ban Phe und Ban Suan Son ein schöner Küstenabschnitt mit langen Sandstränden, an denen Kasuarinen und Kokospalmen Spalier stehen. Die meisten Strände werden von

Wochenendausflüglern aus Bangkok besucht. Der schmucklose Ort Ban Phe 22 km östlich von Rayong ist das „Sprungbrett" für Fahrten auf die beliebte Ferieninsel Ko Samet.

Wasser vom gesalzenen Fisch

info

Brächte man Thailänder mit verbundenen Augen nach Rayong, könnten sie vermutlich sofort „erriechen", wo sie sich befinden – über dem ganzen Ort liegt der salzige Geruch von verwesendem Fisch. Die Produktion der geruchsintensiven **Fischsauce** (*nam plaa*) ist das wirtschaftliche Rückgrat der Stadt. *Nam* heißt Wasser, *plaa* bedeutet Fisch und *nam plaa* ist das „thailändische Maggi". Es steht in jedem Restaurant auf dem Tisch, meist als Dip in kleinen Schälchen. Vorsicht, wenn Chilistückchen in der Fischsauce schwimmen: Die Chili-Variante *phrik nam plaa* kann höllisch scharf sein!

Bei der Herstellung von nam plaa, deren intensiven Geruch „Langnasen" meist als unangenehm empfinden, werden **frische Sardellen** abwechselnd mit Salz in große Holzfässer geschichtet. Bei offenen Spünden fermentieren sie, bis nach etwa drei Monaten eine rötlich-braune Flüssigkeit heraustropft, die wieder auf die oberste Schicht in das Fass geschüttet wird und weitere drei Monate fermentieren muss. Nach einem halben Jahr wird die Fischsauce abgezogen, gefiltert, sterilisiert und in Flaschen gefüllt. Wie bei Wein oder Olivenöl gibt es auch bei der Fischsauce verschiedene Qualitätsstufen. Als Premium Quality gilt die vom ersten Abzug.

Ko Samet

Die lang gestreckte schmale Insel, ungefähr 30 bis 45 Bootsminuten von der Küste entfernt, ist berühmt für ihre weißen, feinsandigen Strände und idyllischen Buchten sowie kristallklares Wasser. Da weniger als eine halbe Tagesreise von Bangkok entfernt, wird die kleine Ko Samet an Wochenenden und Feiertagen von Ausflüglern aus der Hauptstadt geradezu überrannt. Unter der Woche hingegen kann man dort ruhige Tage verbringen. Anfang des 19. Jh. zog sich der Dichter Sunthorn Phu, „Thailands Shakespeare", wiederholt auf die Insel zurück, um einige seiner Werke zu schaffen, die zu den Klassikern der thailändischen Literatur gehören. Seit 1981 gehört Ko Samet, wie auch *Beliebtes* mehrere kleinere Nachbarinseln und Khao Laem Ya auf dem Festland, zu einem mari- *Ausflugsziel* timen Nationalpark, weshalb Besucher Eintrittsgebühren entrichten müssen. Ein **Besucherzentrum** der Nationalparkverwaltung befindet sich südlich des Inselhauptorts Ban Na Dan (*Eintritt: Erwachsene Baht 200, Kinder Baht 100*).

Inselerkundung

Die 6,5 km lange und maximal 2,5 km breite Insel lässt sich leicht zu Fuß erkunden. Ursprüngliche Urwaldvegetation oder idyllische Wasserfälle wird man bei den Streifzügen im hügeligen, bis zu 125 m hohen Inselinnern nicht entdecken, doch darüber trösten die traumhaft schönen Sandstrände schnell hinweg. An der Westseite der

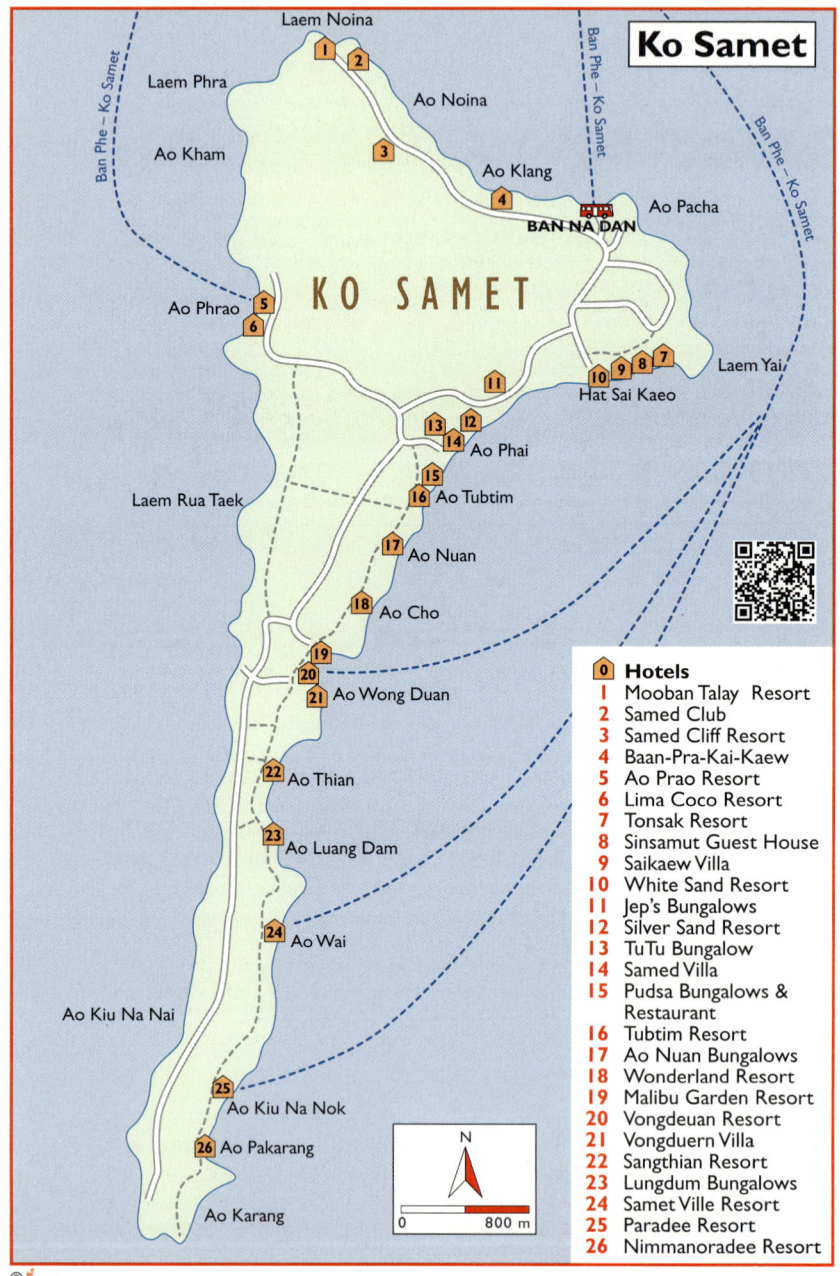

Ko Samet

Laem Noina
Laem Phra
Ao Noina
Ao Kham
Ao Klang
Ao Pacha
BAN NA DAN
KO SAMET
Ao Phrao
Laem Yai
Hat Sai Kaeo
Ao Phai
Laem Rua Taek
Ao Tubtim
Ao Nuan
Ao Cho
Ao Wong Duan
Ao Thian
Ao Luang Dam
Ao Wai
Ao Kiu Na Nai
Ao Kiu Na Nok
Ao Pakarang
Ao Karang
Ban Phe – Ko Samet

Hotels
1 Mooban Talay Resort
2 Samed Club
3 Samed Cliff Resort
4 Baan-Pra-Kai-Kaew
5 Ao Prao Resort
6 Lima Coco Resort
7 Tonsak Resort
8 Sinsamut Guest House
9 Saikaew Villa
10 White Sand Resort
11 Jep's Bungalows
12 Silver Sand Resort
13 TuTu Bungalow
14 Samed Villa
15 Pudsa Bungalows & Restaurant
16 Tubtim Resort
17 Ao Nuan Bungalows
18 Wonderland Resort
19 Malibu Garden Resort
20 Vongdeuan Resort
21 Vongduern Villa
22 Sangthian Resort
23 Lungdum Bungalows
24 Samet Ville Resort
25 Paradee Resort
26 Nimmanoradee Resort

N

0   800 m

© i graphic

Der Diamond Beach ist einer der beliebtesten Badestrände auf Ko Samet

Herrliche Sandstrände

Insel gibt es nur einen einzigen Strand: den 250 m langen, halbmondförmigen **Paradise Beach** in der von steilen Felsen gesäumten Bucht Ao Phrao (Kokosnussbucht), der aber mit Steinen und Korallen durchsetzt ist. Doch fast die ganze Ostküste besteht aus feinsandigen Badebuchten, die von grün überwucherten, felsigen Landzungen voneinander getrennt werden.

Besonders viel Unruhe durch Tagesbesucher und Jetski-Betrieb herrscht am schönen, 800 m langen **Diamond Beach** (**Hat Sai Kaeo**) und am 400 m langen, dicht bebauten Sandstrand der **Malibu Bay** (**Ao Wong Duan**). Baden und Schwimmen empfehlen sich dort nur in den abgegrenzten Arealen. Dazwischen liegt die **Bamboo Bay** (**Ao Phai**), eine rund 150 m lange, sanft geschwungene Bucht mit Schatten spendenden Kokospalmen und puderfeinem Sand.

Ein schöner Pfad führt von der Ao Phai an den Klippen entlang zu den malerischen Buchten **Ao Tubtim** (kleine, von Felsen eingefasste Bucht mit schönem Sandstrand, auch Ao Pudsa genannt), **Ao Nuan** (kleine, idyllische Bucht mit winzigem Sandstrand), **Ao Cho** (dicht bebaute Bucht mit 200 m langem Sandstrand) und schließlich zur **Ao Wong Duan**.

Der Fußpfad windet sich weiter zu der landschaftlich besonders reizvoll und einsam gelegenen **Candlelight Bay** (**Ao Thian**) mit einem von Felsen durchsetzten Sandstrand, der praktisch nahtlos in den feinsandigen Beach der **Ao Lung Dam** übergeht. Südlich schließt die abgelegene **Ao Wai** mit einem 200 m langen, schönen Sandstrand und einer vorgelagerten, winzigen Felseninsel an. Während man bis Ao Wai recht bequem läuft, wird es südlich der Bucht zunehmend beschwerlicher.

So ist auf dem Weg zur **Ao Kiu Na Nok**, an deren 200 m langem Strand ein exklusives Beach Resort liegt, etwas Kletterei über Felsen erforderlich. 15 anstrengende Fußminuten weiter südlich liegt **Ao Pakerang**, eine Felsenbucht mit einem nur kleinen, schmalen Sandstreifen.

Die Südspitze der Insel, wo Ko Samet auf eine Breite von nur noch wenigen Hundert Metern schrumpft, markieren die felsige **Coral Bay** (**Ao Karang**) und ein flaches, vegetationsloses Felsenkap, vor dem zahlreiche Klippen aus dem Wasser ragen. Ein schmaler Pfad, der sich durch Buschwerk schlängelt, führt zum Sunset Viewpoint an der Westküste.

Einige schöne, wenn auch schmale und häufig von angeschwemmtem Unrat übersäte Sandstrände erstrecken sich im Norden an den weit geschwungenen Buchten **Ao Klang** und **Ao Noina**. Von **Laem Noina**, dem nördlichsten Felsenkap, gibt es keinen Fußweg über die Klippen im Nordwesten der Insel zur Ao Phrao an der Westküste. Verschiedene Resorts bieten Bootsausflüge zu vorgelagerten Korallenriffen und Nachbarinseln an.

Tauch- und Schnorchel-reviere Ein beliebtes Ziel von Tauchern und Schnorchlern ist vor allem die etwa 30 km östlich gelegene, von Saumriffen umgebene **Ko Thalu**. Mit artenreichen Tauch- und Schnorchelrevieren locken auch **Ko Mun Nok**, **Ko Mun Klang**, **Ko Mun Nai** und **Ko Kudee**.

👉 **Hinweis**

Mit dem Boot zum richtigen Strand
Die meisten Boote, die von 7 bis 17 Uhr jeweils zur vollen Stunde zwischen Ban Phe auf dem Festland und Ko Samet pendeln, kommen im Hauptort Ban Na Dan im Norden der Insel an. Von dort fahren Songthaeo zu den einzelnen Stränden. Diese Variante empfiehlt sich für die nördlichen Buchten bis Ao Phai und Ao Tubtim. Wer zur Ao Cho, Ao Wong Duan oder noch weiter südlich reisen möchte, nimmt in Ban Phe besser ein Boot, das den gewünschten Strand direkt ansteuert. Auch Ao Phrao an der Westküste erreicht man am besten per Boot. Allerdings gibt es außer in Ban Na Dan sowie in den Buchten Ao Cho und Ao Lung Dam kein Pier, weshalb die Passagiere mit kleinen, schwankenden Landungsbooten an den Strand gebracht werden – bisweilen ein etwas feuchtes „Vergnügen".

Reisepraktische Informationen Ko Samet

 Unterkunft
Angegeben sind die Preise für die Hochsaison von Dez.–Feb. In der Nebensaison werden Rabatte von 30–50 Prozent gewährt. Während der Hauptreisezeit sowie an Wochenenden und Feiertagen wird eine frühzeitige Reservierung dringend empfohlen.

... am Laem Noina
Mooban Talay Resort $$$$$–$$$$$$ (1), ☎ *(066)18388682, www.moobantalay. com, Bungalow Baht 5.800–9.800. 21 Strandvillen in ruhiger Lage an einem feinsandigen Privatstrand, mit Restaurant und Pool.*

Samed Club $$$$ (2), ☎ *(038)644341-7, www.samedresorts.com/samedclub/, EZ/DZ und Bungalow Baht 2.795–3.995 Komfortable Zimmer und Bungalows am Strand und in Hanglage, mit Restaurant und schönem Pool.*

... an der Ao Noina
Samed Cliff Resort $$$–$$$$$ (3), ☎ *(038)644044, www.samedcliff.com, Bungalow Baht 2.000–5.400. Klimatisierte Bungalows in schöner Hanglage, mit Restaurant und Pool, wenige Schritte zum schmalen Sandstrand.*

.. an der Ao Klang
Baan-Pra-Kai-Kaew $$–$$$$ (4), ☎ *(084)7278320, www.baan-pra-kai-kaew-resort.com, EZ/DZ Baht 950–1.850, Bungalow Baht 1.550–3.100. 6 einfache Zimmer mit Ventilator und Gemeinschaftsbad oder Klimaanlage und Dusche/WC in einem Haus am Strand sowie 2 klimatisierte Bungalows; im Restaurant gibt es thailändische und deutsche Gerichte.*

... am Hat Sai Kaeo
Tonsak Resort $$$$–$$$$$ (7), ☎ *(038)644314, www.tonsakresort.com, EZ/DZ Baht 2.700–4.750. Komfortable Zimmer in Holzbungalows wenige Schritte vom Strand.*
Saikaew Villa $$$–$$$$ (9), ☎ *(38)644144, www.saikaew.com, EZ/DZ Baht 1.145– 2.865. Zimmer unterschiedlicher Größe und Ausstattung in einem Hauptgebäude und in Bungalows nahe dem Strand.*
White Sand Resort $$–$$$$ (10), ☎ *(038)644000-3, ⎙ (038)644004, www.koh samed.net/whitesandresort.html, EZ/DZ Baht 950–2.450. Zimmer unterschiedlicher Größe und Ausstattung in Steinbungalows am Strand, mit beliebtem Strandrestaurant.*
Sinsamut Guest House $$–$$$ (8), ☎ *(038)644134, www.sinsamutkohsamed.com, Bungalow Baht 750–1.650. Holz- oder Steinbungalows mit Ventilator oder Klimaanlage; angenehmes Strandrestaurant.*

... an der Ao Hin Khok
Jep's Bungalows $–$$$ (11), ☎ *(038)644112-3, ⎙ (038)644112, Bungalow Baht 450–1.450. Holzbungalows in Hanglage, Restaurant, Kochkurse, Internet-Zugang, Motorradverleih.*

... an der Ao Phai
Samed Villa $$$–$$$$$ (14), ☎ *(038)644094, www.samedvilla.com, EZ/DZ Baht 1.500–3.300, Familienzimmer Baht 2.500–5.200 (inkl. Frühstücksbuffet). Makellose, klimatisierte Zimmer in Steinbungalows (auch für Familien geeignet); Restaurant mit guter Thai-Küche und internationalen Gerichten; bestens geführt vom Schweizer Joseph.*
Silver Sand Resort $$$$ (12), ☎ *(038)644300, ⎙ (038)644074, www.silversand samed.com, Bungalow Baht 2.500–2.800. Geräumige, klimatisierte Strandbungalows; beliebtes Strandrestaurant.*
TuTu Bungalows $$–$$$ (13), ☎ *(038)644112-3, ⎙ (038)644112, EZ/DZ Baht 850–1.950. Kleines Resort etwas abseits vom Strand, sehr ruhig, mit Restaurant.*

... an der Ao Tubtim (Ao Pudsa)
Tubtim Resort $$–$$$$ (16), ☎ *(038)644025-7, www.tubtimresort.com, Bungalow Baht 800–3.800. Teils klimatisierte Holzbungalows auf Stelzen an einem Hang über dem Strand, mit Restaurant.*

Pudsa Bungalows & Restaurant $$ (**15**), ☎ *(038)644030, www.kohsamed.net/pudsa bungalows.html, Bungalow Baht 850–975. Holz-Stein-Bungalows mit Ventilator und Terrasse, kleines Restaurant.*

... an der Ao Nuan
Ao Nuan Bungalows $$ (**17**), *www.kohsamed.net/aonuanbungalows.html, Bungalow Baht 600–900. Uriges Traveller-Hideaway mit einfachen Holzhütten, die sich in einem Wäldchen über einer kleinen Badebucht verstecken.*

... an der Ao Cho
Wonderland Resort $$–$$$$ (**18**), ☎ *(038)644162, Bungalow Baht 950–2.750. Teils klimatisierte Holzbungalows in schöner Hanglage, mit Restaurant.*

... an der Ao Wong Duan
Vongdeuan Resort $$$$–$$$$$ (**20**), ☎ *(038)644171-4, www.vongdeuan.com, Bungalow Baht 2.200–4.450. Holzbungalows in einem schattigen Tropengarten wenige Schritte vom Strand, mit Restaurant und Pool.*
Malibu Garden Resort $$$–$$$$ (**19**), ☎ *(038)710676, www.malibu-samet.com, EZ/DZ Baht 1.950–3.900. Komfortable Zimmer in Bungalows; Restaurant, Pool und schöner Garten.*
Vongduern Villa $$$–$$$$ (**21**), ☎ *(038)644260, www.vongduernvilla.com, Bungalow Baht 1.200–3.500. Holzbungalows teils am Strand, teils in schöner Hanglage; an einem ruhigen Strandabschnitt, mit Restaurant.*

... an der Ao Thian
Sangthian Resort $$$–$$$$ (**22**), ☎ *(038)644255, www.koh-samet.org/koh-samed/ sangthian_beach_resort/, Bungalow Baht 1.600–3.900. Bungalows aus Stein oder Holz, teils kühn an einen steilen Hang über dem Strand gebaut mit Ventilator oder Klimaanlage, Restaurant.*

Die Bungalows des Sangthian Resort

... an der Ao Lung Dam
Lungdum Bungalows $$–$$$ **(23)**, ☎ *(081)4588430, www.kohsamed.net/lungdum bungalows.html, Bungalow Baht 750–1.500. Holz- und Steinbungalows an einem felsigen Abschnitt direkt am Strand; im Restaurant serviert man frisches Seafood.*

... an der Ao Wai
Samet Ville Resort $$$–$$$$$ **(24)**, ☎ *(038)644256-8, EZ/DZ Baht 1.875–5.435. Ruhige Ferienanlage mit Holz- und Steinbungalows in einem üppig bewachsenen Strandareal und Strandrestaurant.*

... an der Ao Kiu Na Nok
Paradee Resort $$$$$$ **(25)**, ☎ *(038)644285-7, www.samedresorts.com/paradee/, Villa ab Baht 13.700. Exklusives Hideaway mit Gourmet-Restaurant und spektakulärem Pool.*

... an der Ao Pakarang
Nimmanoradee Resort $$$$ **(26)**, ☎ *(038)644273-4, www.nimmanoradee.com, Bungalow Baht 3.000–3.800 (inkl. Frühstück). Klimatisierte Holzbungalows in einem weitläufigen Strandareal, mit Restaurant, beliebt bei Tauchern.*

... an der Ao Phrao
Ao Prao Resort $$$$$$ **(5)**, ☎ *(038)644100-3, www.samedresorts.com/aoprao, Bungalow Baht 6.475–12.975. Komfortable Holzbungalows am Strand und am Hang, Terrassenrestaurant mit Meerblick.*
Lima Coco Resort $$$$–$$$$$$ **(6)**, ☎ *(02)9381811, www.limaresort.co.th, EZ/DZ Baht 2.590–7.290. Komfortable Zimmer in großen Bungalows in Top-Lage über dem Strand, mit Restaurant.*

🍴 Restaurants
Zu fast allen Unterkünften gehören Restaurants mit guter einheimischer Küche und fangfrischen Meeresspezialitäten. Im Inselhauptort Ban Na Dan gibt es einige preiswerte Lokale, etwa das **Rabeang Restaurant** *am Pier.*

👉 Tipp

Schlemmen am Diamantenstrand
Wenn in der Trockenzeit bei Sonnenuntergang am Hat Sai Kaeo Tische und Stühle an den Strand gestellt und überall Lichtergirlanden angeknipst werden, kommen Fisch und Meeresfrüchte fangfrisch auf den Holzkohlegrill. Man darf zwar keine Feinschmeckerküche erwarten, aber das Seafood Barbecue ist bestens geeignet für ein Abendessen in romantischer Umgebung.

Transport auf der Insel
Songthaeo pendeln auf der 6–7 km Straße zwischen der wichtigsten Fähranlegestelle in Ban Na Dan und den verschiedenen Stränden. Einzelne Resorts sowie auch Läden im Hauptort Ban Na Dan vermieten Mopeds.

> 🧳 **An- und Weiterreise**
> **Bus**: *Mehrmals täglich Busse von Bangkok und Pattaya nach Rayong, von dort tagsüber alle 30 Minuten Songthaeo zum Fährhafen Ban Phe. Zahlreiche Reiseagenturen in Bangkok und Pattaya bieten kombinierte Bus- und Bootsfahrten nach Ko Samet an.*
> **Boot**: *Von 7–17 Uhr verkehren jeweils zur vollen Stunde Boote zwischen Ban Phe auf dem Festland und Ban Na Dan sowie verschiedenen Stränden auf Ko Samet (Ao Wong Duan, Ao Wai, Ao Kiu Na Nok und Ao Phrao). Verschiedene Resorts bieten einen Transfer mit Schnellbooten nach Ban Phe.*

Von Rayong nach Chantaburi

Wasserfälle und Höhlen

Nordöstlich von Rayong liegt mit dem **Khao Chamao/Khao Wong National Park** ein attraktives Ziel für Naturfreunde: Mit einer Fläche von weniger als 85 km² ist er zwar klein, doch zu den Attraktionen des Nationalparks zählen bizarre Kalkklippen, labyrinthische Höhlen, tosende Wasserfälle und kleine Badepools (viel Betrieb an den Wochenenden) (*täglich 8–18 Uhr, Eintritt: Erwachsene Baht 200, Kinder Baht 100*).

Weiter nach Osten hin verdichten sich die einzelnen Berge und Ketten zum Massiv der **Chantaburi-Berge** mit dem 1.556 m hohen Khao Soi Dao Tai als höchstem Gipfel. Im dichten primären Bergdschungel des **Khao Soi Dao Tai National Park**, 70 km nördlich von Chantaburi, sollen sogar noch wilde Elefanten leben. Vulkanische Aktivitäten im Gebiet von Chantaburi führten zur Entstehung von roten, lehmigen Böden mit hohem Eisengehalt. Hier finden sich zahlreiche Vorkommen von Edelsteinen, vor allem Saphire, Rubine und Zirkone. 15 km nördlich von Chantaburi liegt am Rande bewaldeter Berge das moderne Tempelkloster **Wat Khao Sukim** von dem man einen grandiosen Blick hat. Sehenswert sind das Klostermuseum mit sakralen

Modernes Tempelkloster

Kunstgegenständen, die Dachpavillons mit Weihegeschenken und ein kleiner Zoo mit riesigen Schildkröten, die als Symbol für ein langes Leben gelten. In einer Vihara befinden sich die Wachsnachbildungen hoch verehrter Mönche und Äbte des Klosters. Wer den steilen Aufstieg auf einem Stufenpfad scheut, dem hilft eine Bergbahn über die Höhenunterschiede (*täglich 8–18 Uhr, Spende erbeten*).

Hauptattraktion des knapp 30 km nördlich von Chantaburi gelegenen **Khao Khitchakut National Park** ist der Krathing Waterfall mit 13 Kaskaden, der mehrere kleine Naturpools bildet (*täglich 8–18 Uhr, Eintritt: Erwachsene Baht 200, Kinder Baht 100*).

Chantaburi und Umgebung

Das in alten Reiseberichten Chantaboon genannte Chantaburi, die „Stadt des Mondes", ist seit dem 15. Jh. ein berühmtes **Zentrum des Edelsteinabbaus**. In der Region kommen vor allem blaue und schwarze Saphire vor, die überwiegend von privaten Grubenbesitzern abgebaut werden und zu den wertvollsten unter Thailands Edelsteinen zählen. Auch Rubine gibt es hier, doch die besten kommen wohl von jenseits der kambodschanischen Grenze. Da die Fundstellen bereits fast völlig erschöpft sind, verlegt man sich immer mehr auf den Handel und die Verarbeitung. Um den Bedarf zu decken, werden sogar Edelsteine aus Brasilien und Moçambique importiert. Der **Handel mit den Preziosen** konzentriert sich auf einige Häuserblocks an der Thanon Si Chan in der Innenstadt, wo sich am Wochenende die Händler aus Bangkok drängen, um Geschäfte zu machen. Mittlerweile können synthetische Steine hergestellt werden, die in ihren chemischen und physikalischen Eigenschaften naturidentisch sind. Touristen sind wiederholt Fälschungen verkauft worden: Edelsteine sollte nur kaufen, wer über entsprechende Sachkenntnis verfügt. Laien begnügen sich meist damit, den Juwelieren beim Schleifen über die Schulter zu gucken. *Saphire und Rubine*

Chantaburis etwa 140.000 Einwohner gelten als sehr fleißig und geschäftstüchtig. Die Stadt ist auch für die Qualität ihrer Früchte bekannt. Im „Obstgarten Thailands" wird, neben Ananas, Mangos, Orangen und Rambutans, auch die Durian angebaut, bei der sich allerdings die Geister scheiden: Diese Frucht, so sagt man, schmecke himmlisch, der Geruch aber sei höllisch. Herausragende Sehenswürdigkeit ist die 1880 im neogotischen Stil erbaute **Kathedrale der Unbefleckten Empfängnis**, das größte römisch-katholische Gotteshaus Thailands. Sie ist das religiöse Zentrum der Katholiken, die mit 5 Prozent einen relativ hohen Anteil an der Bevölkerung stellen. Die meisten von ihnen sind die Nachkommen von Vietnamesen, die im 18. Jh. aus Furcht vor Repressalien in ihrer Heimat nach Thailand flohen. Vietnamesischer Einfluss wird auch in einigen Häuserzeilen der Altstadt spürbar. Schöne, familienfreundliche Badestrände erstrecken sich westlich von Chantaburi um **Laem Sadet** sowie südöstlich der Stadt um **Laem Sing**. *Katholiken aus Vietnam*

Schöne Badestrände

Ein beliebtes Ausflugsziel für Familien ist die **Oasis Sea World** nahe Laem Sing, deren Hauptattraktion Delfin-Dressurshows sind. Zu bestimmten Zeiten ist es sogar möglich, mit den verspielten Tieren zu schwimmen (☎ (039)499222, www.thaioasissea world.com, tgl. 9–18 Uhr, Dolphin Show tgl. 9, 11, 13, 15, 17 Uhr, Sa und So zusätzlich 19 Uhr, Eintritt: Erwachsene Baht 300, Kinder Baht 200; Swimming with the Dolphins tgl. 9.45, 11.45, 13.45, 15.45 Uhr, Baht 2.500).

Reisepraktische Informationen Chantaburi

🛏 Unterkunft

Kasemsarn Hotel $$$–$$$$, 98/1 Thanon Benjamarachutich, ☎ (039)311 100, www.hotelkasemsarn.com, EZ/DZ Baht 1.300–2.150. Boutique-Hotel mit modern ausgestatteten Zimmern; gutes Restaurant mit Spezialitäten der Region.

🚌 Verkehrsverbindungen

Busse: Der Busbahnhof liegt an der Thanon Saritidet, etwa 1 km nordwestlich des Zentrums. Mehrmals täglich Busse u. a. von/nach Trat bzw. Laem Ngop/Ko Chang, Rayong, Pattaya und Bangkok.

Trat und Umgebung

Nahe der Grenze zu Kambodscha Die rund 50.000 Einwohner zählende Hauptstadt der gleichnamigen Provinz war in der Ayutthaya-Epoche ein wichtiger Vorposten an der Grenze zum Nachbarland Kambodscha. Die Franzosen, Kolonialherren in Kambodscha, besetzten Trat Ende des 19. Jh. kurzzeitig, um die Rückgabe der von Thailand annektierten kambodschanischen Provinzen Siem Reap, Battambang und Sisophon zu erzwingen. Heute ist Trat in erster Linie Durchgangsstation für Fahrten nach Ko Chang und andere Inseln oder bei Reisen von und nach Kambodscha. Südöstlich von Trat verengt sich das thailändische Staatsgebiet zu einem knapp 90 km langen, nur wenige Kilometer breiten Streifen. Entlang der Küste erstrecken sich traumhafte, wenig besuchte Strände wie **Hat Tub Tim** beim KM 48 und **Hat Ban Chuen** beim KM 63. Die Grenze zu Kambodscha befindet sich beim geschäftigen Grenzort Hat Lek. Vom 16 km südwestlich von Trat gelegenen Hafenstädtchen **Laem Ngop** fahren Autofähren zu der Insel Ko Chang und Passagierboote zu den Nachbarinseln Ko Wai, Ko Mak und Ko Kut.

Reisepraktische Informationen Trat

Informationen

Tourism Authority of Thailand, 100 Moo 1 Trat-Laem Ngop Rd., ☎ (039) 597259-60, 🖷 (039)597255, tattrat@tat.or.th, täglich 8.30–16.30 Uhr. Das Büro ist auch zuständig für Ko Chang und die anderen vorgelagerten Inseln.

Unterkunft

Baanrimnam Resort $$$, 88/1-3 Thanon Ban Lang Donjuan, ☎ (039)524494, www.banrimnam.com, EZ/DZ Baht 1.250–1.450. Am Flussufer gelegenes, gut geführtes Resort mit 15 hellen AC-Zimmern, Restaurant und WLAN.
Pop Guest House $, 1/1 Thanon Thana Charoen, ☎ (039)512392, www.trat-popguest house.com, EZ/DZ Baht 150–600. Zimmer mit Ventilator oder Klimaanlage und Gemeinschaftsbad oder Dusche/WC.

Verkehrsverbindungen

Busse: Der neue Busbahnhof liegt 2 km außerhalb des Zentrums an der Thanon Sukhumvit. Mehrmals täglich Busse u. a. von/nach Chantaburi, Rayong, Pattaya und Bangkok. Tagsüber fahren alle 30 Minuten Songthaeo nach Laem Ngop, wo die Fähren nach Ko Chang ablegen.
Flughafen: Zwischen dem Flughafen am südlichen Ortsrand und der Innenstadt verkehren Taxis und Tuk-Tuks. **Bangkok Airways**, ☎ (039)525767-8.
Nationale Verbindungen: von/nach Bangkok dreimal täglich (Bangkok Airways).

Weiterreise nach Kambodscha

Vom Busbahnhof fahren mehrmals täglich Minibusse zum 90 km südöstlich gelegenen Grenzort Hat Lek, wo ein 30 Tage gültiges visa on arrival (Visum bei Ankunft) für 20 US$ erhältlich ist. Vom kambodschanischen Koh Kong City fahren täglich gegen 8 Uhr klimatisierte Busse durch das Küstengebirge nach Sihanoukville (200 km/4–5 Std.) und Phnom Penh (300 km/5–6 Std.). Mit dem Ausbau der National Road 48 wurde die Expressbootverbindung über den Golf von Thailand nach Sihanoukville eingestellt.

Ko Chang

Die zweitgrößte thailändische Insel (nach Phuket) war wegen der Nähe zum krisengeschüttelten Kambodscha lange militärisches Sperrgebiet und damit für Touristen tabu. Seit Mitte der 1990er-Jahre hat es sich zu einem beliebten Urlaubsziel gemausert – über Wasser wie geschaffen für all jene, die Badefreuden suchen, unter Wasser ideal für Taucher und Schnorchler. Wanderer mit solidem Schuhwerk finden auf schmalen Pfaden entlang der Buchten oder im wilden Inneren teils noch unberührte Natur und große landschaftliche Schönheit.

Ko Chang wurde 1982 zusammen mit rund 60 umliegenden Inseln zu einem **Nationalpark** erklärt. Auf nur 430 km² vereint das nach der Formation seiner Bergrücken „Elefanteninsel" benannte Eiland (*ko* = Insel, *chang* = Elefant) einen „exotischen Traum": kilometerlange, goldgelbe Sandstrände, türkis schillernde Gewässer versteckter Badebuchten und geheimnisvolle Mangrovenwälder. Nicht zu vergessen die Berge im Innern mit undurchdringlichem **Regenwald**, einer der ursprünglichsten in Südostasien, tosende Wasserfälle

Redaktionstipps

Übernachten
Schöne Resorthotels mit gutem Preis-Leistungs-Verhältnis: am Hat Sai Khao das **Banpu Koh Chang** (S. 418) und am Kai Bae Beach das **K. B. Resort** (S. 419). Originell sind die **Koh Chang Sea Huts** (S. 419) in Bang Bao. Beste Wellness-Adresse: **The Spa Koh Chang Resort** (S. 420).

Essen und Trinken
Das Seafood kommt nirgendwo auf der Insel so frisch auf den Tisch wie in den Restaurants am **Pier im Fischerdorf Bang Bao** (S. 417).

White Sand Beach – der beliebte Hauptstrand von Ko Chang

und Gipfel, die bis zu 743 m in den Himmel ragen. Hier haben exotische Tiere ein Rückzugsgebiet gefunden, die auf dem Festland vielerorts bereits ausgestorben sind.

Von den Backpacker-Handbüchern in die Hochglanzbroschüren

Rucksacktouristen, die Ko Chang in den 1980er-Jahren besuchten, fanden dort, von wenigen Ausnahmen abgesehen, nur einfache Bungalowkolonien aus Bambus, Kokospalmen und anderen Naturmaterialien vor. Die meisten dieser schlichten Anlagen wurden längst von den soliden Steinbauten großer Resorts verdrängt: Die Regierung hat schon vor Jahren einen Masterplan bewilligt, um Ko Chang langfristig zu einem exklusiven Urlaubsparadies auszubauen. Mit dem Ausbau der Infrastruktur – der Anbindung an das Stromnetz, dem Einsatz großer Autofähren und der Eröffnung eines neuen Airports bei Trat sowie durch die Öffnung der Grenze zu Kambodscha – zieht Ko Chang immer mehr Urlauber an.

Rundfahrt

Elefantenritte und Badespaß

Die meisten Touristen kommen mit der Fähre im Norden der Insel an der **Ao Sapparot** (Ananasbucht) an. Hoch über dem Fährhafen thront ein farbenprächtiger **chinesischer Tempel (1)**, der von Elefanten, Drachen und Wesen aus der buddhistisch-taoistischen Mythologie bewacht wird. In Ban Klong Son zweigt eine 4 km lange Stichstraße zum **Elefantendorf Ban Kwan Chang (2)** ab, von dem Ausritte auf Elefanten durch den Dschungel starten (*täglich 8–17 Uhr, einstündige Ausritte Baht 1.200, zweistündige Ausritte Baht 2.000*). Etwa 500 m oberhalb rauscht der kleine **Python Waterfall (3)** über mehrere Felsstufen; einige Naturpools laden zu einem Bad ein (*täglich 8–18 Uhr, Eintritt: Baht 40*). Auf einer Passhöhe südlich von Ban Klong Son befindet sich das **Besucherzentrum (4)** des Mu Ko Chang National Park. Eine Ausstellung informiert über Flora und Fauna des Naturschutzgebietes (*täglich 8–18 Uhr*).

Der Hat Sai Khao

Im Gegensatz zur touristisch kaum entwickelten Ostküste mit rötlich-braunen Stränden, besteht die ganze Westseite aus feinsandigen Badebuchten, die durch grün überwucherte, felsige Landzungen voneinander getrennt werden. Nummer eins der Strand-Hitparade ist der **Hat Sai Khao (5, White Sand Beach)** mit mehr als 2 km Länge am Fuß eines Bergmassivs gelegen. Dieser Hauptstrand von Ko Chang bietet die größte Vielfalt an Unterkünften, Restaurants und Geschäften. Der feinsandige Bilderbuchstrand fällt flach ab und die Wellen schwappen sanft ans Ufer (außer während der Regenmonate von Mai bis September): auch Kinder und Nichtschwimmer können hier gefahrlos baden. Im Dorf Ban Hat Sai Khao drängen sich im schmalen Küstensaum entlang der Hauptstraße Hotels und Resorts, Restaurants und Bars, Reiseagenturen und Boutiquen. Am nördlichen Ende gibt es noch einige einfache Stelzenhütten.

Der Ao Klong Phrao Beach

Eine ähnlich gute touristische Infrastruktur besitzt der **Ao Klong Phrao Beach (6)**, der sich nach einer felsigen Landzunge südlich an den White Sand Beach anschließt.

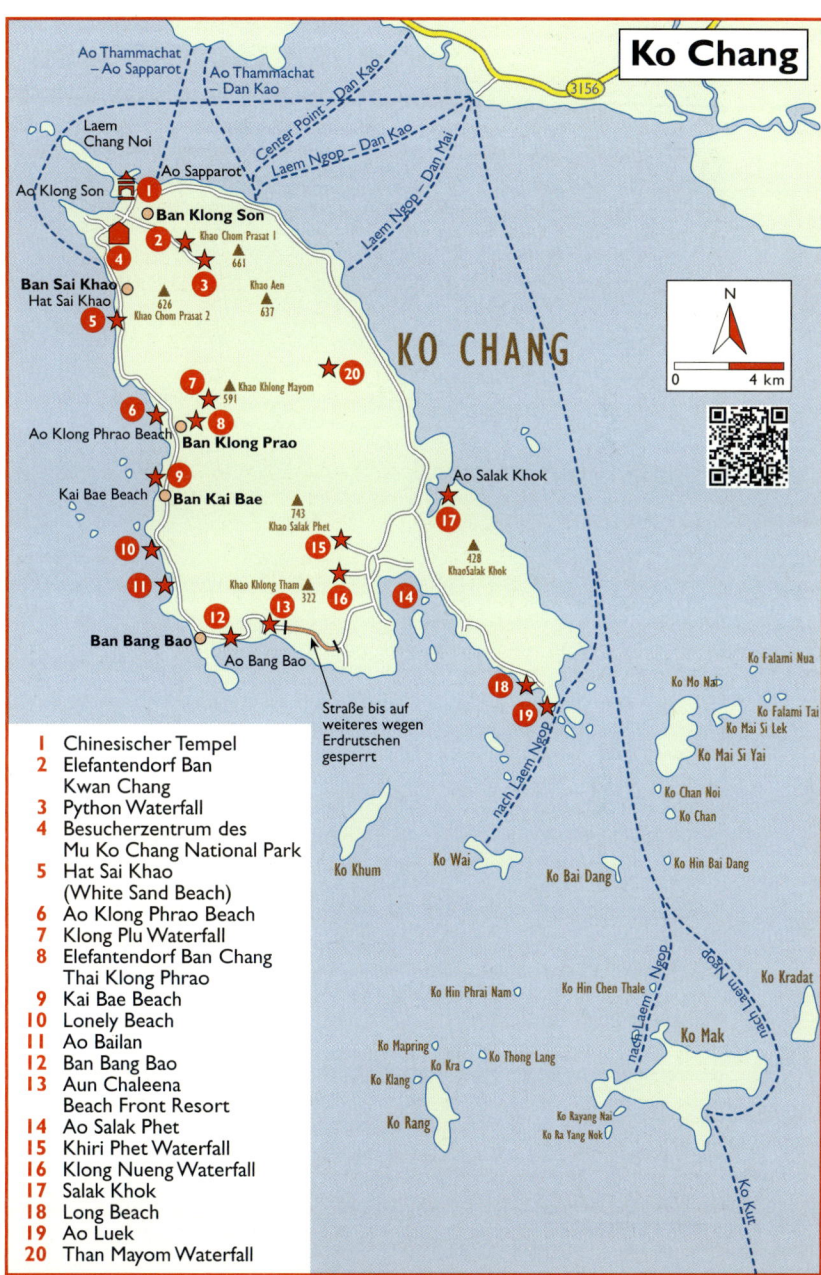

Ko Chang

N
0 — 4 km

KO CHANG

Ao Thammachat – Ao Sapparot
Ao Thammachat – Dan Kao
Dan Kao
3156
Center Point – Dan Kao
Laem Ngop – Dan Kao
Laem Ngop – Dan Mai

Laem Chang Noi
Ao Sapparot
Ao Klong Son
Ban Klong Son

Khao Chom Prasat I
661
Khao Aen
637

Ban Sai Khao
Hat Sai Khao

626
Khao Chom Prasat 2

Khao Khlong Mayom
591

Ao Klong Phrao Beach
Ban Klong Prao

Kai Bae Beach
Ban Kai Bae

Ao Salak Khok

743
Khao Salak Phet

428
KhaoSalak Khok

Khao Khlong Tham
322

Ban Bang Bao
Ao Bang Bao

Straße bis auf
weiteres wegen
Erdrutschen
gesperrt

nach Laem Ngop

Ko Falami Nua
Ko Mo Nai
Ko Falami Tai
Ko Mai Si Lek
Ko Mai Si Yai
Ko Chan Noi
Ko Chan
Ko Hin Bai Dang
Ko Khum
Ko Wai
Ko Bai Dang
Ko Kradat
Ko Hin Phrai Nam
Ko Hin Chen Thale
Ko Mapring
Ko Kra
Ko Thong Lang
Ko Mak
Ko Klang
Ko Rang
Ko Rayang Nai
Ko Ra Yang Nok
nach Laem Ngop
Ko Kut

1 Chinesischer Tempel
2 Elefantendorf Ban
   Kwan Chang
3 Python Waterfall
4 Besucherzentrum des
   Mu Ko Chang National Park
5 Hat Sai Khao
   (White Sand Beach)
6 Ao Klong Phrao Beach
7 Klong Plu Waterfall
8 Elefantendorf Ban Chang
   Thai Klong Phrao
9 Kai Bae Beach
10 Lonely Beach
11 Ao Bailan
12 Ban Bang Bao
13 Aun Chaleena
   Beach Front Resort
14 Ao Salak Phet
15 Khiri Phet Waterfall
16 Klong Nueng Waterfall
17 Salak Khok
18 Long Beach
19 Ao Luek
20 Than Mayom Waterfall

© graphic

Ruhiges Bungalowresort am nördlichen Ende des White Sand Beach

Längster   Mit fast 5 km ist er der längste Strand der Insel und hat ein flaches Hinterland, das hier
Sandstrand   bis zu 2 km breit wird. An dem von Palmhainen gesäumten Sandstrand liegen die meisten Fünf-Sterne-Resorts Ko Changs. Eine 2 km lange Stichstraße endet bei einem Parkplatz am Fuße des Inselgebirges. Nach 20 Fußminuten ist der **Klong Plu Waterfall (7)** erreicht, der eindrucksvoll vor dichtem Tropengrün in drei Kaskaden 500 m über Felsbarrieren hinabstürzt (*täglich 7–17 Uhr, Eintritt: Erwachsene Baht 200, Kinder Baht 100*). Im **Elefantendorf Ban Chang Thai Klong Phrao (8)** zeigen einstige Arbeitselefanten ihre Künste. Nach der Vorführung bietet sich die Möglichkeit, auf dem Rücken der grauen Riesen die Umgebung zu erkunden (*täglich 8–17 Uhr, Elephant Shows mehrmals täglich, Eintritt: Baht 250, einstündige Ausritte Baht 1.200, zweistündige Ausritte Baht 2.000*).

Weitere Strände

Ein schönes Panorama der Küste und der vorgelagerten Inseln eröffnet sich von einem Aussichtspunkt im Süden des lang gestreckten **Kai Bae Beach (9)**, an dem es weniger trubelig zugeht als am White Sand Beach. Der von dicht bewachsenen Hügeln umrahmte **Lonely Beach (10)** ist eines der letzten Refugien der Low-Budget-Reisenden, die ohne Komfort auskommen. Der etwa 1 km lange weiße Palmenstrand besitzt noch jene Idylle und relaxte Atmosphäre, die am White Sand Beach schon Geschichte ist. Doch die Tage des Traveller-Hideaway sind gezählt, denn es hat sich bereits ein komfortables Beach Resort zwischen die spartanischen Bambushütten geschoben. Allnächtlich werden dröhnende Lautsprecher direkt an den Strand gestellt, auf dem bei Full-, Half- und Black-Moon Partys die Post abgeht. **Ao Bailan (11)** weiter südlich gilt manchen als schönste Bucht von Ko Chang – feinsandig der Strand, türkisblau das Meer.

Ban Bang Bao

In **Ban Bang Bao (12)** starten die meisten Boote nach Ko Wai, Ko Mak, Ko Kut und anderen Inseln. Der Ort wirbt zwar mit dem Slogan Romantic Fishing Village, ist aber schon lange kein ursprüngliches Fischerdorf mehr. Ban Bang Bao besteht zu einem Großteil aus einem weit ins Meer ragenden Betonpier, auf dem sich neben Souvenirläden und Tauch-Shops auch hervorragende Seafood-Restaurants und Touristenunterkünfte befinden.

Sprungbrett zu anderen Inseln

Prunkstück des nahen **Aun Chaleena Beach Front Resort (13**, früher Ko Chang Grand Lagoona Resort) ist ein luxuriöses Hotelschiff, das nach einer langen Odyssee vom australischen Great Barrier Reef über Ho Chi Minh City und Phnom Penh hier einen Ankerplatz gefunden hat. Tagesbesucher dürfen den herrlichen Pool und andere Einrichtungen des Hotels benutzen (*täglich 8–18 Uhr, Eintritt: Baht 200*).

An der Ostküste

Vom Salak Phet Resort an der malerischen Bucht **Ao Salak Phet (14)** legen schnelle Passagierboote nach Ko Mak und Ko Kut ab. In den großen Terrassenrestaurants, die auf Stelzen in der Bucht stehen, wird ausgezeichnetes Seafood serviert. Mit einer jeweils etwa halbstündigen Wanderung sind die Wasserfälle **Khiri Phet Waterfall (15)** und **Klong Nueng Waterfall (16)** zu erreichen.

Salak Khok (17) ist ein noch ursprüngliches Fischerdorf auf Stelzen am Rande des Kong Kang Mangrove Forest. Durch den Mangrovenwald führt ein Lehrpfad auf einem Steg, der nahe dem Wat Salak Khok beginnt. In der Chang Spirit Salak Khok Station starten kleine Holzboote zu Erkundungsfahrten durch das Mangrovenlabyrinth. Wer sich lieber selbst in die Riemen legt, kann an geführten Kajaktouren teilnehmen.

Der südöstlichste Punkt von Ko Chang an der **Ao Luek** ist nur mit einem Fahrzeug mit guter Bodenfreiheit zu erreichen: Wie eine Achterbahn folgt die auf den letzten 4 km ungeteerte Straße dem Küstenverlauf und gibt nach jeder Kurve neue grandiose Ausblicke frei. Nach mühsamem Auf und Ab ist der **Long Beach (18)** erreicht, an dem sich ein einfaches Resort aus Bambushütten befindet. Die Bezeichnung Long Beach weckt falsche Erwartungen: Der Strand ist zwar einige Hundert Meter lang, aber sehr schmal und von Mangroven durchsetzt. An der **Ao Luek (19)** ist Ko Chang noch ein unberührtes Naturparadies, aber Ferienresorts sind in Planung.

Refugium der Backpacker

Auf der Fahrt zum Fährhafen an der Ao Sapparot entlang der Ostküste passiert man den **Than Mayom Waterfall (20)**, der allerdings in der Trockenzeit meist kein Wasser führt (*täglich 7–17 Uhr, Eintritt: Erwachsene Baht 200, Kinder Baht 100*).

Reisepraktische Informationen Ko Chang

 Informationen
im Internet: *www.kohchang.de, www.koh-chang.ch*

Unterkunft
Angegeben sind die Preise für die Hochsaison von Okt.–April. In der Nebensaison von Mai–Sept. werden Rabatte von 30–50 Prozent gewährt, allerdings schließen dann zahlreiche Resorts. Während der Hauptreisezeit sowie an Wochenenden und Feiertagen ist frühzeitige Reservierung empfohlen.

... am Hat Sai Khao (White Sand Beach)
Koh Chang Lagoon Resort $$$$–$$$$$, ☏ *(039)551201, www.kohchanglagoonre sort.com, EZ/DZ Baht 2.500–5.400 (inkl. Frühstücksbuffet). Komfortable Zimmer in mehreren ein- und zweistöckigen Gebäuden am Strand und in einem größeren Hotel auf der anderen Straßenseite, mit beliebtem Strandrestaurant.*
Banpu Koh Chang $$$$–$$$$$, ☏ *(01)8637314, www.banpuresort.com, EZ/DZ Baht 2.950, Bungalow Baht 4.250. Stilvolle Anlage am Strand mit 16 Hotelzimmern und 13 Bungalows, die traditionellen Thai-Stil mit modernem Komfort verbinden. Gemütliches, halboffenes Restaurant; schöner Pool.*
Ban Thai Resort $$$–$$$$, ☏ *(039)551108-9, www.banthaikohchang.com, EZ/DZ Baht 1.800–2.200. Kleines, feines Boutique-Hotel in einem schmalen Strandareal mit 11 behaglich möblierten Zimmern und preisgekröntem Restaurant.*
White Sand Beach Resort $$$–$$$$, ☏ *(08)18637737, www.whitesandbeachre sort.net, Bungalow Baht 1.330–4.000. Älteste Bungalowanlage am nördlichen Strandende, durch eine 600 m lange Steilstraße zugänglich; 100 gemütliche Holz-Bambus-Bungalows unterschiedlicher Größe und Ausstattung; luftiges Terrassenrestaurant; Motorradverleih.*
Sirin Guest House $$–$$$, ☏ *(01)8271326, sirin@koh-chang.ch, EZ/DZ Baht 750– 1.250. Familiäre Pension am Strand, Zimmer mit Ventilator oder Klimaanlage, kleines Restaurant.*

... am Ao Klong Phrao Beach
Panviman Koh Chang Resort $$$$$–$$$$$$, ☏ *(039)619040-5, www.panviman. com, EZ/DZ Baht 5.925–8.175. Edel mit Teakholzmobiliar ausgestattete Zimmer in einstöckigen Gebäuden, halboffenes Strandrestaurant, schöner Pool und Wellness-Center.*
Klong Prao Resort $$$$–$$$$$, ☏ *(039)551115-6, www.klongpraoresort.com, EZ/DZ Baht 2.595–4.295, Bungalow Baht 5.295. Komfortable Hotelzimmer und Steinbungalows an einem schönen Strandabschnitt, mit Restaurant und Pool.*
Coconut Beach Resort $$$–$$$$$, ☏ *(039)551272-3, www.coconut-kohchang.com, Bungalow Baht 1.400–4.500. Ferienresort an einem schönen Strand mit Bungalows unterschiedlicher Ausstattung, Restaurant und Pool.*
Tiger Hut Bungalows $–$$, ☏ *(084)1099660 u. (039)557115, EZ/DZ Baht 450– 750. Spartanische Bambushütten am Strand mit Ventilator und Gemeinschaftsbad oder Dusche/WC, kleines Restaurant. Wer es ruhig mag und keinen Wert auf Komfort legt, ist hier gut aufgehoben.*

... am Kai Bae Beach
Koh Chang Cliff Beach Resort $$$$$–$$$$$$, ☏ *(02)6920122, www.kohchang cliffbeach.com, EZ/DZ Baht 4.600, Bungalow Baht 5.700–9.500. Bestens ausgestattete Ein-*

zel- und Doppelbungalows, Tropengarten und schöne Hanglage, Top-Restaurant, spektakulä-
rer Pool auf einer Klippe mit herrlicher Aussicht.
K.B. Resort $$–$$$, ☎ (039)557125, www.kbresort.com, Bungalow Baht 1.250–3.500.
Hübsche Holzbungalows in einem großzügigen Strandareal mit Ventilator oder Klimaanlage,
angenehmes Strandrestaurant, freundlicher Service, gutes Preis-Leistungs-Verhältnis.
Laluna Guest House $$, ☎ (039)557171, talk2ta@yahoo.com, EZ/DZ Baht 950. Ge-
pflegte Pension etwas abseits vom Strand mit einfachen, aber ordentlichen, klimatisierten
Zimmern.

... am Lonely Beach

Bhumiyama Beach Resort $$$$–$$$$$, ☎ (039)558067-9 und (081)8604623,
www.bhumiyama.com, EZ/DZ Baht 2.498–4.038, Bungalow Baht 3.339–5.823. Komforta-
ble Zimmer in zweistöckigen Gebäuden, die sich um eine sehr schöne Pool-Landschaft grup-
pieren, sowie Bungalows am Strand, gutes Restaurant.
Siam Beach Resort $$–$$$$, ☎ (081)9224495, www.siambeachkohchang.com, Bun-
galow Baht 600–1.200, EZ/DZ Baht 1.500–3.600. Einfache Bungalows mit Ventilator oder
Klimaanlage in Strand- oder Hanglage und bestens ausgestattete Zimmer in einem neuen
Hauptgebäude; Restaurant, Pool, schöner Strand.
Nature Beach Resort $$–$$$, ☎ (039)558025, Bungalow Baht 650–1.450. Einfache
Holzbungalows wenige Schritte vom Strand mit Ventilator oder Klimaanlage, beliebtes Res-
taurant und Strandbar, vorwiegend junges Publikum.

... an der Ao Bailan

The White House $$$–$$$$, ☎ (039)558113, www.whitehousekohchang.com, EZ/DZ
Baht 1.200–2.100, Bungalow Baht 1.500–2.500. Gut geführtes, ruhiges Ferienresort mit Re-
staurant und schönem Pool.

... am Laem Bang Bao

Nirvana Resort $$$$–$$$$$$, ☎ (039)558061-4, www.nirvanakohchang.com, Bungalow Baht 3.000–8.500. Resort für Romantiker mit geschmackvoll möblierten Steinbunga-
lows und Gourmet-Restaurant. Für den steinigen Strand und das seichte Wasser entschädigt
ein toller Pool.
Home Stay Bungalows $–$$, ☎ (039)558028, 📠 (039)558029, Bungalow Baht
500–750. Einfache Bungalows in ruhiger Lage mit Ventilator und Gemeinschaftsbad oder
Dusche/WC, luftiges Restaurant auf Stelzen, Kochkurse.

... in Ban Bang Bao

Koh Chang Sea Hut $$$–$$$$, ☎ (081)2850507, www.kohchang-seahut.com, Bun-
galow oder EZ/DZ Baht 1.850–2.350. 7 romantische Stelzenbungalows im seichten Meer
und 5 komfortable Zimmer im Haupthaus am Pier.
The Buddha View Guest House $$–$$$, ☎ (039)558157, www.thebuddhaview.com,
EZ/DZ Baht 700–1.400. Angenehme Pension mit Restaurant und Bar auf Stelzen.

... an der Ao Salak Phet

Judo Resort $$$, ☎ (089)9254122, EZ/DZ Baht 1.350–1.550. Zimmer in originellen
Holzhäuschen mit Klimaanlage, mit Restaurant und Pool; an einem steinigen Mangroven-
strand gelegen, aber Schwimmen ist von einem Pier aus möglich.

Karang Bay View Resort $$–$$$, ☎ (017)333741, Bungalow Baht 850–1.550. Idyllisches Resort mit 10 einfachen Bambusbungalows und 4 komfortablen Steinbungalows sowie gutem Restaurant.

Salak Phet Guest House $$–$$$, ☎ (039)553099, www.kohchangsalakphet.com, EZ/DZ Baht 950–1.950 (inkl. Frühstück). Kleine, klimatisierte Zimmer in Bungalows direkt am Fischereihafen, gutes Restaurant.

... am Long Beach

Long Beach Tree House $, EZ/DZ Baht 250–350. Kleine, spartanische Bambusbungalows mit sanitären Gemeinschaftseinrichtungen, einziger „Luxus" sind Moskitonetze.

... an der Ostküste

The Spa Koh Chang Resort $$$$–$$$$$, ☎ (039)553091-2, www.thespakohchang.com, EZ/DZ Baht 1.945–2.285, Bungalow Baht 2.650–4.265 (inkl. Frühstück). Doppelstöckige Bungalows und Villen, ineinander verschachtelt an einem Hang, alle mit Balkon oder Terrasse; hervorragendes Restaurant, schöner Pool und renommiertes Wellness-Center.

Amber Sands Beach Resort $$$$, ☎ (039)586177, www.ambersandsbeach resort.com, EZ/DZ Baht 2.300–3.950. 6 komfortable Steinbungalows und 2 doppelstöckige Bungalows mit Klimaanlage, Restaurant und Pool, sehr ruhige Lage.

 ### Restaurants, Bars und Nachtklubs
... am Hat Sai Khao (White Sand Beach)

Ban Nuna, ☎ (01)8214202, täglich 9–24 Uhr, Gerichte Baht 100–350. Gartenrestaurant mit thailändischen und europäischen Gerichten, vor allem Pizza.

La Dolce Vita, Grand View Plaza 1, ☎ (089)6835057, täglich 11–23 Uhr, Gerichte Baht 200–450. „Edelitaliener" mit bester Pizza und Pasta, Fleisch- und Fischgerichten, Carpaccio und Gnocchi.

Oodies Place, ☎ (081)8531271, täglich 16–1 Uhr, Gerichte Baht 100–300. Mix aus Bar und Restaurant, am späteren Abend oft Live-Musik.

Sabay Bar, ☎ (039)551098, täglich 18–2 Uhr. Szene-Treff mit Bier vom Fass, fantasievollen Cocktails, jeden Abend Live-Musik.

One Night Club, ☎ (039)551969, täglich 22–4 Uhr. Große Techno-Disko mit Sound- und Lichteffekten sowie Dancefloor-Musik von HipHop und TripHop bis Drum & Bass und Electronics.

Buffalo Bill, ☎ (039)551451, täglich 8–23 Uhr, Gerichte Baht 600–1.800. Gut besuchtes Lokal im Western Look mit besten australischen Steaks und Chang-Bier vom Fass.

☞ Tipp

Schlemmen am White Sand Beach
Ab dem späten Nachmittag verwandelt sich der White Sand Beach in eine Freiluft-Schlemmermeile. In über einem Dutzend Open-Air-Restaurants werden frischer Fisch und Meeresfrüchte gegrillt, die man selbst aussuchen kann. Beliebt ist das Bamboo Restaurant, wo die Gäste ab 20.30 Uhr mit einer Fire Show unterhalten werden (Gerichte Baht 300–600).

... in Ban Bang Bao

Chow Lay Seafood Restaurant, ☎ (039)558118 und **Sea Bird Seafood Restaurant**, ☎ (087)0912146, täglich 9.30–22 Uhr, Gerichte Baht 150–600. Der Fang des

Tages kommt direkt aus den Netzen auf ein appetitlich angerichtetes Eisbuffet, wo der Gast zwischen Scampis, Tigergarnelen, Hummer oder Fisch wählen und die Zubereitungsart bestimmen kann – gegrillt, gedünstet oder gekocht.

Aktivitäten

Elefantenreiten: *Schöne Trips bietet* **Chang Chutiman Tour**, ☎ (089)396676, changchutiman@yahoo.com, z. B. eine zweistündige Tour (Baht 1.850) zu einem Fluss im Dschungel, der auf einer Länge von etwa 50 m ein tiefes, natürliches Schwimmbecken bildet.
Trekking: Verschiedene Veranstalter bieten Dschungeltouren an mit Besuch von Wasserfällen, Fledermaushöhlen und Aussichtsbergen. Für eine Inseldurchquerung von Ost nach West (nur in der Trockenzeit) braucht man gute Kondition; es geht auf abenteuerlichen Pfaden entlang der Flussbetten. Einen guten Ruf hat das Unternehmen **Jungle Fever**, ☎ (081)588 3324, www.junglefever.in.th.
Schiffsausflüge: Tagestouren inkl. Lunch, Schnorchel- und Angelausrüstung durch die Inselwelt (Baht 1.390) bietet das unter deutscher Leitung stehende Unternehmen **Thai Fun**, ☎ (081)0034800, www.thaifun-kochchang.com.
Tauchen und Schnorcheln: Tauchschulen bieten ganztägige Schnorcheltouren (Baht 800–1.200), 2 Tauchgänge (Baht 2.500–3.000) und drei- bis viertägige Open-Water-Kurse an (Baht 14.000–17.000). Einen guten Ruf haben **Dolphin Divers**, ☎ (039)557030, www.scubadivingkohchang.com und **Eco Divers**, ☎ (039)557296, www.ecodivers-koh chang.com.

Transport auf der Insel

Zwischen Ao Sapparot im Norden und Ban Bang Bao im Süden pendeln tagsüber **Songthaeo**. Zwischen den Hauptstränden White Sand Beach und Kai Bae Beach verkehren die Sammeltaxis, die man auch chartern kann, bis in die späten Abendstunden. Auf der Ostküstenstraße fahren nur sporadisch öffentliche Verkehrsmittel.

Am White Sand Beach, Ao Klong Phrao Beach und Kai Bae Beach werden **Motorräder** (Baht 250/Tag), Pkw (Baht 1.200–1.500/Tag) und **Geländewagen** (Baht 1.400–2.000/Tag) vermietet.

 Hinweis

Wer noch nie Motorrad gefahren ist, sollte vorsichtig sein: Die Ringstraße hat teils erhebliche Steigungen und Gefälle, zudem ist sie abschnittsweise sehr kurvenreich.

An- und Weiterreise

Bus: Mehrmals täglich Busse von Bangkok und Pattaya nach Trat, von dort tagsüber alle 30 Minuten Songthaeo zu den Fährhäfen bei Laem Ngop. Zahlreiche Reiseagenturen in Bangkok und Pattaya bieten kombinierte Bus- und Fährfahrten nach Ko Chang.
Flugzeug: Bangkok Airways fliegt in der Hauptsaison dreimal täglich von Bangkok nach Trat. Es gibt Kombi-Tickets inkl. Fähre und Transfer zur Unterkunft.
Fähre/Boot: Autofähren pendeln täglich 7–19 Uhr zwischen dem Fährhafen Ao Thammachat bei Laem Ngop und dem Fährhafen Ao Sapparot auf Ko Chang (25–30 Min.) sowie zwischen dem Fährhafen Center Point bei Laem Ngop und dem Fährhafen Dan Kao auf Ko

Chang (30–35 Min.). Zudem verkehren täglich 7–19 Uhr Passagierboote von Laem Ngop nach Dan Kao (45–50 Min.).
Zu Ko Wai (1 Std.), Ko Mak (2 Std.), Ko Kut (3,5–4 Std.) und anderen Inseln südöstlich von Ko Chang verkehren ab Ban Bang Bao auf Ko Chang täglich gegen 9 Uhr Passagierfähren und nach Bedarf Taxi-Boote der Unternehmen **Bang Bao Boat**, ☏ (087)0544300, und **Island Hopper**, ☏ (081)8650610, unfreundliches Personal; buchbar in jedem Resort.

Inseln südöstlich von Ko Chang

Inselträume

Eine Fahrt mit einer regulären Fähre oder in einem gecharterten Taxi-Boot durch die Küstengewässer im Südosten Ko Changs ist ein „Muss". Wie ein filigranes Netz liegen dort kleine und kleinste tropische Eilande mit zum Teil herrlichen, puderfeinen Sandstränden und farbenprächtigen Korallengärten. Manchmal sind es nur überwachsene Felsbrocken oder Sandbänke, auf denen sich eine Handvoll Palmen in der Brise wiegt. Auch viele größere Inseln sind unbewohnt, auf anderen nisten an fjordartigen, von grünen Bergen umrahmten Buchten stille Fischerdörfer auf hohen Pfählen über dem Meer. Nur eine Handvoll der Inseln sind auf Gäste eingerichtet.

Ko Wai

Bergig und dicht bewaldet, ist Ko Wai eine der schönsten Inseln im Ko Chang National Park. Es gibt einige kleine, schöne Strände und ein vorgelagertes Korallenriff mit erstklassigen Schnorchelmöglichkeiten. Zwar ist die Insel kein reines Backpacker-Idyll mehr, aber immer noch ein beschauliches Inselparadies für Anspruchslose. Der Kontrast zu manchen Stränden auf Ko Chang könnte kaum größer sein – hier ist der Sonnenuntergang die größte Attraktion des Abends.

Reisepraktische Informationen Ko Wai

Unterkunft
Koh Wai Pakarang Resort $$–$$$, ☏ (081)5515287 u. (084)1138945-6, www.kohwaipakarang.com, Bungalow Baht 750–1.950. Familiäre, ruhige Anlage mit teils klimatisierten Bungalows und gutem Restaurant.
Koh Wai Paradise $–$$, ☏ (081)7622548, kohwaiparadise@hotmail.com, Bungalow Baht 450–600. Gut durchlüftete, einfache Bambushütten mit Gemeinschaftsbad direkt am Anleger; sehr gutes Restaurant. Wer in ruhiger Atmosphäre ausspannen möchte und keinen Wert auf Komfort legt, ist hier gut aufgehoben.

An- und Weiterreise
Boot: Zwischen Ban Bang Bao auf Ko Chang und Ko Wai sowie zwischen Ko Mak und Ko Wai verkehren außer in der Regenzeit täglich mehrere reguläre Passagierfähren (jeweils 1 Std.) und nach Bedarf. Taxi-Boote der Unternehmen **Bang Bao Boat**, ☏ (087)0544300, und **Island Hopper**, ☏ (081) 8650610; buchbar in jedem Resort. Zudem pendelt täglich ein Passagierboot zwischen Laem Ngop auf dem Festland und Ko Wai (Abfahrt Laem Ngop 15 Uhr, Abfahrt Ko Wai 8 Uhr; 2,5 Std.).

Ko Mak

Die kleine, etwa 3 x 4 km große Insel liegt etwa auf halbem Weg zwischen ihren beiden großen „Schwestern" Ko Chang und Ko Kut. Im weitgehend flachen Inselinneren liegen Kokos- und Kautschukplantagen, die von den rund 500 Bewohnern bewirtschaftet werden. Ko Mak zehrt zwar immer noch von seinem Ruf als Geheimtipp, wird mittlerweile aber mit einem zentralen Generator rund um die Uhr mit Elektrizität *Ruhige* versorgt. An der Nordseite befindet sich an einem etwa 1 km langen, palmenge- *Ferieninsel* säumten Sandstrand das große **Ko Mak Resort**. Abseits der gepflegten Ferienanlage verleidet aber bisweilen angeschwemmter Müll die Badefreuden. Vom Landungssteg im Norden, wo die Fähren von Ko Chang anlegen, geht es mit einfachen Pick-ups auf einer staubigen Straße quer durch die Insel nach Südwesten, wo die meisten Resorts an einem traumhaften, lang gestreckten Sandstrand im Schatten von Kokospalmen und Kasuarinen liegen. Nur selten kommt es vor, dass alle Bungalows belegt sind und sich am Strand mehr als zwei Dutzend Menschen gleichzeitig aufhalten, Ausnahme sind die thailändischen Feiertage. Ansonsten hat man den Großteil der Insel für sich allein. Der flache Puderzuckerstrand ist zwar überaus einladend, doch können Myriaden stechlustiger Sandfliegen Sonnenbäder und Badefreuden nachhaltig beeinträchtigen.

Ko Mak ist flach und so gibt es keine Naturattraktionen, Abwechslung bieten einige herrliche Schnorchellagunen. Die meisten Tauchgründe um Ko Mak sind zwar nicht sehr tief, dafür befinden sich hier viele Busch- und Fächerkorallen, Anemonen und verschiedene Steinkorallenarten. Artenreiche Tauchreviere liegen auch vor der nordöstlichen Nachbarinsel **Ko Kradat**, einer Insel in Privatbesitz mit einem internationalen Resort.

Reisepraktische Informationen Ko Mak

Unterkunft
Palm Beach Resort $$$$, ☏ *(084)6597437, www.palm-beach-resort.com, Bungalow ab Baht 2.500. 8 geräumige und komfortable AC-Bungalows, Restaurant, Beachbar, kleiner Pool mit Jacuzzi, WLAN; bestens geführt von den beiden Deutschen Lutz und Peter.*
The Good Time Resort $$$$, ☏ *(039)501000, www.goodtime-resort.com, EZ/DZ Baht 1.880–4.120. Doppelstöckige Häuser auf einem Hügel in der Inselmitte, klimatisierte Zimmer, mit Restaurant und Pool.*
Koh Mak Resort $$$–$$$$, ☏ *(039)501013, www.kohmakresort.com, Bungalow Baht 1.775–3.825. 40 Steinbungalows unterschiedlicher Größe und Ausstattung an einem gepflegten Abschnitt des nördlichen Strandes; mit Restaurant, Strandbar und Tauchbasis; Transfer von Laem Ngop mit eigenem Speedboat.*
Ao Kao White Sand Beach Resort $$$–$$$$, ☏ *(083)1526564, www.aokaoresort.com, Bungalow Baht 1.750–2.450. 20 etwas ältliche, aber gepflegte Bungalows unterschiedlicher Größe und Ausstattung an einem schönen Strandabschnitt, Restaurant und Bar.*
Makathanee Resort $$$–$$$$, ☏ *(087)8027575, www.makathaneekohmak.com, EZ/DZ Baht 1.500–3.400 (mit Frühstück). Komfortable Zimmer in einem doppelstöckigen Gebäude am Südstrand mit Klimaanlage, Dusche/WC und Wohnterrasse, kleines Restaurant, Transfer von Laem Ngop mit eigenem Speedboat.*

Baan Koh Mak \$\$\$, ☏ *(039)524028, www.baan-koh-mak.com, Bungalow Baht 1.690–2.090. Steinbungalows nur wenige Schritte vom südlichen Strand mit Ventilator oder Klimaanlage, beliebtes Beach-Café, Verleih von Mopeds und Seekajaks.*

Monkey Island Resort \$–\$\$, ☏ *(089)5016030, www.monkeyislandkohmak.com, Bungalow Baht 450–850. Romantische Bambusbungalows im Hippie-Look mit Ventilator und Gemeinschaftsbad oder Dusche/WC, beliebtes Restaurant, Internet-Zugang.*

🍴 Restaurants

Food Garden, ☏ *(081)7911042, täglich 7.30-23 Uhr, Gerichte Baht 80–240. Nettes Gartenlokal mit panasiatischer Speisekarte und allabendlicher Live-Musik, etwas abseits vom Südstrand.*

Swiss Sawasdee, ☏ *(089)9655873, www.swiss-sawasdee.ch, täglich 10–22.30 Uhr, Gerichte Baht 120–380. Schweizer Gastlichkeit unter Palmen; außer herzhaften europäischen Gerichten gibt es auch hervorragende thailändische Speisen, im Zentrum der Insel.*

🧳 An- und Weiterreise

Boot: *Zwischen Ban Bang Bao auf Ko Chang und Ko Mak sowie zwischen Ko Wai und Ko Mak verkehren außer in der Regenzeit täglich mehrere reguläre Passagierfähren (2 Std. bzw. 1 Std.) und nach Bedarf Taxi-Boote der Unternehmen* **Bang Bao Boat**, ☏ *(087)0544300, und* **Island Hopper**, ☏ *(081)8650610; buchbar in jedem Resort.*

Zudem pendelt täglich ein **Passagierboot** *zwischen Laem Ngop auf dem Festland und Ko Mak (Abfahrt Laem Ngop 15 Uhr, Abfahrt Ko Wai 8 Uhr; 2,5 Std.).*

An einem Traumstrand auf Ko Kut

Ko Kut

Die mit weniger als 2.000 Einwohnern sehr dünn besiedelte, viertgrößte Insel Thailands liegt Kambodscha am nächsten. Das ehemalige Schmugglerparadies hat eine ähnliche Topografie wie Ko Chang, nur ist Ko Kut insgesamt etwas flacher. Als höchste Erhebung ragt der Khai Phaentee 315 m in den Himmel. Das malerische Inselinnere ist von tropischem Regenwald überzogen.

Noch verdienen die Insulaner ihren Lebensunterhalt vorwiegend mit der Arbeit auf den Kokosnuss- und Gummiplantagen, die sich im Innern der malerischen Insel befinden. Der Tourismus nimmt aber zu. An den wunderschönen Stränden Taphao Beach, Ngam Kho Beach und Klong Hin Beach können Besucher zumindest unter der Woche Robinsonspuren im puderfeinen Sand hinterlassen. An der Westküste gibt es einige komfortable Hotelanlagen, die aber fast ausschließlich auf thailändische Package-Touristen eingestellt sind.

Vorwiegend einheimische Urlauber

Touristische Hauptattraktion der Insel ist der herrliche **Wasserfall Khlong Chao**, dessen wunderschöner Naturpool zu einem erfrischenden Bad einlädt.

Reisepraktische Informationen Ko Kut

Unterkunft

Shantaa Resort $$$$$–$$$$$$, *Klong Hin Dam*, ☎ (081)8179648, *www.shantaakohkood.com, Bungalow Baht 4.650–7.850. Ruhiges Resort für Romantiker mit 15 klimatisierten Bungalows, die höchsten Ansprüchen genügen, und hervorragendem Restaurant.*
Dusita Resort $$$–$$$$, *Ao Ngam Kho*, ☎ (081)9459920, *www.dusitakohkood.net, EZ/DZ Baht 1.290–2.690. 14 Zimmer mit Ventilator oder Klimaanlage in mehreren Bungalows in einem üppigen Tropengarten an einem malerischen Strandabschnitt.*
Pa Hin Sai Resort $$$, *Ao Klong Hin*, ☎ (081)4105252, *www.pahinsai.com, Bungalow Baht 1.900–2.000. 12 Holz-Bambus-Bungalows mit Ventilator, Dusche/WC und Moskitonetzen an einem makellosen Sandstrand.*
Koh Kood Happy Days Guest House $$, *Ao Ngam Kho*, ☎ (087)1445945, *www.kohkood-happydays.com, EZ/DZ Baht 450–800. 10 schlichte Zimmer mit Ventilator oder AC in einem doppelstöckigen Gebäude, Sitz der Tauchschule Paradise Divers.*

An- und Weiterreise

Boot: *Zwischen Ban Bang Bao auf Ko Chang und Ko Kut sowie zwischen Ko Mak und Ko Kut verkehren außer in der Regenzeit täglich mehrere reguläre Passagierfähren (3,5–4 Std. bzw. 1,5–2 Std.) und nach Bedarf Taxi-Boote der Unternehmen* **Bang Bao Boat**, ☎ *(087)0544300, und* **Island Hopper**, ☎ *(081)8650610; buchbar in jedem Resort. Pauschaltouristen reisen meist mit einem Speedboat ab Salak Phet auf Ko Chang an.*

Zudem pendelt täglich ein **Passagierboot** *zwischen Laem Sok auf dem Festland und Ko Kut (3,5–4 Std.).*

8. DER WESTEN

Überblick

Der Westen Thailands, geografisch wie administrativ der Großregion Zentralthailand zugehörig, führt ein touristisches Aschenbrödeldasein. Die meisten Touristen reisen von Bangkok direkt nach Norden oder Süden und lassen den Westen links liegen.

Dabei hat der Abstecher nach Nakhon Pathom, Kanchanaburi und Sangkhlaburi im Grenzgebiet zu Myanmar Naturliebhabern und historisch Interessierten viel zu bieten. Nationalparks wie der Erawan National Park und der Sai Yok National Park faszinieren mit Wasserfällen und Bergdschungeln. Auf Relikte der bewegten Vergangenheit stößt man in Nakhon Pathom, zwischen dem 6. und 10. Jh. eines der Zentren des von Mon-Völkern gegründeten Dvaravati-Reichs. In Kanchanaburi liegt die berühmte **Brücke am Kwai**.

Reisepraktische Informationen

Von Bangkok aus sind Nakhon Pathom und Kanchanaburi mit Bus und Bahn bequem zu erreichen. Auch auf dem H 323 zwischen Kanchanaburi und Sangkhlaburi verkehren regelmäßig Busse. Die zahlreichen Attraktionen in den Nationalparks an der Route und abgelegenere historische Sehenswürdigkeiten kann man jedoch nicht mit öffentlichen Verkehrsmitteln ansteuern – entweder man besucht sie im Rahmen von Touren, die man in Kanchanaburi bucht, oder man reist unabhängig im Mietwagen. Für die Erkundung des Westens sollte man mindestens vier Tage einplanen.

Nakhon Pathom

Das rund 125.000 Einwohner zählende Nakhon Pathom, eine der ältesten Städte Thailands, war ein Zentrum des Theravada-Buddhismus. Im 3. Jh. v. Chr. schickte der indische Kaiser Ashoka Missionare nach Nagara Pathama (so der Name in Pali, dt.: Erste Stadt), um die Lehre Buddhas zu verbreiten. Indische Einwanderer sollen in der Nähe des heutigen Nakhon Pathom das legendäre Königreich Suvarnabhumi gegründet haben, dessen Existenz jedoch historisch nicht belegt ist. Im 6. Jh. wurde Nakhon Pathom die Hauptstadt des von Mon-Völkern gegründeten Dvaravati-Reichs, das bis zum 10. Jh. bestand, bevor es im expandierenden Khmer-Imperium der Angkor-Dynastie aufging.

Phra Pathom Chedi

Schon Kilometer vor der Stadt sieht man das Rotgold des glockenförmigen **Phra Pathom Chedi**, der mit 127 m Höhe und 98 m Durchmesser als einer der höchsten buddhistischen Sakralbauten der Welt gilt. Das monumentale Bauwerk auf zwei Terrassen wurde im 19. Jh. von König Mongkut begonnen und Anfang des 20. Jh. von seinem Nachfolger König Chulalongkorn fertiggestellt. Der nach dem Vorbild der Chedis von Ayutthaya konzipierte Bau stülpt sich über einen ursprünglich nur 40 m hohen, verfallenen Prang aus der Dvaravati-Epoche, der wiederum ein noch älteres Heiligtum umschließen soll. Mit ihrer Stiftung wollten die beiden Chakri-Herrscher Nakhon Pathom als ältestes buddhistisches Zentrum ihres Reiches würdigen. Ein Gitterzaun bildet die äußere Umfassung des heiligen Bezirks. Den Haupteingang an der Nordseite markiert eine breite, von zwei Pavillons flankierte Freitreppe. Sie führt zu einer Vihara, in deren äußerem Teil der 8 m große Phra Buddha Ruang Rojanarit schon von Weitem zu sehen ist. Die stehende Buddha-Figur im Sukhothai-Stil mit erhobener rechter Hand zeigt Buddha als Streitschlichter. Im Sockel unter der Statue ist König Mongkut beigesetzt.

Rotgoldener Chedi

Die Plattform, auf welcher der Chedi ruht, ist von einem runden Wandelgang umgeben. In Nischen an der Außenmauer stehen Buddha-Statuen in unterschiedlichen Posen. Die Innenmauer bedecken Tafeln mit Inschriften in Pali, der heiligen Sprache des Theravada-Buddhismus. Die „Mondfenster" der Galerie mit bemalten Holzläden zeugen vom starken chinesischen Einfluss auf die thailändische Kunst des 19. Jh. Drei weitere Vihara mit Buddha-Statuen in unterschiedlichen Körperhaltungen weisen in die anderen Himmelsrichtungen.

Chinesischer Einfluss

Den Chedi im Uhrzeigersinn umschreitend, kommt man zur östlichen Vihara mit einem sitzenden Buddha in meditativer Versenkung. Das etwas verstaubte **Tempelmuseum** gegenüber der Gebetshalle präsentiert eine Sammlung von Stein- und Stuckplastiken im Mon-Stil. Einige Schritte weiter führt eine Treppe zur **Lab Lae Cave**. In der klei-

nen Höhle verehren Gläubige eine bedeutende Buddha-Statue, erweisen aber
auch dem viergesichtigen Hindu-Gott
Brahma ihre Reverenz. Der Bot südlich
vom Ostaufgang beherbergt einen in europäischer Manier mit nach unten gestreckten Beinen sitzenden Buddha, der
als Meisterwerk des Dvaravati- oder
Mon-Stiles gilt. Die südliche Vihara birgt
einen Buddha im Schutze der siebenköpfigen Naga, die westliche einen liegenden
Buddha beim Eingang ins Nirvana. Der
Klang von Bronzeglocken soll die Gebete
zum Himmel tragen.
Phra Pathom Chedi, *täglich 8–18 Uhr,
Eintritt: Baht 40.*

Sanam Chandra Palace

2 km westlich des Phra Pathom Chedi ließ
König Vajiravudh bzw. Rama VI. (1910–
1925) den **Sanam Chandra Palace** errichten. Der teils im traditionellen Thai-
Stil, teils in europäischen Architekturсti-
len des frühen 20. Jh. errichtete Komplex
beherbergte lange Zeit Ämter der Pro-
vinzverwaltung. 2003 wurde er nach einer
umfassenden Restaurierung als Museum
und Kulturzentrum der Öffentlichkeit zugänglich gemacht.

Das auffälligste Gebäude in dem weitläufigen Park ist die im französischen Re-
naissance-Stil erbaute **Chaleemongko-
lasana Residence**, die wie ein Märchen-

*Phra Pathom Chedi:
eines der höchsten buddhistischen Sakralbauwerke der Welt*

schloss wirkt. Die Räume sind mit Originalmöbeln ausgestattet und zeigen traditionelle *Märchen-*
thailändische Wohnkultur. In manchen Zimmern sind hervorragende Kunstwerke aus- *schloss*
gestellt. Vor dem Eingang wacht ein Bronzebildnis von Jarlet, dem Lieblingshund des
Königs.

Die Privatgemächer des Monarchen befanden sich in der im englischen Kolonialstil
gehaltenen **Bhimarn Prathom Residence**. Dort dokumentiert heute eine Ausstellung die Geschichte der Chakri-Dynastie. Die im Stil thailändischer Tempelarchitektur errichtete, halboffene **Samakkeemukamartaya Hall**, einst königliche
Audienzhalle, bildet heute den stilvollen Rahmen für Aufführungen klassischen Tanztheaters. In den Oldtimern, die abseits in einem Schuppen stehen, ließ sich der König
einst durch die Provinz chauffieren. In der Mitte des Parks steht ein Schrein mit

einer Statue des auch von den buddhistischen Thai verehrten hinduistischen Elefantengottes Ganesha.

Sanam Chandra Palace, *täglich 9–16 Uhr, Eintritt: Baht 50; Aufführungen klassischen Tanztheaters Sa u. So 13.30 Uhr.*

Reisepraktische Informationen Nakhon Pathom

Unterkunft
Whale Hotel $$–$$$, *151/79 Soi 19, Thanon Ratchavithi,* ☎ *(034)253855-58, www.whale.co.th, EZ/DZ Baht 700–1.500 (inkl. Frühstück). Riesiges Stadthotel mit gut ausgestatteten, klimatisierten Zimmern und Restaurant.*

Verkehrsverbindungen
Busse: *Die drei Busbahnhöfe liegen im Zentrum nahe dem Phra Pathom Chedi. Mehrmals täglich Busse u. a. von/nach Bangkok, Kanchanaburi, Ratchaburi und Phetchaburi.*
Züge: *Der Bahnhof liegt im Zentrum an der Thanon Phaya Phan. Zehnmal bzw. sechsmal täglich von/nach Bangkok Noi/Thonburi Railway Station und Kanchanaburi.*

Kanchanaburi und die Brücke am Kwai

Umgeben von ausgedehnten Baumwoll- und Zuckerrohrplantagen liegt das gut 60.000 Einwohner zählende Kanchanaburi am Zusammenfluss von Mae Nam Kwae Noi und Mae Nam Kwae Yai, Letzterer besser bekannt als River Kwai. Aufgrund der ausgezeichneten touristischen Infrastruktur ist die Stadt ein idealer Ausgangspunkt für Streifzüge durch die geschichtsträchtige Umgebung, die aufgrund ihrer landschaftlichen Reize ein wichtiges Naherholungsgebiet der Bangkoker ist.

Geschichtsträchtig und weltberühmt – die Brücke am Kwai

In Kanchanaburi rollte einst der „Todeszug" über die durch den gleichnamigen Film berühmt gewordene **Brücke am Kwai**. Die moderne Brücke aus Stahl und Stein, die den Mae Nam Kwae Yai heute 4 km nordwestlich der Stadt überspannt, hat keine Ähnlichkeit mit der Holz-Bambus-Konstruktion aus dem Film. Das Original wurde gegen Ende des Zweiten Weltkriegs bei Luftangriffen der

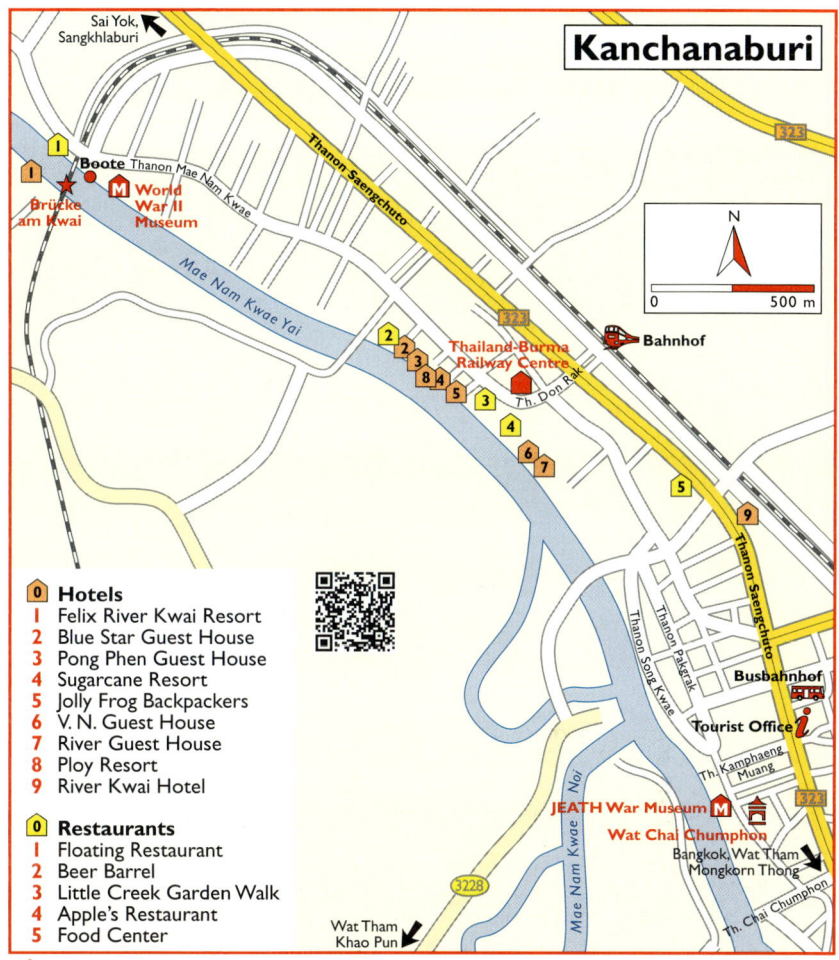

Kanchanaburi

Sai Yok, Sangkhlaburi

Boote
Thanon Mae Nam Kwae

Brücke am Kwai

World War II Museum

Mae Nam Kwae Yai

Thanon Saengchuto

Thailand-Burma Railway Centre

Bahnhof

Th. Don Rak

N

0   500 m

Thanon Pakprak

Thanon Song Kwae

Thanon Saengchuto

Busbahnhof

Tourist Office

Th. Kamphaeng Muang

JEATH War Museum

Wat Chai Chumphon

Bangkok, Wat Tham Mongkorn Thong

Th. Chai Chumphon

Mae Nam Kwae Noi

Wat Tham Khao Pun

Hotels
1 Felix River Kwai Resort
2 Blue Star Guest House
3 Pong Phen Guest House
4 Sugarcane Resort
5 Jolly Frog Backpackers
6 V. N. Guest House
7 River Guest House
8 Ploy Resort
9 River Kwai Hotel

Restaurants
1 Floating Restaurant
2 Beer Barrel
3 Little Creek Garden Walk
4 Apple's Restaurant
5 Food Center

© graphic

Alliierten zerstört. Die einspurige Eisenbahnbrücke darf von Fußgängern überquert werden. Wenn dreimal am Tag ein Zug kommt, gibt der Lokführer Signal, und die Passanten bringen sich in seitlichen „Balkonen" in Sicherheit.

Legendäre Brücke

Nahe der Brücke sind am Ufer des River Kwai „schwimmende Restaurants" verankert. Dort befindet sich auch eine Anlegestelle für „Langschwanz"-Boote, die man für Fahrten zu den Tempeln Wat Ban Tham, Wat Tham Sua/Wat Khao Noi und Wat Tham Khao Pun (s. u.) und andere Ausflüge chartern kann.

Nahe der Brücke am Kwai liegt das private **World War II Museum**, das von außen wie ein Tempel wirkt. Dem bizarren Äußeren entspricht die buntgemischte Ausstellung, die neben Exponaten aus der Zeit der japanischen Besatzung auch prähistorische Fundstücke und Porträts der jeweiligen „Miss Thailand" von 1934–1992 präsentiert (*täglich 8–18.30 Uhr, Eintritt: Baht 70*).

Museum zum Eisenbahnbau Informativer ist das ausgezeichnet gestaltete **Thailand-Burma Railway Centre** gegenüber dem großen Kanchanaburi War Cemetery in der Stadtmitte. Das unter Mitarbeit ehemaliger Kriegsgefangener entstandene Museum dokumentiert die harten Bedingungen, unter denen die Eisenbahntrasse während des Zweiten Weltkriegs Richtung Burma vorangetrieben wurde. Zudem informieren Tafeln, historische Fotos, Dokumente und Videofilme über die politischen Rahmenbedingungen, vom Kriegsbeginn über den japanischen Vorstoß nach Südostasien bis zur Kapitulation des Kaiserreichs. **Thailand-Burma Railway Centre**, *ggü. dem Kanchanaburi War Cemetery,* ☎ *(034) 512721, www.tbrconline.com, täglich 9–17 Uhr, Eintritt: Erwachsene Baht 120, Kinder Baht 60.*

Sehr anschaulich gibt auch das in einer originalgetreu rekonstruierten Gefangenenbaracke untergebrachte **JEATH War Museum** auf dem Gelände des Wat Chai Chumphon die Geschichte der „Eisenbahn des Todes" wider. Das vom Prior des Tempelklosters zum Gedenken an die alliierten Kriegsgefangenen und asiatischen Zwangsarbeiter initiierte Museum demonstriert anhand von Fotos, Zeichnungen, handschriftlichen Notizen, persönlichen Erinnerungsstücken und Zeitungsausschnitten das Schicksal der Gefangenen, von denen Tausende tropischen Krankheiten, Unterernährung und Erschöpfung zum Opfer fielen. **JEATH War Museum**, *täglich 8–18 Uhr, Eintritt: Baht 40.*

Umgebung von Kanchanaburi

Mit einem Moped (oder Fahrrad) kann man im Rahmen eines Tagesausflugs einige interessante Tempel in der Umgebung der Stadt besuchen. Die Tour von Kanchanaburi zu den umliegenden Tempeln ist knapp 40 km lang.

Um zu dem 9 km südwestlich der Stadt gelegenen **Wat Tham Mongkhon Thong (1)** zu gelangen, biegt man am südlichen Ortsrand in Höhe der Provincial Hall vom H 323 in südwestliche Richtung ab und überquert auf einer Brücke den durch Zusammenfluss von Mae Nam Kwae Yai und Mae Nam Kwae Noi entstandenen Mae Nam Klong. Die Straße am westlichen Flussufer führt zu den Tempeln Wat Ban Tham, Wat Tham Suea und Wat Khao Noi (s. u.). Folgt man dem H 3209 gut 5 km, erreicht man Wat Tham Mongkhon Thong.

Heilige Grotte Die Besucher werden vor dem Hintergrund eines imposanten Karstmassivs von einem lachenden, dickbäuchigen Buddha-Maitreya begrüßt. Nach der Lehre des Mahayana-Buddhismus kehrt er alle 5.000 Jahre auf die Erde zurück, um die Menschheit zu retten. Vom Bot führt eine 100-stufige Treppe mit Naga-Balustraden hinauf zu einer heiligen Grotte, über deren Eingang eine grüne Dämonenfratze droht. In dem Höhlentempel

(Map) **Umgebung von Kanchanaburi**

1 Wat Tham Mongkhon Thong
2 Wat Ban Tham
3 Wat Tham Sua
4 Wat Khao Noi
5 Wat Tham Khao Phun

© *i graphic*

befinden sich mehrere Schreine mit Buddha-Statuen. Die zahllosen Opfergaben an den Schreinen hinter der Haupthöhle zeigen, dass Religion für die Thai Teil des Alltags ist. Berühmt ist der Tempel vor allem wegen der sogenannten „treibenden Nonne", die in der Regel am späten Nachmittag dem Publikum ihre Fähigkeit demonstriert, rücklings im Schneidersitz meditierend in einem Wasserbecken zu treiben.

Vom Wat Tham Mongkhon Thong geht es wieder zurück Richtung Mae Nam Klong. An der Police Box vor der Brücke biegt man nach rechts ab und folgt der parallel zum Fluss verlaufenden holprigen Straße etwa 5 km. Rechter Hand liegen mehrere chinesische Friedhöfe und Steinbrüche. Leider ist dieser Streckenabschnitt etwas unangenehm, weil viele Lastwagen Staub aufwirbeln.

Im **Wat Ban Tham (2)** führt eine 220-stufige Treppe mit Naga-Balustraden direkt in den weit geöffneten Rachen eines riesigen Drachen, der aus einer Höhle herauszukriechen scheint. Die bunten Wandgemälde im Drachenschlund illustrieren Begebenheiten aus dem Leben des Buddha. Der sich windende Drachenkörper endet in einer Meditationsgrotte. Auf Metallstufen geht es weiter zu einem steilen, steinigen Pfad, der zum Gipfel des Berges mit einer kleinen Pagode führt. In einem Bootshaus am Fuße der Treppe pflegen die Mönche zwei lange Drachenrennboote für die alljährlich auf dem Mae Nam Klong ausgetragenen Ruderwettkämpfe.

Drachenhöhle

Blick auf den Wat Tham Suea

Vom Wat Ban Tham folgt man der Uferstraße einen weiteren Kilometer und überquert dann bei einer Polizeistation links einen Bewässerungskanal. Die weitere Orientierung ist einfach, denn man sieht schon von Weitem die rot-golden glänzenden Ziegeldächer des turmartigen Bot im **Wat Tham Sua (3)**. Noch gut 3 km sind es auf verwinkelten Straßen bis zum großen Parkplatz vor dem Tempel im zeitgenössischen Thai-Stil. Eine dreigeteilte, 160-stufige Treppe mit Naga-Balustraden führt hinauf in den heiligen Bezirk, alternativ kann man eine Zahnradbahn nehmen. In der Mitte der Anlage liegt ein hoher Bot mit einem gestaffelten Teleskopdach. In einem halboffenen Pavillon thront ein großer Buddha in meditativer Sitzhaltung. Alle Gebäude sind dicht mit Holzschnitzereien und Stuckornamenten überzogen. Vom Tempelhof reicht der Blick weit über das agrarisch intensiv genutzte Umland von Kanchanaburi. Unterhalb des Heiligtums führt ein Fußweg zu einem kleinen Höhlentempel.

Reiche Schnitzereien

Obwohl sie dicht beieinanderliegen, gibt es vom Wat Tham Sua keinen direkten Verbindungsweg zu dem auf dem Nachbarhügel aufragenden **Wat Khao Noi (4)**. Während der Wat Tham Sua ein rein theravada-buddhistisches Heiligtum ist, mischen sich im Wat Khao Noi mahayana-buddhistische mit taoistischen Elementen: Er ist die Andachtsstätte der chinesischstämmigen Einwohner Kanchanaburis. Auf verwinkelten Treppen kann man zur obersten Terrasse hinaufsteigen, auf der sich ein siebenstufiger Pagodenturm erhebt. In jedem Stockwerk, deren Wände mit Hunderten von Votivtäfelchen bedeckt sind, stehen Bildnisse des Buddha in verschiedenen Positionen. Von der obersten Etage hat man einen schönen Blick auf den benachbarten Wat Tham Sua.

Ziel einer weiteren, gut 20 km langen Tour ist der Tempel **Wat Tham Khao Phun (5)** am H 3228 westlich von Kanchanaburi. Der labyrinthische Höhlentempel ist ein gutes Beispiel für den eklektizistischen Charakter des thailändischen Volksbuddhismus: In den einzelnen Kavernen findet sich ein schillerndes Pantheon buddhistischer, taoistischer und hinduistischer Gottheiten und Heiliger. Hier erweisen die Gläubigen dem Erleuchteten ebenso ihre Reverenz wie der chinesischen Göttin der Barmherzigkeit Kuan Yin und dem hinduistischen Elefantengott Ganesha (*täglich 8–18 Uhr, Eintritt: Baht 40*). Folgt man vom Tempel der betonierten Straße etwa 200 m in Richtung Fluss, kommt man zu einem Aussichtspunkt mit einem schönen Blick über eine Schleife des Mae Nam Kwae Yai auf Karstklippen, die am jenseitigen Ufer aufragen. Über die malerische Szenerie wacht ein großer, dickbäuchiger Buddha-Maitreya. Auf dem Weg zum Wat Tham Khao Phun passiert man den Khao Phun War Cemetery, auf dem Tausende Kriegsgefangene ihre letzte Ruhestätte fanden.

Reisepraktische Informationen Kanchanaburi und Umgebung

i Informationen

Tourism Authority of Thailand Central Region Office, *14 Thanon Saengchuto*, ☏ *(034)511200, tatkan@tat.or.th, www.kanchanaburi-info.com, täglich 8.30–16.30 Uhr. Das Büro ist auch für Nakhon Pathom zuständig. Weitere informative Websites: www.kanchanaburiguide.com und www.visitkanchanaburi.com.*

🛏 Unterkunft

Felix River Kwai Resort $$$$–$$$$$ (**1**), *9/1 Moo 3 Thamakham*, ☏ *(034)551000, www.felixriverkwai.co.th, EZ/DZ Baht 2.700–5.900 (inkl. Frühstücksbuffet). Resorthotel nahe der Brücke am Kwai mit 255 bestens ausgestatteten Zimmern, chinesischem Restaurant, Karaoke-Bar, Pool und Wellness-Center.*

River Kwai Hotel $$$–$$$$ (**9**), *284/15-16 Thanon Saengchuto*, ☏ *(034)513348-9, www.riverkwai.co.th, EZ/DZ Baht 1.800–3.000 (inkl. Frühstücksbuffet). 160 gut ausgestattete Zimmer, Restaurant, Pool, Diskothek und bewachter Parkplatz.*

Ploy Resort $$$ (**8**), *79/2 Thanon Mae Nam Kwae*, ☏ *(082)4753443, www.ploygh.com, EZ/DZ Baht 1.000–1.800 (inkl. Frühstück). Attraktive Anlage für gehobenere Ansprüche mit 23 AC-Zimmern im zeitgenössischen Thai-Stil, Restaurant mit Dachterrasse und einladender Pool am Flussufer, kostenloses WLAN.*

Pong Phen Guest House $–$$$ (**3**), *5 Soi Bangklated, Thanon Mae Nam Kwae*, ☏ *(034)512981, www.pongphen.com, EZ/DZ Baht 650, Bungalow Baht 1.000–1.300. Zimmer mit Ventilator in einem dreistöckigen Gebäude und klimatisierte Bungalows am Flussufer, Frühstücksrestaurant, schöner Pool.*

River Guest House $–$$ (**7**), *46 Soi Rong Heep Oi*, ☏ *(034) 511637, EZ/DZ Baht 250–950. Zimmer unterschiedlicher Qualität in schönen Stelzenhäusern am Flussufer; mit Restaurant, Bar und Touragentur.*

Blue Star Guest House $–$$ (**2**), *241 Thanon Mae Nam Kwae*, ☏ *(034) 512161, www.bluestar-guest*

Das River Guesthouse in Kanchanaburi

house.com, EZ/ DZ Baht 200–750. Einfache Zimmer in einem Reihenhaus und gut ausgestattete Zimmer in eng stehenden Bungalows auf Stelzen am Flussufer.

Sugarcane Resort $–$$ (**4**), 22 Soi Pakistan, Thanon Mae Nam Kwae, ☎ (034)624520, Bambusbungalows am Flussufer mit Ventilator und Dusche/WC Baht 200–300, gemütliche Zimmer in schwimmenden Häusern mit Ventilator oder Klimaanlage und Dusche/WC Baht 450–700.

V. N. Guest House $–$$ (**6**), 44 Soi Rong Heep Oil, ☎ (034)514082, www.vnguest house.net, EZ/DZ Baht 275–475. Ordentliche Zimmer mit Ventilator oder Klimaanlage in Holzhäusern auf Flößen und in einem Steingebäude am Flussufer, mit Restaurant und Touragentur.

Jolly Frog Backpackers $ (**5**), 28 Soi China, Thanon Mae Nam Kwae, ☎ (034) 514579, EZ/DZ Baht 200–400. Einfache Zimmer teils in schwimmenden Bungalows, teils in Häusern am Ufer, beliebtes Restaurant.

🍴 Restaurants

Apple's Restaurant (**Blue Rice**) (**4**), 52 Soi Rong Heep Oil, ☎ (034)624544, täglich 8–23 Uhr, Gerichte Baht 80–160. Große Auswahl an thailändischen und europäischen (auch vegetarischen) Speisen.

Beer Barrel (**2**), Thanon Thanon Mae Nam Kwai, ☎ (034)514169, täglich 17–24 Uhr, Gerichte Baht 60–140. Gemütlicher Biergarten im Travellerviertel.

Floating Restaurant (**1**), River Kwai Bridge, ☎ (034)512842, täglich 11–23 Uhr, Gerichte Baht 80–340. Floßrestaurant an der Brücke am Kwai mit hervorragenden thailändischen Standardgerichten und regionalen Spezialitäten, etwa plaa laam, in Bambus gekochter Fisch, oder plaa yisok, ein schmackhafter Fisch aus dem River Kwai; tagsüber durch Touristengruppen viel Betrieb, aber gemütlich und ruhig am Abend.

Food Center (**5**), Thanon Saengchuto, täglich 8–22 Uhr, Gerichte Baht 60–120. Einfaches Ambiente, aber sehr gute thailändische Küche.

Little Creek Garden Walk (**3**), Thanon Mae Nam Kwae, ☎ (034)513769, täglich 8–23 Uhr, Gerichte Baht 80–180. Angenehmes Gartenrestaurant mit thailändischen und westlichen Gerichten.

🥾 Aktivitäten

Bootstouren: An der Anlegestelle an der Eisenbahnbrücke oder bei verschiedenen Gästehäusern in der Stadt kann man Boote für Ausflüge auf dem Mae Nam Kwae Yai und Mae Nam Kwae Noi mieten (Baht 500–600/Stunde). Per Boot kann man z. B. Wat Ban Tham, Wat Tham Suea/Wat Khao Noi und Wat Tham Khao Pun erreichen.

Kanu- und Kayaktouren: Tagestouren auf Mae Nam Kwae Yai und Mae Nam Kwae Noi (ca. Baht 1.350–1.750) veranstaltet **Safarine Tour**, 4 Thanon Taiwan, ☎ (034)624140, www.safarine.com.

Kochkurse: Tageskurse (9.30–15 Uhr, Baht 1.550) in englischer Sprache bietet **Apple's Restaurant**, 52 Soi Rong Heep Oil, ☎ (034)624544.

🚗 Verkehrsverbindungen

Busse: Der Busbahnhof liegt etwa 1 km südlich des Zentrums an der Thanon Saengchuto, ☎ (034)511182. Mehrmals täglich u. a. von/nach Nakhon Pathom, Ratchaburi, Petchaburi, Bangkok, Sangkhlaburi und zum Erawan National Park. Nach Ayutthaya entweder über Bangkok (Southern Bus Terminal) oder mit einem lokalen Bus über Suphanburi.

Züge: *Der Bahnhof liegt im Zentrum an der Thanon Saengchuto, ☏ (034)511200. Sechsmal täglich von/nach Nakhon Pathom und Bangkok.*

☞ Tipp

Mit dem Zug nach Nam Tok
An Wochenenden und Feiertagen setzt die State Railways of Thailand einen von einer Dampflok gezogenen Touristenzug ein, der von Bangkok mit einem Stopp in Nakhon Pathom nach Kanchanaburi (Stopp an der Brücke am Kwai) und weiter nach Nam Tok fährt (Stopps bei den Khmer-Ruinen von Muang Sing und dem Khao Phun War Cemetery). Abfahrt 6.30, Rückkehr 20.30 Uhr; rechtzeitige Buchung dringend empfohlen, Auskunft: ☏ (02)2237010. Außer den Touristenzügen verkehren auf der Trasse der historischen „Todesbahn nach Burma" von Kanchanaburi am River Kwai entlang bis zum Städtchen Nam Tok (75 km/2 Std.) dreimal täglich reguläre Züge. Spektakulär ist der letzte Abschnitt, auf dem es im Schritttempo über das Wang-Po-Viadukt geht, eine hoch über dem Tal des Mae Nam Kwae Noi und kühn in die Felswand gebaute Holz-Bambus-Konstruktion.

Von Kanchanaburi nach Sangkhlaburi

Muang Sing Historical Park (1)

Von Kanchanaburi führt der gut ausgebaute H 323 zum rund 200 km nordwestlich im Grenzgebiet zu Myanmar gelegenen Sangkhlaburi. Bei Abstechern nach Muang Sing und Ban Kao stößt man auf Spuren der Frühgeschichte dieser Region. 32 km nördlich von Kanchanaburi zweigt der H 3455 in südwestliche Richtung ab. Nach 7 km ist der **Muang Sing Historical Park** erreicht. Viele Tempel in Thailand tragen die Handschrift der Khmer, so auch die verwitterten Lateritruinen des **Prasat Muang Sing**. Der Sohn des bedeutenden Khmer-Herrschers Jayavarman VII. ließ den Tempel zu Ehren seines Vaters im 13. Jh. als spirituelles Zentrum der „Löwenstadt" Muang Sing errichten. Die Macht der Angkor-Könige hatte ihren Zenit überschritten, und Muang Sing war der westlichste Vorposten des Khmer-Imperiums. Mit ihrem Reich

Redaktionstipps

Sehenswertes
› Im **Muang Sing Historical Park** beeindruckt ein verwitterter Khmer-Tempel (S. 437). Ein großartiges Naturerlebnis ist der **Erawan National Park** mit zahlreichen Wasserfällen (S. 440). Das **Hellfire Pass Memorial Museum** informiert über das Elend der Kriegsgefangenen im Zweiten Weltkrieg (S. 443).

Übernachten
› In den **schwimmenden Bungalows** der Resorts River Kwai Village Hotel und River Kwai Jungle Rafts wird man in den Schlaf geschaukelt (S. 442).

verfiel auch die Kunst der Khmer. So besitzt der Prasat Muang Sing nichts von der Monumentalität und Erhabenheit früherer Khmer-Tempel auf thailändischem Territorium wie etwa Prasat Hin Phimai oder Prasat Phanom Rung (s. S. 361 und 387).

Gewöhnlich verwendeten die Khmer-Baumeister die groben Lateritsteine nur für Fundamente, während die Aufbauten in edlerem Sand- oder Backstein ausgeführt wurden,

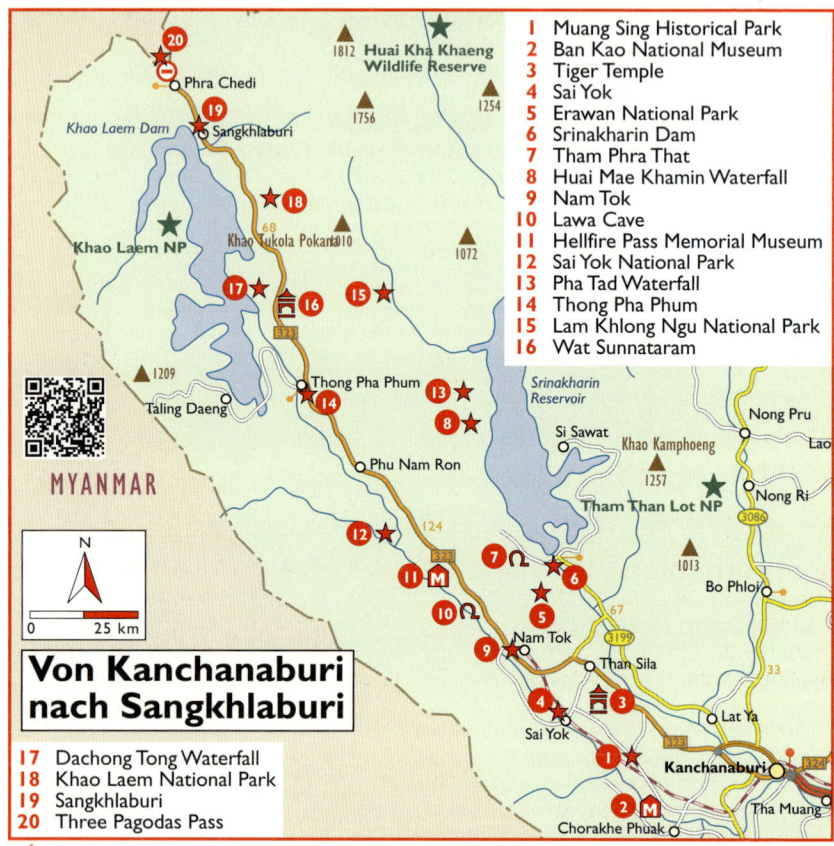

1	Muang Sing Historical Park
2	Ban Kao National Museum
3	Tiger Temple
4	Sai Yok
5	Erawan National Park
6	Srinakharin Dam
7	Tham Phra That
8	Huai Mae Khamin Waterfall
9	Nam Tok
10	Lawa Cave
11	Hellfire Pass Memorial Museum
12	Sai Yok National Park
13	Pha Tad Waterfall
14	Thong Pha Phum
15	Lam Khlong Ngu National Park
16	Wat Sunnataram

Von Kanchanaburi nach Sangkhlaburi

17	Dachong Tong Waterfall
18	Khao Laem National Park
19	Sangkhlaburi
20	Three Pagodas Pass

© *i graphic*

Laterit als Baustoff

doch der Prasat Muang Sing ist aus **porösem Laterit** erbaut: Das Areal ist von einer Mauer aus Lateritblöcken umgeben, und ein mit Lateritsteinen gepflasterter Weg führt zum Haupttempel, der ebenfalls ganz aus Laterit errichtet ist. Dieser eisenoxydhaltige Stein ist wegen seiner Härte schwer zu bearbeiten und eignete sich nicht für feine Verzierungen an Türmen, Mauern und Portalen. So präsentiert sich der Prasat Muang Sing denn auch ohne Dekor.

Vorbild Angkor Wat

Wie bei bedeutenden Khmer-Tempeln basiert die Anlage auf exakt festgelegten geometrischen Prinzipien: ein hohes Hauptsanktuarium in der Mitte, umgeben von mehreren kleineren Sanktuarien und von einer Mauer sowie einem Wassergraben umschlossen. Wie das 100 Jahre zuvor gebaute Angkor Wat ist die Tempelanlage als Abbild des hinduistischen Kosmos gestaltet.

Besucher betreten den Haupttempel durch einen gut erhaltenen Gopuram-Torturm. Im Vorbau des Allerheiligsten steht die Replik einer Statue des Bodhisattva Avalokiteshvara, als dessen Inkarnation sich der Khmer-König Jayavarman VII. sah. Das Sanktuarium dominiert eine Statue von Prajna Parawita, die im Mahayana-Buddhismus als Göttin der Weisheit verehrt wird – zur Zeit Jayavarmans VII. und seiner Nachfolger die Staatsreligion im Khmer-Reich. Ein kleines Museum präsentiert Kopien von Buddha-Statuen im Khmer-Stil; die Originale befinden sich im Nationalmuseum in Bangkok. Abseits des Tempels liegen die Fundamente ehemaliger Mönchsunterkünfte.

Am Steilufer des Mae Nam Kwae Noi, noch auf dem Areal von Muang Sing, wurden prähistorische Gräber mit Bronzegefäßen und Keramik als Grabbeigaben gefunden. Ein kleines Museum informiert über die Ausgrabungen.
Muang Sing Historical Park, *täglich 8–16.30 Uhr, Eintritt: Baht 100 zuzüglich Baht 10 für Fahrrad, Baht 20 für Motorrad, Baht 50 für Auto.*

Ban Kao National Museum (2)

7 km südöstlich des Muang Sing Historical Park liegt Ban Kao, das von Kanchanaburi auch auf dem H 3228 zu erreichen ist (37 km). Das Ban Kao National Museum zeigt prähistorische Funde: Die Karsthöhlen in der Region um Kanchanaburi wurden zwischen 10.000 und 4.000 v. Chr. bewohnt. Gezeigt werden Steinkeile, Töpferwaren und einfache Schmuckstücke, Dioramen geben einen Eindruck vom Leben in vorgeschichtlichen Zeiten. Einige der bedeutendsten Ausstellungsstücke des Museums entdeckte der holländische Archäologe Dr. van Heekeren während seiner Zeit als Kriegsgefangener der Japaner.   *Steinzeit*
Ban Kao National Museum, *Mi–So 9–16 Uhr, Eintritt: Baht 50.*

Tiger Temple (3)

38 km nördlich von Kanchanaburi zweigt vom H 323 eine Stichstraße nach Nordosten zum Waldtempel Wat Pa Luangta Bua Yannasampanno ab, der nach 2 km erreicht wird und besser als **Tiger Temple** bekannt ist. Hier betreibt ein Tierarzt aus Bangkok gemeinsam mit den Mönchen seit 1999 ein Tigerschutzprojekt und päppelt Tigerjunge auf, deren Mütter von Wilderern verletzt oder erschossen wurden. Initiiert wurde das Projekt,

Ein Jungtier hat eine neue Heimat im Tiger Temple gefunden

Tigerschutz-
projekt

nachdem ein verletztes Tigerbaby in den Tempel gebracht worden war. Das Engagement der Mönche sprach sich herum und heute werden verwaiste oder verletzte Tigerjunge und andere Tiere in die Obhut des Klosters gegeben. Mittlerweile haben dort neben 17 Großkatzen auch zahlreiche Hirsche, Wildschweine und Pfaue eine Heimat gefunden, in der Nähe des Tiger Temple wurde ein Freigehege angelegt, das mit Spenden- und Eintrittsgeldern finanziert wird. Tierschützer beanstanden seit Langem die nicht artgerechte Haltung und Ernährung der Tiger sowie das Zurschaustellen. Eine Auswilderung der jahrelang falsch gehaltenen Tiere sei nicht mehr möglich.

Tiger Temple, ☎ *(034)531557, täglich 12–16.30 Uhr, Programm: 12.30 Uhr: Besucher dürfen die Tigerbabys streicheln; 13 Uhr: die halbwüchsigen Tiger werden in den nahen Tiger Canyon geführt; 13.30–15.30 Uhr: Besucher können sich mit den Tigern fotografieren lassen; 15.30 Uhr: die Tiger werden zurück in ihr Gehege geführt; 16 Uhr: Fütterung der Tiger; Eintritt: Erwachsene Baht 600, Kinder Baht 300.*

Sai Yok (4)

Hoch über dem River Kwai – das Wang-Po-Viadukt

Beim KM 44 windet sich vom H 323 eine steile Straße hinab nach **Sai Yok** im Tal des River Kwai. 3 km südlich des Ortes verläuft die Eisenbahnlinie in abenteuerlich anmutender Streckenführung auf dem rund 500 m langen Wang-Po-Viadukt, einer Holzkonstruktion mit Betonfundamenten, zwischen dem River Kwai und steil aufragenden Felswänden. Am jenseitigen Ufer sind die schwimmenden Häuser des Resorts River Kwai Jungle House verankert. In der Grotte Tham Krasae beim Viadukt beten die Gläubigen vor einem sitzenden Buddha in der Dhyana-Mudra-Position, die den Augenblick der Erleuchtung symbolisiert. Die Züge zwischen Kanchanaburi und Nam Tok halten an der kleinen Bahnstation Tham Krasae, damit die Passagiere Gelegenheit zum Sightseeing haben.

Erawan National Park (5)

Wer den **Erawan National Park** besuchen will, biegt beim KM 54 des H 323 auf den H 3457 nach Norden ab und nach 17 km links auf den H 3199. Nach insgesamt 39 km ist der nahe dem Erawan Market gelegene Parkeingang erreicht. Das Naturschutzge-

Die zweite Stufe des Erawan Waterfall

biet ist ein beliebtes Ausflugsziel. Publikumsmagnet ist der **Erawan Waterfall**, der auf einer Länge von gut 2.000 m in sieben unterschiedlich hohen Stufen abfällt und als der schönste Wasserfall der Provinz Kanchanaburi gilt.

Vom **Visitor Centre** sind es 700 m bzw. 10 Fußminuten zur 1. Stufe (Ly Kun Lung), wo das Wasser in kleinen Kaskaden durch den Regenwald plätschert. Ein 100 m langer Treppenpfad führt zur 2. Stufe (Wung Macha). Dort speist der Wasserfall einen tiefen Pool, in dem man herrlich zwischen Fischen schwimmen kann. In Acht nehmen sollte man sich vor den dreisten Makaken, die den Touristen schon mal die Hüte von *Dreiste* den Köpfen nehmen. Ein gut 1.000 m langer Naturlehrpfad mit Texttafeln, der am zwei- *Affen* ten Wasserfall beginnt, vermittelt einen Eindruck vom Monsunwald. Gut schwimmen lässt es sich auch im Felsenpool der 3. Stufe (Pha Nam Tok), die nach 150 m erreicht ist. Auf Stufen geht es 350 m steil bergauf zu den von dichtem Dschungel umgebenen Kaskaden der 4. Stufe (Oke Nanh Phee Seah). Etwa 450 m entfernt liegt die malerische 5. Stufe (Bua Mai Long), wo das klare Wasser über Kalksinterterrassen tost. Je 200 m voneinander entfernt sind die 6. Stufe (Dong Prouck Sa) und die 7. Stufe (Phu Pha Erawan), wo das Wasser eine 30 m hohe, moosgrüne Felswand hinunterstürzt. Der Name des obersten Wasserfalls, zugleich die Bezeichnung des Nationalparks, rührt von einer Felsformation, in der die Einheimischen eine Ähnlichkeit mit dem dreiköpfigen Elefanten Erawan erkennen, dem Reittier des hinduistischen Götterkönigs Indra. *Elefanten-* **Erawan National Park**, ☎ *(034)574222, www.thainationalparks.com/erawan-national-* *köpfige* *park, täglich 8–16.30 Uhr, Eintritt: Erwachsene Baht 200, Kinder Baht 100 zuzüglich Baht* *Felsen* *10 für Fahrrad, Baht 20 für Motorrad, Baht 50 für Auto.*

In der Nähe liegt der **Srinakharin Dam (6)**, einer der größten künstlichen Seen des Landes, der den Mae Nam Kwae Yai aufstaut. In Ban Tha Kradan am Südufer werden Boote für Ausflugsfahrten auf dem Stausee vermietet.

Badespaß am Sai Yok Noi Waterfall

Hobby-Speläologen zieht es zur 12 km nordwestlich noch im Erawan National Park gelegenen Höhle **Tham Phra That (7)** mit herrlichen Stalaktiten und Stalagmiten (*täglich 8–16 Uhr, mit Ticket vom Erawan Waterfall freier Eintritt; die guides, die Besucher durch die Höhle führen, erwarten ein Trinkgeld*). Eine teils raue Piste, auf der ein Geländewagen gute Dienste leistet, führt weiter zum 40 km nördlich im Srinakharin National Park gelegenen **Huai Mae Khamin Waterfall (8)** mit mehreren Naturpools.

Nam Tok und Sai Yok Noi Waterfall

Die größte Attraktion des verschlafenen Marktfleckens **Nam Tok (9)**, in dem die Eisenbahnlinie endet, ist der 15 m hohe **Sai Yok Noi Waterfall** am nördlichen Ortsausgang, wenige Schritte abseits des H 323, mit einigen kleinen Felsenpools. Die **Lawa Cave (10)**, mit 485 m die längste Tropfsteinhöhle der Region, die etwa eine halbe Bootsstunde flussaufwärts am jenseitigen Ufer des Mae Nam Kwae Noi im Sai Yok National Park liegt, erreicht man am besten mit einem gecharterten Boot vom Nam Tok Pak Saeng Pier.

Sai Yok Noi Waterfall, *täglich 8–16.30 Uhr, Eintritt: Erwachsene Baht 200, Kinder Baht 100.*

Reisepraktische Informationen Nam Tok

Unterkunft
River Kwai Village Hotel $$$$–$$$$$, *Highway 323,* ☏ *(089)9184562-3, www.riverkwaivillagehotel.com, EZ/DZ Baht 3.400–4.600. 12 km nördlich von Nam Tok am Ufer des River Kwai gelegen, 191 komfortable Zimmer in einem dreistöckigen Gebäude und in schwimmenden Häusern, Restaurant und Pool.*

Mom Chailai Forest Retreat $$$–$$$$, *Highway 323,* ☏ *(086)7788389, www.momchailai.com, EZ/DZ und Bungalow Baht 1.600–3.475 (inkl. Frühstück). 10 km nördlich von Nam Tok im Monsunwald verstecktes Hideaway mit rustikal möblierten Zimmern und Bungalows sowie hervorragendem Restaurant; Buchung nur übers Internet.*

Yoko River Kwai Resort $$$–$$$$$, ☏ *(034)591414-5, www.yokoresort.com, EZ/DZ Baht 1.800–3.600. In Sai Yok, nahe der Bahnstation Tham Krasae, am Steilufer des River Kwai gelegenes Resort mit komfortablen Bungalows und gemütlichen Zimmern in schwimmenden Häusern sowie Restaurant mit Flussblick.*

River Kwai Resotel $$$–$$$$, ☎ *(08)980 30522, www.riverkwairesotel.com, EZ/DZ Baht 1.650–3.850 (Vollpension). Klimatisierte Bungalows im Dschungel, Restaurant am Fluss-ufer, Pool und großes Angebot an Aktivitäten; etwa 20 Bootsminuten flussaufwärts nahe der Lawa Cave gelegen (Boot ab Nam Tok Pak Saeng Pier).*
River Kwai Jungle Rafts $$$–$$$$, ☎ *(02) 6425497 (in Bangkok), www.riverkwai junglerafts.com, EZ/DZ Baht 1.625–3.778 (Vollpension). Schwimmende Lodge ohne Elek-trizität mit 100 einfachen Räumen in Bambushütten auf Holzflößen und gutem Restaurant; etwa 40 Bootsminuten flussaufwärts gelegen (Boot ab Nam Tok Pak Saeng Pier).*
River Kwai Jungle House $$$–$$$$, ☎ *(34)561052, www.banrimkwae.com, EZ/DZ Baht 1.400–3.600 (Vollpension). Schwimmende Floßbungalows auf dem River Kwai gegen-über dem Wang-Po-Viadukt; etwa 30 Bootsminuten flussabwärts gelegen (Boot ab Nam Tok Pak Saeng Pier).*

Hellfire Pass Memorial Museum (11)

Einen spannenden Einblick in die Geschichte der „Eisenbahn des Todes" vermittelt das **Hellfire Pass Memorial Museum** beim KM 65 des H 323. Eröffnet wurde das Mu-seum in den 1980er-Jahren auf Initiative ehe-maliger australischer Kriegsgefangener. Ge-zeigt werden historische Dokumente, Foto-grafien und persönliche Erinnerungsstücke, Texttafeln auf Englisch und Thai schildern die Schicksale der *prisoners of war*. Erschütternd ist die siebenminütige audiovisuelle Präsen-tation historischer Aufnahmen und Berichte Überlebender.
Hellfire Pass Memorial Museum, *täglich 9–16 Uhr, Spende erbeten.*

Die kurze Wanderung entlang der Eisen-bahntrasse vom Museum zum 500 m ent-fernten Hellfire Pass, wo etwa 1.000 Kriegs-gefangene und Zwangsarbeiter mit einfachs-ten Geräten die 110 m lange Schneise Konyu Cutting in das Gestein schlagen mussten, gibt eine Vorstellung von den unmenschlichen Ar-beits- und Lebensbedingungen. Die Gefan-genen mussten in 14- bis 16-Stunden-Schichten rund um die Uhr schuften. Sie nannten den Pass Hellfire, weil sie die flak-kernden Holzfeuer und Fackeln, welche die Baustelle nachts beleuchteten, mit dem Höl-lenfeuer verglichen. Auf dem Schotterbett kann man bis zur Schneise Hintok Cutting

Die Schneise Konyu Cutting am Hellfire Pass

laufen (2,5 km/1 bis 1,5 Std.), zu der man auch auf einer vom H 323 abzweigenden 7 km langen Stichstraße mit einem Auto gelangt. Der Wanderpfad endet nach weiteren 1,5 km bei der Schneise Compressor Cutting.

info

Die „Eisenbahn des Todes"

Mit dem Angriff japanischer Tiefflieger auf den amerikanischen Stützpunkt Pearl Harbour auf Hawaii begann am 7. Dezember 1941 der Pazifische Krieg. Sechs Monate nach dem japanischen Kriegseintritt und dem Beginn des triumphalen Eroberungszuges durch Südostasien befahl der japanische Generalstab den Bau einer Eisenbahnlinie über den Three Pagodas Pass von Thailand nach Burma. Auf der Route sollte Nachschub für die geplante Invasion von Britisch-Indien transportiert werden, da die Alliierten den Seeweg durch die Straße von Malakka kontrollierten. Thailand und Japan waren verbündet, sodass diesem Plan politisch nichts im Wege stand.

Die Ingenieure vollbrachten eine Meisterleistung und führten die 415 km lange Trasse von Kanchanaburi aus durch malariaverseuchten Regenwald, über enge Schluchten, steile Felshänge und reißende Flüsse. Die Arbeit jedoch verrichteten mehr als 60.000 alliierte Kriegsgefangene und etwa 250.000 Zwangsarbeiter aus ganz Südostasien – mit einfachsten Werkzeugen und unter menschenunwürdigen Bedingungen. Die Bauzeit sollte fünf Jahre betragen, doch die Militärs trieben ihre Gefangenen brutal an, sodass innerhalb von nur 16 Monaten, zwischen Juni 1942 und Oktober 1943, das scheinbar unmögliche Vorhaben vollendet wurde. Doch zu welchem Preis: Mehr als 12.000 Kriegsgefangene aus Großbritannien, Australien, den USA und den Niederlanden sowie bis zu 90.000 asiatische Zwangsarbeiter starben an Krankheiten, Hunger und Erschöpfung. Viele kamen auch bei Luftangriffen der Alliierten ums Leben, die den Bau der strategisch wichtigen Nachschublinie verhindern wollten. Das bedeutete etwa 250 Menschenleben für jeden Kilometer der letztlich nutzlosen „Eisenbahn des Todes", wie Überlebende die Bahnlinie später nannten. Nach dem Krieg übernahm Thailand die Strecke, ohne aber die erhoffte Verbindung zum benachbarten Burma zu bekommen. Die Briten, die noch bis 1948 in Burma herrschten, begannen kurz nach Kriegsende mit der Demontage jenseits der Grenze am Drei-Pagoden-Pass. Auch die Thailänder legten schließlich 130 km still, sodass die Bahnlinie nur noch knapp 80 km misst und in Nam Tok endet. Heute sind die Gleise hinter Nam Tok demontiert und die Trasse wird allmählich vom Urwald überwuchert.

Weltberühmt wurde die Todesbahn durch den Spielfilm „Die Brücke am Kwai" mit Sir Alec Guinness und William Holden in den Hauptrollen. Der Film wurde 1957 nicht am Originalschauplatz in Thailand, sondern auf Sri Lanka gedreht und basiert auf dem gleichnamigen Roman von Pierre Boulle aus dem Jahr 1952.

Sai Yok National Park (12)

Vom KM 81 des H 323 führt eine 3 km lange Stichstraße zum **Sai Yok National Park**, dessen Hauptattraktion der 10 m hohe Sai Yok Yai Waterfall ist. Ein schöner Blick bietet sich von einer Hängebrücke nahe dem Besucherzentrum. In der 1,6 km westlich des Vistor Center gelegenen Khang Khao Cave leben die erst 1973 entdeckten Khun Kitti Bats. Diese Fledermäuse sind mit einer Länge von maximal 3 cm und einem Gewicht von nur wenigen Gramm die kleinsten Säugetiere der Welt. Mit

Seltene Fledermäuse

schönen Tropfsteinen wartet die 5 km nordwestlich des Parkeingangs gelegene, 80 m lange Dao Dung Cave auf (über den H 323 zu erreichen). In den schwer zugänglichen Regionen des Nationalparks an der thailändisch-myanmarischen Grenze haben Tiger und Elefanten eines ihrer letzten Rückzugsgebiete gefunden.
Sai Yok National Park, *täglich 8–18 Uhr, Eintritt: Erwachsene Baht 200, Kinder Baht 100.*

Pha Tad Waterfall (13)

Zwischen KM 103 und KM 104 zweigt vom H 323 eine Straße ab und führt nach 12 km zum Srinakharin National Park mit dem **Pha Tad Waterfall**. Von einem Picknickplatz sind es zehn Fußminuten zu dem etwa 30 m hohen Wasserfall, der sich in Bäche verzweigt, die wiederum kleine Wasserfälle und Naturpools bilden – eine zauberhafte Szenerie im Regenwald. Zwischen KM 105 und KM 106 sprudeln einige Hundert Meter östlich des H 323 die Hin Dat Hot Springs.
Pha Tad Waterfall, *täglich 8–18 Uhr, Eintritt: Erwachsene Baht 100, Kinder Baht 50.*

Weitere Sehenswürdigkeiten

Der Marktflecken **Thong Pha Phum (14)** liegt inmitten einer herrlichen Berglandschaft. 2 km nördlich hebt sich vor der imposanten Silhouette schroffer Gipfel die auf einem Hügel thronende Pagode des Wat Pha Phum ab. Der H 3272 führt zu dem 7 km nordwestlich gelegenen Vajiralongkorn-Damm, der nach dem Sohn König Bhumipols benannt ist. Der 92 m hohe Steinwall, der sich über eine Länge von 1.019 m zwischen zwei mächtigen Karstmassiven erstreckt, staut den Mae Nam Kwae Noi zum riesigen Khao Laem Reservoir auf.

Riesiger Stausee, wundervolle Bergwelt

Nördlich von Thong Pha Phum führt der H 323 durch eine wilde Bergwelt. In den Ferienanlagen am Ostufer des Khao-Laem-Stausees verbringen wohlhabende Bangkoker ihre Wochenenden. Die 28 km nördlich von Thong Pha Phum bei einer großen Buddha-Statue abzweigende Straße führt zum **Lam Khlong Ngu National Park (15)** mit Wasserfällen und Tropfsteinhöhlen. Die bekannteste Grotte, Tham Sao Hin mit einer 61 m hohen schlanken Felssäule, kann teils watend, teils schwimmend erkundet werden.
Lam Khlong Ngu National Park, *täglich 8–18 Uhr, Eintritt: Erwachsene Baht 200, Kinder Baht 100.*

Bei einem Polizeiposten 34 km nördlich von Thong Pha Phum zweigen Straßen nach rechts zum Waldtempel **Wat Sunnataram (16)** und nach links zum 25 m hohen **Dachong Tong Waterfall (17)** ab. Nahe dem Checkpoint rauscht wenige Schritte rechts vom Highway der kleine Kroeng Krawia Waterfall über Lehmstufen durch dichten Wald. Im weiteren Verlauf bieten sich vom H 323 immer wieder schöne Blicke auf das Khao Laem Reservoir mit schwimmenden Fischerdörfern.

Waldtempel und Wasserfall

Das Besucherzentrum des knapp 1.500 km² großen **Khao Laem National Park (18)** beim KM 40 ist Ausgangspunkt für unterschiedlich lange Wanderungen zu Wasserfällen, etwa den Krateng Cheng Waterfall (hin und zurück 8 km/3 bis 4 Std.). Hobby-Ornithologen zieht es zum Feuchtgebiet Krueng Kravia mit einer vielfältigen Vogelwelt (*täglich 8–18 Uhr, Eintritt: Erwachsene Baht 200, Kinder Baht 100*).

Tipp

Unterkunft
Wer die Fahrt unterbrechen möchte, findet 18 bzw. 16 km südlich von Thong Pha Phum zwei komfortable Hotels, die man unter der Woche oft für sich allein hat. An der Straße zum Pha Tad Waterfall liegt das dreistöckige **Pha Tad Valley Hotel** mit 64 klimatisierten Zimmern und Bungalows, einem Restaurant sowie einem großen Swimmingpool und einem kleineren Thermalpool (☎ (034)526540-1, EZ/DZ Baht 1.250–1.850 inkl. Frühstück). Das **Green World Resort** am H 323 ist im modernen Thai-Stil errichtet und hat 185 bestens ausgestattete Zimmer in einem mehrstöckigen Gebäude sowie Restaurant, Pool, Fitness-Center und Golfplatz; unter der Woche sind Rabatte möglich (☎ (034)531382-3, EZ/DZ Baht 1.950–2.750 inkl. Frühstück).

Sangkhlaburi

Den Ort **Sangkhlaburi (19)** an der Nordspitze des Khao Laem Reservoir gibt es in seiner heutigen Form erst seit Mitte der 1980er-Jahre. Die alte Stadt versank 1984 in den Fluten des Stausees. Die rund 10.000 Einwohner sind ethnische Thai, Burmesen, Karen und Mon, wobei die letzten beiden Gruppen den größten Anteil ausmachen. Auf einem Hügel am südlichen Ortsrand erstreckt sich beiderseits des H 323 das Tempelkloster **Wat Somdet**. Die allen Gläubigen zugängliche Vihara ist burmesisch, die Ordinationshalle der Mönche in thailändischem Stil errichtet. Ein halboffener Pavillon beherbergt die 20 m lange Kolossalstatue eines liegenden Buddha.

Die mit einer Länge von 850 m längste **Holzbrücke** Thailands führt über den Mae Nam Songkalia zum Dorf Wang Kha, in dem etwa 1.000 Mon-Familien leben. Sie sind Nachfahren des alten Mon-Volkes, das einst über weite Teile Zentralthailands herrschte, bis es von den Khmer und Tai-Völkern verdrängt wurde. Ihr religiöses Zentrum ist der große **Wat Wang Wiwekaram** (auch kurz Wat Mon genannt), der eine Mischung thailändisch-burmesisch-indischer Architekturstile ist und auf einem Hügel oberhalb des Dorfes liegt. Die einzelnen Gebäude gruppieren sich um den zentralen Chedi Luang Pho Uttama, dessen Spitze mit einem Mantel aus purem Gold verkleidet ist. Ein Erlebnis ist der Besuch des allmorgendlichen Marktes am Rande des Mon-Dorfes. Von verschiedenen Hotels und Gästehäusern werden Elefanten-Trekking und Fluss-Rafting-Touren in der Umgebung von Sangkhlaburi angeboten. Eine Bootsfahrt über den riesigen Khao-Laem-Stausee führt zu den Überresten des bei der Flutung versunkenen **alten Wat Wang Wiwekaram**, die noch aus dem klaren Wasser ragen.

Reisepraktische Informationen Sangkhlaburi

Unterkunft
Samprasob Resort $$$–$$$$, ☎ (34)595050, www.samprasob.com, EZ/DZ und Bungalow Baht 1.250–2.650. In schöner Hanglage über dem See, gutes Restaurant, Pool.

Songkhalia Resort $$–$$$, ☎ *(034)595023-4, www.songkhaliaresort.com, EZ/DZ Baht 800–1.500. Holzhäuser oberhalb des Sees, im Restaurant Thai-Gerichte und regionale Spezialitäten, gut geführt von einer freundlichen Mon-Familie.*
P. Guest House $–$$$, ☎ *(034)595061, www.p-guesthouse.com, EZ/DZ Baht 300– 1.950. Steinbungalows in Hanglage am See, Restaurant und schöner Garten, Organisation von Bootsausflügen und Elefanten-Treks, Verleih von Fahr- und Motorrädern sowie Kanus und Kayaks.*
Burmese Inn $–$$, ☎ *(034)595146, www.sangkhlaburi.com, EZ/DZ Baht 400–1.500. Gästehaus in schöner Hanglage mit Zimmern und Bungalows sowie beliebtem Terrassen-restaurant.*

Three Pagodas Pass (20)

Von Sangkhlaburi sind es nur 21 km zur thai-ländisch-myanmarischen Grenze am **Three Pagodas Pass**, den die Thai Dan Chedi Sam Ong nennen. Auf der Fahrt gibt es kaum Anlässe für Stopps. Der H 323 endet an einem weitläufigen Platz vor der Grenze, auf dem sich drei kleine weiße Chedis erheben. Gegenüber erinnert der unscheinbare, im Jahre 2002 eingeweihte Schrein The Border Peace Temple Thai-Japan an die japanische Besatzung im Zwei-

Frauen aus Myanmar am Three Pagodas Pass

ten Weltkrieg. In der Nähe sieht man noch Schwellen und Gleise der Death Railway. *Reste der* Zu dem großen Burmesen-Markt zieht es vorwiegend Thailänder, die dort preisgüns- *Todesbahn* tig Teakmöbel, handgewebte Textilien und andere Produkte aus Myanmar erwerben. Einst war der strategisch günstig gelegene Drei-Pagoden-Pass das Haupteinfallstor der burmesischen Heere, zuletzt 1767, als sie Ayutthaya überfielen und dem Erdboden gleichmachten. Der Pass ist heute eine wichtige Handelsstraße zwischen den beiden Ländern.

 Hinweis

Touristen aus westlichen Ländern können an der Grenze ein Tagesvisum für einen Besuch des myanmarischen Grenzdorfes Payathonzu erhalten. Erforderlich sind der Reisepass und zwei Kopien davon sowie zwei Passbilder. Auf burmesischer Seite ist eine entrance fee von US$ 10 zu bezahlen.

9. SÜDTHAILAND

Überblick

Der Süden Thailands ist 71.000 km² groß und hat rund 10,2 Mio. Einwohner. Bereits vor Christi Geburt bestanden Kontakte zu anderen asiatischen Regionen: Orte wie etwa Trang an der Westküste wurden von indischen Schiffen angelaufen, und über alte Handelsstraßen gelangten indische Kultureinflüsse in den Osten der Malaiischen Halbinsel, wo sich eine Reihe wohlhabender Staaten bildeten, die mächtigsten um Chaiya und Nakhon Si Thammarat. Wahrscheinlich unterhielten sie zwischen dem 2. und 6. Jh. Beziehungen zum hinduistisch geprägten Reich Funan auf der anderen Seite des Golfes von Thailand, mit Sicherheit bestanden zwischen dem 6. und 10. Jh. Kontakte zu den Mon-Städten Zentralthailands.

Wegen ihrer für die Schifffahrt zwischen Indien und China wichtigen geografischen Lage war die Halbinsel stets auch Einflüssen vonseiten der Seemächte Indonesiens ausgesetzt. Der Süden geriet etwa zwischen dem 8. und 13. Jh. in den Einflussbereich des bud-

Südthailand

(Karte: MYANMAR, Chiang Rai, Chiang Mai, LAOS, Sukhothai, Udon Thani, LAOS, THAILAND, Ubon Ratchathani, Nakhon Ratchasima, Ayutthaya, BANGKOK, Kanchanaburi, MYANMAR, Pattaya, Hua Hin, KAMBODSCHA, Chumphon, VIETNAM, Surat Thani, Ko Phuket, MALAYSIA, N, 0 100 km)

© graphic

dhistischen Königreichs Sri Vijaya auf Südsumatra. Während der Sukhothai- und Ayutthaya-Periode sowie teils auch während der Herrschaft der Chakri-Dynastie war der Süden zwar der jeweiligen Zentralregierung verpflichtet, doch die einzelnen Provinzen unter örtlichen Rajas waren bis zu Beginn des 20. Jh. mehr oder weniger autark. Ethnisch ist der Süden die Kontaktzone zwischen der thailändisch-buddhistischen und der malaysisch-muslimischen Kultur. Nördlich der Linie Phang Nga–Nakhon Si Thammarat leben überwiegend Buddhisten, südlich davon Muslime. Insgesamt sind etwa 73 Prozent der Bevölkerung des Südens ethnische Thai, 25 Prozent Malaien und 2 Prozent Chinesen. Die drei südlichsten Provinzen, Pattani, Yala und Narathiwat, haben eine mus-

Autonomer Süden

Redaktionstipps

Sehenswertes

▸ Naturfreunde sollten Abstecher in den **Kaeng Krachan National Park** (S. 454) und in den **Khao Sam Roi Yot National Park** (S. 462) einplanen.

Übernachten

▸ Wer edles Kolonial-Flair mag, fühlt sich wohl im **Centara Grand Beach Resort** (S. 460) in Hua Hin. Das **Dolphin Bay Resort** (S. 463) ist ein ruhiges Hotel am Rande des Khao Sam Roi Yot National Park.

Essen und Trinken

▸ Auf dem **Nachtessensmarkt** von Hua Hin gibt es das beste Angebot an Seafood. Frischen Fisch und Meeresfrüchte genießt man in den **Restaurants am Sai Ree Beach** bei Chumphon.

Feste und Veranstaltungen

▸ Ende Januar/Anfang Februar findet in Phetchaburi die **Phra Nakhon Khiri Fair** mit großer Sound & Light Show statt. Nach der Reisernte werden zwischen Januar und Mai in der Umgebung von Phetchaburi Stierrennen ausgetragen. Beim dreitägigen **Hua Hin Jazz Festival** Mitte Juni kommen Spitzen-Jazzer aus aller Welt zusammen. Im September werden in Hua Hin die Meisterschaften im **Elefanten-Polo** ausgetragen.

limische Mehrheit. Verschiedene politische Gruppen streiten dort mehr oder weniger gewalttätig um die Durchsetzung von Zielen, die von gesellschaftlichem Wandel bis zu Separatismus reichen. Nach Anschlägen und gewaltsamen Auseinandersetzungen zwischen Regierungstruppen und muslimischen Aufständischen verhängte die thailändische Regierung Anfang Januar 2004 in den drei Südprovinzen das Kriegsrecht. Da im Süden auch in jüngerer Vergangenheit Menschen bei Anschlägen getötet oder verletzt wurden, wird derzeit von einem Besuch der Provinzen Pattani, Yala und Narathiwat abgeraten (s. S. 511).

Der Konflikt beschränkt sich auf diese drei touristisch eher unbedeutenden Provinzen. In allen anderen Regionen des Südens kann man unbesorgt Urlaub machen. Ob an der Andamanen-Küste und den ihr vorgelagerten Inseln, ob an der westlichen Golfküste oder den Inseln im Golf von Thailand, überall finden Besucher schöne Landschaften: Dschungelbedeckte, schroffe Bergketten, von Kokospalmen gesäumte Strände, idyllische Buchten, in denen Fischerboote dümpeln, und davor Koralleninseln. Wer sich wie Robinson fühlen will oder den Komfort eines Luxushotels sucht, wird im Süden Thailands fündig.

Reisepraktische Informationen

Es gibt Direktflüge von Bangkok oder von Europa in die Urlaubszentren des Südens. Auch mit Bus und Bahn lassen sich von Bangkok aus alle Ziele bequem erreichen. Beliebt ist die Eisenbahnfahrt im Nachtzug nach Surat Thani, dem Ausgangspunkt für Ko Samui und andere Inseln im Golf von Thailand. In allen Urlaubsorten kann man Autos und Motorräder mieten. Zu den vorgelagerten Inseln verkehren regelmäßig Passagierboote, nach Ko Samui und Ko Lanta auch Autofähren. Phuket ist mit dem Festland durch eine Brücke verbunden.

Die westliche Golfküste – Von Bangkok bis Surat Thani

Ratchaburi und Umgebung

Die Provinzhauptstadt Ratchaburi (rund 50.000 Einw.) liegt 100 km südwestlich von Bangkok am Mae Nam Klong. Ihre Ursprünge reichen mehr als 1.000 Jahre zurück:

Der Ort gehörte zu dem von Mon-Völkern gegründeten Dvaravati-Reich, das zwischen dem 6. und 10. Jh. eines seiner politisch-religiösen Zentren im nahen Nakhon Pathom hatte (s. S. 428). Einen Blick in die Vergangenheit gewährt das im ehemaligen Rathaus aus den 1920er-Jahren untergebrachte **National Museum** mit einer kleinen, *Dvaravati-* aber exquisiten Sammlung von Objekten im Mon- oder Dvaravati-Stil. Viele Exponate *Kunst* stammen aus der 10 km südlich gelegenen Mon-Siedlung **Ku Bua**, allerdings befinden sich die schönsten Zeugnisse der Dvaravati-Kultur im Nationalmuseum von Bangkok. **National Museum**, ☎ *(032)321513, Mi–So 9–16 Uhr außer feiertags, Eintritt: Baht 100.*

Ebenfalls aus der Dvaravati-Zeit stammt der **Wat Si Rattana Mahathat**, der jedoch während der Lopburi- und der Ayutthaya-Periode erweitert wurde. Der zentrale Prang weist Einflüsse der Khmer-Architektur auf. Die meisterhaften Wandmalereien im Sanktuar entstanden im 14./15. Jh. im Ayutthaya-Stil. Buddha-Statuen im Dvaravati-Stil kann man im Bot bewundern.

In den Karstmassiven in der Umgebung von Ratchaburi liegen zahlreiche Höhlen und Grotten, darunter bedeutende Pilgerstätten wie die knapp 250 m lange, bis zu 30 m breite und 25 m hohe **Chompu Cave**. Die verzweigte **Khao Bin Cave** beeindruckt *Höhlen und* mit imposanten Tropfsteinen. Aus der **Kang Khao Cave** flattern am späten Nach- *Grotten* mittag Tausende von Fledermäusen, um sich auf die nächtliche Futtersuche zu begeben. Unweit von Ratchaburi liegt der „schwimmende Markt" von Damnoen Saduak (s. S. 177).

Phetchaburi und Umgebung

In Phetchaburi, der „Stadt der Diamanten", sollen einst Edelsteine in den umliegenden Felsmassiven gefördert worden sein. Heute wird es wegen des Palastes **Phra Nakhon Khiri** besucht, den König Mongkut (Rama IV.) als Sommerresidenz errichten ließ. Bereits von Weitem ist der knapp 100 m hohe Berg **Khao Wang** zu sehen, auf dessen zwei Gipfeln der Palast thront. Der weitläufige Gebäudekomplex vereint europäisch-neoklassizistische mit traditionell thailändischen Stilelementen.

Über eine Treppe mit Naga-Balustraden oder mit einer kleinen Zahnradbahn gelangt man auf den nordwestlichen Gipfel mit der Audienzhalle Phra Thinang Phetphum Phairot, in der das **Phra Nakhon Khiri National Museum** untergebracht ist, ein beeindruckendes Beispiel für feudale siamesische Wohnkultur des 19. Jh. Im angrenzen- *Siamesische* den Phra Thinang Wichien Prasat, einem Meisterwerk thailändischer Sakralarchitektur, *Wohnkultur* wird eine Statue König Mongkuts verehrt. Der Chatchawan-Wiangchai-Turm hinter dem Tempel diente ihm als Observatorium. Ein von knorrigen Frangipani-Bäumen gesäumter Weg führt vorbei am weißen Chedi des Phra That Chomphet zum südöstlichen Hügel mit dem Wat Phra Kaeo Noi, der nach dem Vorbild des Wat Phra Kaeo in Bangkok errichtet wurde.
Phra Nakhon Khiri National Museum, *Museum: Mi–So 9–16 Uhr außer feiertags, Eintritt: Baht 150; Außengelände: Mo–Fr 8–17.30 Uhr, Sa, So 8–18 Uhr, Fahrt mit der Zahnradbahn: Baht 40.*

Der Wat Phra Kaeo Noi im Königspalast Phra Nakhon Khiri

Aus der Sukhothai-Periode stammt der **Wat Mahathat Worawihan** in der Stadtmitte von Phetchaburi. Dominiert wird die Anlage von einem 42 m hohen Prang im Khmer-Stil, den vier kleinere Prangs umgeben. Die Vihara und andere Gebäude sind über und über mit Stuckornamenten geschmückt. Im Innern der Halle beten die Gläubigen vor drei Buddha-Statuen für die Erfüllung ihrer Wünsche.

Teakholz dominiert viele Gebäude des **Wat Yai Suvannavaram** in der Thanon Pongsuriya im Osten des Zentrums. Die elegante Vihara im Ayutthaya-Stil wird von einem Wandelgang mit schönen Buddha-Statuen umgeben. Die Wandmalereien im Sanktuarium stammen aus dem späten 17. oder frühen 18. Jh. und zählen zu den ältesten in Thailand.

Sehenswerte Wandmalereien

Etwa 500 m südlich liegt der moderne **Wat Kamphaeng Laeng** mit fünf verwitterten Prangs aus der zweiten Hälfte des 12. Jh., als weite Teile Thailands unter der Herrschaft der Khmer standen. Südlich der Thanon Ratchavithi versteckt sich in einem labyrinthischen Gassengewirr der **Wat Ko Kaeo** mit sehenswerten Wandmalereien im Bot. Sie stammen aus dem 18. Jh. und zeigen europäische Händler in Ayutthaya, zu erkennen an ihren langen Nasen, typischen Hüten und Gewändern.

Umgebung von Phetchaburi

Höhlentempel

Der Höhlentempel **Wat Tham Khao Luang** 5 km nordwestlich der Stadt ist ein beliebtes Pilgerziel. In mehreren Kavernen thronen Buddha-Statuen auf erhöhten Altären inmitten von Votivgaben und Blumenopfern. Steile Treppen führen in eine große Grotte hinab, in der durch Spalten einfallende Lichtstrahlen und die Schwaden der glimmenden Räucherstäbchen eine nahezu magische Atmosphäre erzeugen. Bereits 1845 rühmte der Dichter Sunthorn Phu die Schönheit des Höhlentempels in seinem Sonett „Nirat Muangphetch". Der späte Vormittag ist die beste Zeit für einen Besuch der Höhle, da dann die Lichteffekte am eindrucksvollsten sind.
Wat Tham Khao Luang, *täglich 8–16 Uhr, Spende erbeten.*

Den 2 km südlich der Stadt gelegenen Palast **Phra Ram Ratcha Nivet** ließ König Chulalongkorn 1909 nach den Plänen eines deutschen Architekten errichten. Er sollte

Weltentrückt – der Höhlentempel Wat Tham Khao Luang

dem Monarchen als Residenz für die Regenzeit dienen, wurde aber erst sechs Jahre nach seinem Tod unter König Vajiravudh (Rama VI.) vollendet (*täglich 8–16 Uhr, Eintritt: Baht 100*).

Reisepraktische Informationen Phetchaburi

Unterkunft

The Royal Diamond Hotel $$–$$$, *555 Phetkasem Rd.*, ☏ *(032)411061-70, www.royaldiamondhotel.com, EZ/DZ Baht 800–1.000. Bestes Haus vor Ort, mit beliebtem Restaurant.*

Dato Farm $$, *84 Moo 4, Ban Krog,* ☏ *(032)450295, EZ/DZ Baht 500–850. Familienpension auf einer Fisch- und Kokosnussfarm 8 km nördlich, Zimmer mit Ventilator in einem traditionellen Haus; betrieben von dem Kölner Thomas Krey und seiner thailändischen Frau Pui, die ihre Gäste am Alltagsleben teilnehmen lassen; nach Vereinbarung kostenlose Abholung in Phetchaburi.*

Verkehrsverbindungen

Busse: *Der Busbahnhof liegt südlich des Khao Wang an der Thanon Bandai It,* ☏ *(032) 425922. Mehrmals täglich Busse u. a. von/nach Bangkok, Ratchaburi, Cha-am und Hua Hin.*

Züge: *Der Bahnhof liegt nördlich vom Zentrum an der Thanon Ratchadamnoen,* ☏ *(032) 425211. Zehn- bis zwölfmal täglich u. a. von/nach Bangkok, Ratchaburi, Cha-am und Hua Hin.*

Kaeng Krachan National Park

Der größte thailändische Nationalpark (2.914 km²) südwestlich von Phetchaburi ist eine unzugängliche Bergregion im Grenzgebiet zu Myanmar. Die nahezu unberührten Wälder des Tenasserim-Gebirges sind die letzten Rückzugsgebiete für bedrohte Tierarten wie indochinesische Tiger, Leoparden, Elefanten, Tapire, Gibbons, Sambar-Hirsche, Gaur-Wildrinder sowie den nur katzengroßen Muntjak-Zwerghirschen. Außerdem leben etwa 400 Vogelarten im Nationalpark.

Bedrohte Tierarten

Im **Besucherzentrum** am östlichen Ufer des Kaeng-Krachan-Stausees informiert eine Ausstellung über Flora und Fauna des Parks sowie über Aktivitäten im Schutzgebiet. Wer einen Ranger als *guide* für Wanderungen zur Tierbeobachtung engagieren möchte, muss dies schon Wochen im Voraus bei der Parkverwaltung anmelden. Im Visitor Center oder am Kassenhäuschen am Parkeingang löst man die Eintrittskarte für den Nationalpark. Gewöhnlich ist der Park im niederschlagsreichen September geschlossen. Ziel der meisten Besucher ist der 974 m hoch gelegene Khao Phanoen Thung View Point, zu dem eine kurvenreiche, bisweilen sehr steile und ungeteerte Piste führt, die nach der Regenzeit tiefe Auswaschungen aufweist. Wer den Park auf eigene Faust erkunden möchte, benötigt daher einen Geländewagen mit Allradantrieb und Bodenfreiheit. Die folgenden Entfernungsangaben beziehen sich auf den Parkeingang.

Vom Besucherzentrum sind es 18 km zum auch **Checkpoint 1** genannten Parkeingang, der um 5.30 Uhr geöffnet wird. Am KM 9,5 endet das Asphaltband. Allmählich geht der laubabwerfende Monsunwald in den immergrünen Regenwald der höheren Lagen über. An der **Salzlecke Pong Prom** beim KM 10 kann man sehr früh am Morgen Elefanten und andere grasfressende Tiere beobachten, die ihren Bedarf an Salz und Mineralien stillen. Beim KM 15 ist die Ban Krang Camp Site mit dem **Checkpoint 2** erreicht. Hier endet die Schotterpiste, die man bei vorsichtiger Fahrweise noch mit einem

Wildnis pur – im Kraeng Krachan National Park

Pkw bewältigen kann. Da die Spur sehr schmal und unübersichtlich ist, gilt ab Checkpoint 2 eine Einbahnstraßenregelung: Hinauf geht es 5.30–8 Uhr und 13–15 Uhr, hinab 10–12 Uhr und 16–18 Uhr. Rund um die **Ban Krang Camp Site** liegen sechs Wanderpfade, die ausgezeichnete Möglichkeiten zur Vogelbeobachtung bieten.

Mit etwas Glück kann man im Nationalpark auf wild lebende Elefanten treffen

Elefanten und Gibbons

Nach der Ban Krang Camp Site windet sich die Piste durch dichten Bergwald hinauf zum **Khao Phanoen Thung View Point** beim KM 30, wo man einen herrlichen Blick auf das morgendliche Nebelmeer hat. Außerdem kann man hier Zeuge werden, wie Gibbon-Männchen im Morgengrauen mit lang gezogenen „Huuuip"-Rufen Weibchen anlocken. Die melodischen Rufe steigern sich zu einer wahren Kakofonie im Dschungel. Von der Campsite nahe dem Aussichtspunkt können Wanderer zum Gipfel des 1.207 m hohen Khao Phanon Thung starten (hin und zurück 4–6 Std.) und zunächst durch dichten Regenwald, dann über savannenartige Graslandschaften wandern. Es gibt keine Wegmarkierungen und einige Flüsse müssen durchquert werden: Man sollte die Tour nur in Begleitung eines Rangers unternehmen.

Weitere Aussichtspunkte befinden sich beim KM 33 und beim KM 36, wo die Piste endet. Vom Endpunkt führt ein 3 km langer Fußweg hinab zum **Thor Thip Waterfall**, der über neun Felsstufen durch den Regenwald rauscht.

Kaeng Krachan National Park, ☏ (032)459293, www.dnp.go.th, Visitor Center täglich 9–17 Uhr, Eintritt: Erwachsene Baht 200, Kinder Baht 100 zuzüglich Baht 50 für Auto; der Park ist für Motorräder gesperrt.

Reisepraktische Informationen Kaeng Krachan National Park

🛏 Unterkunft

*Im Park gibt es zwei Campingplätze (**Ban Krang Camp Site** beim KM 15 und **Khao Phanoen Thung Camp Site** beim KM 30). Ein weiterer Campingplatz befindet sich beim Besucherzentrum am Kaeng-Krachan-Stausee; dort kann man auch Bungalows für 4–10 Personen mieten, ☏ (032)459293, Baht 1.200–3.000) Im Visitor Center vermietet man Zelte für 2–4 Personen (Baht 150–300/Tag) und Schlafsäcke (Baht 30/Tag). Wer im Park campen will, muss Essen und Getränke mitbringen.*

Angenehm sind die Resorts am Seeufer etwa 2 km östlich des Visitor Center:
Rim Kaeng Resort $$$, ☏ (032)459090, EZ/DZ Baht 950–1.450. Dreistöckiges Hotel mit klimatisierten Zimmern und Bungalows, gutes Restaurant.
Chai Had Resort $$, ☏ (032)459058, EZ/DZ Baht 650–850. Kleine, klimatisierte Bungalows am Seeufer; im Terrassenrestaurant gute Fischgerichte.

Anreise

Nur mit eigenem Fahrzeug (Geländewagen!) oder im Rahmen einer gebuchten Tour. Relativ preiswert kann man Jeeps in Cha-am und Hua Hin mieten (ca. Baht 1.200–1.600/Tag). Motorräder sind im Park nicht erlaubt.

Cha-am und Umgebung

Wochenendziel der Bangkoker

Südlich von Phetchaburi erstrecken sich einige schöne Strände mit Resorts, die fast nur von Ausflüglern aus Bangkok besucht werden. Hoteltürme und Hochhäuser, in denen viele wohlhabende Bangkoker ihre Zweitwohnung am Meer haben, kündigen Cha-am an, den ersten großen Badeort an der westlichen Golfküste. Hier werden keine Südseeträume erfüllt, aber der Sandstrand ist 5 km lang, breit und fällt flach ab: gut, um sich für einige Tage zu entspannen oder sich nach einem langen Flug zu akklimatisieren. Während am North Cha-am Beach mit Unterkünften der unteren und mittleren Kategorien vor allem ältere deutsche, englische und skandinavische Langzeiturlauber dem europäischen Winter entfliehen, ist der South Cha-am Beach vorwiegend eine Domäne der Einheimischen, die sich hier am Wochenende zum Picknick einfinden.

Etwa auf halbem Weg zwischen Cha-am und Hua Hin liegt der **Maruk Khatayawan Palace**, 2,5 km abseits der Phetkasem Road. König Vajiravudh bzw. Rama VI. (1910–1925) ließ den „Palast der Liebe und Hoffnung" 1924 nach den Plänen eines italienischen Architekten als königliche Sommerresidenz errichten. Sorgfältig restauriert und mit Originalinventar versehen, bieten die Teakholzgebäude, die durch luftige, überdachte Holzstege miteinander verbunden sind, einen Einblick in die Wohnweise der feudalen Thai-Gesellschaft des 20. Jh. Um Termitenbefall vorzubeugen, steht jede der 1.080 Holzsäulen, auf denen die Gebäude ruhen, auf einem von Wasser umgebenen Betonsockel. **Maruk Khatayawan Palace**, Mo–Fr 8.30–16, Sa, So 8.30–17 Uhr, Eintritt: Baht 100.

Reisepraktische Informationen Cha-am

Informationen

Tourism Authority of Thailand Central Region Office, 500/51 Phetkasem Rd., ☏ (032)471005-6, 📠 (032)471502, tatphet@tat.or.th. Das Büro ist auch zuständig für Phetchaburi, Hua Hin und Prachuap Khiri Khan.

Unterkunft

Methavalai Hotel $$$$$, 220 Thanon Ruamchit, ☏ (032)471028-9, www.methavalai.com, EZ/DZ Baht 4.275–5.675. „Bodenständiges" Komforthotel mit 134 bestens ausgestatteten Zimmern, beliebtem Restaurant und schönem Pool.

Golden Beach Hotel $$$$, *208/14 Thanon Ruamchit*, ☏ *(032)433833, www.golden beachchaam.com, EZ/DZ Baht 2.900–3.800.* Sehr gut ausgestattete Zimmer zu erschwinglichen Preisen in einem vielstöckigen Hotelturm am Strand, mit Restaurant und Pool.
Unico Grand Sandara $$$–$$$$, *243 Thanon Ruamchit*, ☏ *(032)470777 www.unico grandsandara.com, EZ/DZ Baht 1.975–3.775.* Mehrstöckiges Hotel am Strand mit komfortablen Zimmern und geräumigen Bungalows, Seafood-Restaurant und Pool auf der Dachterrasse.
Nana House $$–$$$, *208/3-4 Thanon Ruamchit*, ☏ *(032)433632, www.nanahouse.net, EZ/DZ Baht 950–1.350.* Familiäres, dreistöckiges Gästehaus am nördlichen Strandende mit klimatisierten Zimmern.
Cha-am Happy House $$, *222/6 Thanon Ruamchit*, ☏ *(032)472456, www.chaam happyhouse.com, EZ/DZ Baht 650–850.* Pension am Strand mit einfachen, klimatisierten Zimmern und kleinem Restaurant.

🚌 Verkehrsverbindungen
Busse: *Der Busbahnhof liegt am westlichen Rand des Zentrums,* ☏ *(032)471654. Mehrmals täglich Busse und Songthaeo u. a. von/nach Bangkok, Phetchaburi und Hua Hin.*
Züge: *Der Bahnhof liegt im Westen des Zentrums,* ☏ *(032)471159. Zehnmal täglich u. a. von/nach Bangkok, Phetchaburi und Hua Hin.*

Hua Hin

Das 200 km südlich von Bangkok gelegene Hua Hin ist immer noch eine typisch thailändische Stadt – im Gegensatz zu Pattaya oder Phuket. Das älteste Seebad Thailands diente bereits König Chulalongkorn und seiner Familie in der zweiten Hälfte des 19. Jh. als Sommerresidenz. König Prajadibok (Rama VII.) residierte in den 1930er-Jahren im 2 km nördlich der Stadt gelegenen Sommerpalast **Klai Klang Wong** („Fern von allen Sorgen"). Sorgenfrei war das Leben des Monarchen aber nicht, denn hier ereilte ihn im Juni 1932 die Nachricht vom Staatsstreich, der ihn vom absoluten zum konstitutionellen Monarchen „degradierte". Das thailändische Sanssouci wird heute noch von der königlichen Familie genutzt und ist der Öffentlichkeit nicht zugänglich.

Traditionsreiches Seebad

Im Gefolge der Königsfamilie kam die Bangkoker Aristokratie nach Hua Hin. Die Eisenbahnverbindung nach Bangkok war günstig und die gehobene Gesellschaft verbrachte hier die Sommerfrische. Besonders stilvoll residierte man im **Railway Hotel**, dem Vorgänger des heutigen Centara Grand Beach Resort, das der damalige Direktor der thailändischen Eisenbahngesellschaft, ein Königssohn, nach europäischen Vorbildern 1923 als erstes Strandhotel des Landes errichten ließ. In der altehrwürdigen Herberge wurden Szenen des Films „The Killing Fields" gedreht, der im Kambodscha zur Zeit der Roten Khmer spielt. Das weitläufige viktorianische Gebäude mit ausladenden Veranden liegt etwa im Zentrum der halbmondförmigen Bucht. „Zaungäste" dürfen zumindest den gepflegten Garten mit Büschen, die in Tierform gestutzt sind, bewundern. In der **Altstadt** um die Thanon Naresdamri sind noch viele schöne, traditionelle Holzhäuser erhalten, die heute Pensionen, Restaurants und Galerien beherbergen. Auf dem **Fischmarkt** am Rande der Altstadt landen morgens die Fischer ihren Fang an. Abends kann man das Auslaufen der bunten Fischerboote von einem der Terrassenlokale aus beobachten, während fangfrisches Seafood serviert wird.

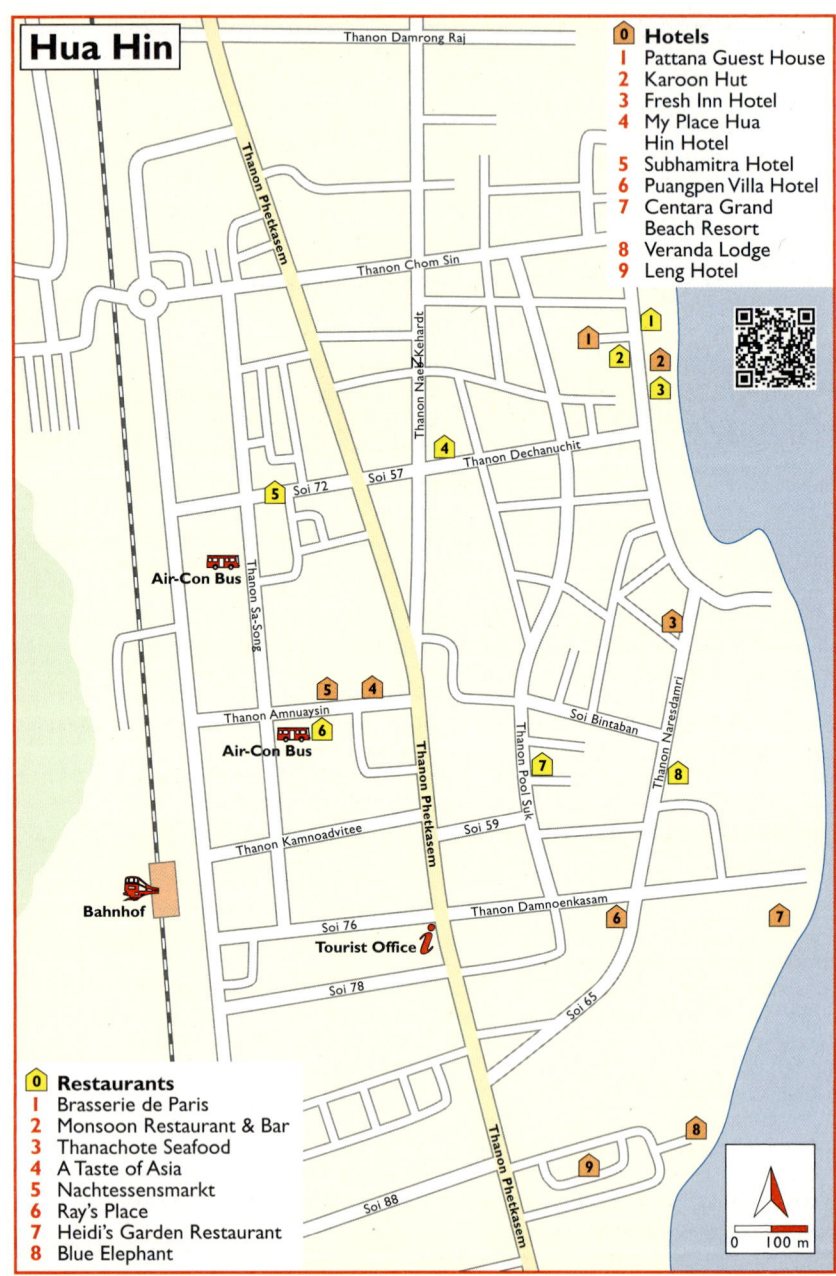

Hua Hin

Hotels
1. Pattana Guest House
2. Karoon Hut
3. Fresh Inn Hotel
4. My Place Hua Hin Hotel
5. Subhamitra Hotel
6. Puangpen Villa Hotel
7. Centara Grand Beach Resort
8. Veranda Lodge
9. Leng Hotel

Restaurants
1. Brasserie de Paris
2. Monsoon Restaurant & Bar
3. Thanachote Seafood
4. A Taste of Asia
5. Nachtessensmarkt
6. Ray's Place
7. Heidi's Garden Restaurant
8. Blue Elephant

Thanon Damrong Raj
Thanon Phetkasem
Thanon Chom Sin
Thanon Naeb Kehardt
Thanon Dechanuchit
Soi 72
Soi 57
Air-Con Bus
Thanon Sa-Song
Thanon Amnuaysin
Air-Con Bus
Thanon Kamnoadvitee
Soi Bintaban
Thanon Naresdamri
Thanon Pool Suk
Soi 59
Bahnhof
Soi 76
Tourist Office
Soi 78
Thanon Damnoenkasam
Soi 65
Thanon Phetkasem
Soi 88

0   100 m

© graphic

Einer der schönsten Bahnhöfe der Welt steht in Hua Hin

Ein architektonisches Prunkstück im traditionellen Thai-Stil ist der anmutige **Bahnhof**, der früher als königliches Wartehäuschen diente.

Auf dem **Nachtmarkt** werden auch kunsthandwerkliche Souvenirs und Kleidung verkauft. Dort kann man auch auf kulinarische Entdeckungsreise gehen, denn ein Teil *Kleidung,* der Thanon Dechanuchit verwandelt sich abends in ein riesiges Open-Air-Schlem- *Souvenirs* merlokal. Der feinsandige, vereinzelt von Granitfelsen durchsetzte **Strand** erstreckt *und Speisen* sich vom Ortszentrum etwa 6 km weit nach Süden. Manche Abschnitte sind völlig einsam, an anderen drängen sich Liegestühle und Sonnenschirme. An dem flach abfallenden Strand können auch Kinder und Nichtschwimmer gefahrlos baden, doch wird gelegentlich Müll angeschwemmt. Zu bestimmten Zeiten verleiden zudem Quallen das Badevergnügen.

Umgebung von Hua Hin

Am Südende des Strandes, nahe dem Fischerdorf Takiab, ragt der einem Kopf gleichende Felsen empor, der dem Ort den Namen Hua Hin („Steinerner Kopf") gab. Auf dem Kap **Khao Takiab** thront ein kleiner Tempel mit schönem Blick auf den goldgelben Strand. Zu erreichen ist das Heiligtum zu Fuß auf einem Stufenpfad, der an der goldenen Statue eines stehenden Buddha vorbeiführt, oder bequem mit dem Auto auf einer steilen Straße.

Südlich von Khao Takiab erstreckt sich der ruhige **Suan Son Beach** mit einigen Komforthotels, an den sich der kaum entwickelte **Khao Tho Beach** anschließt. Wem es an den Hauptstränden zu trubelig ist, der zieht sich an den noch etwas weiter südlich gelegenen **Sai Noi Beach** zurück. An dem von Granitfelsen begrenzten, schönen *Schöner* Sandstrand kann man Liegestühle und Sonnenschirme leihen. Abwechslung zum *Sandstrand*

Strandleben bietet ein Tagesausflug zum **Pala-U Waterfall** 65 km westlich mit insgesamt 15 Stufen. Felsenpools zwischen der ersten und dritten Kaskade versprechen Badespaß im Regenwald, um zu den oberen Kaskaden zu gelangen, ist etwas Kletterei erforderlich. Am schönsten ist der Wasserfall an der siebten Felsstufe, wo er einen großen, von Tropengrün umrahmten Pool speist. Dort lassen sich auch gut Vögel und Schmetterlinge beobachten. Da der Wasserfall im Kaeng Krachan National Park liegt, wird eine Eintrittsgebühr erhoben.

Pala-U Waterfall/Kaeng Krachan National Park, *tgl. 8–18 Uhr, Eintritt: Erwachsene Baht 200, Kinder Baht 100.*

Reisepraktische Informationen Hua Hin

i Informationen

Tourist Office, *Thanon Damnoenkasam*, ☎ *(032)512120, täglich 9–19 Uhr; www.huahin-tourist-information.com*

Unterkunft

Centara Grand Beach Resort $$$$$$ (7), *1 Thanon Damnoenkasam,* ☎ *(032)51 2021-38, www.centarahotelsresorts.com/huahin_hotels.asp, EZ/DZ ab Baht 7.250. Hua Hins Traditionshaus am Strand ist sehr elegant und hat eine europäische Note, mit exzellentem Restaurant, herrlichem Tropengarten, schönem Pool und renommiertem Spa.*

Veranda Lodge $$$$–$$$$$ (8), *113 Soi 67, Thanon Phetkasem,* ☎ *(032)533678, www.verandalodge.com, EZ/DZ Baht 3.200–4.900 (inkl. Frühstück). Sympathisches kleines Ferienhotel mit bestens ausgestatteten Zimmern, Restaurant, Pool und Zugang zum Strand.*

Fresh Inn Hotel $$$–$$$$ (3), *132 Thanon Naresdamri,* ☎ *(032)511389, www.fresh innhuahin.com, EZ/DZ Baht 1.850–2.300. Gut geführtes Gästehaus mit komfortablen Zimmern für etwas gehobene Ansprüche, 5 Min. zum Strand.*

My Place Hua Hin Hotel $$$–$$$$ (4), *17 Soi Hua Hin, 74 Thanon Amnuaysin,* ☎ *(032)514111, www.myplacehuahin.com, EZ/DZ Baht 1.550–2.200 (inkl. Frühstück). Angenehmes Kleinhotel mit Boutiquecharakter, 24 AC-Zimmer im modernen Thai-Stil, Dachterrasse mit kleinem Pool.*

Leng Hotel $$$–$$$$ (9), *113/14-16 Soi 67, Thanon Phetkasem,* ☎ *(032)513546, www.lenghotel.com, EZ/DZ Baht 1.200–2.300. Kleinhotel mit stilvoll in Bambus möblierten, klimatisierten Zimmern und Pool, nur wenige Minuten zum Strand.*

Puangpen Villa Hotel $$–$$$ (6), *11 Thanon Damnoenkasam,* ☎ *(032)533785-6, ppvillahotel@hotmail.com, EZ/DZ Baht 950–1.450. Dreistöckiges Kleinhotel mit sehr gut ausgestatteten, klimatisierten Zimmern und Pool, ca. 5 Min. zum Strand.*

Subhamitra Hotel $$ (5), *19 Thanon Amnuaysin,* ☎ *(032)511208, www.subhamitra hotel.com, EZ/DZ Baht 600–1.000. Angenehmes Stadthotel, Zimmer mit Ventilator oder Klimaanlage und Dusche/WC, mit Coffee Shop und Pool, ca. 10 Min. zum Strand.*

Karoon Hut $–$$ (2), *80 Thanon Naresdamri,* ☎ *(032)530242,* 🖨 *(032)530737, EZ/DZ Baht 500–750. Einfache Pension am Fischereihafen mit teils klimatisierten Zimmern.*

Pattana Guest House $–$$ (1), *52 Thanon Naresdamri,* ☎ *(032)513393, huahinpat tana@gmail.com, EZ/DZ Baht 450–750. Familienpension in einem alten Teak-Haus mit begrüntem Innenhof, Zimmer mit Ventilator und Gemeinschaftsbad oder Dusche/WC; sehr sauber und gut geführt.*

🍴 Restaurants

A Taste of Asia (**4**), *42 Thanon Dechanuchit,* ☎ *(032)531428, täglich 17–23 Uhr, Menü Baht 1.000–1.400. Feine asiatische Crossover-Küche, sehr angenehm sitzt man auf der Dachterrasse.*

Blue Elephant (**8**), *147 Thanon Naresdamri,* ☎ *(032)515169, täglich 17–24 Uhr, Gerichte Baht 250–600. Rustikales Restaurant mit Grillspezialitäten, meist Seafood und Steaks.*

Brasserie de Paris (**1**), *3 Thanon Naresdamri,* ☎ *(01)8266814, täglich 11–23 Uhr, Gerichte Baht 350–500. Minimalistisch gestylter Szene-Treff mit west-östlichem Speisemix.*

Heidi's Garden Restaurant (**7**), *2/1 Thanon Pool Suk,* ☎ *(032)532367, www.heidis-gardenrestaurant.com, täglich 11–24 Uhr, Gerichte Baht 100–450. Schweizer Spezialitäten, gute Adresse für Heimwehkranke.*

Monsoon Restaurant & Bar (**2**), *62 Thanon Naresdamri,* ☎ *(08)68877808, täglich 11–1 Uhr, Gerichte Baht 100–400. Mischung aus authentisch thailändischen sowie indischen, vietnamesischen, mexikanischen und europäischen Speisen.*

Ray's Place (**6**), *26 Thanon Amnuaysin,* ☎ *(032)514369, täglich 17–24 Uhr, Gerichte Baht 250–500. Immer volles Gartenrestaurant mit vorwiegend westlichen Grillgerichten; in der Hauptsaison abends Live Classic Jazz, dargeboten von einer Farang-Band.*

Thanachote Seafood (**3**), *68 Thanon Naresdamri,* ☎ *(032)513677, täglich 10–23 Uhr, Menü Baht 1.200–1.600. Stimmungsvolles Terrassenrestaurant auf Stelzen mit Blick auf den Fischereihafen. Fische und Schalentiere wandern aus den Wasserbassins direkt in die Bratpfanne – frischer geht's nicht. Hilfreich ist die bebilderte Speisekarte. Ähnlichen Standard bieten die benachbarten Restaurants Chaolay Seafood, Chomkluen Seafood, Ketsarin Seafood und Meekaruna Seafood.*

👉 Tipp

Der **Nachtessensmarkt** von Hua Hin (**5**) lädt zu einer kulinarischen Reise ein. Im Angebot sind vor allem Fisch und Seafood, aber auch Fleischgerichte und vegetarische Speisen (täglich 17–24 Uhr, Gerichte Baht 100–500).

💃 Unterhaltung

Sasi Garden Theatre, *83/159 Thanon Nong Kae,* ☎ *(086) 3933306, www.sasi-restaurant.com, täglich 17–23 Uhr. Großes Open-Air-Restaurant am südlichen Ortsrand, in dem allabendlich von 19–21 Uhr klassisches Tanztheater aufgeführt wird (Buffet-Dinner: Erwachsene Baht 900, Kinder Baht 700 ohne Getränke).*

🏃 Aktivitäten

Golf: *Im Umkreis von Hua Hin liegen sechs 18-Loch-Golfplätze (Greenfee Baht 1.200–1.800, am*

Ein Fest der Farben – auf dem Markt in Hua Hin

Wochenende ca. 25 Prozent teurer). Als einer der natürlichsten Plätze in Südostasien gilt der bereits 1924 eröffnete **Royal Hua Hin Golf Course**, ☏ (032)512475.

Wellness: Hua Hin gilt als gute Adresse für einen Wellness-Urlaub. Therapeutische Treatments auch für Außer-Haus-Gäste bieten die Spas der Luxusresorts **Anantara**, 43/1 Thanon Phetkasem, ☏ (032) 520550, www.anantara.com und **Dusit Resort**, 1349 Thanon Phetkasem, ☏ (032) 442100, www.devaranaspa.com. Als eines der besten Wellness-Hotels der Welt gilt das direkt am Strand südlich von Hua Hin gelegene **Chiva-Som**, 73/4 Thanon Phetkasem, ☏ (032)536536, www.chivasom.com.

🚌 Verkehrsverbindungen

Busse: Klimatisierte Busse von/nach **Bangkok** 25–30mal täglich zwischen 3–21 Uhr ab Sripetchkasem Hotel, Thanon Sa-Song (nahe dem Night Market), ☏ (032)511654. Nicht klimatisierte Busse u. a. von/nach Cha-am, Phetchaburi und Bangkok mehrmals täglich ab Bus Terminal in der Thanon Chom Sin (nahe der Bahnlinie). Klimatisierte Busse **in südliche Richtung** u. a. von/ nach Prachuap Khiri Khan, Bang Saphan, Chumphon, Surat Thani und Phuket mehrmals täglich ab Thanon Sa-Song/Thanon Amnuaysin, ☏ (032)511230.

Züge: Der Bahnhof liegt am westlichen Ortsrand, ☏ (032)511073. **In nördliche Richtung** u. a. zehnmal täglich von/nach Cha-am, Phetchaburi und Bangkok; **in südliche Richtung** u. a. zehnmal täglich von/nach Prachuap Khiri Khan, Bang Saphan, Chumphon und Surat Thani.

Khao Sam Roi Yot National Park

Knapp 50 km südlich von Hua Hin liegen bizarre Karstklippen, die wie die Türme einer mittelalterlichen Festung mehr als 600 m aus der Küstenebene aufragen: Khao Sam Roi Yot, das „Gebirge der 300 Bergspitzen". Der nur 98 km² große Nationalpark überrascht mit grünen Schluchten, geheimnisvollen Grotten und feinen Sandstränden. Etwas getrübt wird das Bild von ausgedehnten Garnelenzuchtanlagen, deren Betrieb im Nationalpark gestattet ist. Erster Besichtigungspunkt nach dem Kassenhäuschen ist die Tropfsteinhöhle Tham Kaeo, die man in Begleitung von *guides* besuchen kann.

In der Nähe des Fischerdorfes Ban Bang Pu liegt der schöne Sandstrand Hat Bang Pu, Ausgangspunkt für einen Besuch der wunderschönen Grotte **Tham Phraya Nakhon**. Mit einem Boot kann man sich zum Hat Laem Sala auf der anderen Seite einer hohen Klippe bringen lassen. Der etwa 20 bis 30-minütige Fußmarsch über die Klippe ist zwar anstrengend, aber man wird mit fantastischen Blicken auf die Küstenlandschaft entschädigt. Am Hat Laem Sala, einem weißen, feinsandigen Bilderbuchstrand mit türkis-grünem Wasser, befinden sich ein Visitor Center und Bungalows der Nationalparkverwaltung. Von dort führt ein steiler Stufenpfad in ein von Tropengrün überwuchertes Karstmassiv. Die Atmosphäre in der riesigen Tham Phraya Nakhon mutet *Magische* magisch an, sie birgt einen 1890 errichteten Schrein mit einer Statue von König Chu-*Atmosphäre* lalongkorn. Zu bewundern sind zudem mächtige Stalaktiten und Stalagmiten wie der Dry Waterfall (hin und zurück 860 m/1 Std.). Vom Hat Laem Sala geht es dann per Boot zurück zum Hat Bang Pu.

Auf dem Weg zur Tham Phraya Nakhon genießt man ein traumhaftes Küstenpanorama

Wer noch mehr Höhlen besichtigen möchte, kann die Tropfsteinhöhle **Tham Sai** im südlichen Teil des Parks besuchen. In der Nähe liegt der lange Sandstrand Hat Sam Phraya. Ein Paradies für Wasservögel wie Grau- und Silberreiher ist das Sumpfgebiet **Bueng Sam Roi Yot**. Mit etwas Glück können Ornithologen dort auch Kaiseradler beobachten. Zu den in den Mangrovendickichten lebenden Säugetieren gehören Langschwanz-Makaken, auf deren Speiseplan Krebse stehen.
Khao Sam Roi Yot National Park, *täglich 8–18 Uhr, Eintritt: Baht 200, Kinder Baht 100.*

Reisepraktische Informationen Khao Sam Roi Yot National Park

Unterkunft
Angenehmer als in den Bungalows der Parkverwaltung am Hat Laem Sala übernachtet man in den Resorts am Sam Roi Yot Beach vor dem Eingang zum Nationalpark.

The Privacy Beach Resort $$$$$–$$$$$$, ☏ *(032)559444, www.theprivacybeach resort.com, EZ/DZ Baht 4.000–12.000. Edelresort mit komfortablen Bungalows, Restaurant, schönem Pool, Wellness- und Fitness-Center.*
Long Beach Inn $$$–$$$$, ☏ *(032)559068, www.longbeach-thailand.com, EZ/DZ Baht 1.650–2.350. Boutiquehotel mit gut ausgestatteten Zimmern in ebenerdigen und doppelstöckigen Steinbungalows, mit Restaurant und Pool, ca. 200 m zum Strand.*
Dolphin Bay Resort $$$, ☏ *(032)559333, www.dolphinbayresort.com, EZ/DZ Baht 1.690–1.890. Gut geführtes, familienfreundliches Strandresort mit klimatisierten Zimmern und Bungalows sowie Restaurant, Pool und Planschpool. Angeboten werden Bootsausflüge zum Khao Sam Roi Yot National Park.*

Anreise
Nur mit eigenem Fahrzeug oder im Rahmen einer gebuchten Tour. Mit öffentlichen Verkehrsmitteln kommt man nur bis Pranburi.

Prachuap Khiri Khan und Umgebung

Der kaum besuchte Ort erstreckt sich an einer halbmondförmigen Bucht, die im Süden von einer felsigen Landzunge begrenzt wird. Leider ist der breite, feinsandige Strand im Stadtgebiet recht verschmutzt. Zum Baden sind die weiter südlich gelegenen Strände **Ao Noi Beach** und **Ao Manao Beach** besser geeignet. Den im Norden der Bucht aufragenden **Khao Chong Krachok** krönt ein Felsentor, das dem Felsmassiv seinen Namen gab – „Spiegelberg". Ein Treppenpfad mit 400 Stufen führt zu einem kleinen buddhistischen Heiligtum auf dem Gipfel. Von oben bietet sich ein Blick über die Stadt und die Fischerboote im natürlichen Hafen bis zu den kleinen Inseln in der Bucht, die wie die Rücken urzeitlicher Saurier aus dem Wasser ragen. Im Westen der Stadt türmen sich die schroffen
Bergkette | Gipfel der **Tenasserim-Kette** zu einer imposanten Landschaftskulisse auf. Auf dem Kamm des Gebirges verläuft die Grenze zu Myanmar. Mit gerade 13 km Luftlinie zwischen dem Golf von Thailand und der Grenze ist dies die schmalste Stelle Thailands. Erst südlich von Prachuap Khiri Khan wird das Land wieder breiter und umfasst im Westen auch die Andamanen-Küste. Ein Ausflug führt zum **Dansingkhon Pass**, dem Grenzübergang nach Myanmar, der für Reisende aus Drittländern noch nicht geöffnet ist. Auf dem großen Markt in Ban Singkhon kurz vor der Zollstation werden preiswerte Waren aus dem Nachbarland verkauft, vor allem kunsthandwerkliche Produkte und Halbedelsteine.

Elefanten-
beobach-
tung | Ziel eines weiteren Tagesausflugs ist der 969 km² große **Kuiburi National Park** nördlich von Prachuap Khiri Khan, den große Elefantenherden durchstreifen. Die besten Chancen, die grauen Riesen in Begleitung eines Rangers an Futterstellen oder natürlichen Salzlecken außerhalb des Dschungels zu beobachten, hat man in den frühen Morgen- oder späten Nachmittagsstunden (*täglich 7–19 Uhr, Eintritt: Erwachsene Baht 200, Kinder Baht 100*). Ein beliebter Picknick- und Badeplatz der Einheimischen ist der **Huai Yang Waterfall**, zu dem etwa auf halbem Weg zwischen Prachuap Khiri Khan und Thap Sakae eine 6 km lange Stichstraße vom H 4 abzweigt. Über mehrere Felsstufen durch den Regenwald rauschend, bildet der Wasserfall einige Naturpools, die zu einem erfrischenden Bad einladen. Leider werden hier *farangs* kräftig zur Kasse gebeten (*täglich 8–18 Uhr, Eintritt: Erwachsene Baht 100, Kinder Baht 50*).

Reisepraktische Informationen Prachuap Khiri Khan

🛏 Unterkunft
Had Thong Hotel $$$, *21 Thanon Susuk, ☎ (032)601050-6, www.hadthong. com, EZ/DZ Baht 1.040–2.040. An der nördlichen Strandpromenade, klimatisierte Zimmer, Restaurant und Pool.*
Sun Beach Guest House $$–$$$, *160 Thanon Chaitalae, ☎ (032)604770, www.sun beach-guesthouse.com, EZ/DZ Baht 700–1.100. An der südlichen Strandpromenade, klimatisierte Zimmer mit Terrasse oder Balkon, Coffee Shop und kleiner Pool.*

🚗 Verkehrsverbindungen
Busse: *Der Busbahnhof liegt westlich des Zentrums am H 4. Mehrmals täglich Busse u. a. von/nach Ban Krut, Bang Saphan, Chumphon, Surat Thani, Hua Hin und Bangkok.*
Züge: *Der Bahnhof liegt westlich des Zentrums am H 4. U. a. zehnmal täglich von/nach Bang Saphan, Chumphon, Surat Thani, Hua Hin und Bangkok.*

Ban Krut

Mit den breiten, feinsandigen **Hat Sai Kaeo**, **Hat Tang Sai** (auch Kee Ree Wong Beach genannt) und **Hat Ban Krut** besitzt das rund 70 km südlich von Prachuap Khiri Khan gelegene Fischerdorf gleich drei Bilderbuchstrände, die zunehmend von Touristen entdeckt werden. Auf Nachtleben muss man allerdings noch verzichten. Vom Gipfel des den Ort überragenden **Khao Thong Chai** blickt ein großer sitzender Buddha über die kilometerlangen, weit geschwungenen Strände, an denen Kasuarinen Schatten spenden. Eine von Naga-Schlangen gesäumte Treppe führt zum prachtvollen Tempel **Phra Mahathat Chedi Phakdi Prakat**. Das Heiligtum ist in neun Stufen angelegt und wird von einem zentralen Chedi überragt, dessen Plan der königliche Hofarchitekt persönlich entwarf. Er wurde anlässlich des 72. Geburtstags von König Bhumipol Adulyadej am 5. Dezember 1999 eingeweiht. Der Bau geriet deshalb so prunkvoll, weil in Thailand dem 72. Lebensjahr, in dem sechs jeweils 12-jährige Lebensphasen vollendet sind, eine besondere Bedeutung beigemessen wird.

Traum-strände

Reisepraktische Informationen Ban Krut

 Unterkunft
... am Hat Sai Kaeo

Haad Sai Kaeo Resort $$, ☎ (086)1782423, Bungalow Baht 750–950. Einfache, saubere Bungalows in einem schönen Garten am Strand, mit Restaurant, sehr ruhig.

... am Hat Tang Sai

Bayview Beach Resort $$$–$$$$, ☎ (032)695566-7, www.bayviewbeachresort.com, EZ/DZ Baht 1.600–4.200. 37 komfortable Zimmer in großen Doppelbungalows aus Holz oder Stein, mit Restaurant und Pool.

Kasemsuk Resort $$–$$$, ☎ (032)695179, www.kasemsukresort.com, EZ/DZ Baht 850–950, Bungalow Baht 1.250. Klimatisierte Zimmer und Bungalows, gutes Seafood-Restaurant.

... am Hat Ban Krut

Suan Ban Krut Resort $$$–$$$$, ☎ (032)695217, www.suanbankrut.com, Bungalow Baht 1.500–4.200 (inkl. Frühstück). Bungalows in einem weitläufigen Tropenpark, Restaurant, Pool.

Rachavadee Bankrut Resort $$$, ☎ (089)8364498, www.rachavadee.com, Bungalow Baht 1.800–2.000. Geschmackvoll möblierte, klimatisierte Bungalows, Restaurant und schöner Pool, 300 m langer, sehr sauberer Privatstrand, 2 km südlich.

Ban Krut Resort $$–$$$, ☎ (032)695396, www.bankrutresort.com, Bungalow Baht 900–1.700. Kleine Ferienanlage mit klimatisierten Steinbungalows, Restaurant und Pool.

Proud Thai Beach Resort $$, ☎ (032)695354, www.proudthairesort.com, Bungalow Baht 750–950. Klimatisierte Holzbungalows unter Kokospalmen etwas abseits vom Strand.

Anreise
Die auf dem H 4 verkehrenden **Busse** halten im Dorf Ban Sida Ngam am KM 376 und an der Straßenkreuzung Si Yaek Ban Krut am KM 382; von dort fahren Motorradtaxis zu den Stränden. Von Bangkok/Southern Bus Terminal (Schalter 10) fährt täglich 12.30 Uhr ein **VIP-Bus** direkt nach Ban Krut (Ankunft 18 Uhr). Einige der **Züge** zwischen Bangkok und Surat Thani halten an der Station Ban Krut; von dort fahren Motorradtaxis zu den Stränden.

Bang Saphan

Einzige Attraktion des verschlafenen Städtchens Bang Saphan (auch Bang Saphan Yai genannt) ist die **Khao Ma Rong Cave**. 2 km südlich der Ortsmitte zweigt vom H 3374 eine Stichstraße zum Wat Tham Ma Rong ab. Vom Tempel sind es 10 Fußminuten zur Höhle, die man in der Trockenzeit auf einer schlechten Straße auch mit einem Fahrzeug erreichen kann. Hinter einem Pavillon mit einem Buddha führt ein Stufenpfad in die große Grotte mit Buddha-Statuen und Tropfsteinen, um die Fledermäuse flattern. Am Ende der Höhle entzünden die Gläubigen vor einem liegenden Buddha Weihrauchstäbchen.

Während die grausandigen Strände der **Maerumphung Bay** gleich nördlich von Bang Saphan eher unattraktiv sind, liegen südlich des Ortes kilometerlange, feinsandige Strände mit ruhigen Resorts. Den Auftakt macht der helle, flache **Suan Luang Beach**, an dem Kasuarinenwäldchen Schatten spenden. Schnorchler zieht es *Bizarre* zu den Korallengärten der vorgelagerten kleinen **Ko Thalu**. Boote für die Über- *Karst-* fahrt kann man in Bang Saphan Noi chartern. Von schroffen Karstmassiven wird der *massive* herrliche, kilometerlange **Bang Bird Beach** begrenzt, der aber leider im Bereich des Fischerdorfs Ban Bang Bird etwas verschmutzt ist. Es lohnt sich, für die Weiterfahrt nach Chumphon die küstennahen Straßen H 3374 und H 3411 zu nehmen. Vorbei an einer königlichen Versuchsfarm geht es zu **Sanddünen** am südlichen Ende des Bang Bird Beach, durch die ein mit Steinplatten befestigter Pfad führt. Nördlich des Fischereihafens **Pathiu** setzen bizarre Karstmassive landschaftliche Akzente. Eine 5 km lange Stichstraße führt zum **Kho Teab Beach**. Der verschmutzte Strand ist zum Baden nicht geeignet, aber der Blick auf die malerische Bucht mit Felsenin-

Wer Ruhe sucht, wird sich am Bang Bird Beach wohlfühlen

seln, vor denen bunte Fischerboote dümpeln, ist sehr schön. 15 km nördlich von Chumphon wird der lang gestreckte, breite und hellsandige **Thung Wua Laen Beach** erreicht, an dem Resorts und Restaurants für jedes Budget liegen.

Reisepraktische Informationen Bang Saphan

Unterkunft
... am Suan Luang Beach
Coral Hotel $$$–$$$$, ☏ *(032)817121, www.coral-hotel.com, EZ/DZ Baht 2.050–2.615, Bungalow Baht 3.420–4.070. Komfortable Hotelzimmer und Bungalows, hervorragendes Restaurant, schöner Pool, Tauchschule und vielfältiges Tourangebot.*

... in Bang Saphan Noi
Baan Somluck $$, *beim KM 13 des H 3374,* ☏ *(032)699344, www.somluck.de.vu, Bungalow Baht 650–850. 14 Steinbungalows mit Ventilator, Restaurant mit ausgezeichneten thailändischen und deutschen Gerichten, Salzwasser-Pool, Motorradverleih und Abholservice von Bang Samphan; ca. 100 m zum Strand; bestens geführt von Khun Somluck und Gatte Günther.*

... am Bang Bird Beach
Nirvana Sanddune Resort $$$–$$$$, ☏ *(086)8992382, Bungalow Baht 1.750–2.950. Holz-Stein-Bungalows, Restaurant, herrlicher Pool, Sonnenterrasse, 3 km südl. Ban Bang Bird.*
Bangburd Resort $$$, ☏ *(032)817234, info@bangburd.com, Bungalow Baht 1.695–1.895. 20 klimatisierte Bungalows für gehobene Ansprüche in einem üppigen Tropengarten, hervorragendes Restaurant, Pool, großes Tourangebot, Fahrrad-, Motorrad- und Autoverleih.*
Boonchu Bangburd Resort $$–$$$, ☏ *(032)817246, www.bangburd.net, EZ/DZ Baht 800–1.200, Bungalow Baht 1.400 (inkl. Frühstück). Klimatisierte Zimmer in ebenerdigen Reihenhäusern und geräumige Bungalows, mit Restaurant.*

Anreise
Die zwischen Bangkok und Surat Thani verkehrenden **Busse** *halten am H 4; von dort fahren Motorradtaxis zu den Stränden. Von Bangkok/Southern Bus Terminal (Schalter 10) fährt täglich 12.30 Uhr ein VIP-Bus direkt nach Bang Saphan (Ankunft 19 Uhr). Einige zwischen Bangkok und Surat Thani verkehrende* **Züge** *halten an der Station Bang Saphan; von dort fahren Motorradtaxis zu den Stränden.*

Chumphon

Die betriebsame Hauptstadt der gleichnamigen Provinz hat keine Sehenswürdigkeiten, doch in der Umgebung liegen einige landschaftliche Attraktionen. Chumphon liegt am östlichsten Punkt des Isthmus von Kra, der engsten Stelle der Malaiischen Halbinsel, und gilt als „Tor zum Süden". Die Stadt ist eine wichtige Drehscheibe für Rucksackreisende, denn es sind nur drei Bus- und Bootsstunden zur Insel Ko Tao, der Hochburg für schnorchelnde und tauchende Individualtouristen. Rund um Chumphon gibt es ruhige Küstenabschnitte mit schönen Stränden, doch die meisten Touristen reisen gleich weiter auf die Inseln des Ko-Samui-Archipels (s. S. 474).

Tor zum Süden

Ein beliebtes Ausflugsziel der Einheimischen ist der 20 km südöstlich gelegene **Sai Ree Beach**. An dem lang gestreckten, schmalen Sandstrand genießen sie unter Sonnenschirmen im großen Familienkreis ausgiebig frisches Seafood. Das Baden überlässt man weitgehend den wenigen ausländischen Touristen. Am nördlichen Strandende erinnert ein Denkmal an den als Namensgeber und Schutzpatron der Provinz, Admiral Phrachaoborommawongthoe Krommaluong Chumphonkhetudomsak oder kurz Prince of Chumphon, den Gründer der thailändischen Marine.

Gut 20 km nordwestlich von Chumphon liegt einige Kilometer abseits des H 4 das buddhistische Höhlenheiligtum **Tham Rap Ro**. Zu der Grotte führt ein steiler Stufenpfad vom Wat Thep Charoen, den ein mächtiges Karstmassiv überragt. Die Höhle ist so groß wie eine Kathedrale und beherbergt die Kolossalstatue eines sitzenden Buddha. Auf verwachsenen Pfaden links und rechts der Grotte gelangt man zu weiteren Höhlen mit Buddha-Statuen und Tropfsteinen.

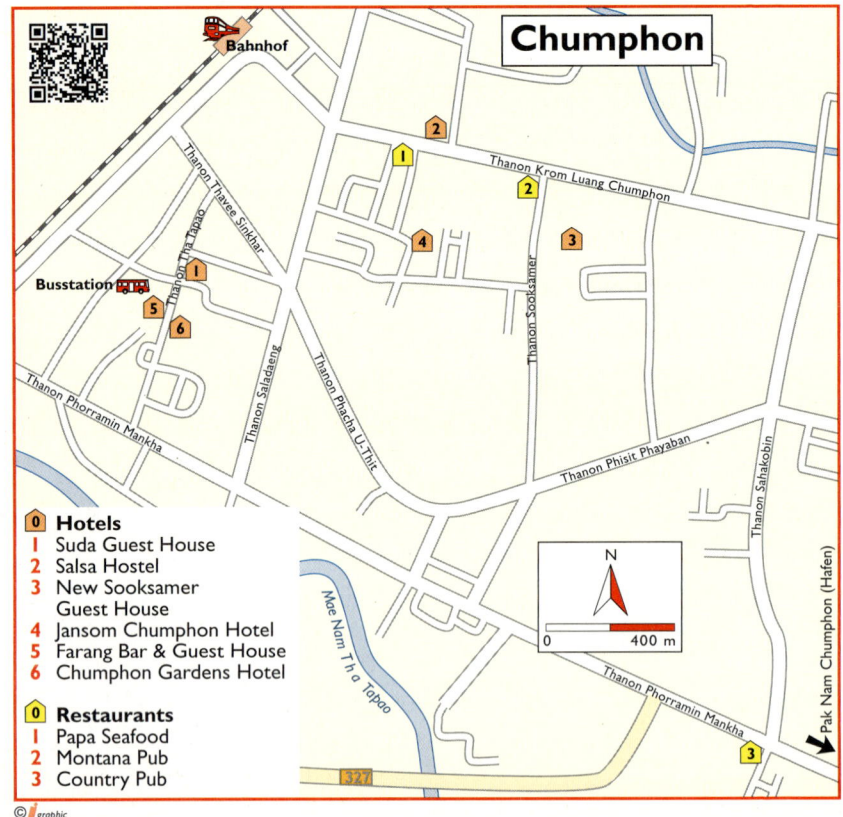

Chumphon

Bahnhof

Busstation

Thanon Thavee Sinkhar
Thanon Tha Taphao
Thanon Krom Luang Chumphon
Thanon Sooksamer
Thanon Saladaeng
Thanon Phacha Li Thit
Thanon Phorramin Mankha
Thanon Phisit Phayaban
Thanon Sahakobin
Mae Nam Tho Tapao
Thanon Phorramin Mankha
Pak Nam Chumphon (Hafen)

N

0   400 m

327

Hotels
1 Suda Guest House
2 Salsa Hostel
3 New Sooksamer
   Guest House
4 Jansom Chumphon Hotel
5 Farang Bar & Guest House
6 Chumphon Gardens Hotel

Restaurants
1 Papa Seafood
2 Montana Pub
3 Country Pub

© graphic

Mu Ko Chumphon National Park

Der **Meeresnationalpark** umfasst eine Inselwelt mit herrlichen Korallengärten. Ar- *Korallen-*
tenreiche Tauch- und Schnorchelreviere liegen vor allem um die kleinen Felseninseln *gärten und*
Ko Ngam Noi und Ko Rad. Die größere Insel Ko Matra hat Korallenbänke und schöne *Tauchreviere*
Strände. Ko Lang Ka Chiu (Birdnest Island) südlich vom Hafen Pak Nam Chumphon
ist einer der Hauptlieferanten der von Gourmets im ganzen Lande geschätzten ess-
baren Vogelnester, denn die porösen Kalksteinklippen bieten mit ihrem Labyrinth aus
Felsen und Höhlen den schwalbenartigen Weißnest-Salanganen optimale Niststätten.
Dreimal jährlich steigen schwindelfreie Sammler in die Kavernen ein, um die begehr-
ten Vogelnester zu „ernten".

Informationen über Flora und Fauna des Parks gibt es im Besucherzentrum südöstlich von Chumphon. Ein auf Holzbohlen und schwankenden Hängebrücken durch einen
Mangrovenwald verlaufender Naturlehrpfad gibt Einblick in das amphibische Biotop.
Mu Ko Chumphon National Park, *täglich 9–17 Uhr, Eintritt: Baht 30; Eintritt zum Na-*
tionalpark: Erwachsene Baht 200, Kinder Baht 100.

Westlich von Chumphon windet sich der H 4 über den gebirgigen **Isthmus von Kra**,
die schmalste Stelle der Malaiischen Halbinsel, zur Andamanen-Küste. Im Süden führt
der vier- bis sechsspurig ausgebaute H 41 nach Surat Thani, auf Stichstraßen erreicht
man schöne Strände und Naturattraktionen im Hinterland.

An Wochenenden und Feiertagen zieht es einheimische Ausflügler zum etwa 50 km
südlich von Chumphon gelegenen **Arunothai Beach**. Den etwa 6 km langen, breiten und flachen Sandstrand säumen Kasuarinen, vorgelagert sind malerische Karst- *Malerischer*
inseln. Viel Lokalkolorit erlebt man im nahen Fischereihafen **Pak Nam Lang Suan**. *Fischerei-*
In der knapp 80 km südlich von Chumphon gelegenen **Khao Khriap Cave** kann *hafen*
man einen 20 m hohen Stalagmiten bewundern. Der Eingang zu dieser Grotte unterhalb des Karstmassivs wird auf einem steilen Stufenpfad erreicht (*täglich 8–18 Uhr,*
Eintritt: Baht 40).

Reisepraktische Informationen Chumphon

 Unterkunft
… in der Stadt

Jansom Chumphon Hotel $$–$$$ (4), *188/138 Thanon Saladaeng,* ☎ *(077)502506-*
11, 🖷 *(077)502503, jansombeach@yahoo.com, EZ/DZ Baht 850–1.450. Bestes Haus im*
Ort mit 185 komfortablen Zimmern und Restaurant.
Chumphon Gardens Hotel $$ (6), *66/1 Thanon Tha Tapao,* ☎ *(077)506888,* 🖷 *(077)*
512399, www.hotelchumphongarden.com, EZ/DZ Baht 745–925. Angenehmes Stadthotel
nahe dem Markt mit 68 klimatisierten Zimmern, Restaurant und bewachtem Parkplatz.
New Sooksamer Guest House $ (3), *118/4 Thanon Sooksamer,* ☎ *(077)502430,*
EZ/DZ Baht 300–500. Einfache Zimmer mit Ventilator, Gemeinschaftsbad oder Dusche/WC,
Restaurant.
Salsa Hostel $–$$ (2), *25/42 Thanon Krom Luang Chumphon,* ☎ *(077)505005,*
www.salsachumphon.com, EZ/DZ Baht 800–950, im Schlafsaal Baht 300–350 p.P. (inkl.

Frühstück). Gut geführtes Backpacker-Hostel mit gepflegten Einzel-, Doppel- und Mehrbettzimmern, Gemeinschaftsküche, Fahrrad- und Motorradverleih, Tourservice und WLAN.
Suda Guest House *$–$$ (1), 8 Thanon Tha Tapao, ☏ (077)504366, EZ/DZ Baht 350–600. Einfache, aber ordentliche Zimmer mit Ventilator oder AC und sanitären Gemeinschaftseinrichtungen, Fahrrad- und Motorradverleih, Touren und Tickets.*
Farang Bar & Guest House *$ (5), 69/36 Thanon Tha Tapao, ☏ (077)501003, www. farangbarchumphon.com, EZ/DZ Baht 250–400. 8 einfache Zimmer mit Ventilator und Gemeinschaftsbad, beliebtes Gartenlokal, nichts für Lärmempfindliche.*

… am Sai Ree Beach
Hadsai Resort *$$$, ☏ (077)558028, www.hadsairesort.com, Bungalow Baht 1.200– 1.800. Klimatisierte Bungalows wenige Schritte vom Strand, mit Seafood-Restaurant.*

… an der Bucht Ao Thong Makham
M. T. Resort *$$–$$$, ☏ (077)558153, www.mtresort-chumphon.com, Bungalow Baht 750–1.500. 9 hübsche, klimatisierte Holz-Stein-Bungalows mit Terrasse an einem schmalen Sandstrand in Sichtweite des Lomprayah Pier, mit Restaurant und Tourservice.*

… am Thung Wua Laen Beach (15 km nördlich)
Chumphon Cabana Resort *$$$–$$$$, ☏ (077)560245-7, www.cabana.co.th, EZ/DZ Baht 1.650–1.850, Bungalow Baht 2.150–2.450 (inkl. Frühstück). Öko-Resort am südlichen Ende des Strandes mit 110 komfortablen Hotelzimmern und 18 Bungalows, hervorragendem Restaurant, 30 m langem Pool und Tauchschule.*
Chuan Phun Lodge *$$–$$$, ☏ (077)560230, EZ/ DZ Baht 1.200–1600. Gut geführtes, zweistöckiges Ferienhotel wenige Meter vom Strand mit makellosen, klimatisierten Zimmern und Restaurant.*
Seabeach Resort *$–$$, ☏ (08)62664814, Bungalow mit Ventilator und Dusche/WC Baht 450, mit Klimaanlage und Dusche/WC Baht 750–950. Bungalows unterschiedlicher Größe und Ausstattung wenige Meter vom Strand.*

🍴 Restaurants
… in der Stadt
Country Pub *(3), Thanon Phorramin Mankha, ☏ (077)503669, täglich 17–23 Uhr, Gerichte 80–160 Baht. Uriger Pub mit thailändischen und westlichen Gerichten, z. T. Live-Musik.*
Montana Pub *(2), Thanon Sooksamer/Thanon Krom Luang Chumphon, ☏ (077)501269, täglich 17–23 Uhr, Gerichte Baht 70–140. Rustikale Einrichtung, thailändische und westliche Gerichte, Bier vom Fass.*
Papa Seafood *(1), Thanon Krom Luang Chumphon, ☏ (077)511296, täglich 11–23 Uhr, Gerichte Baht 120–400. Eine der besten Adressen der Stadt für Fischspezialitäten, abends Live-Musik.*

🥾 Aktivitäten
Ausflüge: *Bootsausflüge zum Schnorcheln in der Inselwelt des Mu Ko Chumphon National Park veranstalten Chumphon Guest House und Siam Dreams Guest House (s. o.).*

Verkehrsverbindungen
Zwischen Chumphon und dem Thung Wua Laen Beach verkehren tagsüber Songthaeo (ca. 30 Min.).

Busse: *Der Busbahnhof liegt an der westlichen Umgehungsstraße nahe der Bahnlinie,* ☏ *(077)502268. Mehrmals täglich Busse* **nach Norden** *u. a. nach Bang Saphan, Prachuap Khiri Khan, Hua Hin und Bangkok;* **nach Süden** *u. a. nach Surat Thani, Ranong, Khao Lak und Phuket. Einige private Gesellschaften setzen VIP-Busse* **nach Bangkok** *ein; Abfahrt meist vor den Büros der Firmen.*

Züge: *Der Bahnhof liegt in der Nordwestecke des Zentrums an der Thanon Sathani Rotfai,* ☏ *(077)511103.* **Nach Norden** *u. a. zehnmal täglich von/nach Bang Saphan, Prachuap Khiri Khan, Hua Hin und Bangkok;* **nach Süden** *u. a. zehnmal täglich von/nach Surat Thani.*

Fähren/Boote: *Mehrere Fähren und Boote fahren täglich ab 7 Uhr vom Hafen Pak Nam Chumphon zur 74 km südöstlich gelegenen* **Ko Tao** *(2,5–3 Std.). Am schnellsten und bequemsten ist der zweimal täglich um 7 und 13 Uhr verkehrende Katamaran der Gesellschaft Lomprayah, der von einem Pier an der Ao Thong Makham abfährt (1,5 Std.), www.lomprayah.com. Am billigsten und langsamsten sind die um 23 und 24 Uhr vom Hafen Pak Nam Chumphon abfahrenden Versorgungsschiffe, die auch Passagiere mitnehmen (6–7 Std.).*

Bei den Expressbooten und Katamaranen ist der Transfer von Chumphon zum Hafen (13 km) bzw. Pier (15 km) im Ticketpreis enthalten (Baht 650). Buchbar in jedem Gästehaus und Hotel oder direkt bei Lomprayah, ☏ *(077)310704 und Seatran,* ☏ *(077)521052.*

Chaiya

Das verschlafene Städtchen war zwischen dem 8. und 13. Jh. eines der politischen und religiösen Zentren des indonesischen Großreichs Sri Vijaya. Der Herrschaftsbereich des buddhistischen Königreichs, das in Palembang auf Südsumatra seinen Ursprung hatte, reichte zu jener Zeit bis zum Isthmus von Kra. Die Tempel- und Palastanlagen von Chaiya sollen einzigartig gewesen sein, doch heute liegen sie in Ruinen: Die Sri-Vijaya-Bauten bestanden aus leicht vergänglichem Ziegelstein und aus Holz; nur einige Grundmauern und Tempelreste haben die Zeiten überdauert. Erhalten ist der Chedi **Phra Borommathat** im **Wat Mahathat** am westlichen Ortsrand. Obwohl das aus dem 8./9. Jh. stammende Heiligtum 1901 und 1930 aufwendig restauriert wurde, blieb seine ursprüngliche Form weitgehend unverändert. Der 24 m hohe Chedi mit vergoldeter Spitze gilt als letztes gut erhaltenes Beispiel für die Architektur des Sri-Vijaya-Stils. Charakteristische Merkmale sind die kleinen Türmchen, mit denen die vier Ecken des stuckverzierten Bauwerks besetzt sind. Auf Einflüsse des klassischen indischen Gupta-Stils deuten die Scheinfenster, welche die drei Dachetagen in der Mitte jeder Seite gliedern. Den inneren Tempelbezirk umgibt ein Wandelgang mit zahlreichen Buddha-Statuen in sitzender Meditationshaltung. Typisch für die Bildnisse im Sri-Vijaya-Stil ist der knospenförmige Aufsatz auf dem Haupt des Erleuchteten. Dieser soll ein Blatt des heiligen Bodhi- oder Banyan-Baumes symbolisieren, unter dem der indische Prinz *Siddharta Gautama* einst nach 49-tägiger Meditation die Erkenntnis erlangte und zum Buddha wurde.

Das **Chaiya National Museum** neben dem Königstempel zeigt vor allem Buddha-Statuen und -Köpfe aus Stein und Bronze, darunter viele aus der Sri-Vijaya-Zeit. Allerdings befinden sich die schönsten Zeugnisse der Sri-Vijaya-Kultur im Nationalmuseum von Bangkok. Beachtung verdient die Sammlung südthailändischer Schattenspielfiguren. **Chaiya National Museum**, *Mi–So 9–16 Uhr außer feiertags, Eintritt: Baht 100.*

Sammlung von Schattenspielfiguren

Unscheinbar, aber einzigartig – der Chedi Phra Borommathat

Im **Wat Kaeo** ragt die Ziegelsteinruine eines Chedi im Sri-Vijaya-Stil auf. In drei Nischen an den Seiten des Heiligtums befinden sich Buddha-Statuen in sitzender, die Erde als Zeugin anrufender Haltung (Bhumisparsha Mudra). Die Nische an der Ostseite dient als Eingang zur Reliquienkammer. Vom Chedi des **Wat Long** aus dem 9./10. Jh. ist noch das Fundament erhalten.

Tempelkloster Wat Suan Mok

Einige Kilometer westlich von Chaiya liegt in einem Urwald am Fuße des Phutta Thong Hill das Tempelkloster **Wat Suan Mok** (Garten der Erlösung), das der ebenso verehrte wie umstrittene Buddhadasa (Sklave des Buddha) Bikkhu 1932 gründete. Der 1993 verstorbene Abt war ein rebellischer Querdenker und führender Kopf der buddhistischen Erneuerungsbewegung. Nach seiner Lehre sind Harmonie mit der Natur und folglich auch Umweltschutz ein unverzichtbarer Bestandteil der buddhistischen Religion. In mehreren Waldklöstern im Norden Thailands leben „Öko-Mönche" nach seinem Vorbild.

„Öko-Buddhist"   Auch architektonisch ist der Wat Suan Mok kein klassischer Thai-Tempel: Es gibt keine reich dekorierte Ordinationshalle, sondern entsprechend der naturverbundenen Philosophie des Gründers einen bescheidenen Bot mit Erdwänden. Herausragendes Bauwerk ist das Theatre of Spiritual Entertainment. Die modernen Flachreliefs an den Außenwänden zeigen Episoden aus dem Leben des Buddha. Die Innenwände schmücken Gemälde und Sinnsprüche des amerikanischen Buddhisten *Emanuel Sherman*, der lange Zeit im Kloster lebte. Auch heute ist Wat Suan Mok eine Begegnungsstätte für Buddhisten aller Nationen. Wer das asketische Leben teilen möchte, kann an den zehntägigen Kursen, welche die Meditationsschule des Tempels für Besucher anbietet, teilnehmen.

Tempelkloster Wat Suan Mok, *(077)431597, www.suanmokkh.org, www.re treat-infos.de, Kosten: Baht 2.500.*

Surat Thani

Einst wichtige Station an der Handelsroute zwischen Thailand und Malaysia, ist Surat Thani heute in erster Linie Ausgangspunkt für die vor der Küste liegenden Inseln Ko Samui, Ko Phangan und Ko Tao. Echte Sehenswürdigkeiten gibt es nicht.

Reisepraktische Informationen Surat Thani

Informationen

Tourism Authority of Thailand Southern Office, *5 Thanon Talat Mai, ☏ (077) 288817-9, 🖷 (077)282828, tatsurat@tat.or.th, www.tourismthailand.org/surat thani, täglich 8.30–16.30 Uhr. Das Büro ist auch für Chumphon und Ranong zuständig.*

Unterkunft

Wang Tai Hotel $$–$$$, *1 Thanon Talat Mai, ☏ (077)283020-39, www.hotel thailand.com/surat/wang-tai, EZ/DZ Baht 950–1.650 (inkl. Frühstücksbuffet). Eines der besten Hotels der Stadt mit klimatisierten Zimmern, Restaurant, Karaoke-Bar, Pool, Reiseagentur, 2 km westlich.*

Thairungruang Hotel $–$$, *191–199 Soi 12, Thanon Mitr Kasem, ☏ (077)273249, 🖷 (077)286353, EZ/DZ Baht 500–750. Beste Wahl im Zentrum, Zimmer mit Ventilator oder Klimaanlage.*

My Place@Surat Hotel $–$$, *247/5 Thanon Namuang, ☏ (077)272288, www.my placesurat.com, EZ/DZ Baht 350–650. Modernes Backpacker-Hostel, Zimmer mit Ventilator und Gemeinschaftsbad oder AC und Dusche/WC, Tourservice, Motorradverleih, WLAN.*

Verkehrsverbindungen

Busse: *In Surat Thani gibt es zwei Busbahnhöfe –* **New Bus Terminal** *(5 km westlich des Zentrums): Mehrmals täglich Busse von/nach Bangkok.* **Old Bus Terminal** *(Thanon Talat Mai, im Zentrum): Mehrmals täglich Busse u. a. von/nach Chumphon, Prachuap Khiri Khan, Hua Hin, Nakhon Si Thammarat, Hat Yai, Songkhla, Krabi und Phuket. Einige private Gesellschaften setzen VIP-Busse* **nach Bangkok, Phuket** *und* **Krabi** *ein; Abfahrt meist vor den Büros der Firmen. Zu empfehlen ist Phantip Travel, Thanon Talat Mai, ☏ (077)283252. Vom Old Bus Terminal fahren vor dem Thaitani Hotel Minibusse nach* **Krabi, Phuket** *und* **Hat Yai** *ab.*

Züge: *Der Bahnhof* **Phunpin** *liegt 15 km westlich. Zwischen dem Bahnhof und dem Old Bus Terminal pendeln tagsüber Busse.* **In nördliche Richtung** *u. a. zehnmal täglich von/nach Chumphon, Prachuap Khiri Khan, Hua Hin und Bangkok;* **in südliche Richtung** *u. a. zweimal täglich von/nach Nakhon Si Thammarat, Hat Yai und Trang.*

Flughafen: *Zwischen dem 30 km westlich gelegenen Flughafen und dem Zentrum pendeln Busse.*

Thai Airways, *3/27-28 Thanon Karun Rat, ☏ (077)272610.*

Nationale Verbindungen: *von/nach Bangkok bis zu zehnmal täglich (Thai Airways, Orient Thai Airways, Air Asia, Nok Air).*

Fähren/Boote: *Mehrere (Auto-)Fähren und Boote fahren täglich ab 7 Uhr von den Piers in Surat Thani sowie von den Häfen Tha Thong (8 km östlich) und Don Sak (66 km östlich) nach* **Ko Samui, Ko Phangan** *und* **Ko Tao**.

Ko Samui

Anfang des 19. Jh. ließen sich chinesische Siedler von der Insel Hainan auf Ko Samui nieder, um Kokosnüsse anzubauen. Sie waren von den sichelförmigen Buchten und den langen Sandstränden vermutlich genauso begeistert wie die ersten Touristen, die gut 150 Jahre später die Insel „entdeckten". Noch bis 1989 war eine Fähre von Surat Thani aus die einzige Verbindung zu **Thailands drittgrößter Insel**, die Backpackern und Aussteigern ein Refugium bot. Dann verkürzte der neue Flughafen die Anreise aus Bangkok auf nur noch 70 Minuten und die Entwicklung nahm ihren Lauf: Ko Samui, eines der schönsten Badeziele zwischen Borkum und Bora Bora, wurde vom Geheimtipp zur pauschal buchbaren Urlaubsinsel und zum In-Ziel für Jetsetter.

Geschäftiges Badeparadies

Seit Beginn der 1990er-Jahre wurden an allen Buchten und Stränden Hotels gebaut. Trotzdem blieb Ko Samui von Bausünden verschont, denn bei den meisten Resorts handelt es sich um in die tropische Vegetation eingebettete Bungalow-Anlagen, welche die Palmwipfel nicht überragen. An fast allen Stränden stehen Luxushotels gleich neben preiswerten Unterkünften, sodass hier jeder einen Platz findet. Einsame Strände gibt es auf Ko Samui nicht mehr, alle Buchten sind mehr oder weniger dicht von Unterkünften gesäumt. Die schnelle Expansion fordert einen hohen Preis: Die kleine Insel hat mit ökologischen Problemen wie Müllbeseitigung und Abwasseraufbereitung zu kämpfen. Es gibt bereits zahlreiche Resorts der gehobenen Kategorien und die Landpreise sind enorm gestiegen, weitere Luxushotels sind in Planung, und auch in den einfachen Unterkünften wird ständig am Ausbau gewerkelt, während die Straßenränder an den wichtigsten Stränden von immer mehr Supermärkten, Agenturen, Restaurants, Bars und Internet-Cafés flankiert werden. Auch der Verkehr hat enorm zugenommen, sodass Staus auf der Ringstraße an der Tagesordnung sind.

Von Nathon zum Choeng Mon Beach

Gute Infrastruktur

Die meisten Touristen kommen mit der Fähre in **Nathon (1)** im Nordwesten der Insel an. Die „Inselhauptstadt" bietet zwar mit Unterkünften und Restaurants, Geschäften, Banken, Reiseagenturen und Auto- und Motorradverleih eine perfekte touristische Infrastruktur, allerdings sind die ortsnahen Strände unattraktiv und zum Baden und Schwimmen nicht geeignet.

Schöne Landschaft

Die seit Anfang der 1990er-Jahre durchgehend asphaltierte, aber teils schmale und steile **Ringstraße** (H 4169) verbindet Nathon mit den Buchten und Stränden im Norden, Osten und Süden der Insel. Kulturelle Sehenswürdigkeiten sucht man auf der gut 50 km langen Rundtour um die Insel vergebens, dafür entschädigen landschaftliche Attraktionen wie Wasserfälle und Aussichtspunkte. Auf der Ringstraße verkehren zwar Songthaeo-Sammeltaxis, aber nur mit einem gemieteten Fahrzeug wird man eine Inselrundfahrt, die einem vollen Tagesprogramm entspricht, wirklich genießen können. Entlang der seichten Bang-Makham-Bucht mit teils steinigen Stränden geht es von Nathon nach Norden zum **Bang Po Beach (2)**. Der Sandstrand ist lang, aber sehr schmal und zum Schwimmen ungeeignet. Hier liegen einige Wellness-Resorts, die traditionelle Massagen und asiatische Heilbehandlungen anbieten.

Der östlich des Felsenkaps Laem Na Phalarn gelegene 4 km lange **Mae Nam Beach (3)** ist schmal, steil und grobsandig und kein Bilderbuchstrand, doch die Unterkünfte reichen von Billigbungalows bis zu Luxusresorts und die Atmosphäre ist angenehm. Hierhin zieht es vor allem Badeurlauber, die dem Rummel am Chaweng Beach oder Lamai Beach an der Ostküste entgehen wollen. Am Mae Nam Beach kann man fast ganzjährig schwimmen. Auch der sich östlich anschließende 2 km lange, sandige **Bo Phut Beach (4)** fällt nicht unbedingt unter die Kategorie „Traumstrand". Aber hier kann man das ganze Jahr über schwimmen, selbst in den stürmischen Wintermonaten ist das Wasser ruhig. Am Bo Phut Beach finden Windsurfer gute Bedingungen.

Wer das Stelzendorf **Ban Bo Phut (5)** aus früheren Tagen kennt, wird es nicht wiedererkennen. Über dem einst malerischen Fischerdorf weht ein Hauch von St. Tropez, mit Boutique-Hotels, extravaganten Restaurants und Bars. Trotz der hohen Preise und obwohl der Strand im Ortsbereich schmal und verschmutzt ist, ist der Ort *Beliebter* ein beliebtes Urlaubsziel. Die in Ban Bo Phut nach Süden abschwenkende Ringstraße *Urlaubsort* führt durch ausgedehnte **Kokosplantagen**, die noch rund ein Viertel der Insel bedecken. An verschiedenen Stellen kann man gegen Eintrittsgebühr trainierte Affen beim Pflücken der Kokosnüsse beobachten. Diese und andere Künste zeigen sie auch im **Samui Monkey Theatre** (*täglich 9–17 Uhr, Monkey Show täglich 10.30, 14, 16 Uhr, Eintritt: Erwachsene Baht 150, Kinder Baht 100*).

Folgt man der Küstenstraße H 4171 nach Osten, kommt man – vorbei am **Samui International Airport (6)** – zum **Big Buddha Beach (7)**. Der 1,5 km lange Sand-

Redaktionstipps

Übernachten
▸ Schöne Resorthotels mit gutem Preis-Leistungs-Verhältnis sind das **Coco Palm Resort** am Mae Nam Beach, das **First Bungalow Beach Resort** am Chaweng Beach und das **Marina Beach Resort** am Lamai Beach.

Essen und Trinken
▸ Top-Adressen für ein romantisches Dinner sind die am zentralen Chaweng Beach gelegenen Restaurants **Bellini** und **Betelnut**.

Feste und Veranstaltungen
▸ Einmal im Monat und anlässlich bedeutender Feste finden in den drei Stadien von Ko Samui unblutige **Wasserbüffel-Kämpfe** statt, bei denen je zwei Tiere gegeneinander antreten.

Mae Nam Beach: nicht der schönste, aber der ruhigste unter Ko Samuis Stränden

strand ist zwar schmal, dafür aber ruhig und gut zum Schwimmen geeignet. Auf der kleinen Insel Ko Fan, die durch einen Damm mit Ko Samui verbunden ist, wacht der 12 m hohe **Big Buddha** über das Tempelkloster Wat Phra Yai. Obwohl die 1972 errichtete Anlage keine kunsthistorische Bedeutung hat, ist sie fester Bestandteil im Programm der meisten Ko-Samui-Besucher.

Eine schmale Stichstraße führt zur **Thong Son Bay** (8) an der Nordostspitze Ko Samuis. Dort warten mehrere Luxushotels mit gepflegten Parkanlagen auf Komforturlauber. Sehr schön ist der Blick auf die nahe gelegene kleine Ko Som und die etwa 20 km entfernte Ko Phangan, deren Silhouette sich am Horizont abzeichnet.

Südlich davon ist der **Choeng Mon Beach** (9) ein ideales Familienziel, denn an dem 500 m langen, flach abfallenden Strand mit feinkörnigem Sand können auch kleine Kinder gefahrlos baden. Das ganze Jahr über herrscht Badewetter, doch leider kreuzen in der Bucht viele Waterscooter. Nachtleben gibt es so gut wie keines, aber es ist nicht weit nach Chaweng. Ab-

Krokodil-farm

wechslung bietet ein Besuch der **Samui Crocodile Farm**, wo wagemutige Trainer auf den Reptilien reiten oder sogar ihren Kopf in den aufgesperrten Rachen der Riesenechsen stecken (*täglich 9–18 Uhr, Crocodile Show täglich 12, 14, 16 Uhr, King Cobra Show 13, 15, 17 Uhr, Eintritt: Erwachsene Baht 600, Kinder Baht 400*).

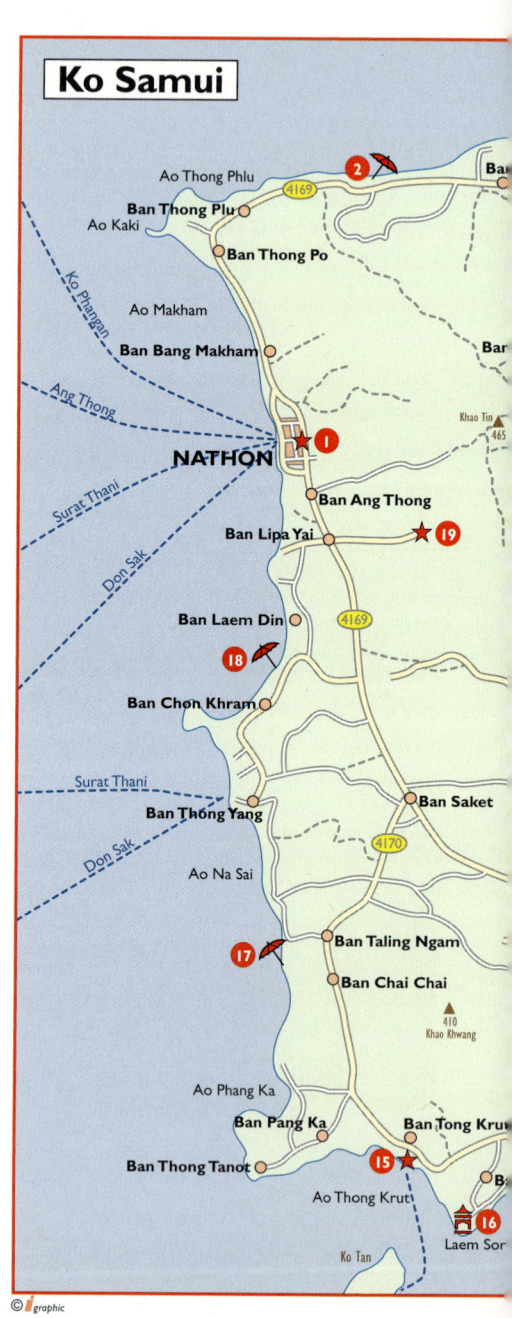

© graphic

1 Nathon
2 Bang Po Beach
3 Mae Nam Beach
4 Bo Phut Beach
5 Ban Bo Phut
6 Samui International Airport
7 Big Buddha Beach
8 Thong Son Bay
9 Choeng Mon Beach
10 Chaweng Bay
11 Coral Cove
12 Lamai Beach
13 Hin Taa und Hin Yaai
14 Laem Set
15 Ban Thong Krut
16 Laem Sor Pagoda
17 Taling Ngam Beach
18 Santi Beach
19 Hin Lat Waterfall
20 Na Muang Waterfall I & II
21 Magic Garden

Der Chaweng Yai Beach mit der Insel Ko Mat Lang

Chaweng Bay

An der 6 km langen, geschwungenen und von Kokospalmen gesäumten **Chaweng Bay (10)** nahm die touristische Entwicklung Ko Samuis ihren Anfang. Mit sicherem Gespür für die schönsten Plätze der Welt bildeten Globetrotter in den 1970er-Jahren die Vorhut. Schließlich erkoren die Späher der Tourismusindustrie Chaweng zum Standort für Feriensiedlungen, und die Bucht wurde schnell und unkontrolliert entwickelt: Heute reihen sich am Strand beinahe lückenlos Strandresorts und Bungalowanlagen aneinander, von dem einst verschlafenen Fischerdorf ist nur der Name geblieben. Parallel zum Strand verläuft die Hauptstraße mit Läden, Restaurants, Diskos und Bars etc.

Am **Chaweng Yai Beach**, dem nördlichen Abschnitt der Bucht, ist das Meer sehr flach. Bei Ebbe trüben dort Schlickflächen die Badefreuden, und auch bei Flut muss man weit laufen, bis man Schwimmtiefe erreicht. Der Wasserspiegel ist hier vor allem zwischen Mai und Oktober sehr niedrig. Eines der beliebtesten Schnorchelreviere Ko Samuis befindet sich um die vorgelagerte Insel **Ko Mat Lang**.

Starke Brandung im Winter

Der **zentrale Chaweng Beach** ist feinsandig und selbst bei Flut ausreichend breit, die Bademöglichkeiten sind auch bei Ebbe gut. Im Gegensatz zu anderen Stränden kann man dort auch während des Nordost-Monsuns in den europäischen Wintermonaten baden, denn ein Riff schützt die Bucht vor hohen Wellen. Gegen Abend wird hier zum Beach-Volleyball getrillert. Klippen und ein Flusslauf trennen den Hauptstrand vom ruhigeren **Chaweng Noi Beach** im Süden. An dem 1 km langen Sandstrand kann man im Sommer gut schwimmen, im Winter ist die Brandung oft sehr stark. Südlich der Bucht von Chaweng windet sich die Ringstraße über eine felsige Landzunge. Von einem Aussichtspunkt bietet sich ein herrlicher Blick über die Küste und die malerische, von Granitfelsen gesäumte **Coral Cove (11)**, deren bunte Korallengärten viele Schnorchler anziehen.

Lamai Beach

Backpacker und Pauschaltouristen treffen sich am 5 km langen, feinsandigen **Lamai Beach (12)**. Die gepflegten Resorts der mittleren und oberen Kategorie liegen am nördlichen und südlichen Strandende, der zentrale Lamai Beach ist das Ziel der Low-Budget-Reisenden mit preiswerten Strandhütten fast wie aus den Pioniertagen des Ko-Samui-Tourismus. Die Bademöglichkeiten sind ganzjährig gut. In den frühen Abendstunden verwandelt sich der zentrale Lamai Beach in eine Freiluft-Schlemmermeile. Mehr als ein Dutzend Open-Air-Restaurants bieten Fisch und Meeresfrüchte fangfrisch an. Landeinwärts erstreckt sich eine Amüsiermeile mit halboffenen Kneipen. Diskotheken und Bars sorgen bis spät in die Nacht für Unterhaltung. Wer dem trubeligen Nachtleben nichts abgewinnen kann, schlägt sein Quartier am **South Lamai Beach** auf. An dem von hohen Granitfelsen umrahmten, 300 m langen Sandstrand ist das Meer relativ tief und gut geeignet zum Schwimmen. Noch etwas weiter südlich ragen **Hin Taa** und **Hin Yaai (13)** auf, die Großvater- und Großmutterfelsen, in denen man mit etwas Fantasie ein männliches und ein weibliches Geschlechtsorgan erkennen kann.

Ganzjährige Bademöglichkeit

Der Südwesten

Ab dem muslimischen Fischerdorf Ban Hua Thanon führt die Ringstraße in einem weiten Bogen landeinwärts zurück nach Nathon. Auf dem schmalen, kurvenreichen H 4170 und den von ihm abzweigenden Stichstraßen lässt sich die **Südwestregion** der Insel erkunden. Dort finden sich statt kilometerlanger Sandstrände idyllische Buchten.

Zwei Publikumsmagnete gibt es nahe **Laem Set (14)**: Einen Blick in die submarine Welt und die Gelegenheit, Tigerbabys zu streicheln, bietet der **Samui Aquarium and Tiger Zoo** (☎ *(076)424017-8, www.samuiaquariumandtigerzoo. com, täglich 11–17 Uhr, Eintritt: Erwachsene Baht 600, Kinder Baht 350, Tiger and Bird Show täglich 14 Uhr*). Der **Samui Butterfly Garden** gilt mit über 1.000 Schmetterlingsarten, die dort gezüchtet werden, als eine der größten Schmetterlingsfarmen in Südostasien (☎ *(076)391796), täglich 9–18 Uhr, Eintritt: Erwachsene Baht 200, Kinder Baht 100*).

Tigerbabys

Von **Ban Thong Krut (15)** verkehren Ausflugsboote zu Ko Tan und anderen Inseln, um die sich artenreiche Korallenbänke erstrecken. Auf dem südlichsten Punkt Ko Samuis, der felsigen Landspitze Laem Sor, steht die goldfarbene, von zwei grimmig blickenden Tempelwächter-Statuen beschützte **Laem Sor Pagoda (16)**. Auf einem nahen Hügel thront die weiße **Khao Pagoda**, von der sich ein schönes Panorama der Inselwelt eröffnet. In der nicht weit entfernten **Samui Snake Farm** werden zweimal täglich Cobra Shows gezeigt. Die Einrichtung bietet Schlangen und anderen Reptilien ein Refugium, deren Lebensraum durch die Bautätigkeit auf Ko Samui immer weiter eingeschränkt wird (☎ *(093)6205784, www.samuisnakefarm.com, täglich 9–16 Uhr, Cobra Show täglich 11, 14 Uhr, Eintritt: Erwachsene Baht 400, Kinder Baht 300*).

Panoramablick

Die Resorts am **Taling Ngam Beach (17)** und am **Santi Beach (18)** sind angenehm ruhig gelegen. Allerdings sind dort Baden und Schwimmen aufgrund des saisonal sehr seichten Meeres nicht immer möglich.

Ausflüge ins Inselinnere

Wasserfälle

Leicht zu erreichen sind der **Hin Lat Waterfall (19)** mit Picknickplatz 5 km süd-östlich von Ban Nathon und die Zwillingsfälle **Na Muang Waterfall I & II (20)** nahe Ban Thurian an der Ringstraße. Der untere Wasserfall rauscht über eine 20 m hohe Felswand in einen Naturpool mit Bademöglichkeit. Im nahen **Na Muang Safari Park** starten Ausritte auf Elefanten durch den Dschungel; zudem gibt es dort Vorführungen mit Elefanten, Affen und Krokodilen (☎ *(077)424098, www.namuangsafarisamui.com, täglich 9–17 Uhr, Elephant Show täglich 10.30, 14 Uhr; Crocodile Show täglich 11, 14 Uhr, Eintritt: Erwachsene Baht 800, Kinder Baht 500, 60-minütige Ausritte Erwachsene Baht 1.400, Kinder Baht 900*).

Zum **Na Muang Waterfall II**, der über mehrere Stufen etwa 60 m tief abfällt, fährt man zunächst einige Kilometer auf einer schmalen Betonstraße. Vom Parkplatz, an dem die Straße endet, sind es etwa 10 Fußminuten zur Basis des Wasserfalls. Hinauf geht es auf einem 2 km langen, steilen und oft sehr rutschigen Pfad. Im gebirgigen, mehr als 600 m hohen Inselinneren, das ein Netz teils betonierter, teils staubig-schlammiger Wege durchzieht, liegt der **Magic Garden (21)** mit einer Sammlung teils skurriler Figuren, die Wesen aus der hinduistisch-buddhistischen Mythologie und der thailändischen Sagenwelt darstellen (*täglich 8–18 Uhr, Eintritt: Erwachsene Baht 100, Kinder Baht 50*). Bei der Anfahrt passiert man einige View Points, an denen kleine Restaurants zu Pausen einladen.

Ang Thong Marine National Park

Saumriffe

Zwischen Ko Samui und dem Festland liegen 40 kleine und kleinste tropische Eilande – der Ang-Thong-Archipel mit herrlichen Stränden und farbenprächtigen Korallen-gärten. In praktisch jedem Gästehaus und Hotel auf Ko Samui kann man Tagesausflüge zu den 20 km entfernten Inseln buchen, die seit 1980 unter Naturschutz stehen. Für Taucher und Schnorchler sind vor allem **Ko Thai Plao** und **Ko Sam Sao** interessant, die von märchenhaften Saumriffen mit vielfältiger Meeresfauna umgeben werden. Auf Ko Sam Sao ist außerdem die Landschaft mit palmenbestandenen Sandstränden und dicht bewaldeten, zerklüfteten Bergrücken abwechslungsreich. Ein herrlicher Blick auf die Inselwelt eröffnet sich von einem Aussichtspunkt auf 240 m Höhe. Ein unterirdischer Tunnel zum Meer speist den fast kreisrunden Salzwassersee **Thale Nai** auf **Ko Mae Ko**, um den sich steile Kalkklippen zu einer imposanten Kulisse auftürmen, außerdem hat die Insel einen traumhaften Badestrand. Von den Wänden der Tropfsteinhöhlen auf **Ko Nok** (Vogelinsel) „pflücken" Vogelnestsammler bei waghalsigen Kletterpartien die wertvollen Schwalbennester, Hauptingredienz der traditionellen, angeblich aphrodi-sierend wirkenden Bird's Nest Soup.

Traum-strand

Auf **Ko Wua Ta Lap**, der Hauptinsel des Archipels, befinden sich die Nationalpark-verwaltung und einige Besucherbungalows. Die „Insel der schlafenden Kuh" bietet Postkartenstrände, eine spektakuläre Unterwasserwelt und ein zerklüftetes Inselge-birge. Eine halbstündige, schweißtreibende Wanderung mit dem gut 300 m hohen **Ut-thayan Hill** zum Ziel. Lohn der Mühe ist ein weiter Blick über die Inselwelt.
Ang Thong Marine National Park, *Eintritt: Erwachsene Baht 200, Kinder Baht 100.*

Reisepraktische Informationen Ko Samui

ℹ Informationen
Internet: *www.kohsamui-info.com (auf Englisch), www.kosamui.de (auf Deutsch) www.sawadee.com (Hotelbuchung)*

🛏 Unterkunft
Angegeben sind die Preise für die Hochsaison von Dez.–April und Juli–Sept. In der Nebensaison werden oft Rabatte von 30–50 Prozent gewährt. Während der Hauptreisezeiten sowie an Wochenenden und Feiertagen ist frühzeitige Reservierung dringend empfohlen.

... in Nathon
Grand Sea View Resotel $$$, ☎ (077)421481, www.grandseaviewbeachresotel.com, EZ/DZ Baht 1.200–1.850 (inkl. Frühstücksbuffet). *Vierstöckiges Haus am Strand mit klimatisierten Zimmern (die besseren mit Blick aufs Meer), Restaurant und Pool.*

... am Bang Po Beach
Health Oasis Resort $$$–$$$$, ☎ (077)602096, www.healthoasisresort.com, EZ/DZ Baht 1.000–4.000. *Wellness-Resort für Esoteriker mit klimatisierten Ziegelstein-Bungalows, Restaurant und Pool mit Meerblick.*

... am Mae Nam Beach
Coco Palm Resort $$$–$$$$, ☎ (077)247288, www.cocopalmbeachresort.com, Bungalow Baht 1.750–3.850. *40 dicht stehende klimatisierte Holz-, Bambus- und Steinbungalows mit Wohnterrasse, Restaurant am Strand und Pool mit Blick aufs Meer.*
Florist Resort $$$–$$$$, ☎ (086)3137725, www.floristresort.com, EZ/DZ Baht 1.700–2.550. *Kleines, zweistöckiges, um einen schönen Pool angelegtes Boutique-Hotel mit 32 klimatisierten Zimmern, Restaurant und Reiseagentur, wenige Schritte zum Strand*
Mae Nam Resort $$$–$$$$, ☎ (077)247286-7, www.maenamresort.com, Bungalow Baht 1.800–2.220. *Klimatisierte Bungalows mit Terrasse an einem von Kokospalmen gesäumten Strand; Restaurant, Motorrad- und Autovermietung, preislich gestaffelt nach Abstand zum Strand.*
Shangrila Bungalows $$$, ☎ (077)425189, Bungalow Baht 1.450–1.850. *26 einfache, aber ordentliche Bungalows mit Ventilator oder Klimaanlage unter Palmen am Strand.*

... am Bo Phut Beach
Lawana Resort $$$$–$$$$$$$, ☎ (077)425631-3, www.lawanaresort.com, Bungalow Baht 3.880–9.120. *Komfortbungalows in einem Tropengarten, Restaurant, Pool.*
Sandy Beach Resort $$$–$$$$, ☎ (077)425353-4, www.sandysamui.com, EZ/DZ und Bungalow Baht 1.250–2.950. *Zimmer und Bungalows unterschiedlicher Ausstattung und Größe, Restaurant, Pool, schöner Garten.*

... in Ban Bo Phut
Baan Bo Phut Beach Hotel $$$$, ☎ (077)245733, www.baanbophut.com, EZ/DZ Baht 2.950–3.400. *Dreistöckiges Boutique-Hotel mit 12 klimatisierten Zimmern (alle mit Blick aufs Meer).*

... am Big Buddha Beach
Como Resort $$$–$$$$, ☎ (077)425210, www.kohsamuibeachresort.com, Bungalow Baht 1.650–3.600. *Familienfreundliches Resort mit 11 klimatisierten Bungalows, Restaurant, Planschpool.*

Secret Garden Beach Resort $$–$$$$, ☏ *(077)245255, www.secretgarden.co.th, EZ/DZ und Bungalow Baht 900–2.900 (inkl. Frühstück). Kleines Resort mit klimatisierten Zimmern und Bungalows; im Seabreeze Restaurant Sonntagabend live Blues, Jazz und Rock.*

... an der Thong Son Bay
Six Senses Samui $$$$$$, ☏ *(077)245678, www.sixsenses.com, Villa ab Baht 18.500. Exklusives Resort in spektakulärer Hanglage, luxuriöse Bungalows z. T. mit eigenem Pool, Gourmet-Restaurant, großer Pool und Wellness-Center.*

... am Choeng Mon Beach
The Imperial Boat House $$$$$–$$$$$$, ☏ *(077)425041-52, www.imperialho tels.com/boathouse, EZ/DZ Baht 4.650–7.850. Top komfortable Zimmer in dreistöckigen Gebäuden und restaurierten Reisbarken, Restaurant, zwei große Pools mit Kinderbecken.*
Samui Honey Cottages $$$$–$$$$$, ☏ *(077)248052, www.samuihoney.com, EZ/DZ und Bungalow Baht 3.700–6.500. Bestens ausgestattete Zimmer in einem zweistöckigen Gebäude und Bungalows, schöner Tropengarten, beliebtes Seafood-Restaurant am Strand.*
Choeng Mon Beach Hotel $$$, ☏ *(077)425372, www.choengmon.com, EZ/DZ Baht 1.300–1.700. Klimatisierte Zimmer in einem doppelstöckigen Gebäude; nicht besonders attraktiv, aber Top-Lage; beliebtes Seafood-Restaurant am Strand, Pool.*

... am Chaweng Yai Beach
Baan Haad Ngam $$$$$–$$$$$$, ☏ *(077)231500, www.baanhaadngam.com, EZ/DZ Baht 4.975–7.295. Komfortable Zimmer, hervorragendes Restaurant, Pool, 2 Min. zum Strand.*
Matlang Resort $$–$$$$, ☏ *(077)230468-9, matlang@loxinfo.co.th, EZ/DZ mit Ventilator Baht 600, Bungalow mit Klimaanlage Baht 1.400–2.400. Alteingesessenes Resort am Strand, schöner Garten.*

... am zentralen Chaweng Beach
Poppies Samui $$$$$$, ☏ *(077)422419, www.poppiessamui.com, Bungalow ab Baht 6.500 (inkl. Frühstück). Die Bungalows dieses kleinen, aber feinen Resorts im traditionellen Thai-Stil verstecken sich im tropischen Grün eines Gartens mit Fischteichen und kleinen Wasserfällen; mit preisgekröntem Restaurant und Pool.*

Auf Ko Samui gibt es eine große Auswahl an schönen Unterkünften

Baan Chaweng $$$$$–$$$$$$, ☎ (077)300564-6, www.baanchawengbeachre sort.com, EZ/DZ und Bungalow Baht 4.150–7.350. Resort für gehobene Komfortansprüche mit Zimmern und Bungalows, preisgekröntes Restaurant „Leelavadee" am Strand, Pool mit Meerblick.

First Bungalow Beach Resort $$$$–$$$$$, ☎ (077)422327, http://firstbun galow.kohsamui-hotels.org/, EZ/DZ und Bungalow Baht 3.200–5.850. Resort der ersten Stunde, das aber ständig erneuert wurde und keine Ähnlichkeit mehr mit dem Bambusresort der 1980er-Jahre hat; komfortable Hotelzimmer und Bungalows, beliebtes Strandrestaurant und Pool.

Tango Beach Resort $$$$–$$$$$, ☎ (077)300451, www.tangobeachsamui.com, EZ/DZ Baht 2.950–4.750. Komfortable Zimmer in einem zweistöckigen Gebäude, dessen Flügel sich um einen schönen Pool gruppieren, wenige Schritte zum Strand.

Chaweng Chalet $$$–$$$$$, ☎ (077)230777, www.chawengchalet.kohsamui-hotels.org, EZ/DZ Baht 1.950–2.950 (inkl. Frühstück). Angenehmes kleines Resort mit klimatisierten Zimmern in einem Reihenhaus und in Bambus möblierten Bungalows; Zugang zum Strand.

Samui Coral Cove Resort $$$–$$$$$, ☎ (077)448459, www.coralcovesamui.com, EZ/DZ und Bungalow Baht 1.200–2.500 (inkl. Frühstück). Zimmer mit Ventilator oder AC und geräumige Steinbungalows, Restaurant mit thailändischer und westlicher Küche, schöner Pool, zwischen Chaweng Beach und Lamai Beach gelegen.

The Loft $$–$$$, ☎ (077)413420, www.theloftsamui.com, EZ/DZ ab Baht 790. Trendiges Budget-Designhotel im Ortskern, etwa 300 m zum Strand, 70 Zimmer mit Dusche/WC sowie Ventilator oder AC, Restaurant, Bar, kostenloses WLAN.

... an der Coral Cove/Thong Ta Khian Bay

Samui CliffView Resort $$$$$, ☎ (077)448545-53, www.samuicliffview.com, EZ/DZ Baht 3.300–5.500. Komfortable Zimmer in ein- und doppelstöckigen Bungalows, die sich über eine Felsenklippe verstreuen; hervorragendes Restaurant, toller Pool, kleiner Sandstrand.

... am Lamai Beach

Lamai-Wanta $$$$–$$$$$$, ☎ (077)424550, www.lamaiwanta.com, EZ/DZ und Bungalow Baht 2.350–4.450. Design-Resort mit komfortablen Zimmern/ Bungalows, Restaurant, Pool.

Sand Sea Resort $$$–$$$$$, ☎ (077)231127, www.samuisandsea.com, EZ/DZ und Bungalow Baht 2.000–4.450. Komfortable Hotelzimmer und Bungalows, gutes Restaurant, schöner Pool mit Kinderbecken, Motorrad- und Autovermietung.

Bay View Resort $$$–$$$$, ☎ (077)458778-9, www.bayviewsamui.com, Bungalow Baht 1.250–3.800. Holz- und Steinbungalows unterschiedlicher Ausstattung in herrlicher Hanglage, Restaurant mit thailändisch-europäischer Küche, Pool und kleiner Sandstrand.

Lamai Coconut Resort $$$–$$$$, ☎ (077)232169, www.lamaicoconutresort.com, Bungalow Baht 1.300–2.500. 33 Holzbungalows mit Ventilator oder Klimaanlage und Wohnterrasse am Strand, mit Restaurant.

Marina Beach Resort $$$–$$$$, ☎ (077)233116, www.marinabeachresort.com, EZ/DZ Baht 1.250–1.350, Bungalow Baht 1.800–2.000. Geräumige, klimatisierte Steinbungalows und ebensolche Zimmer in einem Haupthaus, in einem schönen Garten an einem ruhigen Strandabschnitt, beliebt bei europäischen Langzeiturlaubern.

Sukasem Bungalows $$, ☎ (077)424119, Bungalow Baht 650–1.100. 19 einfache Bungalows mit Ventilator oder Klimaanlage an ruhigem Strand; nebenan gutes Restaurant.

New Hut Bungalow $, ☎ (077)230437, newhutlamai@yahoo.co.th,, Bungalow Baht 350–450. 14 putzige, spartanische Hütten wie aus den Pioniertagen des Ko-Samui-Tourismus, Restaurant.

... am South Lamai Beach
Rocky's Boutique Resort $$$$$$, ☎ (077)233020/21, www.rockyresort.com, EZ/DZ und Bungalow Baht 7.900–23.100. Komfortable Hotelzimmer und Bungalows im Thai-Stil an einer Felsenküste mit kl. Sandstrand; Tropengarten, preisgekröntes Restaurant, zwei Pools.

... am Taling Ngam Beach
The Sunset Beach Resort & Spa $$$$$–$$$$$$, ☎ (077)428200, www.the sunsetbeachresort.com, EZ/DZ und Bungalow Baht 5.200–16.850. Edles Design-Resort mit 11 komfortablen Hotelzimmern und 10 luxuriösen Villas, Gourmet-Restaurant, Pool und Wellness-Center.
AM Samui Resort $$$–$$$$, ☎ (084)44067-13, www.amsamuiresort.com, Bungalow Baht 1.800–3.600. Ruhige Ferienanlage mit klimatisierten Bungalows sowie Restaurant und Pool; Sandstrand, aber seichtes Wasser.

... am Santi Beach
The Lipa Lovely Samui Resort $$$–$$$$$, ☎ (077)423025, www.thelipalovely resort.samuiwestcoast.com/, EZ/DZ und Bungalow Baht 1.880–4.650. Ruhiges Resort an einem Sandstrand, an dem man bei Flut gut schwimmen kann; klimatisierte Hotelzimmer und Bungalows, beliebtes Seafood-Restaurant, Pool mit Kinderbecken.

🍴 Restaurants, Bars und Nachtklubs
Zu fast allen Unterkünften gehören Restaurants mit guter einheimischer, oft auch internationaler Küche. In den Restaurants der oberen Kategorie sollte man abends unbedingt einen Tisch reservieren. Die meisten Top-Lokale liegen am Chaweng Beach.

... in Nathon
Sunset Restaurant, ☎ (077)235469, täglich 9–23 Uhr, Gerichte Baht 100–450. Gartenrestaurant am Strand mit thailändisch-europäischer Küche und Seafood, sehr stimmungsvoll beim Sonnenuntergang.

... am Mae Nam Beach
Belmond Napasai Resort, ☎ (077)429200, täglich 11.30–14.30, 18–22.30 Uhr, Menü Baht 1.400–1.800. Der ideale Ort für ein romantisches Dinner zu zweit mit Blick aufs Meer, Gerichte der Royal Thai Cuisine und Seafood mit französischem Einschlag.

... in Ban Bo Phut
Fifty Six, ☎ (077)425277, täglich 11–23 Uhr, Gerichte Baht 180–460. Asiatisch-europäische Crossover-Küche, Mi abends thailändische Tänze.
Happy Elephant Seafood Restaurant, ☎ (077)245347, täglich 11–23 Uhr, Gerichte Baht 150–750. Fangfrischer Fisch und Meeresfrüchte kreativ zubereitet.
The Love Kitchen, ☎ (077)430290, Mo–Sa 9–21, So 9–15 Uhr, Gerichte Baht 100–250. Vegetarisches aus biologischem Anbau und frische Fruchtsäfte.
The Shack, ☎ (077)246041, täglich 17–1 Uhr, Gerichte Baht 200–600. Grillspezialitäten aus aller Welt bei live Blues und Jazz.

... am Big Buddha Beach
The Mangrove, ☎ (077)427584, täglich 17–22.30 Uhr, Menü Baht 1.400–1.600. Stimmungsvolles Restaurant am Rande eines Mangrovenwaldes mit französischer Haute Cuisine.

... am Choeng Mon Beach
Honey Seafood Restaurant, ☏ *(077)231669, täglich 10–22.30 Uhr, Gerichte Baht 150–750. Alles, was das Meer bietet, kreativ – nach Vorstellungen des Gastes, der seine Wahl nach Augenschein trifft – zubereitet.*

... am Chaweng Yai Beach
Art Palace, ☏ *(077)231485, täglich 18–2 Uhr. Disco im Science-Fiction-Look; unterschiedliche Bereiche auf mehreren Ebenen erlauben Soundhopping; ausgezeichnet relaxen kann man in den Bars auf den vier Dachterrassen.*
Q-Bar, ☏ *(077)962420, www.qbarsamui.com, täglich 18–2 Uhr. Trendige Musikbar hoch über dem Strand mit unterkühltem Ambiente.*

... am zentralen Chaweng Beach
Baan Thai Food Garden, ☏ *(077)422169, täglich 11–23 Uhr, Gerichte Baht 100–750. Gartenrestaurant mit thailändischen und internationalen Gerichten, vor allem Seafood.*
Bellini, ☏ *(077)413831, täglich 12–15, 18–23 Uhr, Menü Baht 1.400–1.800. Etablierter Italiener und eines der besten Restaurants auf Ko Samui überhaupt.*
Betelnut, ☏ *(077)413370, täglich 18–22.30 Uhr, Menü Baht 1.600–1.800. Preisgekröntes Restaurant mit kreativer Fusion-Küche, welche die Aromen der thailändischen, japanischen, französischen und kalifornischen Küchen verbindet.*
Eat Sense Seafood Restaurant, ☏ *(077)414242, www.eatsensesamui.com, täglich 11–23 Uhr, Gerichte Baht 150–750. Strandlokal mit exzellenter Thai-Küche, Pilgerziel für Seafood-Freunde.*
Green Mango, ☏ *(077)422148, www.thegreenmangoclub.com, täglich 18–1 Uhr. Eine der größten und bekanntesten Discos der Insel, gelegentlich Live-Musik.*
The Page at the Library, ☏ *(077)422767-8, www.thelibrary.co.th/the-page.html, täglich 11–14, 17–23 Uhr, Menü Baht 1.400–1.800. Kreative west-östliche Crossover-Küche in minimalistischem Ambiente.*

... an der Coral Cove/Thong Ta Khian Bay
The Cliff, ☏ *(077)414266, www.thecliffsamui.com, täglich 11–23 Uhr, Menü Baht 1.400–1.800. Italienische Küche und Meeresfrüchte vor dem Panorama der Coral Cove.*

... am Lamai Beach
Sala Thai, ☏ *(077)232769, täglich 11–23 Uhr, Gerichte Baht 120–680. Seit Jahren eine zuverlässige Adresse für hervorragende thailändische und westliche Speisen, köstliches Seafood, Chang-Bier vom Fass.*

🏃 Aktivitäten
Ausflüge: *Viele Bootsausflüge in den* **Ang Thong Marine National Park** *werden angeboten, z. B. von* **Seatran Discovery**, *Nathon,* ☏ *(077)426000, www.seatran discovery.com.*
Seekajak: *Touren für Anfänger und Fortgeschrittene im Ang-Thong-Archipel veranstaltet* **Blue Stars Kayaking**, *Chaweng Beach,* ☏ *(077)413231, www.bluestars.info.*
Tauchen und Schnorcheln: *Während der Tauchsaison von Feb.–Okt. bieten Tauchschulen u. a. ganztägige Schnorcheltouren (Baht 1.200–1.500), 2 Tauchgänge (Baht 3.500–4.500) und drei- bis viertägige Open-Water-Kurse an (Baht 15.000–17.000). Als beste Tauchreviere gelten Sail Rock, Southwest Pinnacles bei Ko Tao und die Gewässer um Ko Nang Yuan bei Ko Tao. Einen guten Ruf haben* **Calypso Diving**, *Chaweng Beach,* ☏ *(077)422437, www.calypso-*

diving.com (unter deutscher Leitung) und **Easy Divers**, Chaweng Beach und Lamai Beach, ☎ (077)231190, www.easydivers-thailand.com (unter Schweizer Leitung).

Wellness: In vielen Resorts der oberen Kategorie, aber auch außerhalb, bieten Wellness-Center und Spas Anwendungen und Massagen an. Renommierte Adressen sind **Health Oasis Resort**, Bang Po Beach (s. o.), **Bandara Resort and Spa**, Bo Phut Beach, ☎ (077) 245795, www.bandararesort.com; **Bo Phut Resort & Spa**, Bo Phut Beach, ☎ (077) 245777, www.bophutresort.com; **Six Senses Samui**, Thong Son Bay (s. o.) und **Tamarind Springs**, Lamai Beach, ☎ (077) 424436, www.tamarindsprings.com.

Transport auf der Insel

Auf der Ringstraße pendeln tagsüber Songthaeo. Die meisten Sammeltaxis, die man auch chartern kann, verkehren auf der Nordroute zwischen Nathon und Chaweng Beach sowie auf der Südroute zwischen Nathon und Lamai Beach. Auf der kurvenreichen und bergigen Strecke zwischen den beiden Hauptstränden fahren nur sporadisch Songthaeo. Vom Pier in Nathon und vom Ko Samui International Airport fahren Taxis mit Taxameter zu den Stränden.

Im Inselhauptort Nathon sowie an den meisten Stränden kann man Motorräder (Baht 200–300/Tag), Pkw (Baht 1.000–1.400/Tag) und Geländewagen (Baht 1.400–2.000/Tag) mieten. Auf ausreichenden Versicherungsschutz achten!

☞ Hinweis

Das Moped- und Motorradfahren auf den kurvenreichen und teils sehr steilen Inselstraßen ist auch für gute Fahrer gefährlich!

An- und Weiterreise

Kombitickets: Zahlreiche Reiseagenturen in Bangkok und anderen Touristen-Orten wie Phuket und Krabi bieten kombinierte Tickets, die Bus- und Bootsfahrten bzw. Zug- und Bootsfahrten sowie alle Transfers beinhalten. Am günstig, aber nicht immer zuverlässig sind die Agenturen in der Khao San Road in Bangkok. Mit Bus oder Zug geht es nach Surat Thani, von wo die Passagiere mit (Mini-)Bussen zu den Fährhäfen gebracht werden. Einige Busse aus Bangkok und südthailändischen Orten fahren mit der Fähre direkt bis Nathon auf Ko Samui. Einen guten Ruf hat die Firma **Lomprayah**, die zwischen Bangkok und Chumphon zweimal täglich komfortable Reisebusse einsetzt. Von Chumphon fährt ein schneller Katamaran der Gesellschaft über Ko Tao und Ko Phangan nach Ko Samui (☎ (077)310704, www.lomprayah.com).

Fähre/Boot: Mehrere Fähren und Boote fahren täglich ab 7 Uhr von den Piers in Surat Thani und dem Hafen Tha Thong (8 km östlich von Surat Thani) nach Nathon (2,5 Std.). Autofähren pendeln täglich 5–18 Uhr jeweils zur vollen Stunde zwischen dem Fährhafen Don Sak (66 km östlich von Surat Thani) und Nathon (1,5 Std.); zu empfehlen ist die Reederei Seatran (☎ (077)426000, www.seatrandiscovery.com). Fähren, Katamarane und Boote pendeln auch zwischen Ko Samui (Nathon, Mae Nam Beach, Ban Mae Nam, Ban Bo Phut und Big Buddha Beach) und **Ko Phangan/Ko Tao**. Zzt. gibt es keine Autofähre zw. Ko Samui und Ko Phangan.

Flugzeug: Bangkok Airways und **Thai Airways** fliegen in der Hauptsaison bis zu 40mal täglich von Bangkok sowie mehrmals täglich von Phuket und täglich oder mehrmals wöchentlich von U-Tapao bei Pattaya nach Ko Samui. Zudem unterhält Bangkok Airways eine internationale Verbindung zwischen Ko Samui und Singapur, Ko Samui und Kuala Lumpur sowie Ko Samui und Hongkong. Flüge unbedingt rückbestätigen! (Bangkok Airways, Ko Samui International Airport, ☎ (077)428500, www.bangkokair.com).

Ko Phangan und Ko Tao

Ko Phangan (s. Karte S. 490)

Wie kaum eine andere Insel in Thailand hat es Ko Phangan (gesprochen: Ko Pa Hahn) geschafft, sich ihren ursprünglichen Charme zu erhalten. Seit den 1980er-Jahren zieht es vor allem jugendliche Reisende aus aller Welt auf die 20 km nördlich von Ko Samui gelegene Insel. Obwohl ihre touristische Entwicklung schon vor einiger Zeit eingesetzt hat, ist Ko Phangan – mit 168 km² etwa ein Drittel kleiner als ihre größere „Schwester" Ko Samui – eine vergleichsweise unberührte Schönheit. Das Inselinnere ist mit dichter tropischer Vegetation bewachsen, die Berge ragen bis zu 630 m auf. Rund um die Insel liegen feinsandige, weiße Palmstrände, von denen die meisten ruhig sind. Hektisch wird es nur, wenn am Hat Rin die berühmt-berüchtigten Full-Moon-Partys abgehalten werden. Dann suchen bis zu 15.000 Techno-Freaks die Insel heim.

Auf geteerten oder betonierten Straßen kann man von der „Inselhauptstadt" Thong Sala die Strände im Süden und Westen der Insel leicht erreichen. Gut ausgebaut ist auch die Nord-Süd-Traverse zwischen Thong Sala und Chalok Lam. Zu einigen Stränden an der Nordküste sowie zu den meisten Stränden an der Ostküste kommt man aber nur auf abenteuerlichen Urwaldpisten oder per Boot. Während an den südlichen und westlichen Stränden zahlreiche Resorts auch für gehobene Komfortansprüche errichtet wurden, gibt es im Norden und Osten noch die bunte Traveller-Szene und entspannte Hängematten-Atmosphäre, die auf Ko Samui bereits Vergangenheit ist.

Redaktionstipps

Sehenswertes
‣ Ko Tao bezaubert mit **farbenprächtigen Korallenbänken**, die unvergessliche Taucherlebnisse versprechen.

Übernachten
‣ Schöne Resorts mit guten Restaurants sind auf Ko Phangan das **Phangan Buri Resort & Spa** am Hat Rin West, das **Chills Resort** an der Ao Sri Thanu, das **Long Bay Resort** am Hat Yao West und das **Thongtapan Resort** am Thong Nai Pan Noi Beach. Ferienanlagen zum Wohlfühlen sind auf Ko Tao das **Thipwimarn Resort** am Sai Ree Beach, das **Koh Tao Tropicana Resort** an der Chalok Ban Kao Bay und das **Jamahkiri Resort & Spa** am Sai Daeng Beach.

Essen und Trinken
‣ Auf Ko Tao locken am Sai Ree Beach und Mae Hat Beach mehrere Restaurants mit Spitzengastronomie, etwa das **La Dolce Vita**, das **Lotus**, das **Papas Tapas** und das **Whitening**.

Feste und Veranstaltungen
‣ Pflichttermin für Szene-Traveller: die **Full-Moon-Partys** am Hat Rin Beach auf Ko Phangan.

Thong Sala und die Südküste

Am Pier von **Thong Sala (1)** legen die meisten Fähren und Boote aus Surat Thani und Chumphon sowie von den Nachbarinseln Ko Samui und Ko Tao an. Gästehäuser, Restaurants, Boutiquen, Wechselschalter und Reisebüros säumen die Hauptstraße. Eine Armada von Pick-ups steht bereit, um die Touristen zu einem der gut zwei Dutzend erschlossenen Strände zu bringen.

Südöstlich von Thong Sala liegt an der Bang-Charu-Bucht der flache, zum Baden und Schwimmen ungeeignete **Thong Sala Beach (2)**. Auch der sich anschließende **Ban Tai Beach (3)** ist grobsandig und kein „Südsee-Traumstrand", trotzdem sind viele der dortigen Resorts bei Langzeiturlaubern beliebt. In den Sommermonaten zieht sich

Medi-
tations-
kurse

das Meer weit zurück, sodass man nur bei Flut und auch dann nur an wenigen Stellen baden kann. Im **Wat Khao Tham (4)**, auf einem Hügel nahe Ban Tai gelegen, bieten englischsprachige Mönche zehntägige Meditationskurse für Besucher an. Schon wegen des herrlichen Panoramablicks lohnt sich der Ausflug zu dem Tempelkloster. Zwischen Ban Tai und dem Nachbardorf Ban Khai erstreckt sich der 2 km lange **Ban Khai Beach (5)**, ein von Felsbändern unterteilter, flacher Sandstrand, der bei Flut gar nicht mal übel ist. Bei Niedrigwasser dagegen ist Schwimmen meist nicht möglich, dafür tauchen an manchen Stellen schneeweiße Sandbänke auf.

Hat Rin

Blick auf den weit geschwungenen Hat Rin West

Eine betonierte, sehr steile Straße windet sich über das Inselgebirge, das hier bis zum Meer reicht, zu einer Landzunge im Südosten Ko Phangans, auf der **Hat Rin (6)** liegt. Hat Rin East (auch Hat Rin Nok oder Sunrise Beach), Hat Rin West (auch Hat Rin Nai oder Sunset Beach) und das gesamte Hinterland sind mit Resorts, Restaurants, Diskotheken, Reiseagenturen und Shops geradezu zugepflastert. Der von grünen Hügeln umrahmte Hat Rin East hat sich zu einem eigenständigen Städtchen entwickelt, mit allem, was die Szene so braucht. Von hier legen Boote zu den Stränden an der Ostküste ab, etwa Hat Yuan, Hat Tien, Hat Sadet und Thong Nai Pan Beach. Etwas ruhiger ist der Weststrand mit dem Pier für die Boote von und nach Ban Bo Phut auf Ko Samui.

Berühmter
Strand

Hat Rin West wirkt recht unattraktiv, doch der lange **Hat Rin East** mit feinem weißem Sand und jadegrün schimmerndem Meer gilt als schönster Badestrand der Insel. Hier finden die berühmten Full-Moon-Partys statt, es wird entsprechend laut.

Mega-Event für Techno-Freaks

Wenn in Surat Thani oder Ko Samui alle Boote bis unter die Reling besetzt nach Ko Phangan in See stechen, dann naht der Vollmond und am Hat Rin East wird es voll. Das Mondlicht sorgt für die Beleuchtung und Techno-Musik dröhnt aus 10.000-Watt-Lautsprechern. Full-Moon-Partys locken seit mehr als 20 Jahren jeden Monat Tausende an den Südzipfel Ko Phangans. Früher kamen nur Freaks und Raver, heute zieht die größte Beach-Party der Welt auch Pauschal-Touristen an, die mit dem Speedboat von Ko Samui herüberkommen und sich für ein paar Stunden unter die Gepiercten und Tätowierten mischen. Wer es nicht schafft, zum Vollmond dort zu sein, kommt zu Black-Moon-(Neumond-) und Half-Moon-Partys. Bei den Raver-Events wird nicht nur dem Thai-Whiskey zugesprochen, auch Drogen sind in der Szene beliebt. Zivilfahnder der Drogenpolizei machen strenge Kontrollen: Wer nur mit ein paar Gramm Marihuana erwischt wird, findet sich am nächsten Tag im Gefängnis von Surat Thani wieder!

Ruhige Urlaubstage verbringt man an der Mae Hat Bay

Die Westküste

Gleich nördlich von Thong Sala liegt die Bucht **Ao Nai Wok (7)**. Der 1 km lange Strand wirkt bei Flut zwar nicht unattraktiv, zum Schwimmen ist das Wasser aber meist zu seicht. Abends finden Fotografen ein schönes Motiv in der Bucht, wenn die Sonne rot glühend im Meer versinkt und sich die kleine vorgelagerte Ko Tae Nai als Schattenriss gegen den Himmel abhebt. Die sich nördlich anschließende Bucht **Ao Plaaylaem (8)** hat einen schönen, von großen Felsen unterbrochenen Strand, die Atmosphäre ist ruhig und entspannt. Zum **Wat Khao Phu Noi (9)** im Hinterland pilgern die Einheimischen, um vor der Statue eines Abtes und vor einem „Fußabdruck des Buddha" zu beten.

Schöner Sonnenuntergang

An den beiden nur durch eine Flussmündung voneinander getrennten flachen Stränden **Wok Tum Beach (10)** und **Hin Kong Beach (11)** liegen einige einfache Gästehäuser, Refugien für Low-Budget-Reisende mit entspannter Atmosphäre, die man am Hat Rin vergebens sucht. Der goldgelbe, palmengesäumte Strand der weit geschwungenen Bucht **Ao Sri Thanu (12)** ist schmal und fällt sehr flach ab. Schwimmen kann man nur bei Flut an bestimmten Stellen. Nördlich eines grün überwucherten Hügels schließt sich der feinsandige, ebenfalls sehr flach abfallende **Chao Phao Beach (13)** an. Im kleinen Hafen des Fischerdorfs **Ban Sri Thanu** bieten farbenfrohe Fischkutter Fotografen gute Motive. Zu den schönsten Stränden Ko Phangans gehört der 1 km lange, breite und feinsandige **Hat Yao West (14)**, der auch von Ausflugsbooten angesteuert wird. An dem weit geschwungenen Palmenstrand gibt es die typischen Bungalowdörfer, Beach-Restaurants und Bars. Besonders schön ist der südliche Strandabschnitt, wo der weiße Sand so fein wie Puderzucker ist und das Meer türkisblau.

Feiner weißer Sandstrand

Außer an Vollmondtagen kann man auch bei Ebbe schwimmen, die Bademöglichkeiten sind gerade für Kinder sehr gut. An beiden Enden der Bucht lässt es sich an kleinen vorgelagerten

Kleine Korallenriffe Korallenriffen herrlich schnorcheln. Da es an der Ostküste ebenfalls einen Hat Yao gibt, wird dem Namen zur Unterscheidung ein West bzw. East hinzugefügt. Wer Ruhe sucht, wird sich an den kleinen nördlichen Nachbarstränden **Hat Thian (15)** und **Hat Kruat (16)** wohlfühlen. An einer sichelförmigen Bucht mit einem kleinen Fischerdorf erstreckt sich der 400 m lange, feinsandige **Hat Salad (17)**, das Wasser ist allerdings nur in den Wintermonaten tief genug zum Schwimmen.

Tauch- und Schnorchelreviere mit artenreicher Meeresfauna und -flora liegen in der **Mae Hat Bay (18)** im äußersten Nordwesten Ko Phangans und um die vorgelagerte, von Saumriffen umgebene Insel **Ko Ma**.

Tauch-paradies Bei Ebbe ist das steil aufragende und dicht bewaldete Inselchen, das wie eine Miniaturausgabe von Ko Phi Phi wirkt, durch einen schmalen Sandsteg mit der Hauptinsel verbunden. Am Mae Hat Beach mit guter touristischer Infrastruktur und entspannter Atmosphäre treffen sich Taucher, Sonnenanbeter und junge Familien. Saisonabhängig muss man zum Baden und Schwimmen etwas hinauslaufen, bis hüfttiefes Wasser erreicht ist. Ein halbstündiger Spaziergang führt zum kleinen **Wang Sai Waterfall**.

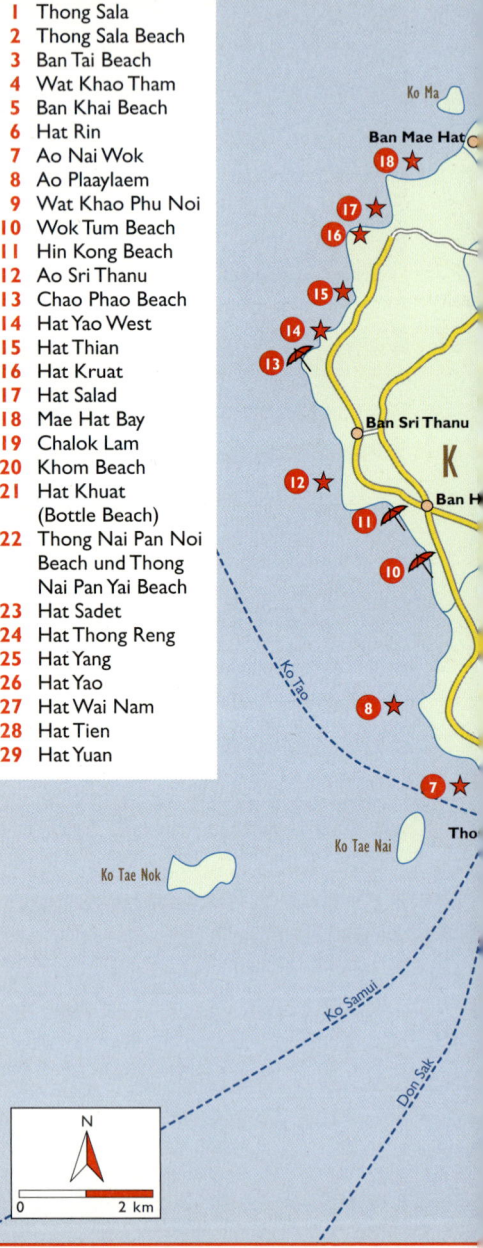

1	Thong Sala
2	Thong Sala Beach
3	Ban Tai Beach
4	Wat Khao Tham
5	Ban Khai Beach
6	Hat Rin
7	Ao Nai Wok
8	Ao Plaaylaem
9	Wat Khao Phu Noi
10	Wok Tum Beach
11	Hin Kong Beach
12	Ao Sri Thanu
13	Chao Phao Beach
14	Hat Yao West
15	Hat Thian
16	Hat Kruat
17	Hat Salad
18	Mae Hat Bay
19	Chalok Lam
20	Khom Beach
21	Hat Khuat (Bottle Beach)
22	Thong Nai Pan Noi Beach und Thong Nai Pan Yai Beach
23	Hat Sadet
24	Hat Thong Reng
25	Hat Yang
26	Hat Yao
27	Hat Wai Nam
28	Hat Tien
29	Hat Yuan

Ko Phangan

Chalok Lam

Ban Fai Mai

Ban Wang Ta Khian

Paradise Waterfall

Khao Ra
620

Ta Luang Waterfall

Khao Ta Luang
627

Than Prawes Waterfall

Wangthong Waterfall

Khao Mai Khaow
380

P H A N G A N

Kong

Ban Madua Wan

Ban Thong Nang

Than Sadet Waterfall

Ban Nam Tok

Phaeng Waterfall

Than Prapat Waterfall

Sala

Ban Nok

Ban Khai

Pang Bon

Ko Samui

Chalok Lam und die Nordküste

An der gleichnamigen Bucht erstreckt sich das größte Fischerdorf im Norden, **Chalok Lam (19)**, das man am besten auf der betonierten Straße erreicht, die sich von Thong Sala quer über die Insel windet. Auf dem Weg passiert man einen farbenprächtigen **chinesischen Tempel** mit einer Statue der buddhistisch-taoistischen Göttin der Barmherzigkeit, Kuan Yin. Abstecher von der Hauptstraße führen zu den beiden Wasserfällen **Phaeng Waterfall** und **Paradise Waterfall**. Beide Wasserfälle liegen an den südlichen Ausläufern des Khao Ra, mit 627 m der höchste Inselgipfel. Am Sandstrand von Chalok Lam kann man ganzjährig baden und schwimmen, in den Sommermonaten allerdings nur bei Flut. An einer Mini-Bucht im Nordosten liegt der **Khom Beach (20)**. Taucher und Schnorchler finden hier ein Unterwasserrevier, das zu den besten Ko Phangans zählt.

Höchster Gipfel der Insel

Der in einer geschützten Bucht an der Nordküste gelegene 400 m lange **Hat Khuat (21, Bottle Beach)** punktet mit weißem Sand, klarem, tiefem Wasser und einer gelassenen Atmosphäre. Für Abwechslung sorgen Bootsausflüge, Schnorcheln am vorgelagerten Korallenriff, Dschungelwanderungen und diverse Beach-Partys. Das Traveller-Paradies wird mit einem gut zweistündigen Fußmarsch oder per Boot von Chalok Lam aus erreicht. Wegen der starken Brandung ist der Bottle Beach zwischen Oktober und Dezember vom Meer her nicht zu erreichen, die Resorts schließen in dieser Zeit.

Die Ostküste

Die beiden Bilderbuch-Zwillingsstrände **Thong Nai Pan Noi Beach** und **Thong Nai Pan Yai Beach (22)** liegen in einer ruhigen, großen Bucht, getrennt durch einen Hügel, auf dem ein komfortables Resort liegt. Thong Nai Pan Yai, der südliche und größere der beiden Strände, erstreckt sich in sanftem Schwung über 800 m Länge. Dort gibt es einen kleinen Ort mit Sandwegen, mit Läden und Beach-Bars, in denen bis in die frühen Morgenstunden gefeiert wird. Auch Thong Nai Pan Noi, der ruhigere Nachbar, ist aus dem Dornröschenschlaf erwacht, die Resorts liegen dicht an dicht. Beide Strände sind feinsandig, fallen flach ab und bieten ganzjährig sehr gute Bademöglichkeiten, besonders für Kinder. Allerdings kommen auch Sandfliegen und Quallen vor. Für Abwechslung sorgen Ausflüge zu den Wasserfällen **Than Prawes Waterfall** und **Wangthong Waterfall**. Zu den beiden Stränden fahren Boote von Hat Rin sowie vom Mae Nam Beach und von Ban Bo Phut auf Ko Samui. Die Anreise mit allradangetriebenen Pick-up-Sammeltaxis auf einer erst teilweise betonierten Piste durch die Berge ist recht holprig.

Für Kinder geeigneter Strand

Landschaftlich wunderschön liegen **Hat Sadet (23)** und sein kleiner Nachbar **Hat Thong Reng (24)**. Die beiden ruhigen Strände, an denen man ganzjährig schwimmen kann, sind eine gute Wahl für Reisende mit schmalem Geldbeutel. Wer keine Lust mehr auf Salzwasser hat, nimmt im romantischen Dschungel ein Bad im Fluss Than Sadet, der in der Mitte des Hat Sadet ins Meer mündet. Thailändische Touristen kommen an den **Than Sadet Waterfall**, weil der gottgleiche König Chulalongkorn im Jahre 1888 hier ein in Stein gemeißeltes Monogramm hinterließ. Ihm gefiel die Insel so gut, dass

Bad im Dschungel-Fluss

Ruhige kleine Badebuchten an der Ostküste von Ko Phangan

er sie 18-mal besuchte. Zu den beiden Stränden fahren Boote von Hat Rin sowie vom Mae Nam Beach und von Ban Bo Phut auf Ko Samui. Am einsamen kleinen Sandstrand **Hat Yang (25)**, auch als Hat Nam Tok bekannt, beginnt eine einstündige Wanderung zum idyllischen **Than Prapat Waterfall**. Am **Hat Yao (26)** der Ostküste, nur zu Fuß oder per Boot zu erreichen, kann man Robinson spielen.

Südlich vom Hat Yao East liegt in einer kleinen, palmengesäumten und stillen Bucht, in der kein Sonnenschirm den Blick aufs Meer stört, der grau- und grobsandige **Hat Wai Nam (27)**. Ein Fußpfad führt zum **Hat Tien (28)**, der sich zu einem Treffpunkt von Esoterikern, Yogis, Tarotkartenlegern und anderer spirituell Orientierter entwickelt hat. Der Sand ist mit abgestorbenen Korallenstöcken durchsetzt und nur bedingt zum Baden und Schwimmen geeignet.

Treffpunkt für spirituell Interessierte

Nur wenige Hundert Meter südlich schließt sich der schöne, weiße Sandstrand **Hat Yuan (29)** an, der ganzjährig das Schwimmen erlaubt, aber komplett verbaut ist. Dazu kommen Liegestuhlreihen und Sonnenschirme. Zu erreichen sind Hat Tien und Hat Yuan mit Booten vom Hat Rin sowie vom Mae Nam Beach und von Ban Bo Phut auf Ko Samui. Eine schweißtreibende anderthalbstündige Wanderung führt über einen schmalen Bergpfad vom Hat Rin zum Hat Yuan.

Reisepraktische Informationen Ko Phangan

Informationen
im Internet: *www.phangan.info, www.kohphangan.com*

Unterkunft
Angegeben sind die Preise für die Hochsaison von Dez.–April und Juli–Sept.

... in Thong Sala

Bua Kao Inn $$–$$$, ☏ *(077)377226, buakao@samart.co.th, EZ/DZ Baht 495–1.500. Einfache Zimmer mit Ventilator oder Klimaanlage, Restaurant mit thailändischen und westlichen Gerichten, beliebte Bar.*

... am Thong Sala Beach

B52 Beach Resort $$$–$$$$$, ☏ *(077)377927, www.b52resort.com, Bungalow Baht 1.800–4.950. Designresort mit bestens ausgestatteten Bungalows im modernen Thai-Stil, stimmungsvollem Restaurant, gut bestückter Bar und attraktivem Pool.*

The Beach Village $–$$$, ☏ *(077)238855, www.beachvillagethailand.com, EZ/DZ Baht 550–1.150, im Schlafsaal Baht 250–350 p.P. Einfache Zimmer mit Ventilator oder AC in Steinbungalows, Schlafsäle mit 4–32 Betten, Restaurant und Pool am Strand, ungeeignet für Lärmempfindliche.*

... am Ban Tai Beach

First Villa $$$–$$$$, ☏ *(077)377225, www.firstvillaphangan.com, EZ/DZ und Bungalow Baht 1.350–3.850. Komfortable Hotelzimmer sowie Einzel- und Doppelbungalows, mit Restaurant, Pool, Auto- und Motorradverleih.*

The Blue Parrot Beach Resort $$–$$$, ☏ *(077)238777, www.theblueparrotphangan.com, EZ/DZ Baht 600–1.000. 19 einfache Zimmer mit Ventilator oder AC und Dusche/WC in Reihenbungalows, Restaurant und Bar, meist jugendliche Gäste.*

... am Ban Khai Beach

Morning Star Resort $$$–$$$$, ☏ *(077)377756, www.morningstar-resort.info, Bungalow Baht 1.860–3.390. Komfortable Holz- und Steinbungalows mit Klimaanlage in einem schönen Garten, mit Restaurant.*

Blue Lotus Resort $$, ☏ *(077)238489, www.bluelotusresort.com, Bungalow Baht 500–900. Bungalows mit Ventilator oder Klimaanlage am Strand, mit Restaurant.*

... am Hat Rin West

Phangan Buri Resort & Spa $$$$, ☏ *(077)375481, www.bestwesternphanganburi.com, EZ/DZ und Bungalow Baht 3.150–3.950. Ferienanlage für gehobene Ansprüche mit komfortablen Zimmern und Bungalows, hervorragendem Restaurant, schönem Pool mit Meerblick und Wellness-Center.*

Sun Cliff Resort $$–$$$$, ☏ *(077)375134, suncliff@hotmail.com, Bungalow Baht 850–2.250. Bungalows unterschiedlicher Qualität auf einem Hügel, häufig ausgebucht, sehr schöne Aussicht, mit Restaurant und Pool.*

Neptune's Villa $$–$$$, ☏ *(077)375251, www.phangan.info/neptune, EZ/DZ und Bungalow Baht 850–2.000. Klimatisierte Zimmer in einem modernen doppelstöckigen Gebäude und Bungalows, mit Restaurant.*

Lighthouse Bungalows $$–$$$, ☏ *(077)375475, www.lighthousebungalows.com, Bungalow Baht 750–2.000. Verschieden gebaute Bungalows mit Ventilator und Gemeinschaftsbad oder Dusche/WC, mit Restaurant, ruhige Lage auf einem Felsenkap, 10 Fußminuten bis zum Ort.*

... am Hat Rin East

Tommy Resort $$$–$$$$$, ☏ *(077)375215-6, www.tommyresort.com, EZ/DZ Baht 1.890, Bungalow/Villa Baht 2.500–5.000 (inkl. Frühstück). Resort der ersten Stunde, das aber ständig erneuert und erweitert wurde und keine Ähnlichkeit mit dem Bambusresort der 1990er-Jahre mehr hat; komfortable Hotelzimmer und Bungalows sowie einige Pool-Villen; beliebtes Restaurant und attraktiver Pool.*

Phangan Bay Shore Resort $$$–$$$$, ☏ *(077)375227, www.phanganbayshore.resort.com, Bungalow Baht 1.300–2.700. Bungalows mit Klimaanlage inmitten eines Palmengartens, Terrasse mit Meerblick.*

Seagarden $$–$$$, ☏ *(077)375101, EZ/DZ und Bungalow Baht 850–1.700. Zimmer und Bungalows mit Ventilator oder Klimaanlage, Restaurant.*

... an der Ao Nai Wok

Grand Sea Resort $$$–$$$$, ☏ *(077)377776, www.grandsearesort.com, EZ/DZ Baht 1.500–2.000, Bungalow Baht 1.400–3.500. Bestens ausgestattete Zimmer und Bungalows, hervorragendes Restaurant und Pool.*

... an der Ao Plaaylaem

Sea Scene Resort $$$–$$$$, ☏ *(077)377516, www.seascene.com, Bungalow Baht 1.000–2.800. Steinbungalows mit Ventilator oder Klimaanlage, gutes Restaurant.*

Cookies Bungalow $$–$$$, ☏ *(077)377499, Bungalow Baht 650–1.850. Holz- und Steinbungalows mit Ventilator oder AC, am Strand und auf den Felsen darüber, Restaurant.*

... an der Ao Sri Thanu

Chills Resort $$$, ☏ *(089)8752100, www.chillsresort.com, Bungalow Baht 1.150–1.950. Neun geschmackvoll gestaltete Bungalows mit Ventilator oder Klimaanlage, Restaurant mit thailändischen und deutschen Gerichten, Salzwasser-Pool.*

Sea View Rainbow Resort $$, ☏ *(077)349084, Bungalow Baht 575–975. Holz- und Steinbungalows unterschiedlicher Größe und Ausstattung, mit Restaurant.*

... am Chao Phao Beach

Haad Son Bungalows $$$–$$$$, ☏ *(077)349103-4, www.haadson.net, Bungalow Baht 1.700–3.700. An einem Privatstrand zwischen Chao Phao Beach und Hat Yao (West) gelegenes Resort mit komfortablen Bungalows, Restaurant mit schönem Blick, Pool und Tauchbasis.*

Blue Ocean Garden $$$–$$$$, ☏ *(08)70862697, www.blueoceangarden.com, EZ/DZ Baht 1.400–1.700, Bungalow Baht 2.400–3.200. Stilvoll eingerichtete AC-Bungalows mit Terrasse und z.T. Meerblick sowie klimatisierte Zimmer im Haupthaus; mit Restaurant und Wellness-Center.*

Seaflower Bungalows $$–$$$$, ☏ *(077)349090, www.seaflowerbungalows.com, Bungalow Baht 600–3.800. Gediegen ausgestattete AC-Bungalows mit Wohnterrasse in einem schönen Tropengarten, gutes Restaurant, Tourservice; aus den Pioniertagen sind nur noch zwei einfache Bambushütten übrig geblieben.*

... am Hat Yao West

Long Bay Resort $$$–$$$$, ☏ *(077)349057-9, www.long-bay.com, Bungalow Baht 1.675–3.725. Bungalowanlage gehobenen Standards mit Restaurant, Pool und Touragentur.*

High Life Resort $$$–$$$$, ☎ (077)349114, www.haadyaohighlife.com, Bungalow Baht 1.500–2.200, großer Family-Bungalow Baht 3.500. Auf den Klippen am südlichen Strandende, Restaurant mit schönem Blick, toller Pool.

Sandy Bay Bungalows $$$–$$$$, ☎ (077)349119, www.sandybaybungalows.com, Bungalow Baht 1.700–2.700. Bungalows unterschiedlicher Größe und Ausstattung mit Ventilator oder Klimaanlage, Restaurant und Tauchbasis.

Dream Hill $$–$$$, ☎ (077)349131, www.phangan.info/dreamhill, Bungalow Baht 500–1.500. Einfache Stein- und Holzbungalows mit Ventilator in sehr schöner Lage auf dem Berg am Nordende des Strandes.

... am Hat Thian

Hat Thian Bungalows $–$$, ☎ (077)349009, Bungalow Baht 450–600. Strandhütten für Anspruchslose, einfaches Restaurant, relaxte Atmosphäre.

... am Hat Kruat

Had Kruad Resort $–$$, ☎ (01)0857251, Bungalow Baht 400–650. 15 Bambushütten mit Ventilator und Gemeinschaftsbad oder Dusche/WC, für Leute, die weg von der Welt sein wollen, kleines Restaurant.

... am Hat Salad

Salad Beach Resort $$$$–$$$$$, ☎ (077)349149, www.phangan-saladbeachresort. com, EZ/DZ und Bungalow Baht 2.000–4.400. Klimatisierte Zimmer und Bungalows, mit Restaurant und Pool.

Haad Lad Resort $$$$–$$$$$, ☎ (077)349305, www.haadladresort.com, Bungalow Baht 2.150–4.250. Komfortable Bungalows in einem Palmenhain, mit Restaurant und Pool.

... an der Mae Hat Bay/Ko Ma

Mae Haad Bay Resort $$$$, ☎ (077)374328-32, www.mbrresort.com, Bungalow Baht 2.700–3.900. Klimatisierte Komfort-Bungalows; im Restaurant genießt man vor dem Panorama der Bucht und Ko Ma ausgezeichnete Thai-Gerichte.

Wang Sai Resort $$$–$$$$, ☎ (077)374238, www.wangsairesort.com, Bungalow Baht 1.200–3.700. Klimatisierte Steinbungalows unter Palmen am Strand und einfachere Bungalows mit Ventilator in schöner Hanglage mit Blick auf Ko Ma; Restaurant, Tauchbasis, WLAN.

Island View Cabana $$–$$$$, ☎ (077)374172, Bungalow Baht 850–2.450. Im Zentrum der Bucht, einfache Holz-Bambus-Bungalows und klimatisierte Steinbungalows, mit Restaurant.

... an der Ao Chalok Lam

Chaloklum Bay Resort $$$–$$$$, ☎ (077)374147-8, www.chaloklumbay.com, Bungalow Baht 1.870–3.570. Bungalows unterschiedlicher Größe mit Klimaanlage, mit Restaurant.

Wattana Resort $–$$$, ☎ (077)374022, www.wattana-resort-phangan.info, Bungalow Baht 400–2.000. Klimatisierte Holzbungalows am Strand und einige einfache Bungalows mit Ventilator im Garten, Restaurant und WLAN.

... am Khom Beach

Ocean View Resort $$–$$$, ☎ (086)3443787, oceanview99@hotmail.com, Bungalow Baht 895–1.395. Holz-Stein-Bungalows am Strand mit Ventilator, gutes Restaurant, sehr ruhig.

... am Hat Khuat (Bottle Beach)

Bottle Beach Bungalows I, **II**, **III** $$–$$$$, ☎ (077)445151-2, www.bottlebeach1 resort.com, Bungalow Baht 850–2.650. Neuere und ältere Stein- und Holzbungalows mit Ventilator oder AC, jeweils mit Restaurant.

Smile Resort $$, ☎ *(081)9563133, smilebeach@hotmail.com, Bungalow Baht 600–950. Romantische Bambusbungalows im Hippie-Look, Restaurant am Strand.*

... am Thong Nai Pan Noi Beach
Panviman Resort $$$$$$, ☎ *(077)445101-9, www.panviman.com, EZ/DZ und Bungalow Baht 6.500–19.000 (inkl. Frühstück). Abgeschirmtes Resort mit luxuriösen Bungalows und Zimmern auf dem Hügel zwischen den beiden Stränden; mit drei Restaurants, Bar und herrlichem Pool; Anreise mit eigenem Speedboat von Ko Samui.*
Thongtapan Resort $$$–$$$$, ☎ *(077)445067, www.thongtapan.com, Bungalow Baht 1.400–2.450. Familienfreundliche Bungalowanlage für gehobene Ansprüche mit Restaurant und Touragentur.*
Baan Panburi Village $$–$$$, ☎ *(077)445074-5, www.baanpanburivillage.com, Bungalow Baht 500–1.500. 60 Holz-Bambus-Bungalows mit Ventilator oder AC, preislich gestaffelt nach Lage und Ausstattung, beliebtes Restaurant.*

... am Thong Nai Pan Yai Beach
Dreamland Resort $$–$$$$, ☎ *(077)238539, www.dreamlandresort.net, Bungalow Baht 800–4.000. Größeres Resort am trubeligsten Strandabschnitt, mit Restaurant und Touragentur.*
White Sand Bungalows $$–$$$, ☎ *(077)445123, Bungalow Baht 950–1.950. Holz- und Steinbungalows mit Ventilator oder Klimaanlage am ruhigen Südende des Strands, gutes Restaurant.*

... am Hat Sadet
Mai Pen Rai Bungalows $$–$$$, ☎ *(095)9348077, www.thansadet.com, Bungalow Baht 500–1.200. Einfache Bungalows auf Granitfelsen an einem üppig bewachsenen Berghang oder direkt am Strand; zur Anlage gehört die beliebte Reggae Bar.*

... am Hat Tien
The Sanctuary $$$$–$$$$$, ☎ *(081)2713614, www.thesanctuarythailand.com, Bungalow Baht 1.870–5.990. Auf Yoga, Meditation und Müsli spezialisiertes, alternatives Spa-Resort; originelle Holz-Bambus-Bungalows an einem Hang über dem Strand, preislich nach Lage, Größe und Ausstattung gestaffelt; vegetarisches Restaurant.*

... am Hat Yuan
Big Blue Bungalow $$–$$$, ☎ *(09)8716214, Bungalow Baht 950–1.450. Gut ausgestattete Holzbungalows am Hang, mit Restaurant und Bar.*

Restaurants
Praktisch alle Resorts haben Restaurants. Abends werden oft Barbecues am Strand angeboten. Außerdem:

... in Thong Sala
Big Mango, ☎ *(077)377300, täglich 11–15, 17–23 Uhr, Gerichte Baht 150–450. West-östliche Fusion Cuisine mit thailändischer Grundnote.*
The Vantana, ☎ *(077)377024, täglich 9–23 Uhr, Gerichte Baht 100–400. Englischer Pub mit Steaks und anderen Grillgerichten.*

... am Hat Rin East und Hat Rin West
Om Ganesh, ☎ *(077)375123, täglich 11–23 Uhr, Gerichte Baht 100–180. Südindische Speisen und nordindische Tandoori-Spezialitäten vom Feinsten.*

Sukhothai, ☎ (09)5870142, *täglich 11–15, 17–23 Uhr, Gerichte Baht 150–400. Klassische Thai-Gerichte mit mediterranem Einschlag.*

... am Thong Nai Pan Noi
Baan Pong, ☎ (077)238549, *täglich 11–23 Uhr, Gerichte Baht 150–350. West-östliche Crossover-Küche mit thailändischem Touch.*

Aktivitäten

Tauchen und Schnorcheln: *Während der Tauchsaison von Feb.-Okt. bieten Tauchschulen u. a. ganztägige Schnorcheltouren (Baht 1.200–1.400), 2 Tauchgänge (Baht 3.400–4.200) und drei- bis viertägige Open-Water-Kurse an (Baht 14.000–16.000):* **Chalok Lum Diving**, *Chalok Lam*, ☎ (077)374025, www.chaloklum-diving.com *(unter deutscher Leitung);* **Haad Yao Divers**, *Hat Yao West*, ☎ (04)8412102, www.haadyaodivers.com *(unter deutscher Leitung) und* **Sail Rock Divers**, *Chalok Lam*, ☎ (077)374321, www.sailrock diversresort.com *(unter deutscher Leitung).*

Transport auf der Insel

Zwischen Thong Sala und den Stränden im Süden und Westen pendeln auf teils sehr steilen Betonstraßen Songthaeo. Den Ort Chalok Lam im Norden und die Strände in der Umgebung erreicht man auf einer betonierten Straße ebenfalls mit Pick-up-Taxis. Allradangetriebene Pick-ups kommen auf der erst abschnittsweise betonierten Piste von Ban Tai im Süden nach Thong Ta Pan im Nordosten zum Einsatz. Einige abgelegene Strände wie Hat Khuat (Bottle Beach) im Norden oder Hat Yuan im Südosten erreicht man nur mit „Langschwanz"-Booten.
Im Inselhauptort Thong Sala sowie an einigen Stränden kann man **Motorräder** *(Baht 200–300/Tag) oder auch kleine* **Geländewagen** *(Baht 1.200–1.600/Tag) mieten.*

👉 Hinweis

Motorradfahrer sollten äußerst vorsichtig sein, denn die Straßen und Pisten auf Ko Phangan weisen erhebliche Steigungen und Gefälle auf.

An- und Weiterreise

Kombitickets: *Zahlreiche Reiseagenturen in Bangkok und in z.B. Phuket oder Krabi bieten kombinierte Tickets an, die Bus- und Bootsfahrten bzw. Zug- und Bootsfahrten sowie alle Transfers abdecken. Am günstigsten, aber nicht immer zuverlässig sind die Agenturen in der Khao San Road in Bangkok. Mit Bus oder Zug geht es nach Surat Thani, von wo die Passagiere mit (Mini-)Bussen zu den Fährhäfen gebracht werden. Einen guten Ruf hat die Firma* **Lomprayah**, *die zwischen Bangkok und Chumphon zweimal täglich komfortable Reisebusse einsetzt. Von Chumphon fährt ein schneller Katamaran der Gesellschaft über Ko Tao nach Ko Phangan und weiter nach Ko Samui (*☎ (077)310704, www.lomprayah.com*).*
Fähre/Boot: *Mehrere Fähren und Boote fahren täglich ab 7 Uhr von den Piers in Surat Thani und dem Hafen Tha Thong (8 km östlich von Surat Thani) nach Thong Sala (2,5–3 Std.). Preiswert, aber langsam ist das nachts verkehrende Versorgungsboot (6–7 Std.). Eine Autofähre pendelt täglich zwischen dem Fährhafen Don Sak (66 km östlich von Surat Thani) und Thong Sala (3 Std.). Zwischen Chumphon und Thong Sala verkehren täglich zwei schnelle Ka-*

tamarane via Ko Tao (3–4 Std.). Fähren, Katamarane und Boote pendeln auch zwischen Ko Samui (Nathon, Mae Nam Beach, Ban Mae Nam, Ban Bo Phut und Big Buddha Beach) und Ko Phangan (Thong Sala, Hat Rin, Hat Yuan, Hat Tien, Hat Sadet und Thong Nai Pan) sowie zwischen Ko Tao und Ko Phangan. Zzt. verkehrt keine Autofähre zw. Ko Samui und Ko Phangan.

Flugzeug: Mit **Bangkok Airways** *oder* **Thai Airways** *nach Ko Samui. Von dort weiter mit dem Boot (s. o.). Flüge unbedingt bestätigen! Bangkok Airways, Ko Samui International Airport,* ☎ *(077)428500, www.bangkokair.com.*

Ko Tao

Auch die 35 km nordwestlich von Ko Phangan gelegene Ko Tao ist längst kein Geheimtipp mehr. Mehr als 100.000 Besucher im Jahr kommen auf die Insel, die mit nur 21 km² deutlich kleiner ist als ihre beiden Nachbarn. Im Innern liegen mit tropischem Regenwald bewachsene, bis zu 380 m hohe Berge. Vor allem das nördliche Drittel ist urwüchsig und weitgehend unzugänglich. Auch mit schönen Stränden kann Ko Tao dienen, wenn sie auch nicht mit denen von Ko Samui und Ko Phangan mithalten können. Dafür gehört die farbenprächtige Unterwasserwelt rund um Ko Tao zum Schönsten, was der Golf von Thailand zu bieten hat. Viele Touristen kommen nur wegen der exzellenten Korallenriffe und der artenreichen Meeresfauna. Die ruhigen Gewässer sind ideal für Anfänger, und Ko Tao hat sich zu einem Mekka für Tauchschüler entwickelt. Ko Tao bedeutet übrigens „Schildkröteninsel" – angeblich, weil das Eiland wie eine Schildkröte geformt ist.

Ban Mae Hat und die Westküste

Im Hauptort **Ban Mae Hat (1)** versorgen sich die Touristen mit allem Nötigen. In den beiden Straßenzügen, aus denen das „Village" besteht, reihen sich Restaurants, Kneipen, Mini-Supermärkte, Internet-Cafés und vor allem Dive Shops aneinander. Parallel zum Strand führt ein Gehweg vom Village zum **Sai Ree Beach (2)**. Der 2 km lange, feinsandige Strand an der Westküste hat ebenfalls eine gute touristische Infrastruktur. Hier gibt es Restaurants und Resorts unterschiedlicher Preisklassen. Die flache Lagune eignet sich bei Flut gut zum Schwimmen, auch wenn manchmal Tauchboote ein- und ausfahren. Am vorgelagerten Riff kann man ganzjährig schnorcheln. Der aufgrund des nahen Hafens nicht immer saubere **Mae Hat Beach (3)** kann mit den anderen Stränden Ko Taos nicht konkurrieren. Vom südlichen Ende des Strandes führt ein Fußweg über Hügel zur idyllischen, von malerischen Granitfelsen eingerahmten **Jansom Bay (4)** mit einem kleinen Sandstrand. An dem vorgelagerten Korallenriff kann man auch bei Ebbe gut schnorcheln. Entlegen und sehr ruhig sind die südlich anschließenden Strände **Sai Nuan Beach (5)** und **Chun Chuea Beach (6)**.

Die Südküste

Obwohl die schnelle Entwicklung auch an der idyllischen, von Felsen gerahmten Palmenbucht **Chalok Ban Kao Bay (7)** im Süden der Insel nicht vorübergegangen

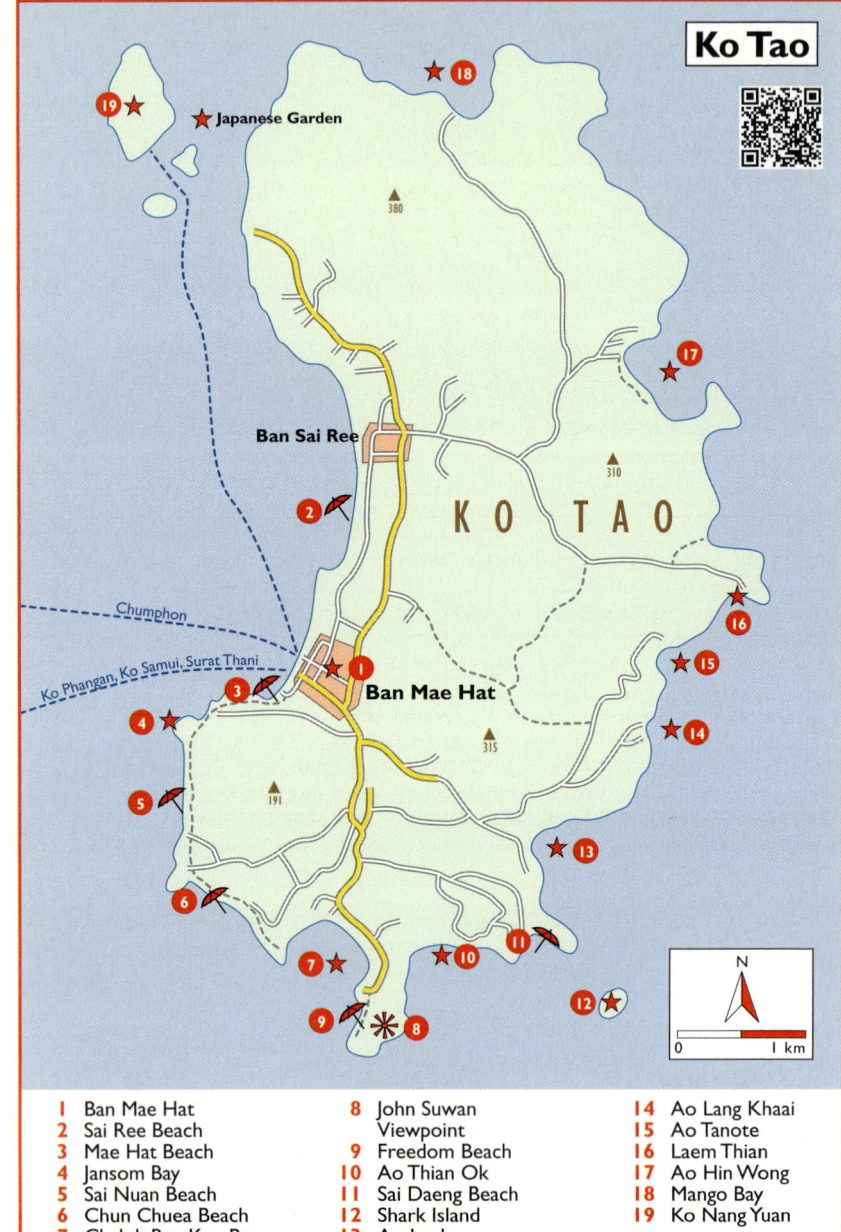

Ko Tao

Japanese Garden

Ban Sai Ree

KO TAO

Chumphon

Ko Phangan, Ko Samui, Surat Thani

Ban Mae Hat

N

0   1 km

1	Ban Mae Hat	**8**	John Suwan	**14**	Ao Lang Khaai
2	Sai Ree Beach		Viewpoint	**15**	Ao Tanote
3	Mae Hat Beach	**9**	Freedom Beach	**16**	Laem Thian
4	Jansom Bay	**10**	Ao Thian Ok	**17**	Ao Hin Wong
5	Sai Nuan Beach	**11**	Sai Daeng Beach	**18**	Mango Bay
6	Chun Chuea Beach	**12**	Shark Island	**19**	Ko Nang Yuan
7	Chalok Ban Kao Bay	**13**	Ao Leuk		

© *graphic*

Die Gewässer vor Ko Tao bieten hervorragende Bedingungen zum Tauchen

ist, herrscht hier weniger Trubel als am Mae Hat Beach. Wer ohne Bars und Discos auskommt, aber auf gute Restaurants nicht verzichten möchte, ist hier richtig.

Leider ist der mit Korallenfelsen durchsetzte Strand nicht besonders attraktiv, aber zum unverbauten Bilderbuchstrand in der Ao Thian Ok sind es nur wenige Hundert Meter. Vom **John Suwan Viewpoint (8)** auf der südlichsten Landzunge Laem Taa Too hat man einen schönen Blick auf die Buchten Chalok Ban Kao und Thian Ok. Auf dem Weg dorthin passiert man den kleinen, aber sehr feinen **Freedom Beach (9)**. Er wird von Kokospalmen gesäumt und von glatt geschliffenen Granitfelsen eingerahmt, die den weltbekannten Formationen auf den Seychellen ähnlich sind.

Weiter südöstlich erstreckt sich in der sichelförmigen **Ao Thian Ok (10)** der weiße und feinsandige Rocky Beach, Ko Taos Paradestrand, an dem man herrlich (Sonnen-) Baden und Schwimmen kann. Die eigentliche Attraktion aber ist die fast völlig von Korallen bedeckte Bucht, in der sich regelmäßig harmlose Riffhaie tummeln. Ao Thian Ok befindet sich in Privatbesitz, Besuchern ist der Zutritt jedoch gestattet. *Ko Taos Paradestrand*

Zu Fuß oder mit einem Boot erreicht man den 1 km östlich gelegenen **Sai Daeng Beach (11)**. Von dem ruhigen Sandstrand hat man einen schönen Blick auf die vorgelagerte **Shark Island (12)** mit einem der besten Unterwasserreviere Ko Taos.

Die Ostküste

Während der Westen und Süden mit einer nahezu perfekten touristischen Infrastruktur aufwarten, sind an manchen Stränden der **Ostküste** weder Geldautomaten noch durchgängige Stromversorgung zu finden. Die kleine **Ao Leuk (13)** im Südosten lockt mit einem einsamen Sandstrand und farbenprächtigen Korallenbänken. Wer der „zivilisierten" Welt für eine Weile den Rücken kehren will, kann sich dort in einfachen Bambusbungalows einquartieren. Entlegen ist auch die nördlich anschließende **Ao Lang Khaai (14)**, vor der ein Korallenriff mit vielfältiger Meeresfauna liegt. *Abgeschiedener Osten*

An der ruhigen Ostküste ist an der malerischen **Ao Tanote (15)** noch am meisten los. Am 200 m langen, goldgelben, grobkörnigen Sandstrand, der von Felsen durchsetzt ist, befinden sich einige Bungalowanlagen. Vorgelagert ist ein kleines Riff, an dem sich viele bunte Fische tummeln. Am bequemsten erreicht man die Bucht über das Meer. Am Felsenkap **Laem Thian (16)** mit artenreicher Unterwasserwelt können Taucher und Schnorchler mit etwas Glück Barrakudas und Riffhaie beobachten.

Die **Ao Hin Wong (17)** hat zwar keinen Strand, aber ein vorgelagertes Korallenriff und kristallklares Wasser. An der weit geschwungenen, überwiegend felsigen **Mango Bay (18)** im Norden gibt es einen kleinen, feinen Sandstrand und türkisgrünes Wasser. Zu erreichen ist die abgelegene Bucht per Boot oder auf einer Sandpiste von Sai Ree Village.

Ko Nang Yuan

Dicht vor der Nordwestküste ragt **Ko Nang Yuan (19)** aus dem Meer – drei Felsmassive, die bei Ebbe durch feine, weiße Sandbänke miteinander verbunden sind. Obwohl die Korallengärten, die den Mini-Archipel umgeben, schon sehr unter dem Besucherandrang gelitten haben, kann man dort – vor allem in dem westlich der Nordinsel gelegenen Japanese Garden – immer noch herrlich schnorcheln. Beim Green Rock vor der Nordinsel ankern tagsüber viele Tauchboote. Tagesbesucher erreichen die im Volksmund Ko Hang Tao („Schwanz der Schildkröte") genannte Insel per Boot von Ban Mae Hat und vom Sai Ree Beach.

info

Tauchen leicht gemacht

Ko Tao zählt zu Thailands beliebtesten Tauchzielen und wird spaßeshalber auch „Ko Tauch" genannt. Nicht nur erfahrene Taucher, sondern auch Anfänger kommen auf ihre Kosten: Tauchschulen bieten halbtägige, sogenannte Schnuppertauchgänge (ab Baht 2.500) an. Schon nach einer einstündigen theoretischen Einführung geht es ins Wasser. Unter Aufsicht von deutsch- oder englischsprachigen Dive Masters können auch körperlich eingeschränkte oder ältere Personen den Zauber der Unterwasserwelt entdecken. Wer auf den Geschmack gekommen ist, kann einen Kurs mit Zertifikatsabschluss belegen. Ein Grundkurs nach internationalen Prüfungsvorschriften mit dem Open Water Certificate als Abschluss dauert in der Regel 4 Tage und kostet etwa Baht 14.000 bis 17.000, inklusive Ausrüstung und Lehrmaterial. Auch weiterführende Kurse sind relativ preiswert.

Reisepraktische Informationen Ko Tao

Informationen
im Internet: *www.kohtao.com, www.on-koh-tao.com*

Unterkunft
Die größte Auswahl an Unterkünften hat man an der Westküste nördlich und südlich vom Hauptort Ban Mae Hat. In der Hochsaison von Ende Dezember bis Mitte April und von

Anfang Juli bis Ende August werden in manchen Resorts Zimmer nur in Verbindung mit Tauchkursen oder -exkursionen vermietet. Angegeben sind die Tarife für die Hochsaison.

... am Sai Ree Beach

Koh Tao Cabana $$$$$–$$$$$$, ☏ (077)456505, www.kohtaocabana.com, Bungalow Baht 4.500–16.200 (inkl. Frühstücksbuffet). Luxuriöses Bungalowhotel in bester Hanglage am nördlichen Strandende, mit Restaurant und Pool.

Thipwimarn Resort $$$$–$$$$$$, ☏ (077)456409, www.thipwimarnresort.com, EZ/DZ Baht 2.490–8.730. Am Hang gelegenes Resort mit Restaurant, Pool und Spa.

Seashell Dive Resort $$–$$$$$, ☏ (077)456271, www.seashelldiverskohtao.com, Bungalow Baht 700–5.100. Holzbungalows mit Ventilator oder Klimaanlage, für jedes Budget, Restaurant und Tauchbasis.

Ban's Diving Resort $$–$$$$, ☏ (077)456466, www.amazingkohtao.com, Bungalow Baht 600–3.450. Breites Spektrum an Bungalows von der einfachen Strandhütte mit Ventilator bis zur Beach Villa mit allem Komfort; Restaurant, Pool und Tauchschule.

Sairee Cottage $$–$$$, ☏ (077)456126, www.saireecottagediving.com, Bungalow Baht 600–1.950. Ältere und neuere Holzbungalows mit Ventilator oder Klimaanlage, freundlicher Service, gutes Restaurant.

Sairee Hut Resort $$–$$$, ☏ (077)456815, www.saireehutresort.com, EZ/DZ und Bungalow Baht 600–1.800. Zimmer und Bungalows mit Ventilator oder Klimaanlage, Restaurant und Tauchbasis.

Simple Life $$–$$$, ☏ (077)456142, www.simplelifedivers.com, Bungalow Baht 600–1.950. Einfache, gepflegte Bungalows mit Ventilator, Tauchbasis.

... am Mae Hat Beach

Sensi Paradise $$$$–$$$$$$, ☏ (077)456244, www.sensiparadise.com, Bungalow Baht 2.375–5.775. Komfortable Holzbungalows im Thai-Stil an einer felsigen Bucht, Restaurant mit thailändischen und italienischen Gerichten, schöner Pool.

Koh Tao Beach Club $$–$$$$, ☏ (077)456222, www.thebeachclubkohtao.com, Bungalow Baht 750–2.950. Unterschiedliche Unterkünfte von der Bambushütte mit Ventilator bis zum klimatisierten Bungalow, mit Restaurant und deutscher Tauchbasis (www.kohtaoeasy divers.com) nördlich des Piers.

... an der Jansom Bay

Charm Churee Villas $$$$–$$$$$$, ☏ (077)456393-4, www.charmchureevilla.com, Villa Baht 4.450–16.795 (inkl. Frühstück). 17 gediegen ausgestattete Villas zwischen großen Granitfelsen, Restaurant, Pool, Wellness-Center und Tauchbasis.

... an der Chalok Ban Kao Bay

Taa Toh Lagoon $$–$$$$, ☏ (077)456502, www.taa.toh.lagoon.20m.com, Bungalow Baht 680–2.720. Einfache Holz-Bambus-Hütten mit Ventilator sowie Steinbungalows mit Klimaanlage und schönem Blick, mit Restaurant und Tauchbasis.

Koh Tao Tropicana Resort $$–$$$, ☏ (077)456304, www.koh-tao-tropicana-resort.com, Bungalow Baht 895–1.975. Steinbungalows mit Ventilator, Terrassenrestaurant mit thailändischen und westlichen Gerichten.

Buddha View Dive Resort $$–$$$$, ☏ (077)456074-5, 🖷 (077)456210, EZ/DZ Baht 600–2.250. Einfach bis behaglich ausgestattete Balkonzimmer in einem zweistöckigen Gebäude und in Doppelbungalows mit Ventilator oder Klimaanlage; Restaurant, Pool und Tauchbasis (www.buddhaview-diving.com).

... an der Ao Thian Ok und am Sai Daeng Beach

Jamahkiri Resort & Spa $$$$$$, ☎ (077)456400, www.jamahkiri.com, Villa Baht 7.220–12.880 (inkl. Frühstück). Luxuriöses Hideaway, das hoch über der Bucht thront; spektakulärer Pool, Restaurant mit kreativer Küche und Wellness-Center.

New Heaven Resort $$$$, ☎ (077)456462, Bungalow Baht 2.495–3.895. Komfortable Bungalows mit Ventilator in herrlicher Hanglage; mit Restaurant und Tauchbasis.

Rocky Resort $$–$$$, ☎ (077)456035, rockyresortthailand@gmail.com, Bungalow Baht 750–1.250. Einfache Holz- oder Steinbungalows auf den Klippen oder am Strand, alle mit Ventilator und Dusche/WC.

... an der Ao Tanote

Family Tanote Bay Dive Resort $$–$$$$, ☎ (077)456757, www.family-tanod-bay-resort.hotelchain.info, Bungalow Baht 900–3.600. Bungalows mit Ventilator oder Klimaanlage, mit Restaurant und Salzwasser-Pool, nebenan die deutsche Tauchschule Calypso.

Black Tip Dive Resort $$–$$$$, ☎ (077)456488, www.blacktipdiving.com, Bungalow Baht 800–3.000. Einfache Bungalows mit Ventilator sowie einige klimatisierte Bungalows, Restaurant und Tauchbasis.

... an der Mango Bay

Mango Bay Grand Resort $$$–$$$$, ☎ (015)978395, www.kohtaomangobay.com, Bungalow Baht 1.500–2.800 (inkl. Frühstück). 14 an einem felsigen Strand gelegene Bungalows mit Ventilator oder Klimaanlage, italienisches Restaurant.

... auf Ko Nang Yuan

Nang Yuan Island Dive Resort $$$–$$$$$$, ☎ (077)456088-93, www.nangyuan.com, Bungalows Baht 1.500–14.000. Harmonisch in die Natur eingebettetes Tauchresort. Auf der mittleren der drei Inseln befinden sich Rezeption, Tauchbasis und Restaurant, auf der Nordinsel die preiswerteren Bungalows mit Ventilator, auf der Südinsel die exklusiveren mit Klimaanlage.

 ## Restaurants
... am Sai Ree Beach

Lotus Restaurant, ☎ (087)0696078, täglich 8–23 Uhr, Gerichte Baht 100–400. Terrassenrestaurant am Strand mit thailändischen und europäischen Speisen, sehr stimmungsvoll beim Sonnenuntergang.

Papas Tapas, ☎ (077)457020, täglich 18–24 Uhr, Gerichte Baht 90–340. Fleisch-und vegetarische Tapas sowie mexikanische und einige thailändische Gerichte.

... am Mae Hat Beach

D. D. Huts Restaurant, ☎ (077)456077, täglich 7.30–23 Uhr, Gerichte Baht 50–250. Beliebter Szene-Treffpunkt, Mischung aus authentisch thailändischen sowie indischen, mexikanischen und europäischen Speisen.

Dragon Bar, ☎ (077)456423, täglich 17–1 Uhr. Coole Lounge mit Deckchairs, ideenreicher Cocktailkarte und thailändisch-europäischen Snacks.

La Dolce Vita, ☎ (077)456369, täglich 11.30–23.30 Uhr, Gerichte Baht 150–550. Beste Pastas und Pizzas sowie italienische Fleisch- und Fischgerichte in mediterranem Ambiente, erlesene Weine und freundlicher Service.

Octopus, ☎ (089)4564199, täglich 11–22 Uhr, Gerichte Baht 90–280. Südthailändische Gerichte und beste deutsche Hausmannskost.

Whitening, ☏ *(077)456199, täglich 12–24 Uhr, Gerichte Baht 150–700. Kreative west-östliche Crossover-Küche, vor allem hervorragendes Seafood.*

... an der Chalok Ban Kao Bay
Dave's Divers' Den, ☏ *(087)1365620, rund um die Uhr geöffnet, Gerichte Baht 100–350. Beliebter Taucher-Treff mit internationaler Speisekarte.*

🥾 Aktivitäten

Tauchen und Schnorcheln: *Ko Tao ist einer der besten und preiswertesten Orte in Thailand, um tauchen zu lernen. Mehr als 30 Tauchschulen sind z. T. fest mit Resorts verbunden und bieten etwa ganztägige Schnorcheltouren (Baht 1.000–1.200) oder 2 Tauchgänge (Baht 2.400–2.800). Ein viertägiger Open-Water-Kurs, in dem Anfänger den PADI-Tauchschein erwerben können, kostet zwischen Baht 14.000–17.000. Als beste Tauchreviere gelten Shark Island, Mango Bay, White Rock, Green Rock, Nang Yuan Pinnacle, Japanese Gardens und South West Pinnacle. Mit Ausnahme der regenreichsten Zeit von Oktober bis Mitte Dezember ist ganzjährig Tauchsaison.*
Einen guten Ruf haben **Black Tip Diving**, *Ao Tanote,* ☏ *(077)456488, www.blacktipdiving.com (eigenes Resort, deutschsprachige Dive Masters);* **Calypso Diving**, *Ao Tanote,* ☏ *(077)456745, www.calypso-diving-kohtao.de (unter deutscher Leitung) und* **Easy Divers**, *Mae Hat Beach und Ko Nang Yuan,* ☏ *(077)456222, www.kohtaoeasydivers.com (eigenes Resort, unter deutscher Leitung).*

🚌 Transport auf der Insel

Songthaeo fahren auf den wenigen Pisten zu allen Orten der Insel, meist jedoch nur nach Ankunft eines Bootes. Am Pier bieten auch Motorradtaxis ihre Dienste an. Im Inselhauptort Ban Mae Hat sowie an einigen Stränden kann man Motorräder (Baht 200–300/Tag) mieten.

🧳 An- und Weiterreise

Kombitickets: *Zahlreiche Reiseagenturen in Bangkok und auch in vielen Touristen-Orten wie Phuket und Krabi bieten kombinierte Tickets an, die Bus- und Bootsfahrten bzw. Zug- und Bootsfahrten sowie alle Transfers beinhalten. Mit Bus oder Zug geht es nach Chumphon, dann mit (Mini-)Bussen zum Hafen Pak Nam Chumphon oder zum Katamaran-Pier an der Ao Thong Makham.*
Einen guten Ruf hat die Firma **Lomprayah**, *die zwischen Bangkok und Chumphon zweimal täglich komfortable Reisebusse einsetzt. Von Chumphon fährt ein schneller Katamaran der Gesellschaft nach Ko Tao (1,5 Std.) und weiter nach Ko Phangan (3 Std.) und Ko Samui (3,5 Std.;* ☏ *(077)310704, www.lomprayah.com).*

Fähre/Boot: *Mehrere Fähren und Boote fahren täglich ab 7 Uhr vom Hafen Pak Nam Chumphon nach Ban Mae Hat (2,5–3 Std.). Preiswert, aber auch langsam sind die Versorgungsschiffe, die um 23 und 24 Uhr abfahren und auch Passagiere mitnehmen (6–7 Std., unbequem!). Schnell und bequem ist der Katamaran der Firma Lomprayah der um 7 und 13 Uhr ablegt (s. o.).*
Fähren, Katamarane und Boote fahren auch von Ko Samui (Nathon, Mae Nam Beach, Ban Mae Nam, Ban Bo Phut und Big Buddha Beach) über Ko Phangan (Thong Sala) nach Ko Tao (2–5 Std.).

Der tiefe Süden

Nakhon Si Thammarat

Lange Zeit hatte Nakhon Si Thammarat, früher unter seinem malaiischen Namen Ligor oder Lakorn bekannt, als Hauptstadt des historischen Königreichs Tambralinga eine bedeutende Stellung inne. Im 8. Jh. mussten die Herrscher von Ligor die Oberhoheit des indonesischen Großreichs Sri Vijaya anerkennen, das über Sumatra und weite Teile der Malaiischen Halbinsel herrschte. Die Sanskrit-Inschrift einer Steintafel weist auf die Gründung buddhistischer Heiligtümer in der Stadt durch den König von Sri Vijaya im Jahre 775 hin. Sri Vijaya musste im späten 13. Jh. dem expandierenden Reich von Sukhothai weichen, doch Tambralinga konnte weiterhin, auch in der Ayutthaya-Periode, eine politische Autonomie behaupten. Erst den Chakri-Königen gelang es, das auf Selbstständigkeit bedachte Königreich im Laufe des 19. Jh. an das Kernland anzubinden. Heute ist Nakhon Si Thammarat mit rund 150.000 Einwohnern zwar eine der größten Städte des Südens, liegt aber abseits der wichtigen Verkehrsverbindungen: Die Südlinie der Eisenbahn und der autobahnähnliche National Highway 41 führen über das 50 km westlich gelegene Thung Song.

Sehenswertes

Der bedeutendste Sakralbau im „Stadtjuwel der königlich-buddhistischen Lehre", wie der Name der Stadt wörtlich übersetzt lautet, ist der **Wat Mahathat** an der Thanon Ratchadamnoen. Die Ursprünge des Tempels sollen ins 10./11. Jh. zurückreichen, doch ist kein genaues Gründungsdatum belegt. Der heilige Bezirk wird von einem Wandelgang mit zahlreichen Buddha-Statuen in sitzender Meditationshaltung umgeben. An der Ostseite mit dem Haupteingang befindet sich die Vihara.

Im Zentrum der Anlage ragt – umgeben von einem ganzen „Wald" kleinerer Chedis – ein 56 m hoher Chedi im ceylonesischen Stil auf, der eine 270 kg schwere Goldkappe trägt und eine Reliquie des Buddha birgt. Auf der Nordseite ist der heiligste Schrein mit zwei Buddha-Figuren angefügt. Das etwas verstaubt wirkende Tempelmuseum beherbergt eine Sammlung von Sakralgegenständen aus mehreren Jahrhunderten sowie Weihegaben. Außerhalb der Umfassung bietet der als Vihara Luang bezeichnete Bot mit Staffeldach und Säulenumgang sowie den sich nach innen neigenden Säulen und Wänden ein gutes Beispiel für den Baustil der Ayutthaya-Periode.

Wat Mahathat, *täglich 8–16.30 Uhr, Spende erbeten.*

Der moderne Schrein **Ho Phra Singh** neben dem Rathaus in der Stadtmitte wurde errichtet, um dem Phra Buddha Singh („Singhalesischer Buddha"), einer der verehrtesten Buddha-Statuen in ganz Thailand, eine würdige Unterkunft zu bieten. Der Legende nach kam das Buddha-Bildnis nach einer

Der glockenförmige Chedi im Wat Mahathat

langen Odyssee aus Ceylon nach Nakhon Si Thammarat. Ob es sich wirklich um das Original handelt, ist allerdings umstritten, denn auch im Nationalmuseum von Bangkok und im Wat Phra Singh von Chiang Mai soll ein echter Phra Buddha Singh stehen. **Ho Phra Singh**, *Mo–Fr 9–16 Uhr, Spende erbeten.*

Im **Nationalmuseum** südlich von Wat Mahathat sind alle Kunststile Thailands vertreten, ein Schwerpunkt liegt auf dem Sri-Vijaya-Stil, der vom 8.–13. Jh. in der Region vorherrschte. Ausgestellt sind auch fein gearbeitete Schattenspielfiguren aus gegerbter Büffelhaut. Unter malaiischem Einfluss ist die Kunst des Schattenspiels (*nang*) einst im Süden entstanden. Heute ist sie nahezu ausgestorben. Nang-Figuren werden vorwiegend als Wandschmuck und Souvenirs für Touristen angefertigt. **Nationalmuseum**, *Mi–So 9–16 Uhr außer feiertags, Eintritt: Baht 150.*

Ausflüge in die Umgebung

Gut 30 km nordwestlich von Nakhon Si Thammarat ragt der Khao Luang auf, mit 1.833 m der höchste Berg Südthailands. Das zerklüftete, von dichten Regenwäldern bestandene Karstmassiv wurde 1974 zum **Khao Luang National Park** erklärt, dort leben Tiger, Leoparden, Elefanten und Wildrinder. An den Wochenenden zieht es viele Ausflügler zum Karom Waterfall, der in mehreren Kaskaden mehr als 40 m tief in eine Schlucht stürzt und dort mehrere Felsenpools bildet. **Khao Luang National Park**, *täglich 8–18 Uhr, Eintritt: Baht 200, Kinder Baht 100.*

Redaktionstipps

Sehenswertes
▸ Einer der ältesten buddhistischen Sakralbauten Thailands ist der **Wat Mahathat** in Nakhon Si Thammarat (S. 506). In einem schönen Gebäude im chinesischen Stil ist das reich bestückte **Songkhla National Museum** untergebracht.

Übernachten
▸ Komfort zum Schnäppchenpreis bietet das **Grand Park Hotel** in Nakhon Si Thammarat.

Essen und Trinken
▸ Hervorragendes **Seafood** wird in den halboffenen Restaurants am **Samila Beach** in Songkhla serviert.

Reisepraktische Informationen Nakhon Si Thammarat

i Informationen
Tourism Authority of Thailand Southern Office, *Sanam Na Muang, Thanon Ratchadamnoen,* ☎ *(075)346515-6,* 🖨 *(075)346517, tatnksri@tat.or.th, www.tourism thailand.org/nakhonsithammarat, täglich 8.30–16.30 Uhr. Das Büro ist auch zuständig für Phatthalung und Trang.*

Unterkunft
Grand Park Hotel $$–$$$, *1204/79 Thanon Phranakhon,* ☎ *(075)317666-75, www.grandparknakhon.com, EZ/DZ Baht 700–1.200. Eine der besten Adressen im Ort mit 80 klimatisierten Zimmern und Restaurant.*
Nakorn Garden Inn $$, *1/4 Thanon Phranakhon,* ☎ *(075)313333,* 🖨 *(075)342926, EZ/DZ Baht 650–850. Kleinhotel in einem zweistöckigen Thai-Haus mit 50 klimatisierten Zimmern und Restaurant.*
Thai Hotel $–$$, *1375 Thanon Ratchadamnoen,* ☎ *(075)341509, www.thaihotel-nakorn.com, EZ/DZ Baht 450–750. Angenehmes Haus in zentraler Lage, Zimmer mit Klimaanlage oder Ventilator, gutes Restaurant.*

Einkaufen

Nakhon Si Thammarat ist berühmt für filigrane Schattenspielfiguren aus gegerbtem Büffelleder und kunstvolle Niello-Arbeiten, mit komplizierten Mustern geschmückte Silberdosen und -vasen. Souvenirläden findet man um den Wat Mahathat.

Unterhaltung

Schattenspiel: *Die in Thailand nahezu ausgestorbene Kunst des Schattenspiels (nang) wird in Nakhon Si Thammarat noch von Privatleuten gepflegt. Aufführungen finden regelmäßig im* **Shadow Play House of Suchat Sapsin** *statt, 10/18 Soi 3, Thanon Si Thammarat,* ☏ *(075)346394.*

Verkehrsverbindungen

Busse: *Der Busbahnhof liegt in der Thanon Borom Ratchachonnai. Mehrmals täglich Busse u. a. von/nach Hat Yai, Songkhla, Phatthalung, Trang, Krabi, Phuket, Surat Thani, Chumphon und Bangkok.*
Züge: *Der Bahnhof liegt im Zentrum,* ☏ *(075)356364. Zweimal täglich von/nach Hat Yai, Trang, Surat Thani, Chumphon und Bangkok.*
Flughafen: *Zwischen dem Airport im Norden und dem Zentrum verkehren Minibusse.*
Thai Airways, *Airport,* ☏ *(075)342491.*
Nationale Verbindungen: *von/nach Bangkok mehrmals täglich (Thai Airways).*

Hat Yai

Wirtschafts-
zentrum

Mit der Fertigstellung der Eisenbahnlinie von Bangkok nach Singapur wurde zwischen 1900 und 1922 die Ostküste Südthailands erschlossen. Hat Yai entwickelte sich zum wichtigsten Wirtschaftszentrum und bedeutendsten Verkehrsknotenpunkt im tiefen Süden. Weiteres Wachstum brachten der Ausbau des National Highway 41 und des neuen internationalen Flughafens in den 1970er-Jahren. Die mit 250.000 Einwohnern viertgrößte Stadt Thailands ist heute nicht nur eine geschäftige Handelsstadt, sondern zählt auch mehr Touristen als jede andere im Land.

Malaysische
Touristen

Hauptsächlich Besucher aus dem nahen Malaysia finden in Hat Yai all das, was die strengen Sittenwächter des muslimischen Nachbarlandes verbieten: Go-Go-Bars, Diskotheken, Massagesalons und was sonst noch zum Nachtleben gehört. Viele Malaysier kommen auch, um in den riesigen Shopping-Centern und Ladenstraßen einzukaufen. An Wochenenden und malaysischen Feiertagen sind die mehr als 5.000 Hotelzimmer der Stadt oft ausgebucht.

Von seiner angenehmen Seite zeigt sich Hat Yai im großen **Hat Yai Municipality Park** an der Ausfallstraße Richtung Songkhla. Der schöne Stadtpark mit Lotosteichen, Holzstegen und Pavillons wird von einer großen Statue der Kuan Yin, der buddhistisch-taoistischen Göttin der Barmherzigkeit, überragt. In dem Heiligtum, der zentralen Andachtsstätte der chinesischstämmigen Einwohner Hat Yais, mischen sich mahayanabuddhistische mit taoistischen Elementen. Auf dem Hügel hinter dem Park wacht eine Kolossalstatue des Phra Buddha Mongkon Maharat über die Stadt.

Reisepraktische Informationen Hat Yai

i Informationen

Tourism Authority of Thailand Southern Office, *111 Soi 2, Thanon Niphat Uthit 3,* ☏ *(074)243747, tatsgkhl@tat.or.th, www.tourismthailand.org/hatyai, tgl. 8.30–16.30 Uhr, auch für Songkhla und Satun.*

Unterkunft

Lee Gardens Plaza Hotel $$$–$$$$, *29 Thanon Prachathipat,* ☏ *(074) 261111, www.leeplaza.com, EZ/DZ Baht 1.450, Suite Baht 1.850–3.450 (inkl. Frühstück). Luxus zum Schnäppchenpreis! 420 bestens ausgestattete Zimmer und Suiten, mehrere thai-chinesische Restaurants, herrlicher Blick über die Stadt vom Restaurant im 33. Stock.*

Asian Hotel $$$, *55 Thanon Niphat Uthit 3,* ☏ *(074)353400-14, www.asian hotelhatyai.com, EZ/DZ Baht 1.050–1.450, Suite Baht 1.970. 220 klimatisierte Zimmer und Suiten, mit Restaurant, Karaoke-Bar und Parkhaus.*

King's Hotel $$, *126 Thanon Niphat Uthit 1,* ☏ *(074)261700-7, www.kingshotel hatyai.com, EZ/DZ Baht 600–950. Stadthotel mit klimatisierten Zimmern (die preiswerten mit Innenfenster), beliebtem chinesischem Restaurant und sicherem Parkhaus. Tipp: Zimmer nach hinten verlangen, die zur Straße sind sehr laut.*

Louise Guest House $–$$, *21-23 Thanon Thamnoon Vithi,* ☏ *(074)220966, EZ/DZ Baht 450–600. Gut geführte Pension nahe dem Bahnhof; einfache, aber ordentliche Zimmer mit Ventilator oder Klimaanlage.*

Verkehrsverbindungen

Busse: *Der Busbahnhof liegt am südöstlichen Rand des Zentrums in der Thanon She Uthit,* ☏ *(074)231446. Mehrmals täglich Busse* **in nördliche Richtung** *u. a. von/nach Songkhla, Nakhon Si Thammarat, Surat Thani, Chumphon und Bangkok;* **in nordwestliche Richtung** *u. a. von/nach Trang, Krabi und Phuket;* **in südliche Richtung** *u. a. von/nach Yala. Außerdem private VIP-Busse* **nach Bangkok, Krabi und Phuket;** *Abfahrt meist vor den Büros der Firmen. In der Thanon Niphat Uthit 1, 2, 3 und Thanon Prachathipat fahren tagsüber laufend Minibusse und auch große VIP-Busse* **nach Malaysia** *ab (u. a. Butterworth/Penang, Kuala Lumpur). Tickets für Busse nach Bangkok und Malaysia kauft man am besten in den Reisebüros im Zentrum. Von der Thanon Phetkasem nördlich des Zentrums fahren tagsüber laufend Minibusse in alle Städte des Südens und zu allen Tourismuszentren.* **Züge:** *Der Bahnhof liegt im Zentrum,* ☏ *(074)261290.* **In nördliche Richtung** *u. a. zweimal täglich von/nach Nakhon Si Thammarat, Surat Thani, Chumphon und Bangkok;* **in südliche Richtung** *u. a. zweimal täglich von/nach Yala und Butterworth/ Penang (Malaysia), dort Anschluss nach Kuala Lumpur und Singapur.* **Flughafen:** *Zwischen dem Flughafen 12 km westlich der Stadt und dem Zentrum verkehren ein Shuttlebus der Thai Airways (Baht 70) und Taxis (Baht 220–270).* **Thai Airways,** ☏ *(074)245851.*

✈ Flugverbindungen

National: *von/nach Bangkok bis zu zehnmal täglich (Thai Airways, Air Asia, Nok Air, Orient Thai Airlines) und Phuket ein- bis zweimal täglich (Thai Airways).*

International: *von/nach Kuala Lumpur zweimal täglich (Thai Airways, Malaysia Airlines) und Singapur zweimal täglich (Thai Airways, Silk Air).*

Songkhla

Songkhla ist fast von allen Seiten von Wasser umgeben, es liegt auf einer Landzunge zwischen dem Golf von Thailand und dem seichten Binnensee Thale Sap Songkhla, der durch eine schmale Öffnung mit dem Meer verbunden ist. Aufgrund dieser Lage war Songkhla unter seinem alten malaiischen Namen Singora lange Zeit ein bedeutender Handelshafen, bevor die Verbindung zum Golf von Thailand zu versanden begann. Das alte Singora existierte bis ins 17. Jh., doch heute sind nur noch Reste der Befestigungsmauern zu sehen, die ein Sultan anlegen ließ, der gegen die Oberhoheit Ayutthayas rebellierte. Bei der Rückeroberung wurde die Stadt zerstört. Die Altstadt stammt aus der Mitte des 19. Jh. Das Gassenlabyrinth um die Thanon Nakhon Nai prägen zweistöckige Handelshäuser mit Ziegeldächern, die Kaufleute aus Südchina errichteten. Im chinesischen Stil wurde 1878 auch der Gouverneurspalast gebaut, heute das **Songkhla National Museum**. Die Sammlung enthält Werke aus verschiedenen Epochen, wobei die Betonung auf den Objekten liegt, die auf der Malaiischen Halbinsel gefunden wurden. Vor allem Bronzeskulpturen und Keramiken aus der Sri-Vijaya-Zeit beweisen das hohe Niveau des Kunstschaffens jener Zeit.
Songkhla National Museum, *Mi–So 9–16 Uhr außer feiertags, Eintritt: Baht 100.*

Versandeter Hafen

Bronzeskulpturen und Keramiken

Eine erlesene Sammlung sakraler Kunstwerke präsentiert auch das Museum im **Wat Matchimawat**. Die meisten Stücke stammen aus der bedeutenden Sri-Vijaya-Kultstätte Wat Sathing Phra, deren Überreste 30 km nördlich von Songkhla auf der Nehrung zwischen dem Thale Sap Songkhla und dem Golf von Thailand stehen.
Wat Matchimawat, *täglich 13–16 Uhr, Spende erbeten.*

Fischerboote bei Ban Kao Seng

Auf der Insel Ko Yo befindet sich auf dem Gelände des Institute for Southern Thai Studies das **Southern Folklore Museum**. Das sehenswerte heimatkundliche Museum ist der malaiisch beeinflussten Alltagskultur des Südens gewidmet.
Southern Folklore Museum, *Mi–So 9–16 Uhr, Eintritt: Baht 50, Kinder Baht 30.*

Die Altstadt wird von dem 105 m hohen Hügel **Khao Tang Kuan** überragt. Dort thronen der Pavillon Sala Vihan Daeng aus der Mitte des 19. Jh. und der Phra That Chedi Luang, ein weißer Stupa im Dvaravati-Stil mit einer Buddha-Reliquie. Von hier hat man einen herrlichen Blick über die Stadt und den Binnensee mit Fischzuchtanlagen. Man kann auch bequem mit einem Lift hinauffahren.
Khao Tang Kuan, *täglich 8.30–18.30 Uhr, Eintritt: Erwachsene Baht 50, Kinder Baht 30.*

Samila Beach

Bei Songkhla Liegen kilometerlange weiße Strände, die von Kasuarinen gesäumt werden. Songkhlas

Copacabana ist der **Samila Beach**. Der 5 km lange Strand wird vor allem an Wochenenden von Einheimischen besucht. Vorgelagert sind die kleinen Felseninseln Ko Maeo und Ko Nuu (Katz- und Maus-Inseln). Am Süd-Ende liegt das muslimische Fischerdorf **Ban Kao Seng**, vor dem bunt bemalte Boote schöne Fotomotive bilden. Mit den *kor lae* genannten Verzierungen wollen die Fischer die im Meer lebenden Geister erfreuen, damit diese Boote und Besatzung beschützen.

Der Konflikt im Süden

info

Von den mehr als 3 Mio. thailändischen Muslimen leben drei Viertel im Süden des Landes, vor allem in den vier Provinzen Pattani, Narathiwat, Satun und Yala nahe der Grenze zu Malaysia. Die Bevölkerung dieser einst unabhängigen Sultanate, im 18. Jh. von Siam annektiert, hat immer wieder versucht, sich der Assimilierungspolitik der Regierung in Bangkok zu widersetzen. Einen Höhepunkt erreichten die Unruhen in den 1960er- und 1970er-Jahren. Auch heute ist die kulturelle und familiäre Bindung der Thai-Muslime nach Malaysia viel stärker als nach Bangkok oder zu ihren thai-buddhistischen Nachbarn. Ein Großteil der Thai-Muslime beherrscht die Thai-Sprache weder in Wort noch Schrift. Sie fühlen sich in politischen, wirtschaftlichen und sozialen Belangen von der Regierung vernachlässigt.

Nach mehreren Anschlägen verhängte die thailändische Regierung 2004 das Kriegsrecht über die drei Provinzen Narathiwat, Pattani und Yala. Auch in jüngerer Vergangenheit wurden Menschen bei Bombenanschlägen verletzt oder getötet. Vor allem Polizisten, buddhistische Lehrer und Mönche geraten ins Visier islamistischer Angreifer. Wie sich die Verhältnisse entwickeln hängt vom politischen und sozioökonomischen Kurs der thailändischen Regierung ab. Wegen der angespannten Situation rät das Auswärtige Amt dringend von Reisen in diese Gebiete ab. Wer auf dem Landweg nach Malaysia reisen will, sollte die westliche Route von Hat Yai nach Alor Setar nehmen, die als sicherer gilt. Die Routen von Hat Yai über Pattani und Narathiwat zum Grenzübergang Sungai Kolok oder von Hat Yai über Yala zum Grenzübergang Betong werden als risikoreich eingestuft.

Reisepraktische Informationen Songkhla

Unterkunft
Rajamangala Pavilion Beach Resort $$$–$$$$, *1 Thanon Ratchadamnoen,* ☎ *(074)487222, www.pavilionhotels.com, EZ/DZ Baht 1.675–2.895. Resorthotel am Samila Beach mit 34 bestens ausgestatteten Zimmern, Restaurant und Pool.*
Amsterdam Guest House $, *15/3 Thanon Rong Muang,* ☎ *(074)314890, EZ/DZ Baht 300–400. Nahe dem Nationalmuseum, einfache Zimmer mit Ventilator und Gemeinschaftsbad, Restaurant mit thailändischen und europäischen Speisen.*

Verkehrsverbindungen
Auf dem H 408 an der Küste verkehren nur wenige Busse. Alle Verbindungen in nördliche und südliche Richtung gehen über das 25 km südwestlich gelegene Hat Yai, zu dem tagsüber laufend Busse fahren. Dort befinden sich auch Bahnhof und Flughafen.

Die Andamanen-Küste – Von Ranong bis Phuket

Von Chumphon nach Ranong

Einige Kilometer westlich von Chumphon (s. S. 467) verlässt der National Highway 4 die Ostküste, windet sich Richtung Myanmar und verläuft dann parallel zur Grenze über Kraburi nach Ranong an der Andamanen-See.

Landenge Kurz vor Kraburi markiert ein Denkmal die schmalste Stelle der Malaiischen Halbinsel – den **Isthmus von Kra**. Die Halbinsel trennt zwei Ozeane voneinander: Der Golf von Thailand bildet mit dem Südchinesischen Meer einen Teil des westlichen Pazifik, während im Westen die Andamanen-See ein Randmeer des Indischen Ozeans ist. Würde man am 53 km breiten Isthmus von Kra einen Kanal stechen, verringerte sich der Seeweg von Küste zu Küste um 1.300 km. Seit Mitte des 19. Jh. wird die Idee eines Kra-Kanals immer wieder diskutiert, wegen der immensen Kosten und der nicht absehbaren ökologischen Folgen wurde der Plan bisher nicht verfolgt. 5 km südlich des Handelsstädtchens Kraburi zweigt eine Stichstraße vom H 4 ab und führt nach 10 km

Naturlehr- zum **Bok Krai Waterfall** mit elf Kaskaden, der inmitten des Dschungels liegt. Ein
pfad 1 km langer Naturlehrpfad mit Hinweistafeln auf Englisch führt in die Flora des tropischen Regenwalds ein.
Bok Krai Waterfall, *täglich 8–16.30 Uhr, Eintritt: Baht 50.*

Ein herrlicher Blick über die fjordartige Meeresbucht, die Thailand von Myanmar trennt, bietet sich vom **Khao Fa Chi View Point**, zu dem etwa 40 km südlich von Kraburi eine steile Stichstraße führt (3 km). 15 km nördlich von Ranong stürzt wenige Meter abseits des H 4 der **Punyaban Waterfall** über eine 20 m hohe Felswand.

Blick vom Khao Fa Chi View Point

Ranong

Der geschäftigen Hauptstadt der gleichnamigen Provinz verleiht das chinesisch geprägte Stadtbild einen besonderen Reiz, dazu kommen die dicht bewaldeten Berge im Osten und die Inseln vor der Küste. Reiche Vorkommen an Zinnerz, die im Tagebau gefördert wurden, lockten vom 17. bis 19. Jh. chinesische Einwanderer ins Land. Ihr Wohlstand und der ihrer Nachfahren zeigt sich in farbenprächtigen Tempeln und Friedhöfen mit monumentalen Grabmalen. Ranong ist der Ausgangspunkt für die kleinen Badeinseln Ko Chang und Ko Phayam. Viele *farang* kommen hierher, weil ihr Visum abgelaufen ist. Sie fahren kurz ins myanmarische Kaw Thaung am Victoria Point und holen sich bei der Wiedereinreise eine Aufenthaltsverlängerung.

Redaktionstipps

Sehenswertes
▸ Ein „Muss" für Naturfreunde ist der **Khao Sok National Park** (S. 516). Zu den besten Tauchplätzen der Welt gehört der **Ko Similan Marine National Park** (S. 522).

Unterkunft
▸ Im **Pathu Resort** in Ranong findet man Stil und Stille. Komfort in der Wildnis bietet das **Hotel Khao Sok** im Khao Sok National Park. Sehr empfehlenswert sind auch das **Nang Thong Bay Resort** und die **Ayara Villas** in Khao Lak.

Essen und Trinken
▸ Bestes Seafood wird im **Lamuan Seafood Restaurant** am Nang Thong Beach in Khao Lak serviert.

Einzige Sehenswürdigkeit des Ortes ist die **Rattana Rangsarn Throne Hall** am Fuße des Aussichtshügels Khao Nives. Errichtet wurde das imposante Teakholzgebäude als Unterkunft für König Chulalongkorn, der Ranong im April 1890 besuchte.

Am östlichen Ortsrand liegen die **Raksawaria Hot Springs** mit einigen Spas. Die ergiebigste der drei Quellen liefert pro Sekunde bis zu 400 Liter heißen Wassers mit 65° Celsius. Ein kleiner Schrein im Wat Tapotharam soll das Wohlwollen des Quellgeistes sichern. Von den Raksawaria Hot Springs führt eine kaum befahrene Straße durch die malerische Schlucht des Mae Nam Ranong zu dem 10 km östlich der Stadt gelegenen **Ranong Canyon**. Dies ist keine Schlucht, sondern ein kleiner See, in dem sich viele Fische tummeln. Wer die schöne Tour mit einem in Ranong geliehenen Fahrrad unternimmt, wird ein erfrischendes Bad im klaren Wasser schätzen.

Thermalbäder

Chan Damri Beach ist ein schmaler, kleiner Sandstrand 12 km westlich von Ranong. Jenseits des Meeresarms liegt Victoria Point, der südlichste Punkt des myanmarischen Festlands. Auf dem Weg passiert man **Paknam Ranong**, den ebenso malerischen wie geruchsintensiven Fischerhafen an der breiten Mündung des Ranong-Flusses.

Inseln vor Ranong

Die kleine, hügelige **Ko Chang** knapp 20 km südwestlich von Ranong ist ein Backpacker-Idyll mit ursprünglichem Flair. Der feinsandige, 1,5 km lange Ao Yai Beach an der Westseite ist ein goldgelber Traumstrand. Im Unterschied zu der gleichnamigen Insel im östlichen Golf von Thailand wird Ko Chang in der Andamanen-See noch nicht von Teerstraßen durchzogen und ist auch sonst auf angenehme Art „rückständig". Die Stammgäste verzichten gern auf Elektrizität und andere Annehmlichkeiten.

Während Ko Chang noch im Dornröschenschlaf liegt, haben Späher der Tourismusindustrie die etwa gleich große Nachbarinsel **Ko Phayam** bereits ins Visier genommen. Es gibt einige komfortable Resorts und auf den kurzen Straßen fahren außer Motorrädern auch zwei, drei Autos. Dennoch kann am 2,5 km langen Hauptstrand Ao Yai Beach außerhalb der Hochsaison noch Robinson-Stimmung aufkommen. Bewohnt wird Ko Phayam vorwiegend von ehemaligen Seenomaden, genannt Chao Lee, die heute mit dem Anbau von Kokospalmen ihren Lebensunterhalt bestreiten.

Reisepraktische Informationen Ranong

i Informationen

Ranong Tourist Centre, *Thanon Phetkasem (beim Busbahnhof),* ☏ *(077)812 788, Mo–Fr 8.30–18, Sa u. So 8.30–16.30 Uhr.*

🛏 Unterkunft

... in Ranong

Pathu Resort $$–$$$, *29/5 Thanon Phetkasem,* ☏ *(077)825336, www.pathuresort.com, EZ/DZ Baht 790–1.200 (inkl. Frühstück). Ruhiges Resort mit klimatisierten Zimmern, üppiger Tropengarten; 2,5 km südlich am H 4 gelegen.*

Suta House Bungalows $–$$, *Thanon Ruangrat,* ☏ *(077)832707. EZ/DZ Baht 350–550. Einfache Zimmer mit Ventilator und Gemeinschaftsbad oder Klimaanlage und Dusche/WC.*

... auf Ko Chang

Cashew Resort $–$$, ☏ *(084)5385385, Bungalow Baht 450–750. Älteste und größte Unterkunft der Insel am Ao Yai Beach, 28 Zimmer in Holz- und Steinbungalows mit Ventilator und Gemeinschaftsbad oder Dusche/WC, mit Restaurant und Tauchschule.*

Mama's Bungalows $–$$, ☏ *(077)820180 u. (087)2767784, mamas-bungalows@hotmail.com, Bungalow Baht 400–700. Einfache Bungalows aus Holz oder Stein in Strand- oder Hanglage, legendäres Restaurant mit hervorragendem west-östlichem Küchenmix, Organisation von Bootsausflügen und Dschungel-Treks.*

Sea Eagle Bungalow $–$$, ☏ *(01)8945665, Bungalow Baht 350–600. Einfache Stelzenbungalows mit Gemeinschaftsbad oder Dusche/WC, Restaurant, Verleih von Seekayaks.*

... auf Ko Phayam

Bamboo Bungalows $$–$$$, ☏ *(077)820012, www.bamboo-bungalows.com, Bungalow Baht 950–1.850. Komfortable Holzbungalows, das Restaurant ist abends ein beliebter Traveller-Treff, am Strand in der Yai-Bucht gelegen.*

Payam Cabana $$, ☏ *(077)812330 und (086)0231304, www.payamcabana.com, Bungalow Baht 650–800. Einfache Bungalows mit Terrasse, Restaurant, am Strand in der Ko-Kwai-Bucht gelegen.*

Verkehrsverbindungen

Busse: *Der Busbahnhof liegt am südöstlichen Rand des Zentrums am H 4. Mehrmals täglich Busse von/nach Chumphon, Takua Pa, Khao Lak, Phuket und Krabi.*

Boote: *Während der Trockenzeit von Dez.–April verkehren täglich Boote zwischen dem Hafen Sapan Pla bei Ranong und Ko Chang (1–1,5 Std.) sowie Ko Phayam (2–2,5 Std.).*

Von Ranong zum Khao Sok National Park

Südlich von Ranong wird die Vegetation zusehends grüner. An der Küste erstrecken sich ausgedehnte Mangrovenwälder und im Hinterland ragen von undurchdringlichem Dschungel bedeckte Berge auf. 10 km südlich von Ranong zweigt eine Stichstraße ab und führt nach 2 km zu den **Pornrang Hot Springs**, wo man in Pools baden kann (*täglich 8–18 Uhr, Eintritt: Erwachsene Baht 250, Kinder Baht 100*). Weitere 2 km südlich geht es auf einer ebenfalls 2 km langen Stichstraße zum **Ngao National Park**. Die schroffen, bis zu knapp 1.100 m aufragenden Berge des 668 km² großen Nationalparks überzieht dichter, primärer Regenwald. Hauptattraktion ist der etwa 50 m hohe Ngao Waterfall nahe dem Besucherzentrum mit drei Kaskaden (*täglich 8–16.30 Uhr, Eintritt: Erwachsene Baht 100, Kinder Baht 50*).

Zauberhafte Unterwasserwelt

Laem Son National Park

46 km südlich von Ranong markiert ein Schild die Abzweigung zum **Laem Son National Park**, der einen etwa 60 km langen Küstenabschnitt und 15 vorgelagerte kleine Inseln umfasst. Die 10 km lange Stichstraße führt durch Mangrovenwald und endet am langen, grausandigen Bang Baen Beach, an dem ein Kasuarinenwald liegt. Beim Besucherzentrum beginnt ein 1.200 m langer Naturlehrpfad.
Laem Son National Park, *tgl. 8–18 Uhr, Eintritt: Erwachsene Baht 200, Kinder Baht 100.*

Reisepraktische Informationen Laem Son National Park

🛏 Unterkunft

Wasana Resort $–$$, ☎ *(077)861434, www.wasanaresort.org, Bungalow Baht 450–750. Teils klimatisierte Bungalows und hervorragendes Restaurant; Khun Wasana und ihr holländischer Gatte Poh organisieren Bootsfahrten zu den vorgelagerten Inseln oder durch den Mangrovenwald.*
Andaman Peace Resort $$, ☎ *(01)9178104, Bungalow Baht 350–600. Einfache Bungalows mit Ventilator und Dusche/WC, im Strandrestaurant ausgezeichnetes Seafood.*

Ko Surin Marine National Park

Im Städtchen Khura Buri legen die Boote zum Marine National Park ab, der rund 60 km weiter westlich liegt. Auf den fünf Inseln des Parks ist Wirklichkeit, was Ferienprospekte gern vorgaukeln: weiße Strände, kristallklares Wasser und großartige Korallenriffe. Neben Schwarzspitzenhaien und Mantarochen können Taucher mit etwas Glück auch die in diesen Gewässern selten gewordenen Walhaie sichten. Die besten Tauchgründe liegen bei den Richelieu Rocks. Auf der großen südlichen Insel Ko Surin Tai pflegen Seenomaden (Chao Lee) noch ihre traditionelle Lebensweise. Nahe dem Park Headquarter auf der nördlichen Ko Surin Nuea gibt es Übernachtungsmöglichkeiten (Bungalows und Zelte). Buchungen und Eintritt zum Park im Besucherzentrum in Khura Buri erledigen.
Ko Surin Marine National Park, ☎ *(076)491378, www.dnp.go.th, Eintritt: Erwachsene Baht 400, Kinder Baht 200.*

Khao Sok National Park

Bizarre Kalksteinfelsen und tropischer Regenwald bestimmen den **Khao Sok National Park**, der auf dem H 401 erreicht wird, der wiederum einige Kilometer nordöstlich von Takua Pa vom H 4 abzweigt. Der 728 km² große Park ist inklusive einiger umliegender Schutzgebiete die größte intakte Urwaldregion im Süden Thailands. Morgens ist der Wald oft in Nebelschleier gehüllt, tiefe Schluchten trennen die einzelnen Felsstöcke, in denen teils unerforschte Höhlen und Grotten liegen. Pfauen, Fasane, Nashornvögel, Tapire, wilde Büffel, Bären, Hirscharten, Bergziegen sowie Gibbons und andere Affen bevölkern Khao Sok. Um Elefanten, Leoparden, Tiger – die „Könige des Dschungels" – zu beobachten, braucht man aber sehr viel Glück. Khao Sok zählt zu den regenreichsten Regionen Thailands. Auch in der Trockenzeit von Dezember bis April ist mit gelegentlichen Gewittern zu rechnen.

Khao Sok National Park, ☎ *(077)395155, www.khaosok.com, täglich 8–18 Uhr, Eintritt: Erwachsene Baht 200, Kinder Baht 100; das Ticket ist 7 Tage gültig.*

Wanderungen im Nationalpark

Größte Blume der Welt

Der Nationalpark darf nur zu Fuß betreten werden. Beim Besucherzentrum beginnen zwei Pfade, auf denen man die größte Blume der Welt entdecken kann, die Rafflesia *(dok bua phut)*. Ihr Blütendurchmesser beträgt bis zu 1 m, der Geruch ist allerdings nicht gerade lieblich. Die einfachere Wanderung, für die man einen vollen Tag einplanen sollte, führt zum Wang Hin Waterfall (2,5 km), Bang Hua Raet Waterfall (3 km) und zum Felsenpool Wang Yao, in dem man schwimmen kann (3,5 km). Weiter geht es zum Bang Liap Nam Waterfall (5 km). Danach zweigt vom Hauptweg

Grün überwucherte Karstmassive prägen das Bild des Khao Sok National Park

ein schwieriger, 1,5 km langer Pfad ab, der teils im Bett eines Wildbachs verläuft und zum Than Sanan Waterfall führt. Nächste Station am Hauptweg ist Tang Nam, eine tiefe, vom Sok River in das Karstmassiv gefräste Schlucht (6 km). Der Wanderpfad endet beim Ton Kloi Waterfall, insgesamt 7 km vom Visitor Center . Dort sind Lianen, Farne und Moose am Gestein zu dichten Vorhängen zusammengewachsen, über die Wasser in die Tiefe plätschert. In einem natürlichen Pool kann man baden.

Die anspruchsvolle Wanderung über den Aussichtspunkt San Rang Yoi (2 km) zum elfstufigen Sip-et-Chan Waterfall (4 km), in deren Verlauf der Sok River sechsmal durchquert werden muss, sollte nur in Begleitung eines *guide* unternommen werden.

Der Rajjaprabha-Stausee

Der Khao Sok National Park erstreckt sich nach Osten bis zum **Rajjaprabha-Stausee** (auch Chiew Lan Reservoir), dessen Arme sich wie Fjorde ausbreiten. Ausgangspunkt für einen Abstecher ist der 60 km östlich von Khao Sok am H 401 gelegene Ort Ta Khun. Der Weg dorthin führt durch eine faszinierende Karstlandschaft, die in Anspielung auf die berühmten Kegelkarste im südlichen China das **Guilin von Thailand** genannt wird. Geologisch gesehen handelt es sich um gehobenen Meeresboden. Entstanden sind die Kalksteinriesen auf die gleiche Weise wie die in der Bucht von Phang Nga (s. S. 544). Der schönste Blick auf den Stausee und die Karstmassive bietet sich von einem hübschen Park nahe der Dammkrone. In der Nähe kann man Boote mieten. Wer länger bleiben möchte, kann stilvoll in **Bambushütten auf Flößen**, die am Seeufer verankert sind, übernachten (*Buchung im Visitor Center am Rajjaprabha Dam,* ☎ *(086)2699381 oder bei Veranstaltern im Dorf beim Hauptquartier des Nationalparks*).

Die Floßhäuser, die nahe der Außenstelle Toy Teay der Nationalparkverwaltung liegen, sind Ausgangspunkt für Erkundungen von Tropfsteinhöhlen wie der **Bat Cave**, in der Tausende Fledermäuse nisten, oder der **Seeroo Cave**. Abenteuerlustige können in Begleitung eines *guide* die Höhle **Tham Nam Thalu** erkunden. Dort hat ein unterirdischer Fluss eine schmale Kaverne im Kalkgestein ausgewaschen. Ausgerüstet mit einer starken und möglichst wasserdichten Taschenlampe, kann man bei niedrigem Wasserstand – teils watend, teils schwimmend – eine unterirdische Märchenlandschaft entdecken, in der die Natur kunstvolle Kalkgebilde geformt hat.

Höhlenbesichtigungen in der Regenzeit sind hochgefährlich!

Reisepraktische Informationen Khao Sok National Park

Unterkunft

Angenehm übernachtet man in dem kleinen Dorf unmittelbar vor dem Parkeingang. Den meisten Resorts sind Restaurants angeschlossen. In vielen werden **guides** *für Wanderungen und Höhlenexkursionen vermittelt. Angeboten werden zudem zwei- bis dreitägige Ausflüge zum Rajjaprabha-Stausee mit Übernachtung in Floßhäusern.*
Hotel Khao Sok $$$–$$$$, ☎ *(081)5377555, www.hotelkhaosok.com, Bungalow Baht 1.450-2.900. Geräumige, komfortable Bungalows mit Wohnterrasse in einem herrlichen Tropengarten, halboffenes Restaurant mit west-östlicher Speisekarte, attraktiver Pool, traditionelle Thai-Massage.*

Khao Sok Green Valley Resort $$$, ☎ (077)395145, www.khaosokgreenvalley.com, Bungalow Baht 1.200–2.000 (inkl. Frühstück). Vier Steinbungalows mit Ventilator in einem hübschen Garten am Fluss; Internet-Zugang, Tours und Tickets; im angeschlossenen Restaurant Khao Sok Cuisine gibt es regionale Spezialitäten.

Baan Khao Sok Resort $$$, ☎ (081)9580185, www.khaosok-accommodation.com, Bungalow Baht 1.200–1.500. Sieben schöne Stelzenbungalows und Baumhäuser aus Holz mit Ventilator und Terrasse, im Restaurant gute Thai-Gerichte.

Khao Sok Riverside Cottages $$–$$$, ☎ (077)395159, www.khaosok.net, Bungalow Baht 950–1.650 (inkl. Frühstück). Holz-Bambus-Bungalows mit Ventilator am Rande des Regenwalds, Terrassenrestaurant am Khao Sok River mit ausgezeichneter Thai-Küche, vielfältiges Tourangebot, rechtzeitige Reservierung erforderlich; das Resort liegt ca. 5 km östlich des Parkeingangs (2,5 km lange Stichstraße ab H 401).

Morning Mist Resort $$, ☎ (089)9718794, www.khaosokmorningmistresort.com, Bungalow Baht 750–950. 15 individuell gestaltete Bungalows mit Ventilator, uriges Restaurant mit Blick auf die Karstklippen.

Tree Tops River Huts $–$$, ☎ (077)395129, www.treetopsriverhuts.com, EZ/DZ Baht 350–850. Zimmer mit Ventilator und Gemeinschaftsbad oder Dusche/WC in großen Holzbungalows auf Stelzen am Fluss, mit Restaurant.

🧳 An- und Weiterreise

Mehrmals täglich Busse von/nach Surat Thani, Takua Pa, Khao Lak und Phang Nga. Zahlreiche Veranstalter an den Stränden von Phuket und in Khao Lak bieten ein- und mehrtägige Ausflüge in den Nationalpark und zum Rajjaprabha-Stausee an.

Khao Lak

Beschauliches Backpacker-Paradies

Khao Lak geriet im Dezember 2004 in die Schlagzeilen, denn hier schlugen die Naturgewalten mit ganzer Wucht zu. Nach amtlichen Schätzungen forderte der **Tsunami** in der Region Khao Lak mehr als 4.000 Todesopfer, etwa die Hälfte davon ausländische Touristen. 90 Prozent der Hotels wurden zerstört. Mit großer Energie gingen die Einwohner daran, den Ort und die Ferienanlagen wieder aufzubauen und mittlerweile sind die Schäden behoben. Erst Mitte der 1980er-Jahre entdeckte die Backpacker-Szene Khao Lak, mehrere Dörfer, die am parallel zur Küste verlaufenden H 4 liegen. Damals wühlten noch Baggerschaufeln in der Erde, um Zinn zu schürfen. Zwar haben Reiseveranstalter Khao Lak seit Langem ins Programm aufgenommen, doch verglichen mit Phuket ist es hier sehr beschaulich. Es fehlen die mehrstöckigen Hotels und das ausschweifende Nachtleben. Wer Ruhe und **Spaziergänge am menschenleeren Strand** ohne Waterscooter oder Jetskis liebt, wird sich hier wohlfühlen.

Die gut 20 km langen Strände sind attraktiv, aber nicht unbedingt „tropische Traumstrände". Statt Palmen spenden vor allem Kasuarinen und Laubbäume Schatten, und das Wasser ist eher trübe als türkisblau. Während des Monsuns von Mai bis Oktober sind die Bademöglichkeiten an einigen Strandabschnitten stark eingeschränkt. Die meisten Resorts liegen zwischen dem H 4 und dem Strand, einige auch im hügeligen Hinterland, das abrupt zu den Bergen des Khao Lak-Lamru National Park ansteigt.

Von einem Aussichtspunkt im Süden kann man sich einen guten Überblick über die einzelnen Strandabschnitte verschaffen. Kurz nach dem View Point beginnt der **Sunset Beach**, der von zwei bewachsenen Felsenkaps begrenzt wird. An dem 500 m langen Strand liegen einige Resorts der gehobenen Kategorie. Die meisten Bungalowanlagen konzentrieren sich am 2,5 km langen Hauptstrand **Nang Thong Beach**. An der Durchgangsstraße, die etwa 200 bis 400 m vom Strand entfernt verläuft, liegen Restaurants, Läden und Reiseagenturen. Der mit Felsen durchsetzte Sandstrand eignet sich zum Baden, allerdings ist das Wasser bei Ebbe gerade mal knietief.

Wasser eher trüb

Nördlich folgt der 1,5 km lange **Bang Niang Beach**, an dem man ganzjährig auch bei Ebbe schwimmen kann. Auch an diesem Abschnitt gibt es Resorts für jeden Geldbeutel. 4 km nördlich beginnt der lange, noch recht einsame **Khuk Khak Beach**. Noch einsamer sind die lang gestreckten Sandstrände **Pak Weep Beach** und **Bang Sak Beach**, die sich nördlich des **Laem Pakarang** (Coral Cape) erstrecken. Abwechslung bietet ein Ausflug von Ban Bang Niang zum Chong Fa Waterfall im **Khao Lak-Lamru National Park** (*täglich 8–18 Uhr, Eintritt: Erwachsene Baht 100, Kinder Baht 50*).

Südlich des Khao Lak View Point windet sich der H 4 über ein mit dichtem Regenwald bewachsenes Bergmassiv, das zum Khao Lak-Lamru National Park gehört. Das Besucherzentrum auf der Passhöhe informiert über Flora und Fauna des Schutzgebiets. In der Nähe erinnert das Tsunami Memorial an die Opfer der Naturkatastrophe. Nach dem Pass führt eine kurze Stichstraße zum entlegenen **Khao Lak Beach South**.

Denkmal für Tsunami-Opfer

Reisepraktische Informationen Khao Lak

 Informationen
im Internet: *www.khaolak.de und www.khaolak-thailand.de (auf Deutsch)*

 Unterkunft
... am Sunset Beach
Khao Lak Palm Beach Resort $$$$–$$$$$$ (**17**), ☎ *(076) 429200-28, www.khaolakpalmbeach.com, Bungalow Baht 3.800–6.600. Recht elegant ausgestattete Komfortbungalows in Hanglage, mit Restaurant und Pool.*

... am Nang Thong Beach
Khao Lak Laguna $$$$$–$$$$$$ (**12**), ☎ *(076)427888, www.khaolaklaguna.com, EZ/DZ und Bungalow Baht 4.850–7.450 (inkl. Frühstück). Weitläufiges Strandresort mit 154 geschmackvoll eingerichteten Zimmern und Bungalows, hervorragendem Restaurant, Pool mit Jacuzzi und Meerblick, Wellness-Center, WLAN, Tourservice und Autoverleih.*
Khao Lak Palm Hill Resort $$$$ (**16**), ☎ *(076)485138, www.khaolakpalmhill.com, EZ/ DZ Baht 2.150–2.650 (inkl. Frühstück). Geräumige, klimatisierte Zimmer in ebenerdigen und doppelstöckigen Steinbungalows, die sich um einen schönen, großen Pool gruppieren; mit Restaurant; ca. 500 m zum Strand.*
Nang Thong Bay Resort $$$$ (**13**), ☎ *(076)485088-9, www.nangthongbayresort.de, Bungalow Baht 2.000–3.000. Komfortables Bungalowhotel am Strand inmitten eines herrlichen Tropengartens; mit Restaurant, Pool, Motorrad- und Autoverleih.*

The Andaburi Resort $$$ (**11**), ☎ *(076)443388, www.theandaburiresort.com, EZ/DZ und Bungalow Baht 1.350–1.950. Komfortables Resort mit 51 Zimmern und 28 Bungalows sowie Restaurant und Pool.*

Khao Lak Inn $$–$$$ (**15**), ☎ *(076) 485656, EZ/DZ Baht 850–1.600. 20 klimatisierte Zimmer im Obergeschoss einer Ladenarkade an der Hauptstraße; nach hinten sehr ruhig; freundliches Personal; ca. 400 m zum Strand.*

Happy Lagoon $$–$$$ (**14**), ☎ *(076)485408, http://happylagoonbungalow.com, EZ/DZ Baht 800–1.200. Zimmer mit Ventilator oder Klimaanlage, luftiges Restaurant, schöner Garten, ca. 200 m zum Strand.*

... am Bang Niang Beach

La Flora Resort & Spa $$$$$$ (**9**), ☎ *(076)428000-28, www.lafloraresort.com, EZ/DZ und Bungalow Baht 6.885–13.230. Ein Boutique-Resort mit Gourmet-Restaurant und Pool.*

Ayara Villas $$$$$–$$$$$$ (**5**), ☎ *(076)486478, www.ayara-villas.com, Bungalow Baht 5.000–8.000. Familienfreundliches Resort mit 24 klimatisierten Bungalows in einem Garten am Strand, mit Restaurant und Pool.*

New Sita Garden $$$ (**8**), *www.sitagarden.de, Bungalow Baht 2.800–3.600. Fünf bestens ausgestattete Bungalows am Strand, familienfreundlich, sehr beliebt und häufig ausgebucht, Reservierung empfehlenswert, geleitet von einem deutschen Reiseautor.*

Amanusa $$$–$$$$ (**7**), ☎ *(076)486620, info@amanusathailand.com, EZ/DZ Baht 2.250–2.450. Familiäres Kleinhotel mit 8 klimatisierten Zimmern und Restaurant, wenige Schritte vom Strand.*

Motive Cottage Resort $$$–$$$$ (**10**), ☎ *(076)486820-3, www.motivecottageresort.com, EZ/DZ Baht 1.900–2.300 (inkl. Frühstück). Boutique-Hotel an der Hauptstraße mit 30 klimatisierten Zimmern, Restaurant und schönem Pool, ca. 10 min. zum Strand.*

Thup Thong Guest House $$$ (**4**), ☎ *(076)420722, EZ/DZ Baht 1.150–1.350. Ordentliche Zimmer mit Ventilator und Dusche/WC in einem dreistöckigen Steinhaus 50 m vom Strand; kleines Restaurant.*

Amsterdam Resort $$–$$$ (**6**), ☎ *(081)8575881, www.amsterdamresortkhaolak.com, Bungalow Baht 650–1.200. 12 Ziegelstein-Bungalows mit Ventilator oder Klimaanlage, Restaurant, Internet, Touren und Tickets, ca. 200 m vom Strand.*

... am Khuk Khak Beach

Khao Lak Orchid Beach Resort $$$$–$$$$$ (**3**), ☎ *(076)486141-3, www.khaolakorchid.com, EZ/DZ Baht 3.650–4.150. Resorthotel mit kolonialem Flair, Restaurant und großem Pool.*

... am Pak Weep Beach

Similana Resort $$$$–$$$$$ (**1**), ☎ *(076)487166-8, www.similanaresort.com, EZ/DZ und Bungalow Baht 3.370–4.960. Unter Beachtung ökologischer Aspekte angelegtes Resort mit komfortablen Zimmern und Bungalows, versteckt in einem dicht bewaldeten Hügel über dem Strand; mit Restaurant und Pool.*

Ao Thong Beach Bungalows $$$ (**2**), ☎ *(08)17371165, www.aothongbeach.com, Bungalow Baht 1.600. Vier klimatisierte Steinbungalows am Strand, kleines Restaurant.*

... am Khao Lak Beach South

Poseidon Resort $$–$$$ (**18**), ☎ *(087)8959204, www.similantour.com, Bungalow Baht 950–1.650. 15 Steinbungalows mit Ventilator am Strand, gutes Restaurant, Di und Fr Schnorcheltrips im resorteigenen Boot zu den Similan Islands.*

Restaurants und Bars

... am Nang Thong Beach

Happy Snapper (1), ☎ (076) 423540, täglich 17–24 Uhr, Gerichte Baht 140–220. Mix aus Bar und Restaurant, kleine thailändische und westliche Gerichte, Live-Musik.

Lamuan Seafood (2), ☎ (081) 0785578, täglich 8–22 Uhr, Gerichte Baht 200–750. Eine der besten Adressen für Fischspezialitäten und Meeresfrüchte.

Ruen Mai Restaurant (3), ☎ (076)485156, täglich 9–23 Uhr, Gerichte Baht 100–450. Thailändische Gerichte, vor allem Seafood.

Viking Steakhouse and Pizzeria (4), ☎ (077)443169, täglich 9–23 Uhr, Gerichte Baht 100–750. Beste Steaks, Pizzas und europäische Gerichte, mit Salatbar.

Aktivitäten

Tauchen und Schnorcheln: Es gibt über 20 Tauchschulen, die überwiegend Tagestouren (Schnorcheln ab Baht 2.000, 2 Tauchgänge ab Baht 4.000) und mehrtägige Ausflüge zu den Similan Islands anbieten (z.B. zweitägige Tour mit Unterkunft und Verpflegung Schnorcheln ab Baht 6.500, 6 Tauchgänge ab Baht 11.000). Alle Tauchschulen bieten viertägige Open-Water-Kurse, in denen Anfänger den PADI-Tauchschein erwerben können (Baht 14.000–16.000).

Einen guten Ruf haben: **Sea Bees Diving**, Ban Khuk Khak, ☎ (076) 485174, www.sea-bees.de (deutsch- und englischsprachige Dive Masters); **Sea Dragon Dive Center**, Ban Nang Thong, ☎ (076) 485420, www.seadragondivecenter.com (unter englisch-deutscher

Khao Lak

Bang Sak Beach
Pak Weep Beach
Laem Pakarang
Khuk Khak Beach
Bang Niang Beach
Nang Thong Beach
Sunset Beach

N
0 — 1,5 km

Restaurants
1 Happy Snapper
2 Lamuan Seafood
3 Ruen Mai Restaurant
4 Viking Steakhouse and Pizzeria

Hotels
1 Similana Resort
2 Ao Thong Beach Bungalows
3 Khao Lak Orchid Beach Resort
4 Thup Thong Guest House
5 Ayara Villas
6 Amsterdam Resort
7 Amanusa
8 New Sita Garden
9 La Flora Resort & Spa
10 Motive Cottage Resort
11 The Andaburi Resort
12 Khao Lak Laguna
13 Nang Thong Bay Resort
14 Happy Lagoon
15 Khao Lak Inn
16 Khao Lak Palm Hill Resort
17 Khao Lak Palm Beach Resort
18 Poseidon Resort

© igraphic

Leitung) und **Sub Aqua Dive Center**, *Ban Nang Thong,* ☎ *(076)485165, www.subaqua-divecenter.com/de/t/thailand/khao-lak (unter deutscher Leitung).*

🚌 Verkehrsverbindungen

Busse: *Die Busse halten in Ban Nang Thong und Ban Bang Niang am H 4. Mehrmals täglich* **nach Norden** *u. a. von/nach Khao Sok National Park, Surat Thani, Ranong, Chumphon und Bangkok,* **nach Süden** *u. a. von/nach Phuket und Krabi.*
Flughafen: *Der nächste* **Flughafen** *ist Phuket International Airport. Vom Flughafen nach Khao Lak gibt es keine öffentlichen Verkehrsmittel. Taxis für die einstündige Fahrt kosten ca. Baht 1.800–2.200.*

Ko Similan Marine National Park

10 km südlich von Khao Lak legen im Städtchen **Thap Lamu** die Ausflugsboote zum 75 km westlich gelegenen **Ko Similan Marine National Park** ab, der zu den Top Ten der weltweit besten Tauchplätze gehört. Auf einer Gesamtfläche von 128 km², davon 14 km² Landfläche, schützt der in den 1980er-Jahren gegründete Nationalpark die Unterwasserwelt.

Similan leitet sich vom malaysischen Wort *sembilan* ab, das neun bedeutet. Die **neun Inseln** sind bewaldet und teilweise von weißen, feinen Sandstränden umgeben, die in türkisblaue Lagunen übergehen. Die Inseln haben Namen und sind auch nummeriert. Besuchern ist nur der Zutritt zu den Eilanden Nummer 4 (oder Ko Miang) und Nummer 8 (Hauptinsel Ko Similan) gestattet. Auf Insel Nummer 4 gibt es einfache Übernachtungsmöglichkeiten in Bungalows und Zelten sowie ein Restaurant. Auf Insel Nummer 1 ist eine meeresbiologische Forschungsstation speziell für den Schutz der grünen Meeresschildkröten eingerichtet. Berühmt ist die malerische „**Donald Duck**
Donald- **Bay**" im Norden der Insel Nummer 8. Der namengebende Felsen, dessen Form an
Duck-Bucht einen Entenschnabel erinnert, thront hoch über der Bucht und wird von fast jedem Besucher erklommen. Auch auf anderen Inseln haben Wind und Wetter die Granitfelsen rund geschliffen, die an ähnliche Formationen auf den Seychellen erinnern.

Der Tsunami vom Dezember 2004 hat an den Tauchplätzen um die Similan Islands nur geringe Schäden verursacht. Die **Korallengärten** der Saumriffe, welche die Inseln umgeben, beginnen bereits in 2 m Tiefe. Vor allem von Januar bis März, wenn sich die See nach den Monsunstürmen beruhigt hat, kommen hier Taucher wie Schnorchler bei
Haie, einer Sichtweite von bis zu 30 m voll auf ihre Kosten. Mit etwas Glück sichtet man
Rochen, große Fische wie Schwarzspitzenhaie, graue Riffhaie, Leopardenhaie, Mantarochen
Muränen oder Riesenmuränen. Häufig sind vor allem Begegnungen mit Meeresschildkröten. Auch Walhaie sind gelegentlich zu sehen.
Ein- oder mehrtägige Ausflüge werden von Veranstaltern auf Phuket und in Khao Lak angeboten. Buchungen für Touren und die Unterkünfte auf Insel Nummer 4 werden im **Visitor Center in Thap Lamu** entgegengenommen, wo auch die Eintrittsgebühren für den Nationalpark bezahlt werden.
Ko Similan Marine National Park, *Visitor Center,* ☎ *(076)595045, geöffnet 16.11.– 15.5., Eintritt: Erwachsene Baht 400, Kinder Baht 200.*

Die Insel Phuket

Erst Mitte der 1990er-Jahre wurde ein **Rahmenplan** für den Bau von weiteren Hotels und anderen touristischen Einrichtungen entwickelt. Auch durch den Tsunami im Dezember 2004 wurde der seit rund 30 Jahren anhaltende Bauboom nur kurz unterbrochen. Zwar handelt es sich bei den Resorts an den Stränden oft um schöne, in weitläufige Tropengärten eingebettete Anlagen im landestypischen Stil, doch werden nun die Berghänge mit Ferienwohnungen für betuchte Rentner aus westlichen Ländern zugebaut – und dafür noch die letzten Reste des Regenwaldes gerodet.

Rucksackreisende winken beim Namen Phuket verächtlich ab – und tun der Insel damit unrecht. Denn es gibt durchaus ruhige Flecken und viele Urlauber schätzen gerade das Kontrastprogramm. Wer möchte, kann den ganzen Tag am Strand relaxen oder alle denkbaren Wassersportarten betreiben. Feinschmecker und „Shopaholics" kommen an keinem der Hauptstrände zu kurz. Die beliebtesten Strände liegen an der Westküste, die Ostküste ist zum Baden fast nicht geeignet.

Die Stadt Phuket

Das Zentrum von Phuket Town besteht aus schmalen Straßen und ziegelgedeckten zweistöckigen Häusern, die bis zu 150 Jahre alt sind und sorgfältig renoviert wurden. Vor allem in der **Thanon Thalang** sind chinesische Einflüsse zu sehen, die Geschäftshäuser wurden von Einwanderen aus dem Reich der Mitte im 18. und 19. Jh. erbaut. In manchen Gebäuden sind Galerien und heimelige Bistros untergebracht, die meisten dienen aber heute noch als Läden. Typisch sind die Arkadengänge, in denen man vor Sonne und Regen geschützt flanieren kann. Besonders schön restauriert ist das Anwesen mit der Hausnummer 75. Reiche Zinnbarone ließen im 19. Jh. ihre **Stadt-villen** im sino-portugiesischen Stil errichten, der damals en vogue war, etwa das statt-

Phuket: Trotz mancher Bausünde eine Reise wert

Redaktionstipps

Sehenswertes

‣ Schön ist ein Bummel durch die **chinesisch geprägte Altstadt** von Phuket Town (S. 523). Abwechslung zum Strandleben bietet ein Besuch der monumentalen Bühnenshow **Phuket Fantasea** (S. 528).

Übernachten

‣ Ein gutes Preis-Leistungs-Verhältnis und individuellen Service bieten das **Kata Garden Resort** am Kata Yai Beach, das **Golden Sand Inn** am Karon Beach, das **K-Hotel** am Patong Beach, das **Thai Kamala Village** am Kamala Beach und das **Garden Cottage** am Nai Yang Beach.

Essen und Trinken

‣ Edle Restaurants für ein romantisches Dinner zu zweit sind **Mom Tri's Kitchen** am Kata Yai Beach, **Baan Rim Pa** am Patong Beach und **Weaves** am Surin Beach.

Feste und Veranstaltungen

‣ Zum **Chinese New Year** Ende Januar/Anfang Februar verbreiten Tausende Lampions in der Thanon Thalang in Phuket Town romantische Stimmung. Ende September/Anfang Oktober findet in Phuket Town das spektakuläre **Vegetarian Festival** statt.

liche Herrenhaus in der Thanon Thep Kasatri Nummer 74. Koloniales Flair besitzt das **Old Post Office** in der Thanon Phang Nga, in dem sich heute das Phuket Philatelic Museum befindet (*Di–Sa 9.30–17.30 Uhr, Eintritt frei*).

Der Wohlstand und der Einfluss der Nachfahren chinesischer Einwanderer zeigen sich in den farbenprächtigen buddhistisch-taoistischen Tempeln. Die kleine Andachtsstätte **Hok Huan Kong** in der Thanon Phuket nahe dem Uhrturm wird von Drachen und anderen mythologischen Tieren bewacht. Einige Schritte westlich des Marktes findet im **Jui-Tui-Tempel** in der Soi Phu Thon der Höhepunkt des jährlichen Vegetarier-Festes statt, das von den hier ansässigen Chinesen gefeiert wird. Zu den Höhepunkten gehören das barfüßige Überschreiten glühender Kohlen und das Klettern auf Leitern, deren Sprossen mit scharfen Klingen gespickt sind – Praktiken, die nicht der chinesischen Tradition entstammen, sondern wohl auf indischen Einfluss zurückgehen. Der größte chinesische Tempel der Stadt Phuket wurde 1908 errichtet und besticht durch reichhaltigen ornamentalen und figürlichen sakralen Schmuck.

Rundfahrt

Der Südosten

Unterwassermuseum

Der beste Weg, die Insel kennenzulernen, ist eine Rundfahrt mit einem Miet-Fahrzeug. Die im Folgenden beschriebene Tour verläuft im Uhrzeigersinn um die Insel und ist an einem Tag zu bewältigen. Als Ausgangsort bietet sich **Phuket Town (1)** an. Zunächst geht es auf dem H 4021 nach Süden. Nach wenigen Kilometern zweigt der H 4023 zum Kap Laem Phanwa ab, wo sich das **Marine Biological Research Center & Phuket Aquarium (2)** befinden. In einem Plexiglastunnel können Besucher durch das submarine Reich der Andamanen-See wandeln; es wird die Illusion vermittelt, Riffhaien, Rochen und bunten Tropenfischen hautnah zu begegnen (☏ (076)391041, *www.phuket.sawadee.com/aquarium.html, täglich 8.30–16 Uhr, Eintritt: Erwachsene Baht 100, Kinder ab 108 cm Körpergröße Baht 50*).

Im **Phuket Zoo (3)** am H 4021 finden mehrmals täglich Tiervorführungen statt, der Zoo ähnelt eher einem Vergnügungspark als einem zoologischen Garten (*täglich 8.30–18 Uhr, Eintritt: Erwachsene Baht 600, Kinder Baht 400*, ☏ (076)374424, *www.phuketzoo.com*). Von der Chalong Bay mit unattraktiven Stränden fahren Boote zu den Inseln

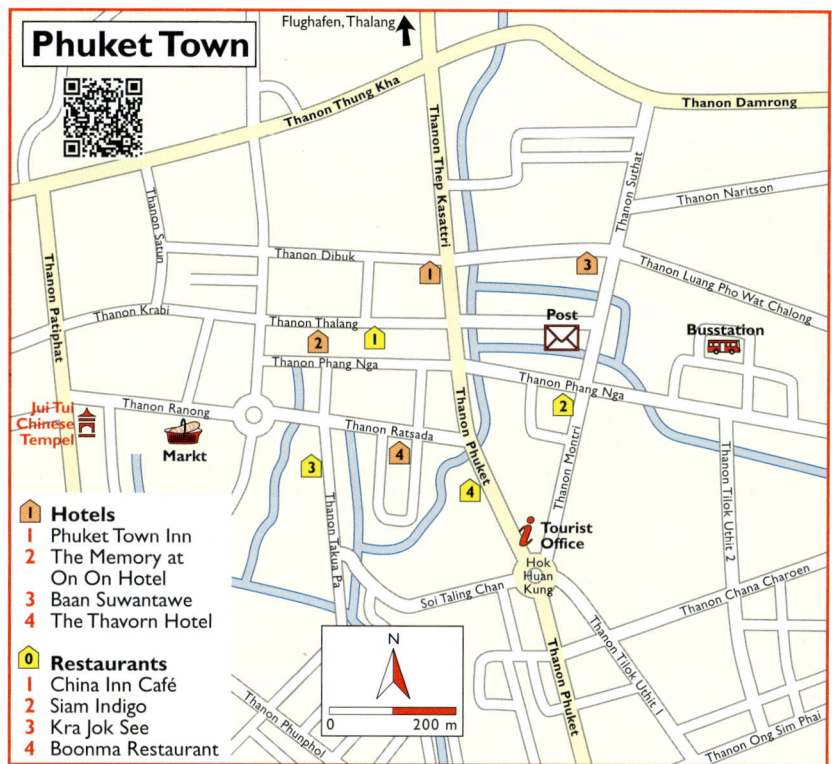

Phuket Town

Flughafen, Thalang

Thanon Thung Kha

Thanon Thep Kasattri

Thanon Damrong

Thanon Suthat

Thanon Naritson

Thanon Satun

Thanon Dibuk

Thanon Luang Pho Wat Chalong

Thanon Patiphat

Thanon Krabi

Thanon Thalang

Post

Busstation

Thanon Phang Nga

Thanon Phang Nga

Jui Tui Chinese Tempel

Thanon Ranong

Thanon Ratsada

Markt

Thanon Phuket

Thanon Montri

Thanon Tilok Uthit 2

Thanon Takua Pa

Tourist Office

Soi Taling Chan

Hok Huan Kung

Thanon Chana Charoen

Hotels
1 Phuket Town Inn
2 The Memory at On On Hotel
3 Baan Suwantawe
4 The Thavorn Hotel

Restaurants
1 China Inn Café
2 Siam Indigo
3 Kra Jok See
4 Boonma Restaurant

N

0   200 m

Thanon Phunphol

Thanon Phuket

Thanon Tilok Uthit 1

Thanon Ong Sim Phai

© graphic

Ko Lone, Ko Hay und Ko Racha Yai. Auf einem Hügel im Hinterland thront **Wat Chalong (4)**, dank großzügiger Spenden Phukets größter und vermutlich auch farbenprächtigster Tempel, in dem zwei Mönchsstatuen verehrt werden.

Das **Phuket Seashell Museum (5)** in Ban Rawai präsentiert eine umfangreiche Sammlung von Muscheln und Schnecken, die in der Andamanen-See vorkommen (☎ (076)613666, www.phuketseashell.com, täglich 8–18 Uhr, Eintritt: Erwachsene Baht 250, Kinder Baht 150). Die Rawai-Bucht ist wegen ihrer windgeschützten Lage ein idealer Naturhafen, in dem viele Ausflugs- und Fischerboote ankern. Der schmale, sandige **Rawai Beach (6)**, zu „vortouristischen" Zeiten der bekannteste Strand Phukets, wird heute fast nur noch von einheimischen Tagesausflüglern besucht, die im Schatten von Kasuarinen auf Bastmatten picknicken. Vom Rawai-Pier fahren Boote zur Ko Racha Yai.

Muschelmuseum

Ein wichtiger Punkt im Sightseeing-Programm ist das Kap **Laem Phrom Thep (7)**. Vom südlichsten Punkt Phukets aus bietet sich ein schöner Blick auf den Nai Harn Beach und die Jachten in der geschützten Bucht. Vor einer Statue des vierköpfigen

Hindu-Gottes Brahma, der auch im buddhistischen Thailand als Schöpfer der Welt und des Universums verehrt wird, legen Gläubige Opfergaben nieder. Tagesausflügler zieht es zur malerischen kleinen Bucht **Ao Ya Nui (8)** mit feinem Sandstrand. An den vorgelagerten Korallenbänken tummeln sich viele bunte Fische.

Nai Harn Beach (9) ist ein 500 m langer, feinsandiger Strand, der an beiden Enden von üppig bewachsenen Hügeln begrenzt wird. In der Trockenzeit kann man hier wunderbar baden, während des Monsuns gibt es jedoch starke Unterströmungen und Wassersport ist nicht möglich. Auf dem Weg zum Kata Beach passiert man auf einem Bergrücken den **Kata Noi View Point (10)**, der den berühmten malerischen „Drei-Strände-Blick" bietet – Kata Noi Beach, Kata Yai Beach und Karon Beach.

Kata Noi Beach und Kata Yai Beach

Von Felsenkaps gesäumt, erstreckt sich der **Kata Noi Beach (11)** in sanftem Schwung über etwa 500 m. Liegestühle und Sonnenschirme stehen dicht an dicht, doch die Atmosphäre ist sehr ruhig und entspannt. Das klare Wasser eignet sich wunderbar zum Baden und Schwimmen. Jenseits der felsigen Landzunge liegt der vom Club Med dominierte **Kata Yai Beach (12)**, wo das Leben tobt. Der 1,5 km lange Sandstrand ist vor allem bei Familien mit Kindern beliebt, die hier ein großes Angebot

Viele Sport-arten an Wassersportarten, vom Bananenboot über Waterscooter bis zum Jetski, finden. Weite Abschnitte des Strandes sind mit Liegestühlen und Sonnenschirmen bis ins Wasser hinein regelrecht zugepflastert. Am nördlichen Ende warten Boote auf Tagesausflügler nach **Ko Pu**, wo man gut schnorcheln und tauchen kann. Die Haupt- und Zufahrtsstraße säumen Läden, Schneider, Restaurants und andere Serviceanbieter. Abwechslung zum Strandleben bietet der **Dino Park**, eine große Minigolf-Anlage, auf der steinerne Dinosaurier den Spielern zugucken (*täglich 10–22 Uhr, Eintritt pro Runde: Erwachsene Baht 300, Kinder Baht 200, ☏ (076)330625*).

Der Kata Yai Beach und Ko Pu

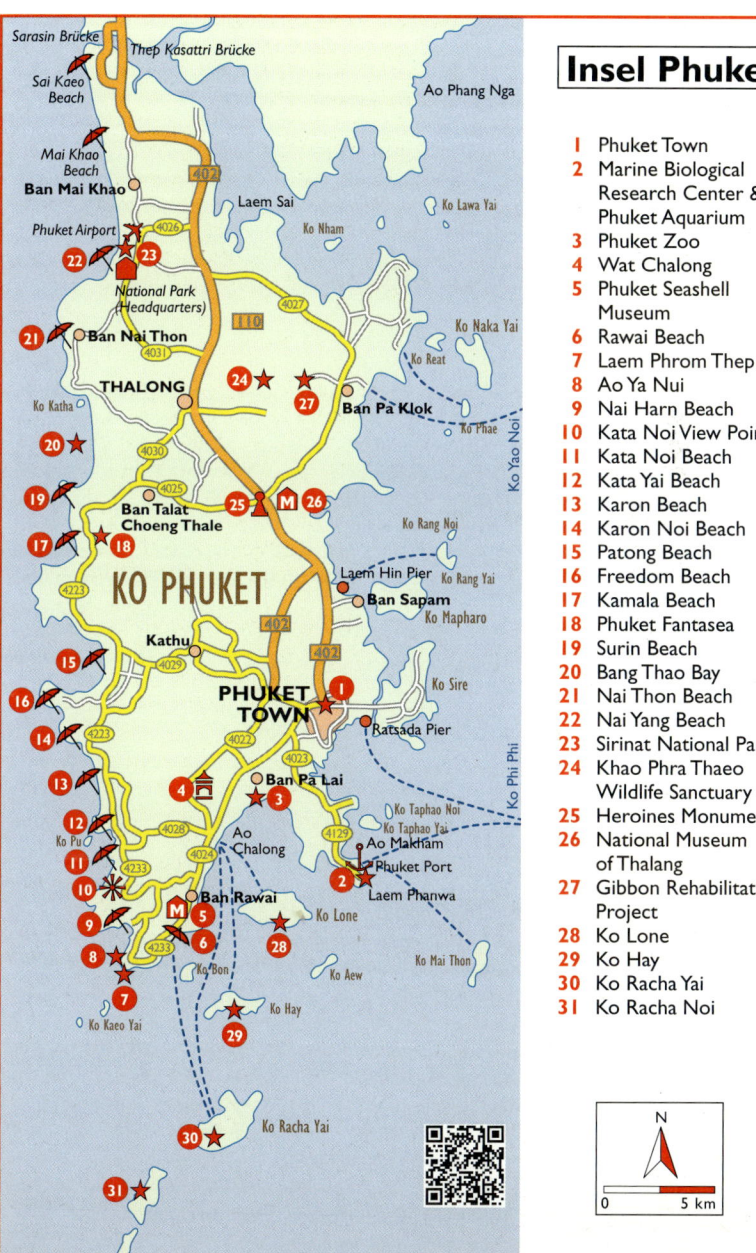

Insel Phuket

1 Phuket Town
2 Marine Biological Research Center & Phuket Aquarium
3 Phuket Zoo
4 Wat Chalong
5 Phuket Seashell Museum
6 Rawai Beach
7 Laem Phrom Thep
8 Ao Ya Nui
9 Nai Harn Beach
10 Kata Noi View Point
11 Kata Noi Beach
12 Kata Yai Beach
13 Karon Beach
14 Karon Noi Beach
15 Patong Beach
16 Freedom Beach
17 Kamala Beach
18 Phuket Fantasea
19 Surin Beach
20 Bang Thao Bay
21 Nai Thon Beach
22 Nai Yang Beach
23 Sirinat National Park
24 Khao Phra Thaeo Wildlife Sanctuary
25 Heroines Monument
26 National Museum of Thalang
27 Gibbon Rehabilitation Project
28 Ko Lone
29 Ko Hay
30 Ko Racha Yai
31 Ko Racha Noi

© graphic

Karon Beach

Jenseits eines großen Felsenkaps, auf dem der trubelige Ort Ban Kata liegt, beginnt der 3 km lange, breite und schnurgerade **Karon Beach (13)**. Aufgrund der ungeschützten Lage ist das Wasser hier nicht so ruhig wie am südlichen Nachbarstrand. In der Monsunzeit von Mai bis Oktober entwickeln sich außerdem starke Unterwasserströmungen, die Schwimmern gefährlich werden können. Gestört wird das Strandbild leider durch Jetskis und Waterscooter. Am nördlichen Abschnitt hat sich eine Art Miniatur-St.-Tropez mit Resorts für gehobene Ansprüche entwickelt, im südlichen Teil liegen preiswertere Unterkünfte. Der nördlich anschließende **Karon Noi Beach (14)** liegt in der Privatbucht Relax Bay, die von einem Luxusresort beansprucht wird.

Luxuriöse Resorts

Patong Beach

An dem 3 km langen **Patong Beach (15)** sind alle „Sünden" zu besichtigen, die auf Phuket begangen wurden. Lange gab es hier nur kleine Resorts mit Bambusbungalows, dann explodierte der Ort regelrecht. Während die Resorts an den meisten anderen Stränden die Kronen der Kokospalmen kaum überragen, wurden hier 20-stöckige Hoteltürme gebaut. Innerhalb kürzester Zeit kamen Restaurants, Souvenirläden und anderes dazu. In gleichem Maße, wie sich die touristische Infrastruktur verbesserte, verschlechterten sich der Zustand des Sandstrandes und die Wasserqualität. Mit dem Bau von Kläranlagen konnte zumindest letzteres Problem behoben werden. Wer Ruhe unter Palmen sucht, ist hier falsch, wer Trubel und Action möchte, ist richtig. Im „Pattaya des Südens" läuft Tag und Nacht ein Unterhaltungsprogramm, das keine Wünsche offen lässt. Dazu gehören Bratwurstbuden und Biergärten, Go-Go-Bars und Massagesalons. **Zentrum des schrillen Nightlife** ist die Soi Bangla.

Wem der Trubel am Patong Beach zu viel wird, kann an den reizenden, kleinen **Freedom Beach (16)** entfliehen, der nur mit dem Boot zu erreichen ist – ein paar Strandhütten, Bambuslokale und ein Liegestuhl- und Sonnenschirmverleih bilden die einzige „Infrastruktur". An einem Korallenriff vor der Küste kann man schnorcheln.

Kamala Beach

Ruhige Bucht

Wer es ruhiger mag, ist etwas weiter nördlich am **Kamala Beach (17)** gut aufgehoben. Am südlichen Ende des 500 m langen, feinsandigen und flach abfallenden Strandes hat sich eine angenehme Ferienkolonie mit schönen kleinen Hotels und Gästehäusern, guten Restaurants und nicht allzu lauten Bars entwickelt. Wassersportler und Fallschirmsegler kommen in der wind- und wellengeschützten Bucht auf ihre Kosten. Etwas außerhalb des muslimischen Dorfes Ban Kamala findet im **Phuket Fantasea (18)** jeden Abend eine monumentale Bühnenshow im Las-Vegas-Stil mit über 100 Darstellern und 30 Elefanten statt. In einer Mischung aus traditionellem thailändischen Tanztheater, modernem Musical und extravaganten Sound & Light-Effekten wird die Landesgeschichte, verwoben mit Mythen und Legenden, in Szene gesetzt.

Phuket Fantasea, ☎ *(076)385111, www.phuket-fantasea.com, täglich 17.30–23.30 Uhr, Eintritt: Show and Dinner Erwachsene Baht 2.200, Kinder Baht 2.000; Show Erwachsene Baht 1.800, Kinder Baht 1.800.*

Der kleine, unbebaute **Laem Singh Beach** nördlich vom Kamala Beach ist von der Ringstraße über einen Fußweg zu erreichen (300 m) und bietet feinen Sand, türkisblaues Wasser und gute Schnorchelmöglichkeiten.

Surin Beach und Bang Thao Bay

Surin Beach (19) ist nur wenige Hundert Meter lang und in der Saison dicht mit Liegestühlen vollgepackt. In den Trockenmonaten kann man am Sandstrand gut schwimmen, während des Monsuns ist die Brandung hoch und hat sehr starken Rücksog. Abwechslung bieten Waterscooter und Speedboote, die aber auch viel Lärm und Abgase produzieren. Nördlich von Surin liegen einige kleine Badestrände mit Luxusresorts.

An der halbmondförmigen **Bang Thao Bay (20)** erstreckt sich ein 5 km langer, feiner Sandstrand mit Kasuarinen. Die aufgelassenen Zinnminen an der Bucht haben Landschaftsarchitekten zur 150 ha großen Laguna Phuket umgebaut, eine kosmopolitische Urlaubsenklave mit mondänem Flair. Wer einen Badeurlaub der gehobenen *Mondänes* Klasse machen möchte, wird in den hiesigen Resorts bestens bedient. Das Dorf Bang *Flair* Thao wird von der großen **Islamiya-Moschee** der sunnitischen Gemeinde überragt.

Nai Thon und Nai Yang Beach

Der knapp 1 km lange, feinsandige **Nai Thon Beach (21)** ist ideal für alle, die Ruhe und Abgeschiedenheit suchen. Außerhalb der Monsunzeit kann man hier sicher schwimmen. Gut schnorcheln lässt es sich vor dem Felsenkap am südlichen Strandende. Auch am weit geschwungenen, hellsandigen **Nai Yang Beach (22)**, der trotz seiner Nähe zum Flughafen herrlich ruhig ist, kann man unter Kasuarinen oder Sonnenschirmen die Seele baumeln lassen. Da die Wellen außerhalb der Monsunzeit nur sanft an den flachen Strand schwappen, können hier auch Kinder gefahrlos baden. In unmittelbarer Strandnähe liegen kleine Restaurants, Bambusbars und schöne Unterkünfte zu erschwinglichen Preisen.

Der Sirinat National Park

Nördlich vom Nai Yang Beach wurde der 90 km^2 große **Sirinat National Park (23)** eingerichtet. Zum Schutzgebiet gehört ein 1,5 km langes Korallenriff, an dem man schnorcheln kann, und ein Teil des kilometerlangen Mai Khao Beach, an dem zwischen November und Februar gefährdete Meeresschildkröten an Land kriechen, um ihre Eier abzulegen. Die Mitarbeiter der Parkverwaltung sammeln diese ein, brüten sie in Brutkästen aus und entlassen die geschlüpften winzigen Schildkröten während des buddhistischen Neujahrsfestes Mitte April ins Meer.

Zurück nach Phuket Town

Für den Rückweg nimmt man am besten den von Nord nach Süd mitten durch die Insel verlaufenden H 402. In Thalang zweigt eine 3 km lange Stichstraße zum **Khao** *Schutzge-* **Phra Thaeo Wildlife Sanctuary (24)** ab, in dem vor allem Gibbons, Makaken, *biet für* Malaienbären, Pangoline und Zibetkatzen leben. Zwei Naturlehrpfade (600 m und 2 km *Wildtiere*

lang) sind mit Texttafeln ausgestattet und machen mit der Flora des letzten geschlossenen Regenwalds auf Phuket vertraut. Highlight ist der kleine Ton Sai Waterfall.
Khao Phra Thaeo Wildlife Sanctuary, *täglich 8–18 Uhr, Eintritt: Erwachsene Baht 200, Kinder Baht 100.*

Thai-
ländische
Heldinnen

6 km südlich von Thalang steht in einem Kreisverkehr das **Heroines Monument (25)** zum Gedenken an die beiden Kriegerinnen Thao Thep Kasattri und Thao Sri Sunthorne, die im Jahre 1785 im sogenannten Thalang-Krieg die thailändische Streitmacht gegen ein burmesisches Heer anführten. Das etwas östlich des H 402 gelegene, interessante **National Museum of Thalang (26)** dokumentiert die Inselgeschichte (*täglich 8–18 Uhr, Eintritt: Baht 100*).

Folgt man dem H 4027 nach Nordosten, kommt man zum östlichen Teil des Khao Phra Thaeo Wildlife Sanctuary mit dem **Gibbon Rehabilitation Project (27)**. In der Auswilderungsstation wird illegal gefangenen und als Haustiere gehaltenen Weißhandgibbons das zum Überleben im Dschungel notwendige Verhalten antrainiert. Ein ausführliches Merkblatt auf Deutsch informiert über das Projekt. Ein zehnminütiger Spaziergang führt an einem Wildbach entlang zum kleinen **Bang Pae Waterfall**.
Gibbon Rehabilitation Project, ☎ *(076)260491, www.gibbonproject.org, Eintritt: Erwachsene Baht 250, Kinder Baht 150.*

Inseln vor Phuket

Tauch-
ausflüge

Da sich die meisten Strände von Phuket kaum zum Tauchen und Schnorcheln eignen, steuern die Ausflugsboote der Tauchschulen die umliegenden kleinen Inseln an. Aber auch bei Badeurlaubern sind Ausflüge auf die Inseln beliebt.

Fischerboote an einem Strand auf Ko Yao Noi

Ko Lone

Je nach Bootstyp dauert die Überfahrt von der Chalong Bay nach **Ko Lone (28)** 5 bis 15 Minuten. Mit 4,5 km² ist sie die größte Insel im Süden von Phuket und hat ein kleines Fischerdorf mit 200 Einwohnern. Im Norden erstreckt sich ein 300 m langer Sandstrand mit Kokospalmen vor bis zu 260 m hohen, dicht bewachsenen Hügeln. Wegen der kurzen Anfahrt zieht es viele Tagesausflügler nach Ko Lone, und an manchen Strandabschnitten ist es bis zum späten Nachmittag manchmal etwas voll.

Ko Hay (Coral Island)

Auf der 6 km vor der Südküste Phukets gelegenen **Ko Hay (29)** werden Träume vom Tropenparadies wahr. Die Meeresfauna um die Korallenbänke ist vielfältig und die Landschaft abwechslungsreich mit palmenbestandenen Sandstränden und dicht bewaldeten Hügelkuppen. Das glasklare Wasser bietet hervorragende Bade- und Schnorchelmöglichkeiten, was auch die zahlreichen Tagesausflügler zu schätzen wissen. Leider gehört wie an manchen Stränden Phukets auch hier das Fallschirmgleiten mit Hilfe lärmender Speedboats zu den Attraktionen.

Ko Racha Yai

Ein beliebtes Ziel für Taucher und Schnorchler ist die gut 20 km südlich von Phuket gelegene **Ko Racha Yai (30)**, eine der schönsten Inseln der Region, die während des Monsuns oft von der Außenwelt abgeschnitten ist. Rund um die Insel kann man den ganzen Reichtum der Unterwasserwelt bestaunen. Das kristallklare Meer lockt mit farbenprächtigen Korallen und Schwärmen bunter Fische, eine weitere Attraktion ist das Wrack eines Fischkutters. An der halbmondförmigen **Patok Bay** mit türkisblauem Wasser und feinsandigem Strand werfen Kokospalmen Schatten auf pittoreske Bambuslokale. Die Überfahrt dauert je nach Wetterlage und Motorstärke bis zu zwei Stunden, darum wird es hier nie so voll wie auf Ko Lone oder Ko Hay. Eine kleine Wanderung führt über malerische Granitfelsen zur Siam Bay mit einem flachen Sandstrand.

Schönste Insel der Region

Eine Bootsstunde entfernt liegt die dicht mit Tropengrün überzogene Schwesterinsel **Ko Racha Noi (31)**, wo noch Robinson-Crusoe-Stimmung aufkommen kann. Auf der unbewohnten Insel laden idyllische Buchten zum einsamen Sonnenbaden ein.

Ko Yao Noi

Die von Kautschukplantagen bedeckte **Ko Yao Noi** in der Bucht von Phang Nga ist der ideale Ort, um ein paar einsame Tage zu genießen. Als schönster Strand der feinsandige, palmenbestandene Long Beach oder Hat Klong Yaak. Baden im smaragdgrünen Wasser und ausgiebige Spaziergänge entlang der einsamen Sandstrände sorgen für einen erholsamen Urlaub. Auf geführten Mountainbike-Touren kann man die Insel erkunden, deren 5.000 Einwohner Thai-Muslime sind. Angeboten werden zudem Paddeltouren mit Seekajaks.

Reisepraktische Informationen Phuket

i Informationen

Tourism Authority of Thailand Southern Office, *Phuket Town, 191 Thanon Thalang, ☏ (076) 212213, 🖹 (076)213582, tatphket@tat.or.th, täglich 8.30–16.30 Uhr. Das Büro ist auch für Phang Nga und Krabi zuständig.*
Internet: *www.phukettourism.org und www.phuket.com (auf Englisch) sowie www.phuket-hotels.com (Online-Hotelbuchung)*

🛏 Unterkunft

Angegeben sind die Preise für die Hochsaison von Nov.–April. In der Nebensaison von Mai–Okt. werden oft Rabatte von 30–50 Prozent gewährt. Während der Hauptreisezeiten sowie an Wochenenden und Feiertagen ist frühzeitige Reservierung dringend empfohlen.

... in der Stadt Phuket (s. Karte S. 525)
Baan Suwantawe $$$–$$$$ (3), *1/10 Thanon Dibuk, ☏ (076)212879, www.baan suwantawe.com, EZ/DZ Baht 1.700–3.000. 32 minimalistisch geschmackvoll gestylte Apartments und Studios mit Kitchenette und Balkon, einladender Pool, Frühstücksrestaurant.*
Phuket Town Inn $$–$$$ (1), *9/1 Thanon Thep Kasattri, ☏ (076)216911-7, 🖹 (076)213554, EZ/DZ Baht 950–1.350 (inkl. Frühstücksbuffet). Stadthotel mit klimatisierten Zimmern und Restaurant.*
The Thavorn Hotel $$ (4), *74 Thanon Ratsada, ☏ (076)396035, www.thavorn hotel.com, EZ/DZ Baht 650–750. Dreistöckiges ältliches Haus mit Teakholz-Lobby aus den 1930er-Jahren, einfache Zimmer mit Ventilator oder Klimaanlage.*
The Memory at On On Hotel $$$–$$$$ (2), *19 Thanon Phang Nga, ☏ (076)363 777, www.thememoryhotel.com, EZ/DZ Baht 1.350–2.450. Das 1929 eröffnete Hotel erstrahlt nach einem gründlichen Facelifting seit 2013 in neuem Glanz. Weil im alten Haus einige Szenen von The Beach gedreht wurden, ist es ein Pilgerziel für Fans von Leonardo di Caprio. Die Zimmer sind minimalistisch gestylt, mit einem Hauch von kolonialer Klassik. Für Budget-Reisende gibt es Dorm-Betten für Baht 450 p. P.*

... am Nai Harn Beach
The Mangosteen Resort & Spa $$$$$$, *99/4 Moo 7, Soi Mangosteen, ☏ (076) 289399, www.mangosteen-phuket.com, Villa Baht 7.995–11.495. Villen mit privater Terrasse und herrlichem Blick, im Restaurant Thai- und mediterrane Küche, attraktiver Pool und auf Ayurveda spezialisiertes Wellness-Center.*
Shanti Lodge $$–$$$, *1-2 Soi Ban Rae, Thanon Chaofa Nok, ☏ (076)280233, www. shantilodge.com, EZ/DZ Baht 750–1.600. Gut geführtes Gästehaus mit geschmackvoll möblierten Zimmern (Ventilator oder AC), Restaurant, schönem Garten und kleinem Pool.*

... am Kata Yai Beach
Alle Unterkünfte liegen etwa 5–10 Minuten vom Strand entfernt.
Kata Palm Resort $$$$ (10), *60 Thanon Patak, ☏ (076)284 334-8, www.katapalm resort.com, EZ/DZ Baht 4.250–5.750. Hotel im landestypischen Stil mit 177 komfortablen Zimmern, Restaurant, Wellness-Center und Pool.*
The Color Kata $$$$ (8), *Thanon Kok Tanot, ☏ (076)330979, www.thecolorkata.com, EZ/DZ Baht 2.950–3.750. Schnörkellos-elegantes Design-Hotel im sino-portugiesischen Stil mit 22 komfortablen Zimmern, Restaurant und Pool.*

Kata Garden Resort $$$$ (**9**), *32 Thanon Patak,* ☎ *(076) 330627-8, www.katagardenphu ket.com, EZ/DZ und Bungalow Baht 2.800–3.600. 63 komfortable Zimmer in einem größeren Gebäude und 15 frei stehende Bungalows, Restaurant, Pool mit separatem Kinderbecken.*

Kata Rock Inn $$$ (**12**), *Thanon Patak,* ☎ *(076)330677, Bungalow Baht 1.850–1.950. Dicht stehende klimatisierte Bungalows in schöner Hanglage, mit Restaurant.*

Maleena Bungalow $$$ (**11**), *42 Thanon Patak,* ☎ *(076)330 296, EZ/DZ Baht 1.250–1.525. 20 klimatisierte Zimmer in Reihenbungalows, kleines Restaurant, gut geführt.*

... am Karon Beach
Phuket Island View $$$$– $$$$$$ (**7**), *144 Thanon Patak,* ☎ *(076)396452-6, www.phuket-islandview.com, EZ/DZ und Bungalow Baht 3.350–6.675 (inkl. Frühstück). 134 bestens ausgestattete Balkonzimmer und 20 geräumige Bungalows, mit Restaurant und Pool, in Strandnähe.*

Golden Sand Inn $$$–$$$$ (**1**), *Thanon Patak,* ☎ *(076)396 493-5, www.phuket-goldensand. com, EZ/DZ und Bungalow Baht 2.000–2.600 (inkl. Frühstück). Stein-Holz-Bungalows in einem Tropengarten und komfortable Hotelzimmer, Restaurant, Pool, wenige Schritte zum Strand.*

My Friend's House $$$– $$$$ (**5**), *353 Thanon Patak,* ☎ *(076)286506, www.myfriendhouse2.com, EZ/DZ Baht 1.500–2.200. Strandnahes Kleinhotel mit 36 klimatisierten Zimmern und Pool.*

Kata Villa $$$–$$$$ (**4**), *100 Thanon Patak,* ☎ *(076)333030, www.katavilla.com, EZ/DZ Baht 1.400–2.400. Kleinhotel mit 20 klimatisierten Balkonzimmern, hervorragendem Steak- und Seafood-Restaurant sowie Pool, wenige Schritte zum Strand.*

Kata Yai Beach & Karon Beach

Hotels
1. Golden Sand Inn
2. Green Island Guest House
3. Casa Brazil
4. Kata Villa
5. My Friend's House
6. Karon Silver Resort
7. Phuket Island View
8. The Color Kata
9. Kata Garden Resort
10. Kata Palm Resort
11. Maleena Bungalow
12. Kata Rock Inn

Restaurants
1. Baan Karon Hill Restaurant
2. Ratri Jazztaurant
3. Mom Tri's Boat House
4. Mom Tri's Kitchen

Patong Beach

Karon Beach

Ko Pu

Thanon Patak (West)

Thanon Patak (East)

Th. Thai Na

Th. Ket Kwan

Kata Beach

Phuket Town

Thanon Kok Tanot

Kata Noi Beach

Thanon Kata-Sai Yuan

Kata Noi View Point

Nai Harn Beach

© graphic

N

0   1 km

Karon Silver Resort $$–$$$ (**6**), 11 Soi Bang La, Thanon Luang Pho Chuang, ☎ (076) 396185, karonsilver@hotmail.com, EZ/DZ Baht 950–1.850. Doppelstöckiges Kleinhotel mit Flair, Zimmer mit Ventilator oder Klimaanlage, freundliches Personal, 5 Min. zum Strand.

Green Island Guest House $$–$$$ (**2**), 516/15 Thanon Patak, ☎ (076)398259, www.greenislandguesthouse.com EZ/DZ Baht 900–1.200. Ruhiges Gästehaus im Zentrum mit 14 klimatisierten Zimmern, 5 Min. zum Strand.

Casa Brazil $$$ (**3**), 9 Soi 1, Thanon Luang Po Chuain, ☎ (076)396317, www.phuketho mestay.com, EZ/DZ Baht 1.200–1.500 (inkl. Frühstück). Sympathische Bed & Breakfast-Pension mit in warmen Erdfarben gestalteten Zimmern (Ventilator oder AC), 5 Min. zum Strand.

... am Patong Beach
Alle Unterkünfte liegen nicht unmittelbar am Strand, aber meist nur 5–10 Minuten entfernt.

Royal Phawadee Village $$$$–$$$$$ (**4**), 3 Thanon Sawatdirak, ☎ (076)344622, www.royal-phawadee-village.com, EZ/DZ Baht 3.435–5.675. Resorthotel im klassischen Thai-Stil mit 34 komfortablen Zimmern, Restaurant und Pool.

Sea, Sun, Sand Resort $$$$ (**7**), 206/24 Thanon Rat Uthit, ☎ (076)341806-7, www.seasunsandresort.com, EZ/DZ Baht 2.350–2.575. Ruhiges Ferienhotel mit 76 behaglich möblierten, klimatisierten Zimmern, Restaurant und Pool.

First Resort Albergo $$$ (**1**), 19/12 Thanon Rat Uthit, ☎ (076)340980, www.phuket dir.com/firstresortalbergo, EZ/DZ Baht 1.800–2.000 (inkl. Frühstück). Angenehmes Kleinhotel mit 24 klimatisierten Zimmern, thailändisch-italienischem Restaurant und kleinem Pool.

Neptuna Hotel $$$ (**5**), 176 Thanon Rat Uthit, ☎ (076) 340824-6, www.phuket-nep tuna.com, EZ/DZ Baht 1.350–1.950. Kleines „bodenständiges" Hotel im Zentrum mit 31 klimatisierten Zimmern, Restaurant und Pool.

Viking Residence $$$ (**3**), 85/7 Thanon Rat Uthit, ☎ (076) 345016, http://phuket dir.com/vikingresidence, EZ/DZ Baht 1.295–1.795 (inkl. Frühstück). Fünfstöckiges Haus im Zentrum mit klimatisierten Zimmern und Restaurant.

K-Hotel $$$ (**6**), 180 Thanon Rat Uthit, ☎ (076)340832, www.k-hotel.com, EZ/DZ Baht 1.250–1.675. Ruhiges Kleinhotel mit 40 klimatisierten Zimmern, ausgezeichnetes Restaurant und Pool, thailändisch-deutsche Leitung, oft ausgebucht.

P. S2 Resort $$–$$$ (**2**), 21 Thanon Rat Uthit, ☎ (076) 342207, www.ps2resort.com, Bungalow Baht 850–1.500. Einfache Bungalows mit Ventilator oder Klimaanlage, mit Restaurant und Pool, sehr beliebt und oft ausgebucht.

... am Kamala Beach
Kamala Dreams $$$$, 87/1 Thanon Rimhad, ☎ (076)279 131, www.kamaladreams.net, EZ/DZ Baht 2.960–3.640 (inkl. Frühstück). Sehr gut geführtes Kleinhotel am Strand mit 18 bestens ausgestatteten Zimmern (die teureren mit Balkon und Meeresblick), Restaurant und kleinem Pool.

Thai Kamala Village $$$–$$$$, 93/3 Thanon Rimhad, ☎ (076)385667, www.thai kamalavillage.com, EZ/DZ Baht 2.300–3.500 (inkl. Frühstück). Kleinhotel am Strand mit 17 klimatisierten Zimmern (die teureren mit Balkon und Meeresblick) und Restaurant.

Kamala Beach Inn $$$, 73/ 115 Thanon Naga, ☎ (076) 385280-3, kamalabeachinn@ hotmail.com, EZ/DZ Baht 1.825–1.925 (inkl. Frühstück). Kleinhotel mit 28 klimatisierten Zimmern, Terrassenrestaurant und Pool in begrüntem Innenhof, 5 Min. zum Strand.

PapaCrab Boutique Guesthouse $$–$$$, 97/3 Thanon Rimhad, ☎ (076)385315, www.phuketpapacrab.com, EZ/DZ Baht 850–1.900 (inkl. Frühstück). Minimalistisch gestyltes Bed & Breakfast mit 10 klimatisierten Zimmern, 2 Minuten zum Strand.

... am Surin Beach

The Chedi Phuket $$$$$$, 118 Choeng Talay, ☎ (076)324 017-20, www.thechediphuket.com, Bungalow Baht 12.595–33.975. Luxuriöses Resort mit Bungalows am Strand und in Hanglage, überzeugt durch seine landschaftliche Einbettung, mit Gourmet-Restaurant und Pool.

Twin Palms $$$$$$, 106/46 Choeng Talay, ☎ (076)316500, www.twinpalms-phuket.com, EZ/DZ Baht 11.750–18.950. Extravagantes Hideaway mit 72 luxuriösen Zimmern, Pool, Spa und Gourmet-Restaurant.

Benyada Lodge $$$$–$$$$$, 106/52 Choeng Talay, ☎ (076) 271261-4, www.benyadalodge-phuket.com, EZ/DZ Baht 2.800–5.500 (inkl. Frühstück). Boutique-Hotel mit 36 im modernen Thai-Stil ausgestatteten Zimmern (die teureren mit Balkon und Meeresblick), Restaurant und Dachterrasse mit Bar und kleinem Pool.

Surin Bay Inn $$$–$$$$, 106/11 Choeng Talay, ☎ (076)271 601, www.surinbayinn.com, EZ/DZ Baht 1.800–3.500 (inkl. Frühstück). Kleinhotel mit 26 klimatisierten Zimmern und Grillrestaurant, 3 Min. zum Strand.

... an der Bang Tao Bay

Laguna Beach Resort $$$$$$, ☎ (076)324352, www.lagunaphuket.com, EZ/DZ Baht 7.150–15.995. Weitläufiges, familienfreundliches Luxusresort mit 252 Zimmern, mehreren Restaurants, Pool-Landschaft und großem Angebot an sportlichen Aktivitäten.

Bangtao Beach Resort & Spa $$$$$–$$$$$$, 124/29 Choeng Talay, ☎ (076)270680-5, www.bangtaobeach.com, EZ/DZ Baht

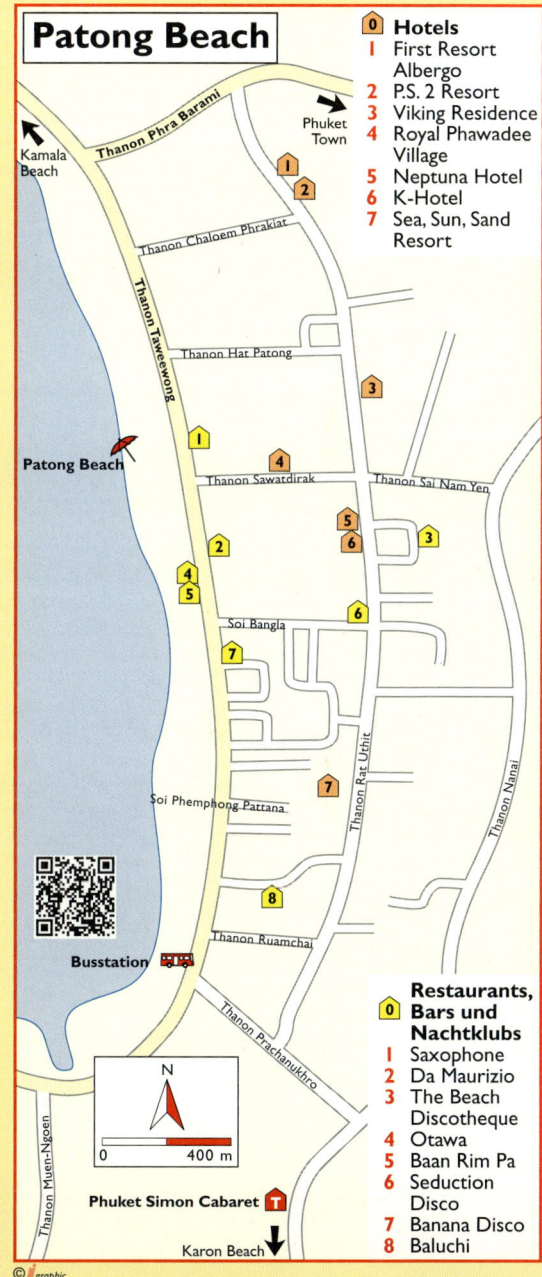

Patong Beach

Hotels
0
1 First Resort Albergo
2 P.S. 2 Resort
3 Viking Residence
4 Royal Phawadee Village
5 Neptuna Hotel
6 K-Hotel
7 Sea, Sun, Sand Resort

Restaurants, Bars und Nachtklubs
0
1 Saxophone
2 Da Maurizio
3 The Beach Discotheque
4 Otawa
5 Baan Rim Pa
6 Seduction Disco
7 Banana Disco
8 Baluchi

Busstation

Phuket Simon Cabaret

Karon Beach

© graphic

4.390–8.390. Komfortable Zimmer und Bungalows, Restaurant und Pool, wenige Schritte zum Strand.

Bangtao Beach Chalet $$$$$, 73/3 Choeng Talay, ☎ (076)314306, www.bangtao chalet-phuket.com, *Bungalow Baht 4.600–5.300. Kleines, sehr stilvolles Resort, Steinbungalows mit schnörkellos-eleganter Ausstattung, Restaurant und Pool, nur wenige Schritte zum Strand.*

... am Nai Thon Beach

Andaman White Beach Resort $$$$$$, ☎ (076)316300, www.andamanwhite beach.com, *EZ/DZ und Bungalow Baht 7.200–14.400. Bestens ausgestattete Zimmer in Steinbungalows sowie frei stehende Einzelbungalows am Strand und am Hang, mit Restaurant und Pool; die Gäste genießen viel Privatsphäre.*

Naithon Beach Resort $$$$, ☎ (076)205379-80, www.phuket-naithon.com, *Bungalow Baht 2.400–4.000. 12 klimatisierte Bungalows mit Terrasse wenige Schritte vom Strand, mit Restaurant und Pool.*

Naithon Sea View Hotel $$$$, ☎ (076)205330, naithonseaview@gmail.com, *EZ/DZ Baht 2.195–2.895. Familiäres Haus mit klimatisierten Zimmern, 20 m vom Strand.*

Nai Thon Beach Villa $$$$, ☎ (076)205407 und (081)5350512, www.phuketdir.com/ naithonvilla, *EZ/DZ Baht 2.200–2.800. 6 geräumige Zimmer mit Ventilator oder Klimaanlage und Kitchenette in einem doppelstöckigen Haus, 20 m zum Strand.*

... am Nai Yang Beach

Kasalong Phuket Resort $$$$, 9 Moo 5, Sakhu, ☎ (076)205208-9, www.kasalong phuket.com, *Bungalow Baht 3.900–5.800. Klimatisierte, modern-schlicht eingerichtete Steinbungalows mit Schlaf- und Wohnbereich, Kitchenette und Terrasse, Restaurant und Pool, 10 Minuten zum Strand.*

Nai Yang Beach Resort $$$$–$$$$$, 65/23-24 Moo 5, Sakhu, ☎ (076)328300, www.naiyangbeachresort.com, *EZ/DZ und Bungalow Baht 3.750–5.650 (inkl. Frühstück). Größere Ferienanlage wenige Schritte vom Strand mit bestens ausgestatteten Zimmern und Bungalows, Restaurant.*

Seapines Villa Liberg $$$–$$$$, 111 Moo 5, Sakhu, ☎ (081)8144883, www.villa libergphuket.com, *EZ/DZ Baht 2.200–3.800 (inkl. Frühstück). Gästehaus für gehobene Ansprüche mit in Holz und Bambus möblierten, klimatisierten Zimmern in einem modernen Gebäude und in zwei Häusern im traditionellen Thai-Stil, hübscher Garten und Pool, 150 m zum Strand.*

Garden Cottage $$$, 53/1 Moo 1, Sakhu, ☎ (076)327293, www.garden-cottage.org, *Bungalow Baht 1.200–2.400. 16 Steinbungalows mit Ventilator oder Klimaanlage und Terrasse in einem schönen Garten, sehr gutes Restaurant, thai-schweizerische Leitung, 10 Minuten zum Strand.*

... auf Ko Lone

Baan Mai Resort $$$$$–$$$$$$, ☎ (076)352021, www.baanmai.com, *Bungalow Baht 6.000–8.000. Kleine Ferienanlage im landestypischen Stil mit klimatisierten Bungalows, Restaurant, Bar und Pool.*

... auf Ko Hay (Coral Island)

Coral Island Resort $$$–$$$$, ☎ (076)281060, www.coralislandresort.com, *Bungalow Baht 2.900–5.400. 64 geräumige, klimatisierte Bungalows, internationales Restaurant und großer Pool.*

... auf Ko Racha Yai

The Racha $$$$$$, ☎ *(076)355455, www.theracha.com, Villa Baht 14.835–71.995. Eines der luxuriösesten Resorts der Region mit 70 Villen, die teils über einen eigenen Pool verfügen; mit mehreren Restaurants, Infinity-Pool, Spa und Tauchbasis.*

Ban Raya $$$$$–$$$$$$, ☎ *(076)354682, www.phuket.com/banraya, Bungalow Baht 4.230–9.100. Bestens ausgestattete Bungalows mit Wohnterrasse, Top-Restaurant, herrlicher Pool und Tauchbasis.*

Bungalow Raya Resort $$$, ☎ *(076)383186, www.rayaresort.net, Bungalow Baht 1.400–1.800. Holz-Bambus-Bungalows auf den Felsen über der Patok Bay, mit Restaurant.*

... auf Ko Yao Noi

The Paradise Boutique Beach Resort & Spa $$$$$$, ☎ *(076)238081, www.the paradisekohyao.com, EZ/DZ Baht 8.500–14.000, Villa Baht 19.500–49.500. Komfortable Hotelzimmer und Villas im thailändisch-balinesischen Stil mit Pool, zwei halboffene Terrassenrestaurants, Spa und vielfältiges Freizeitangebot. Gute Wahl für Luxus-Robinsons.*

Tha Kao Bungalows $$$–$$$$, ☎ *(081)6767726, www.kohyaobungalow.com, Bungalow Baht 1.500–2.200. Fünf Stelzenbungalows mit schönem Blick aufs Meer, kleines Restaurant, 3 km südlich des Fischerdorfs Ban Tha Khao.*

Koh Yao Seaview Bungalows $$$, ☎ *(087)4740042, www.kohyao-seaview-bun galow.com, Bungalow Baht 1.000–1.500. Holz-Stein-Bungalows mit Ventilator oder AC an einem schönen Strand, Restaurant und Motorradverleih.*

🍴 Restaurants, Bars und Nachtklubs
... in der Stadt Phuket (s. Karte S. 525)

Boonma Restaurant (**4**), *62 Thanon Phuket,* ☎ *(076)214569, täglich 8–22 Uhr, Gerichte Baht 80–180. Gute thailändische und westliche Speisen.*

China Inn Café (**1**), *20 Thanon Thalang,* ☎ *(076)356239, Mo–Mi 11–18, Do–Sa 11–23 Uhr, Gerichte Baht 100–250. Ansprechendes Ambiente in einem der alten chinesischen Geschäftshäuser, sehr gute thailändische Gerichte sowie Pasta und Salate.*

Kra Jok See (**3**), *26 Thanon Takua Pa,* ☎ *(076)217903, Di–Sa 18–23 Uhr, Gerichte Baht 100–250. Altmodisches Dekor, authentische südthailändische Küche vom Feinsten, Reservierung empfohlen.*

Siam Indigo (**2**), *8 Thanon Phang Nga,* ☎ *(076)256697, www.siamindigo.com, Mo–Sa 12–24 Uhr, Gerichte Baht 150–500. Alte und zugleich sehr gemütliche Stadtvilla, ausgezeichnete Regionalküche.*

... in Ban Rawai

Baan Had Rawai, *Rawai Beach Rd.,* ☎ *(076)383838, täglich 11–23 Uhr, Gerichte Baht 150–550. Einfache Ausstattung, aber bestes Seafood und regionale Spezialitäten.*

Kan Eang Seafood, *2/3 Thanon Chao Fa, Chalong Bay,* ☎ *(076)381323, täglich 11–23 Uhr, Gerichte Baht 150–600. Bei Touristen und Einheimischen beliebtes, großes Seafood-Restaurant, in dem sich der Gast sein Menü aus frischen Fischen, Schalentieren und Gemüse selbst zusammenstellt und auch die Zubereitungsart bestimmt; Abholservice.*

... am Kata Yai Beach

Mom Tri's Boat House (**3**), *Thanon Patak,* ☎ *(076)330015, täglich 11–15, 18–23 Uhr, Gerichte Baht 300–1.200. Preisgekröntes Seafood- und Steak-Restaurant am Strand, umfangreiche Weinkarte.*

Mom Tri's Kitchen (**4**), *Villa Royale, Thanon Patak,* ☎ *(076)333569, www.villaroyale phuket.com, täglich 11–15, 18–23 Uhr, Gerichte Baht 300–1.200. Elegantes Strandrestaurant mit innovativer Crossover-Küche, in der sich die Aromen der thailändischen Küche mit mediterranen und orientalischen Einflüssen vermischen.*

… am Karon Beach
Baan Karon Hill Restaurant (**1**), *Thanon Patak,* ☎ *(076)286233, www.baankaron hill.com, täglich 9–22 Uhr, Gerichte Baht 150–550. Thailändische und westliche Gerichte sowie ein herrlicher Blick über den Karon Beach.*
Ratri Jazztaurant (**2**), *74/1 Thanon Patak,* ☎ *(076)333538, www.ratrijazztaurant. com, täglich 17–24 Uhr, Gerichte Baht 200–800. Mit Blick auf Kata Beach und Karon Beach ist dieses Restaurant, in dem ab 20 Uhr eine Jazz-Band spielt, der ideale Ort für den Sundowner und ein romantisches Dinner zu zweit; Abholservice.*

… am Patong Beach
Baan Rim Pa (**5**), *Thanon Taweewong,* ☎ *(076)340789, täglich 12–24 Uhr, Menü Baht 1.600–1.800. Elegantes Thai-Restaurant mit ausgezeichneter Küche und einer fantastischen Aussicht, unbedingt reservieren. Täglich außer Mo abends Live-Jazz.*
Baluchi (**8**), *Horizon Beach Resort, Soi Kep Sap, Thanon Taweewong,* ☎ *(076)284555, täglich 12–23.30 Uhr, Gerichte Baht 200–500. Nach Kennermeinung eines der besten indischen Restaurants zwischen Bangkok und Kuala Lumpur.*
Banana Disco (**7**), *Patong Beach Hotel, 124 Thanon Taweewong,* ☎ *(076)340306, täglich 19–3 Uhr. Der ultimative Tanztempel von Patong, Partyprofis gehen erst nach Mitternacht hin.*
Da Maurizio (**2**), *223/2 Thanon Prabaramee,* ☎ *(076)344079, täglich 11–24 Uhr, Gerichte Baht 400–900. Italienische Gaumenfreuden vor dem Panorama des Patong Beach, Reservierung empfohlen.*
Otawa (**4**), *Thanon Taweewong,* ☎ *(076)344254, täglich 11–15, 17–23 Uhr, Menü Baht 1.600–1.800. Japanisch-französische Haute Cuisine mit toller Aussicht.*
Saxophone (**1**), *188/2 Thanon Taweewong,* ☎ *(076)346167, täglich 18–1 Uhr. Jazz und Blues, dazu gibt es thailändische und europäische Gerichte.*
Seduction Disco (**6**), *Soi Bangla,* ☎ *(080)9508741, www.seductiondiscotheque.com, täglich 21–4 Uhr. Mega-Disco mit exzellenten Sound- und Lichteffekten; jeden Mittwoch drängeln sich bei der Beach Party Hunderte auf der mit Sand bedeckten Tanzfläche (Eintritt Baht 300).*
The Beach Discotheque (**3**), *Royal Paradise Hotel, 135/32 Thanon Rat Uthit,* ☎ *(076)340169, täglich 19–3 Uhr. Größte Diskothek der Insel mit ausgeklügelten Musik-, Video- und Laseranlagen.*

… am Surin Beach
Catch Beachclub, *Choeng Talay,* ☎*(076)316567, www.catchbeachclub.com, täglich 11.30–1 Uhr, Gerichte Baht 200–800. Trendiges und beliebtes Seafood-Lokal, aber auch eine Top-Adresse für Pasta, Pizza und Steaks.*
Weaves, *Manathai Resort, 169/47 Choeng Talay,* ☎ *(076)270909, täglich 12–23 Uhr, Gerichte Baht 250–850. Trendiges Restaurant mit Speisen-Mix von Cajun-Küche über New Australian Cuisine bis thailändisch und vietnamesisch.*

... an der Bang Tao Bay
The Red Room, *Thanon Srisoontorn,* ☏ *(076)271650, täglich 11.30–24 Uhr, Gerichte Baht 250–850. Gelungenes Crossover zwischen thailändischer und französischer Küche, abends Live-Musik.*

Unterhaltung
... am Patong Beach
Phuket Simon Cabaret, *8 Thanon Sirirat,* ☏ *(076)342011-5, www.phuket-simoncaba ret.com, täglich 19.30, 21.30 Uhr, Eintritt: Erwachsene Baht 700–800, Kinder Baht 500–600. Die Show bietet eine schillernde Mischung aus Farbenpracht, Frivolitäten und plastischer Chirurgie. Die Darsteller sind kathoey – Frauen, die einst Männer waren.*

Aktivitäten
Ausflüge: *Bade-, Schnorchel- und Tauchausflüge führen zu den kleinen vorgelager ten Inseln* **Ko Hay (Coral Island), Ko Lone** *und* **Ko Mai Thon.** *Zahlreiche Veranstal ter bieten eintägige Bootsausflüge in die* **Bucht von Phang Nga** *mit dem berühmten James-Bond-Felsen und nach* **Ko Phi Phi** *an. Mehrtägige* **Kreuzfahrten** *in der Phang Nga Bay veranstaltet East West Siam, 60/6-7 Thanon Rat Uthit, Patong Beach,* ☏ *(076) 341188. Ausflugsfahrten führen auch zu den* **Perlenzuchtfarmen** *auf den wenige Kilo meter vor der Ostküste gelegenen Inseln Ko Naka Noi, Pearl Island Tour,* ☏ *(076)219870 und Ko Rang Yai, Richie Island Tour,* ☏ *(076)212492.*
Seekajak: *Ein- und mehrtägige Touren mit dem Seekajak für Anfänger und Fortgeschrittene in der Bucht von Phang Nga veranstalten* **John Gray's Sea Canoe,** *124 Soi 1, Thanon Yaowarat, Phuket Town,* ☏ *(076)254505-7, www.johngray-seacanoe.com und* **Sea Canoe Thailand,** *367/4 Thanon Yaowarat, Phuket Town,* ☏ *(076)212252, www.seacanoe.net.*
Tauchen und Schnorcheln: *Mehr als 100 Tauchschulen bieten während der Tauchsaison von Dez.–Mai überwiegend Tagestouren etwa zum Shark Point oder nach Ko Racha (Schnor cheln ab Baht 1.200–1.500, 2 Tauchgänge ab Baht 2.500–3.000) und mehrtägige Ausflüge zu den Similan Islands an (z. B. zweitägige Tour mit Unterkunft, Verpflegung und Schnorcheln ab Baht 6.500, 6 Tauchgänge ab Baht 11.000). Alle Tauchschulen bieten viertägige Open-Water- Kurse, in denen Anfänger den PADI-Tauchschein erwerben können (Baht 14.000–17.000). Einen guten Ruf haben* **Aqua Divers,** *23/26 Moo 4, Sakhu, Nai Thon Beach,* ☏ *(076)205049, www.aqua-divers.de (unter deutscher Leitung);* **Poseidon Diving,** *Evason Phuket, Ao Chalong,* ☏ *(081)8913969, www.poseidondiving.com (unter deutscher Leitung);* **Nautilus Divers,** *5/33 Thanon Kata Noi, Kata Beach,* ☏ *(076)284183, www.nautilus phuket.com (unter Schweizer Leitung) und* **Sea Bees,** *1/3 Moo 9, Thanon Vichit, Chalong,* ☏ *(076)381765, www.sea-bees.com (unter deutscher Leitung).*
Wellness: *Viele der größeren Resorts haben eigene Wellness-Center, die teilweise auch Nicht-Hotelgästen offen stehen. Besonders renommiert sind* **Baray Spa,** *Sawasdee Village, 65 Thanon Katekwan, Kata Beach,* ☏ *(076)330979, www.phuketsawasdee.com und* **The Hide Away,** *Thanon Nanai, Patong Beach,* ☏ *(076)340591, www.phuket-hideaway.com*

Transport auf der Insel
In Phuket Town verkehren auf festgelegten Routen Stadtbusse. Busse zu den Stränden fahren tagsüber alle 30 Minuten an der Thanon Ranong nahe dem Markt ab (Baht 40–60). Die Inselbusse verkehren allerdings nicht von Strand zu Strand. Zwischen den Stränden kann man Songthaeo und Tuk-Tuks chartern. In Phuket Town und an den meisten Stränden kann

man Motorräder (Baht 200–300/Tag), Pkw (Baht 1.000–1.400/Tag) und Geländewagen (Baht 1.400–2.200/Tag) mieten. Auf ausreichenden Versicherungsschutz achten!

 Hinweis

Das Moped- und Motorradfahren auf der sehr verkehrsreichen Insel Phuket ist nicht ungefährlich.

 Verkehrsverbindungen

Busse: *Der alte Busbahnhof von Phuket Town liegt am östlichen Stadtrand, ☎ (076)211977, das neue Bus Terminal 2,5 km nördlich der Stadt. Von beiden fahren mehrmals täglich Busse u. a. von/nach Krabi, Trang, Phang Nga, Khao Lak, Khao Sok National Park, Surat Thani, Chumphon und Bangkok. Einige private Firmen setzen VIP-Busse **nach Bangkok**, **Surat Thani** und **Krabi** ein; Abfahrt meist vor den Büros der Firmen. Zu empfehlen sind **Phuket Central Tour**, ☎ (076)213615 und **Phuket Travel Service**, ☎ (076)222107.*

Flughafen: *Phuket International Airport liegt 31 km nördlich von Phuket Town, ☎ (076) 327230-5. Zwischen dem Flughafen und Phuket Town sowie zwischen dem Flughafen und den einzelnen Stränden verkehren von 6.30–20.30 Uhr Minibusse des Phuket Airport Limousine Service (Baht 150–250). An einem Schalter in der Ankunftshalle vermittelt man Taxis und Minibusse für Fahrten nach Phuket Town, an die Strände und auch zu weiter entfernten Zielen wie Khao Lak oder Krabi. **Thai Airways**, ☎ (076)360444; **Bangkok Airways**, ☎ (076)225033-5; **Nok Air**, ☎ 1318.*

Nationale Verbindungen: *von/nach Bangkok bis zu 30-mal täglich (Thai Airways, Air Asia, Bangkok Airways, Nok Air, Orient Thai Airlines), Ko Samui mehrmals täglich (Bangkok Airways) und Pattaya einmal täglich oder mehrmals wöchentlich (Bangkok Airways).*

Internationale Verbindungen: *von/nach Kuala Lumpur zwei- bis viermal täglich (Thai Airways, Malaysia Airlines), Singapur dreimal täglich (Thai Airways, Jet Star Asia, Tiger Airways) und Hongkong mehrmals wöchentlich (Dragon Air).*

Boote: *Während der Hochsaison von Nov.–April verkehren mehrmals täglich Boote zwischen **Phuket** (Ratsada Pier östlich von Phuket Town und Phuket Port südöstlich von Phuket Town) und **Ko Phi Phi** (1,5–2,5 Std.). Reguläre Boote nach **Ko Yao Noi** fahren ab Bang Rong Pier im Nordosten der Insel. Auf Charterbasis fahren Boote nach **Ko Rang Noi**, **Ko Rang Yai** und **Ko Maphrao** ab Laem Hin Pier im Osten der Insel, nach **Ko Mai Thon** ab Phuket Port, nach **Ko Lone**, **Ko Hay** und **Ko Racha Yai** ab Chalong Bay und Rawai Beach.*

 Tipp

Da die Suche nach einem der zahlreichen Fähranleger zeitaufwendig ist, sollte man eine Bootsfahrt besser bei einem der örtlichen Reisebüros buchen. Man wird dann vom Hotel abgeholt und rechtzeitig zum richtigen Boot gebracht. Es empfiehlt sich, am frühen Morgen aufzubrechen, wenn das Meer i.d.R. noch ruhig ist. Während des Monsuns sollte man wegen des hohen Seegangs auf Fahrten in kleinen Booten ganz verzichten.

Ko Phi Phi

Hunderttausende Besucher pro Jahr können nicht irren – mit blendend weißen Sandstränden, Palmen und von Dschungel überwucherten Fels-türmen gilt Ko Phi Phi als Inbegriff einer tropischen Insel. Auch dieses Eiland war einst ein heißer Tipp für Rucksack-Reisende. Doch der Wan-del vom Trampertreff zum Ziel für Pauschalurlauber war schnell, und die Hippie-Strände werden heute nicht nur in den Globetrotter-Hand-büchern, sondern auch in den Hochglanzprospekten beschrieben. Ko Phi Phi zählt zwar immer noch zu den schönsten, aber auch zu den verbautesten Inseln der Welt.

Blick auf die Ton Sai Bay und Lo Dalum Bay

Trotz dieser Entwicklung und der Umweltprobleme fasziniert die Schönheit der Insel, die eigentlich **Ko Phi Phi Don** heißt, um sie von der 3 km entfernten, unbewohnten Schwesterinsel **Ko Phi Phi Le** zu unterscheiden. Ko Phi Phi Don besteht aus zwei grü-nen, Dschungel-überwucherten Karstmassiven, die sich steil aus dem Meer erheben und durch eine flache Landbrücke miteinander verbunden sind. Entlang dieser Sand-bank liegen wie die Schneiden einer Doppelaxt zwei Buchten mit lupenreinem, wei-ßem Korallensand. In der sichelförmigen **Ton Sai Bay** im Süden der Landzunge lan-den die Fähren und Boote an, hier und in der nördlichen **Lo Dalam Bay** regiert der Massentourismus. Durch die engen Gassen des „Dorfes" Ban Laem Trong drängeln sich Tagesausflügler, Hotels, Restaurants, Läden, Internet-Cafés, Tauchschulen usw. reihen sich aneinander. Einer der beliebtesten Strände liegt an der Lo Dalam Bay, hier muss man bei Ebbe etwas hinauswaten, um zu schwimmen. Ruhiger ist der **Hin Khom Beach**, der sich südöstlich an die Bucht von Ton Sai anschließt. Noch weiter südöst-lich, etwa 20 Fußminuten von der Ton Sai Bay entfernt, liegt der **Long Beach** oder Hat Yao, der wohl schönste Strand der Insel. Dort ist das Wasser auch bei Ebbe tief genug, um bis zum nahen Korallenriff zu schwimmen. Per Longtail-Boot erreicht man die malerische **Lo Ba Kao Bay** mit einem wunderschönen Palmenstrand im Osten und den ebenfalls traumhaften **Laem Thong Beach** am Nordostzipfel der Insel. Hier liegen die besten Schnorchelreviere der Region mit farbenprächtigen Korallenbänken. Ein weiter Blick über Ko Phi Phi Don bietet sich vom **View Point**, etwa auf halbem Weg zwischen West- und Ostseite, der sich auf einem befestigten Weg in einer guten halben Stunde erklimmen lässt.

Schön, aber verbaut

Massen-tourismus

Ko Phi Phi Le

Die kleine Insel ist ein wildes, von Dschungel überwachsenes Kalksteingebirge mitten im Meer und ein beliebtes Ziel für Bootstouren. Die schroffen Karstmassive verhin-

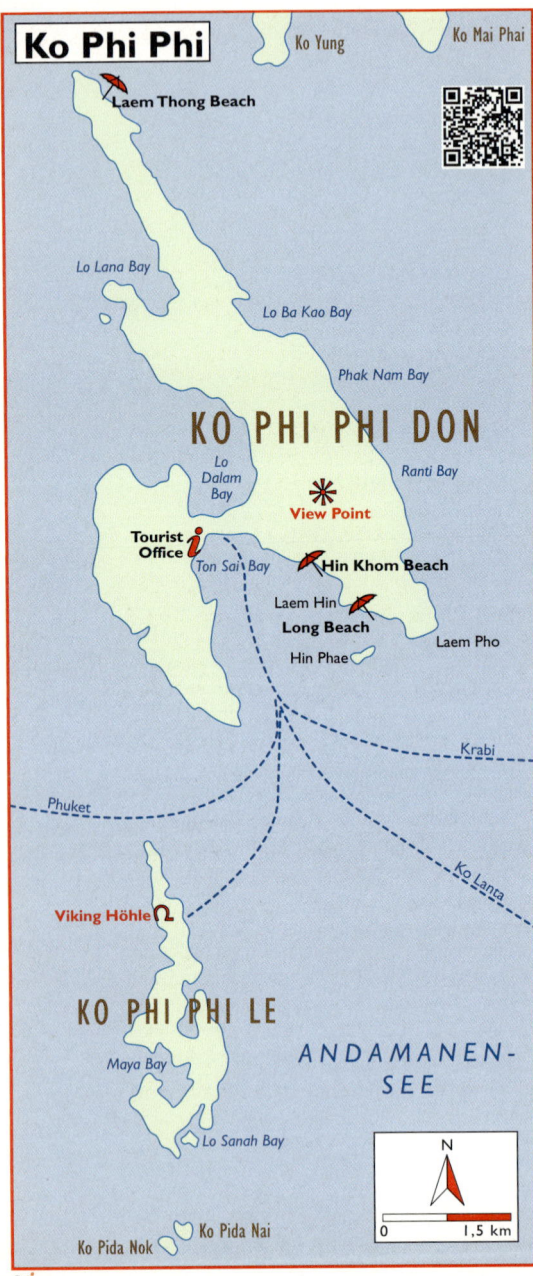

dern den Bau von Hotels und anderen touristischen Einrichtungen. An der Westseite öffnet sich die fast völlig von Felsen umrahmte und vom Meer abgeschlossene **Maya Bay**. An dieser Bucht mit türkisblauem Wasser wurde Alex Garlands Roman „The Beach" mit Leonardo DiCaprio verfilmt. Wer die traumhaft schöne Bucht allein genießen möchte, muss einen Bootsführer überreden, sie am frühen Morgen anzusteuern, denn ab 10 Uhr läuft eine Armada von Ausflugsbooten aus Phuket und Krabi ein. Eine weitere Attraktion ist die **Viking Cave**, eine Höhle mit mehrere Hundert Jahre alten Felszeichnungen chinesischer Dschunken und anderer Schiffe. Dort bauen Salanganen, eine Schwalbenart, ihre Nester, die teure Delikatessen sind. Sie werden von Schwalbennestsammlern auf waghalsigen Klettertouren „geerntet". Ein gutes Tauch- und Schnorchelrevier liegt in der **Lo Sanah Bay**.

Weitere **Ausflugsziele**, die man mit einem gecharterten Longtail-Boot ansteuern kann, sind die nördlich von Ko Phi Phi Don gelegene **Ko Yung** (**Moskito Island**) mit kleinem Strand und farbenprächtigen Korallengärten und die **Ko Pai**, ebenfalls mit feinen Sandstränden und bunten Korallenriffen. Zu den Highlights einer Bootstour gehören auch **Ko Mai Phai** (**Bamboo Island**) mit puderzuckerfeinem Sandstrand und **Ko Ling** (**Monkey Island**), wo am Strand Makaken auf Besucher warten. Taucher zieht es vor allem zu den kleinen Inseln **Pida Nai** und **Pida Nok**.

Reisepraktische Informationen Ko Phi Phi

 Informationen
im Internet: www.phi-phi.com

Unterkunft
Angegeben sind die Preise für die Hochsaison von Nov.–April, eine rechtzeitige Reservierung ist dringend zu empfehlen!

Phi Phi Island Village Beach Resort & Spa $$$$$$, Lo Ba Kao Bay, ☏ in Phuket (076)222784, www.outrigger.com, Bungalow Baht 6.850–18.750. Top-komfortable Bungalows mit Wohnterrasse, drei Restaurants, Pool, Spa, Tennisplätzen und Tauchbasis.
Phi Phi the Beach Resort $$$$$–$$$$$$, Long Beach, ☏ (075)819206, www.phi phithebeach.com, Bungalow Baht 4.300–13.000. 30 Bungalows im landestypischen Stil auf einem kleinen Hügel verteilt, mit Restaurant und Pool.
Holiday Inn Resort $$$$$–$$$$$$, Laem Thong Beach, ☏ (075)627300 u. (076)261 860-3, www.phiphi.holidayinn.com, Bungalow Baht 5.175–7.235. 80 Komfort-Bungalows in einem üppigen Tropengarten am Strand, zwei Restaurants und Pool mit Meerblick.
Phi Phi Natural Resort $$$$–$$$$$$, Laem Thong Beach, ☏ (075)818706-7, www.phiphinatural.com, Bungalow Baht 3.725–7.095. Klimatisierte Bungalows am Strand und in Hanglage, die schönsten auf einer Klippe mit Blick übers Meer, gutes Restaurant.
Arayaburi Resort $$$$$–$$$$$$, Hin Khom Beach, ☏ (075)623949, www.phiphi arayaburiresort.com, Bungalow Baht 4.600–6.400. Komfortable Bungalows mit herrlichem Blick übers Meer auf Ko Phi Phi Le, mit Restaurant und Pool.
Paradise Pearl Resort $$$$–$$$$$, Long Beach, ☏ (075)622100, www.phiphipara disepearl.com, Bungalow Baht 3.000–4.500. 80 Bungalows mit Ventilator oder Klimaanlage, beliebtes Restaurant, Tauchbasis und Reiseagentur.
Phi Phi Villa Resort $$$$–$$$$$, Hin Khom Beach, ☏ (075)601100, Bungalow Baht 3.100–5.800. Klimatisierte Bungalows im Thai-Stil in einem schönen Garten, mit Restaurant und Pool.
Andaman Beach Resort $$$$–$$$$$, Hin Khom Beach, ☏ (075)601077, www. andamanbeachresort.com, Bungalow Baht 2.350–4.750. Bungalows mit Ventilator oder Klimaanlage, Restaurant und Pool.
Gipsy Village $$–$$$, Ton Sai Bay, ☏ (01)8947597, www.krabidir.com/ppgypsyvillage/, Bungalow Baht 950–1.250. Einfache Steinbungalows mit Ventilator.
Longbeach Bungalows $$–$$$, Long Beach, ☏ (075)612217, Bungalow Baht 850–1.200. Einfache Bungalows mit Ventilator, Restaurant und Tauchbasis, wenige Schritte vom Strand.

Restaurants und Bars
Carlito's, Ton Sai Bay, täglich 19–1 Uhr. Legendäre Strand-Disko mit Live-Musik.
Chao Koh, Ton Sai Bay, ☏ (075)601083, täglich 7–23 Uhr, Gerichte Baht 200–800. Fangfrischer Fisch und Meeresfrüchte, serviert in stimmungsvollem Ambiente direkt am Strand.
Hello India, Ton Sai Bay, täglich 9–22.30 Uhr, Gerichte Baht 200–300. Beste indische Küche, delikat sind vor allem Lamm und Hähnchen aus dem Tandoori-Ofen.
Hippies Restaurant & Bar, Hin Khom Beach, täglich 9–24 Uhr, Gerichte Baht 150–450. Thailändische und westliche Speisen, beliebtes Seafood-Barbecue mit Salatbuffet am Abend.
Tiger Bar, Ton Sai Bay, täglich 17–1 Uhr. Beliebter Szene-Treff mit Live-Musik.

Transport auf der Insel

Zu den Stränden im Osten gelangt man von der Ton Sai Bai, wo die Fähren und Boote von Phuket, Krabi und Ko Lanta anlegen, mit gecharterten Longtail-Booten. Für Gäste der dortigen Resorts ist der Transfer gewöhnlich kostenlos. Longtail-Boote kann man auch am Hin Khom Beach und am Long Beach chartern.

An- und Weiterreise

Ko Phi Phi Don ist von Phuket, Krabi und Ko Lanta gleich weit entfernt, etwa 50 km. Zahlreiche Fähren und Boote fahren in der Saison (Nov.–Mai) täglich ab 7 Uhr zur Ton Sai Bay. Reguläre Boote benötigen ca. 3 Std., Expressboote ca. 1,5 Std. Bei den Tagesausflügen ist neben Snacks und einer Mahlzeit gewöhnlich ein Abstecher zur Maya Bay auf Ko Phi Phi Le und Schnorcheln an einem Korallenriff im Preis inbegriffen.

Die Bucht von Phang Nga

Felsentürme

Im Hafen der Provinzhauptstadt Phang Nga legt jeden Morgen eine kleine Armada von Booten zu Ausflügen in die Phang-Nga-Bucht ab, die seit 1981 ein Nationalpark von 400 km² ist. In dieser traumhaften „See-Landschaft" aus Meeresarmen, Flüssen und Mangrovensümpfen ragen schroffe Kalkklippen und Felsen wie Türme senkrecht aus dem kristallklaren Wasser, andere formen Kuppeln und Kegel. Land und Meer verbinden sich in unvergleichlicher Harmonie. Die UNESCO erhob die Bucht in den Rang eines Weltnaturerbes. Tagesausflüge in die Phang-Nga-Bucht kann man in allen Touristenzentren von Phuket und Krabi buchen. Die beste Art, die Bucht zu erkunden, sind geführte Seekajak-Touren. Vor der Fahrt in den **Ao Phang Nga National Park** sind Eintrittsgebühren zu entrichten. (*Erwachsene Baht 200, Kinder Baht 100*).

Wie in einem chinesischen Aquarell – die Felsentürme in der Bucht von Phang Nga

Berühmteste Anlaufstelle ist die Felsnadel **Khao Ta Poo**, die 1977 als Kulisse für den Agenten-Film „Der Mann mit dem goldenen Colt" diente. Heute ist die Insel ein einziger Souvenirstand. Im Karstmassiv **Khao Khian** („Beschriebener Berg") kann man in einer Höhle prähistorische Felsmalereien bewundern, deren Alter auf 3.000 Jahre geschätzt wird; dargestellt sind Tiere und Boote. Zum Programm gehört auch ein Stopp in dem von Muslimen bewohnten Stelzendorf nahe der Insel **Ko Panyi**, das mit Seafood-Restaurants und Souvenirläden ganz auf Besucher eingestellt ist. Krönender Abschluss der meisten Ausflüge ist die Fahrt durch die von den Gezeiten ausgespülte tunnelartige Tropfsteingrotte **Tham Lod**, die bereits im angrenzenden Than Bok Khorani National Park liegt.

Die Andamanen-Küste – Von Phuket bis Satun

Zwischen Phang Nga und Krabi

Südöstlich von Phuket erstreckt sich die Küste der Andamanen-See über 500 km bis hinunter in die Straße von Malakka. Mit bizarren Felsformationen, weißen Stränden und türkisfarbenem Wasser ist dies eine der schönsten Küsten Asiens, die oft als Filmkulisse dient. Auf dem Weg nach Krabi lohnt sich ein Stopp im Städtchen Ao Luk, das von imposanten Karstmassiven umzingelt wird. In der Nähe liegt der **Than Boke Khorani National Park** mit schroffen, überwucherten Kalkklippen. Zwischen den Felsen bildet ein unterirdischer Fluss inmitten des märchenhaften Urwalds mehrere kleine Wasserfälle und Pools. Zu dem 104 km² großen Nationalpark gehört die Bucht von Ao Luk mit fantastischen Karstfelsen. Ziel von Bootsausflügen sind die im Nationalpark gelegenen Höhlen **Tham Phi Hua To** und **Tham Lod** mit Tropfsteinen und prähistorischen Felszeichnungen. Longtail-Boote legen im Fischerdorf Ban Bor Thor 8 km südlich von Ao Luk ab. Angeboten werden dort auch geführte Seekajak-Touren.
Than Boke Khorani National Park, *täglich 8–18 Uhr, Eintritt: Erwachsene Baht 200, Kinder Baht 100.*

Redaktionstipps

Sehenswertes
▸ Im ersten Meeresnationalpark Thailands, dem **Tarutao Marine National Park** (S. 563), ist noch unberührte Natur zu finden.

Übernachten
▸ Wenn Sie sich etwas Besonderes gönnen möchten: Verbringen Sie eine Nacht in einer der wunderschönen Villen des **Rayavadee** am Rai Leh Beach West, dem schönsten Festlandstrand Thailands. Wer Ruhe sucht, wird sich auf Ko Lanta im **Narima Resort** am Klong Nin Beach und im **Anda Lanta Resort** an der Klong Chak Bay wohlfühlen.

Essen und Trinken
▸ In der Trockenzeit werden jeden Abend an den Stränden von Ko Lanta romantische **Seafood-Barbecues** abgehalten. Appetit auf Schnitzel mit Bratkartoffeln? Dann sind Sie im Restaurant **Wunderbar** in Trang genau richtig.

Feste und Veranstaltungen
▸ Alljährlich Anfang März findet in Lanta Old Town auf Ko Lanta das dreitägige **Laanta-Lanta Festival** mit Musik- und Tanzveranstaltungen sowie einem großen Straßenmarkt statt.

Krabi

Erst in den frühen 1980er-Jahren für den Tourismus entdeckt, zählt die Provinz Krabi heute zu den beliebtesten Badezielen Thailands mit feinsandigen Palmenstränden, türkisfarbenem Meer und malerischen Kalksteinklippen. Die muslimische Stadt **Krabi (1)** hat zwar keine Sehenswürdigkeiten, aber eine freundliche, tolerante Atmosphäre. 5 km östlich liegt der **Wat Tham Suea (2)**. Dem „Tempel der Tigerhöhle" gaben die vielen Tiger ihren Namen, die einst in den Höhlen des Karstmassivs lebten, an dessen Fuß das große Tempelkloster liegt. Bei einem pagodenartigen Schrein mit einer großen Statue der buddhistisch-taoistischen Göttin der Barmherzigkeit Kuan Yin beginnt ein steiler Treppenpfad mit 1.237 Stufen. Er führt zu einer Pagode mit einem goldenen Chedi auf dem Gipfel des Karstmassivs, die zum Schutz eines „Fußabdrucks des

Buddha" errichtet wurde. Die Mühen des Aufstiegs werden durch einen herrlichen Ausblick auf Krabi und die vorgelagerten Inseln belohnt.

Gut 20 km nördlich von Krabi liegt ein gebirgiges und fast unberührtes Waldgebiet, mit tiefen Tälern und dem 1.350 m hohen Berg Khao Phanom Bencha. Der **Khao Phanom Bencha National Park (3)** ist zwar nur 50 km^2 groß, hat aber eine enorme Artenvielfalt. Besucher zieht es vor allem zum Huai To Waterfall, der in elf Kaskaden über moosgrüne Felswände herabstürzt.

Khao Phanom Bencha National Park, *täglich 8–18 Uhr, Eintritt: Erwachsene Baht 100, Kinder Baht 50.*

Strände bei Krabi

Während Budget-Reisende ihr Quartier gern in Krabi Town aufschlagen, schätzen viele Urlauber mit gehobenen Ansprüchen Ao Nang als Ausgangspunkt, um die Dtrände und Robinson-Inseln in der Umgebung zu entdecken. Auf der Hinfahrt lohnt sich ein Stopp am **Fossil Shell Beach (4)** oder Su San Hoi, einem 75 Mio. Jahre alten Muschelfriedhof. Dort liegen auf 200 m Länge und 50 m Breite Schichten fossiler Muschelarten. Weltweit gibt es nur drei derartige Fundorte (*täglich 8–18 Uhr, Eintritt: Erwachsene Baht 150, Kinder Baht 80*).

Muschel-friedhof

Nach dem Tsunami wurde **Ao Nang (5)** großzügig wieder aufgebaut und wirkt mit seiner breiten Durchgangsstraße, an der Hotels, Restaurants und Supermärkte liegen, wie ein Strandort in Florida. Am 1.200 m langen, relativ schmalen Sandstrand ist das Baden bei Flut nur an kleinen Abschnitten am östlichen und westlichen Ende möglich, denn der Rest des Strandes ist eine Art zentraler Taxistand. Dort warten Longtail-Boote, um Urlauber zum berühmten Rai Leh Beach und an andere Strände oder Inseln zu bringen. Jenseits einer Klippe liegt südöstlich von Ao Nang der kleine, zu Fuß oder per Boot erreichbare **Pai Plong Beach (6)** mit einem Luxusresort.

Nordwestlich erstreckt sich der 4 km lange, sehr flach ins Meer verlaufende **Nopparat Thara Beach (7)**, dessen touristische Erschließung gerade erst beginnt. Im Hinterland mit struppigem Buschwerk verstecken sich einige einfache Bungalowanlagen. Große Hotelkonzerne haben ihre Claims bereits abgesteckt und bald werden dort mehrere Resorts der gehobenen Kategorie auf solvente Urlauber warten. Aber noch verlieren sich am weitläufigen, teilweise von Muscheln und Korallenschrott bedeckten Sandstrand nur wenige Badeurlauber, während einheimische Ausflügler in schattigen Kasuarinenwäldchen picknicken.

Einfache Bungalows

Nicht entlang der Küste, sondern nur über Ban Nong Thale im Inland erreicht man den noch ruhigen **Klong Muang Beach (8)**, der allerdings kein „Südsee-Traumstrand" ist. Hier stört vor allem ein weit ins Meer reichender Pier, an dem Frachter mit Quarzsand beladen werden. Obwohl auch der ganz im Westen gelegene schmale **Thap Khaek Beach (9)** nicht besonders attraktiv ist, stehen dort einige Luxusresorts.

Die schönsten Strände der Region schmiegen sich auf einer südöstlich von Ao Nang gelegenen Halbinsel zwischen steil aufragende Karstmassive und sind nur mit Long-

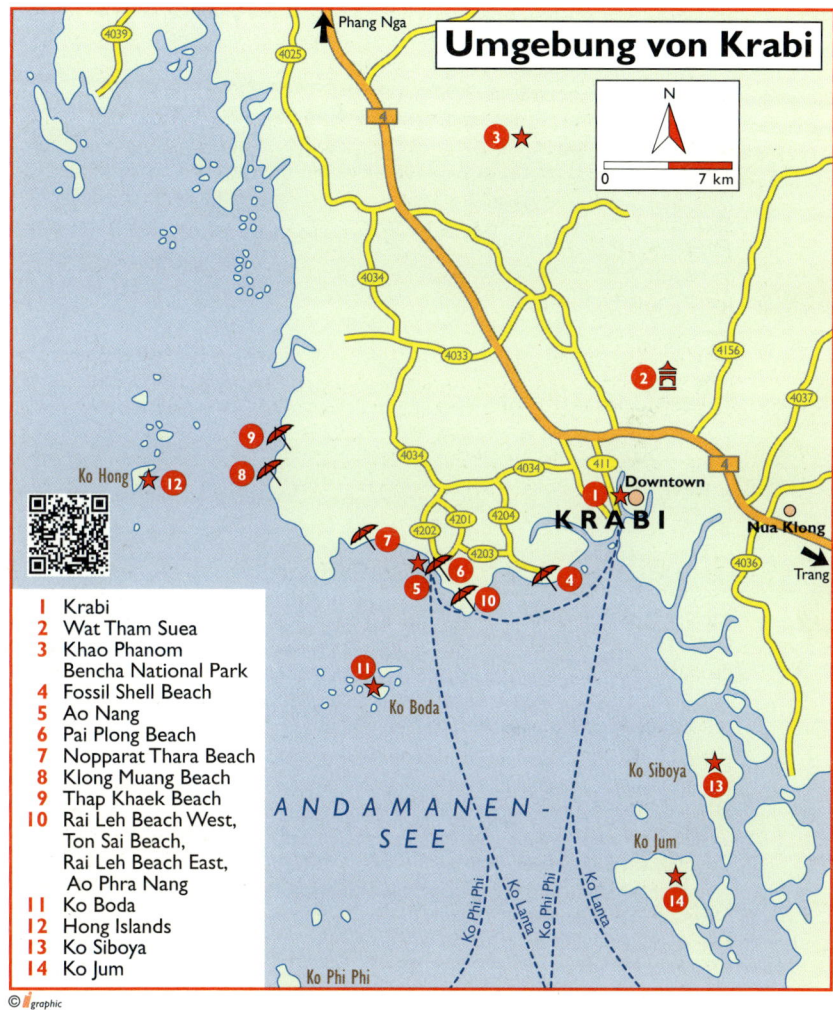

Umgebung von Krabi

0   7 km

Phang Nga

Downtown

K R A B I

Nua Klong

Trang

Ko Hong

Ko Boda

Ko Siboya

Ko Jum

A N D A M A N E N -
S E E

Ko Phi Phi

1 Krabi
2 Wat Tham Suea
3 Khao Phanom
   Bencha National Park
4 Fossil Shell Beach
5 Ao Nang
6 Pai Plong Beach
7 Nopparat Thara Beach
8 Klong Muang Beach
9 Thap Khaek Beach
10 Rai Leh Beach West,
   Ton Sai Beach,
   Rai Leh Beach East,
   Ao Phra Nang
11 Ko Boda
12 Hong Islands
13 Ko Siboya
14 Ko Jum

© graphic

tail-Booten zu erreichen. Der traumhafte **Rai Leh Beach West (10)** bietet 800 m schönsten Strand unter hohen Kalksteinwänden. Baden ist hier im türkisgrünen Wasser das reinste Vergnügen. Obwohl Rai Leh West während der Saison einen starken Besucheransturm verzeichnet, ist die Atmosphäre immer noch sehr relaxed. Wenn sich das Meer bei Ebbe zurückgezogen hat, flaniert man am Strand, lässt sich massieren oder trifft sich zum Beach-Volleyball. Und nach dem farbigen Spektakel des Sonnenuntergangs folgt ein Dinner in romantischen Freiluft-Restaurants.

Traumhafter Strand: Rai Leh Beach West

Bei Ebbe kann man vom Rai Leh Beach West zum 400 m langen, goldgelben **Ton Sai Beach (10)** laufen, der nordwestlich jenseits einer schroffen Klippe liegt. Hier trifft sich vor allem die jüngere Traveller-Szene. Einige der besten Strandareale sind von Resorts belegt, doch am dicht bewachsenen Berghang dahinter gibt es noch die bei Backpackern beliebten Stelzenhütten. Nach dem abendlichen Sunset-Watching lässt man sich in einer der urigen Bambusbars am Strand von Chill-out-Musik berieseln.

Kein Badestrand

Von Rai Leh West schlängelt sich ein kurzer Fußweg zwischen zwei teuren Resorts hindurch zum **Rai Leh Beach East (10)**, der im Schatten der Traumstrände steht. Rai Leh East ist kein Badestrand: Bei Flut bleibt nur ein schmaler Sandstreifen, bei Ebbe zieht sich das Meer weit zurück und man blickt auf ein weites Schlickfeld. Die Badefreuden werden zudem durch ausgedehnte Mangrovenwälder getrübt. Im Ostteil liegt eine kleine Kneipenmeile mit einem bescheidenen Nachtleben. Dort beginnen Fußwege zu Höhlen und Kletterbergen. Gut erschlossen ist die in prähistorischen Zeiten von Menschen bewohnte **Tham Phra Nang Noi** (**Diamond Cave**), in der Scheinwerfer Tropfsteine und Kalksinterterrassen beleuchten (*täglich 9–18 Uhr, Eintritt: Erwachsene Baht 40, Kinder Baht 20*). Die bizarren Kalksteinklippen, die dahinter aufragen, machen die Gegend zu einem Kletterdorado. Ein schmaler Pfad führt über einen dicht bewachsenen Bergrücken zum Ton Sai Beach.

Palast einer Seeprinzessin

Vom westlichen Teil East Rai Lehs ist es ein kurzer Spaziergang um das exklusive Rayavadee Resort herum zur traumhaften **Ao Phra Nang (10)** an der Spitze der Rai-Leh-Halbinsel. Die von schroffen Felswänden gesäumte Bucht ist mit einem 300 m langen Sandstrand, türkisfarbenem Wasser, den vorgelagerten Inseln und geheimnisvollen Höhlen ein Paradies für Badegäste und Naturfreunde. Nach dem Glauben der Einheimischen ist die **Tham Phra Nang** der Palast einer mythischen Seeprinzessin. Die große Grotte besteht aus drei Kammern mit grandiosen Tropfsteinformationen, darunter ein „goldener Wasserfall" aus glitzerndem Quarz. Der Strand an der Phra-Nang-Bucht ist so flach, dass man bei Ebbe trockenen Fußes zur gegenüberliegenden **Happy Island** spazieren kann. Ein sehr steiler Kletterpfad, auf den sich nur Trittsichere und

Schwindelfreie wagen sollten, führt zu einem **Viewpoint** mit herrlichem Ausblick auf alle Strände. Auch die Sra Phra Nang, die von steilen Karstwänden umrahmte **Lagune der Prinzessin**, erreicht man nur auf einem nicht ganz einfachen Kletterpfad.

Inseln vor Krabi

Vor der Küste warten zahlreiche kleine Eilande auf Entdecker, die mit dem Longtail-Boot anfahren, um für einen Tag Robinson Crusoe zu spielen. Viele Tagesausflügler zieht es zur 8 km südlich von Ao Nang gelegenen **Ko Boda (11)**, die mit puderzuckerfeinem, weißem Sandstrand dem Ideal einer tropischen Trauminsel recht nahe kommt. Taucher und Schnorchler entdecken an den Korallenriffen Ko Bodas eine märchenhafte Unterwasserwelt. Auf der nahen **Ko Kai (Chicken Island)** ragt eine bizarre Kalkklippe auf, in der man mit etwas Fantasie einen Hühnerkopf erkennen kann.

Korallenriffe

Ein beliebter Tagestrip führt zu den nordwestlich von Ao Nang zwischen Ko Yao Noi und dem Festland gelegenen **Hong Islands (12)**. Auf Ko Bileh, der Hauptinsel des Mini-Archipels mit dichter Vegetation, liegt eine kreisrunde, von hohen Kraterwänden umschlossene Lagune, in die man bei richtigem Wasserstand mit Booten durch einen schmalen Tunnel vordringen kann.

Ko Siboya (13), 20 km südlich von Ao Nang, wird nur selten von Touristen besucht, da die Insel weder schöne Strände noch gute Tauch- und Schnorchelgründe hat. Inselfans, die Ruhe und Idylle suchen und auf Konsum und Komfort verzichten können, zieht es zur Nachbarinsel **Ko Jum (14)** (gesprochen Ko Dscham). Der Strand an der Westküste ist feinsandig und selbst bei Flut ausreichend breit, die Bademöglichkeiten sind auch bei Ebbe gut. Wem Ao Nang zu hektisch ist, der sollte hier abtauchen.

Feinsandiger Strand

Reisepraktische Informationen Krabi

ℹ️ Informationen
Tourist Office, *57 Thanon Khongkha, ☎ (075)622163, tatkrabi@tat.or.th, täglich 8.30–17 Uhr. Hier auch Buchung von Ausflügen.*
Internet: *www.krabi.sawadee.com, www.krabi-tourism.com, www.tourismthailand.org/krabi*

🛏️ Unterkunft
Angegeben sind die Preise für die Hochsaison von Nov.–April. Während der Hauptreisezeiten ist frühzeitige Reservierung dringend empfohlen.

... in Krabi Town
Krabi River Hotel $$–$$$, *73/1 Thanon Khongkha, ☎ (075)612321, www.krabiriver hotel.com, EZ/DZ Baht 850–1.425. Kleines Haus in schöner Lage am Fluss mit klimatisierten Zimmern (die teureren mit Balkon und Flussblick).*
Dee Andaman Hotel $$$$, *45/19 Thanon Rattanadilok, ☎ (075)620779, www.dee andamanhotel.com, EZ/DZ Baht 2.200–2.800. Modernes Stadthotel mit schnörkellos-schick gestylten AC-Zimmern, Restaurant und attraktivem Pool mit Sonnenterrasse, WLAN, umweltbewusstes Management.*
Smile Guest House $–$$, *13 Thanon Kongka, ☎ (075)624015, www.smile-guesthouse. com, EZ/DZ Baht 350–850. Modernes Gästehaus mit einfachen, aber sauberen Zimmern, die*

preiswerten mit Ventilator und Gemeinschaftsbad, die teureren mit AC, Dusche/WC und z.T. Balkon; der Clou ist die reich bepflanzte Dachterrasse mit herrlichem Blick auf den Krabi River.

K. Guest House $–$$, 15-25 Thanon Chao Fah, ☏ (075)623166, www.krabidir.com/kguesthouse, EZ/DZ Baht 200–750. Einfache Zimmer mit Ventilator und Gemeinschaftsbad oder Dusche/WC in einem schönen Holzhaus, mit Restaurant und Reiseagentur.

... in Ao Nang

Golden Beach Resort $$$$$–$$$$$$, ☏ (075)637870, www.goldenbeach-resort.com, EZ/ DZ und Bungalow Baht 4.140–9.240. Strandhotel mit 53 komfortablen Zimmern und Bungalows vor der Kulisse eines Karstmassivs, mit Restaurant und herrlichem Pool.

Ao Nang Villa $$$$–$$$$$, ☏ (075)637271-4, www.aonangvilla.com, EZ/ DZ Baht 3.960–7.490. Strandnahes Resort mit 157 komfortablen Balkonzimmern in zweistöckigen Gebäuden, Gartenrestaurant und Pool.

Alis Hotel $$$$–$$$$$, ☏ (075)63800, www.alisthailand.com, EZ/DZ Baht 2.850–6.000. Design-Hotel mit komfortablen Zimmern (teils mit Meerblick), Restaurant und Pool, 5 Min. zum Strand.

Krabi Resort $$$$–$$$$$, ☏ (075)637030-5, www.krabiresort.net, EZ/DZ und Bungalow Baht 2.775–5.975. In den 1980er-Jahren eröffnetes Resort der ersten Stunde, das sich heute als eine große, gut geführte Ferienanlage mit 170 Komfort-Zimmern im Hauptgebäude sowie zahlreichen Bungalows und Poolvillen präsentiert. Hervorragendes Restaurant, toller Pool, Tourservice, direkter Zugang zum Strand.

Blue Village $$$–$$$$$, ☏ (075)637887, www.krabidir.com/bluevillageresort, Bungalow Baht 1.550–3.450. 15 klimatisierte Holzbungalows in einem Kokospalmenhain, mit Restaurant und Pool, 10 Min. zum Strand.

Ao Nang Palace Hotel $$$–$$$$, ☏ (075)637542, www.thepalace-aonang.com, EZ/DZ Baht 2.300–3.100. Vierstöckiges Haus ohne viel Flair, aber gut ausgestattete Zimmer mit Klimaanlage und z.T. Balkon, schöner Pool.

... am Nopparat Thara Beach

Sabai Resort $$$–$$$$, ☏ (075)637791, www.sabairesort.com, EZ/DZ und Bungalow Baht 1.300–3.500. Zimmer mit Ventilator oder Klimaanlage in dicht stehenden Einzel- und Doppelbungalows, mit thailändisch-italienischem Restaurant und Pool, 3 Min. zum Strand.

... am Rai Leh Beach West

Railay Bay Resort & Spa $$$$$–$$$$$$, ☏ (075)819401-3, www.krabi-railaybay.com, EZ/DZ und Bungalow Baht 4.635–18.475. Komfortable Zimmer und Bungalows in einem Tropengarten am Strand, mit Restaurant und zwei Pools.

Sand Sea Resort $$$–$$$$$, ☏ (075)819463-4, www.krabisandsea.com, EZ/DZ Baht 4.295–9.295. Weitläufige Ferienanlage mit Strandrestaurant und zwei Pools, edel ausgestattete Zimmer in doppelstöckigen Häusern und Bungalows.

Railei Beach Club $$$$–$$$$$$, ☏ (08)66859359, www.raileibeachclub.com, Bungalow Baht 2.675–16.375. 32 Holzbungalows mit Ventilator in einem weitläufigen Strandareal, Restaurant.

... am Rai Leh Beach East

Rayavadee $$$$$$, ☏ (075)620740-3, www.rayavadee.com, Villa Baht 14.500–180.000. Eine der exklusivsten Unterkünfte in Südthailand. Wer es sich leisten kann, sollte mindestens eine Nacht hier verbringen. Dem Gast sei geraten, die Zeit vom Check-in bis zum Check-out in vollen Zügen zu genießen und das Gelände nicht zu verlassen. Drei Restaurants (eines davon in einer Tropfsteingrotte), zwei Lounges, zwei Bars und ein Restaurantservice für das Essen in der eigenen Villa verwöhnen die Gäste. Mit herrlicher Pool-Landschaft, Spa und großem Angebot an Touren und Aktivitäten. Günstiger buchbar über Veranstalter.

Sunrise Tropical Resort $$$$–$$$$$$, ☏ *(075)819418-20, www.sunrisetropical.com, Bungalow Baht 3.000–6.950. Komfortable Bungalowanlage mit Restaurant und Pool.*

Railay View Point Resort $$$–$$$$, ☏ *(075)819428, www.viewpointresort66.com, EZ/DZ und Bungalow Baht 1.600–3.400. Komfortable Zimmer in einem doppelstöckigen Gebäude und frei stehende Einzel- und Doppelbungalows, mit Restaurant und Pool.*

Railay Princess Resort & Spa $$$–$$$$, ☏ *(075)623949, www.yayaresort-railay. com, EZ/DZ Baht 1.300–2.950. Behaglich möblierte Zimmer mit Ventilator oder Klimaanlage in einem doppelstöckigen Gebäude, mit Restaurant und Wellness-Center.*

Railay Cabana $$, ☏ *(084)0577167, EZ/DZ Baht 675–995. Einfache Zimmer mit Ventilator in Holzbungalows, mit Restaurant, im Hinterland bei den Kletterfelsen.*

... am Tonsai Beach

Tonsai Bay Resort $$$$, ☏ *(075)637234, www.tonsaibaykrabi.com, Bungalow Baht 2.350–3.000 (inkl. Frühstück). 22 klimatisierte Doppelbungalows am Fuße einer Karstklippe, mit Strandrestaurant, 2 Min. zum Strand.*

Dream Valley Resort $$$–$$$$, ☏ *(075)819810-2, www.dreamvalleykrabi.com, Bungalow Baht 1.840–3.120 (inkl. Frühstück). 90 Holz-Bambus-Bungalows mit Ventilator oder Klimaanlage, mit Seafood-Restaurant, 5 Min. zum Strand, schöner Strand.*

Mambo Bungalows $$–$$$, ☏ *(084)6593624, www.mambobungalows.blogspot.de, Bungalow Baht 750–1.150. 20 Bambusbungalows mit Ventilator, gutes Restaurant, wenige Schritte zum Strand.*

Paasook Resort $$, ☏ *(08)96453013, Bungalow Baht 550–750. 12 einfache Bungalows mit Ventilator in einem schönen Garten, sehr ruhig, mit Restaurant, 5 Min. zum Strand.*

Sai Thong Bungalows $–$$, ☏ *(081)0796583, Bungalow Baht 400–600. Idyll am Rande des Regenwaldes, 14 einfache Bambusbungalows mit Ventilator und Terrasse, 7 Min. zum Strand.*

... auf Ko Jum

Koh Jum Lodge $$$$$–$$$$$$, *Andaman Beach,* ☏ *(075)618275, www.kohjum lodge.com, Bungalow Baht 4.950–6.450. Bungalowresort für gehobene Komfortansprüche, mit Restaurant und Pool.*

Joy Bungalow $$–$$$$, *Andaman Beach,* ☏ *(081)3986515, www.kohjum-joybungalow. com, Bungalow Baht 800–3.400. Im ersten Inselresort gibt es noch einige romantische Bambushütten im Hippie-Look, mittlerweile aber vorwiegend komfortable Bungalows mit Wohnterrasse, im gemütlichen Restaurant serviert man thailändische und europäische Gerichte.*

Andaman Beach Resort $–$$$, *Andaman Beach,* ☏ *(089)7241544, www.kohjum online.com/andamanbeach.html, Bungalow Baht 850–1.450. 20 doppelstöckige, teils klimatisierte Steinbungalows, mit gutem Restaurant.*

 ## Restaurants und Bars
... in Krabi Town

Poo Dam Restaurant, *Thanon Uttarakit,* ☏ *(075)581366, täglich 17–23 Uhr, Gerichte Baht 200–850. Eine kulinarische Pilgerstätte für einheimische und ausländische Seafood-Fans! Flotter, freundlicher Service.*

Old West Bar, *17 Thanon Chao Fah,* ☏ *(075)623669, täglich 17–24 Uhr. Uriger Hangout, gelegentlich mit Live-Musik.*

... in Ao Nang

Ao Nang Cuisine, ☎ (075)637369, täglich 8–23 Uhr, Gerichte Baht 80–320. Alteinge-sessenes Restaurant mit chinesischer und europäischer Küche.

Ao Nang Seafood, ☎ (075)637169, täglich 11–23 Uhr, Gerichte Baht 150–600. Fisch und Meeresfrüchte frisch aus Neptuns Garten vor dem Panorama der Ao-Nang-Bucht.

Carnivore Steak & Grill, ☎ (075)661061, www.carnivore-thailand.com, täglich 15–23 Uhr, Gerichte Baht 250–950. Beste Adresse für Freunde von saftigen Steaks und anderen Fleischgerichten, serviert wird aber auch hervorragendes Seafood.

Diver's Inn, ☎ (075)637297 u. (089)5873533, www.krabi-divers-inn.com, täglich 11–23 Uhr, Gerichte Baht 150–850. Gemütliches, halboffenes Lokal mit interessantem, thai-westli-chem Küchenmix und Bieren aus aller Welt (darunter sogar Köstritzer Schwarzbier).

Aktivitäten

Ausflüge: Veranstalter bieten Bootsausflüge zu **Ko Boda** und den **Hong Islands**; beliebt sind die Touren mit dem komfortablen Motorboot „Ao Nang Princess": **Ao Nang Travel and Tour**, Ao Nang, ☎ (075)637730, www.aonangtravel.co.th.

Klettern: Eine Kletterwand und Kletterkurse für Anfänger (ab Baht 2.200) bieten **Hot Rock Climbing School**, Rai Leh Beach West, ☎ (075)621771, www.railayadventure.com und **Base Camp Climbing**, Tonsai Beach, ☎ (081)1499745, www.basecamptonsai.com.

Seekajak: Tagestouren mit dem Seekajak veranstaltet **Sea Kayak Krabi**, Krabi Town, ☎ (075)630270, www.seakayak-krabi.com.

Tauchen und Schnorcheln: Es gibt mehrere Tauchschulen, die während der Saison von Nov./Dez.–April/Mai Tagestouren zu nahegelegenen Tauchrevieren anbieten (Schnorcheln ab Baht 1.000–1.200, zwei Tauchgänge ab Baht 3.000–3.200). Alle Tauchschulen bieten vier-tägige Open-Water-Kurse, in denen Anfänger den PADI-Tauschschein erwerben können (Baht 14.000–17.000). Einen guten Ruf haben **Ao Nang Divers**, Ao Nang, ☎ (075) 637242, www.aonang-divers.com (eigenes Tauchboot, deutsch- und englischsprachige Dive Masters) und **Aqua Vision**, Ao Nang, ☎ (075)637415, www.diving-krabi.com (unter deutsch-schwei-zerischer Leitung).

Stadt- und Nahverkehr

Zwischen Krabi Town und Ao Nang/Nopparat Thara Beach pendeln von 7–22 Uhr Songthaeo (Baht 50–70).

Verkehrsverbindungen

Busse: Der Busbahnhof von Krabi Town liegt 4 km nördlich des Zentrums in Talad Kao, ☎ (075)611804. Zwischen dem Busbahnhof und dem Zentrum pendeln von 6–21 Uhr Songthaeo (Baht 20–30). Mehrmals täglich Busse **in nördliche Richtung** u. a. von/nach Phang Nga, Phuket, Khao Lak, Ranong, Surat Thani, Chumphon und Bangkok; **in südliche Richtung** u. a. von/nach Ko Lanta, Trang, Satun und Hat Yai. Einige private Firmen setzen VIP-Busse nach **Bangkok** ein, nach **Phuket**, **Ko Lanta**, **Surat Thani** und **Ko Samui** auch schnelle Minibusse; Abfahrt meist vor den Büros der Firmen.

Flughafen: Liegt 12 km nordöstlich der Stadt, nach Krabi Town und Ao Nang fahren Taxis (Baht 400 bzw. 700). **Thai Airways**, ☎ (075)701592; **Bangkok Airways**, ☎ (075)701551.

Nat. Verbindungen: Bangkok bis zu zehnmal täglich (Thai u. Bangkok Airways).

Boote: Während der Hochsaison von Nov.–April fahren tagsüber ständig Boote von Krabi Town und Ao Nang zum **Rai Leh Beach East/West** und **Ton Sai Beach** (50 Min. bzw. 20 Min.) sowie mehrmals täglich nach **Ko Phi Phi** (1,5–2,5 Std.), **Ko Lanta** (via **Ko Jum** 2–2,5 Std.) und **Phuket** (2,5 Std.).

Ko Lanta

Im Hafen Hua Hin legen Passagier- und Autofähren zur zehnminütigen Überfahrt nach Khlong Mak auf **Ko Lanta Noi** ab. Die nur dünn besiedelte Insel wird vorwiegend landwirtschaftlich genutzt und ist von Ölpalm- und Kautschukplantagen geprägt. Nach nur 7 km ist der kleine Hafen Langsod erreicht, von wo eine Autofähre nach Ban Saladan auf Ko Lanta Yai übersetzt. Die von Bergketten durchzogene **Ko Lanta Yai** wurde schon in den 1990er-Jahren für den Tourismus entdeckt. Trotzdem hat sich die fast 30 km lange und bis zu 15 km breite Insel mit rund 20.000 Einwohnern viel von ihrer Ursprünglichkeit bewahrt. Das touristische Leben spielt sich an der Westküste ab, die sich zur Andamanen-See hin öffnet. Dort findet man mit Sandstränden und bewaldeten Hügeln unberührte Natur und Ruhe, aber auch etwas Unterhaltung. Die meisten Bungalowanlagen verstecken sich in Palmhainen und Kasuarinenwäldchen.

 Hinweis

Auf Ko Lanta gibt es einen sehr ausgeprägten Wechsel zwischen Saison (Nov.– April) und Nicht-Saison (Mai–Okt.). Wenn im Mai mit dem Monsun die ersten Brecher heranrollen, schließen vor allem an den ungeschützten Stränden an der Nordwestküste die Resorts, Restaurants und Tauchschulen.

Die Strände um den geschäftigen Fährhafen **Ban Saladan (1)** sind unattraktiv. Das Meer ist sehr seicht, und bei Ebbe verwandeln sich die Strände in schlickige Wattflächen. Auf die ersten schönen Sandstrände trifft man an der Südseite der Halbinsel **Laem Kho Kwang (2)**. Südlich schließt sich der 2 km lange, breite und feinsandige *Badever-* **Klong Dao Beach (3)** an, der flach zum Meer hin abfällt. Da Kinder hier gefahrlos *gnügen für* baden können, wird der schöne Strand vorwiegend von Familien besucht. In der *die ganze* Trockenzeit werden bei Sonnenuntergang Tische und Stühle an den Strand gestellt *Familie* und im Schein von Lichtergirlanden Seafood-Barbecues abgehalten.

Der noch weitgehend unverbaute Long Beach

Ko Lanta

Krabi

Ban Hua Hin
Autofähre / Hua Hin
Khlong Mak
Ban Bo Muang
Ban Khlong Mak

Ko Phi Phi

KO LANTA NOI

Krabi

Ko Tababeng

2 Ban Saladan
3
1
Autofähre

4

Ko Kam Yai

5
KO LANTA YAI
Ko Bubu
8

6 7
Ko Po

9
10
Ko Klang

11 14 Ko Lek
12
13 15
Laem Tanod
Ko More

ANDAMANEN-
SEE
Ko Ngai

Ko Rak Nok
Ko Rak Nai

N

0   4 km

Ko Kradan

1 Ban Saladan
2 Laem Kho Kwang
3 Klong Dao Beach
4 Long Beach
   (Hat Phra Ae)
5 Klong Khong Beach
6 Klong Nin Beach
7 Tham Khao
   Mai Kaeo
8 View Point
9 Ko Lanta Town
10 Ban Sang Gau
11 Kantiang Bay
12 Klong Chak Bay
13 Maipai Bay
14 Klong Chak
   Waterfall
15 Visitor Center
   des Mu Ko Lanta
   National Park

© graphic

Südlich eines Felsenriegels schließt sich der **Long Beach (4, Hat Phra Ae)** an. Der gut 3 km lange heimliche Hauptstrand der Insel lädt zu herrlichem Badevergnügen ein, es ist hier ruhig und relaxed. Der flache Sandstrand ist ideal für Faulenzer und Familien. Weite Abschnitte des Strandes sind noch unverbaut. Die Bademöglichkeiten sind im nördlichen Teil besser, weil dort keine Felsen aus dem Wasser ragen. Dafür kann man im Süden an einem vorgelagerten Riff gut schnorcheln. Weniger attraktiv ist der abschnittsweise sehr schmale und von Korallenbruchstücken übersäte **Klong Khong Beach (5)**, an dem das Meer nur bei Flut tief genug zum Schwimmen ist. Dafür haben viele Resorts schöne Swimmingpools mit Meerblick.

Jenseits einiger felsiger Landzungen, die kleine Buchten bilden, schließt sich der 2 km lange, breite **Klong Nin Beach (6)** an. Auch hier gibt es kleine Strandbars, die bei Sonnenuntergang zu beliebten Treffpunkten werden, und Restaurants am Sandstrand, wo über dem Holzkohlegrill frischer Fisch und Meeresfrüchte zubereitet werden.

Kleine Strandbars

Östlich des Klong Nin Beach mäandert eine schmale Straße durch das bis zu 488 m aufragende, dicht bewaldete Inselinnere an die Ostküste. Auf dem Weg liegt die große Tropfsteinhöhle **Tham Khao Mai Kaeo (7)**, die man auf geführten Touren unterschiedlicher Länge erkunden kann. Einen guten Eindruck von der subterranen Wunderwelt vermittelt bereits eine zweistündige Tour. Wer die Höhle genauer kennenlernen möchte, bucht eine vierstündige Tour. Bei der Höhlen-Erkundung ist viel Kletterei auf Bambusleitern nötig, an manchen Stellen muss man auf allen Vieren kriechen. Die Tour ist für körperlich eingeschränkte Personen und kleine Kinder nicht geeignet. **Tham Khao Mai Kaeo**, *täglich 8–16 Uhr, zweistündige Tour Baht 300/Pers., vierstündige Tour Baht 500/Pers., Führungen in Kleingruppen starten in der Hauptsaison alle 20 Min.*

Tropfstein-höhle

Auf der Weiterfahrt laden an einem **View Point (8)** Terrassenlokale zu einer Rast ein. Unübertroffen ist der Blick über das mit Inseln gesprenkelte Meer bis zu den Karstmassiven auf dem Festland. Entlang der flachen und von einem breiten Mangrovengürtel gesäumten Ostküste, die zum Baden und Schwimmen nicht geeignet ist, geht es weiter nach **Ko Lanta Town (9)**, dem Verwaltungssitz der Insel. Schön ist ein Bummel durch die chinesische Altstadt Lanta Old Town mit restaurierten Handelshäusern, die heute meist Restaurants und Läden für Kunsthandwerk beherbergen. Die Ostküstenstraße endet in dem Seenomaden-Dorf **Ban Sang Gau (10)**.

Beste Bademöglichkeiten in der warmen Andamanen-See verspricht der sichelförmige, von Felsenkaps begrenzte Sandstrand in der **Kantiang Bay (11)**, der sehr flach abfällt. Hierher und vor allem an die noch weiter südlich gelegenen Strände der **Klong Chak Bay (12)** und **Maipai Bay (13)** kommen vor allem Individualreisende, die Abstand zu den „trubeligen" nördlichen Stränden suchen. Ein Ausflug führt zum 20 m hohen **Klong Chak Waterfall (14)**, der vom Parkplatz am Ende der Stichstraße in etwa 30–45 Minuten erreicht wird. Man kann aber auch stilvoll auf dem Rücken von Elefanten reiten, die Ritte werden in einem Elephant Camp beim Parkplatz angeboten *(täglich 8–16 Uhr, zweistündige Ritte Baht 1.800)*.

Elefantenritt

Südlich der Kantiang Bay geht die Betonstraße in eine je nach Jahreszeit staubige oder schlammige Piste über, für die ein Fahrzeug mit Bodenfreiheit erforderlich ist. Die letzten 500 m zum **Visitor Center** des **Mu Ko Lanta National Park (15)** sind sehr steil, sodass man besser zu Fuß geht. Die mit primärem Regenwald bedeckte

Unberührter
Regenwald

Südspitze von Ko Lanta Yai wurde 1990 zusammen mit 15 weiteren Inseln zu einem Nationalpark erklärt, der 134 km² umfasst. Vom Felsenkap Laem Tanod, auf dem ein Leuchtturm steht, erblickt man Inseln Ko Rak und Ko Ngai, die zum marinen Nationalpark gehören. Nahe dem Leuchtturm liegt ein schöner, sandiger Badestrand.

Mu Ko Lanta National Park, ☎ *(075) 660711, täglich 8–18 Uhr, Eintritt: Baht 200, Kinder Baht 100.*

Reisepraktische Informationen Ko Lanta

ℹ Informationen
im Internet: *www.kolanta.net*

 Unterkunft
Angegeben sind die durchschnittlichen Zimmerpreise, die in der Saison von Nov.–April gelten. Während des Monsuns von Mai–Okt. haben zahlreiche Resorts geschlossen.

… in Ban Saladan
Salatan Resort $$$–$$$$, ☎ *(075)630341, www.krabidir.com/salatanresort, Bungalow Baht 1.500–4.000 (inkl. Frühstück). Hier stimmt fast alles: Klimatisierte Einzel- u. Doppelbungalows, Restaurant mit thailändischen u. westlichen Gerichten, schöner Pool, freundliches Personal, zuverlässige Tourbuchung. Großes Manko: Der Strand ist zum Baden nicht geeignet.*

… am Laem Kho Kwang
Twin Bay Resort $$$$–$$$$$, ☎ *(075)668010, www.twinbaylanta.com, Bungalow Baht 2.800–6.000 (inkl. Frühstück). Klimatisierte Bungalows mit Terrasse, Restaurant und Bar, schöner Pool und schattiger Garten, wenige Schritte zum schönen Klong Dao Beach.*
Kaw Kwang $$$–$$$$$, ☎ *(075)668260-1, www.lanta-kawkwangresort.com, Bungalow Baht 1.500–4.600 (inkl. Frühstück). Dicht beieinander stehende, aber geräumige und klimatisierte Bungalows, Restaurant, herrlicher Pool mit Blick aufs Meer.*

… am Klong Dao Beach
Twin Lotus Resort & Spa $$$$$, ☎ *(075)607000, www.twinlotuslanta.com, EZ/DZ und Villa Baht 7.150–18.850. Edles Resort, auf architektonischen Schmuck wurde verzichtet – das Auge soll sich an der Natur laben; Gourmet-Restaurant, Infinity-Pool und Spa.*
Ancient Realm $$$$, ☎ *(075)684016, www.ancientrealmresort.com, Bungalow Baht 2.595–3.195 (inkl. Frühstück). 12 vorwiegend aus Naturmaterialien errichtete Bungalows am südlichen Strandende, mit Restaurant und Bar, kleiner Pool.*
Lanta Island Resort $$$–$$$$, ☎ *(075)684124-5, www.lantaislandresort.com, Bungalow Baht 1.100–2.800. Geräumige, unterschiedlich ausgestattete Bungalows am Strand, mit Restaurant, Pool und Tauchbasis, ganzjährig geöffnet; die ukrainische Managerin Alina spricht fließend Deutsch.*
Sun Fun & Sea Bungalow $$$, ☎ *(075)684025, www.krabidir.com/sunfunseabung, Bungalow Baht 1.300–1.700. Elf fest stehende Einzel- und zwei Doppelbungalows mit Ventilator oder Klimaanlage, beliebtes Strandrestaurant, Sanuk-Strandbar, z.T. Live-Musik, dt. Tauchschule.*
Lanta Bee Garden $$$–$$$$, ☎ *(075)684227, www.lantabeegarden.com, EZ/DZ Baht 1.000–2.900 (inkl. Frühstück). Familiäres Resort mit 16 teils klimatisierten Zimmern in Reihenbungalows und einem zweistöckigen Gebäude am Strand, Restaurant und Touragentur.*

... am Long Beach (Hat Phra Ae)

Nakara Long Beach Resort $$$$–$$$$$, ☎ *(075)684178-80, www.lantalong beach.com Bungalow Baht 2.300–5.700. Größeres Resort mit bestens ausgestatteten Bungalows, Restaurant und schönem Pool.*

Good Days Lanta Resort $$$–$$$$$, ☎ *(075)684186, www.gooddayslanta.com, Bungalow Baht 1.200–3.800 (inkl. Frühstück). 14 Steinbungalows unterschiedlicher Größe und Ausstattung, mit Restaurant, Pool und Planschpool, familienfreundlich.*

Marina Resort $$–$$$, ☎ *(075)684168, www.lantamarina.com, Bungalow Baht 800– 1.500. Acht originelle Bambusbungalows mit Ventilator und Dusche/WC an einem steinigen Strandabschnitt, mit Restaurant, sehr ruhig.*

Somewhere Else $$–$$$, ☎ *(075)684718-9, Bungalow Baht 800–1.100. 10 hübsche Bambusbungalows mit Ventilator und Dusche/WC am Strand, luftiges Restaurant und Bar, beliebt bei jungen Leuten.*

... am Klong Khong Beach

Lanta Pavilion Resort $$–$$$$$, ☎ *(075)667079, www.lantapavilion.com, Bungalow Baht 950–2.750 (inkl. Frühstück). 16 gemütliche Steinbungalows unter Kokospalmen, Strandrestaurant mit Seafood-Barbecue, schöner Pool.*

Fisherman's Cottage $$–$$$, ☎ *(081)4761529, www.fishermanscottage.biz, Bungalow Baht 850–1.850. 10 individuell gestaltete Steinbungalows mit Palmwedeldach, stimmungsvolles Strandrestaurant mit west-östlicher Speisekarte, kleine Bar, WLAN.*

Where Else $$–$$$, ☎ *(075)667173, www.lanta-where-else.com, Bungalow Baht 550–1.150. Backpacker-Refugium mit einfachen Bambusbungalows und urigem Strandlokal.*

... am Klong Nin Beach

Sri Lanta $$$$–$$$$$$$, ☎ *(075)662688-9, www.srilanta.com, Bungalow Baht 3.700– 7.900. Boutique-Resort mit 49 aus natürlichen Materialien errichteten Villen an einem Hang im Regenwald, mit Restaurant, Bar, Pool und Wellness-Center.*

Moonlight Bay Resort & Spa $$$$–$$$$$, ☎ *(075)662590-1, www.moonlight-re sort.com, Bungalow Baht 3.500–6.200. Mit Palmwedel gedeckte Holz- und Steinbungalows am Rande eines Mangrovenwaldes und in schöner Hanglage; mit Restaurant, Pool, Wellness-Center und kleinem Privatstrand.*

Narima Resort $$$$, ☎ *(075)662668, www.narima-lanta.com, Bungalow Baht 2.500– 4.000. 32 klimatisierte Bungalows aus Naturmaterialien am Strand und unter Bäumen am Hang, gutes Restaurant, Pool und Tauchbasis.*

Lanta Riversand Resort $$–$$$$, ☎ *(075)662660, www.lantariversand.com, Bungalow Baht 950–3.000. 12 gemütliche Holz-Bambus-Bungalows mit Ventilator an einem felsigen Strand, Restaurant mit hervorragenden Thai-Gerichten; die sehr gut Englisch sprechende Besitzerin Khun Nita bietet Kochkurse an.*

... an der Kantiang Bay

Baan Laanta Resort $$$$–$$$$$, ☎ *(075)665091, www.baanlaanta.com, Bungalow Baht 3.400–5.400. Klein und fein, 15 komfortable Holzbungalows, Restaurant, Pool mit Kinderbecken, Tauchbasis, Wellness-Center.*

Lanta Marine Park View Resort $$$–$$$$, ☎ *(075)665063, www.lantamarine park.com, Bungalow Baht 1.850–3.450. Unterschiedliche Bungalows in herrlicher Hanglage, die teureren mit traumhaftem Blick, mit Restaurant.*

... an der Klong Chak Bay
Anda Lanta Resort $$$$–$$$$$$, ☎ (075)607555, www.andalanta.com, Bungalow Baht 3.800–7.200. Klimatisierte Bungalows unter Palmen am Strand, Restaurant und Pool.

... an der Maipai Bay
Bamboo Bay Resort $$–$$$$, ☎ (075)665023, www.bambooobay.net, Bungalow Baht 700–2.500. 20 gemütliche Stein- und Holzbungalows mit Ventilator oder Klimaanlage in herrlicher Hanglage über einem felsigen Strand, mit Restaurant.

🍴 ## Restaurants und Bars
Nahezu alle Unterkünfte an den Stränden haben ein Restaurant, in dem thailändische und meist auch westliche Gerichte serviert werden. Außerdem zu empfehlen

... in Ban Saladan
Rim Nam Seafood, ☎ (075)684169, täglich 11–22 Uhr, Gerichte Baht 200–700. Eine der besten Adressen der Insel für Fisch und Meeresfrüchte, einen ähnlich guten Standard haben die benachbarten Restaurants Lanta Seafood und Saladan Seafood am Hafen.

... am Klong Dao Beach
Gong Grit Restaurant, ☎ (075)684669, täglich 9–23 Uhr, Gerichte Baht 80–280. Gemütliche Bambuspavillons am Süd-Ende des Strandes, thailändische und europäische Gerichte.

... am Long Beach (Hat Phra Ae)
Funky Fish Restaurant & Bar, ☎ (085)8248408, täglich 17–1 Uhr, Gerichte Baht 150–450. Der ultimative Szenetreff direkt am Strand, nach dem beliebten Seafood-Barbecue gibt es fast jeden Abend eine Beachparty.
Thai Cat, kein Telefon, täglich 11–23 Uhr, Gerichte Baht 100–450. Großes Freiluft-Restaurant am Strand mit vorwiegend thailändischen Speisen und fangfrischem Seafood, freundliche und hilfsbereite Bedienungen.

... am Klong Khong Beach
Blue Marlin Restaurant, ☎ (070)747028, täglich 8–23 Uhr, Gerichte Baht 150–600. Authentische Thai-Gerichte und Seafood-Barbecue am Strand.

... am Klong Nin Beach
Otto's Bar and Beach Barbecue, ☎ (075)662741, täglich 9–24 Uhr, Gerichte Baht 100–250. Deutsche Gastlichkeit am Tropenstrand.

... an der Kantiang Bay
Bay View Restaurant, Lanta Marine Park View Resort, ☎ (075)665065, täglich 8–23 Uhr, Gerichte Baht 100–300. Restaurant auf mehreren Terrassen an einem Hang, herrlicher Blick, thailändische und europäische Gerichte.

🏃 ## Aktivitäten
Tauchen und Schnorcheln: Während der Tauchsaison von Nov.–April bieten Tauchschulen u. a. ganztägige Schnorcheltouren (Baht 1.100–1.300), 2 Tauchgänge (Baht 3.200–3.800) und viertägige Open-Water-Kurse an (Baht 15.000–17.000): **Lanta Fun Divers**, Klong Dao Beach, ☎ (089)2914311, www.lantafundivers.com (unter deutscher Leitung) und **Scubafish**, Kantiang Bay, ☎ (075)665095, www.scuba-fish.com (deutsche Dive Masters).

Transport auf der Insel

Zwischen Ban Saladan und der Kantiang Bay pendeln an der Westküste auf guter Betonstraße reguläre Songthaeo, die man für Ausflüge an die Südspitze und an die Ostküste auch chartern kann. In Ban Saladan sowie auch an einigen Stränden kann man Motorräder (Baht 250–350/Tag), bisweilen auch kleine Geländewagen (Baht 1.400–1.800/Tag) mieten.

An- und Weiterreise

Fähre/Boot: *Zwischen Hua Hin auf dem Festland und Khlong Mak auf Ko Lanta Noi sowie zwischen Langsod auf Ko Lanta Noi und Ban Saladan auf Ko Lanta Yai pendeln tagsüber im halbstündigen Rhythmus Passagier- und Autofähren. Während der Hochsaison von Nov.-April fahren von Ban Saladan meist am frühen Vormittag Boote nach* **Ko Phi Phi** *(1–1,5 Std.),* **Krabi**, **Ao Nang** *und* **Rai Leh Beach West** *(via Ko Jum 2–2,5 Std.) sowie* **Phuket** *(2 Std.).*
Die Satun Pakbari Speedboat Company fährt täglich von Ban Saladan nach **Ko Ngai**, **Ko Muk**, **Ko Bulon Lae**, **Ko Lipe** *und weiter zu den* **Langkawi Islands** *(***Malaysia***),* ☎ *(074)783 643-5 und (099)4040409, www.tarutaolipeisland.com.*
Bus: *Reiseagenturen in Krabi, Phuket, Trang und Surat Thani bieten kombinierte Tickets, die Bus- und Bootsfahrten sowie alle Transfers beinhalten.*
Zug: *Von Bangkok, Surat Thani (Phun Phin) u. a. zweimal täglich nach Trang. Von dort mit (Mini-) Bus nach Ko Lanta.*
Flugzeug: *Mit Thai Airways, Bangkok Airways u. a. mehrmals täglich von Bangkok nach Krabi, Phuket oder Trang. Von dort mit (Mini-)Bus oder Boot nach Ko Lanta.*

Trang und Umgebung

Das 62.000 Einwohner zählende **Trang**, Hauptstadt der gleichnamigen Provinz, ist ein idealer Ausgangspunkt für Ausflüge in die Umgebung, vor allem für Fahrten zu den Inseln vor der Küste. Die Stadt selbst hat aber kaum Sehenswürdigkeiten. Ihren Wohlstand verdankt sie den großen Gummiplantagen in der Umgebung. Überragt wird das Zentrum von der Kolossalstatue eines stehenden Buddha, der den fleißigen Einwohnern der Stadt, darunter viele Chinesen und Malaien, seinen Segen spendet.

Ein beliebtes Ziel der Einheimischen ist der 25 km südwestlich gelegene **Pak Meng Beach**, wo man sich zum Familienpicknick unter Kasuarinen trifft. Der 3 km lange, breite und sehr flach zum Meer abfallende Sandstrand, der von imposanten Karstmassiven begrenzt wird, ist zwar eine Augenweide, zum Baden, Schwimmen oder Schnorcheln jedoch nicht geeignet. Die Unterwasserwelt lässt sich aber auch wesentlich bequemer im nahen **Rajamangala Aquarium** beobachten (*täglich 9–16.30 Uhr, Eintritt: Erwachsene Baht 80, Kinder Baht 60*). Vom **Pak Meng Pier** fahren Boote zu den Inseln Ko Chuak, Ko Kradan, Ko Ma, Ko Muk, Ko Ngai und Ko Rok. Wie der Pak Meng Beach gehört auch der sich südlich anschließende Chang Lang Beach zum **Chao Mai Marine National Park**. Der 230 km² große Park umfasst mehrere Strände an der Andamanen-Küste und neun Inseln, besondere Attraktionen sind Karstgrotten mit prähistorischen Felszeichnungen. Die Tauch- und Schnorchelgründe innerhalb des Nationalparks zählen aufgrund des glasklaren Wassers und der bunten Korallenriffe zu den schönsten der Welt. Das **Visitor Center** am Chang Lang Beach informiert über die artenreiche Flora und Fauna (*täglich 8–18 Uhr, Eintritt: Erwachsene Baht 200, Kinder Baht 100*).

Karst-massive

Vom Fährhafen **Kuan Tung Ku** fahren Boote zur nahen Ferieninsel Ko Muk. Der schönste Badestrand in der Umgebung von Trang ist der 5 km lange, von Kasuarinen gesäumte **Long Beach** (**Hat Yao**). Am malerischsten und auch am besten zum Schwimmen geeignet ist das südliche Ende, wo schroffe Karstklippen aufragen.

Inseln vor Trang

Paradies-insel
Die 5 km² große **Ko Ngai** ist die perfekte tropische Paradiesinsel. Das hügelige Inselinnere gehört zum Chao Mai Marine National Park und ist von dichtem Regenwald überwuchert. An der Ostküste werfen Kokospalmen ihre Schatten auf einen 2 km langen, feinsandigen Strand, an dem Baden allerdings nur bei Flut möglich ist. Im glasklaren Wasser entfaltet sich das Leben der Korallenriffe in voller Pracht.

Mancher Thailand-Besucher entdeckt auf der nur wenige Kilometer vom Festland entfernten Nachbarinsel **Ko Muk** mit idyllischen Buchten sein Urlaubsparadies. Hauptattraktion der kleinen Insel ist die Tham Morakot (Smaragdhöhle) an der schroffen Nordwestküste, die man nur mit dem Boot erreichen kann. Einen 80 m langen dunklen Felstunnel durchschwimmend, gelangt man zu einer winzigen, bildschönen Lagune *Weißer* mit einem blendend weißen Sandstrand, die von steilen, grün überwucherten Karst- *Sand* klippen umrahmt wird. Sonst gibt es auf Ko Muk nur noch ein muslimisches Fischerdorf und viel Ruhe. Auch **Ko Kradan** mit weißen Stränden ist ein idealer Fluchtpunkt für gestresste Seelen. Auf der teilweise von Kokospalm- und Gummibaum-Plantagen bedeckten Insel gibt es außer einigen wenigen Resorts nichts als Sand und Meer. Eine Alternative zum Absacken in der Hängematte ist ein Schnorcheltrip zu den Korallenriffen.

Ein beliebtes Ziel von Tauchexkursionen ist die rund 15 km südwestlich gelegene **Ko Rok**. In dem schmalen Kanal, der die beiden Inselhälften trennt, wartet ein schönes Korallenriff mit einer artenreichen submarinen Flora und Fauna auf. Da Ko Rok als Teil des Mu Ko Lanta National Park unter Schutz steht, gibt es dort außer einem *Ab-* Zeltplatz keine Unterkünfte. Auf der Fahrt von Ko Kradan nach Ko Rok werden die *geschiede-* Boote häufig von Delfinen begleitet. Bisweilen sieht man auch die vom Aussterben *nes Tauch-* bedrohten Seekühe (Dugong), behäbige Meeressäuger, die sich von Seegras ernäh- *paradies* ren. Als eines der weltbesten Tauchreviere gilt die Kalksteinklippe **Hin Daeng**, die 20 km weiter westlich lotrecht aus der Andamanen-See ragt. Taucher sichten dort neben Leopardenhaien und Mantarochen manchmal die seltenen Walhaie.

Die von traditionsbewussten muslimischen Fischern bewohnte **Ko Libong**, die größte Insel der Provinz Trang, liegt etwas abseits der Touristenrouten. Sie ist im Innern dicht bewaldet und besitzt nur wenige Strände, an denen man baden und schwimmen kann. *Schönste* Rund 20 km südlich ragen die beiden Kalkfelsen von **Ko Lao Liang** mit einem erst- *Korallenriffe* klassigen Korallenriff einsam aus dem offenen Meer. Auch die rund 3.000 Fischern und Kautschukpflanzern bewohnte **Ko Sukon** bezaubert mit nahezu unberührten Stränden, die jedoch nicht aus weißem, sondern aus braunem Sand bestehen. Das ist auch der Grund dafür, dass nur wenige Touristen auf die 8 km lange und 4 km breite Insel dicht vor dem Festland kommen. Bootsausflüge führen zum knapp 20 km südwestlich gelegenen **Mu Ko Petra Marine National Park**, wo spektakuläre Korallenbänke unvergessliche Tauch- und Schnorchelerlebnisse garantieren (*Eintritt: Erwachsene Baht 100, Kinder Baht 50*).

Reisepraktische Informationen Trang

 Unterkunft
... in der Stadt

Thumrin Hotel $$$, *37/1 Thanon Sathani,* ☏ *(075)211011, www.thumrin.com, EZ/DZ Baht 1.295–1.675. Stadthotel nahe dem Bahnhof mit komfortablen Zimmern, Restaurant (thailändische und westliche Gerichte) und Englisch sprechendem Personal.*

Trang Plaza $$$, *132 Thanon Phattalung,* ☏ *(075)226902, www.trangonline.com/trang_plaza_hotel.html, EZ/DZ Baht 1.150–1.475 (inkl. Frühstück). Stadthotel mit klimatisierten Zimmern und chinesisch-thailändischem Restaurant.*

My Friend Guest House $$, *25/17-20 Thanon Sathani,* ☏ *(075)225447, myfriend-trang@yahoo.co.th, EZ/DZ Baht 550–700. Pension nahe dem Bahnhof, ordentliche Zimmer mit Ventilator oder Klimaanlage und Dusche/WC.*

... am Pak Meng Beach

Pak Meng Resort $$–$$$, ☏ *(075)274111, www.pakmengresort.com, Bungalow Baht 900–1.600. Klimatisierte Zimmer in Bungalows, Restaurant, wenige Meter zum Strand.*

... am Chang Lang Beach

Anantara Si Kao Resort & Spa $$$$$–$$$$$$, ☏ *(075)205888, www.sikao.an antara.com, EZ/DZ und Bungalow Baht 5.475–7.995. Edles Resort mit Top-Restaurant und Pool.*

... auf Ko Ngai

Koh Ngai Cliff Beach Resort $$$$–$$$$$$, ☏ *(075)211045, www.kohngaicliff beach.com, EZ/DZ Baht 3.580–6.955 (inkl. Frühstück). Bungalows in herrlicher Hanglage, hervorragendes Restaurant, Pool mit Blick auf Felseninseln.*

Thapwarin Resort $$$–$$$$, ☏ *(075)218153, www.thapwarin.com, Bungalow Baht 1.995–3.195. Bungalows aus Naturmaterialien und hervorragendes Restaurant, Bootsausflüge.*

Koh Ngai Resort $$$–$$$$, ☏ *(085)0984330, www.kohngai-resort.com, EZ/DZ und Bungalow Baht 1.395–3.795. Breites Spektrum an Unterkünften vom einfachen Zimmer mit Ventilator bis zum klimatisierten Thai-Haus, mit Restaurant, Bar, Pool und Tauchbasis.*

... auf Ko Muk

Sivalai Beach Resort $$$$$–$$$$$$, ☏ *(089)7233355, www.komooksivalai.com, Bungalow Baht 5.000–9.500. 21 luxuriöse Bungalows am Coconut Beach im Osten der Insel.*

Koh Mook Resort $$$$, ☏ *(075)203303, www.kohmookresort.com, Bungalow Baht 2.000–3.000. Holz-Bambus-Bungalows mit Ventilator o. Klimaanlage, Restaurant, Pool.*

Charlie Beach Resort $$$–$$$$, ☏ *(075)203281-2, www.kohmook.com, Bungalow Baht 1.325–3.375. Holz-Bambus-Bungalows mit Ventilator oder Steinbungalows mit Klimaanlage, mit Restaurant, Pool und Tauchschule. Vom Buchungsbüro gegenüber dem Bahnhof von Trang täglich 8.30 und 13 Uhr Transfer zum Resort.*

Rubber Tree Bungalow $$–$$$, ☏ *(081)6069358, www.mookrubbertree.com, Bungalow Baht 800–1.990. Mit Ventilator u. Du./WC in einer Gummibaum-Plantage, Restaurant.*

... auf Ko Kradan

Ko Kradan Island Resort $$–$$$, ☏ *(087)3823058, www.kohkradanislandresort.com, Bungalow Baht 700–1.500. Einfache Bungalows mit Ventilator, Restaurant.*

... auf Ko Libong
Libong Beach Resort $$–$$$$, ☎ *(075)225205, www.libongbeachresort.com, Bungalow Baht 700–2.500. Holz-Bambus-Bungalows am Strand mit Ventilator oder Klimaanlage, Restaurant.*

... auf Ko Sukon
Sukorn Cabana Resort $$$–$$$$, ☎ *(089)7242326, www.sukorncabana.com, Bungalow Baht 1.200–3.000. Bungalows am Strand mit Ventilator oder Klimaanlage, Restaurant.*
Sukorn Island Resort $$$–$$$$, ☎ *(089)6475550, www.sukorn-island-trang.com, Bungalow Baht 1.350–3.000. Bungalows mit Ventilator oder Klimaanlage unter Kokospalmen, Restaurant, Bootsausflüge, Transfer ab Buchungsbüro gegenüber dem Bahnhof in Trang.*

Restaurants
... in der Stadt
Rubber Tree Kitchen, *18 Thanon Sathani*, ☎ *(075)214169, täglich 8–22 Uhr, Gerichte Baht 80–200. Restaurant mit thailändischen und westlichen Gerichten nahe dem Bahnhof.*
Wunderbar, *24 Thanon Sathani*, ☎ *(087)6248728, www.wunderbar-trang.com, täglich 9–22 Uhr, Gerichte Baht 80–320. Deutsche und thailändische Gerichte, zuverlässige Tourbuchung, unter deutscher Leitung, nahe dem Bahnhof.*

Aktivitäten
Tauchen und Schnorcheln: *Tauchkurse für Anfänger und Exkursionen für Fortgeschrittene bieten u. a.* **Princess Divers**, *Ko Muk*, ☎ *(075)217671, www.princess divers.com;* **Rainbow Divers**, *Ko Ngai*, ☎ *(075)206962, www.rainbow-diver.com (deutsche Leitung) und* **Sea Breeze Diver**, *Trang, 59/1 Thanon Sathani*, ☎ *(075)217460, www.sea breeze.co.th.*

Verkehrsverbindungen
Busse: *Der neue Busbahnhof liegt etwa 500 m östlich des Zentrums an der Ausfallstraße Richtung Phattalung, Songkhla und Hat Yai. Mehrmals täglich Busse u. a. von/nach Satun, Ko Lanta, Krabi, Phuket, Surat Thani und Bangkok. Zwischen Trang und Pakbara/Ko Tarutao Marine National Park pendeln tagsüber Minibusse.*
Züge: *Der Bahnhof liegt im Zentrum. U. a. zweimal täglich von/nach Nakhon Si Thammarat, Surat Thani, Chumphon und Bangkok.*
Flughafen: *Zwischen dem südlich der Stadt gelegenen Flughafen und dem Zentrum verkehren Taxis und Tuk-Tuks (Baht 80–100).* **Thai Airways**, ☎ *(075)218066.*
Nationale Verbindungen: *von/nach Bangkok mehrmals täglich (Thai Airways, Nok Air).*
Boote: *Vom Pak Meng Pier (25 km westlich) legen Boote zu den Inseln* **Ko Ngai** *(15 km),* **Ko Muk** *(13 km) und* **Ko Kradan** *(19 km) ab. Kürzer ist die Anfahrt nach* **Ko Muk** *vom Fährhafen Kuan Tung Ku (30 km südwestlich).*

👉 Tipp

Gegenüber vom Bahnhof in Trang gibt es zahlreiche Reiseagenturen und Buchungsbüros von Resorts, die Zimmerreservierungen vornehmen und sich auch um den Transfer der Gäste vom Festland zu den Inseln kümmern. Zuverlässig ist Wunderbar Tours im Restaurant Wunderbar (s. o.).

Pakbara

Der kleine Fährhafen **Pakbara (1)** ist Ausgangspunkt für Bootsausflüge zu den Inseln Ko Tarutao, Ko Bulon Lae und Ko Lipe. Über die Fauna und Flora sowie die Geschichte des **Tarutao Marine National Park** informiert eine Ausstellung im Besucherzentrum am Pier. Bereits 1974 wurde ein 1.400 km² großes Gebiet an der Grenze zwischen Thailand und Malaysia zum ersten Meeresnationalpark des Landes erklärt. Zu ihm gehören die 26 km lange und 11 km breite Hauptinsel Ko Tarutao und rund 50 kleinere Nachbarinseln, die bis auf wenige Ausnahmen unbewohnt sind. Ende der 1930er-Jahre war Ko Tarutao eine Art thailändisches Alcatraz: Die Regierung verbannte Schwerverbrecher und politische Gefangene auf die Insel. Während des Zweiten Weltkriegs verbündeten sich die Insassen mit den Wärtern und bildeten gemeinsam Piratenbanden, die bis hinunter zur Straße von Malakka Handelsschiffe überfielen. Erst 1964 gelang es Einheiten der thailändischen Marine, den Seeräubern das Handwerk zu legen.

Inseln vor Pakbara

Erste Anlaufstelle auf **Ko Tarutao (2)**, das nur 5 km nördlich der malaysischen Insel Langkawi liegt, ist das Hauptquartier der Nationalparkverwaltung an der **Pante Bay**, wo man die Eintrittsgebühren entrichtet (*Eintritt: Erwachsene Baht 200, Kinder Baht 100*). Dort gibt es auch spartanisch eingerichtete Bungalows und ein bescheidenes Restaurant. Auch wenn Komfort fehlt: Hier geht es sehr viel „naturbelassener" zu als in den meisten anderen Urlaubsgegenden Südthailands.

Am 4 km langen Strand der Pante-Bucht mit pulverfeinem Sand lässt es sich herrlich baden und schwimmen. Zwischen November und April schleppen sich große Meeresschildkröten zur Eiablage an den 3 km langen Strand der **Sone Bay** an der Westküste. Das Inselinnere ist von dichtem Regenwald bedeckt und hat bis zu 700 m hohe Gipfel. Beim Visitor Center beginnt ein halbstündiger Spaziergang zu einem **Aussichtspunkt** mit einem schönen Blick über die Inselwelt. Etwa drei Stunden dauert die Wanderung quer durch die Insel zur **Talu Wao Bay**, wo noch die Grundmauern des ehemaligen Gefängnisses auszumachen sind. Ziel eines Bootsausflugs ist die Tropfsteinhöhle **Crocodile Cave**. Nach Ko Tarutao zieht es Hobby-Ornithologen, die hier Eisvögel, Nashornvögel, Seeadler und andere Vögel beobachten können, und Taucher, denn in den herrlichen Unterwasser-Gärten des Natio-

Meeres-schildkröten

nalparks tummeln sich zwischen farbenfrohen Korallenriffen viele maritime Arten. **Ko Bulon Lae (3)**, nördlich von Ko Tarutao, ist eine kleine, hügelige, mit Regenwald bedeckte Insel, die zum Petra-Archipel-Nationalpark gehört. Der von Kasuarinen gesäumte, makellos weiße Sandstrand an der Ost- und Nordostküste bietet im türkisblauen Meer hervorra-

1 Pakbara
2 Ko Tarutao
3 Ko Bulon Lae
4 Ko Lipe
5 Ko Adang

Pakbara

gende Bade-, Schwimm- und Schnorchelmöglichkeiten. In einer knappen halben Stunde erreicht man von dort auf einem Trampelpfad durch den Dschungel ein traditionelles Pfahlbauten-Dorf der Seenomaden. Tauch- und Schnorchelausflüge zu den benachbarten Inseln des Petra-Archipels sind möglich.

*Weiße
Strände,
türkisblaues
Wasser*

In den 1980er-Jahren kamen die ersten Traveller auf der Suche nach dem Paradies nach **Ko Lipe (4)**, das dieser Vorstellung sehr nahe kommt. Sie ließen sich von Fischern übersetzen, denn Ausflugsboote gab es noch nicht. Doch seit Expressboote Touristen in einer guten Stunde von Pakbara hierherbringen, hat sich viel verändert. Trotzdem sind die langen weißen Strände mit überhängenden Palmen und das türkisblaue Wasser immer noch eine Augenweide. Statt einfacher Hütten findet man heute geschmackvolle Resorts und gute Restaurants – Ko Lipe hat sich zur „Hotel-Insel" des Ko-Tarutao-Nationalparks entwickelt. In der Sonne liegen, die warme Andamanen-See genießen und Muscheln suchen. Wer das will, ist hier goldrichtig. Noch mehr Robinson-Feeling und beste Schnorchelplätze bietet das kleine, 5 km entfernte Eiland **Ko Adang (5)**, das mit dem Longtail-Boot zu erreichen ist. Bewohnt wird Ko Lipe von rund 500 Seenomaden (Chao Lee). Die Herkunft dieser Volksgruppe, die eine eigene Sprache spricht, ist nicht genau bekannt. Verschiedenen Theorien zufolge sollen sie von den Andamanen, vielleicht sogar von Borneo oder Polynesien stammen.

Reisepraktische Informationen Pakbara

 ### Unterkunft
... im Ort

Best House Resort $$, ☎ *(089)2984549, www.besthouseresort.com, EZ/DZ Baht 590–1.000. Klimatisierte Bungalows und Restaurant; der Manager Ken kümmert sich um Transport zu und Unterkunft auf den Inseln.*
Diamond Beach Resort $–$$, ☎ *(074)783138, Bungalow Baht 450–650. Holz- und Steinbungalows mit Ventilator oder Klimaanlage, gutes Restaurant.*

... auf Ko Tarutao und Ko Adang
Es gibt nur einfache **Bungalows der Nationalparkverwaltung** *mit Gemeinschaftsbad oder Dusche/WC (Baht 600–1.200) sowie Zelte (Baht 150–250), die man bereits im Visitor Center in Pakbara buchen kann,* ☎ *(074)729002-3. Ein Restaurant beim Hauptquartier bietet einfache thailändische Gerichte.*

... auf Ko Bulon Lae
Pansand Resort $$$, ☎ *in Trang (081)6933667, www.pansand-resort.com, Bungalow Baht 1.600–2.100 (inkl. Frühstück). Resort in Strand-Hang-Lage mit komfortablen Bungalows, Restaurant.*
View Point Resort $$, ☎ *(074)728005, bulon_view_satun@hotmail.com, Bungalow Baht 800–1.000. Einfache Bambushütten mit Gemeinschaftsbad und Bungalows mit Ventilator und Dusche/WC, Restaurant.*

... auf Ko Lipe
Bundhaya Resort $$$–$$$$$, *Pattaya Beach,* ☎ *(089)4514599, www.bundhaya resort.com, EZ/DZ Baht 1.850–4.650. Komfortable Zimmer mit Ventilator oder Klimaanlage, hervorragendes Restaurant.*

Lipe Beach Resort $$–$$$$, *Pattaya Beach,* ☎ *(080)5431466, www.lipebeach resort.com, Bungalow Baht 950–3.950. Von der Bambushütte mit Ventilator bis zum klimatisierten Bungalow mit zwei Schlafzimmern, Restaurant.*

Pattaya Song Resort $$$, *Pattaya Beach,* ☎ *(074)728034, www.pattayasongresort.com, Bungalow Baht 1.275–1.975. Holz- und Steinbungalows mit Ventilator oder Klimaanlage, gutes Restaurant und herrliche Aussicht.*

Mountain Resort $$$, *Andaman Beach,* ☎ *(074)728131 und (09)7384580, www.moun tainresortkohlipe.com, Bungalow Baht 1.250–1.750. Holz-Bambus-Bungalows mit Ventilator oder Klimaanlage, Terrassenrestaurant mit Blick aufs Meer.*

Andaman Resort $$–$$$, *Andaman Beach,* ☎ *(074)711313, www.andamanresort kohlipe.com, Bungalow Baht 750–1.250. Bungalows mit Ventilator, preislich gestaffelt nach Entfernung zum weißen Sandstrand.*

Porn Bungalows $$, *Porn Beach,* ☎ *(084)6918743, Bungalow Baht 500–900. Einfache, aber beliebte Bleibe mit Robinson-Atmosphäre, gutes Restaurant und urige Beachbar.*

Verkehrsverbindungen

Fähren/Boote: *Von Pakbara verkehren in der Saison von Nov.–April mehrmals täglich Fähren und Expressboote nach* **Ko Tarutao** *(Expressboot 30–45 Min., Fähre 2 Std.) sowie nach* **Ko Bulon Lae** *(Fähre 2 Std.) und* **Ko Lipe** *(Expressboot 1–1,5 Std., Fähre 3,5–4 Std.). Vor Ko Lipes Hauptstrand Pattaya Beach steigen die Passagiere in Long-tail-Boote um, die sie zu den gewünschten Stränden oder nach Ko Adang bringen. Während des Monsuns ist der Fährverkehr weitgehend eingestellt. Auskunft und Buchung:* **Thai Ferry Center**, *Pakbara,* ☎ *(074)783010.*

Satun

In dem geruhsamen Städtchen, das Touristen kaum etwas zu bieten hat, wird malaysisch-chinesischer Einfluss spürbar. Das Ortsbild dominiert die große **Mambang-Satul-Moschee**, die am 20. September 1979 in Anwesenheit von König Bhumipol eingeweiht wurde. Den meisten ausländischen Besuchern dient Satun nur als Durchreisestation nach Malaysia.

Reisepraktische Informationen Satun

Unterkunft

Sinkiat Buri Hotel $$$, *50 Thanon Burivanith,* ☎ *(074)721055, www.sinkiat hotel.com. EZ/DZ Baht 1.400. Stadthotel mit klimatisierten Zimmern, Restaurant und Touragentur.*

Verkehrsverbindungen

Busse: *Zwischen Satun und Trang verkehren tagsüber (Mini-)Busse, zwischen Satun und Pakbara Busse und Sammeltaxis.*

Fähren/Boote: *Vom Tammalang Port bei Satun dreimal täglich Fähren nach* **Langkawi (Malaysia)**, *in der Saison von Nov.–April täglich Boote über* **Ko Tarutao** *nach* **Ko Lipe**. *Auskunft und Buchung:* **Southern Ferry Services & Tours**, ☎ *(074)730513-4.*

10. ANHANG

Literaturverzeichnis

Allgemeines

Altmann, Andreas: **Der Preis der Leichtigkeit – Eine Reise durch Thailand, Kambodscha und Vietnam**, Frederking & Thaler, München 2007

Cornwel-Smith, Philip/Goss, John: **Typisch Thai – Alltagskultur in Thailand**, Edition Temmen, Bremen 2009

Dusik, Roland: **Reisegast in Thailand**, Iwanowski's Reisebuchverlag, Dormagen 2009

Favorik, Tor: **In Buddhas Gärten**, Frederking & Thaler, München 2007

Krack, Rainer: **Thailand – Kulturschock**, Reise Know-How Verlag, Bielefeld 2004

Labudda, Gad: **In Thailand leben – Geschichten über das Leben in Thailand**, Thailandbuch Verlag 2006

Mulder Niels: **Inside Thai Society – Religion, Everyday Life, Change**, Silkworm Books, Chiang Mai 2000 (auf Englisch)

Thielke, Thilo: **Thailand 151 – Porträt des farbenfrohen Königreichs in 151 Momentaufnahmen**, Conbook Medien, Meerbusch 2013

Willemsen, Roger/Tooten, Ralf: **Bangkok noir**, Fischer Verlag, Frankfurt am Main, 2009

Reportagen/Analysen/Historisches

Donner, Wolf: **Thailand – Land zwischen Tradition und Moderne**, C.H. Beck, München 1996

Siebert, Rüdiger: **Insel im schwarzen Fluss – Die Geschichte einer verkauften Kindheit in Thailand**, Arena-Verlag, Würzburg 1998

Baker, Chris/Phongpaichit, Pasuk: **A History of Thailand**, Cambridge University Press 2005 (auf Engl.)

Grabowsky, Volker: **Kleine Geschichte Thailands**, C.H. Beck, München 2010

Kunst und Kultur

Cornwel-Smith, Philip: **Very Thai – Everyday Popular Culture**, River Books, Bangkok 2007 (auf Engl.)

Groslier, Bernard Philippe: **Kunst der Welt – Hinterindien**, Holle Verlag, Baden-Baden 1980

Camsong, Thidavadee: **Küchen der Welt – Thailand**, Verlag Gräfe und Unzer, München 2002

Meuth, Martina/Neuner-Duttenhofer, Bernd: **Thailand – Küche, Land und Leute**, Droemer Knaur Verlag, München 2004

Lutterjohann, Martin: **Thai – Wort für Wort**, Kauderwelsch Sprechführer, Reise Know-How Verlag, 2003

Religion

Bechert, H./Gombrich, R.: **Der Buddhismus – Geschichte und Gegenwart**, München 2002

Ceming, Katharina/Sturm, Hans P.: **Buddhismus**, Fischer Verlag, Frankfurt am Main 2003

Phra Peter Pannapadipo: **Phra Farang – An English Monk in Thailand**, Arrow Books, London 2005 (Engl.) *Ward, Timothy:* **Wovon Buddha nichts erzählte**, Goldmann Verlag, München 1992

Belletristik

Burdett, John: **Der Jadereiter**, Piper Verlag, München 2008

Blettenberg, Detlef: **Farang**, Ullstein-Verlag, Frankfurt am Main – Berlin 1992

Blettenberg, Detlef: **Siamesische Hunde**, Pendragon-Verlag, Bielefeld 2009

Garland, Alex: **The Beach** (Der Strand), Goldmann Verlag, München 2000

Moore, Christopher G.: **Der Untreue-Index**, Unionsverlag, Zürich 2011

Nesbo, Jo: **Kakerlaken**, Ullstein-Verlag, Berlin 2007

Literatur aus Thailand

Boontawee, Kampoon: **Child of the Northeast**, D. K. Book House, Bangkok 2004 (auf Englisch)

Kothmann, Hella (Hrsg.): **Frauen in Thailand – Erzählungen**, DTV, München 1994

Lapcharoensap, Rattawut: **Sightseeing**, Kiepenheuer & Witsch, Köln 2008

Ritscher, Kirsten/Werner, Heike (Hrsg.): **Wie ein Staubkorn auf der Erde –Thailand erzählt** (eine Anthologie moderner thailändischer Autorinnen und Autoren), Horlemann Verlag, Bad Honnef 2006

Sudham, Pira: **Monsoon Country**, Shire Asia Publishers, Bangkok 2002 (auf Englisch)

Sudham, Pira: **People of Esarn**, Shire Asia Publishers, Bangkok 2005 (auf Englisch)

Einige dieser Bücher sind nicht mehr im Buchhandel, sondern nur noch über Antiquariate erhältlich. Die englischsprachigen Titel sind bei Asia Books in Bangkok und anderen größeren Städten in Thailand erhältlich.

Sprachführer

Thai hat eine einfache Grammatik: Es gibt weder eine Deklination noch Endungen oder Zeiten, auch Artikel sind unbekannt. Dennoch ist es für Europäer schwierig zu lernen, denn Thai ist dem Chinesischen verwandt, eine vorwiegend einsilbige Tonsprache mit fünf Tonstufen, die den Sinn eines Wortes grundlegend verändern können. Es kann Missverständnisse geben, wenn man die Töne nicht richtig trifft. Das Wort *maa je* kann je nach Betonung „kommen", „Hund" oder „Pferd" heißen. Bittet man jemanden, zu kommen, könnte man ihn bei falscher Tonhöhe ungewollt als Hund bezeichnen und damit schwer beleidigen. Allerdings werden *farangs* solche Fehler meist nachgesehen. Besuchern, die sich die Mühe machen und einige Wendungen der Thai-Sprache erlernen, öffnen sich die Herzen der Einheimischen.

Sehr wichtig ist die Verwendung des Höflichkeitspartikels *kha* (wenn eine Frau spricht) und *khrap* oder *khap* (wenn ein Mann spricht), der an das Satzende angehängt wird.

1	nüng	2	soong	3	saam	4	sii	**Zahlen**
5	haa	6	hok	7	tjet	8	bäät	
9	kao	10	sip	11	sip-et			

Guten Morgen, guten Tag, guten Abend,	sawat-dee kha (wenn eine Frau spricht)	**Begrüßung und Höflichkeit**
auf Wiedersehen	sawat-dee khrap (wenn ein Mann spricht)	
Auf Wiedersehen	lääo phop gan mai na kha/khrap	
Wie geht es Ihnen?	khun sabaai-dee mai kha/khrap?	
Danke, gut	sabaai-dee khoop-khun kha/khrap	
Und wie geht es Ihnen?	lääo khun la?	
Ich bitte um Entschuldigung	khoo-thoot kha/khrap	
Bitte sehr, keine Ursache	mai pen rai kha/khrap	
Danke	khoop-khun kha/khrap	
Viel Glück! Alles Gute!	tschook dee na kha/khrap!	
Ich	tschan (bei Frauen), phom (bei Männern)	
Ja	tschai	
Nein	mai tschai	

Herr, Frau, Fräulein, Sie, Du	khun
Was ist dies/das?	an-nii arai kha/khrap?
Sprechen Sie Englisch?	(khun) phuut phasaa angkrit daai mai?
Ich spreche kein Thai	(tschan/phom) phuut thai mai daai
Ich spreche ein wenig Thai	(tschan/phom) phuut thai daai nitnoi

Die wichtigsten Wendungen

Verstehen Sie?	(khun) khao-dschai mai?
Ich verstehe nicht	(tschan/phom) mai khao-dschai
Ich habe verstanden	(tschan/phom) khao-dschai lääo
Wie bitte?	arai na kha/khrap?
Wie heißen Sie?	khun tschü arai kha/khrap?
Mein Name ist ...	tschan/phom tschü ...
Woher kommen Sie?	khun maa dschaak nai kha/khrap?
Wohin gehen Sie?	khun dscha bai nai?
Darf man fotografieren/rauchen	taai-ruup/suup-burie daai mai kha/khrap?
Bitte helfen Sie mir!/Hilfe!	tschuai nooi si kha/khrap!/tschuai duai!
Bitte schreiben Sie mir dieses Wort auf!	garunaa kiian kam nii hai nooi
Achtung! Vorsicht!	rawaang!
Kein Problem	mai mii pan haa

Reise und Verkehr

Ich möchte gern nach ... fahren	tschan/phom jaak-dscha bai ...
Bitte bringen Sie mich nach ...	tschuai paa tschan/phom bai ...
Wie heißt diese Straße?	thanon nii tschü arai kha/khrap?
Wo?/wohin?/wann?	tiinai? / nai? / müarai?
Geradeaus	drong bai
Rechts abbiegen	liao khwaa
Links abbiegen	liao sai
Halten Sie hier!	yut drong nii!
Bus/Zug/Boot	rot mee/rot fai/rüa
Busterminal	sataanii rot mee
Bahnhof	sataanii rot fai
Wo ist eine Toilette?	hoong naam juu tiinai kha/khrap?
Wann ist ... geöffnet?	... pööt pratu kii moong?
Polizei/Krankenhaus / Arzt	tamruat/roong pahjahban/moo

Unterkunft & Restaurant

Wo gibt es ein gutes Hotel?	roong rääm dee juu tiinai kha/khrap?
Haben Sie freie Zimmer?	mii hoong waang mai kha/khrap?
Kann ich das Zimmer sehen?	khoo duu hoong gon daai mai?
Haben Sie noch andere Zimmer?	mii hoong iik mai?
Wo gibt es ein gutes Restaurant?	raan aahaan dee juu tiinai kha/khrap?
(Nicht) scharf	(mai) phet
Das Essen schmeckt gut	aahaan aroi
Zahlen, bitte!	tschek bin!

Gibt es?	mii .... mai kha/khrap?
Ja, es gibt	mii kha/khrap
Nein, es gibt nicht	mai mii kha/khrap
Wieviel kostet das?	an-nii thaorai kha/khrap?
Das ist zu teuer	an-nii phääng bai
Können Sie mit dem Preis etwas heruntergehen?	lot rakaa nooi daai mai kha/khrap?
Haben Sie noch etwas anderes?	mii iik mai?

Einkaufen

khai luak/tom	weichgekochtes/hartgekochtes Ei
khai khon	Rührei
khai taao	Spiegelei
khai thoot	Omelett
khai yat sai	Omelett, gefüllt mit Gemüse
khai yat sai muu	Omelett, gefüllt mit Gemüse und Schweinefleisch
khanompang ping	Toastbrot
khaao tom (kai, muu ...)	Reissuppe (mit Huhn, Schweinefleisch ...)

Frühstück

khanompang naa muu	Toastbrot mit Schweinehack und Sesamkörnern
pbo pbia thoot	gebratene Frühlingsrollen
thoot man plaa	gebratene Fischküchlein
thoot man gung	gebratene Garnelenküchlein

Vorspeisen

gääng djüüt	milde Suppe mit Blattgemüse und Fleisch
gääng liang	Gemüsesuppe
tom khaa gai	Hühnersuppe mit Kokosnussmilch und Galgant, dem „siamesischen Ingwer"
tom yam gai	sauer-scharfe Hühnersuppe
tom yam gung	sauer-scharfe Garnelensuppe

Suppen

gääng garii	mildes, indisches Curry
gääng khiao waan	sehr scharfes, grünes Curry
gääng massaman	mildes Curry mit Kartoffeln und Erdnüssen
gääng panäng	scharfes Curry mit Bambussprossen
gääng phet	scharfes Curry
gääng djae	vegetarisches Curry

Curry

gai	Hühnerfleisch
muu	Schweinefleisch
nüa	Rindfleisch
ped	Entenfleisch
paa	Fisch

Fleisch, Fisch ...

Meeresfrüchte		
	puu	Krebs
	hoy	Muschel
	aahaan thalee	Gerichte mit Meeresfrüchten
	plaamük	Tintenfisch
	gung	Garnele

Zubereitung		
	nüng	gedünstet
	phat	gebraten
	thoot	gebacken
	tom	gekocht
	yaang	gegrillt

Reis- und Nudelgerichte		
	ba mii	Eiernudeln aus Weizenmehl (gelblich)
	ba mii nam (kai, muu …)	Suppe mit Eiernudeln (und Huhn, Schweinefleisch …)
	khaao plaao	gekochter Reis
	khaao niao	Klebreis
	khaao phat (gai, gung …)	gebratener Reis (mit Huhn, Garnelen…)
	kuai tiao	Reisnudeln (weiß)
	kuai tiao rad naa (gai, muu …)	knusprig gebratene Reisnudeln (mit Huhn, Schweinefleisch …)
	phat thai sai gung	gebratene Nudeln nach Thai-Art mit Garnelen

Salate		
	laab (gai, muu, nüa, plaa …)	warmer, chilischarfer Hackfleischsalat (von Huhn, Schwein, Rind, Fisch …) mit Pfefferminzblättern und aromatischen Kräutern
	nüa nam tok	Rindfleischsalat mit thailändischem Basilikum
	somtam	pikanter Salat aus geraspelten, grünen Papayas, Cocktailtomaten, Knoblauch, Chilis, Erdnüssen, Zitronensaft, zerstoßenen Trockengarnelen, Fischsauce und Krabbenpaste
	yam nüa	Rindfleischsalat mit Koriander
	yam plaamük	Tintenfischsalat
	yam wunsen (gai, muu …)	Glasnudelsalat (mit Huhn, Schweinefleisch …)

Spezialitäten auf der Speisekarte		
	gai phat baikrapao	gebratenes Hühnerfleisch mit thailändischem Basilikum
	gai phat metmamuang	gebratenes Hühnerfleisch mit Cashewnüssen
	gai phat noomay gap het	gebratenes Hühnerfleisch mit Bambussprossen und Morcheln
	gai takrai	Hühnerbrust an Zitronengras
	gai yaang	gegrilltes Hähnchen
	khaao man gai	Reishähnchen mit pikanter Ingwer-Sauce
	gung nüng krathiam phak chii	gedämpfte Garnelen mit Knoblauch und Koriander
	muu phat khing	gebratenes Schweinefleisch mit Ingwer
	muu thoot krathiam phrikthai	Schweinefleisch mit Knoblauch und Chilis
	muu priao waan	Schweinefleisch süß-sauer
	nüa phat nam manhoy	gebratenes Rindfleisch mit Austern-Sauce
	ped op nam püng	Ente gebacken mit Honig und Thai-Gewürzen
	phat noomay sai khai	gebratene Bambussprossen mit Eiern

phat phak ruam mit	gemischtes gebratenes Gemüse
plaamük yat sai	Tintenfisch, gefüllt mit Gemüse und Schweinehack
plaa thoot	gebackener Fisch
sate (gai, muu ...)	Fleischspießchen (vom Huhn, Schwein ...) mit Erdnuss-Sauce

khaao laam	süßer oder salziger Klebreis mit Kokosmilch und schwarzen Bohnen in Bambushülsen
khaao niao mamuang	süßer Klebreis mit Kokosmilch und frischen Mangos
gluai buat chii	Bananen in Kokosmilch
gluai thoot	gegrillte Bananen

Nachspeisen/Snacks

farang	Guave
khanun	Jackfruit
gluai	Bananen
malako	Papaya
mamuang	Mango
mangkut	Mangosteen
saparot	Ananas
som	Orange/Mandarine
som-oo	Pomelo

Obst

bia	Bier
chaa	Tee
gafää	Kaffee
lao	alkoholische Getränke
nam (yen)	(Eis-)Wasser
nam manao	Zitronensaft
nam maprao	Kokosnuss-Saft
nam som	Orangensaft (frisch gepresst)
nom (sot)	(sot) (frische) Milch
mai sai nam khääng	ohne Eiswürfel

Getränke

 ## Hinweis zur Transkription

Die Schreibweise der thailändischen Wörter, Eigennamen und Begriffe wurde zugunsten des Leseflusses vereinfacht. Auch wurde auf Akzente und Betonungszeichen verzichtet.

Für Verwirrung sorgt mitunter die uneinheitliche Schreibweise von Städten, Dörfern, Flüssen, Bergen u.a. Für derartige geografische Begriffe wurden die in Thailand am häufigsten benutzten Schreibweisen übernommen.

Der Begriff Tai bezeichnet im anthropologischen Sinn das sino-tibetische Volk, das zwischen dem 7./8. und 13. Jh. von Südwestchina in die Region des heutigen Thailand einwanderte. Seit der Umbenennung des Königreichs Siam in Thailand (Land der Freien) im Jahre 1939 ist die Schreibweise Thai für die Bewohner des heutigen Thailand gebräuchlich.

Stichwortverzeichnis